北京印刷学院传播学重点建设学科项目

高等学校编辑专业教学参考书

20世纪
中国著名编辑出版家
研究资料汇辑

4

宋应离　袁喜生　刘小敏　编

河南大学出版社

目　录

茅　盾

胡愈之

汪原放

张静庐

郑振铎

茅 盾

茅盾(1896~1981),浙江桐乡人。原名沈德鸿,字雁冰,笔名茅盾。1916年北京大学预科毕业后进上海商务印书馆编辑所开始编辑生涯,并参加文学活动和投入五四新文化运动。1921年初同郑振铎、叶绍钧发起组织"文学研究会",并接办主编《小说月报》,对其进行大胆改革,使之成为新文学运动的重要阵地。同年,中国共产党成立,他是最早的党员之一。1926年去广州,参加国民党第二次全国代表大会。1927年,在汉口主编《民国日报》,在此期间,完成了《蚀》三部曲(《幻灭》、《动摇》、《追求》)的创作,后离开上海赴日本。1930年回国后,参加"左联",1932年前后创作了长篇小说《子夜》。1936年编辑了关心祖国命运,激动人心的《中国一日》。1937年创办《文学》期刊。1937年抗日战争爆发后,从事文化救亡工作,主办《文艺阵地》。他还在香港主持报纸《立报》副刊"言林",重编综合性文艺刊物《笔谈》。解放战争时期主编过《文联》、《小说》等刊物。解放后主编《人民文学》和《译文》等大型文学刊物。

全国解放前夕，他不顾艰难险阻，来到北京参加中国人民政治协商会议和筹备第一次全国文代会。文代会上，当选为中国文学艺术界联合会副主席、中华全国文学工作者协会（作协前身）主席。新中国成立后，他担任了第一任文化部长，并当选为历届全国人大代表、历届政协常委和第四届、第五届全国政协副主席。

茅盾在1928年之后，同党虽然失去了组织关系，但仍然在党的领导下从事革命文化工作。在他病危之际，为了表达他对党的忠诚和热爱，表达对共产主义事业的坚贞和崇高信念，再一次向党中央申请追认他为中国共产党党员。中共中央根据他的请求和一贯表现，决定恢复他的中国共产党党籍，党龄从1921年算起。

1981年4月12日，胡耀邦同志在沈雁冰同志追悼大会的悼词中说："沈雁冰同志是在国内外享有崇高声望的革命作家、文化活动家和社会活动家。他同鲁迅、郭沫若一起，为我国革命文艺运动奠定了基础。"他的大量杰出的文学作品"刻画了中国民主革命的艰苦历程，绘制了规模宏大的历史画卷，为我国文学宝库创造了珍贵的财富，提高了现实主义文学的创作水平，在文学史上留下了不可磨灭的功绩"。

茅盾是一位杰出的编辑出版家。他从1921年接办主编并改革《小说月报》，直至后来创办主持《文学》、《文艺阵地》、《人民文学》等系列文学期刊，堪称"40年一贯制"的编辑家，始终战斗在文学期刊编辑的第一线。这些期刊始终关注现实人生，不断推出新人新作，保持刊物的高品位和鲜明个性特色。特别是他大胆改革《小说月报》，具有开创性的意义。"自从《小说月报》革新以后，我国才有正式的文学杂志"（叶圣陶语）。茅盾一系列的文学期刊编辑工作，成为文学期刊编辑史上罕见的奇迹。

商务印书馆编译所的生活

茅　盾

一九一六年八月初旬，我到上海，先找个小客栈住下，然后到河南路商务印书馆发行所，请见总经理张元济（菊生）先生。我和张元济并无一面之识，我只带着商务印书馆北京分馆经理孙壮（伯恒）的一封给张元济的介绍信。我和孙伯恒也不认识，是我的表叔卢学溥（鉴泉）把我荐给孙伯恒的。当我在本年七月回家时，还不知道祖父应母亲之请写信给卢表叔请他为我找职业，也不知道母亲另有信给卢表叔，请他不要为我在官场（当时卢表叔是北洋政府财政部公债司司长，在当时的政派中属于梁士诒一系，与叶恭绰友善）或银行找职业。（我在北京大学预科第一类读书的第二年，我的一个堂叔刚从中学毕业就由卢表叔介绍进了中国银行当练习生。）因为有此种种缘故，当我在本年七月底回到家中时，母亲把找职业已托了卢表叔的事告诉我，并说准备在家闲居半年，因为除了官场和银行界以外，卢表叔未必马上能为我找到合适的职业。却不料八月初就收到卢表叔的信，内附孙伯恒给张菊生的信，并嘱赶快去见张总经理。卢表叔的信中还提到张元济翰林出身，是商务印书馆的创办人之一。

现在且说我到河南路商务印书馆发行所，找一个售货员问总经理办公室在哪里。发行所顾客拥挤，那个售货员忙于卖书，只把嘴一努道："三楼。"上三楼要从营业部后面一个楼梯上去，我刚到楼梯边，就有人拦住，问，"干什么？"我答："请见张总经理。"那人用轻蔑的眼光把我上上下下打量一番，冷冷地说："你在这里等罢。"我真有点生气了，也冷冷地说："不能等候。我有孙伯恒的介绍信。"一听"孙伯恒"三字，那人立刻面带笑容问道："是北京分馆孙经理么?”我不回答,只从口袋取出印有“商务印书馆北京分馆”红字的大信封对那人一晃。那人的笑容更浓重了,很客气地说:“请,三楼另有人招呼。”我慢慢地走上三楼时,回头往下一看,果然在那人对面的一条板凳上坐着两个人,想是等候传呼然后可以上楼的。我心里想,好大的派头,不知总经理的威严又将如何?

到了三楼,觉得这所谓三楼同二楼(那是我没有进去的,只在门外经过,里边人声嘈杂)或一楼(即门市部)颇不相称。三楼矮些,又小些,门前倒有较大空地,一人坐在长方桌后,见了我,就说:“先登记。什么姓名?”我答:“沈德鸿。”那人又问:“三点水沈,是么?什么,得?”我答:“是道德的德。”又问:“三点水共字的洪罢?”答曰:“不是。是燕雀安知鸿鹄之志的鸿。”那人摇头,表示不了解。我又说:“是翩若惊鸿的鸿。”那人睁大了眼。我看他面前的登记簿上,本日已登记到十六号,而我将是第十七号,而此时不过九点钟,可知总经理已会过至少十六个客人了。此时忽听有人说:“是江鸟鸿。”我回头一看,管登记的那个人对面靠墙板凳上坐着四个人,显然是等候传见的。登记人皱着眉头说:“江鸟鸿,人人都懂,你偏不说。什么事?也得登记。”我从口袋里拿出那个大信封来。登记人接过去一看,霍地站了起来,口里念道:“面陈总经理张台启　商务印书馆北京分馆孙”。这个墨笔写的大“孙”字恰恰写在红色印的“馆”字上面。登记人满面笑容对我说:“我马上去传达。”推开门进去了。

我正在想:原来他们把鸿拆成江鸟;登记人已经带一个人出来,低声对他说:“请稍等候。”又侧身引路,对我说:“请进。”我进了门,他就把门关上了。

我见这间总经理办公室前面一排窗,光线很好,一张大写字台旁坐着一人,长眉细目,满面红光,想来就是张元济了。两旁靠墙都有几把小椅子(洋式的,圆形,当时上海人称之为圈椅,因为它的靠背只是一道木圈),写字台旁边也有一张;张元济微微欠身,手指那个圈椅说:“坐近些,谈话方便。”我就坐下。张先问我读过哪些英文和中文书籍,我简短扼要地回答了,他点点头,然后说:“孙伯恒早就有信来,我正等着你。我们编译所有个英文部,正缺人,你进英文部如何?”我说:“可以。”张又说:“编译所在闸北宝山路,你没有去过罢?”我表示不知道有什么宝山路。张拿起电话,却用很流利的英语跟对方谈话。我听他说的是:“前天跟你谈过的沈先生今日来了,一会儿就到编译所见你,请同他面谈。”打完电话,张对我说:“你听得了罢?刚才我同英文部长邝博士谈你的工作。现在,你回旅馆,我马上派人接你去宝山路。你住在哪个旅馆?”我把旅馆名和房间号码都说了,张随手取一小张纸片记下,念一遍,又对我说:“派去接你的人叫通宝,是个茶房,南浔镇人。你就回旅馆去等他罢。”说着他站了起来,把手一摊,表示送客。我对他鞠躬,就走出他的所谓办公室。

我回旅馆,把简单的行李理好,此时已是九点半。我回想总经理的办公室,朴素得很,墙上不挂任何字画,大写字台对面的长几上却堆着许多书报,中、英文都有。

等了一会儿,通宝来了,帮我把行李装上一辆相当漂亮的小汽车,就对司机说:“走!”我以为是出租汽车,通宝说:“这是总经理的车子,出租汽车哪里去找?如果坐黄包车,起码一小时,那就误了事了,是总经理派汽车接我到河南路,又叫原车送我们到编译所。”我有点惊讶地说:“啊!你是编译所茶房。”他点头,又说:“我是南浔人,南浔离乌镇二九路(即十八里),我们也算同乡,你到编译所办事,有什么事,找我就好了。”我听他的口气不小,猜不透他是什么来头,后来才知道他是编译所茶房的头头,也可以说是编译所茶房的元老,编译所的茶房清一色南浔人,都是他引进来的。

到了宝山路,把我的行李卸在一座半洋式二层的房子里(这房像是宿舍,此时只有一个小茶房看守房子,见了通宝,十分恭敬),立刻到编译所,会见英文部长邝富灼,说是安排我在英文部新近设立的“英文函授学校”，担任修改学生们寄来的课卷。此时英文部一共才有七个人，部长邝富灼，“函授学校”主任周越然，编辑平海澜、周由廑（周越然的哥哥），改卷员黄访书（广东人，邝富灼引进来的），办事员（等于练习生）胡雄才，加上个刚来的我。这七个人中，部长是华侨，原籍广东，外国大学毕业，得博士，大约四十多岁，广东话也不大熟练，只说英语。二周兄弟，胡雄才，都是湖州人，他们把我看成同乡。平海澜是上海人，原浦东中学英文教员。英文部中大家说话，多用英语。

编译所在长方形的三层大洋楼的二楼。三面有窗，进门先是三个会客室，半截板壁隔成，各有门窗。一道板壁把这些会客室和编辑部大厅分开。这个大厅内有英文部、国文部、理化部、各杂志编辑部，但因各部人数多少不等，而大厅只有如许面积，不能隔成有规则形的小房，只能在统间混合办事，乍一见时，大小桌子横七竖八，挨得很紧，人声嘈杂，倒像个茶馆。编译所所长高梦旦也挤在这“桌阵”中，并没专用的办公室。

桌子是两种格式，一是老式的七只抽屉的写字台，又一种是长方形两个抽屉的普通中式书桌。各部部长、各杂志编辑主任，还有“英文函授学校”主任周越然，都用写字台，高梦旦也用同样的写字台，但英文部部长邝富灼用的，却是大型的最新式有卷帘木罩的写字台。这个写字台的台面三分之一装有高约二尺的木架，分成许多小格，备放各种文件，卷帘木罩就装在木架顶上，把它拉下，就将整个台面罩住，有暗锁。台主人离去时只要将卷帘式木罩拉下，台面上文件任其放着，上了锁，就同放进柜子一样保险。

我的第一天工作很轻松，只改了四五本卷子，这些学生英文程度不一，最高的不过相当于中学二年级。“函授学校”此时只有初级、中级两班，高级班讲义尚在编写。这个“函授学校”只有半年历史，是周越然提议创办的。据说英文部原来只有三个人：邝富灼、周越然、黄访书。平海澜、周由廑、胡雄才，不过比我早来几个月。

胡雄才同我年龄不相上下，可是社会经验比我多。他只读完中学，做过学徒。他的薪水只有每月十八元，而我的，是二十四元；据他说，这是“编译”一级最低的工资。照例，工作一二年，可以加薪，五元为度，如此递加，最高可达六十元，但那时你大概已在编译所熬上十多年。胡雄才又说，也有一进来就享受五十元以上高薪待遇的，那都是已在社会上做过事，薪水高，请他进来如果薪水反低了，他肯么？但这，又要看介绍人的来头，如果介绍人就是编译所中的高级职员，也要看他的地位和势力。例如周由廑，他是周越然的哥哥，而周越然在英文部势力极大，除了部长就数他，而况他又是创办“函授学校”的建议人，为商务印书馆开辟一条新的生财之道、宣传之路，此时风头正健。周由廑本人呢，在湖州的湖郡女校（一个教会办的贵族女子学校，毕业后可以由学校保送美国留学）任教多年，本来薪水每月百元。平海澜情况相同。黄访书已来了多年，又是部长介绍的，此时亦不过四十元一月而已。

胡雄才又盘问我：“你与总经理是不是亲戚？”我说“不是”，他不信，反问道：“你说不是亲戚，可是自有编译所以来，从没听说一个起码编辑是坐了总经理的专用汽车并由茶房头脑伴送来的。”我不和他多辩论，因为在他看来，他的推论是合理的，而且社会的风气也确是这样的。

胡雄才又悄悄告诉我，编译所中有好多人月薪百元，但长年既不编，亦不译，只见他每天这里瞧瞧，那里看看，或则与人（和他同样的高薪而无所事事者）咬耳朵说话；这些人都有特别后台，特殊社会背景，商务老板豢养这些人，是有特殊用心的。

这些内幕情况，使我不胜感慨；我的母亲写了极诚恳的信，请卢表叔不要把我弄到官场去，真料不到这个“知识之府”的编译所也是个变相的官场。

胡雄才使我大开眼界，因此，在英文部中，我和他最亲密。我在改卷之外，尽有余闲，我常常看一本石印小字的翁（元圻）注《困学纪闻》，那是进商务之前，准备在家闲居半年的时候看起头的。胡雄才又悄悄警告我：这与我一二年后的考绩（即加薪）有关；老板们（他这里说的老板，指各部部长及有势力有地位的“帮闲”式编辑）不喜欢人家（小职员）不务正业。

在宿舍，同一卧室的谢冠生，也使我开了眼界。从他那里，我才知道这个宿舍并非商务印书馆办的，而是茶房元老通宝同他的儿女亲家福生（也是南浔人，资格仅次于通宝）的合股公司。福生俨然是这个宿舍的经理，厨子、两个打杂的小青年都得听他的。谢冠生又告诉我：编译所中的国文部（部长庄俞，武进人）专编小学和中学教科书的人是清一色的常州帮。（国文部还包括一些无类可归的高级编辑，那就不受庄某领导而且各省各地人都有。）理化部是绍兴帮，除了校对之类少数人也许不是绍兴人。谢冠生自吹他所属的“辞典部”（先编《辞源》已完成，现在编《人名大辞典》、《地名大辞典》等等）却不是什么帮，而是量才使用的。不过，他的薪水大约不过四十元左右，所以屈居于这个宿舍，而且常常透露不久将舍此而另找出路的意思。谢懂法文，中文自然有基础，故得厕身于“辞典部”。二三年后，他果然离开商务，据说在上海进修法文，后又留学法国；蒋介石时代，他是南京政府的司法院下的司法行政部部长。

谢冠生所讲，使我最感兴趣的，是关于张菊生（总经理）的轶事。据他说，张来自浙江省海盐县名门望族，少年科举得意，翰林散馆后任京官，戊戌维新时，他虽非康、梁一派，但赞成维新，曾蒙光绪召见，曾起草京师大学堂章程。政变后，他逃出北京，暂寓上海养晦待时。因偶然机会，得识夏粹方、鲍氏三兄弟，就帮助夏办起中国第一个新式出版机构。夏粹方原是上海《字林西报》排字工头，那时能排英文的工人绝少，所以工资高（商务印刷所的英文排字工人的工资比排中文的高约一倍）。积资既多，自己办一个小印刷所，招收宁波工人十来名，名为商务印书馆，主要业务是招揽小件印刷品，并不是出版机构，但颇有盈余。约在一九〇〇年左右，扩充资本，翻印了一些英文课本。一九〇二年后，方设立编译所，一九〇三年张菊生任编译所长。

在辛亥革命前，商务有日本人投资，占全部资金之一半。印刷、编译都有日本人参加，引进当时日本已经掌握的先进印刷技术以及日本当时编辑小学、中学教科书的经验。辛亥革命时，中华书局崛起，以完全中国资本自办的出版事业为号召，又揭露了商务的中日合伙的事实。于是夏粹方、张菊生决心收回日本人所占有的资金，与日本资方办理拆股交涉，几经曲折，始得成功；印刷、编译两方面之日本技师和顾问也全部辞退。

商务印书馆就以完全中国人资本、中国人管理的新式出版企业名义，号召投资，开始扩大业务范围。此时的商务印书馆除河南路的发行所大楼，又有宝山路的编译所大楼和印刷所厂房，能制照相铜版、锌版、铜模和浇铸铅字。

在我进编译所的前两年，张菊生曾周游欧美各大国，考察他们的出版事业，同时还以商务印书馆的名义，同一些英美出版公司订合同，作为他们的书籍在中国销售的代理人。

在中国的新式出版事业中，张菊生确实是开辟草莱的人。他不但是个有远见、有魄力的企业家，同时又是一个学贯中西、博古通今的人。他没有留下专门著作，但百衲本二十四史每史有他写的跋，以及所辑《涉园丛刊》各书的跋，可以概见他于史学、文学都有高深的修养。

我在英文部工作已有一月了，我并不讨厌机械式的改卷，反倒喜欢这里的必说英国话的“怪”现象。我以为这可以提高我的英文口语的能力。在北京大学预科时，虽然洋教员（教外国历史、教英国文学的）有四五名之多，但我的英文口语总不好，同学中大都如此。

我从谢冠生那里看到了当时正在发行的《辞源》，忍不住给张菊生写了一封信。当然，信是文言的，那时还没提倡白话。这封信开头赞扬商务印书馆的出版事业常开风气之先，《辞源》又是一例。次举《辞源》条目引出处有“错认娘家”的，而且引书只注书名，不注篇名，对于后学不方便。最后说，许慎《说文》才九千数百字，而《康熙字典》已有四万多字，可见文化日进，旧字不足应付。欧洲文艺复兴以来，文化突飞猛进，政治、经济、科学，三者日产新词，即如本馆，早已印行严译《天演论》等名著，故《辞源》虽已收进“物竞天择”、“进化”诸新词，但仍嫌太少。此书版权页上英译为《百科辞典》，甚盼能名实相符，将来逐年修改，成为真正的百科辞典。这封信交给通宝随同编译所每日应送请总经理过目或核示诸文件专差送去。我写此信，是一时冲动，事前事后，都未对人说及。但在那天晚上，在宿舍里，谢冠生悄悄地对我说：“你那封信，总经理批交辞典部同事看后送请编译所所长高梦旦核办。”我真意想不到，这么一封平常的信，引起那样大的注意。说老实话，这封信我是随便写的，寥寥二百余字。如果我想炫才自荐，可以引经据典，写一二千字呢。

次日上午，高梦旦在小会客室叫我去谈话。高梦旦天天来编译所办公，似乎今天他才知道编译所有我这么一个人。这也难怪，我进英文部是张菊生直接和邝博士谈妥，而且第一天进编译所便到英文部，邝亦未引我去见高所长，因为他知道高梦旦是不拘小节的。当时高梦旦开门见山就说：“你的信很好。总经理同我商量过，你在英文部，用非其材，想请你同我们所里一位老先生，孙毓修，合作译书，你意下如何？”我并不认识孙毓修，当我童年时，孙毓修编的童话尚未出版，这些童话大部分是从英文童话意译来的，用白话，第一本名为《无猫国》，这是中国历史上第一次有儿童文学。我猜想这位孙老先生大概懂英文，同他合作译书，不知怎样做法，译什么书？不过我也不多问，只说："我愿意。但先须向邝部长说明，向他告别。"高梦旦说："我同你去，邝博士还不知道要调你呢！"

见过邝富灼，我谢他一个多月对我的照顾（这是真话，一个多月来，他对我很客气，像对二周和平海澜），然后，高梦旦引我去见孙毓修，只说句"你们细谈吧"，就回到他那背阳的大写字台旁坐下。

孙毓修年约五十多，是个瘦长个子，有点名士派头。他是前清末年就在商务编译所任职，是个高级编译。他似乎又有点自卑感；后来我才知道这自卑感来自他的英文程度实在不算高。他不问我对翻译感兴趣否，也不谈合译什么，却自我介绍道："我是版本目录学家，专门为涵芬楼（编译所的图书馆）鉴别版本真伪，收购真正善本。有暇，也译点书。有一部书，我译了三四章，懒得再译了，梦旦先生说的合译，就指这个。"我说："是什么书？莎士比亚的戏曲？还是……"孙毓修插口道："不是，你看。"他从书桌上杂乱的木版书中找出一本英文书，我一看是卡本脱（他译音为谦本图）的《人如何得衣》。孙又从抽屉找出一束稿纸，是他译的该书前三章。他说他的译笔与众不同，不知道我以为如何？我把他译的那几章看了一下，原来他所谓"与众不同"者是译文的骈体色彩很显著；我又对照英文原本抽阅几段，原来他是"意译"的，如果把他的译作同林琴南的比较，则林译较好者至少有百分之六十不失原文的面目，而孙译则不能这样说。孙毓修老先生以前曾以同样方法，"译"过卡本脱的《欧洲游记》，颇受读者欢迎，因为借此可以知道欧洲各国的简单历史、风土、人情等等。我想，林译的原本是西欧文学名著，而孙已出版的《欧洲游记》和译了几章搁起来的《人如何得衣》不过是通俗读物，原作者根本不是文学家，不过文字还流利生动，作为通俗读物给青年们一点知识，倒是当时欧美社会所需要的，所以在欧洲也曾列于畅销书之列，再加以出版商的广告吹嘘,也曾轰动一时,但料想是不过几年就会被人遗忘了。

我想了一会就说:“老先生的文笔别具风格,我勉力续貂,能不能用,还得老先生决定。”孙毓修自负地笑道:“试译一章看吧。”我重读了孙老先生“译述”的前三章原稿,就用他的意译方法,并摹仿其风格,以三四天时间译出了一章。当我把原稿交给孙时,他带点轻视的意味说了一句:“真快。毕竟年轻人精力充沛。”可是他看完了原稿后,笑道:“真亏你,骤看时仿佛出于一人手笔。”我说:“惭愧。还得请你斧削。”他又自负地点了点头。可是执笔沉吟半晌,只改了二三处几个字,把原稿还给我,就说:“你再译几章,会更熟练些。”我问他:“不跟原书校勘一下么?也许我有译错之处。”他摇头道:“本馆所出的译本,向来不对校原作,只要中文好,就付印。”这真使我大吃一惊。后来知道,这是因为当时编译所中并没人做这项校勘译文的工作,虽然所中懂外文的人并不缺乏,但谁也不愿意做这种吃力不讨好而且难免会得罪人(如果指出译笔有错误)的事。

以后译完一章,就交给孙。他也不看,忙于做他的自己的版本目录之学。他的书桌是一般编译者用的两个抽屉的中国式书桌,和我用的一样,但在背后有一只长条形无抽屉的木桌,专供他堆放“参考书”之用。

一个半月以后,全书译完,孙老先生这才匆匆读了一遍,很得意地说:“我看可以。”就把全稿(包括自己译的)交给高梦旦,高也不看译稿,听了孙的低声细语以后,点头说:“你斟酌着办罢。”孙老先生回来对我说:“立即要付排。可是——版权页上用你我合译或是你译我校,何者合式呢?”我猜想他是比较喜欢用“沈德鸿译,孙毓修校”的,但我干脆对他说:“只用你一人的名字就好!”他料不到我不想在版权页上露面,又惊又喜,却回答道:“好,就这样办。”我表示同意,心里却想,这又不是什么文学名著,译者署名,可以沾点光。

现在想说一下当时商务印书馆编译所区分某某部的不合理的情况。正式有“部”的名称的，只有三个：英文部，国文部，理化部。英文部职掌前已说过。理化部顾名思义是编辑中学校用的物理、化学、动植物学教科书的，也的确在编这些书，可是，鼎鼎大名的《东方杂志》却附在理化部内，而且部长杜亚泉却是主编。至于国文部，最为庞杂。国文部部长庄俞只管编辑小学、中学教科书，不管也算是“国文部”中人员的孙毓修和我，还有编《教育杂志》和《学生杂志》的朱元善，以及正在编辑《综合英汉大辞典》的主任黄士复、江铁及其他一些同编者。和黄士复同在一排的，还有陈慎侯（福建人），在我刚到国文部那一天，他曾和我打招呼。但他的福建口音很浓重，我不懂，有点腼腆；他笑了笑，摸出个名片给我，上面印的是“陈承泽慎侯”。后来，我知道他是清朝举人，曾留学日本，学法制、经济、哲学，参加辛亥革命，曾任福建省都督府秘书长、国会议员，又被推为福建省代表，到南京选举孙中山为临时大总统。此后即进了商务印书馆，主持法制经济书籍的编审工作。他研究文字学，著作有《国文法草创》等。他常常与高梦旦密谈，大概是起了高梦旦的“智囊团”的作用的。还有不知其所事为何的刘铁英（《老残游记》作者的儿子），以及正在编《清稗类钞》的徐珂（仲可）。

《衣》（此即《人如何得衣》的中文译述本的名称）在排印了，陆续送来第三次校样。此在当时的编译所，称为“三校”，照例须送著者或译者亲自校勘，如无改动，退回印刷所，而由印刷所再送“清样”一份留存译者或著者手中。第一第二两次校对由印刷所的校对部负责。“商务”的印刷所大楼即在编译所附近，不过数十步之远。我在看三校时，阅读卡本脱的《人如何得食》，此在卡本脱所作的关于衣、食、住三书中，原为第一本，孙毓修因中国惯称衣、食、住，故先译《衣》。《衣》原文约二百页，中文本则仅七万字左右。看完了《人如何得食》，又看原文的《人如何得住》。在这段时间内,我有闲暇继续阅读《困学纪闻》。孙老先生看见了,大为惊异,说:“你喜欢考据之学。”我回答:“谈不上考据之学。我是个‘杂’家而已。”孙更惊异,问我读过些什么书。我答道:“我从中学到北京大学,耳所熟闻者,是‘书不读秦汉以下,文章以骈体为正宗’。涉猎所及有十三经注疏,先秦诸子,四史(即史记、汉书、后汉书、三国志),汉魏六朝百三家集,昭明文选,资治通鉴,昭明文选曾通读两遍。至于《九通》,二十四史中其他各史,历代名家诗文集,只是偶然抽阅其中若干章段而已。”孙又问:“你不过二十岁,你哪有时间看这些书?你在中学和大学的中文教员是什么人?”我回答:“其中有章太炎的同学和弟子,说出来,你也不熟悉。不过,我这些‘杂’学,不尽来自学校,也来自家庭。”孙恍然大悟道:“怪不得人家说你是张总经理的亲戚,张菊老是海盐名门望族。”我说不是,而且与总经理从无一面之缘,即如我的介绍人卢表叔与总经理也素不相识。孙似疑似信,又问:“令亲是何出身?”我答:“孝廉公,清末壬寅科乡试中式第九名。”孙问:“令表叔大概有五十多岁罢?”我说:“还不到四十。”孙太息道:“我半世从事试帖,只青一衿而已。”又问:“尊大人是何出身?”我答:“我十岁丧父。”孙又问:“刚才你说家庭教育,想来是祖父。”我答:“不是,是家慈。”孙默然不再问了。我猜想他断定我是名门望族子弟;否则,我的母亲怎么会通晓文史呢。现在我要盘问他的底细了。此时他的名士派头收敛了,说他曾在南菁书院(清末科举未废前江阴有名的书院)中攻研八股制艺,后来从无锡美国教堂的一个牧师学英文,半路出家,底子有限;从缪艺风学版本目录之学也只是六七年前的事。

到本年年底,我进商务编译所恰满五个月,会计送来薪水,附一通知:自下年正月起,每月薪水三十元,即每月加了六元。孙愤然为我不平,说,五个月译了两本半书,人家一年译一本的,月薪六七十元,他们欺侮你年纪小,我去为你说说。他又借此发牢骚,说他自己为商务做了不少事,熬了十年,月薪尚止百元,而左右前后,终日无所事事者，却拿百元以上高薪，无非后台有人而已。他说，他不便为自己诉苦，却要为我鸣不平，亦取瑟而歌之意。我仍止住他道："我没有家庭负担。在此不为利不为名，只贪图涵芬楼藏书丰富，中外古今齐全，借此可读点书而已。"这是我当时的心愿，真想不到后来却在这个编译所中呆了九年。这九年中，世界的变化，中国的变化，我个人的变化，在一九一六年尾我的头脑里当真没有一丝一毫的预感。

我写信给母亲，告诉她加薪六元的事，又说，据此间熟人告知，进馆不到半年即加薪，虽只六元，已是破格优待，编译所中人员，进去为二十四元者，熬上十年，才不过五十元而已。我信中又谈到涵芬楼藏书丰富，借此研究点学问，倒也不坏，却不耐烦为每月五十元而熬上十年。我又说：这个商务印书馆是个"怪"物，一方面似乎搜罗人才，多出有用的书籍，而另一方面却是个变相的官场，处处讲资格，讲人情，"帮派"壁垒森严。

母亲给我回信，大意都赞成我的看法，又说此时不要你帮助家用，安心读书做学问罢。又嘱我该写信给卢表叔，报告进商务印书馆以后经历的事情。

卢表叔也给我回信，大意说，只要有学问，何愁不立事业；借此研究学问是正办。

孙毓修同我商量，来年除看《食》、《住》三校外，总得想点事来做。他问我有何意见。我说，也编几本童话或少年丛书罢（孙是中国有童话的开山祖师，他的童话大都编译外国童话；至于少年丛书，介绍欧洲一些科学家、发明家的小传或轶事，也是编译外国少年读物的）。孙想了一想，摇头道：我们要编一本开风气的书，中国寓言；此事须要对古书有研究的人，你正合适。我欣然同意。因为借此，我可以系统地阅读先秦诸子、两汉经史子部（指四库全书分类）之书。此书定名《中国寓言初编》，当时还打算出《续编》、《三编》，那就得把史部、子部、集部的重要著作都读一遍了。然而止成

《初编》,有种种原因,留在后边再说。辑录《初编》材料时,我仿照治史学先作《长编》之法,收罗广博但不收《百喻经》材料。孙要收,我说这是印度寓言,将来应另出外篇。这个意见,孙采纳了。《长编》花了半年多时间编出来了,并略作说明,“此中寓言、喻言并收,应推敲何者为正规的寓言”。孙毓修后来选择时,“寓”、“喻”不分,他写了一篇骈体的《序》,现在抄下来:

易云,称名也小,取类也大,喻言之谓矣。是以风人六义,比兴为多。金锡以喻明德,珪璋以譬秀民,螟蛉以类教诲,蜩螗以写号呼,澣衣以拟心忧,席卷以方志固,麻衣则云如雪,如舞则云两骖;或以比义,或以比类,举一可以反三,告往可以知来。楚骚既沿其波,汉赋复宗其例。姬周之末,诸子肇兴,蒙庄造学鸠之论,寓言乃启;淳于设大鸟之喻,隐语以盛。孟子言性,取象于湍水,公孙论名,借观于白马。遂使写物附言,析理者畅其悬谈;义归意正,谲谏者陈其事势,视彼风诗之婉约,不翅滥觞于江河。冰释泉涌,金相玉振,岂徒有益于文章,抑亦畅发乎名理。记曰:君子知至学之难易而知其美恶,然后能博喻,能博喻然后能为师,故夫立言者必喻而后其言至,知言者必喻而后其理澈。魏文听古乐而思卧,庄语之难入也;宋玉赋大言而回听,谐语之易感也。意生于权谲,则片言可以折狱;辞出于机智,则一字可以为师。往牒所载,此类实多;辑录成书,未之前闻。明万历间宣城徐太元录《喻林》百二十卷,緐辞未剪,琐语必收,博而寡要,劳而少功,盖足备摛翰者临文之助,未能供读书者研几之用也。译学既兴,浅见者流,惊伊索为独步,奉诘支为导师。贫子忘己之珠,东施效人之颦,亦文林之憾事,诚艺苑之阙典。用是发愤,钞纳成编,题曰《中国寓言》。道兼九流,辞综四代。见仁见智,应有应无。譬如凝眸多宝,有回黄转绿之观;杖策登山,涌横岭侧峰之势,其为用也，岂不大哉！若夫还社求拯于楚，喻眢井而称麦曲；叔仪乞粮于鲁，歌佩玉而呼庚癸；臧文谬书于羊裘，庄姬托辞于龙尾；此为谜语，无关喻言。义例有别，用是阙焉。作述之旨，扬榷如左：

诸子百家，寓言甚多，兹先录周秦两汉诸书，辞义兼至，脍炙人口者，以为初集，续编嗣出。

编录次第，略依四部为序。

周秦古书，如《于陵子》、《亢仓子》、《天禄阁外史》之类，辞意浅陋，依托显然，今皆不取。

世历绵渺，古籍多亡，其逸文犹见于他书者，并为甄录，存其家数。

所引诸书，并注篇名，以便覆按，一事而诸书并载则取其最先见或兴味较长者，并胪注异同，使阅者参观之而易知其意。

原文或过于冗长，或中杂他事，全录则病太谩，删改又非所宜。今凡节取者于接联处空一字为记。其于原书，都无窜易。

李瀚蒙求，每则皆有题目，期令阅者一览而知其意，终篇能括其文。兹编亦仿其制。

原书有前人注解者，兹多因之；或旧注艰深，未易领会，僭加删改，俾就浅明。原书无注者亦略加训释。每则略加评语，发明寓意之所在，触类引申，或有当焉。

三藏经论中多比喻，微言妙义，不让蒙庄。其说来自印度，原非中国所有，别为外编，以待刊行。

中华民国六年，岁在丁巳，
仲秋之月，无锡孙毓修识。

孙老先生花了半个月时间作这篇骈四俪六的千把字的长序，中心内容仍是寓、喻不分，而开头引《诗经》的几句以为喻言之始祖，却又接以“楚骚既沿其波，汉赋复宗其例”，他把我们称之为形象思维的，统统称之为喻言；至于“公孙论名，借观于白马”，显然牛头不对马嘴，那时我对先秦哲学虽无研究，但在学校选读先秦诸子时，也知公孙龙的“白马非马”，是“名家”辩术之一例。从此可知不能与“孟子言性，取象于湍水”相并而论。至于书中所收《愚公移山》、《夸父逐日》，则是神话，既非“寓言”，也不是“喻言”。但是这一些意见，我都不同这位自命不凡的老先生说，因为他写了序和凡例，这书将必由他负责。真不料书印出来时，版权页上却写“编纂者桐乡沈德鸿，校订者无锡孙毓修。”这叫人啼笑不得，但也只能听之而已。这在别人，或者倒会引以为荣的。

很奇怪的是，这本不伦不类的《中国寓言初编》在民国六年十月初版后，居然在民国八年十一月出了第三版。

* * *

编译所的宿舍是编译所茶房元老通宝和福生的合股公司。这是一栋二层楼的老式洋房，房间有大有小，大的住四五人，小的住一二人。当然住四五人的房间，每人出的费用少。我进去时，是住在四人一间里的。那一间里已有两人，一是谢冠生，一是国文部编辑教科书的常州人，此人资格相当老，属于所谓常州帮，他的态度有点傲慢，不大同人讲话。但既屈居于四人合住的房间，料想薪水也不多。我搬进去，就成了这个房间的第三个人。伙食也是宿舍里包的。有一个房间专作饭厅用。整个宿舍不过住二十来人，开饭八人一桌，三桌就行了。“合股公司”老板之一，亦即宿舍的“总经理”福生常说：他们办这宿舍，不为赚钱，只求大家方便，每月开支两讫，就好了。这大概是实话。有人算过，全宿舍的人们的膳宿费里头，他们赚不了钱。但是，有这宿舍，通宝和福生的亲戚和朋友川流不息地来上海游玩的，就有个落脚点，两个东道主又卖了人情，又不用掏腰包，这就是所谓“大家方便”。

我住的那一间四人的房间，面对面两排床铺，中间一条狭长的板桌，没有抽屉，但桌面下边有搁板，我们的零星东西就放在搁板上。这房间的北面有一对窗，谢冠生和那个常州人的床铺面对面挨着窗。有一盏电灯，高高吊在天花板上，烛光小，不能看书。我看书多半是星期日、大家都出去玩了，我就利用这时间。我在上海快一年了，除了宝山路附近，从没到别处去过。

商务印书馆编译所有个章程，全年除了星期日、阴历过年有两天休息，此外无假期，生病也算请假。自然没有事假。可是每年有一个月的额外休息。就是说，一年之中，不问你有事或生病，只要累积起来不超过一个月就不扣薪，超过一天就扣一天的薪水。如果你不怕扣薪水，你就两三个月不去上班也无所谓。假如你一年到头，除了星期日和阴历过年两天之外，天天上班，不迟到也不早退，则每年年底（阳历）可得一个月额外的薪水。我并不希望一个月的额外薪水，但很想利用一年中不扣薪的一个月时间办点私事，例如回家去探望母亲。我把这情况写信告诉母亲。她回信叫我还是等弟弟泽民放暑假时再回去，那时泽民正好在省立第三中学毕业，准备升学。泽民的同学中有几个比他年纪大的，知道南京一年前开办了一个工程专门学校，正式名称是水利局河海工程专门学校。这水利局包括长江下游几个省。泽民的数学、物理、化学，在全校算是最好的，他想报考这个河海工程专门学校。母亲让我暑假回家就是商量这件事。

七月，我回到乌镇，商量结果，决定让泽民去投考河海工程专门学校，并且插班二年级。我和他一同回上海，他没有住旅馆，编译所宿舍里空的铺位很多，我和宿舍“总经理”福生商量，让泽民住两三天，照例付钱。福生很客气，只要伙食费。过了二三天，泽民一人去南京。考完后他乘火车到上海，没停留，又转乘小火轮回乌镇。一个月后接到了录取通知。母亲写信叫我回去。那时是一九一七年八月尾,我在商务工作已有一年,积蓄了二百多元。我把这些钱全部带在身边。回到家,母亲已把泽民的行李收拾好了。还替我和泽民新做了湖色纺绸长衫,母亲自己也新做一身纺绸的衣裙。母亲显得特别高兴,她对我说:“这次叫你来,一则我们送泽民到南京上学,二则我也趁此机会去南京看看。”母亲当时的愉快心情,我是理解的。第一,她觉得我在商务编译所的前途是有希望的,我翻译的《衣》、《食》、《住》,已经排好,我编辑的《中国寓言》已经出版。她料想我此后可以一帆风顺了。第二,泽民居然考取(他的同班毕业生一同报考的,都没有被录取),而且据说这个学校是当时(北洋政府)开办的全国第一所这类的专门学校,为全国的公路建设和水利工程培养专门人才,毕业后学校负责介绍工作,不用你自己操心。因此种种,母亲兴致勃勃,要我们伺候她出去走走。我说,妈妈想出去走走,再好没有。我手边有二百多元,大概够花了。妈妈不要我花钱。但我和泽民都以为应该孝敬一下为我们操心、十年勤劳的亲爱的妈妈。

我们三人先到上海,住了个中等旅馆。这个旅馆有浴室,也备饭菜,但也可以叫外边馆子的酒菜。我叫茶房拿广东馆子的菜单来请母亲点菜,并且要了一瓶葡萄酒。对于酒,母亲和我只能喝小小几口,但泽民能喝一二小杯。我们叫了一辆马车,游览了公共租界和法租界的几条热闹马路。但母亲最感兴趣的,是到商务印书馆发行所去买书。她买了林琴南译的小说五十种,又买了四大编的《西洋通史》,二卷本的《西史纪要》,以及《东洋史要》(日本某学者原著的中文译本)和《清史讲义》(汪荣宝原著,许国英增订),以上各史书,母亲都买了两套。在上海游玩了三四天,然后乘火车到南京,我们买了二等车票。在南京住了个像样的旅馆,游览了名胜古迹,转眼已四五天,学校快开学了,母亲取出所买的历史书,分一套给泽民,说:“你将来要做工程师,但也不能不懂世界历史和中国历史。”母亲叫旅馆茶房来问:“南京哪一家菜馆最好?”茶房说有一家北京菜馆。于是我们便到那家菜馆。母亲这次一定要自己付钱，说，这是她奖赏泽民和我的。泽民上学后，我和母亲就离开南京。母亲想乘长江客轮回上海，她说她还没见过长江。我在航行于汉口至上海的三四千吨的豪华的大客轮（英国轮船公司的）定了个官舱。船启碇后，我扶着母亲在甲板上散步，她遥望江天，忽然有感触，对我说："你父亲一生只到过杭州，我今天见的世面比他多了。"又慨然说："他的遗嘱我尽力做到了，你兄弟二人还算有出息，他死而有知，大概也是快活的。可惜一个人死了没有鬼，他再也不知我们现在干什么，将来还要干什么。"到了上海，我送母亲转乘小火轮回乌镇，就回商务编译所。

这次旅行共花了两星期。我上班后才知道，这两星期内，我的工作发生了变化。编辑《教育杂志》、《学生杂志》、《少年杂志》的朱元善，已经向高梦旦提出，要我转到他那个部门做他的助手，主要助编《学生杂志》。但是孙毓修借口还要我编辑《中国寓言续编》，不肯放，结果，把我平分，半天编《中国寓言续编》，半天帮助朱元善审阅《学生杂志》的投稿。但实际上《中国寓言续编》并没有编，那半天时间孙毓修要我帮他编写儿童读物，也就是从外国的童话和中国的传奇中选一些故事，用白话文改写。因而从一九一七年下半年起，我陆续编写了《大槐国》、《狮骡访猪》、《书呆子》等二十七篇童话，分编为十七册，收入商务印书馆出版的《童话第一集》中。这《童话第一集》共有一百多分册。《学生杂志》是个五花八门、以供给中学生课外知识为主的刊物。它有社论式的短论，内容一贯鼓励学生埋头读书，将来为祖国效力。有"学艺"栏，介绍外国的科学知识。有不立栏名，但经常有数学和几何的难题解答示范。有"技击"栏，讲解如何锻炼身体的武术，附有很多演习武术的拳脚姿势的插图。还有世界和中国的每月大事记。除了这些，便是在校学生的投稿，包括每期大约十一面的英文论说、游记、中英对照的小品。而学生投稿中占绝大多数的，是文言的游记、诗、词。这些投稿都标明何省何县何校，投稿者在校年级及真实姓名。录取的投稿都照登这些“资历”。

朱元善当时要我审阅的投稿，就是这些来自全国各地的中学校、初级师范学校或者甲种蚕桑、甲种工业学校（程度和现在的中专相近）的学生们的投稿。我看这些文言的游记，大多用骈体，可见当时全国各地中等学校盛行的，竟是骈体；而诗词内容，颇多感伤牢骚，老气横秋，疑是教师们修改润色过的。朱元善说，不管它真是学生写的，还是教师改的，只要做得好，我们就录取；一则登了出来，学校当局、教师、学生，都觉得光彩，就会逢人夸耀，这就成了我们这个杂志的义务推销员；二则，学生来稿录取了，不付现金报酬，只送书券，临时填写价目，从二元至十元不等，用这书券可买商务出版的书，这又为商务的书籍推广了销路。这些很精明的办法，都是朱元善“发明”的。商务老板因此认为朱很能动脑筋，很器重他。同时他也是个老资格，光绪末年商务刚开办不久，他就进商务了；他又是海盐人，和张元济有点远的亲戚关系。因此种种，他一身兼了三个刊物的主编。但手下并无助编，只有一个年轻人（也是海盐人），做登记来稿、寄送稿酬、书券等工作；而且，如果要审核学生们的来稿，朱元善本人也不胜任。因为其中诗词极多，看来朱于此道，是门外汉。

现在要回过来讲一件事。在这之前，朱和我已有过交涉。我把《衣》、《食》、《住》刚译完时，他就对孙毓修说，想请我译点小东西，孙碍于面子，不好拒绝，而且《中国寓言》的工作还未开始，《衣》、《食》、《住》正在陆续排版，陆续看校样，我是有时间的。朱元善出了个题目，说《学生杂志》上没有登过小说，现在打算登点小说，学生最好看点科学小说，要我找材料。我在涵芬楼图书馆的英美旧杂志中发现两种杂志，一种叫《我的杂志》（My Magazine），一种叫《儿童百科全书》（Children’s Encyclopaedia，这也是每月出版，像杂志形式），两者都是供给中学生以历史、科学知识的通俗读物。我在后者或前者（现在记不准了，也不记得是哪年的）找到一篇可以说是科学幻想小说，我把它译出来，就是《三百年后孵化之卵》，登在一九一七年的《学生杂志》正月号上。这两种英文杂志有些文章不具名，因为这是通俗读物，作者不是什么名人。这篇东西，却有原作者姓名，但朱元善把它勾掉了。商务编译所的刊物主编者老干这种事。看内容明明是翻译的东西，题下署名却是个中国人。《小说月报》的大部分小说（林琴南译的除外）就是这样。《三百年后孵化之卵》总算留了个“译”字。这篇小说是用文言翻译的，也是我在报刊上发表的第一篇译作。

也是在这两种旧杂志上，我看到若干篇成功者的传记和轶事。后来我就据以编写《履人传》和《缝工传》。这在后面再谈。

朱元善编《教育杂志》，主要依靠许多日本文的教育杂志。这些五花八门从教育理论到教学方法，从大学到中学的日本文杂志约有十来种。朱本人并不懂日文，他只看日文中的汉字猜想内容，认为可用，便圈出来，请馆外人翻译。有些文章翻译出来一看，是圈错了的，不合需要，便只好存档。两种或两种以上的杂志中有讲同一问题的，例如介绍英美教育新思潮的，都翻译出来了，他就据以重新编写，成为一篇文章，不注出处，只署名曰“天民”。他对翻译的人说，天民是共同的笔名。那时《教育杂志》版权页上编者署名朱元善，《学生杂志》最初不署编者名，后来署名时，也署的“天民”。他借此暗示，《教育杂志》上写文章最多的“天民”和《学生杂志》编者是一人；不明情况的商务老板还以为他真卖力呢！当时他付给那些译者的稿酬是每千字一元至二元，这在当时是一般的报酬。翻译者既不署名，译错了也不负责，译文之潦草，自不待言，所以颇有人愿意接受比较低的报酬。当时商务各杂志稿酬最低二元，最高有至五元的，那是极少数的几个特约撰稿人才能享受。朱元善用上述的方法把《教育杂志》办得相当有生气，因为它及时介绍欧美新的教育学说、教育改革情况。但他对教育学说并无研究，用自己的观点把那些粗糙的译文加以改编，有时也要出毛病，闹笑话。不过《教育杂志》的读者以中学或师范学校的老师为多，他们看不出这些偶尔出现的毛病。

日本文的学生杂志，登载知识性文章很多。朱元善也圈出来，请人翻译，然后他加以改写，用五号字登在《学生杂志》的“学艺”栏内。

商务编译所还有一人兼编两种杂志的，此即《小说月报》和《妇女杂志》的编者王蕴章（号莼农，别号西神）。他手下也只有一个只做登记稿件等杂务的人（当时名为校对）。《东方杂志》却不同，主编之下，有三个名副其实的编辑，即钱智修、章锡琛、胡愈之。钱、胡都懂英文，章懂日文。但我和他们接触是在一二年以后，当时我甚至还不认识他们。

朱元善还订了一些当时上海出版的适合中学生阅读的杂志，其中就有陈独秀编的《青年杂志》（即《新青年》之前身）。《青年杂志》提倡“德、智、体”三育，用文言，但在一九一七年改名为《新青年》时已经发表了胡适的《文学改良刍议》，继之以陈独秀的《文学革命论》。朱元善既订有《新青年》，自然看到这两篇文章。朱可以说是商务几个主编杂志的人中对外界舆论最敏感的一个。他虽不学无术，但善观风色，而且勇于趋时。他打算以《学生杂志》小试改革，先从社论开始。他请我写一篇不同于历来的《学生杂志》社论内容的短文，作为社论；这就是刊登在《学生杂志》一九一七年十二月号上的《学生与社会》。这篇文章可以算得是我的第一篇论文。当时年轻胆大，借着这个题目对两千年来封建主义的治学思想，发了一通议论。现在把其中一段抄在下面，也能看出我当时的思想认识水平。

> 我国古训，所谓遵先王之法而过者，未之有也。又曰，不知不识，顺帝之则。皆不啻为奴隶道德四字作注解。此不独

行事为然，求学何独不然？战国之时，策士纵横，各抱一说，以干列国之君，虽穷通各异，要不失为精研一己之学业，发抒一己之见解。当时百家学说，骈肩比足，未有轩轾。逮乎刘氏定鼎，海内统一，而儒家者流，依附君主权力，攘斥百家，以自尊重，而学术上遂有主奴之别，学问之道狭矣！两汉学者，又揣摩君主之所好，故乘时而起之文人，后先相望，而求其独抱遗经，为所为于举世不为之日，仅得一扬雄，顾亦钻研孔子之学而不能独辟蹊径。若夫倡一家言，于学问做科学的研究者，未见其人。岂天之不生才耶？盖亦世风有以囿之桎之，而士亦无自主心之所致也。《论衡》谓周人年老不遇，而哭于路。人问之。曰："吾年少之时学为文，文德成就，始欲仕宦，人君好用老（按指黄老之学）。用老主亡，后主又用武，吾更为武，武节始就，武主又亡。少主始立，好用少年，吾年又老，是以未尝一遇。"

以下论及经今文家之抱残守缺：

盈篇累牍，盘旋曲折，琐碎已极，有如学几何者之证命题。谚所谓博士买驴，书券三纸，未见驴字，非过诮也。其能发抒己见，以成一家之说者，如麟角凤毛，已不可得。挽近西学东渐，虽已破此一重关，其失也又太肤浅，而趋时之习，日甚一日。学子入校，莫不揣摩风气之所趋，为将来应用之地。于是学问之道，以社会风气为主体，而不顾一己才力之所偏，与其性之所近，戕贼青年之美质，阻碍社会之进步，莫此为甚。举世尽汶汶然而从人，夫安得大学问家，生于今日之世哉。孔子曰：古之学者为己，今之学者为人。吾谓今之学者，直为利耳。方其学也，不问学术之有用与否，不问与己之合宜与否，唯利是图，欲其有益于社会难矣。是故学生在社会中也，必求自主。

在文章结尾，概括全文，还对当时的学生提出了一个总要求：

> 学生时代，精神当活泼，而处事不可不慎。处世宜乐观，而于一己之品行学问，不可自满。有担当宇宙之志，而不可先事骄矜，蔑视他人，尤须有自主心，以造成高尚之人格，切用之学问。有奋斗力以战退厄运，以建设新业。呜呼，浩浩黄胄，其果有振兴之日耶，暗暗社会，其果有革新之望耶，会当于今日之学生觇之。（以上引文原无标点符号，为阅读方便，新添上的。下同。见《学生杂志》一九一七年四卷十二号）

这篇文章朱元善居然很中意，认为可使《学生杂志》面目一新，便又要我再写一篇社论，登在一九一八年正月号上，题目是《一九一八年之学生》。这一篇的内容比上一篇更进了一步，在《学生杂志》上议论起时政来了。大意谓欧战局势“姑无论其孰胜孰负”，“亚东局势必且大变”，而中国“则自鼎革以还，忽焉六载，根本大法，至今未决，海内蜩螗，刻无宁晷，虚度岁月，暗损利权。此后其将沦胥而与埃及、印度、朝鲜等耶？抑尚可自拔而免于亡国之惨耶？非吾侪所忍言。”文章中还大声呼吁学生“幡然觉悟，革心洗肠，投袂以起”，并对学生提出了三点希望，即“革新思想”、“创造文明”和“奋斗主义”。从这篇文章，可以见到我当时的爱国主义和民主主义思想的端倪。文章把“革新思想”列为对学生的第一条希望，说明我的重点所在。“何谓革新思想？即力排有生以来所熏染于脑海中之旧习惯、旧思想，而一一革新之，以为吸收新知新学之备。”“故学术之进步濡滞，学校之分科不全，举非所惧，而思想不新，致新文化失其效力，是乃深忧。”（以上引文见《学生杂志》一九一八年第五卷第一号）当然，那时候我主张的新思想只是“个性之解放”、“人格之独立”等等资产阶级民主主义的东西，还不是马克思主义，因为那时“十月革命”的炮声刚刚响过，马克思主义还没有传播到中国。解放后许多作者论述我早年的思想，都提到这两篇东西，认为我这时期是进化论思想。进化论，当然我研究过，对我有影响，不过那时对我思想影响最大，促使我写出这两篇文章的，还是《新青年》。而《新青年》那时还没提到辩证唯物论和历史唯物论的思想方法。

一九一八年的《学生杂志》，认真要登科学小说了。这一点也是我和朱元善商量好，由我负责收集材料。我找到了一篇叫《两月中之建筑谭》（美国洛赛尔·彭特 Russell Bond 著）的科学小说。我认为译文虽然不必（像后来翻译文学作品那样）百分之百的忠实，至少要百分之八十的忠实。朱却认为技术部分要忠实于原文，此外则可以不拘。他的“理论”是，给中学生读的科学小说，一方面要介绍科学技术，一方面也要文字优美，朱认为这一定要用骈体。《两月中之建筑谭》开头那段文字就由我来写。这篇小说是我和泽民合译的。泽民主要把技术部分译出来，那时他在河海工程专门学校学了半年，技术方面完全可以译好。许多技术名词他知道，我就不知道。如混凝土，是 cement 加沙拌成的建筑材料，那时他们学校把它译成混凝土；又如钢筋水泥制成的部件，译成钢筋混凝土，也是他们学校里教师译出来的。

小说开头，我按照朱的意见，完全用骈体。这里可以抄一小段以见当时我写的骈体的面目：“疏林斜阳，数声蝉唱，绿水青草，两部蛙歌。莘莘学子，方自暑假大试验中挣扎而出，担簦负笈，返其故里矣。余亦此中之一人。”（见《学生杂志》一九一八年第五卷第一号第一页）然后写到这个“我”在书房里，“晨起，晓气清绝，当窗而理故课，午后，槐阴渐转，则下湘帘，踞胡床，倚隐囊，爇沉水，左定窑壶而右莎翁集，兴来则展霍氏志异之篇，唱荷马吊古之什”。这段滥调，我是带着开玩笑的意味写的，可是朱元善却大为赞赏，而且说欧美人喜欢中国风味的用具早成风气；上海鲁伊师摩洋行拍卖中国古玩，不辨真假，率先抢购的，就是洋人。他据此认为小说中那个美国学生有"定窑壶"，竟是"合情合理"的。至于那个"我"的书桌上，原来只有笔和笔筒，可是朱元善在发排时加上了"砚"、"笔洗"和"香炉"。印出来后我看了觉得啼笑皆非。但如此把美国学生汉化，只此一回，亦只此一段。我终于说服了朱元善，不在翻译中"用华变夷"。

当时商务编译所中有两个人善骈体，一是孙毓修，一是王西神。朱元善对他们很钦佩。骈体总得用典，朱元善引用胡适的《文学改良刍议》中论"不用典"一段议论，讥讽胡适立论自相矛盾。因为胡适一方面主张"不用典"，同时却又指出江亢虎（按是中国的所谓社会党的创始人，抗日战争时做了汉奸）代华侨诔陈英士（按是辛亥革命时的沪军都督，后为袁世凯所害，蒋介石是陈的旧部下）文有"未悬太白，先坏长城。世无鉏麑，乃戕赵卿"四语，赞其所用赵宣子一典，甚为工切（按胡适此论，实不高明；陈英士比赵衰，拟于不伦）。胡适又称赞王国维咏史诗："'虎狼在堂室，徙戎复何补？神州遂陆沉，百年委榛莽。寄语桓元子，莫罪王夷甫。'此亦可谓使事之工者矣。"朱元善的"结论"是：滥调要不得，用典却不可废。

《两月中之建筑谭》在《学生杂志》上连载了八期。原文有许多插图。登了这篇以后，朱认为科学小说应继续登载，要我继续找材料。我后来又找到一本小册子：《理工学生在校记》。严格而言，这不是科学小说，这只是用小说形式叙述科学知识。这也是我与泽民合译的。实际是他一人译，我只在文字上稍加修饰。朱硬要用合译的名义。他明知泽民是我的弟弟，但朱说若用泽民在学校的姓名沈德济，又不与我合译，那就要照在校学生投稿例，只能酬以书券，用合译，他可酬现金。言外有格外照顾之意。我和泽民拿到稿费统统去买了书。泽民暑假从南京来上海，在我宿舍住了半个月就把《理工学生在校记》译出来了。

编译所图书馆里英文书很多，不过杂乱无章。它藏有全套的有名的《万人丛书》（Everyman's Library），里面收罗很多西方资产阶级的政治、经济、哲学、文学名著，以及英国以外的文史哲名著的英译本，从希腊、罗马直到易卜生、比昂逊等。另有一套美国出版的叫《新时代丛书》（Modern Library），性质与《万人丛书》同。

一九一八年的《学生杂志》上又连续发表了我写的《履人传》和《缝工传》（材料来源，上文已讲过）。《履人传》是写鞋匠出身而成名的人，《缝工传》是写裁缝出身而成名的人，每篇前我都写有三四百字的绪言，完全用骈体。《履人传》绪言如下："夫芝草无根，醴泉无源，王侯将相无种，丈夫贵能自立，阀阅岂能限人哉。闲常泛览外史，取少贱为履人之名人，撮其事迹，荟萃一篇，为履人传。亦见人在自树，自暴自弃者天厌之，穷巷牛衣之子，其亦闻风自兴，而勉为书中人乎。"（《学生杂志》一九一八年第五卷第四号）至于《缝工传》，则取《五代史·一行传》之意。《缝工传》的绪言说："欧阳永叔撰五代史，取李自伦等数人为一行传，而曰，自古忠臣义士，多出于乱世。窃怪当时可道者少，意必于负材能修节义，而沈沦于下者，求之传记，而乱世崩离，文字残缺，不可复得，然得者仅四五人而已。其事迹不著，而无可纪次，其略可录焉。"（《学生杂志》一九一八年第五卷第九号）《履人传》和《缝工传》都是赞美大丈夫贵自立，这与《一九一八年之学生》论文所提倡的革新思想，奋斗自立的精神是呼应的。

从一九一九年起，我开始注意俄国文学，搜求这方面的书。这也是读了《新青年》给我的启示。《万人丛书》有帝俄时代文豪如托尔斯泰等人的英译本，得之甚易。当时美国人开的"伊文思图书公司"有英美出版的新书，也有杂志。它所没有的书，你开了书名，它可以代购，书到后付款。同时又从日本东京丸善书店西书部索得它每月出版的已到及将到的欧美新书、杂志目录，它比"伊文思图书公司"的书目更完备。向丸善购书或订购，也是书到付款。于是买书的路子更加宽了。

登载在《学生杂志》第六卷四—五号上的《托尔斯泰与今日之俄罗斯》，就是我关心俄国文学之后写的一篇评论文章。这篇文章的题目下有三行提示，曰："十九世纪末之世界的文学"，"俄国革命之动力"，"今后社会之影响"。文章开头说："十九世纪末年，欧洲文学界最大之变动，其震波远及于现在，且将影响于此后，此固何事乎？曰俄国文学之勃兴，及其势力之勃张是也。""俄人思想一跃而出……二十世纪后半期之局面，决将受其影响，听其支配。今俄之 Bolshevism［布尔什维主义］，已弥漫于东欧，且将及于西欧，世界潮流，澎湃动荡，正不知其伊何底也。而托尔斯泰实其最初之动力。"又说，这篇文章"读者作俄国文学略史观可也，作托尔斯泰传观可也，作俄国革命远因观，亦无不可"。现在回忆，当时正是十月社会主义革命传到中国，震撼中国社会各阶层的时刻，一九一八年十月十五日李大钊在《新青年》上发表了《庶民的胜利》，但是直到一九一九年的五月，《新青年》上才公开宣传马克思主义学说，并且发表了李大钊的《我的马克思主义观》。因此，在十月革命以后和马克思主义传到中国以前这一段时间里，对于俄国革命的"动力"和"远因"，是当时"有志之士"们常常议论和探究的。我的这篇《托尔斯泰与今日之俄罗斯》，是试图从文学对社会思潮所起的影响的角度来探讨这个问题的一点尝试。当然其论点现在看来是可笑的。

到了一九一九年春夏之交，五四运动爆发了，在它的影响和推动下，我已开始专注于文学，翻译和介绍了大量的外国文学作品。《学生杂志》不适合刊登的，我就投稿给上海《时事新报》的副刊《学灯》。契诃夫的短篇小说《在家里》就是我那时翻译的第一篇小说，也是我第一次用白话翻译小说，而且尽可能忠实于原作——应该说是对英文译本的尽可能忠实。在这之后半年多的时间内，我接连翻译了契诃夫的《卖诽谤者》等十多篇短篇小说和剧本，写了介绍托尔斯泰和萧伯纳的文章,都登在《学灯》上。此外还写了一篇叫做《近代戏剧家传》的长文,介绍了比昂逊、契诃夫等三十四个作家,连载在《学生杂志》第六卷七—十二号上。

由于我常在《学灯》上投稿,《时事新报》的主编张东荪办《解放与改造》时就约我写文章。张东荪属于研究系。研究系在政治上属于右翼,但在五四运动后,也伪装进步。张东荪甚至还与陈独秀他们共同商议发起上海的马克思主义研究小组。《解放与改造》刊登介绍外国各派社会主义运动的文章。《时事新报》的副刊《学灯》登载拥护五四新文化运动的文章。但当梁启超(研究系首脑)从海外归来,态度即变。张东荪在《时事新报》上发表社论《由内地旅行而得之又一教训》,即为自己重复右倾找"理论根据",以后就不谈社会主义,且反对社会主义了。《解放与改造》上有一栏叫"读书录"。"读书录"是把某一外文原著以提要形式介绍其内容,而不是全文翻译。我在这上面介绍的第一篇是张东荪给我的材料,叫《罗塞尔〈到自由的几条拟径〉》(《解放与改造》一卷七号)。小题目是无政府主义,社会主义,工团主义。罗塞尔主张基尔特社会主义,反对社会主义,也反对无政府主义和工团主义。那时已是一九一九年尾,我开始接触马克思主义,我觉得看看这些书也好,知道社会主义还有些什么学派。那个时候是一个学术思想非常活跃的时代,受新思潮影响的知识分子如饥似渴地吞咽外国传来的各种新东西,纷纷介绍外国的各种主义、思想和学说。大家的想法是:中国的封建主义是彻底要打倒了,替代的东西只有到外国找,"向西方国家寻找真理"。所以,当时"拿来主义"十分盛行。拿来的东西基本上分两大类,一类是民主主义的,一类是社会主义的。马克思主义作为社会主义的一个学派被介绍进来,但十分吸引人,因为那时已经知道,俄国革命是在马克思主义的指导下取得胜利的。也是在这种求真理欲的驱使下,我还译过两篇尼采的东西,是从他的名著《苏鲁支语录》(Thus Spake Zarathustra)中选译的,登在《解放与改造》上。我还写了一篇介绍尼采的文章《尼采的学说》,登在一九二〇年初的《学生杂志》上。当时学术界有一种意见,认为尼采思想是德国发动第一次世界大战的哲学基础,所以不主张介绍。我则认为"跟了尼采走的人是完全错了;避了尼采不肯见面,或不肯和他一谈的,也不见得是完全不错!""尼采诚然是人类中的恶魔,最恐怖的人物","但我们却也不忘却他对于精神方面的见识很超特,多少含有几分真理"。"尼采思想卓绝的地方"是"把哲学上一切学说,社会上一切信条,一切人生观道德观,重新秤量过,从新把他们的价值估定"。我们"应当借重来做摧毁历史传统的畸形的桎梏的旧道德的利器,从新估定价值,创造一种新道德出来"。(见《学生杂志》七卷一—四号)一句话,我那时所以对尼采有兴趣,是因为尼采用猛烈的笔触攻击传统思想,而当时我们正要攻击传统思想,要求思想解放;尼采也攻击市侩哲学,而当时的社会,小而言之,即在商务编译所本身,市侩思想和作风就很严重。

《解放与改造》也登文学作品,主要是我翻译的几篇。其中有比利时作家梅特林克(Maurice Maeterlinck)的五幕短剧《丁泰琪之死》。其后二三年,象征主义的梅特林克成为热门人物。当时大家竞相介绍十九世纪欧洲各派文艺思潮,而象征主义在十九世纪末年曾风靡欧洲各国。象征主义作家中以梅特林克最为重要。这样地热心于十九世纪欧洲各派文艺思潮,在今天看来,似不可理解。但在当时,大家有这样的想法:既要借鉴于西洋,就必须穷本溯源,不能尝一脔而辄止。我从前治中国文学,就曾穷本溯源一番过来,现在既把线装书束之高阁了,转而借鉴于欧洲,自当从希腊、罗马开始,横贯十九世纪,直到"世纪末"。那时,二十世纪才过了二十年,欧洲最新的文艺思潮还传不到中国,因而也给我一个机会对十九世纪以前的欧洲文学作一番系统的研究。这就是我当时从事于希腊神话、北欧神话之研究的原因。从事于古希腊、罗马文学之研究，从事于骑士文学的研究，从事于文艺复兴时代文艺之研究的原因。我认为如此才能取精用宏，吸取他人的精粹化为自己的血肉；这样才能创造划时代的新文学。我的同时代人，大都是有这样的抱负，从而也有这样的修养的，虽然深浅不同。

上面这种"穷本溯源"的想法，也是我在一九二〇年初为《小说月报》部分改革而写的《小说新潮栏宣言》中所表述的主要观点之一。另外一篇更早一些发表在《东方杂志》十七卷一号上的署名佩韦的文章《现在文学家的责任是什么?》也阐述了同样的观点，这是我最早的文学论文。这两篇文章加上当时陆续写的另外几篇文学评论，如《新旧文学平议之评议》、《为新文学研究者进一解》、《文学上的古典主义浪漫主义和写实主义》等，基本上表达了我在还没有接触马克思主义的文艺思想以前的文学观点。概括起来有这样几点：其一，我认为新思潮与新文学的关系是，"新文学要拿新思潮做泉源，新思潮要借新文学做宣传"。"现在新思想一日千里"，"西洋的小说已经由浪漫主义进而为写实主义、表象主义、新浪漫主义，我国却还是停留在写实以前"。为了赶上时代，艺术上就要"探本穷源"，"不探到旧张本按次做去，冒冒失失地'唯新是摹'是立不住脚的"。所以"中国现在要介绍新派小说，应该先从写实派自然派介绍起"。也要介绍表象主义（象征主义）。不过，这种介绍只是一种"预备"、一个"过程"，最终目的是为了提倡新浪漫主义。这就是"穷本溯源"的本意。

其二，我主张先要大力地介绍写实主义自然主义，但又坚决地反对提倡它们。我认为，"自然派只用分析的方法去观察人生，表现人生，以致见的都是罪恶，其结果是使人失望，悲闷，正和浪漫文学（按指十九世纪消极的浪漫主义）的空想虚无使人失望一般，都不能引导健全的人生观。所以浪漫文学固有缺点，自然文学的缺点更大。""在社会黑暗特甚，思想锢蔽特甚，一般青年未曾彻底了解新思想意义的中国，提倡自然文学，盛行自然文学，其害更甚。"

我认为中国的新文学要提倡新浪漫主义。因为,“浪漫的精神常是革命的解放的创新的……这种精神,无论在思想界在文学界都是得之则有进步有生气”。“把我的意思总结一句,便是:能帮助新思潮的文学该是新浪漫的文学,能引我们到真确人生观的文学该是新浪漫的文学,不是自然主义的文学,所以今后的新文学运动该是新浪漫主义的文学。”(以上见《小说新潮栏宣言》和《为新文学研究者进一解》)

其三,什么是新文学?“我以为新文学就是进化的文学。进化的文学有三种要素:一是普遍的性质;二是有表现人生指导人生的能力;三是为平民的非为一般特殊阶级的人的。惟其是要有普遍性,所以我们要用语体来做;惟其是注重表现人生指导人生的,所以我们要注重思想,不重格式;惟其是为平民的,所以要有人道主义的精神,光明活泼的气象。”“如拿这三件要素去评断文学作品,便知新旧云者,不带时代性质。”“最新的不就是最美的最好的。”“‘美’‘好’是真实。真实的价值不因时代而改变。旧文学也含有‘美’‘好’的,不可一概抹杀。所以我们对于新旧文学并不歧视;我们相信现在创造中国的新文艺时,西洋文学和中国的旧文学都有几分的帮助。我们并不想仅求保守旧的而不求进步,我们是想把旧的做研究材料,提出他的特质,和西洋的特质结合,另创一种自有的新文学出来。”(见《新旧文学平议之评议》、《小说新潮栏宣言》)

其四,“现在很有许多人主张纯艺术观的文学。这派的意思,以为文学是一种艺术品,艺术品的目的便是美感,所以文学的目的只在美,而不在含有新理想……本来所谓‘艺术的艺术’和‘人生的艺术’这两句话久已为争论之点,将来趋势如何,目下正难看到。不过以我个人的意见而论,纯粹艺术品固不能全无美感,自然欲奉艺术的艺术为正宗;而如文学,则本质既非是纯粹艺术品,当然不便弃却人生的一方面。况且文学是描写人生,犹不能无理想做个

骨子了。"(见《文学上的古典主义浪漫主义和写实主义》)

我在上面写了这一大片,无非是要回顾一下我在跨上文学道路之后最早形成的文学艺术观:赞成什么,主张什么,又反对什么。这些观点显然强烈地影响了我以后的文学活动。

选自《编辑杂谈》,北京出版社 1981 年

《小说月报》改革宣言

沈雁冰

《小说月报》行世以来,已十一年矣,今当第十二年之始,谋更新而扩充之,将于译述西洋名家小说而外,兼介绍世界文学界潮流之趋向,讨论中国文学革进之方法;旧有门类,略有改变,具举如下:

一、论评　同人观察所及愿提出与国人相讨论者,入于此门。

二、研究　同人认西洋文学变迁之过程有急需介绍与国人之必要,而中国文学变迁之过程则有亟待整理之必要;此栏将以此两者为归。

三、译丛　译西洋名家著作,不限于一国,不限于一派;说部、剧本、诗,三者并包。

四、创作　同人以为国人新文学之创作虽尚在试验时期,然椎轮为大辂之始,同人对此,盖深愿与国人共勉,特辟此栏,以俟佳篇。

五、特载　同人深信文艺之进步全赖有不囿于传统思想之创造的精神;当其创造之初,固惊庸俗之耳目,迨及学派确立,民众始仰其真理。西洋专论文艺之杂志,常有 Modern form 一栏以容受此等作品;同人窃仿其意,特创此栏,以俟国人发表其创见,兼亦介绍西洋之新说,以为观摩之助。

六、杂载　此栏所包为:(一)文艺丛译(小品),(二)文学家传,(三)海外文坛消息,(四)书评。

此外同人尚有二三意见将奉以与此刊同进行者,亦愿一言,以俟国人之教:

(一)同人以为研究文学哲理介绍文学流派虽为刻不容缓之事,而迻译西欧名著使读者得见某派面目之一斑,不起空中楼阁之感,尤为重要;故材料之分配将偏多于(三)、(四)两门,居过半有强。

(二)同人以为今日译革新文学非徒事模仿西洋而已,实将创造中国之新文艺,对世界尽贡献之责任,则预备研究,愈久愈博愈广,结果愈佳,即不论如何相反之主义咸有研究之必要。故对于为艺术的艺术与为人生的艺术,两无所袒。必将忠实介绍,以为研究之材料。

(三)写实主义的文学,最近已见衰歇之象,就世界观之立点言之,似已不应多为介绍;然就国内文学界情形言之,则写实主义之真精神与写实主义之真杰作实未尝有其一二,故同人以为写实主义在今日尚有切实介绍之必要;而同时非写实的文学亦应充其量输入,以为进一层之预备。

(四)西洋文艺之兴,盖与文学上之批评主义(Criticism)相辅而进。批评主义在文艺上有极大之威权,能左右一时代之文艺思想。新进文学家初发表其创作,老批评家持批评主义以相绳,初无丝毫之容情,一言之毁誉,舆论翕然从之;故能互相激励而至于至善。我国素无所谓批评主义,月旦既无不易之标准,故好恶多成于一人之私见:"必先有批评家,然后有真文学家",此亦为同人坚信之一端;同人不敏,将先介绍西洋之批评主义以为之导。然同人固皆极尊重自由的创造精神者也,虽力愿提倡批评主义,而不愿为批评之奴隶;并不愿国人皆奉西洋之批评主义为天经地义,而改杀自由创造之精神。

(五)同人等深信一国之文艺为一国国民性之反映,亦惟能表见国民性之文艺能有真价值,能在世界的文学中占一席地。对于此点,亦甚愿尽提倡之责任。

(六)中国旧有文学不仅在过去时代有相当地位而已,即对于将来亦有几分之贡献,此则同人所敢确信者,故甚愿发表治旧文学者研究所得之见,俾得与国人相讨论。惟平常诗赋等项,恕不能收。

上述六条,同人将次第借此刊以实现,并与国人相讨论。虽然,同人等仅国内最小一部分而已,甚望海内同道君子不吝表同情,可乎?

原载1921年《小说月报》第12卷第1期

革新《小说月报》的前后

茅　盾

大概是一九一九年三月,我同宿舍的"经理"福生商量:有没有单人住的比较大的房间?回答是"没有"。我说:"宿舍大门内右侧有个'小披'(按:这是我们家乡的土话,指简陋的只有斜面的屋顶而并无门窗的平屋,通常用以堆放破碎的家具或柴草之类),修理一下就可以住人了。"福生迟疑半晌,还是摇头。我说:"修理费用都归我付,如何?"福生笑道:"这是小事。我怕不谨慎。一进大门就是你想住的房间。楼下中间不住人,是饭厅。厨子和打杂的小伙子,住在西边,离你这房间太远,夜里倘有小偷,你是叫天不应的。"我对福生解释:宿舍围墙高约二丈,大门坚实,又有铁闩,入夜十时即下闩加锁。小偷除非爬上围墙,不能进来,但二丈高的墙,不用梯子又如何爬上去呢?即使进来了,又如何出去?如果把梯子弄进墙内,那就不能不有碰撞的声音,那就要惊醒宿舍内的人们。但是最主要的是小偷不会光顾。因为大家知道宿舍内住的是编译人员,除了随身衣服,只有几本破书,小偷犯不着为此冒险。

福生经我这番解释,也就放心了,说:立刻修理。

第二天,福生开出一个账单来,共计五十多元。他说:屋顶要换新的,外加门窗。我当即付他六十元,还叫他做个两层的书架,又说:如果六十元不够,我补付。

我所以要弄这个一人住的不大不小的房间,主要是存放新买的书籍,其次是晚上读书写文章,没有人来打扰,工作效率会提高许多。自从上年尾,《时事新报》的副刊《学灯》就约我写稿,张东荪(《时事新报》的总编辑)办《解放与改造》半月刊也约我写稿,而我在商务的《学生杂志》上写的稿件还不算在内。一九一八、一九一九,我的薪水每月各增十元,现在月薪五十元。但我向各处投稿的收入,平均每月也有四十元左右。

一个星期后,新房间修成了,长方形,有天花板,粉刷得雪白,门窗是绿色油漆。只一面有窗一对,向南,离围墙有五六尺,白天光线充足。围墙距宿舍楼房之间的长条空地,约六尺宽,三丈长,我们称之为"院子",杂乱地种着一些花草。我这小房被家具挤得满满的。除书架外,还有一张两个抽屉的长方桌子,圈椅两个,另外有个小方桌,预备放杂物。房内除吊灯外,还装了个"扑落"(上海话,指插销),这是预备用台灯或电风扇的。我又请福生代买个所谓"一丈青"的简单衣架,一个专放洗脸用具的三角形木架。总算起来,一共花了一百多元。

宿舍里的同事来参观这新房,有人开玩笑道:"这是名副其实的新房。"有人会意地加一句:"也就是洞房。"他们知道正是上年三月我回家结婚。我只笑了笑,不置可否。

有了安静的环境,我可以晚上工作到十一时乃至十二时以后。这个时期,翻译了梅德林克的话剧《丁泰琪之死》,尼采的《新偶像》、《市场之蝇》，罗塞尔《到自由的几条拟径》中的一章《社会主义下的科学与艺术》等，都刊登于《解放与改造》。又翻译了契诃夫的《在家里》、《万卡》，莫泊桑的《一段弦线》，高尔基的《情人》，波兰的 S. 什朗斯基的《诱惑》（以上皆短篇小说），爱尔兰作家葛雷古夫人的《月方昇》，奥地利作家 A. 希尼茨劳的《界石》（以上为剧本），以及其他一些外国作家的短篇，都登于《时事新报》的《学灯》。

这个时期，我在商务印书馆编译所的工作，可以说是"打杂"。因为既给《学生杂志》继续写些科学小品，例如《探极的潜艇》、《第一次飞渡大西洋的 R34 号》（这些都从外国刊物上取材编写而非翻译），也翻译了萧伯纳剧本《人与超人》中的一段《地狱中的对谈》；同时，在为《中国寓言》续编搜罗材料的同时（当时以《四库提要》为线索，阅读晋朝以后的谈奇志怪之书和各种杂纂性质的笔记），也编译了若干本童话和少年丛书。童话和少年丛书都是孙毓修早期在商务编译所首创的两门儿童与少年的读物，此时他仍偶尔为之，例如他当时编写的《玄奘》，可以说是内容翔实，深入浅出，既宜于少年阅读，也使成年人增加历史知识。许多读过《西游记》的人不知道历史上的"唐僧"是怎样一个人，不知他曾为中国和印度古代文化交流，做出了重大的贡献。

我在报纸上看到北京的学生们举行空前大规模的示威游行，抗议北洋军阀政府的辱国外交。愤怒的学生放火烧了外交部长的住宅。但是，这个后来被称为新文化运动的五四运动，对于当时的商务印书馆编译所并没引起任何震动。当时编译所中一般人认为这是政治事件，与文化无关。不过，北京大学在这次运动中居于中心地位，而一年来鼓吹新文化的《新青年》却正是北京大学的教授们所主持，这就叫人发生许多联想，但只是联想而已，无法推测其趋势。我也是这样思想状态中的人们的一个。然而，隔了半个月光景，听说北京学生联合会的代表已经到了上海，将在某处讲演，我这个素来不大喜欢走动的人,也抱着一股劲头去听学生代表的演讲了。在什么地方演讲,记不清了,但还记得是在什么学校的操场上。听讲的人不少,把一个操场挤满了。讲演人是一男一女,站在一张八仙桌上大声讲话。那时没有麦克风,站远了就听不清,大家都往前挤。我在那个男代表讲完时挤到八仙桌附近,恰好那位女代表接着讲演了。她的每一句话都博得掌声,她大声喊了十来分钟,似乎嗓子有点哑了,于是那位男代表便来替换她。当然也博得热烈的掌声。这两位代表的讲演很有煽动力,口才也是很好的。可是事后,我觉得他们的讲演空空洞洞,思想性不深刻,只是反复喊着几句富有煽动力的话,例如反对军阀混战,要求结社、言论自由,要求有示威游行的自由等等。没有反帝、反封建的口号,而当时上海一般学生也不懂什么叫反帝、反封建。但是应该承认,他们起了鼓动人心的作用。上海就此成立了学生联合会。听说北京学生联合会派到各地的代表都收到同样效果,许多地方成立了学生联合会。这就为今后的一天比一天高涨的、更大范围的、目标鲜明的群众运动,奠定了基础。两年后,我自己也投入了这个洪流。

商务印书馆当权者此时却也为一件大事而发生争论。这件大事便是《四部丛刊》的性质究该如何?当权者的一派主张《四部丛刊》应该尽量采用宋、元、明的刊本而精工影印。这一派可称为"善本派",也有人讥讽地称之为"制造假古董者"。另一派主张注重实用,例如《庄子》,便应该采用郭庆藩的《庄子集释》或王先谦的《庄子集解》;《墨子》就应该采用孙诒让的《墨子闲诂》等等。这是"实用派"。据说两派争论了五六个月,最后还是"善本派"得胜。"善本派"就他们同馆外人接触而得的印象,举出这样一个理由:《四部丛刊》的购置者将是附庸风雅的大腹贾、军阀,地主阶级的书香人家,少数几个大学图书馆(那时公立图书馆寥寥可数)。至于真正做学问的寒士是买不起的,他们所需要的如《庄子集释》之类,通行本很多,他们早已买了木刻原版,不会再来买铅印本(实用派主张《四部丛刊》用铅字排印)。而况倘用铅印,合格的校对人员很难找(编译所中只有编辑《辞源》的一班人可以胜任),即使找到,薪水必高,则《四部丛刊》的成本也将随之增高,也会影响销路。如果影印善本,估计可销一千,那就已经有盈利了。这一笔经济账,使"实用派"哑口无言,因为"实用派"也不能不打经济算盘。后来中华书局所出的《四部备要》,实即商务所不采取的"实用派"的办法。

这样决定以后,孙毓修可就大忙了。当时的版本目录家一致认为已知的宋、元、明刊的善本,其属于湖州陆氏皕宋楼的早已为日本人收买了去,属于常熟瞿氏铁琴铜剑楼的,则尚待托人和瞿氏情商借印。(当时估计此事不能急,因为收藏家如果把善本借给商务影行,则他所藏的原本的身价会相应缩小。这些收藏家都是有钱的,若要借印,必得有人情,不能光用钱;瞿氏谅也如此。)只有杭州丁丙(松生)的十万卷楼藏书现归江南图书馆所有,商务当局和当时雄踞南京的军阀素有往来,至于江南图书馆馆长,送他一些干股,他一定欣然愿于效劳。这条路马上就可以走。商务当局办事一向不许浪费时间,方针既定,一面叫南京分馆经理先向南京军阀的亲信幕僚打招呼,也和江南图书馆馆长联络;一面就派孙毓修专程到南京,查核一下江南图书馆所藏丁氏十万卷楼善本究竟有多少是够条件的"善"本?因为宋、元、明刊本中也常有不够条件的。孙毓修要带个人同去,指名要我。于是我的"打杂"工作又多一个方面。

我和孙毓修于本年七八月之间到了南京。南京分馆经理事先已安排我们住在蟠龙里江南图书馆的客房内,还派了个厨子专管我二人的伙食,肴馔十分精美丰富。孙毓修每餐必邀请馆长和馆内高级职员,这样,一下子就彼此感情融洽,诸事顺手。

我们住了半个月光景。孙毓修每天很忙,他把整个江南图书馆的藏书都浏览一番。我的工作倒清闲,只把孙毓修选定拟用的书，抄个清单，注明版本，有多少卷页，多少藏书家或鉴赏家的图章（这是版本目录学家最注意的，图章愈多，书的身价愈高）。因为事情清闲，我把带去的英文书看完，又翻译了其中若干篇。也同泽民见了两次，他那时专心于学校的功课，但也喜欢文学，一年后他翻译了不少的外国文学作品。

我记不清孙毓修选定而经商务采用的善本有多少，但一定很多；书不能借到上海，摄影等等工作，只能在南京做。于是商务派了影印技术人员和裱装工匠等到南京去，就借江南图书馆近旁空房安顿这些人，又装了专用的小发电机，指定专人每天把摄影后印在特制纸上的底片带到上海。我又被派审查这些底片是否合格，是否要修饰，因为书页上的摺痕或斑点，照相后印到那特制的纸上便成了黑点或黑纹；必须先用白粉细心涂去，这就叫修饰。当时调用了两三个人做这项工作，但他们文化不高，有时会把一个字的点、捺、横，也当作摺痕或斑点涂去，造成某些字的缺笔，会与真正避皇帝讳的缺笔混淆不清，所以又必须有人把修饰过的底片复校一次。这个工作又由我来担任。当时每天从南京专人送来的底片（三十二开的）大约有二三百张，必须当天修完校过，因此，我每天忙得很，不过这是属于技术工作，脑子倒可以休息。当时我想，我大概要和这个《四部丛刊》的影印工作周旋到底了，不料事有不然。

大约在我担任《四部丛刊》的"总校对"一个月后，即当年十一月初，身兼《小说月报》与《妇女杂志》主编的王莼农忽然找我，说是《小说月报》明年起将用三分之一的篇幅提倡新文学，拟名为"小说新潮"栏，请我主持这一栏的实际编辑事务。我问他：是看稿子，并决定取去吗？回答是：也要出题目。我又问：出什么题目？回答是：例如要翻译什么作家的什么作品。我又问：创作如何？他答：这个小说新潮栏专登翻译的西洋小说或剧本。我这才弄明白他的真意所在。因为《小说月报》第十卷内的"创作"栏就有什么《藕丝缘弹词》，也有什么《东方福尔摩斯探案》（这是中国人"创作”的侦探小说，故名为东方福尔摩斯）。这些“创作”，他当然不愿我去过问的。我摸清了来意，就推托说：手里的事太多，抽不出时间帮忙。王莼农却答道：他和孙毓修商量过了，我可以不管《四部丛刊》的事了。我又说：我在《学生杂志》也还有点事。王却答道：也和朱元善商量过，请你分心照顾我这里一下。我不好再推，只好答应。

王莼农，名蕴章，别号西神，南社（清末的爱国民主派文人的组织，但不纯，柳亚子是其领袖）社员，善骈文、词曲，无锡人。有人说他曾为某省巡抚衙门的幕僚。他亦懂英文。他不是鸳鸯蝴蝶派，但他属于当时封建思想的旧文人一类，则从他的诗、词与杂纂掌故之书，可以断定。他曾在《小说月报》上连载的《燃脂馀韵》，是搜罗清代闺秀诗文、词曲、歌赋铭诔，并详述这些女作者的遗闻轶事。写这本书，他花了些工夫。这本书也有点史料价值，但终不免于“玩物丧志”之讥。

我同孙毓修、朱元善谈这件事，他们都承认“有过商量”，而且暗示：王是不得已而为之，半革新的决定来自上面。

为了排印时间关系，我在两星期内写出两篇文章，一篇题名为《小说新潮栏宣言》，署名记者，此文提出急需翻译的外国文学名著共二十位作家的作品四十三部，分为第一部与第二部，略表循序渐进之意。这四十三部作品都是长篇。另一篇题名《新旧文学平议之评议》，署名“冰”，这篇文章提出了文学应当“表现人生并指导人生”，“重思想内容，不重形式”等论点。后来又加两篇介绍性质的文章，一是《俄国近代文学杂谈》（上），一是《安得列夫死耗》。

《小说月报》的半革新从一九二〇年一月出版那期开始，亦即《小说月报》第十一卷开始。这说明：十年之久的一个顽固派堡垒终于打开缺口而决定了它的最终结局，即第十二卷起的全部革新。

我偶然地被选为打开缺口的人，又偶然地被选为进行全部革新的人，然而因此同顽固派结成不解的深仇。这顽固派就是当时以小型刊物《礼拜六》为代表的所谓鸳鸯蝴蝶派文人;鸳鸯蝴蝶派是封建思想和买办意识的混血儿,在当时的小市民阶层中有相当影响。

王莼农又请我为他兼主编的《妇女杂志》写文章,说:也要谈谈妇女解放等问题。我写了和译了《现在妇女所要求的是什么?》、《英国女子在工业上的情况》、《读〈少年中国〉妇女号》、《妇女解放问题的建设方面》、《历史上的妇人》、《强迫的婚姻》等共八篇(用四珍、佩韦等笔名),刊登于《妇女杂志》第六卷第一期(一九二〇年)。这意味着有五年之久的提倡贤妻良母主义的《妇女杂志》,在时代洪流的冲击下,也不得不改弦易辙了。以后《妇女杂志》每期都有我写的或译的文章。

现在回过来,再谈半革新的《小说月报》。半革新的第一期"小说新潮"栏内,除了我写的四篇文章,只有周瘦鹃译的法国G.伏兰(Gabriel Volland)的短篇小说《畸人》。译者写的关于G.伏兰的简介说:伏兰是"后起之秀,巴黎新闻纸和杂志中,常有他的短篇小说。他最擅长的,就是描写人生的痛苦"云云。还说G.伏兰难道不是未来的莫泊桑吗?推崇备至。老实说,我不欣赏这位法兰西小说界的"后起之秀"。在资本主义国家都有些"时髦"作者,他们的作品能投合当时以读小说为消遣的小市民的脾胃,但是这些作品经不起时间的考验。《畸人》之被周瘦鹃选中而且加以吹嘘,正因为其内容是"礼拜六派"一向所喜爱的所谓"奇情加苦情的小说"("礼拜六派"喜欢把描写男女关系的小说分类为艳情、奇情、苦情等等,以期吸引一般以读小说为消遣的小市民的注意)。

值得注意的,这个"小说新潮"栏引起了读者的反应。第四期所登黄厚生的《读〈小说新潮栏宣言〉的感想》,就是空谷足音。黄厚生所提的五点意见,不尽正确,这在我写的《答黄厚生的感想》中已经一一剖析,这里不多说了。但是他反对以小说为消遣品,而认为"小说是改良社会、振兴国家,在教育上所占的位置,在文学上所占的价值，均能算括括叫的第一等”，却针对“礼拜六派”而发。

第十一卷第五期的“小说新潮”栏有西神(即王莼农)译的泰戈尔的小说《放假日子到了》，他的小序里说：“泰戈尔是印度的诗圣，又是一位大小说家……这篇《放假日子到了》，描写母子的天性，真是蔼然仁者之言。我读了觉着现在有许多人提倡儿童公育，还有人倡非孝论的，看了此文，不知感想若何呢。名家著作，必须包罗万象，将社会全副情况，一齐写出。如此篇主要目的，虽只叙母子二人，而村童的顽皮，白史海般的家庭，加尔各答的风景——警察，无不跃然纸上。近时的新小说，每仅着眼于一点，所叙无非此事。即大名家如托尔斯泰等，亦每犯此病。一读其书，常生一种恶感。其原因约有数端，(一)片面的，(二)消极的，(三)太无情节，似一篇哲学家言。”这里论及“近时的新小说”乃至托尔斯泰的作品一段文字，真叫人看了不知所云。但由此也可见王莼农心目中所谓好小说还是“礼拜六派”的情节离奇、逗人笑乐的作品。

第五期的“小说新潮”栏又登了新诗(白话诗)。这是译诗三首，创作诗三首。创作诗中，胡怀琛的《燕子》很有意思，抄录如下：

一丝丝的雨儿，一阵阵的风，
一个两个燕子，飞到西，飞到东。
我怎不能变个燕子，自由自在地飞去？
燕子说：你自己束缚了自己，怎能望人家解放你？

胡怀琛在此诗下，附长段按语：“案新体诗我本来怀疑，我早做过好几篇文章说明了，但是我也要亲自做过，方知道他的内容是怎样，原不敢毫无研究，一味乱说，这一首便是我试做的成绩了。我做过之后，知道新体诗绝不易做，不是脱不了词曲的旧套，便是变了白话文，都不能叫新体诗。像我上面一首，前半段还是新体诗，后半段便是白话文了。再有天然音节，也是很难。譬如前面一首，第一行里的一个‘儿’字，似乎可以不要，岂知不要他便不谐。因为‘儿’字上的‘雨’字和‘儿’字下的‘一’字，同是一声，读快了便分不清，读慢些又觉得吃力，所以用个‘儿’字分开，读了‘雨’字之后，稍停的时候，顺便读个‘儿’字，毫不费力，且觉得自然好听，这也是天然音节的一斑，不懂这个，新体诗便做不好。”

胡怀琛这番话，有积极意义。第一，他承认如要反对新体诗，必须自己做过新体诗；第二，自己做过以后，才知道新体诗绝不易做，不是脱不了词曲的旧套，便是变了白话文，都不叫新体诗；第三，他又提出天然音节问题，承认是“很难”。胡怀琛是做旧体诗词的，在当时的旧体诗词中，他的作品只能算是第二、三流。但我们不以人废言，应该承认他在彼时彼地提出的对新诗三条意见，不但是当时新诗人所要解决的问题，甚至在六十年后的今日，也还没有完全彻底解决。胡怀琛的《燕子》诗最后一句“燕子说：你自己束缚了自己，怎能望人家解放你？”意味深长，是这首诗的警句。但我们研究胡怀琛之为人及其诗文，觉得《燕子》诗这个警句实在为他自己写照。胡怀琛自己束缚自己，思想越来越“不解放”；但他又喜欢发议论、创“新”说，闹了一些“笑话”，例如他后来“考证”墨翟是印度人。

同期“小说新潮”栏又登载了谢六逸的《文学上的表象主义（象征主义）是什么？》这大概是见了第二期我写的《我们现在可以提倡表象主义的文学么？》引出来的。谢六逸当时尚在日本，可见这局促一隅的“小说新潮”栏竟也引起身居海外者的注意。

“小说新潮”栏以外的《小说月报》也在不知不觉发生变化。第十一卷第六期的《小说月报》登了署名佩之的《红楼梦新评》。佩之，不知其为何许人，但他这篇论文的立场和观点，同《小说月报》的基本撰稿人（“礼拜六派”）的立场、观点，完全相反。这篇论文（连登两期）在简略地回顾了从前各派“红学”以后（其中也提到蔡元培的论点），就提出一部《红楼梦》只是“批评社会”四个大字的论断，并从而展开讨论：第一，"书里所描写的，原只有社会的一部分，是一个巨大的家族。但是吾国的社会，本是家族的集合体……描写家族的情形，便是描写全社会的情形。虽然里面写贵族的家庭多，贫苦的家庭，却也不是完全不写。其余社会上各种阶级的人，也都带着一些。可知这书确是批评社会的书了"。第二，《红楼梦》所批评的虽是清初的社会情形，然而，"清初的社会情形与现在的社会情形，简直没有什么分别……所以这书隔了几百年，还像新的一般。作者所提起的几个重要的社会问题，统统没有解决"。第三，《红楼梦》的做法，就是西洋文学上的写实主义。西洋文学的潮流，先是古典主义，然后是浪漫主义，到现在是写实主义；《红楼梦》的写实主义比西洋早了二百年。第四，这篇《新评》又从《红楼梦》的结构、人物描写、文学语言三方面来分析这部写实主义巨著的文学价值。

这篇论文的立场、观点，与"礼拜六派"完全相反。这篇论文对《红楼梦》的分析，简明扼要，精辟新颖，在当时可说是空前的。王莼农居然中意，而且不刊在"小说新潮"栏，猜想起来，他是要表示整个《小说月报》也在顺应潮流。他这意图，到了第十一卷第十号更加明显。在这一期内，"小说新潮"栏取消了，而将《小说月报》原有"说丛"栏亦废除，而用"短篇小说"、"长篇小说"分类（创作与翻译混合编排）。但"长篇小说"中除翻译外，所谓"创作"实际上只有赡庐的《新旧家庭》，此已连载数期，作者是"礼拜六派"。这一号还登了"本社启事"，略谓"自本号起，将'说丛'一栏删除，一律采用'小说新潮'栏之最新译著小说，以应文学之潮流，谋说部之改进。以后每号添列'社说'一栏，凡有以（一）研究小说之作法，（二）欧美小说界之近闻，（三）关于小说讨论等稿见惠者，毋任欢迎。"

王莼农说，他这样做，是冒了风险的。他对我表白：他对新旧文学并无成见，他觉得应该顺应潮流；他又自辩，他不是"礼拜六派”，但因《小说月报》一向是“礼拜六派”的地盘，他亦只好用他们的稿子；他现在这样改革，会惹恼“礼拜六派”，所以他是冒了风险的。这番话，是真是假，我不去猜度。事实上，这半年来，《小说月报》的销数步步下降，到第十号时，只印二千册。这在资本家看来，是不够“血本”的。王莼农之所以有上述之“应文学之潮流，谋说部之改进”的意图，还不是想增加销路吗？然而，冶新旧于一炉，势必两面不讨好。当时新旧思想斗争之剧烈，不容许有两面派。果然像王莼农自己所说，他得罪了“礼拜六派”，然而亦未能取悦于思想觉悟的青年。而况还有不肯亏“血本”的商务当局的压力。王莼农最怕惹麻烦，而且他也无意恋此“鸡肋”，结果他向商务当局提出辞职。

大约是十一月下旬，高梦旦约我在会客室谈话。在座还有陈慎侯（承泽）。高谈话大意如下：王莼农辞职，《小说月报》与《妇女杂志》都要换主编，馆方以为我这一年来帮助这两个杂志革新，写了不少文章，现在拟请我担任这两个杂志的主编，问我有什么意见。我听说连《妇女杂志》也要我主编，就说我只能担任《小说月报》，不能兼顾《妇女杂志》。高梦旦似乎还想劝我兼任，但听陈慎侯用福建话说了几句以后，也就不勉强我了，只问：全部改革《小说月报》具体办法如何？我回答说：让我先了解《小说月报》存稿情况以后，再提办法。高、陈都说很好，要我立刻办。

后来我才知道，张菊生和高梦旦十一月初旬到过北京，就和郑振铎他们见过面，郑等要求商务出版一个文学杂志，而由他们主编（如《学艺杂志》之例），张、高不愿出版新杂志，但表示可以改组《小说月报》，于是郑等就转而主张先成立一个文学会，然后再办刊物。张、高回上海后即选定我改组《小说月报》（详见文学研究会会务报告第一次——《小说月报》一九二一年第二期附录）。

我和王莼农一谈，才知道他那里已经买下而尚未刊出的稿子足够一年之用，全是“礼拜六派”的稿子。此外，已经买下的林译小说也有数十万字之多。于是我向高梦旦提出意见，一是现存稿子（包括林译）都不能用，二是全部改用五号字（原来的《小说月报》全是四号字），三是馆方应当给我全权办事，不能干涉我的编辑方针。高梦旦与陈慎侯用福建话交谈以后，对我的三条意见全部接受，只是提醒我：明年一月号的稿子，两星期后必须开始发排，四十天内结束，一月号才能准期出版。他们大概有点担心，旧稿既然完全封存，仓卒间何能弄到新稿？但他们也知道我一年来既常为《东方杂志》写稿，又在《时事新报》的《学灯》、《解放与改造》，还有《新青年》，经常投稿，外边熟人已多，想来是有办法的。

我当时自己估计：完全革新后的《小说月报》第一期的稿子，论文和翻译，我有把握；只有创作，在上海的熟人中没有从事创作的，但第一期以后预计会有投稿。我又想到十一卷第十号刊登王剑三的《湖中的夜月》，虽未见如何精彩，但风格是新颖的，《小说月报》社中有此人通讯地址，是在北京，似乎可以去信告以《小说月报》即将完全革新，由我主编，并请他写稿并约熟人写稿。我当时不知道王剑三就是王统照。我发了快信，不多几天，却得了郑振铎（当时我不但不认识他，并且不知道有这样一位搞文学而活动能力又很大的人）的来信，大意说他和王剑三是好朋友，我的信他和他的朋友们都看到了，大家愿意供给稿子，并说他们正想组织一个团体，名为“文学研究会”，发起人为周作人等，邀我参加云云。这封信给我极大鼓舞，我即拟写了《本月刊特别启事》五则，第一则除说明十二卷一号（即一九二一年一月）起将完全革新外，又说“旧有门类，略有更改”，计分七类，最后一类为（一）文艺丛谈（此为小品），（二）海外文坛消息，（三）书报评论。海外文坛消息，我打算自己写，因为我订阅了不少欧美的报刊，例如《泰晤士报》的《星期文艺副刊》，《纽约时报》的《每周书报评论》等等，其中尽有这类消息。这是新门类，大概会受人欢迎。启事第五则是排版后临时加上去的，这里宣布：“本刊明年起更改体例，文学研究会诸先生允担任撰著,敬列诸先生之台名如下:周作人、瞿世英、叶绍钧、耿济之、蒋百里、郭梦良、许地山、郭绍虞、冰心女士、郑振铎、明心、庐隐女士、孙伏园、王统照、沈雁冰。"这里的明心,是我的化名,曾用此化名在《时事新报》的副刊《学灯》及《东方杂志》发表过文章。

在《小说月报》十一卷十二号付印时,"文学研究会"发起人名单及宣言、章程等尚在酝酿中。

"文学研究会"的宣言、简章、发起人名单是在当年十二月中旬方由郑振铎寄来,刚刚赶上十二卷第一期最后一批发稿,就以"附录"形式全部刊出。①

郑振铎当时又寄来冰心、叶绍钧、许地山、瞿世英、王统照的创作,再加我刚收到的投稿两篇,凑成了创作栏的七篇。郑寄来的还有周作人的《圣书与中国文学》、耿济之等人的翻译。我写了《改革宣言》、《文学与人的关系及中国古来对于文学者身份的误认》,又翻译了挪威般生(比昂逊)的话剧《新结婚的一对》,写了般生评传,泽民译了俄国安得列夫的剧本《邻人之爱》,再加上《海外文坛消息》六则,这第一期算是拼凑出来了。只看第一期,便知道这是"百家争鸣"的局面,周作人的论文提出的意见,只代表一个人;我与大多数文学研究会同人并不赞成,不过他是"名教授",所以把此文排在前面,表示"尊重"而已。这篇《圣书与中国文学》究竟提出什么主张呢?不能不费点篇幅略为说明。概括起来,此文要点如下:(一)此所谓《圣书与中国文学》,实指"古代希伯来文学的精神及形式与中国新文学的关系。新旧约的内容正和中国的四书五经相似,在教义上是经典,一面也是国民文学"。(二)文学与宗教本来很密切,艺术大半起源于宗教仪式,当其是宗教仪式时,参加者全神倾注于祷祝,"没有鉴赏的余暇;后来有旁观的人用了赏鉴的态度来看它……于是仪式也便转为艺术了。从表面上看来变成

---

① 见本辑 282 页"文学社团"栏:《文学研究会(资料)》。——编者

艺术之后便与仪式完全不同，但是根本上有一个共通点，永久没有改变的，这是神人合一，物我无间的体验”。(三)圣经的“白话的译本实在很好，在文学上有很大的价值；我们虽然不能决定怎样是最好，指定一种尽美的模范，但可以说在现今是少见的好的白话文”。“我记得从前有人反对新文学，说这些文学并不能算新，因为都是从《马太福音》出来的；当时觉得他的话很是可笑，现在想起来反要佩服他的先觉：《马太福音》的确是中国最早的欧化的文学的国语，我又预计他与中国新文学的前途有极大极深的关系。”由此可见，《圣书与中国文学》在同期的三篇论文中显得何等的“特殊”。

我写的《改革宣言》中却提出(一)“一国文艺为一国国民性之反映，亦惟能表见国民性之文艺能有真价值，能在世界的文学中占一席地”；(二)“中国旧有文学不仅在过去时代有相当之地位而已，即对于将来亦有几分之贡献”；(三)主张广泛介绍欧洲各派文艺思潮以为借鉴，“对于为艺术的艺术与为人生的艺术，两无所袒”。这个改革宣言不署名，文中屡言同人，亦即表示代表文学研究会大多数的意见。我署名的《文学与人的关系及中国古来对于文学者身份的误认》一文，则于文章后半着重说明“文学的目的是综合地表现人生”，要有“时代的特色”。又说“文学者表现的人生应该是全人类的生活”，文学作品中的人物的“思想和情感一定确是属于民众的，属于全人类的，而不是作者个人的”。这里，民众一词不须解释，“全人类”一词太含糊，但“人类”一词在当时习惯上是指全世界的民众。

故就第一期的三篇论文而言，步调并不相同。也就是说，改组后的《小说月报》一开始就自己说明它并非同人杂志。它只是出版商的刊物。我任主编也是在演“独脚戏”，稿件去取，只我一人负责。事实上，所谓“小说月报社”只是我和一个校对(兼管稿件登记)而已，这位校对是“小说月报社”的旧人，年龄比我大，人倒老实，可是能力有限，他校过的东西，我必须再校对一遍，因此，我也就够忙了。

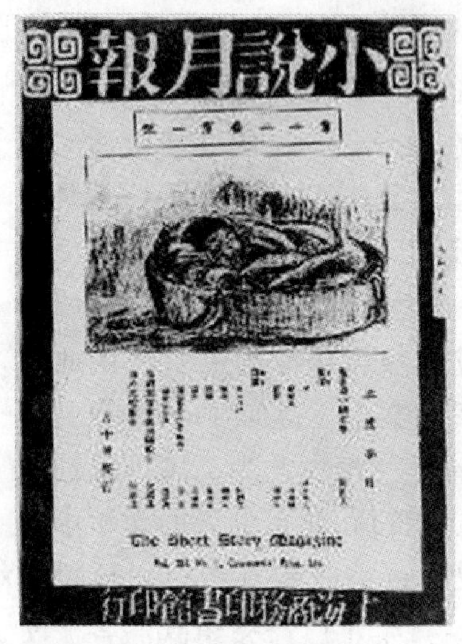

茅盾主编的《小说月报》封面

《小说月报》自从我任主编后，稿件大部分为文学研究会会员所撰译，因而外间遂称《小说月报》为文学研究会的代用机关刊物。事实上，它始终是商务印书馆的刊物；如果《小说月报》的言论为商务印书馆董事会中的守旧派所不能容忍时，商务当局就要横加干涉。我编了两年《小说月报》后，即因商务当局违背了上述我所提出“不干涉我的编辑方针”而辞职。同时接编《妇女杂志》之章锡琛编了三四年后，也因商务当局干涉其编务而辞职。

上文讲过，当时商务当局要我兼编《妇女杂志》，如王莼农之所为，我不同意。商务当局改请章锡琛，乃因钱经宇（智修）之推荐，钱与章（还有胡愈之）同为《东方杂志》编辑，钱是《东方杂志》改换主编后之实际负责人。《东方杂志》改换主编，事在1920年，原主编为杜亚泉，新主编为陶惺存（陶曾留学日本，与张元济有渊源，陶父曾为清朝的两广总督）。

“文学研究会”发起人共十二人，名单如下：周作人、朱希祖、耿济之、郑振铎、瞿世英、王统照、沈雁冰、蒋百里、叶绍钧、郭绍虞、孙伏园、许地山。此十二人中，只我在上海，而且除了朱希祖、蒋百里，我都无一面之缘。朱希祖是我在浙江省立第二中学（嘉兴）读半年书时的教员。他当时教周官考工记，以及阮元车制考（按：《周礼》分天官、地官、春官、夏官、秋官、冬官六个部门，故亦称周官。但冬官一编在汉河间献王呈送此书给皇帝时业已残缺，仅存

《考工记》;《考工记》中有详述车之制造的篇章,阮元因之作《车制考》,阮元是清朝有名的经学家)。蒋百里也是浙江人,我在北京大学预科念书时,有个同学是蒋的小同乡兼亲戚,曾带我到蒋百里京寓去过两三次,蒋本军人,为袁世凯所忌,以闲职羁縻之,实际上是软禁。

文学研究会的宣言,据郑振铎说,是周作人起草而经鲁迅看过的。鲁迅为什么不做文学研究会发起人甚至也不算是会员呢?据说,当时北洋政府有所谓文官法,禁止各部官员参加社会上的各种社团;鲁迅那时还在北洋政府教育部任佥事,因此不便参加文学研究会。

从文学研究会的宣言和简章中,可以看出,文学研究会并没打出什么旗号作为会员们思想上、行动上共同的目标。在当代文学流派中,它没有说自己是倾向于哪一派的。在当时,文学研究会的会员确有一大部分是主张"为人生的艺术"(我在成为文学研究会发起人之前就有文学为人生的主张,以后在编《小说月报》时也是这样主张的),但是,宣言及简章中并没半句话可以认为是提倡"为人生的艺术"。尽管当时治文学的人都知道"为人生的艺术"是当代世界文艺的一大流派。与"为人生的艺术"对立的另一大流派就是"为艺术的艺术",后来早期创造社是明确而且坚决地这样标榜的。

至于简章所说要办的事业(组织读书会,设立通信图书馆,刊行会报,编辑丛书),除了会报和丛书二项,其余的都没有办。《小说月报》不能算会刊,因此,我们办了《文学旬刊》,附在《时事新报》出版,后来改为《文学周报》,自己发行至二百五十期,然后改归开明书局代理发行,直到停刊(第三百七十五期终刊,时为一九二九年六月)。丛书由商务印书馆出版,出了多少,我弄不清楚了。

简章第三条"有会员二人以上之介绍,经多数会员之承认者得为会员",后来成为"文学研究会"太会"拉人"之证据。而第九条

"本会会址设于北京,其京外各地有会员五人以上者得设一分会",后来事实上成为北京并无会址(因为发起人大都离京,在京者对会的兴趣差了),而上海这个分会变成实际上的总会,郑振铎与我被视为"把头",亦成为攻击文学研究会者放冷箭的"靶子"。而且因为有设立"分会"的规定,而事实上也确有几个分会,这又成为文学研究会"独霸文坛"的罪状。这些事,留在后面再说。

第一期出版后,主编《时事新报》的《学灯》的李石岑就作文介绍。现在摘抄其主要内容如下:"其中佳著固多,其尤使余喜入心脾者,为冬芬君所译《新结婚的一对》(下略介绍此剧之主要内容),周作人君所译之《乡愁》(按是日本加藤武雄的短篇小说),亦使余阅之俯仰不置,默坐冥思者移时(下略介绍此短篇小说之内容),复次为王统照之《沉思》,亦耐人寻味之作。"此外,他又提到了许地山的《命命鸟》、果戈理的《疯人日记》(耿济之译)、《邻人之爱》(俄国安得列夫剧本),都有评语。最后李石岑谓:"迩来俄、法小说名剧,我国争相介绍,而英、美诸国,似多未及之者,亦一小说译述界之缺憾。"提到海外文坛消息一栏,则谓"裨益文学研究者尤大"。(载一九二一年一月三十一日《时事新报》的《学灯》评坛栏。)我写了答李石岑的信,也登在《学灯》,除谢谢他的赞美外,略谓:"中国的新文艺还在萌芽时代,我们以现在的精神继续做去,眼光注在将来,不做小买卖,或者七年八年之后有点影响出来。现在的《小说月报》只是纯而正罢了,我们都很觉自惭,不能十二分完善……请对于每期《小说月报》要切实的不容情的批评,当《小说月报》是英国的 Atheneum,美国的 Dial,或是法国的 Mercure de France,要于它(指《小说月报》)的长中寻短,下犀利的批评,则一方面可使我们得到改善之机,一方面也可提高社会上一般人的眼光……在中国现时的小说界中,今年的《小说月报》总能算是出人一头地了,但我相信:在中国现时的小说界中出一头地的,便是到世界的文学界中没有一个位置。我敢代国内有志文学的人宣言:

我们的最终目的是要在世界文学中争个地位，并作出我们民族对于将来文明的贡献。”信的最后，表示要增加对于英美文学的翻译工作，举了马克·吐温、亨利·詹姆士、高尔思华绥等人的名字，打算尽先介绍他们的作品。

我借回答李石岑的机会，表示了我们(文学研究会)的抱负，而同时也间接地回答了商务当局中的顽固派。因为就在我答李石岑之前，编译所茶房送到“小说月报社”的许多书、刊、信件之中，有一本新出第一期的《小说月报》，显然是退回来的，收信人是陈叔通。这本《小说月报》尚未拆封，显而易见，受信人并没看内容就退回了。这表示他对于《小说月报》的革新这件事本身是十二分的不满意。我当时不知陈叔通为谁何，可是有人告诉我，这位陈先生是商务印书馆总管理处权力很大的一个大人物呢！我当时付之一笑。

这位权力很大的商务当权派也只能以退回照例送给他的《小说月报》以表示“抗议”，因为大势所趋，当时商务当局中的进步派居于优势。而且，特别重要的，改组的《小说月报》第一期印了五千册，马上销完，各处分馆纷纷来电要求下期多发，于是第二期印了七千，到第一卷末期，已印一万。顽固派对于新思想的憎恶终竟屈服于他们的拜金主义势力之下。

原载《新文学史料》1979 年第 3 辑

早年同茅盾在一起的日子里

胡愈之

茅盾同志不幸离开我们了。

他给我们留下了辉煌不朽的著作，有小说，有诗，有戏剧，有译文,有文艺评论,也有政论。更重要的是他的创作小说。很早他就投入文学的研究,他写了希腊神话和《中国童话集》。他对中国古典文学和世界文学,有过刻苦的钻研。他翻译了法、英、俄罗斯以及被压迫民族的名著。但是他的创作生活却是在中国共产党领导下参加第一次国内革命战争时期才开始的。从第一部创作《蚀》起,到后来比较成熟的作品《虹》、《春蚕》、《创造》、《陀螺》、《林家铺子》、《子夜》、《腐蚀》……都反映了每一阶段的革命生活,一直到社会主义革命。这在现在中国作家中是少见的。

茅盾同志的《回忆录》从他进入商务印书馆编译所的时候写起。雁冰和我是同年龄的。我们都是在第一次世界大战中间进了当时国内最大的出版机关——商务印书馆。我在1914年进去,我只读完中学二年级,是以学徒或练习生的身份进入商务印书馆编译所的。在两年以后,即1916年,雁冰才进了商务编译所。他比我强得多,他读完中学以后又在北京大学预科读了三年,所以他进编译所就是编译员或助理编辑了。

商务印书馆当时是全国书刊的出版中心。除了全国学校教科书主要由商务印书馆和中华书局出版以外,商务印书馆还出版《东方杂志》、《小说月报》、《妇女杂志》、《学生杂志》、《教育杂志》和《少年杂志》。通过商务印书馆在全国的分馆,发行范围最广泛的大刊物几乎全部由商务印书馆包办。办刊物的目的,就是为了做书籍,特别是做教科书的广告。商务印书馆的编译所有一百多位编辑或助理编辑,大部分是从封建社会科举出身的士大夫,一部分是留学过美国和日本的洋学生。他们都是主张"中学为体,西学为用"的。当时世界大战的结束和十月社会主义革命的胜利,使整个国际形势和中国国内形势起了大变化。中国国内由于欧战,民族资产阶级力量开始有所增长,而日本帝国主义殖民化中国的野心也更大了。但是这种形势,还不能影响"闭关自守"的商务印书馆,使商务印书馆在经济上受到冲击的是"五四"前后的"新文学运动”。所谓“新文学运动”最初是一场白话文反对文言文的斗争，是陈独秀、胡适、刘半农等人在群益书局发行的《新青年》杂志里首先提出的。中国语言和文字早分了家，用文言文写文章已经有了两三千年的传统习惯了。所以这是一场极其猛烈的思想斗争。除了《新青年》以外，最初只在北京大学出版的《新潮》等杂志和北京报纸的副刊，登载了白话文的论文、小说和诗。在上海只有时事新报的《学灯》，后来是民国日报的《觉悟》接受了白话文。那时雁冰同志用各种各样的笔名在《学灯》上写白话文的短文和译稿。但是“新文学运动”的主要的提倡者，仍然是《新青年》杂志。记得当时每逢新的一期《新青年》杂志在日报上登了出版广告，我在下班以后就匆忙到棋盘街群益书局去零买一本，以先睹为快。我总是在群益书局遇到雁冰同志，但是在编译所内部我们绝口不谈《新青年》和白话文的事。因为直到1919年为止，商务印书馆的刊物仍坚持用文言文，反对用白话文。不但商务印书馆编译所是坚持反对“新文学运动”的，章行严的《甲寅》杂志和南京的《学衡》杂志，上海的“礼拜六派”也都是反对白话文的顽固堡垒。

但是到了1919年，在北京爆发了轰轰烈烈的五四运动，立即就在南方各大城市引起了反应。五四运动是反帝反封建要求民主科学的政治运动，恰和“新文学运动”紧密结合起来。原先商务印书馆的刊物，都是用文言文的。《东方杂志》还在提倡“东方文明”，因而和《新青年》杂志正面交锋。鸳鸯蝴蝶派的《小说月报》已经不受读者欢迎，林琴南用文言文翻译的外国小说销数也不断地下跌。这是代表民族资产阶级的商务印书馆不能不考虑的，因而从20年代初期商务印书馆在书刊出版的方针上，作了一些比较进步的改革。而由雁冰同志代替王西神主编《小说月报》，可以说是“新文学运动”取得胜利的一个里程碑。恰巧“文学研究会”也是这个时期成立的，最初“文学研究会”还只有在北京的12个发起人。后来郑振铎同志因工作分配到上海，和雁冰同志紧密结合起来，会员人数扩大到了全国，还在商务印书馆出了《文学研究会丛书》。本来“文学研究会”是一个比较松散的文艺团体，只是标榜了“为人生的艺术”；后来由于和鲁迅的合作，对于当时所谓“为艺术而艺术”进行反击，雁冰同志在其中起了主要的作用。这样，雁冰同志青年时期在文学上就逐渐发展成为鲁迅以外中国第一个革命现实主义作家。我想这样的提法，对于茅盾同志不会是溢美的。

正如毛主席在《新民主主义论》里所说：从五四以后的20年，“这个文化新军的锋芒所向，从思想到形式（文字等），无不起了极大的革命……而鲁迅，就是这个文化新军的最伟大和最英勇的旗手。”和鲁迅相比，茅盾同样是这个文化新军的创始者和指挥者。和鲁迅一样，茅盾对古代中国文学和19世纪以来的世界文学作过长期的深刻的研究、介绍和批判，最后才找到现代中国自己的文学道路，这就是共产党领导的革命现实主义的道路。

列宁曾经说：托尔斯泰是俄国革命的镜子。雁冰同志也说过，他爱左拉，也爱托尔斯泰。但他在试作小说的时候，却更近于托尔斯泰了，这是因为左拉是为了写小说，才去体验人生，他对人生的态度是冷酷的。托尔斯泰则是体验了人生才来作小说。托尔斯泰是热爱人生的，但是他的作品又是现实人生的批评和反映。

如果我们把茅盾和托尔斯泰相比，那是并不恰当的。但是他的全部创作生活，却反映了60年来中国革命的每个时代的实践。

在1927年以前，他还没有开始创作生活，却已经投入革命队伍中了。1920年他开始马克思主义的研究，接着就和陈独秀、李汉俊、陈望道、李达同志等参加在上海的马克思主义研究小组和共产主义小组。到了1921年他就成为最初的上海党小组的成员。1925年的“五卅”运动，以及和杨贤江、陈云同志等领导的商务印书馆职工运动，1926年的国民党二次代表大会和1927年的武汉大革命，茅盾同志都是作为地下党员参加的。虽然他积极参加了党初期的革命活动，他并没有脱离对文学——中国古典文学和世界文学的钻研。他对俄国文学和十月革命的研究,使他找到了一条以后始终不变的道路:文学是手段,革命才是目的。文学反映革命的实践,而革命的胜利和失败,又或多或少受文学的影响。

在党产生的最初时期到武汉大革命,即第一次国内革命战争时期的历史,还有待于作正确的总结,连身历其境的雁冰同志,也只能说:“那时的广州是一大洪炉,一大漩涡——一个大矛盾。”“这时的武汉又是一大漩涡,一大矛盾”。所以他的第一篇创作——《蚀》开始用了茅盾这个笔名。

这是毫不奇怪的。在中国共产党成立以后最初七年里,党员中大部分是小资产阶级知识分子,工人农民只占极少数。而武汉大革命,不到两年,几乎席卷了半个中国,共产党不但有了自己的军队,而且湖南的300万农民,湖北的100万农民,也武装起来了。但是除了不明中国国情的共产国际的代表以外,党的领导层真正认识马克思主义的就不多。这样,在革命取得空前胜利的日子里不犯‘左’倾幼稚病,几乎是不可能的。加以国民党内的反革命右派,如蒋介石、汪精卫等都是伪装作左派,他们装得越“左”,对革命的损害也越大。诚然,可以把大革命失败的责任归之于陈独秀的右倾机会主义,但是右倾机会主义很快被党的“八七”会议所否定,党内右倾分子只是极少数。

当时我没有去广州和武汉,但是许多从武汉回来的人,包括雁冰同志在内,和我讲起了武汉的情形:在繁华的街道上,男子往往被截住剪除长袍的下半截;梳头的女子被剪去了头发;所谓土豪劣绅,往往不问姓名,就被戴上高帽游街,也有当场经群众审判后立即枪决的;还有革命群众内部的武斗。这和十年浩劫时期又多么相似啊。正因为这些过左的作风,使党逐渐脱离了广大群众,国民党反动派才有可乘之机。回想起除国民党宣传机关的造谣以外,还没有一部写当时武汉情况的小说。如其有之,就只是后来题名为《蚀》的《幻灭》、《动摇》、《追求》三部曲了。

三部曲是在1927年他从汉口回到上海的时候开始写，而在1928年去日本以前完成的，由于第一次用了当时还是秘密的茅盾这个笔名，才能在《小说月报》上发表。雁冰在以前10年中翻译了许多著名的文学作品，但是写作小说，还是从这三个中篇开始。这三个中篇在当时进步的文艺界却引起了轩然大波。

武汉大革命失败以后，党中央仍然在上海进行地下工作。当时领导思想仍然是"左"的；认为革命正在由一个高潮到另一个高潮的中间，革命的主要任务是城市和农村的起义，向国民党夺取政权，建立中华苏维埃。在党的领导之下，一些作家，开始在上海办半公开的或地下刊物。以蒋光慈、阿英等同志为代表，他们首先攻击《幻灭》、《动摇》和《追求》，认为这是消极的甚至反动的。茅盾同志到了日本以后，写了《从牯岭到东京》就是为了答复文艺界的批评。他在这篇文章中作了自我批评，但也对当时所谓"标语口号文学"作了批评。后来在这三篇中篇小说出单行本的时候，重新改了书名叫《蚀》。是什么意义呢？"君子之过如日月之蚀也"。1927年大革命的失败只是暂时的，而革命的胜利是必然的，譬如日月之蚀，过后即见光明；同时也表示他自己的悲观消极也是暂时的。

历史的事实说明，党经过了瞿秋白、李立三、王明三次"左"倾冒险主义的错误，到1935年的遵义会议才改正过来。1928年以后，茅盾同志和党失去了组织上的关系，到1931年他要求恢复党的组织生活，没有得到答复，原因就在这里。①

革命的前途是光明的，但是道路是曲折的。在《从牯岭到东京》②的最后两段里他说：

> 悲观颓废的色彩应该消灭了，一味的狂喊口号也大可不必再继续下去了，我们要有苏生的精神，坚定地勇敢地看定了现实，大踏步往前走，然而也不流于鲁莽暴躁。

我自己是决定要试走这一条路;《追求》中间的悲观苦闷是被海风吹得干干净净了,现在是北欧的勇敢的命运女神做我精神上的前导。但我自然也知道自己能力的薄弱,没有把文坛推进一个新基础那样的巨才,我只能依我自己的信念,尽我自己的能力去做,我又只能把我的意见对大家说出来,等候大家的讨论,我希望能够反省的文学上的同道者能够一同努力这个目标。

十年浩劫已成为过去了。党的十一届三中全会反"左"倾思想的方针、政策已经深入人心。"坚定地勇敢地看定了现实,大踏步往前走,然而也不流于鲁莽暴躁……"雁冰同志早在青年时期说的这一段话,在今天也还是值得我们学习的。

注释:

① 见胡耀邦同志在沈雁冰同志追悼会上的悼词。

② 1928 年 7 月 16 日写于东京,载《小说月报》第 19 卷第 10 期。

原载 1981 年 4 月 25 日《人民日报》,
转载时作者对文字做了个别改动

茅盾在最后的日子里

徐民和　胡　颖

1981 年 2 月 18 日,茅盾写完了《回忆录》中关于《虹》的一段补充,放下了笔。他觉得身体不适。

这《回忆录》从 1976 年初就开始写了。那时候,1975 年所看到的希望,又渺茫起来。他觉得,自己大概是看不到江青这一伙人

茅盾晚年撰写的《我走过的道路》

的覆亡了。他要写出自己的回忆录，留下历史的见证，让家人将来公之于世。他相信，会有能公布他回忆录的日子——江青这伙人闹得天怨人怒，还能长久吗?!“四人帮”这样快就被粉碎，这倒是他始料所未及的。他轻松地呼吸了。他好像忽然年轻起来。从粉碎“四人帮”直到他去世，仅仅四年里他写下的文章，就占了他解放以来所有作品总字数的四分之一！

这部《回忆录》计划从童年写到1949年新中国成立，现在已经写到1934年了。八年抗战期间、三年解放战争期间的部分，也已经大部录了音。他累了。2月19日，他在家里休息了一天。20日，被送进了北京医院。他病势沉重了。

3月14日，他精神好了一些，又和儿子韦韬谈起《回忆录》的写作出版。这是他病中犹放不下的最后的事业，直至临终前神志不清时，他还用手在被子上比划着写些什么。他扳着手指头数着说：“4月、5月、6月……再有半年就可以写完了。”现在，他很清醒，知道《回忆录》怕是写不完，他交代了《回忆录》的整理出版，就提起入党问题和捐款设立文艺奖金这两件事。

关于党籍的事，说来话长。

1921年，中国共产党成立，他就是第一批党员。他的弟弟沈泽民、夫人孔德沚，也都很早就是党员。1927年，轰轰烈烈的大革命失败了。7月间，他奉上级党组织的命令，撤出武汉到了九江。在九江奉董必武同志指示转赴南昌。途至牯岭（庐山），去南昌的交通已断绝，欲折回九江，又因病滞留了几天。及至病愈，“八一”

南昌起义已经爆发。在白色恐怖中,他被通缉,由牯岭而上海,由上海而日本,几经辗转,终致和党失去了联系。

1930年他由日本回到上海。1931年春,瞿秋白因避难于上海,曾住在他家里。他向瞿秋白提出恢复过组织生活,秋白回答说,上级组织没有答复,他自己正受王明路线的排挤,也无能为力。秋白劝他安心从事创作,并举鲁迅为例。他果然这样做了。1933年,他的长篇小说《子夜》问世,卓越地显示了党所领导的左翼文艺运动的实绩。

1940年,他"挈妇将雏",到达延安。他再次提出恢复党的组织生活,并决意要留在这革命的圣地。可是,周恩来同志由重庆来电、张闻天同志在延安与他面谈,说是党认为,他还是留在党外,留在国统区对人民更为有利。他遵从"将令",将钟爱的女儿和儿子留在延安,托交给党(后来他这惟一的女儿不幸因医疗事故,在延安牺牲),自己和夫人一道又返回国统区,在文化战线上继续艰苦卓绝地战斗。集中了中华民族最优秀儿女的陕甘宁边区抗日根据地,给了他那么强烈的振奋和鼓舞,他写下了著名的散文《白杨礼赞》、《风景谈》,倾诉了他的讴歌。他的心永远向着党,追随着党。

全国解放了。知识界一批多年追随革命的知识分子入了党,杨之华(瞿秋白夫人)等同志劝他重新申请入党。那时,他已年过半百了。他回忆了自己走过的三十多年的道路,慎重考虑了再三,觉得在那最艰苦的年代里,自己虽然一直和党同一步调,但毕竟不在党内;现在党执政了,党的威信空前提高了,自己不应该去分享党的荣誉。他决定:仍然留在党外,追随于党的左右。他真正这样做了。当毛主席、周总理找他谈话,告诉他在安排各部部长中遇到了困难,于是他牺牲了自己的创作,服从党的调遣,出任文化部部长多年。

那是1980年的夏天。儿子、儿媳和他谈起一些青年中的思潮,说:有一部分青年人在十年浩劫中长大,他们看到的,更多的是党的黑暗面——“四人帮”的猖獗,极左路线的流毒……加上思想方法的片面,他们对党不那么信任了,甚至有人不愿意入党了。他听了这些,极为痛心。他对儿子、儿媳说,自己年轻的时代,为了共产主义的理想,为了党的事业,那是不惜一切的。他觉得,在今天这种形势下,他应该站在党的行列里。他要以自己的行动表明,伟大的共产主义理想,在他这位饱经沧桑的老战士看来,不但没有黯然失色,相反却更加光辉灿烂!就是在这次谈话中,他说:“我要考虑我的党籍问题。”

现在,他自知病将不起了,他要儿子扶他起来,给党中央写信表明心迹。儿子见他那么虚弱,提出代笔,他看自己实在撑持不住,同意了。他口述,儿子记录。

写完了给党中央的信,他要儿子再代笔写一封给中国作家协会的信。他要捐款设立文艺奖金,以奖掖后进。

作为文学界的泰斗,他素来重视文学新人的造就。尤其在解放以后,他为党的文学事业,更是目光如炬地在文苑中搜索人才。至今传为文坛佳话的,如:1958 年,在围绕着长篇小说《青春之歌》的轩然大波中,他亲自撰文保护杨沫;同年,他在《延河》上发现了一位新秀茹志鹃,撰文推荐了她的《百合花》;1961 年,他更是撰写了一篇洋洋万言的《1960 年短篇小说漫评》,拔擢了一大批新人,介绍给读者们……如果翻阅一下他的《鼓吹集》、《鼓吹续集》等,这样的名单可以开列长长的一大串。他不愧是文苑中一株荫庇新秀的参天大树。

那是 1980 年秋天。一个关于设立鲁迅文学奖金的拟议案,送到他那里征求意见。他极力赞助这一议案,并给了他启发。他对儿子、儿媳说:我也可以献出稿费来作为一个单项文艺奖金的基金。这几年,短篇小说和中篇小说有了长足的进展,长篇小说还不够繁荣,我自己是以写长篇为主的,就捐款设立一个长篇奖吧。儿子、儿媳当即热烈赞成。现在,他在病榻上念念不忘这件事。

两封信都抄好了，他颤颤巍巍地举起了那支笔，那支如椽之笔，凝重地在前一封信上署名“沈雁冰”，后一封信上署名“茅盾”。这是两篇不寻常的遗嘱——一份是“政治遗嘱”，一份是“文学遗嘱”，都当传之千古的。

写毕，他嘱咐：这两份遗嘱要在他身后才交给组织。他还是那个想法：他不是为了身前、身后——那时他死而无知了。他要袒露的，是他那颗赤诚的心。

写完遗嘱的当天夜里，他第一次开始昏迷。

3 月 27 日清晨 5 时 55 分，茅盾的心脏停止了跳动。一个多小时以后，周扬同志得知噩耗迅即赶到医院。韦韬将父亲的遗嘱交给周扬同志，请他转呈党中央和中国作协。

中共中央书记处接获他的遗信，当即讨论了他的请求，并起草了相应的决议，报中共中央常委批准。茅盾逝世后的第 3 天——3 月 30 日，中共中央作出决定：“恢复他的中国共产党党籍，党龄从 1921 年算起。”

茅盾——中国现代文学的巨匠，他的遗愿实现了。他赢得了他“最大的荣耀”。

4 月 10 日，遗体告别仪式在北京医院举行。他安卧在鲜花丛中。鲜红的中国共产党党旗庄严地覆盖在他身上。他的脸好似泛出兴奋的、幸福的红晕。

呵，安息吧，中国文坛的一代巨匠！安息吧，中国共产党的第一代党员！

原载《瞭望》1981 年第 2 期

茅公和《文艺阵地》

楼适夷

茅公——从抗战时期以来,出于尊敬与亲切的感情,大家都习惯这样称呼茅盾同志。他从五四新文学运动的兴起,一直到生命的最后,六十多年如一日,始终勤奋、认真、刻苦地把他的才智、学养、时间、精力,乃至健康和生命都献给了文学的事业,对党和人民立下巨大的功勋。他在文学上的劳作,遍及各个方面,从 1921 年主编改革后的《小说月报》开始,便负起评论、介绍、研究、组织和培育队伍,以至创作的实践,写了大量在新文学、革命文学中处于高峰地位的作品,为我国现代文学史写上光辉的篇页。

一

在这里,我专谈茅公在抗日战争时期主编的《文艺阵地》。《文艺阵地》是抗战时期历时最久,普及最广,影响最深远的全国性文艺刊物之一。当国民党政府自南京溃退,暂时立足于武汉,为其本身的生存,不得不装出与中国共产党联合抗战的姿态。由于敌后根据地的建立和壮大,和前方战士的英勇作战,一时使武汉形成了所谓抗战的中心。同时散处各方的文化队伍,在这一形势下,也集中到武汉来,使它似乎成为文化的中心。茅公于 1937 年的 11 月,携带全家从经过"八一三"战争炮火成为孤岛的上海,跋涉战争时期混乱艰难的道路,到了湖南的长沙,暂时把家属寄寓在长沙的郊外,只身来到了表面正闹得热火朝天的武汉。当时我在党第一次在国民党统治区公开发行的党报——《新华日报》工作,接到了他的电话,立即到汉口交通路的一家小小的旅馆里去看望他。

我多么高兴，以为茅公也到武汉来工作了。他却非常平静地摇了摇头，告诉我，他不打算留在武汉，已决定在九龙安家，应生活书店的约请，编辑一个全国性的文艺刊物，刊物在广州印刷，因当时生活书店的总店已移到武汉，就在武汉作为向全国总发行的地点。这次到武汉来，已与总店订约，并为刊物的事，与各方面取得联系。他知道我是打算在武汉留到最后的，而且在报社工作，同各方面联系比较广泛。就委托我在武汉为刊物作组稿和联系的工作，我当然是欣然地接受了这个嘱托。那就是《文艺阵地》的创始，时间是1938年2月的初旬。他住了几天就回长沙去，按预定计划，迁居九龙，而且很快地在没有一个助手的情况下，把刊物的第一期，独力地编辑出来了。当时香港印刷事业极为落后，而且在香港印行刊物，必须向港当局机关登记，不但需费很大的一笔押金，同时英国人的当局也决不会允许在他统治下出一个抗日的刊物。所以在九龙编好了稿子，必须送到广州去付印，而广州当时的印刷业，事实也不过比起香港算高明一点。如在第一期的《编后记》所说："这本小小的刊物，在排校时费尽了心力，差不多每个印出来总算没有错误的字粒，都是编者奋斗的结果……"茅公就是这样地把这个抗战文艺的重要刊物，输送到全国各地，各个战区，前线和敌后的。

在创刊号的《发刊辞》上，茅公提出："我们现阶段的文艺运动，一方面须要在各地多多建立战斗的单位，另一方面也需要一个比较集中的研究理论、讨论问题、切磋、观摩……而同时也是战斗的刊物，《文艺阵地》是企图来适应这需要的。"这一主旨，至少在茅公亲自编辑的时期，是首先实践了的。如创刊号第一篇周行的《一个紧急的动议我们需要展开一个抗战文艺运动》，提出"文艺必须服务民族解放战争，去争取最后的胜利"。后起之秀的理论工作者，后来不幸就在抗战期内逝世的李南桌，发表了《广现实主义》，指出助长当前文艺界贫乏状态的论调，以为只要"抗战就'万

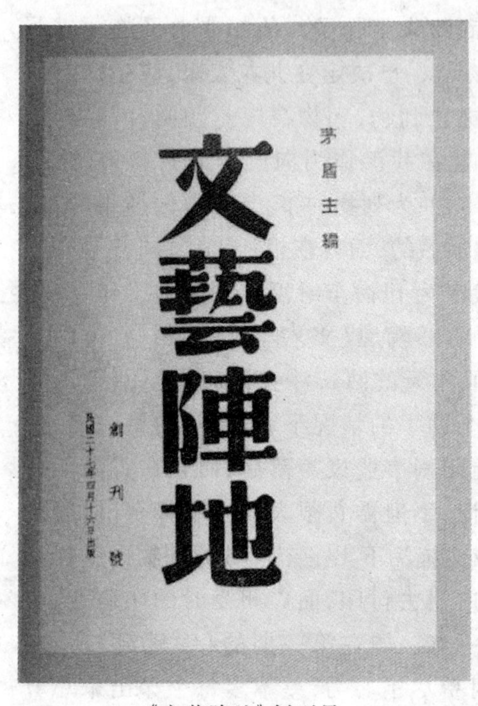

《文艺阵地》创刊号

事亨通’，所以大家都朝向正号的一面，把负号的一切都秘而不宣，好像说出来就会‘扰乱后方’似的。”他认为“错误的暴露（即暴露错误——引者）有时比正面的建设（即歌颂或表扬——引者）还要重要”。在这一期的作品栏里，就发表了张天翼的《华威先生》，塑造了一个口头叫喊着抗战，不做实际工作，只忙着开会训话，一心只想领导别人的华威先生这个典型，而引起了广泛的瞩目与议论。

二

茅公独力主持，亲自动手，从遥远的南国，把《文艺阵地》一期一期地输送出来。作为这刊物的在武汉的联系人，由于种种客观的原因及主观努力的不足，帮助茅公所做的工作是微乎其微的，有时几乎是等于零。中华全国文艺界抗敌协会在武汉的成立，一时形成抗战文艺中心的地位，而《文艺阵地》还是建立了一个稳固的阵地，脚踏实地地送出好的作品与新的作家来，如《差半车麦秸》（第1卷第3期）写一个无知的受迫害的老实农民，怎样变成英勇的抗日战士，是在当时被认为优秀的新人新作。在理论上又强调提出大众化的问题，和“抗敌协会”所提的“文章下乡”、“文章入伍”的口号遥相呼应。

《文艺阵地》的编辑中心虽然僻处一隅，但和全国广大文艺队伍，还是息息相通的。当大多数文艺战士处于战时分散状态的时候，它和前线、后方、敌后、抗日民主根据地，均能取得广泛、密切的联系，及时发布战地的报告，以及在战争中出现的新作。它用《文阵广播》这样一个栏目，总汇和传达分散各地的文艺活动，和作家们的生活与战斗的消息，在整个文艺队伍之间相互沟通声气。

三

我是在所谓“保卫大武汉”的呼声中，没有去成延安，改而转道南下，到了南方海口广州的。当时广州已在大轰炸之中，但错误地估计了战局，以为武汉已朝不保夕，在广州可能还有时间做一些力所能及的文艺方面的工作。我和蒋锡金二人，准备在这儿办一个小小的文艺刊物《大地》。广州人民在大轰炸中昂然不屈，掀起热烈的抗战献金运动的景象，也使我们增加了勇气和信心。我们用身边最后两毛钱买纸烟抽，在轰炸后的瓦砾中悠然散步，心中还描绘着新刊物的蓝图。其间，我一度跨海去港，到九龙拜访了茅公，把自己的设想告诉了他。他不大同意我们这种天真的幻想，劝我到九龙去帮助编辑《文艺阵地》。那时《文艺阵地》早已不可能在轰炸中的广州印刷，而改为把编好的稿子秘密送到已成为所谓“孤岛”的上海去付印，请留在上海的孔另境同志帮助排校。印成之后，当然不可能在上海发行，而是用走私的方法，装运到香港。在香港，也是不能公开发行的，它只是作为一个转运站，通过各种渠道转运到内地去发行。茅公只手空拳，主办和实干这样的一个刊物，其艰辛的情景是难于想像的。但那时我们还没有放弃自己的《大地》的幻想，一心想苦苦地留在战火漫天的祖国内地，与茅公匆匆一面之后，又回到了广州。幻想毕竟是幻想，我们的新刊物办不起来，而广州竟然先武汉而沦陷。当我们所居住的四周市民，跟着达官贵人的首先逃命而纷纷搬迁，直到四邻空空，夜静无声的时候，才觉悟到如果再不离开，就只能当日本侵略军的俘虏了。那时我们仓皇地到西堤的江岸，去寻找撤退的交通工具。雇了一只小划子，在珠江上游荡，不管是开往哪里去的，遇到能够挤上去的轮船，便拼命地挤了上去。这是一条走西江开往广西梧州的船。连船舷都差不多会膨胀起来，挤得简直没有伸一下腿的空隙。回头怅惘地望见远远的从大鹏湾登陆的敌人，一路顺利无阻，连烧带杀，迫近广州郊区所燃起的烽烟，好容易才拜别了这个沦陷的广州。我们四个人，蒋锡金，海南岛的诗人施征军，从武汉撤退下来的天马书店的经理郭少卿和我，在人缝里挤着坐了下来，才记起这正是鲁迅先生逝世二周年的日子。于是大家闭目静神，以默哀来作我们纪念先生的仪式。

虽然我们中途在三水遇到了也从广州撤出到桂林去的救亡日报社的朋友，但到达了梧州，我们仍不知今后应该往哪里走去。在梧州落了脚，一面把沙田柚当饭吃，观光梧江上名为饷馆的开赌场与妓院的楼船，一面寻找交通工具。终于在一辆装运军火的大卡车上，当了被夹带的“黄鱼”。车上还乘着两个散兵，不时摆弄着手枪，好像在窥探我们的钱包。锡金很调皮，拉我们一并排坐在一列装炸药箱的车板上，故意同他们说笑攀谈。他估计这两个烂兵决不会对我们动手，因为他要是对我们开枪，座后的炸药便会爆炸，博得一个同归于尽的下场。这样地我们只费了几支烟卷，他们的态度就缓和下来，把手枪收进到枪套里去，一路平安无事地到达了林木森森、环境幽静的郁林。在小旅馆里安顿下来，心宽体泰，决定了行道的方向，到九龙去找茅公。从郁林到了湛江，那时还叫做广州湾，是被法帝国主义侵占的地区。又从那儿登上了海轮，经过风浪的颠簸，终于到达了香港，原来港粤间的半天的旅程，整整地走了13天。

四

茅公很高兴地接待了我们这批狼狈的难民,听我们诉述旅途上浪漫谛克的经历,哈哈地笑了起来。因为诗人施征军一到香港,便有许多同乡来接待,蒋锡金老家在上海,决定回“孤岛”去继续活动。郭少卿和他一同回沪,准备重振天马书店。茅公把我留下,帮助他做《文艺阵地》的编辑工作。刊物已出了半年,内地各处的来稿和通讯,堆满在他的案头,他日夜忙碌着,已好久无法持续自己创作的工作。我感到我有责任为他分劳,同时又不大愿意回到四周被敌人包围的上海的租界地去,就在香港留下来了。这已经是1938年的11月初了。那时在香港,我们所熟悉的进步的文艺工作者,真是寥若晨星,而且各有自己的工作岗位。戴望舒与叶灵凤在《星岛日报》,叶君健主要做外事活动,许地山先生任港大文学院长,另有围绕香港《大公报》的几个作家,我们在当地的活动范围非常狭小。但在这儿仍有一些便利的条件。香港的生活书店分店,通过各种渠道,与内地主要城市与各个战区,包括解放区,取得经常密切的联系,另一面又经过海道与上海联系,也沟通了华东的敌后地区。我们刊物的稿源还是很丰富的。由于茅公的勤奋,与各处文艺工作者的关系也保持得相当密切。

我得以在茅公面对面的指导下,愉快地工作,亲眼接触着茅公对待工作的态度。那时他在九龙太子道的寓楼,后窗正对着一座被劈开的小山,这半面小山赤露露地露出红色的岩壁,香港是亚热带,11月的午后阳光还相当骄烈,它照在崖壁反映到室内来,热度就相当的高。茅公一家把这座小山叫做火焰山,而茅公的书桌正面对着这座火焰山,他总是整天地伏案工作,阅读来稿,答复来信,以及作必要写作,浑身流着热汗,还不肯多费一点休息的时间。

五

在这样的共事还不满一个月的时候，有一天，茅公告诉我，他已准备接受新疆学院的聘请，到迪化（即现在的乌鲁木齐）去担任文学院长，如果确定下来，这《文艺阵地》就由我负责办下去。我听了大吃一惊，估量自己担不起这样的重任，但以为他的计划还在遥远，也就漫然地答应下来。不料过了几天，他的行止就决定了。他把整理得整整齐齐地一包一包来稿、来信，已阅未阅，已复未复，一一地交给我。他说：此去情况如何，还未可知，也许很快就会回来。在此期间，尽可能把刊物继续保持下去，编辑方针、体制，已经稳定，暂时毋须变动，各方面的关系也都建立起来了，大概不会有什么困难。我把任务接受下来，问他应该注意一些什么方面。他说因为编辑与作者队伍间的分散，讨论问题之类，是有一定的困难，但也不能因此放弃这个任务。同时重要的是加强与各战区前线与后方的联络，通过文艺作品迅速反映战争时期各方面的生活与斗争的现实，特别是重视新人的发掘，和大众化的倡导。我得到了这样的指示之后，便把任务接受了下来。当时他又提出，既然今后实际上由我编辑，封面上主编的名字，应该改为“茅盾·适夷主编”。这一点，则由我坚决拒绝了。我答应担任代编的任务，尽可能维持到茅公回来，不管遇到多大困难决不使它中途夭折。这是1938年的12月，在编完了预定在1939年1月1日出版的2卷6号之后。

照那时候的交通状况，茅公是取道越南，进入昆明，再到兰州去迪化的。我和生活书店的甘蘧园（伯林）同志、李南桌夫人和其他几位同志，把茅公一家，送上了去海防的一艘叫“小广东号”的法国轮船，依依惜别以后，就打开了他交给我的存稿与信件的包裹。

六

我担任这代编的任务，实际上只要勤恳一些，困难是不算大的。茅公已经把一切基础都奠定好了，我就是萧规曹随，坐享其成，很顺利地就动手工作起来。由我开始独力编辑，预定在1939年1月16日出版的第2卷第7期，正如该期《编后记》所说：“本期之稿，除一二新到以外，皆经茅盾先生校阅选定，我只是作了一道编排的手续。”这新到中的一篇，便是丁玲同志从千里迢迢的陕北，特地接受我的约请，首先作为我的第一支援者寄来一篇报告：《冀村之夜》。

当时我们在全国几个战区，都已有经常连续寄稿的许多作家，在东战场，亲身作为战斗员参加了别动队的作家骆宾基，寄来了连续登载的长篇，茅公给起了一个总题为《东战场别动队》。司马文森在第四战区的粤北战地，连续寄来了《粤北散记》。萧红在武汉最后仓皇撤出，刚刚在重庆安顿下来之后，就寄来了她的新作短篇《黄河》。从第五战区，碧野、黑丁、曾克都不断地寄来他们的战地新作，周而复给寄来了《延安的文艺》的通讯，后来又寄来新作《播种篇》。不久以前，从纳粹德国回国，在成都的s. y.（刘盛亚），连续寄来报告《在卐字旗下》。这些都成为《文艺阵地》在报告文学上所显示的特色。而同时，从武汉沦陷以后，各地交通混乱，敌军封锁加紧，《文艺阵地》也逐渐增加了运转的困难。我们通过港沪海轮上的工友，送到上海去付印的第2卷第9期的原稿，竟一下子被敌军扣留而全部损失了，这里面包括潘梓年同志特地给我们从重庆写来的《作品中的语言问题》，刘白羽从延安寄来的《一个从札萨克来的人》和骆宾基从东战场寄来的《东战场别动队》的第八段等，使我们不得不一面急忙把准备在第10期用的稿子，提前改为第9期，一面向作者告急，希望有底稿的把底稿寄来，没有底稿的尽可能地补写和重写。

《文艺阵地》是半月刊，从作者寄稿，编辑发稿，印刷成册，再装运到发行，必须处处通过敌人的封锁及其他阻难，从后方到海外，又从海外到"孤岛"，然后再从原路回程，在每半个月之间，作两度往返，随时随地都可以遇到意外的挫折，而刊物总是能够按时出版，广泛发行于大后方及各处战地，达两年之久，简直是令人不能相信的奇迹。这个奇迹的创造，主要是香港和各处生活书店同志的精心筹划和忘我劳动的成果。

七

使我有成为孤儿似的感觉的，却是茅公一别之后，很难得到他的音讯。约摸经过了两个月之后，我们才收到他于1月23日从兰州的来信：

> ……兄或以为我早在迪化，其实明日始有希望起飞。此因天气不佳，第一次迪化来机，途中去了十天，而到此后又有苏联人要回国，弟等大队，拟难同走，故请杜先生杜夫人等先走，而弟则候二次之专机……在此住了那么多日，本又可以写点东西，然而斗室中挤了四人，实在非工作之场所，加以电灯不明，入晚阅书尚不可能，遑论写作，只好到迪化后再谈矣。兄以后来信请寄兰州生活书店薛迪畅转，因兰迪间无空航，然薛君或可托便人带迪。否则，试从欧洲转，亦速于由国内转也。

这是茅公离港后的第一次来信，当时还听到传闻"他们的一行，已完成了三万余里的长征，平安到达迪化"。后来知道，其实这个传闻是不确的。以后一直到5月间，我们才得到茅公从新疆写于4月30日的来信：

> 忆在兰州时曾托港友转上一函，想早收到。弟于二月二十日由兰飞至哈密，三月八日由哈密乘汽车经鄯善、吐鲁番，到了迪化，现在已逾一月又半矣。乃因诸事丛杂，不克早奉片言，至以为歉。此次万里远行，经过昆明、成都、西安、兰州。在昆明住了十多天，兰州住了四十五天。生平未尝至西北，此次乃饱览塞外风物，尤以乘汽车自哈密至迪化一段，横渡大漠，见百数骆驼之大队商，委蛇去来，可谓壮观。尤有可记者，则自港动身后，凡现代水陆空交通工具，几无不用之。自港至海防乘船；海防至昆明走滇越路，盘山而过，计穿过山洞一百五十余个；自昆明至哈密，坐飞机；哈密至此，汽车。而在兰时，又曾坐羊皮筏子渡黄河，履冰而过黄河（皆在兰垣外），盖可谓一试矣。沿途皆有所记，惜尚无时间整理之也。此间新气象，可记者甚多，亦因事冗，未能命笔，暑假时或可为之。尚拟利用假期，游历外区，北疆，如伊犁塔城，或者不乏机会先往也……

这是茅公到迪化后的最初的来信，同时也是我在香港接到的他最后的一信，作为一个代编的人，我真正感到自己是成为一个孤儿了。

八

在这盼望不到茅公音讯的时候，我在香港的滞留，突然成了问题。我受已迁重庆的“中华全国文艺界抗敌协会”总会老舍先生的委托，请在港大的许地山先生出面发动，成立了“抗敌文协”的香港分会，一时展开了抗战文艺的活动，造成了相当的声势。这一活动是香港当局所不愿意的，他们非常害怕日本人对他们的压力。政治部的探员们，嗅出我是在幕后策动的一人，便设法来寻找我。是1939年6月中的一天，生活书店香港分店的甘伯林同志，悄悄给我送来了紧急的情报，要我迅速离开香港。我只身一人，当然什么时候要走就可以走的。但是《文艺阵地》怎么办呢？我是答应过茅公："不管处境将会发生怎样的变化，我一定把刊物编下去，直到您重新回来的日子！"伯林同志叫我不必顾虑，他豪爽地说："没有关系，反正我们是在上海印的，你就在上海编吧。后方的稿子，我们会及时给你送去。"

这样地，我就回到了"孤岛"的上海，从第3卷第5期开始，《文艺阵地》的编辑工作就转移到上海了。这一期，版权页上的出版日期是6月16日，其实编出来已经在7月里了，因此还来得及编入上海在6月18日所举行高尔基逝世3周年纪念晚会的报导。

我们刊物在政治方面，在香港就通过与廖承志同志的联系，争取到党的领导，一到上海，首先是巴人同志，后来是梅益同志，都及时向我传达党对当前形势与任务的指示，使我们能够尽可能地跟随着抗战的形势遵照党的方针政策前进。巴人同志、蒋天佐同志都在上海给我以直接具体的文艺理论方面的支持，甚至远在浙东乡间的冯雪峰同志，也在当前的文艺问题与理论建设工作，给予详细的宝贵的意见。

而在上海特别感到高兴的，在编辑第3卷第10期，即1939年9月以前，我又接到茅公从新疆寄来的长信：

> 自来此后，内地音讯，忽然隔绝，邮递之慢，殊出意外，而寄出之信，能否收到，又因种种原因，据言实无把握。加以初到时旅途劳顿，心绪纷乱，且未得兄来信，亦无要事相告，合此数因，遂以迁延。四月下旬及五月上旬，始接一月十五日及三月十五日来信，当即作覆（按，此信迄今尚未收到——适）。

……而兄于二月二日由欧洲转之信，则实未经由海外，仍从重庆辗转而来，而到达此间则反后于三月十五日之信一个多月也。至于兄所寄《文阵》，弟仅收到二卷七、八两期，但此两期似像由昆明转寄，非由香港直接也。

前数日始接三之七——十二共六册并五月十一日信，大喜过望。《文阵》事弟未有帮忙，累兄独力支撑，常抱不安，然亦有故，在此"打杂"之忙，甚于在港。第二，与内地文艺家隔绝，即欲作文，恨无题目。第三，此间本地风光，无可写寄。至于由港动身后的沿途印象，亦因无暇，迄未写成。总之出乎意外者太多，故寄稿之诺，遂不能践，且久久懒于握管矣……

……二卷七期至十二期各册弟略翻一过，尚未有时间卒读，然大体感得不坏，兄之努力支持已得报偿……

《文艺战线》尚未见到，因内地刊物，此间十不见一，老刊物尚可于三个月后见到，新刊物则因不为此间所知，所以根本不知道世间有此物也。

至于弟在此间生活，约略可述如下，来后成立一文化协会，弟与张仲实，现即主持此会工作。此会为半官办、半民众团体的性质，各民族文化会之负责人为此会会员，人数颇多，然日常事务则由三数人负之，弟与张仲实即为三数人中之二人。然此间民族既十分复杂，而社会情形亦颇复杂，新来者茫无头绪，此等工作，实非弟等所宜，今惟在编书方面（小学教科书）略尽其力耳。水土不服，身体日感衰弱，是个人方面的困难。两儿常念及江南风物，又以此间无适当学校可进，闲居在家，亦甚无聊。新疆学院弟担任功课每周十七小时，而大半功课与文艺无关。盖此校主要教员仅弟与仲实二人，他差不多包办了政济系功课，弟则包办了教育系功课。学生不多，约百二三十人，其中尚有五六十人为高中。内地一般青年，不知实际情形，以为新疆学院如何如何，要求进去。此辈青年，幻想太大，来亦无益也……弟饱经忧患，所见稍多，既未有幻想，自亦无所谓失望与否，个人生活从前享受已多，所谓从绚烂中过来，今在中年，已归平淡，故无所谓，唯独与世隔绝，深恐久居将成为文化上之愚蒙者耳。此间虽与苏联接近，然苏联书报，亦殊少来，无现购之书店，唯有订阅，然在三月杪订购之书报，至今未见到来，此则殊出意外，深觉闷闷者也。

最后关于《文阵》，甚望兄支持下去，编辑体例，照现在样子，就已不坏，似无改革之必要，短评则常有更妙——此间青年作者，寥寥无几，所作太公式主义的了，由于读者太少之故，且亦由于所读范围不广之故。……

原来盛世才在新疆搞独立王国，伪装进步的姿态，标榜所谓亲苏、联共的政策，企图吸收一些进步文化人装点自己的门面，茅公和别的许多进步人士，乃至党的重要同志，以积极建设边疆的热情，应邀前去。他们一到，才知道盛世才是一个心毒手狠的两面派。表面装进步，内心里对革命恨之入骨，经常杀戮革命人士和进步群众。对茅公等人虽不敢明目张胆地压迫，暗地里却戒备森严。这一种紧张的情况，茅公在信中虽未公开透露，却已有了隐约的暗示。幸而得到在新疆的地下党人毛泽民、徐梦秋同志等的负责安排，及杜重远先生的从中尽力，茅公一家与张仲实同志等，才得于1940年5月离开迪化，而且中途几乎在哈密被扣，幸而盛世才的密令落在我们地下党同志的手中，才得未遭毒手，安然脱出。后来，在新疆的毛泽民、陈潭秋等同志和杜重远先生，都遭到盛的毒手而壮烈牺牲，杨之华、萨空了、赵丹同志等都遭受了长期的牢狱之灾。

从茅公这一封信中，想像他陷入了这样恶劣的处境，被完全与他不相称而他还是想尽量尽力的任务所困扰的情况下，仍在遥遥万里之外，心心念念地关心和怀念自己亲手哺育的《文艺阵地》。

可惜以后,我们再也没有方法取得联络了。一直到 1940 年入冬时他经过延安回到重庆的时候。

九

作为一个代编的人,虽由于遭遇的颠沛,与形势的变动,但主观努力之不足,我实在是非常不称职的,未能很好完成茅公的嘱咐,把刊物办得更好一些,但它在大后方,在各战区,在抗日民主根据地,仍被作为一个全国性的重要的文艺刊物而受到重视。按照茅公的临行的叮嘱,我尽量在无名的投稿者中间,探觅新人。在评论方面,我找到了在港的黄绳、楼栖他们,给我以很大的帮助。新的无名作家,我也忘不了在昆明中学教书的周正仪,香港生活书店的一位职员寒波,在西北的乔穗青……在上海的田青,可惜前二人我以后没有见到他们的下落,乔穗青写了一些新作品,后来也不继续下去了,田青在解放后没有音问,也不见他的作品,他们实际上是有才能的。当我离港的时候,送行的青年中有一位是袁水拍,后来他在重庆以马凡陀的名字成了名诗人,可惜在"四人帮"时期,似乎不甚自爱,当然,我们还是希望他能认识错误,重新奋发的。其他原来已有成就的青年作家,为《文艺阵地》尽过很大的力量,而至今仍活跃于文艺界并成为文艺界领导工作者的,当然用不到我一一点将了。

十

在上海半地下状态中编辑的《文艺阵地》,到 1940 年的夏季,困难是越来越严重了,但依赖生活书店上海分店(当时对外已改名为"兄弟图书公司"了)负责人许觉民、王太雷、艾寒松同志们的努力,我们在万里外的茅公杳无音讯的情况下,还是准备再接再厉地支持下去。在上海印成的刊物,不能在上海当地发行,运往内地的渠道也愈来愈窄,经过大家重新的擘划,从1940年7月开始,把半月刊改作月刊,并由于书店同志的坚持,把我的名字放在茅公之下,也作为主编之一。为了争取能在上海公开发行,使用两种封面,在上海的叫《文阵丛刊》,每期标上一个书名,作为书籍发行,第1辑以骆宾基的一个中篇为题,叫《水火之间》,第2辑是鲁迅纪念专辑,则用《论鲁迅》为书名。运往内地的,则作为《文艺阵地》的第5卷第1期与第2期,并标明为"七月号"和"八月号",可能就为了这一复杂的情况,由于后来的研究工作者的疏忽,特别是在重庆复刊时编者的误记,以为前期的《文艺阵地》出到了第5卷第8期,一共出了56期,其实第5卷只出了1、2两期,一共出了50期。

1940年冬初,茅公脱出新疆以后,在延安留居了一个时候,回到了重庆。国民党正掀起一次一次的反共高潮,重庆的形势已经很紧,从上海运去的《文艺阵地》,以不曾向国民党登记为借口,已不能公开在后方发行,但生活总店还决定争取继续出版,向国民党的重庆市图书审查委员会正式登记,于1940年12月19日取得审查证,就在重庆继续出版了。事先生活总店急电上海,要我去重庆继续协助茅公编辑这个刊物。我完全由于个人的原因,经过思想斗争的结果,决定继续困守"孤岛",没有到重庆去。刊物便组织了欧阳山、曹靖华、章泯、宋之的、沙汀、艾青、以群七人构成的编委会,仍以茅公主编的名义,先由以群,后由罗荪做实际的编辑工作,这样地从1941年1月10日第6卷第1期开始,作为月刊,出到了1942年11月20日的第7卷第4期,由于表面上在重庆虽似乎可以公开发行,而各地则实行禁止和扣发,就不能用《文艺阵地》的名义继续出下去了。后来又用《文阵新辑》的名义,每辑标出一个书名,在1943年11月到1944年3月之间出了《去国》、《哈罗尔德的旅行及其他》及《纵横前后方》等3辑。在重庆复刊后最大的一个特征,就是连载了茅公的《霜叶红似二月花》而引起广大读者的瞩目。

人的记忆力是非常微妙的，大家读茅公最后所写的长篇《回忆录》，都感觉到茅公以 80 余岁的高龄，他的记忆力之强，是非常惊人的。但那次我偶然和他谈到《文艺阵地》在重庆复刊的事，竟完全忘却，一口咬定并无在重庆复刊的事，还和我争论起来。我估计他那天精神不好，可能是偶然的遗忘，曾预约把复刊后的刊物送给他看。可是我没有立刻实践此事，而后来就来不及了。

茅公的回忆录亲自写到 1934 年为关，止于抗战时期以后的一段，据韦韬和小曼同志说，也已准备一定的资料，我渴望他们能根据资料补续完全，关于《文艺阵地》的一段过程，我便根据记忆和尽可能得到的书面材料，提供以上的资料作参考。今天恰巧在《人民日报》见到张仲实同志所写的回忆（1981 年 5 月 16 日《难忘的往事》），他说茅公去新疆是同他一起从重庆出发的，这应该是他的记忆的错误。

1981.5.16

原载《新文学史料》1981 年第 3 期

茅盾和文学期刊编辑工作

庄钟庆

文学史上常常有这样的现象，文学巨匠往往同时又是文学编辑大师。鲁迅、郭沫若是这样，茅盾也是如此。

伟大的革命作家茅盾在现代文学杂志的创轫及发展的过程中，做出卓越的贡献。《小说月报》是我国现代文学第一个专门杂志，1920 年初，当茅盾接编时，先是主持该刊《小说新潮》栏的半革新工作，同年 11 月任主编，实行全部革新。由于当时《小说月报》

是由鸳鸯蝴蝶派文人控制的，茅盾接编后，对他们的稿件全部不用，引起了他们的怨恨，同时也遭到商务印书馆内守旧的实权派的反对，1923 年他终于辞去了《小说月报》主编职务。尽管如此，茅盾在《小说月报》的革新作用是不可估量的。他第一个运用《小说月报》这块阵地，鼓吹新文学，反对旧文学，为正在成长中的中国现代文学的发展而呐喊、抗争！

茅盾总是把自己的编辑工作同中国革命的斗争，现代文学的进展联系起来的。30 年代，为了推动革命文学运动，他参加了大型文艺刊物《文学》的创办和编辑工作，这个刊物是《小说月报》停刊后，在社会上影响较大的文学刊物。为借鉴外国文学，他还和鲁迅发起创办《译文》杂志。抗日战争期间，他主编的《文艺阵地》在国统区进步文学活动中起了巨大的作用。他还在香港主持过小型报纸《立报》副刊《言林》、主编综合性文艺刊物《笔谈》及参加《大众生活》的编委会。这些刊物在推动抗日斗争及抗战文艺的发展方面作出巨大成绩。解放战争时期，他主编了《文联》、《小说》等刊物，以文艺配合反对美蒋的斗争，迎接新中国的诞生。解放后他主持过《人民文学》、《译文》，为发展社会主义文学作了不懈的努力。

茅盾主办的文艺杂志，方向明确，取材广泛，形式多样。他主编的《文艺阵地》在《发刊词》中明确地写道："《文艺阵地》上立着一面大旗，大书：拥护抗战到底，巩固统一战线"；他在《本刊七卷革新启事》中又说："作品呢，或题材把握有独到之处，或形式上有新的尝试；论文则不患其立论之无懈可击，易患其庸俗与公式化，缺乏新知灼见。"我们从茅盾主编的 18 期《文艺阵地》来看，虽然不能说每期文章都是精彩卓异，然而都是不乏耐读篇章。正如叶以群所说的，茅盾主编的《文艺阵地》"作品取材的多方面，以及形式、风格的多样化，可以说是那时《文艺阵地》的一大特色。讨论的问题也很广泛，诸如深入生活、反映时代、创造典型、浪漫主义与写实主义、大众化民族形式、暴露与讽刺、通俗与提高、报告文学等等问题以及关于鲁迅作品的问题，都有所论及。这些固然反映着各方面的作者努力，但也反映着主编者的勤劳。”(《〈文艺阵地〉杂忆》，《中国现代文艺资料丛刊》第 1 期)茅盾主编的《文联》，既有国内外的文艺活动乃至一般文化活动概况的报道，又有国内外出版的文艺新书介绍，还有对当时文化包括文艺运动的意见，而这一切旨在把当时文化及文艺运动引向反蒋的巨流中。

茅盾从他主办《小说月报》开始，到主编《人民文学》为止，一贯非常重视来自群众的意见。他在《小说月报》上设立《通讯》栏，反映来自群众中的各种不同意见，如第 13 卷第 2 期上发表了读者谭国棠来信，提出他对《阿 Q 正传》的不同看法，他认为这个作品“稍伤真实，讽刺过分”，茅盾在回信中指出这种看法“实未为至论”，他充分肯定了阿 Q 的典型性；他还在第12 卷第 8 期上刊登了一位读者的来信，肯定了该刊发表的《春季创作坛漫谈》一文，信中说：“我觉得很喜欢，因为这种评论，很可以引起现在一般作家底兴趣，也是热闹中国文坛的一种方法，使得他可以蓬蓬勃勃地兴旺起来。”

不久以前，茅盾在《欢迎〈文学报〉的创刊》一文中写道：“这样一张〈文学报〉需要群众的支持和爱护。”又说：“群众的智慧往往可以弥补编辑者埋头苦干时的疏忽，也可以给呕尽心血的作者提供参考。”这是茅盾临终前对编辑工作的指示，也是他一生从事编辑工作的总结。

建立一支强大的写作队伍，对于办好文学刊物是非常重要的。茅盾向来重视充分调动文艺界的一切积极力量，搞好刊物，反对关门作风。他在评述左翼文艺刊物《北斗》时指出：这个月刊“执笔者除了左联的作家外，也有‘自由主义’的中间作家。这是和以前《拓荒者》等不同的地方。以前《拓荒者》对于‘自由主义’的中间作家是取了关门的态度，而《北斗》则是诱导的态度”(《中国左翼文艺定期刊编目》)。他参加编辑的《文学》,在那里发表作品和理论文章的,除了鲁迅和他外,还有陈望道、郁达夫、郑振铎、叶绍钧、夏丏尊等知名作家。他主编的《文艺阵地》在《发刊词》中明确地写道:"这阵地上将有各种各类的'文艺兵',在献出他们的心血。"《文艺阵地》上发表了包括郑振铎、老舍、丁玲、夏衍、艾青、丰子恺、叶圣陶、巴人、适夷等在内的 20 多位作家的文章,表明了作家队伍的广泛性。

发现、支持、培养文坛新秀,是茅盾编辑文艺刊物中极为突出的特点。在他主持《小说月报》时期,特设创作栏,刊登文学新人作品,有时组织他们参加讨论,或者通过读者评论他们的文章,从这些活动中发现文艺新秀,从而推动创作活动。他在编辑《文学》时曾作《几种纯文艺的刊物》一文推荐了当时无名作家叶紫等几个青年合编的《无名文艺》,他赞赏刊登在该刊创刊号上叶紫的第一篇创作《丰收》,他说:"《丰收》是近年来文坛上屡见不鲜的题材,但是,我们在这里郑重地推荐《丰收》,因为此篇的描写点最为广阔,在两万数千言中,他展开了农事的全场面,老农的落后意识,'谷贱伤农'以及地主的剥削、苛捐杂税的压迫,这是一篇精心结构的佳作。"叶紫得到茅盾的鼓励后,更加严格地要求自己,他说:"《丰收》算是初次的尝试,我担心别辜负了那班为人间的真善、光明与正义而抗争的人所流去的心血。"①之后,叶紫的作品表明,他的创作是沿着无产阶级文学的方向前进的!茅盾在主编《文艺阵地》时极为推崇新进作家。据沈志坚回忆说:"他(指茅盾)把《文艺阵地》送我两册,又将各作家的来稿给我看,一面对臧克家、欧阳山等各个新作家大加赞美。我想他还像从前一样,对于新进作家,多方奖掖,以求中国之文学大放灿烂,难怪一般前进的文学青年都要集其门下而奋勉起来啦。"(《怀茅盾》)

---

① 转引满红作《悼〈丰收〉的作者——叶紫》,《长风》半月刊第 1 卷第 2 期。

推荐新人新作，还得要同对新人新作严格要求结合起来。在这方面，茅盾也是做得很出色的。当年他在主编《文艺阵地》时，有位亲属叫阿福，是个初学写作者。在《文艺阵地》上发表过三篇作品后，又投了《安乐村》一稿，茅盾阅完即退回并尖锐地指出他在创作上存在的问题，他说："我对他作了严格的批评。初作者立即多产，是危险的；而他已经到了这样危险。他应当再用功。多写是练习之一道，但写时必须'惜墨如金'，冗词泛语，不必要的枝节通通删去。再者，他的感觉，也不见锐敏；故而无论写心理写自然都不免于浮面而平凡。这方面，其实也可由刻苦学习而得进步的。"（致孔令俊信，1938 年 11 月 16 日，香港《海洋文艺》1980 年第 10 期）

茅盾在办文学杂志时是呕心沥血的，一心扑在编辑工作中。他曾经告诉我，在编《小说月报》时，主要是他一人，同时又要兼商务印书馆的编辑工作。青年时代的茅盾，以其饱满的精力，战斗激情，投入编辑工作。既当编辑，又当作者，自己动笔写文章，搞翻译，表现出高贵的责任感。他在担任《文学》编辑时，撰写了不少评论的文章，产生了巨大的影响，如《丁玲的〈母亲〉》、《冰心论》、《卢隐论》等都是著名文学评论。他主编《文艺阵地》时，除亲自阅读大量来稿，从中选定文章外，"还几乎每期都写了文章，尤其是短篇和书评二栏，大部分是他自己执笔的，有时每期发表五六篇之多"（以群：《〈文艺阵地〉杂忆》）。他主持《笔谈》时还特辟《客座杂忆》专栏，连续刊载他的回忆文章；他的长篇《第一阶段的故事》就是在主编《言林》副刊时逐日发表而后集成的。

茅盾不仅把自己主办的文学杂志搞好，而且为许多刊物做分外编辑工作。艾芜说过，茅盾"曾替许多的文艺刊物看过小说方面的投稿，暗中帮助不少的青年作者，使他们的习作的努力，得到正常的发展，且从事文艺的志愿，得到更大的信心"。艾芜就是其中的一个，30 年代他在上海时，曾写了一篇以上海电车工人的罢工为题材的速写，投给《文学月报》，由该刊编者约请茅盾审阅此文，茅盾看后，写了意见，认为写得不好，不能用；后来他又写一篇以在云南昆明亲身经历的事情为题材的小说，题为《人生哲学的第一课》，茅盾看过，认为可用，后登在《文学月报》5、6 期合刊上。艾芜说，“只有在茅盾先生这一鼓励之下，我才对于终身从事文艺习作的志愿，更加努力不懈，坚定不移了。”①沙汀于 1931 年写了三篇小说投给《文学月报》，半个月后，编者答应把《在码头上》一篇先刊出来，而且附了茅盾写的评语，大意略谓：东西还可以，只是他不喜欢那种印象式的写法。他在茅盾的启示后，改变了印象式的写法，《老人》、《丁跛公》就是新的创作起点。沙汀说：“他（指茅盾）既不抹杀不合自己口气的东西，视同狗屁，但也并不闭起眼睛吹。”②这些表明茅盾具有胸襟开阔而又严格要求的编辑作风。唯有如此，人才方能大批涌现！那种王伦式的编辑作风，对于发展出版事业极其有害！

茅盾虽然离开了人间，然而他在中国现代文学史上包括在文学编辑工作方面的功绩将千秋万代地传下去，成为后代的精神财富！

原载《出版工作》1981 年第 3 期

悼念茅盾同志

巴　金

十年浩劫之后我到北京开会，看见茅盾同志，我感到格外亲

---

① 均引自艾芜：《记我的一段文艺生活》，《文哨》第 1 卷第 3 期。

② 引自沙汀：《感谢》，《文哨》第 1 卷第 3 期。

切。他还是那样意气昂扬，十分康健，不像一位老人。这是我最初的印象，它使我非常高兴。这几年中间我见过他多次，有时在人民大会堂，没有机会长谈；有时在他的住处，没有干扰，听他滔滔不绝的谈话，我仿佛又回到了 30 年代和 40 年代的日子。我每次都想多坐一会儿，但又害怕谈久了会使他疲劳，影响他的健康，告辞的时候我常常觉得还有许多话不曾讲出来，心想下次再讲吧。同他的接触中我也发现他一年比一年衰老，但除了步履艰难外，我没有看到什么叫人特别担心的事情，何况我自己也是一年不如一年。因此我一直丢不开“下次吧”这个念头，总以为我和他晤谈的机会还有很多。最近有人来说“茅公身体不好，住进了医院”。我想到了冬天老年人总要发这样或者那样的毛病，天气暖和就会好起来，我那“下次吧”的信心并不动摇。万万想不到突然来的长途电话就把我的“下次吧”永远地结束了。

20 年代初商务印书馆的《小说月报》改版，茅盾同志做了第一任编辑，那时我在成都。1928 年他用“茅盾”的笔名在《小说月报》发表三部曲《蚀》的时候，我在法国。30 年代在上海看见他，我就称他为“沈先生”，我这样尊敬地称呼他一直到最后一次同他的会见，我始终把他当作一位老师。我十几岁就读他写的文学论文和翻译的文学作品，30 年代又喜欢读他那些评论作家和作品的文章。那些年他站在鲁迅先生身边用笔进行战斗，用作品教育青年。我还记得 1933 年他的长篇小说《子夜》在上海出版时的盛况，那是《阿 Q 正传》以后我国现代文学的又一伟大胜利。我国现代文学始终沿着“为人生”的现实主义道路成长、发展，少不了他几十年的心血。他又是文艺园中一位辛勤的老园丁，几十年如一日，浇水拔草；小心照料每一朵将开或者初放的花朵，他在这方面也留下不少值得珍视的文章。

我不是艺术家，我不过借笔墨表达自己的爱憎，希望对祖国和人民能尽一点点力。由于偶然的机会我走上了文学道路，只好边走边学，几十年中间我从前辈作家那里学到不少作文和做人的道理，也学到一些文学知识。我还记得30年代中上海文学社安排的几次会晤，有时鲁迅先生和茅盾同志都在座，在没有人打扰的旅社房间里，听他们谈文学界的现状和我们前进的道路，我只是注意地听着，今天我还想念这种难得的学习机会。

然而我不是一个好学生，缺乏刻苦钻研的学习精神，因此几十年过去了，我在文学上仍然没有多大的成就，回想起来我总是感到惭愧。甚至一些小事自以为记得很牢，也常常不能坚持下去。30年代在上海看见鲁迅先生编印书刊，包封或送人或寄送，都是自己动手，非常认真，我也下决心要从小事做起。1937年“八一三”抗战爆发，文艺刊物停刊，《文学》等四份杂志联合创办《呐喊》周报，我们在黎烈文家商谈，公推茅盾同志担任这份小刊物的编辑，刊物出了两期被租界巡捕房查禁，改了名字继续出下去，我们按时把稿子送到茅盾同志家里。不久他离开上海，由我接替他的工作，我才发现他看过、采用的每篇稿件都用红笔批改得清清楚楚，而且不让一个笔画难辨的字留下来。我也出过刊物，编过丛书，从未这样仔细批稿，看到他移交的稿件，我只有钦佩，我才懂得做编辑并不是容易的事。第二年春天他在香港编辑《文艺阵地》，刊物在广州印刷，他每期都要来广州看校样。他住在爱群旅社，我当时住在广州，到旅社去看他，每次都看见他一个字一个字地专心改正错字。我自己有过长期校对的经验，可是我校过的书刊中仍然保留了不少的错字。记得我在40年代后期编了一种丛书，收得有一本萧乾的作品（大概是《创作四试》吧），书印出后，报纸上刊载评论赞扬它，最后却来一句：“书是好书，可惜错字太多。”我每想起自己的粗心草率，内疚之后，眼前就现出茅盾同志在广州爱群旅社看校样的情景和他用红笔批改过的稿件，做任何工作都是那样认真负责、一丝不苟，连最后写回忆录时也是这样。我尊他为老师，可是我跟他的距离还差得很远。看来我永远赶不上他了。但是即使留给我的只有一年、两年的时间，我也要以他为学习的榜样。

人到暮年，对生死的看法不像过去那样明白、敏锐；同亲友分别，也不像壮年人那样痛苦，因为心想我就要跟上来了。但是得到茅盾同志的噩耗我十分悲痛，眼泪流在肚里，只有自己知道。我们浪费了多少时间啊，现在到了尽头了。他是我们那一代作家的代表和榜样，他为祖国和人民留下了不少宝贵的财富，他应该没有遗憾吧。但是我呢？我多么想拉住他，让他活下去，写完他所想写的一切啊！

去年访问日本的前夕，我到茅盾同志的寓所去看他，在后院那间宽阔、整洁的书房里和他谈了将近一个小时。我和罗荪同志同去，但谈得最多的还是茅盾同志，他谈他的过去，谈他最近一次在睡房里摔了跤后的幻景，他谈得十分生动。我们不愿意离开他，却又不能不让他休息。我们告辞后，他的儿子媳妇搀他回到寝室。走出后院，我带走了一个孤寂老人的背影。我想多寂寞啊！这两年我脑子里一直有一个孤寂老人的形象。其实我并不理解他。今天我读到了他的遗书，他捐献大量稿费"作为设立一个长篇小说文艺奖金的基金"；在病危的时候，他这样写道："我自知病将不起，我衷心地祝愿我国社会主义文学事业繁荣昌盛。"他的心里装着祖国的社会主义文学事业，他为这个事业贡献了毕生的精力。社会主义文学事业一定会繁荣昌盛。他怎么会感到寂寞呢？

3月29日

原载《文艺报》1981年第8期

试论编辑家茅盾

邵伯周

在悼念茅盾辞世的时候，巴金深情地写道："他又是文艺园中一位辛勤的老园丁，几十年如一日，浇水拔草，小心照料每一朵将开或初放的花朵……"①确实，茅盾不仅是一位伟大的革命作家、文学评论家、翻译家，同时也是一位在文艺园地里辛勤劳作几十年如一日的老园丁，一位伟大的编辑家。在茅盾，他的编辑工作与文学评论、翻译、创作是融成一体的。就编辑工作来说，他有着明确的指导思想，对我国现代文学事业的发展，做出过巨大的贡献，并且积累了丰富的经验。本文试就编辑家茅盾的光辉业绩，略作论述。

"革新·创造·奋斗"　夺取文学革命胜利

1916 年 8 月，青年茅盾进入商务编译所的时候，《新青年》倡导的新文化运动正在兴起。

商务印书馆是我国最早的新式出版机构之一，它在出版现代科学著作、外语读物、中小学教材方面做出过贡献；它还出版多种杂志，如《东方杂志》、《教育杂志》、《小说月报》、《学生杂志》等等，在普及文化，传播专业知识，适应不同阶层、不同职业的读者需要方面，有着广泛影响。新文化运动发展起来以后，它的出版物就显得有些保守、落后，跟不上形势了。商务当局为了适应潮流，不得不考虑作一些改革，并从《学生杂志》开始。这一方面表明向

---

① 巴金:《悼念茅盾同志》,《文艺报》1981 年第 8 期。

《新青年》学习，一方面也是想借此争取更多的读者。进入商务不久的茅盾，才华初放，就被调派去做《学生杂志》的助编，先从写社论开始。

茅盾担任《学生杂志》的助编以后，接连写了两篇社论《学生与社会》、《一九一八之学生》。前者指出在“新旧思想交冲之时代”学生应担负起振兴祖国、革新社会之责任。后一篇指出面临急剧变化之20世纪，要使中国避免“亡国之惨”，青年学生就应该“幡然觉悟”、“投袂以起”，一要“革新思想”，二要“创造文明”，三要“奋斗主义”。总之，就是要“抱定人定胜天之旨”，振臂而起，“别创历史上之新纪元”。

这样，茅盾就高高举起“革命、创造、奋斗”的旗帜。这个口号的思想实质是爱国主义和民主主义。他就是在这一思想指导下开始他的编辑生涯的。五四以后，随着时代和他本人思想的发展，“革新、创造、奋斗”的口号就逐步具有马克思主义、共产主义思想的内涵，并体现在他整个一生的社会活动和包括编辑工作在内的文学活动中了。

五四爱国运动以后，新文化、新文学以汹涌澎湃之势向前发展，商务出版的原来为“鸳鸯蝴蝶”派所把持的《小说月报》失去了不少读者。面对这一形势，商务当局决定加以部分革新，辟“小说新潮”栏，请茅盾主持这一栏的编务。“小说新潮”栏茅盾编了一年(1920)，发表了一些新文学创作和翻译的外国文学作品。但就整个《小说月报》来说，这种部分改良仍然满足不了读者的要求。商务当局决定加以彻底革新，邀请茅盾担任主编。1920年底，茅盾因组稿与北京的正在酝酿组织新文学社团的郑振铎等取得了联系。于是1921年1月，第12卷第1号《小说月报》便以彻底革新的面貌与读者见面了。

茅盾在负责“小说新潮”栏时，曾发表《小说新潮栏宣言》，说明介绍、翻译外国文学的目的和计划。在全面革新的《小说月报》

第12卷第1号上，茅盾发表了《改革宣言》，全面申述了他的编辑宗旨。《改革宣言》说，革新后的《小说月报》将辟论评、研究、译丛、创作、特载、杂载等六个栏目，把重点放在译丛（翻译西洋名家作品）和创作两个方面。对于外国文学，《宣言》认为“不论如何相反之主义咸有介绍之必要。故对于为艺术的艺术与为人生的艺术，两无所袒，必将忠实介绍，以为研究之材料”。但是，“就国内文学界的情形言之，则写实主义之真精神与写实主义之真杰作，未尝有其一二”，所以“尚有切实介绍之必要”。《宣言》还认为中国的旧文学，“不仅在过去有相当之地位”，对将来亦还有意义，所以准备发表研究成果，并展开讨论。《宣言》提出既要“尊重自由的创造精神”，也要“提倡文学批评”，使创作与批评“互相激励而至于至善”。这个《改革宣言》也就是革新后的《小说月报》的编辑方针，是茅盾的编辑思想的具体体现。

全部革新的《小说月报》第一号一出版，就以其新颖而充实的内容受到文艺界的好评。《时事新报》副刊《学灯》主编李石岑就发表公开信加以赞扬。① 茅盾公开发表回信，除对李石岑的赞誉表示谢意外，并表示“中国的新文艺还在萌芽时代，我们以现在的精神继续做去，眼光注在将来，不做小买卖，或者七年八年之后有点影响出来”。茅盾还表白说：“我敢代表国内有志文学的人宣言：我们的最终目的是要在世界文学中争个地位，并做出我们民族对于将来文明的贡献。”②这封信更表达了茅盾对于编辑工作的崇高理想和伟大抱负——使中国新文学走向世界。

茅盾主编《小说月报》两年，实践了《改革宣言》中所提出的主张。他发表了叶绍钧、冰心、庐隐、王统照、许地山、朱自清、朱湘、汪静之、梁宗岱、徐蔚南等人的不少作品，使一批青年作家，脱颖而

---

① 1921年1月31日《时事新报·学灯》。

② 《致李石岑》，1921年2月3日《时事新报·学灯》。

出。他们的创作,风格是多种多样的,主导倾向则是现实主义。介绍外国文学方面,译载了托尔斯泰、屠格涅夫、契诃夫、莫泊桑、高尔基等著名作家的作品,以及当时的一些弱小国家和弱小民族的作品,编出了"被损害民族文学"号和"俄国文学研究"专号;介绍了欧洲文学史上的各种思潮流派,主导倾向则是现实主义的;发表了不少评论文章,茅盾本人写的《新文学研究者的责任与努力》、《社会背景与创作》、《自然主义与中国现代小说》等论文,对于我国新文学的现实主义的理论建设,起了重要作用。茅盾还经常在"通讯"栏里,给读者解答问题,与读者交换对各种文学问题的看法,比如在一次通讯里,他就高度评价了尚未发表完的鲁迅的《阿Q正传》。

综观1921、1922两年间的《小说月报》,发表的创作和翻译,可以说是百花齐放的;外国文艺思潮的介绍和评论,则可说是百家争鸣的。主导精神则都是现实主义。这样,茅盾主编的《小说月报》和鲁迅一道,就形成五四以来我国新文学的一个重要流派——现实主义流派。

《小说月报》的彻底革新,意味着旧文学的一个顽固堡垒终于为新文学阵营所完全夺取,是文学革命的一次重大的战略性胜利。由于这一胜利,新文学运动开始有一支有组织的作家队伍,建立了巩固的阵地,从而以更加不可阻挡的气势向前发展。茅盾,作为这一战略性胜利的组织者和指挥者的功绩,在中国现代文学史上是应该大书而特书的。

站在政治宣传工作的第一线

1926年初,茅盾和恽代英等到广州出席国共合作的国民党第二次全国代表大会。会后茅盾受命留在广州,到国民党中央宣传部工作。

当时国民党中央宣传部长汪精卫没有到职,由毛泽东任代理部长。茅盾报到后被任命为秘书。茅盾在宣传部的主要任务是编辑毛泽东已经编了四期的《政治周报》。这时,中国共产党正在与以曾琦、左舜生等为代表的国家主义派就中国革命问题作原则性的争论。茅盾在他编辑的《政治周报》第五期上发表了《国家主义者的"左排"与"右排"》、《国家主义——帝国主义最新式的工具》、《国家主义与假革命不革命》等三篇文章,有力地驳斥了国家主义派诬蔑中国共产党的种种谬论,同时也批评了国民党右派——西山会议派,宣传了中国共产党的反帝反封建的政治主张。当时中国共产党的这一斗争极有成效。作为共产党员、《政治周报》编辑的茅盾,在这一斗争中起了重要作用。

1927 年 1 月,在北伐战争胜利发展过程中,茅盾遵照党中央的安排,到武汉担任中央军事政治学校武汉分校的政治教官。4 月初,又奉调担任《汉口民国日报》的总主笔。

此时,武汉的报纸很多,但大型的只有两家:一是《中央日报》,国民党中央宣传部的机关报,国民党右派的喉舌;一是《汉口民国日报》,名义上是国民党湖北省党部的机关报,但实权却掌握在共产党员手中,社长是董必武,总经理是毛泽民,总主笔茅盾,编辑也大都是共产党员。报纸的编辑方针、宣传要点也是由中共中央宣传部确定的。那时中央宣传部长彭述之,人在上海。武汉宣传工作是由瞿秋白分管的。作为总主笔的茅盾向中央宣传部请示工作,就是与瞿秋白联系。

作为总主笔的茅盾的工作,就是审定编辑们编好的稿件,加上标题,确定版面,撰写社论。不久,发生了"四一二"事件,武汉形势也十分尖锐复杂。面临这一局势,《汉口民国日报》要正确报道当时的政治形势,宣传党的正确方针,是相当困难的。

从 4 月 29 日到 7 月 9 日,作为总主笔的茅盾,配合新闻报道,撰写了 30 多篇社论,在政治宣传战线上进行了有效的工作。

为了揭露蒋介石的反革命罪行，茅盾把《汉口民国日报》整版整版地编出讨伐蒋介石的消息和文章，撰写了《袁世凯和蒋介石》等社论，无情地揭露了蒋介石的反动面目，对讨蒋起了巨大的动员作用。

为了支持工农群众运动，茅盾还特地开辟了“农工消息——光明与黑暗之斗争”专栏，大量报道各地农民运动蓬勃发展的形势，以及反动势力对群众运动血腥摧残的消息，并撰写与这一形势相配合的社论，如《扑灭本省各属的白色恐怖》、《长沙事件》等，大造工农运动的声势，揭露反动派的罪行，鼓舞士气。

为了加强工农大众与工商业者的同盟，巩固统一战线与民主政权，茅盾还撰写了《巩固工农群众与工商业者的革命同盟》等社论，正确地阐述党的方针政策。

为了提高革命工作者的思想认识，茅盾还撰写了《五五纪念中我们应有的认识》等社论，号召革命者要树立共产主义理想与解放全人类的崇高目标，并与当前的现实斗争结合起来，发扬坚毅精神，把革命进行到底。

《汉口民国日报》原来有一个相当于副刊的栏目《国民之友》，占半版篇幅。茅盾担任该报总主笔后，把这一栏扩充为《汉口民国日报副刊》，每天出版一大张，茅盾亲自编辑，发表更多的进步作品，经常撰文的作家有孟超、云彬、钱杏邨等。茅盾还热情扶植文学青年，例如符浩就得到茅盾的指导写作了一些作品，他念念不忘地说：“茅盾先生于我是有提携与栽培之德的。”①

编辑《政治周报》和担任《汉口民国日报》的总主笔，在大革命高潮时期，茅盾站在政治宣传工作的第一线，为执行党的正确路线，做出了自己的一份贡献。

---

① 符浩：《茅盾先生与我》，1981 年 4 月 8 日《湖北日报》。

在“前哨”英勇战斗　为“文学”呕心沥血

中国左翼作家联盟成立后，出版过多种刊物，但大都只出几期就被禁止了。1930 年底，在联执委会决定办一个内容比较充实、理论与创作并重的刊物，定名为《前哨》，由鲁迅、冯雪峰、茅盾三人共同编辑。

在刊物筹备过程中，发生了柔石等五位青年作家被反动派杀害的事件，于是就把第一期编成“纪念战死者专号”，刊登了揭露和控诉反动派血腥罪行的文章、五烈士的小传和遗作。其中《中国左翼作家联盟为国民党屠杀大批革命作家宣言》曾译成英文，就是由茅盾逐句口译，史沫特莱加以润色，茅盾再据原文校正，如此反复而后定稿的。这一期刊物仍是秘密发行的，待到国民党当局发觉，印出两三千份已销售出去了；又经史沫特莱传到国外，发生了很大影响。

这时候，国民党官僚潘公展纠集了反动文人傅彦长、王平陵、黄震遐等，创办《前锋月刊》，发表《民族主义文艺运动宣言》，打出“民族主义文学”的幌子，反对无产阶级革命文学。他们抛出不少“作品”，为蒋介石的反共卖国政策效劳。茅盾以《文学导报》(《前哨》第二期改名)为阵地对他们进行了坚决的斗争。茅盾着重剖析了“民族主义文学”的理论，指出那是一种“杂拌儿”，它剽窃、篡改了泰纳的文艺理论，混淆了 18 世纪后各民族国家的形成和 19 世纪后发生的民族革命运动的概念，再加上欧洲大战后资本主义国家文艺上各种新奇的“主义”，所以是既荒谬又反动的。茅盾还撰文对“民族主义文学”的“代表作”《陇海线上》、《国门之战》、《黄人之血》等作了具体的分析批判，指出所谓“民族主义文学”，就是鼓吹反共反革命的文学，为国民党反动派投降日本帝国主义鸣锣开道的文学。对“民族主义文学”的斗争，是茅盾在编辑工作中与鲁迅、瞿秋白互相配合、协同作战而取得的重大胜利。

左联刊物先后被迫停刊。"一·二八"事变中停刊的《小说月报》商务当局迄无复刊表示,作家们尤其青年作家苦无发表作品的地方。1933年春,茅盾和在燕京大学任教、回沪度假的郑振铎商量后,便决定办一个定名为《文学》的大型刊物,内容以创作为主,提倡现实主义,也注重评论和翻译。力求团结更多的作家,对外还要一层保护色。茅盾认为自己是"被戴上红帽子"的,应请别人担任主编,并邀请鲁迅、叶圣陶、郁达夫、陈望道、郑振铎、傅东华等十人组成编委会,实际的筹备工作则由茅盾负责。

《文学》是《小说月报》之后、抗战以前出版时间最长、影响最大的大型文学杂志。它冲出了左联自设的藩篱——宗派主义,团结了广大作家,发表了不少作家的处女作,培养了一批新作家;同时它又突破了反动派的文网,使刊物既保持进步倾向又能公开发行,争取到更多的读者,产生了更广泛的影响。

茅盾是《文学》的创办人。他虽然没有挂"社长"、"主编"的名义,但实际上他一直是《文学》的领导人和"总编辑":他运筹帷幄,呕心沥血,组织编委会,物色主编;为它确定编辑方针;团结广大作家,组织稿件;妥善地解决内部纠纷;以机动灵活的战术与反动派作斗争;他自己还辛勤地为它写稿:小说、散文、评论,参与文艺思想问题的论争,推动中国现代文学的发展。

《文学》在白色恐怖下出版四年之久,取得巨大成就,产生深远影响,茅盾的功绩是不可磨灭的。

三度前往香港　编辑五种期刊

抗日战争和解放战争时期,茅盾曾三次前往香港,编辑了五种期刊。利用香港的特殊条件,为民族和人民的解放,为革命文艺,做出了重大贡献。

1938 年 2 月，茅盾辗转到了香港，主编《立报》副刊《言林》和《文艺阵地》。

4 月 1 日，原来在上海出版的《立报》在香港复刊。茅盾为该报副刊写了《言林献词》，说明了它的宗旨。同时开始发表茅盾的长篇连载小说《你往哪里跑》（后来出版单行本时改题为《第一阶段的故事》）；开始时，茅盾为了充实版面，差不多还要每天写一篇短文。不久，投稿就源源而来，并且形成了一支经常写稿的“核心队伍”，他们大都是年轻人，后来知名的有杜埃、林焕平、李南桌等。年底茅盾离开香港去新疆时，推荐杜埃接手编辑《言林》，杜埃就是茅盾培养成长起来的作者。

《言林》是当时香港报纸副刊中最为严肃的一个，是茅盾在香港所建立的虽然是小小的但却是重要的抗日“文艺阵地”。它做到《言林献词》中所提出的要求：既进行阵地战、运动战，又进行游击战。既发射重磅炮弹，也投掷出匕首和投枪，给敌人以有力的打击；“但《言林》并不就此化为‘剑林’，它有时也许是一支七弦琴，一支笛，奏出了大时代中民族内心的蕴积”；能给人“愉快和休息”；有时，它又是一架显微镜，“检视着社会人生的毒疮脓汁”。

《文艺阵地》创刊号于 1938 年 4 月 16 日出版。茅盾在《发刊辞》中说，在这个阵地上，“立一面大旗，大书‘拥护抗战到底，巩固抗战的统一战线’”。表明了刊物的基本指导思想。《发刊辞》还说，在这阵地上，“将有各种各样的‘文艺兵’，在献出他们的心血”，他们可以运用新式的或老式的“各式各样的兵器”来进行战斗；还说在这阵地上，又将有新的力量，“民族的文艺的后备军，来增长声威，补充火力”。这就说明了刊物的编辑方针：团结各方面的力量，运用各种文艺形式进行战斗，特别注意培养新生力量。茅盾又在《征稿简约》中规定了论文、短评、作品、国内文艺动态、国际文艺动态、海外通讯、书报评论、插图等八个方面稿件的具体要求，使编辑方针具体化。

茅盾在武汉接受主编《文艺阵地》的任务后，就与各方面联系，广泛组稿，为稿件的来源开辟了广阔的渠道。创刊号上就发表了叶圣陶、老舍、张天翼、陆定一、力扬、李南桌等人的作品和论文。稿子来自四面八方，反映的社会生活面极为广泛，并且都有强烈的现实性，形式也多种多样。所以刊物一出来，社会上反映很强烈，可以说一炮就打响了。张天翼的《华威先生》，更引起轰动。刊物在广州印刷，茅盾每期都要从香港到广州看校样。巴金回忆当时的情形说：他每次到旅馆里去看望茅盾，“每次都看见他一个字一个字地专心改正错字”，“他看过、采用的每篇稿件，都用红笔批改得清清楚楚，而且不让一个笔画难辨的留下来”。茅盾就这样全力以赴地建立了这个“文艺阵地”。

1938 年底，茅盾决定去新疆。他编好第 2 卷第 6 期后，委托楼适夷继续编辑下去。在茅盾编辑的 18 期中，发表了许多很有影响的作品，如姚雪垠的《差半车麦秸》，所引起的轰动，不下于《华威先生》。刊物还发表了许多评论文章，讨论如何使文艺更好地为抗日战争服务的问题。茅盾发表了许多书刊评论，推荐优秀作品，特别是新人新作。每一期茅盾都写了《编后记》，介绍本期的一些重要文章。由于茅盾的高度声望以及他所打下的良好基础，楼适夷接编的《文艺阵地》，仍得到分散在全国各地区的作家们的支持，成为抗战时期具有很大影响的刊物。

皖南事变后，重庆的形势仍很紧张。周恩来建议茅盾再次去香港。茅盾到达香港不久，就创办了杂文刊物《笔谈》（半月刊）。它内容充实，生动活泼，文字精悍，庄谐并收。创刊号一出版，就受到读者的热烈欢迎，不到五天，就出版再版本。12 月 1 日出版了第七期后因太平洋战争爆发停刊。在《笔谈》上经常发表文章的有柳亚子、陈此生、胡风、叶以群、林焕平等。连载了茅盾自己的谈北伐战争前后的掌故《客座杂忆》，茅盾还发表了许多战斗性很强的杂文和两篇描写边区美好生活的散文：《大地山河》、《开荒》。

《笔谈》是茅盾在香港建立的又一个“文艺阵地”。

国民党反动派发动了全国内战以后，又在其统治区大肆逮捕爱国民主人士。1947 年 12 月，茅盾和在上海的一批作家被迫再次撤往香港。1948 年 7 月，茅盾和巴人、周而复等创办的《小说》月刊出版，茅盾担任编委（第三期起由靳以编辑）。茅盾在以“编委会”名义发表的《发刊词》中说：“我们都是深信文艺应当为人民服务，而中国人民今天正在创造自己的历史，我们不敢妄自菲薄，决心在这伟大的战斗中尽我们应尽的力量”，并说这就是《小说》的“态度和立场”。在这里，“文艺应当为人民服务”的提法很值得重视。

9 月 9 日，茅盾又担任了在香港复刊的《文汇报》副刊《文艺周刊》的编辑。茅盾在第一期上以“编者”名义发表了《我们的希望》，说明了这个周刊的宗旨，要求文艺家们关心它、支持它。这个周刊创作和理论兼顾，经常讨论一些文艺思想问题。茅盾写的《编余漫谈》，生动活泼。茅盾本人发表了连载长篇小说《锻炼》及一些评论。1948 年底，茅盾离港去解放区，卸去了这个周刊的编务。

在抗日战争和人民解放战争期间，茅盾虽然颠沛流离，天南地北，到处奔波，却仍经常在编辑工作的岗位上，为发展人民的文艺事业贡献自己的力量。

为了发展我国的社会主义文学

中华人民共和国成立以后，茅盾担任了我国文化和文学艺术部门的领导职务，工作极为繁忙。但他还是在百忙中抽出时间来从事他的老本行——编辑工作。

1949 年 10 月，《人民文学》创刊，茅盾担任主编。他在《发刊词》中说明了《人民文学》的任务是：动员全国作家运用各种文学形式，反映新中国的成长，表现和赞扬人民大众的献身精神和伟大业绩，创造有思想内容和艺术价值、为人民大众所喜闻乐见的人民文学；要批判和清除各种反动文学的影响，继承古代文学的优良传统；指导群众文艺运动，培养新生力量；开展文学理论研究与文学批评，批判地接受外国文学遗产，加强文化交流。

《人民文学》是建国初期惟一的全国性大型文学期刊，茅盾担任主编一直到1953年6月。在这期间，它本着《发刊词》所阐明的宗旨，发表了不少很有影响的作品，培养了一些青年作家；发表了不少理论批评文章和古代文学、民间文学的研究文章；它还介绍、译载了不少外国文学的作家作品；从而对发展我国的社会主义文学起了积极的促进作用。

1953年7月，全国文协创办了一个专门介绍外国文学的刊物《译文》，由茅盾担任主编。在《发刊词》里，茅盾先回顾鲁迅当年创办《译文》的用意，指出现在形势和鲁迅当年已经大不相同，"解放了的我国人民迫切需要从外国文学作品中了解各国人民的生活和斗争，而文学工作者本身也迫切需要从外国文学中得到借鉴。创办这样一个刊物就是为了要满足这两方面的需要"。《发刊词》还说，为了纪念鲁迅并继承其精神，所以刊物仍命名为《译文》。

茅盾当时虽然工作繁忙，仍经常和编辑部工作人员研究改进刊物的工作，督促编辑部工作人员要广泛征求读者意见，他自己也经常听取各方面的反应。他曾在刊物上撰文指出：我们珍视自己民族古老的辉煌灿烂的文化传统，同时我们亦尊重和喜欢外国的优秀的文化成果。他说我们的先人，"向来就善于吸收外国的文学艺术的优美有益的东西，作为丰富并发展自己的文学艺术的养料"。他还强调指出："这些外来的东西，经过我们先人的创造性劳动，溶化为自己的血肉，使我们的民族文艺更加丰富多彩，我们应该发展这种优良的作风。"《译文》在促进中外文化交流，加强和各国人民的友谊，为发展我国的社会主义文学提供借鉴等方面，起了重要作用。

丰富的经验　深刻的启示

从 1917 年底开始担任《学生杂志》助编到 1958 年底辞去《译文》主编职务的 41 年间，茅盾从事编辑工作虽然是断断续续的，前后加起来也有十多年时间，其中有一些编辑工作更具有开创性的和继往开来的意义，并且积累了丰富的经验。这些经验，在今天仍然能给人以许多深刻的启示。

茅盾始终是以高度的政治热情和社会责任感来从事编辑工作的。他面临种种困难，全面革新《小说月报》，是为了文学革命深入发展的需要，同时也是为了适应社会改革的需要。创办《文学》，更必须冲破国民党反动派的白色恐怖统治。《文艺阵地》高举起“拥护抗战到底，巩固统一战线”的大旗，正是他高度政治热情和社会责任感的体现。可以说，为了新的、人民的文学的发展，同时也是为社会进步、为革命、为社会主义，就是茅盾从事编辑工作的根本出发点。

茅盾主编的文艺刊物，方向明确，坚持并发展了现实主义传统。就发表的创作来看，取材广泛，形式、风格极其多样，能够满足不同层次的读者的要求；其社会功能则有的像大炮，有的像匕首、投枪，有的像七弦琴和短笛，有的则像整容镜或显微镜，在社会上起了多种作用：既能使敌人受到致命打击，又能使读者认识自己所处的社会，思考一些人生问题，同时又能得到艺术上的享受。就发表的理论批评文章来说，或评论作家作品，或探讨文艺思想问题，既有一定的理论深度，又密切结合实际，从而起了推动文学发展的作用。就发表的译介外国的文学理论和作品来看，既坚持现实主义，又注意到流派、风格的多样性，体现了对外国文学敢于“引进”又能加以“消化”的精神。

茅盾从事编辑工作，十分注意广泛团结作家队伍，培养新生力量。他从编《小说月报》到编《人民文学》,一贯注意团结已有成就的作家,又注意培养青年作者,对于壮大我国的作家队伍,起了重要作用。

茅盾从事编辑工作,是既编又写的。茅盾本人是理论批评家、作家、翻译家,是学贯中西、博古通今的学者。可以说,他是以学者身份从事编辑工作的,因此,他视野开阔,目光深邃,创办一种刊物,从确定编辑方针、规划栏目,到约稿、审稿,都能高瞻远瞩,独辟蹊径;并随时用自己的理论批评文章、创作和翻译来充实刊物的内容,从而使刊物具有自己的个性,既能适应时代潮流又能推动时代潮流向着正确的方向发展。

茅盾丰富的编辑经验及其现实意义,还有待作进一步的总结和探讨。

原载《编辑学刊》1987 年第 1 期

试论茅盾"杂志办人"的思想

李　频

1933 年创刊的《文学》杂志,是 30 年代上海大型文学刊物中寿命最长、影响也最大的一个刊物。在筹备《文学》期间,茅盾作为发起人,考虑得比较多的是怎样通过杂志给青年写作者以具体的指导。杂志创办以后,这位曾以主编《小说月报》而驰骋文坛的编辑家也有了新的感触:"事实上,开始'人办杂志'的时候,各种计划、建议都很美妙,等到真正办起来了,就变成'杂志办人',那时哪容得你再实行这种'方巾气'的'好为人师'的计划!"①

---

① 茅盾:《我走过的道路》(中)第 199 页,人民文学出版社 1984 年版。

1926年，开明书店出版了《一般》杂志，叫好一时。1929年，却不能不因自身编辑原因而停刊。有感于此，夏丏尊说了："起初是人办杂志，后来是杂志办人。"相同的编辑出版遭遇，使茅盾对夏丏尊的话产生了强烈的共鸣。他于1939年7月，撰就专文，就人们不太好理解的"杂志办人"问题细致地阐述了种种难处。

西方传播学者指出"使用与满足"的传播模式的引人注目之处在于：以研究人们如何处置媒介取代了研究媒介如何对付人们。这固然是就传播学的研究方法而言，但其中对传播文化中，"人们与媒介"以及"媒介与人们"的正反作用关系的捕捉与审视则给人以深刻的启示。夏丏尊和茅盾的"人办杂志"与"杂志办人"说，则以东方人的才智，深刻地把握、聪慧地表达了相关类似的传播学内容。因此，"人办杂志"和"杂志办人"，不是文学家信口开河的俏皮话，而是一个经验丰富的文学编辑家对编辑实践的反思，是深思熟虑后编辑理论的精华。高度浓缩的片言只语中包含着编辑主体与传播媒体的双重关系问题。

"人办杂志"是期刊编辑主体作用于期刊这一印刷媒介的出版实践活动；在正确把握期刊的传播个性的基础上，编辑家充分发挥人的主观能动性，把社会文化的优秀成果定期输送给广大的读者大众，就是其主要的出版文化内涵。同时，其中也隐含着编辑主体与传播媒体的主客体关系。"人办杂志"清晰地反映了编辑家对传播媒体的应用开发。值得肯定的是，茅盾不愧为"办杂志"的大家，他对《文学》的最初设计是很切合期刊的传播个性的。在报纸、期刊、书籍等印刷媒介中，期刊以其出版容量较大，出版周期适中而形成了它独特的传播个性。连续出版以及一定的出版容量使它与社会生活保持同步，从而"具有相当深厚的解释功能"。"杂志一直把兴趣主要放在我们称为'因果关系'上——解释社会及其各部分，预测发展趋势，并把零碎的事实联系起来，阐明新闻的意义。换言之,杂志是伟大的注释家”。[①] 正如美国期刊杂志学家西奥多·彼得森在《二十世纪的杂志》一书中说:“杂志的特性充分地满足了从容不迫,好品头论足的读者对解释性和指导性媒介的需要。”茅盾“通过杂志给青年写作者以具体指导”的编辑方针,在与傅东华协商后,拟具体落实在三个编辑方案上:“一、每期选登示范的作品一篇,要有详细的注解,从思想到技巧;而在讲述的时候,要分章分段逐句逐字加以解释。二、每期选登来稿——青年习作一篇,也要有详细的批注修改,从思想到技巧,也要分章分段逐句逐字加以批改,而把原作和改作同时登载。三、每期征文一题,限字数 500~1000,题目要很具体。这些征文每题选出二篇来发表,一篇最好,一篇最坏。征文发表时不加批评,而让读者自去批评。但隔了一期,仍须加详细的批改,使作者与读者据以参研。”这种编辑构想,以对比传播和连续传播为手段,意在发挥期刊的解释性与指导性的传播功能。其中的对比传播包括两个方面:其一是示范性的名家之作与青年习作对举,最好的与最坏的同题征文同期发表,其二是原作与注释、分析的评论性文字并列发表。因为期刊是定期出版的连续性出版物,它可以连续传播的方式不断地对读者施加影响。茅盾的第三点方案就是有意暂时沉默,以唤起读者的阅读参与,再在延宕一期之后,把“详细的批改”推出来,为读者和作者提供一个展开讨论的参照系,以维持讨论的继续深入。总的来说,茅盾在肯定编辑主体价值的同时,还自信地认同了编辑作为引路人的自我价值,以此为出发点的编辑构想,超脱了作品面世这一发表行为本身,而是想在文学创作的更深更广的背景下阐释和分析文学现象,引导文学创作。后来的编辑实践固然证明了这只是一厢情愿,但单从“人办杂志”这一点来说,表现了茅盾对

① (美)德弗勒著、颜建军等译《大众传播通论》第 150、141 页,华夏出版社 1989 年版。

杂志个性的全面把握与良好的期刊设计能力。

与书籍、报纸等其他传播媒体一样，期刊是现实社会中的客观存在。尽管它是传播工具与传播者工艺技术的有机结合，但它属于传播文化中的传播客体范畴，是作为与编辑主体（人）相对应的编辑客体（物）而存在流通于社会的，它自身具有不以编辑者主观意识为转移的传播个性，并反作用于编辑主体。它并不是编辑者可以任意差遣、为所欲为的驯服工具，编辑者只有在充分把握其传播规律的基础上才能很好地驾驭它。或许，这也就是茅盾"杂志办人"的涵义。

茅盾曾历数"杂志办人"的四大困难是："有些话难说"，"有些话不准说"，"有些话不知从哪儿说起好"，"有些话没工夫讲"①。集中起来，就是编辑客体对编辑主体的反作用。具体说来，有以下几点：

一、办刊宗旨对期刊编辑的规定性。应该说，办刊宗旨是编辑制定的，是期刊编辑在审视出版文化的多方面因素的基础上，就期刊的办刊目的与方针政策、出版内容与形式，以及读者对象等所做的宏观规划。但是，它一经制定出来，就具有规范和制约的功能，尤其是刊物按其宗旨创办以后，它就属于社会文化意识的客观存在，它借助于社会舆论的外力对编辑工作更有强制性和约束力。开明书店的《一般》杂志"以一般的人，说一般的话，给一般人看，提倡杂志文体，'注重趣味，文学作品不必说，一切记述都采用清新的文体，力避平板的俗套'"。这是《一般》杂志独特的办刊宗旨和特点，"初时办得很有生气，颇能达到预期的理想，后来因为对稿件的质量要求过高，基本撰稿人不多，外稿又少，越办越感到吃力，时常脱期"，只好终刊。诚然，《一般》杂志如果单只为了苟延残喘，自然也可以降格以求，但那就不符合办《一般》的初衷，而真沦为

① 《茅盾文艺杂论集》上集第376～378页，上海文艺出版社出版。

"一般"化了。因此,《一般》的终刊是较高的出版期望与并不同步的办刊条件所促成的必然结果。

二、传播媒体自身对传播内容的选择性。包括期刊在内的传播媒介都是社会文化信息的物质载体,是以流通的方式向整个社会提供、传输文化信息,以作用于人们的社会生活的。大众化的接受对象和作用于读者视觉,便利于读者反复揣摩是其基本的传播个性。茅盾当初与郑振铎策划《文学》的作者队伍和政治品格时定为"观点是左倾的,但作者队伍可以广泛,容纳各方面的人"。即使不考虑30年代上海文艺界的复杂的政治斗争。而又有谁对文学虔诚到甘愿让自己的创作以"最坏"的征文的形式出现,陪衬出最好的征文呢?隔了一期固然有杂志编者的详细批改。但这批改不是中学语文教师在学生作文本上的批朱点墨,而是诉诸大众传播媒介的,传播的范围也不是教室、课堂,而是整个社会,传播对象也不只是私塾的有限的几个学生,而是整个社会的文学爱好者。茅盾固然注意到了发挥期刊的阐释性特征,但期刊作为一种独立、广泛的社会文化存在,其传播对象与传播空间只能使热情"为人师"的茅盾失望。茅盾说:"杂志办人"的第一难处是"有些话不准说,你说了,杂志就要办不下去"。上述分析就是茅盾"难处"的传播学内涵。

三、期刊特点对所刊内容的约束性。杂志是期刊的通称,内容的雅俗共赏,作者的多方多面,读者的广泛包容等奠定了期刊作为"杂"志的基础,但杂志之"杂"并不是杂乱无章的等义语,繁杂中求统一才是它的真义。任何一个期刊都有它特定的作者队伍和读者对象,而杂志的刊期、规模等出版形式方面的因素往往反作用于出版内容,规定并制约了稿件的取舍乃至编辑方针的确立。

创办《文学》的缘由是这样的:1933 年 3 月下旬,郑振铎回上海,与茅盾谈到"现在正缺少一个'自己'的而又能长期办下去的文艺刊物",提议《小说月报》复刊。茅盾则说:"刊物要办就办个大型的，可以改个名称，不叫《小说月报》，篇幅也可以比《小说月报》增加一倍。内容以创作为主，提倡现实主义，也重视评论和翻译。”显然，《文学》是大型的综合性文学刊物，不仅篇幅大，规格高，而且只要一看鲁迅、巴金、叶圣陶等著名作家和沙汀、艾芜、楼适夷等新起的青年作家的“几十位特约撰稿人”的名单，就知道它气势不凡，属高档次的文学刊物。培养青年作家固然是一个国家、民族的文学出版事业的永恒主题，但具体落实到《文学》来说，并不是首要的任务和目的。而且培养方式主要在于提供发表园地，而并不在于具体、细致的创作辅导。虽然《文学》名义上的主编傅东华在创刊号的《发刊词》——《一张菜单》里明确表明，“我们这杂志的内容确实是‘杂’的”，但把著名作家的创作精品与初出茅庐的青年作者的处女作并存一刊，多少有点不协调。在洋洋洒洒二三百页的大型刊物里，一篇“最坏”的征文诚然微不足道，但与名作家的作品同时刊用于一个传播空间，是否“亵渎了文学”不敢说，但两者不伦不类却是可以想见的。当初，瞿秋白听了茅盾的计划后，大笑道：“这是讨骂的生活。”茅盾经此提醒，也有所悟，“‘左倾’空谈家会骂我们方巾气，亵渎了文学，而右倾‘现实家’会骂我们好为人师而不配”，但他还是出于关心培养青年作者的热忱，在创刊号里初步实施了他的计划。他在“社谈”《新作家与处女作》一文中说：“我们对于外来投稿一定细心阅读，不敢冤屈佳作。取舍的标准，也将从宽，凡有一长，无不乐于发表”，“打算每期刊登新作家或处女作家的文章一二篇，同时，我们对于那些作品的意见也将掬诚贡献，供作者和读者参考”。文中还介绍了创刊号上登载的新进作家黑婴的短篇小说《五月的支那》和科学工作者蔡希陶的处女作《普姬》并附了读后的意见。但茅盾并没把这计划坚持下来，事实上也无法实施到底。

茅盾好心的计划像流星在黑沉的夜幕下画下一道闪光的弧线即消失了，只留下“杂志办人”的感叹和体验。杂乱中求统一的期刊编辑工作规律不能不严正、科学地修正茅盾“讨骂”的一厢情愿。

原载《编辑学刊》1992 年第 4 期

茅盾与《笔谈》

伏　琛

茅盾是文学大师，他写的小说，文学评论，散文随笔，颇多典范之作；但他又是一位很有独特风格的编辑家，后一方面的工作成绩虽大，多为前者的盛名所掩，所以一般读者不太了然。

《笔谈》创刊号

茅盾是把《小说月报》从鸳鸯蝴蝶派老窝改辟为新文学园地的第一任编者；30 年代，他和鲁迅合作，创办了善于“拿来”的、以介绍世界进步文学为职志的《译文》；抗战期间他主编过颇有影响的《文艺阵地》；40 年代初，他又主编过一个文艺性的综合半月刊《笔谈》。这最后一种刊物，知者尤少。这是由于当时中国内地在日本侵略军蹂躏下被分割成几块，而刊物的编辑、出版地点又在香港，不久太平洋战争爆发，香港很快沦陷，刊物仅出了七期，它的生存时间只有三个多月。

不过，从编辑工作的角度来看，我认为最足以反映茅盾的独特编辑风格的，正是这一份《笔谈》。古人说，“诗文当为时而著”。

用现代语来说，意思是，作品应为刻画时代而作，要能显出时代精神和时代风貌。茅盾主编《笔谈》的时期，德意日轴心国正在全世界张牙舞爪择肥而噬，民主进步力量一度处于弱势；中国国内则处于国民党反动派发动了袭击新四军的“皖南事变”后的多事之秋，人民正睁着眼在看今后局势的发展。在这样的时际，茅盾认为《笔谈》虽然是文艺性的，但更应迅速反映时代面貌，因此他又强调了“综合性”这一特色。所谓“综合性”首先表现在每期的头条《两周间》，编者以一页篇幅，把近半个月内发生的世界大事，作了概括的评述。其次是辟了“时文拔萃”专栏，选刊报道性强的纪实文学作品，如《越南杂景》、《今日之苏联农村》、《从绍兴到上海》（沦陷区见闻）以及《纳粹征服了罗马》等。第三是在译文方面，特别重视选载反侵略战争的报告文学，如《苏德战争的第一天》、《集中营八月记》、《一个被侮辱的少女》等。上述这些作品和译文，严格地说，有许多稿件不属于“纯文艺”范围，但它们是读者迫切欢迎的。“诗文当为时而著”，茅盾主编的《笔谈》，可以说是较好地贯彻执行了这个原则。

内容要擅长反映时代风貌，采用的形式则仍须“庄谐并收，辛甘皆备”，“也谈天说地，也画龙画狗”。这也正是一个富有时代责任感的编辑家所希望于各方作家的。

当然，“时代”有它的继承的一面，还有它的延伸的一面，简言之，“时代”不应局限于现在，它还包含了过去和未来。对于时局的未来趋势，《笔谈》每期的《两周间》和其他特稿有所反映。至于对已经逝去或正在逝去的时代的追忆，《笔谈》以三种笔记丛谈来加以反映：其一是柳亚子的《羿楼日札》，其二是形天的《客座杂忆》，其三是尚庵的《菰蒲室杂记》。它们代表了三个时代：辛亥革命、国民革命军北伐前后，以及抗战时期沦陷后的上海。柳亚子当时客居香港，每半月在《笔谈》发表两三则辛亥革命前后的掌故，如《爱国学社与章太炎、邹容》、《太炎先生晚年之卓识》、《孙中山致苏联遗书》、《记廖仲恺先生》、《宋遯初与陈英士》等篇,可以说都是民国的重要史料,能道他人之所未道。形天的《客座杂忆》亦多史料,如所收《〈新青年〉谈政治前后》,记民国十一年(1922)陈独秀将《新青年》杂志由北京迁至上海编印,取消了原有的轮流主编制,由陈独秀一人主持,这是对胡适竭力主张"不谈政治"的反拨。迁沪后的第一期即刊载了陈独秀的《谈政治》一文。这一期可以说是结束了过去以"文学革命"为中心任务的《新青年》,而开始了以"政治革命"为中心任务的《新青年》。但不久陈应邀去粤,主持广东省教育委员会工作。《新青年》编务就由李汉俊接手了。此外,《民国九年以后沪报副刊》、《民国十年前上海戏剧界》等篇,也介绍了大革命前夕上海文艺界的不少情况。至于尚庵的《菰蒲室杂记》,记述上海沦陷后某些奸商的"生意经"以及某些文化人附逆叛国后的嘴脸和他们的"曲线救国"论,可以说是掌故式的杂文,寓批判于记叙之中,确实当得上"辛甘兼备"之称。

《笔谈》也重视刊载小说,以较多的篇幅连载骆宾基的中篇《仇恨》(丁聪为它作了插图),又选载了阿美尼亚·特米疆著、柳无垢译的《两同志》,这些都是当时颇有影响的作品。可是,正如上文所述,1941 年 12 月间,日军突然进军南太平洋,不久香港即告沦陷,《笔谈》被迫停刊,三个笔记丛谈的连载和中篇《仇恨》的连载,也就统统夭折了。

茅盾主编《笔谈》,虽然仅出了七期,却花了他很多精力,这份刊物在宣扬抗战方面做出了贡献,人们是不会忘记它的。前几年,上海书店将《笔谈》影印成合订本出版,为文艺界和广大读者作了一件好事。

原载《随笔》1993 年第 1 期

茅盾是我的恩师与知音

姚雪垠

在30年代新兴的作家群中,许多作家在某一方面远比我的成就大,天赋较高,也为我所不及。但是我所走的自学道路,很有特点。我除学写小说外,兴趣比较杂,不肯专攻一项。例如30年代初关于大众语问题的讨论,我比较关心。关于中国社会性质的大讨论,还有中国的史学、古典文学,我都比较关心,往往占去我许多时间。

七七事变以后,我从被日军刚占领的北平逃回开封,编辑出版一本宣传抗日的刊物《风雨》周刊,由河南著名学者嵇文甫、我和王阑西三个人并列主编。我的主要工作是坐在《风雨》周刊社看稿、发稿,阑西从事社会活动并负责与中共地下省委联系。后来《风雨》周刊在编辑方针上发生矛盾,由地下省委直接抓编辑工作。我先以记者身份到徐州作一次战地采访,然后回开封转往武汉,到中共长江局找博古(秦邦宪)解决我的工作问题。同博古见过以后,为筹措旅费留在武汉,写点稿子。那时蒋南翔主持召开全国青年学生代表大会,有同志介绍我去参加大会秘书处工作,随时帮助起草文稿。大会结束后,我暂住武昌的两湖学社(为学生开的廉价公寓),应叶以群之约,写一本报告文学的小册子,随后又写了一篇短篇小说《差半车麦秸》。小说完稿以后,我因事出去一趟,回来时看见同公寓住的青年作家于黑丁和他的爱人正俯在我的桌上哧哧地笑。黑丁坦率地对我说:"老姚,我不赞成你用这种语言,还是你原来写小说的语言好!"我笑而不言,将稿子接过来放进抽屉。

那时东北作家舒群和罗烽在武汉办了个文学刊物《战斗》,问我要稿子。我将稿子送给他们。过了几天,我因为准备离开武汉,去看罗烽夫妇。罗烽说:“舒群不打算发表这篇稿子,我给你,你带回去吧。”我去以群那里,知道茅盾在香港住,主编《文艺阵地》,就将稿子寄给茅盾,碰碰运气。寄出稿子以后,我就离开武汉了。不料,茅盾很快将《差半车麦秸》发表,并加按语。拙作立刻轰动全国,获得一片好评。并有译本传播于国外。如果不寄给茅盾先生,也许在我临离开武汉时将稿子丢掉了,也许随便找一个不重要的刊物发表,不会引起读者注意。

几十年来,我不仅将茅盾看作我第一个知音,也看作是我的“恩师”。

关于《差半车麦秸》在当时的武汉为什么得不到认识,不能发表,我在此略谈我的看法,以证明茅盾是我的第一个知音。由于历史变化很快,在抗战期间写文章称赞《差半车麦秸》的人也不是都理解这篇小说出现在中国现代文学史上的真正意义。当时称赞抗战文学作品的新成就,往往将我的《差半车麦秸》与张天翼的《华威先生》并举,这就是对《差半车麦秸》的不理解。《华威先生》塑造的主人公是一个跻身于抗战阵营、浮在上面的救亡活动家。对这种人我见过很多,戏称之为“救亡绅士”,我的长篇小说《戎马恋》中塑造的男主人公金千里就是这种典型。《差半车麦秸》是写一个不识字的,从没有抗日觉悟到有了抗日觉悟的贫农,这一点就说明我的小说与张天翼的小说很不相同。但这还不是最大的不同。最根本的不同是,张天翼的小说用的是常见的知识分子语言,而我的《差半车麦秸》用的是河南的大众口语,这一点是两篇作品的最大不同之处。

我于1942年秋冬期间从大别山中出来,经过邓县(今邓州市),在家中住了一个多月,到了重庆,住在中华全国文艺界抗敌协会。后来茅盾先生也到了重庆,住在唐家沱,我才与仰慕已久的茅盾先生见面。

那时在重庆为党做统战工作的,上层负责人是徐冰,专负责文艺界方面工作的是叶以群。我虽然在组织上已经离开了党(留待我的回忆中去写),但在政治方面党对我还是相信的。由叶以群安排,开过两三次小型学习会,请茅盾参加。第一次参加人有冯乃超、叶以群、臧克家和我,还有什么人我记不得了。第二次是专为座谈我的一本新出版的中篇小说《牛全德与红萝卜》而开的。我的这本小说,虽然在人物处理上有毛病,但在语言上是继《差半车麦秸》之后用河南的大众口语写的,在小说结构上很有特色,茅盾说我在文笔上"摇曳生姿",我认为这句话是知音之言。

1957 年秋天,我在武汉被错划为"右派",在一生的生活道路上遭到了灭顶之灾,但是也挽救了我的文学事业。1957 年的"反右"斗争,据说全国被划为"右派"的有 55 万多人,受连累的人数目不详。有的人不幸被划为"右派"之后,或者自杀,或者从此意志消沉,抱恨终身。而我不然,我利用等待下放劳动改造的几个月时间,一边哭一边写出了《李自成》第一卷的草稿。两年后摘掉了"右派"帽子,回到武汉,对草稿进行了修改,1963 年在中国青年出版社出版,轰动全国。但同时也有人认为《李自成》是"反党反社会主义的大毒草"。因为我不曾对茅盾先生谈过此事,与茅盾先生毫无干涉,所以今天对此事就不多谈了。

《李自成》一书中包含着我在长篇小说方面的许多美学追求,我的追求是否有道理,我需要像茅盾这样的文学大师给我指点。还有,第二卷的初稿已经写成,倘能在完稿之前争取茅盾看看,该有多好!

我与茅盾先生通信中所谈问题的范围相当广泛,有些讨论的内容,留待我的回忆录中去谈。毛泽东在"文革"刚开始最混乱的时候因读了《李自成》第一卷上册,深深地被《李自成》的艺术魅力所感动,所以不待看了下册,立刻直接向列席中央政治局会议的王任重做出指示,要他赶快通知武汉市委,对我加以保护,要我将书写完。那时我正受批判,可以想象,如果没有毛主席在最关键的时候救我，我可能被疯狂的红卫兵打死、打伤，我的藏书、卡片和稿件一定会堆到马路上烧光。（我的家已于 1962 年从开封迁至武汉。）所以我一直认为毛主席在 1966 年“文革”刚开始时不等阅读《李自成》第一卷的下册就不失时机地当面指示王任重通知武汉市委保护我，是救了我的命，救了我中年以后的创作生命，也救了我一家人的命。那时，我的儿子们都在学校中读书，我的妻子原在开封机械厂工会中搞职工教育，迁居武汉后尚未安排工作。倘若我被红卫兵拉去在批斗中被打死或打成残废，赶出居住的房屋，岂不要了我一家人的命？关于当时我所处的危险情况，在我与茅盾恢复通信时已成过去，所以我一句不谈。

我同茅盾恢复通信，交流见解的范围较广，不限于《李自成》，但就已经出版的《李自成》第一卷和已经写出来的第二卷稿子请他提意见，是我最为急迫的愿望。茅盾已进入高龄，还经常发低烧，眼睛患有老年性黄斑病，视力很坏，往往须借助放大镜阅读。但是他读得很仔细，有时先记下他的意见要点，思考之后，再翻检原书，总结出部分意见，给我写信。茅盾在读完《李自成》第一卷后，给我写了一封长信，分为七段（条）。第一条意见是对第一个单元写崇祯皇帝和卢象升的来京勤王，在内容上和艺术上十分赞赏。茅公的原信如下：

> 一部大书从崇祯十一年冬清兵深入京畿，崇祯、杨嗣昌等阴谋对清妥协，而以全力“剿贼”开始，把这以前的农民起义军的纵横南北以及李自成的功勋等等都不作正面叙写，只在以后各章中随时点补，这样的剪裁是极妙的。写崇祯君臣对卢象升虽似重用而又以高起潜掣其肘，便将崇祯的“朕非亡国之君”一语完全驳倒。此为刻画崇祯形象的第一笔，便已十分有力。既写出卢出师，却又突然放下，画面转入潼关战场，从此进入李自成本传，这个笔力也是惊人的。

我现在摘抄茅公的这一段原信，因为我认为这一段书信可以算作他评论《李自成》小说的范例。虽然只是一段话，但他是经过深思熟虑，照顾全面，得到结论，十分负责。

关于《李自成》写古代战争超过了《三国演义》，最早提出这意见的是吴晗，但我没有将吴晗对《李自成》的评价告诉茅公，也没有向茅公说明潼关南原大战的故事是我的虚构，历史上实无此事。为什么有此虚构，留待我的回忆录中说明。茅公对潼关南原大战及兵败突围的描写极为称赏，他在信中写道：

> 第一卷中写战事不落《三国演义》等书的旧套，是合乎客观现实的艺术加工，这是此书的独创特点。以潼关南原之战为例，有时短兵相接，有时写战局全面的鸟瞰，疏密相间，错落有致。义军兵分两路同时突围而略有先后，写了李自成一面，接写高夫人一面，重点在李自成，而高夫人一面仍然声势不凡，而两面有时亦复衔接。如此布局，极见匠心。

我没有告诉茅公我为什么要虚构潼关南原大战的故事，我也没有说出我在写一个单元时常常一边写一边大哭，因为我在1957年被错划为“右派”，也等于在文学事业上“全军覆没”，是自杀？是从此消沉下去？是惨淡经营，重整旗鼓？我决定惨淡经营，重整旗鼓，所以我将自己置身于潼关南原大战之中，一边写一边哭。有时哭得写不下去，便离开写字台，在斗室中走来走去，暗暗背诵司马迁在《太史公自序》中的一段话：

> 昔西伯拘羑里，演《周易》；孔子厄陈、蔡，作《春秋》；屈原放逐，著《离骚》；左丘失明，厥有《国语》；孙子膑脚，而论《兵法》；不韦迁蜀，世传《吕览》；韩非囚秦，《说难》、《孤愤》；

《诗》三百篇，大抵贤圣发愤之所为作也。此人皆意有所郁结，不得通其道也，故述往事，思来者。

除在心中背诵这几句话之外，我还背诵《孟子》中“天将降大任于斯人也”那一段话。暗诵了古人的这些名言之后，我的心情渐渐平静了，完成《李自成》这部书的决心更增加了。但是对我更重要的鼓舞力量来自我运用辩证唯物主义和历史唯物主义的思想方法对解放后一切有形的和无形的政治运动的看法。这道理很深，非寥寥数语可尽，留待回忆录中谈吧。

关于《李自成》第一卷中的人物描写，茅公在信中有重要评价，说道：

人物描写，在义军方面，李自成思想之逐渐进步，是结合事变来表现而不是作抽象的叙述，这是主要的成功的一点；张献忠的性格也写得有声有色，而仍然还他个本色，自是低于李自成的人物。此外将领，刘宗敏最有特色，是作者重笔写的第三个人物。老神仙是作者重笔写的又一个人物。高夫人的作用及其性格是较难以写得有声有色的，然而作者指挥如意，使这一个女英雄跃然纸上。至于在明王朝方面，崇祯等都以反面人物出现，独卢象升是例外，他的战死十分悲壮，这是因为卢象升不是为“讨贼”而死，是为抵抗外族侵略而死的。卢与后来孙传庭之死，事颇近似，但卢慷慨赴义，死重于泰山，孙传庭为“讨贼”而进退失据，虽死于战场，他这死却轻如鸿毛。独怪吴梅村写了《雁门尚书行》歌颂传庭，而对象升只在《临江参军》中寄其感慨，可见清初文人虽有爱国心如吴梅村者，顾忌畏缩之深，对反抗清兵的英雄人物还是不敢正面歌咏。

茅公对他在一封长信中所提的以上三条意见，自己十分重视。

还有一条是关于小说中的人物对话特点，表示赞赏，但没有十分重视。他在信中写道：

> 此书对话，或文或白，或文白参半，您是就具体事物、具体人物，仔细下笔的；这不仅做到合情合理，多样化，而且加浓了其时其事的氛围，比之死板板非用口语到底者，实在好得多。

关于《李自成》中的语言特点，被茅公首先发现，足见他阅读拙著的细心，我很感激。《李自成》是一部内容繁复的大部头历史小说，它的许多特点是被专家学者们陆续认识的。关于《李自成》的一部分人物对话风格，茅盾先生指出的“文白参半”的特点，是指封建士大夫们的对话，包括宫廷人物的对话在内，而不是指文化不高的一般人物的日常对话。遗憾的是，我关于写《李自成》所用语言的各种考虑，全没有向茅盾说明，要不然他一定会大为高兴。例如我替不同身份的小说人物所写的大量诗、词、书信、上谕、诏书、祭文等等，茅盾先生不知道全是出于我的“代笔”，误以为是书上有的。《李自成》第二卷中有一个单元写崇祯的宫廷生活（实际是写国家政局），包括他同袁妃下棋的细节和田妃为他解释的一首“签诗”。那签诗是一首七律诗，不吉利，但很含蓄，（宫中的签诗是文臣们编写的），很有特点。这个小说情节写出了国事的败局，也写出了崇祯的悲剧性格，写出了田妃性格。有一次同茅公闲谈时候，他问我：

“那首宫中的签诗你是从哪本野史中找到的？”

我笑着回答：“是从我肚子里找到的。”

“啊！？”

于是我们相视而笑。

我很后悔，我当时因为茅公身体不好，常常低烧，每次见面都是谈一些重要问题。假若我将我对历史小说对话的详细主张，以及书中的诗、词、书信、官府布告、皇帝上谕和诏书，特别是我替小说中虚构人物李岩的那些起义后行军途中所写的七律，以及用“陆宣公体”给李自成建议的战略主张的长信，特别是崇祯皇帝误信洪承畴在松山城破时为国捐躯的传闻之后亲自为洪承畴写的祭文……倘若我将这些属于古典文学的稿子都出于我的代笔之事告诉茅公，不仅可以得到茅公（他对中国古典文学颇有修养）的指正，也可以使他因知道我对文学语言的多方面修养而感到欣慰。

呜呼，恩师溘逝，我心中永留遗憾！

《李自成》第二卷开始的单元是《商洛壮歌》，共十五章，茅盾先生对这一单元的评论，使用的是诗的语言，可以视为评论文学作品的典范。他评论这一单元十五章的整体艺术时是这样说的：

> 整个单元十五章，大起大落，波澜壮阔，有波谲云诡之妙；而节奏变化，时而金戈铁马，雷震霆击，时而凤管鹍弦，光风霁月；紧张杀伐之际，又常插入抒情短曲，虽着墨甚少而摇曳多姿。头两章为此后十一章惊涛骇浪文字徐徐展开全貌，有山雨欲来风满楼之势。后两章则为结束本单元，开拓以下单元，行文如曼歌缓舞，余韵绕梁，耐人寻味。

茅盾先生上述一段如诗一般的评语是对我的真正知音之言。我有一套关于长篇小说情节美学的理论，概括为八个字：“笔墨变化，丰富多彩。”学贯中西的美学大师朱光潜先生对《李自成》中的这一美学特点称之为“《李自成》的节奏感”。呜呼，哲人已萎，再遇难得！

茅公评论《商洛壮歌》单元的信，接下去是关于人物描写的，他说道：

> 人物描写：李闯王、高夫人、刘宗敏、李过等，其性格发展，

由浅而深，由淡而浓，如迎面走来，愈近则面目愈明晰，笑貌愈亲切，终于赫然浑然一个形象与精神的英雄人物完整地出现了。慧英着墨不多，然给人以未来女将的风采；慧梅在战场，在伤后，都写得声容并茂。但于此二女之外，突然又来个黑妞，寥寥数笔，勾画出恰如其分的英武而又带点乡土气的性格和身段，这是出人意外的。

关于慧英、慧梅、黑妞三个女性的结局，可惜我没有在茅公生前向他汇报。慧梅死得最早，她的悲剧曾引起广大读者落泪。可惜茅公没有看见第三卷出版就逝世了。

节选自《为纪念茅盾先生诞辰一百周年而作》，原载《文艺理论与批评》1996 年第 3 期

难以忘却的记忆

周　明

“我还是第一任主编呢！”

“文革”中，《人民文学》同样被迫停刊。后来由于周恩来总理的关心、支持才较早地得以复刊。我记得复刊后的第一本《人民文学》，也就是 1976 年 1 月号，是 1 月 20 日正式出版的。

当日，我带了新印的五本刊物兴高采烈地给茅盾先生送去。那时，茅盾先生接待客人一般都在他家前院的会客室。而我因长期在《人民文学》工作，常常去看望他，是他所熟悉的一个晚辈，他因此破例让我每次来到后院他的书房兼卧室见他，有时就随意聊天，有时我向他请教问题。今天，他接过刊物，立即仔细翻阅，边翻

边兴奋地说:“喏,我还是《人民文学》第一任主编呢!”他见复刊号的《人民文学》封面用的是毛泽东的字,问我这是什么时候写的?我告诉他这是 1962 年 4 月写的,这次经主席批准第一次公开用。他说,创刊时他就请过毛主席题写封面字。

接着,他便兴致勃勃地向我讲述了一段鲜为人知的故事。

茅盾先生说,全国刚刚解放的 1949 年 7、8 月间,当时他和一批从香港归来的民主党派领导人及文化界、知识界知名人士大都住在北京饭店。中央决定要他筹办一个刊物——《人民文学》,创刊号编辑后,他写了一封信给毛泽东主席,要求毛泽东题写封面字。结果毛泽东只是题了词——即后来被文艺界广为运用的“希望有更多好作品出世”。而封面字,主席提议由郭沫若或他写,茅盾便请郭沫若写了。他说,为此毛泽东主席还有一封信给他呢。

我一听这意外的信息,喜出望外,便冒昧向茅盾先生提出:那封信还在吗?能不能给我看看?

茅盾先生慈祥地笑了笑说:“在,在。我珍藏在身边呢。”

说毕,他转身走进卧室,不大一会儿,他手里拿着一个大信封走出来。我接过一看,是一封毛泽东主席的亲笔信。信的内容是:

> 雁冰兄:示悉。写了一句话,作为题词,未知可用否?封面宜由兄写,或请沫若兄写,不宜要我写。
>
> 毛泽东
>
> 九月二十三日

这当然是 1949 年 9 月 23 日。信中所说的“写了一句话”,即“希望有更多好作品出世”的题词。

读着,我感到格外亲切,因为它是关于《人民文学》的。当时我便萌生一个念头,要是这封信我的同事们都能看到该多好!于是我向茅盾先生提出商量可否借我带回编辑部给大家看看?

茅盾先生表示理解我的心情。他说:“本来我是珍藏着的,给《人民文学》的同志看看,倒是有意义。可以,可以。”

先生慨然应允。但却提出:“只不过,三天后你一定拿回来。”我一口答应了。带回编辑部后,大家高兴地争相传看,还有人抄写下来留作纪念。当时还不曾有复印机,我便将原稿拿到王府井最好的一家“中国照相馆”翻拍了下来,留下底片,原件三天后按时送还茅盾先生。我眼见先生又小心翼翼地珍藏在他的书柜中。

这一切,我自然也永远珍藏在心中。

“不能以讹传讹”

刚刚粉碎“四人帮”不久,首都舞台上演出了一出多幕歌剧《杨开慧》。人们出于对“四人帮”江青的愤恨,以及剧情本身的动人,《杨开慧》的演出,受到首都观众的欢迎和称赞。《杨》剧轰动一时。

记得那时我访问谭震林(原国务院副总理)同志时,谭老就很赞赏《杨开慧》一剧。他对我愤愤不平地说:“杨开慧才是毛泽东的真正夫人!江青算什么?!不就是个妖婆嘛!她是康生在延安时耍的一种计谋。”

有一天我去看望茅盾先生时,先生突然问我:“最近北京上演的歌剧《杨开慧》你看过没有?怎样评价?”

恰恰我刚刚看过《杨》剧,很受感动,便立即回答他说:“好极了!一出好剧。大家都喜欢看。这才恢复了历史的本来面貌。”

不料,茅盾先生脸一沉,摇摇头,说:“我不这样认为。”

怎么?大家喜欢的戏,包括像谭震林这样一些革命老前辈都认为是好戏的戏,文学家茅盾先生怎么会不以为然?

我便诚恳请教他的意见。他这才说:剧本的本意是好的。观众欢迎也是可以理解的。问题是剧中人物的描写和表现不那么完全符合生活实际。他说，剧院请他去看了戏，还希望他能写写文章。当然是给予肯定评价。因为有不符合实际的地方，这个文章他就不能写了。免得以讹传讹。

我为之一惊，便进一步请教先生实际究竟是怎么回事？

他说，当年在广州，国共合作时期，他曾在毛泽东同志身边工作，并且住在一栋楼里的楼上楼下，和杨开慧自然也有较多接触。他印象中的杨开慧是一个好学上进、追求进步的青年，是一位十分恬静贤淑的女性。她帮助毛泽东同志和为革命做了不少默默无闻的工作，是一位了不起的伟大女性！但杨开慧却并非是现在《杨》剧中所写的那种叱咤风云的革命人物。文学作品对历史和历史人物的描写都必须注重真实性，唯其真实才更为感人。自然，出点这样的毛病也难怪作者，作者是出于好意。且毕竟没有那段生活经历和接触过剧中人物，而加以想像，就会失真。问题在于了解实际情况的人，如我，就得实事求是。不能不负责任地去一味鼓吹，以讹传讹。所以我说这个文章我就不能写了。

我被茅盾先生的一席话深深打动。他的这种坚持实事求是的作风，实际上也是先生一生所遵从和实施的，这正是他令人格外敬重的精神。

“我没有时间和他们论战了”

又是一个秋日艳阳天。下午，我去看望茅盾先生并为《人民文学》约稿。我进屋时，先生正伏案写作哩。晚年的茅盾先生因视力减退，写作时需借用放大镜，写一行，看看上行，以便贯通一气。当我谈出请他为刊物写稿一事时，他说，他现在正集中全力写回忆录呢，一般短稿就不写了。由此他忽然问我看到没有看到某某先生最近发表的文章？那文章是说有人现在反对鲁迅……而且还暗示和对号入座，指我所说的某些话。这简直是无稽之谈。

茅盾先生说，鲁迅是伟大的文学家、思想家、革命家……这是早有定论的。我对鲁迅一向很敬重，不存在谁反对鲁迅的问题。我只是不赞成鲁迅研究中某些形而上学、繁琐考证的倾向。他说，我们对毛泽东主席不搞"两个凡是"，对鲁迅更不能搞什么"凡是"，研究工作要取科学的实事求是的态度。

他说，比方鲁迅先生一向很关心和扶持青年作家，有些青年作家的著作出版，他亲自写评论向读者推荐，这是很了不起的！但是鲁迅也热心为有些作家的新书写过广告，有些人便把这也作为鲁迅著作研究，这岂不是滑稽嘛！另外，鲁迅先生的日记，总的来说是很有价值的，这毋庸置疑，但也有个别的只是流水账式的记忆而已，不一定有太多内容。如今，却有个别研究者硬是东拉西扯、繁琐考证，非要给它找出个意义来不可，这能有什么意义呢？

他说，鲁迅先生赞扬过许多人，也批评过一些人，毫无疑义他的批评会是有根据的，但不可能十分准确。是不是凡是鲁迅当年批评过的人都是不好？比如梅兰芳、李四光、章士钊、"四条汉子"等等，当然不是。这要作具体分析，实事求是的分析。在这点上，对鲁迅，同样也不能搞"两个凡是"嘛。

他说，大概就是因为我讲了点这类真话，被个别人看作是有人反对鲁迅。又是讲话又是写文章，气势汹汹。其实是莫须有，莫名其妙！说到此，茅盾先生有点痛心地说："我的时间不多了，要投入回忆录的写作呢！我没有时间和他们论战了。历史会作出客观的结论。"

这天，茅盾先生还给我讲了许多30年代文坛的风风雨雨。我有幸聆听茅盾先生的宝贵教诲实在是受益匪浅，永远难忘。然而使我最受感动和最为难忘的还是茅盾先生的实事求是的作风和崇高人格。

一个人，一个伟人能够做到实事求是，坚持实事求是，说容易也不容易。

我们从茅盾先生的身上不是可以受到某些深刻的启示么?!

选自吴福辉、李频编《茅盾研究与我》,华夏出版社 1997 年

茅盾主编《人民文学》的编辑思想

李 琳

1949 年 10 月 25 日,《人民文学》创刊,茅盾出任主编,自此直至 1953 年 6 月,共主编《人民文学》44 期。新中国成立初期,主编《人民文学》是茅盾众多重要社会工作中的一部分。《人民文学》是新中国第一本全国性大型文学期刊,为中国当代文学的创立、发展建立了卓越功勋,考察其第一任主编的办刊编辑思想,有助于丰富对茅盾编辑思想的研究,有助于加深对《人民文学》在我国当代期刊史上及文学史上重要地位的认识,对于我们在社会主义市场经济条件下,坚守精神文明建设阵地,促进当代期刊业的健康发展,具有现实意义。

《人民文学》创刊号

一　围绕中心任务编辑刊物，反映时代风云变化

茅盾出任《人民文学》首任主编，不仅仅因为他是著名的文学家、编辑家，而且因为他是新中国的首任文化部长，是新中国文协（作协）的首任主席。作为中华人民共和国的第一份崭新的文学期刊，《人民文学》的创办是新中国文学创建工程中的重要项目，茅盾肩负着具有开创性的历史重任。

茅盾的《发刊词》庄重、严肃。从六个方面高度概括了新中国文学建设与发展的整体规划，遵循这六项中心任务，是茅盾主编《人民文学》编辑思想的总体原则。《人民文学》的各方面工作，都在这一思想原则指导下进行。

创刊号往往能最积极地体现期刊主编的编辑思想。《人民文学》创刊号的一个突出特征，就是明确展示了刊物所高举的两面文学旗帜：鲁迅和苏联文学，它们指引着新中国文学的发展方向。

茅盾是一位经验丰富的编辑家，他说："我们觉得编一本杂志，实在也就是一种组织工作。一要善于组织来稿，使杂志内容不单纯，不偏枯；二要善于有计划邀约作家们写稿，使每期的杂志既能把握我们的文艺工作的中心环节，而又富于机动性。"①

不难看出，茅盾的编辑方针全面而明确，编辑思路具体而清晰。

稿件是期刊生存的基础，编发、处理稿件，提高稿源质量是编辑业务的重要组织部分。建国初期，百废待兴，万象更新，而文学一时还难以跟上国家日新月异的发展速度，拿出令人满意的作品。这就直接影响文学创作的繁荣，影响《人民文学》的来稿质量。茅盾站在全局高度，精辟分析了这种现象，认为关键问题就是"如何提高作品的思想性和艺术性"，茅盾从文学创作的自身规律出发，联系苏联文学成功的创业实例，明确指出了三条解决之道：一、"加

紧辩证唯物论与历史唯物论的学习”;二、“扩大生活经验,从全面的认识到局部的深入”;三、“学习苏联文学和展开批评工作”。[②]在新中国文学的起步阶段,茅盾的这番讲话具有指点迷津的重要意义。

《人民文学》诞生于全新的社会政治环境中,肩负着历史的重任。茅盾主编的《人民文学》,自觉接受、维护党的领导,致力于建树适应新民主主义国家建设需要的新文学,注意紧跟国家形势发展,全面促进文学,创作繁荣。对于50年代初国际风云变幻、国内重大政治运动及生产建设活动,《人民文学》都积极采取特定的表现形式,对一些重大事件、活动,《人民文学》还设置专栏、专号。如第三卷第二期“抗美援朝”专栏;第四卷第三期《献词》,表示要支持抗美援朝,捐献“鲁迅号”飞机;1952年第一期、第二期配合文艺整风运动;1952年三、四合期“三反”、“五反”创作辑;1953年第四期“斯大林永垂不朽”专栏等;每逢建党、建军、建国纪念,《人民文学》都有重要推出的作品。

中国现代文学具有与政治保持密切联系的传统,这一传统在中国当代文学得到继承与发展。在党的直接领导下,建国以来我国文艺运动多从属于政治运动。在相当长的历史时期内,受解放区文艺工作政策、思想的影响,我国各类文艺活动及报刊编辑、出版等意识形态领域工作,较突出地强调其为政治服务、为政策服务的功能。于是注重文学及期刊的政治宣传功能,努力反映新时代、新生活,构成了茅盾主编《人民文学》的编辑思想核心,自然其实践也打下了鲜明的时代烙印。

50年代初,工业建设是国家经济发展的一个重心,而《人民文学》第一卷上反映工人生活的作品并不多,针对这一情况,编辑部首先检查,认为有编辑工作不力的原因,同时考虑到文学应该跟形势发展,但又有自身发展规律,作家要写出反映新生活的作品,首先要经历深入生活、熟悉生活的过程,而对工人自己创作的新题材作品，则不能希望太高，要求太急。[3]茅盾从创作的角度，分析了十来篇已经发展的工业题材作品，在鼓励、提倡这类题材创作的同时，指出应该克服创作面目千篇一律的毛病，“必须善于总揽全局、鸟瞰式地来表现主题”。[4]同时，副主编艾青也对工人的诗歌创作进行了分析、评论。[5]这些正确的引导促进了《红花朵朵开》等一批比较成功的工业题材作品的问世。

茅盾既是党的文艺路线的忠实执行者，又是深谙艺术创作规律的资深作家、编辑家，在对待文艺创作中与完成党所交付的政治任务、配合政策宣传的关系问题上有自己独到的理解。他认为，能够使用自己的作品既完成政治任务而又有高度的艺术性，当然最好。但常常是两者不能得兼，“那么，与其牺牲了政治任务，毋宁在艺术上差一些”。他一方面坦率地指出这样讲“是不太科学的”，因“赶任务”而不得不写自己认为尚未成熟的东西对“一位忠于文艺的作者也确是有几分痛苦的”，另一方面又要求作家应以“赶任务”为荣。[6]“有任务交给我们赶，这正表示了我们对人民服务有所长，对革命有用”，“在思想上对于‘赶任务’有正确的认识，也就帮助解决了写作时精神上的矛盾和苦闷”。[7]

在建国初期特定的历史条件下，茅盾对文艺必须服从政治、“赶任务”与文艺创作规律间存在矛盾有较清醒的认识，又特别注意强调文艺创作必须与政治任务相结合。并以此来付诸编辑实践。这种思想状况也曾给茅盾带来难言的痛苦。虽然作为一位大作家，茅盾建国后骤然停笔，深藏“写作的秘密”而终不见有作品问世，[8]作为一位大主编，《人民文学》刊发的一些作品也难避免惨遭大批判的厄运，但作为一位坚定的共产主义者，他始终忠诚、坚定地执行着党的文学及出版方针。

二　依靠、善待专业作家，培育、扶持文学新人

毛泽东给《人民文学》创刊号的题词是：“希望有更多的好作

品出世。”创刊初期,《人民文学》也曾刊登过一些歌曲、美术作品、电影照片等其他文艺形式的作品,但其中心始终定位于文学创作。《人民文学》特别重视作家创作,同时也积极关心、扶持青年作者、业余作者。“《人民文学》是一个以发表国内创作为主的刊物,但我们感到最缺乏的便是创作方面的稿件,这一方面决定于我们编辑部的编辑工作和组织工作……但另一方面,更重要的便是决定于目前中国创作的状况……我们认为,像《人民文学》这样全国性的文学刊物,它应该积极扶持初学的青年的作者,但首先应该依靠专业的作家,没有人数众多的专业作家经常撰稿来,没有中国的创作由沉寂衰退而转变到活跃和繁荣,要办好这样的一个刊物,要使这个刊物成为真正能够代表中国的刊物,是不可能的。”⑨茅盾重视作家们的创作,视之为文学期刊的支柱。

在专业作家创作一度沉寂的时候,《人民文学》一方面呼吁他们要主动适应形势需要,积极投身创作,拿出好作品,另一方面也尽量创造机会,给作家们深入生活、熟悉生活提供条件,帮助解决专业作家在写作时遇到的新困难。《人民文学》发表了大量在当代文学史上享有盛誉的作品,其中许多都是专业作家们的力作。如小说:《火光在前》(刘白羽)、《三千里江山》(杨朔)、《正月新春》(康濯)、《山间铃响马帮来》(白桦)等;诗歌:《我们最伟大的节日》(何其芳)、《漳河水》(阮章竞)等;散文:《剥落“蒙面强盗”的面具》(茅盾)、《李长顺机班》(碧野)、《生活在英雄们中间》(巴金)等;话剧剧本《战斗里成长》(集体创作,胡可改作);电影文学剧本《葡萄熟了的时候》(孙谦);儿童剧本《蓉生在家里》(张天翼)等。这些作品以饱满的热情,展示了新时代翻天覆地的变化,反映了人民翻身得解放,建设美好家园的昂扬情绪,表达了新中国人民强烈的民族自尊心、自信心。专业作家们还为《人民文学》提供了不少有关写作经验、体会及文学理论、文学研究方面的作品,和《人民文学》一起,为培育文学新人,促进文学的普及和繁荣做了大量的工作。

扶持青年作者，培育文学新人，是茅盾一生从未停歇的工作，《人民文学》上发表的青年作者的作品，有不少茅盾都曾仔细过目，并提出中肯、具体的意见。《人民文学》对作者非常认真、负责："给本刊投稿的大部分是初学写作者，他们热情地希望我们给予创作上的帮助，我们是尽力做了，在本刊发表的作品，大部分是这些青年作者写的。即或不用，也告诉他比较详细的意见，还有许多读者，来信提出各种文艺上的问题，我们也尽量给了解答。"⑩

《人民文学》不仅注意刊登一些作家有关写作经验、体会的文章，而且在刊发一些青年作者较为成功的作品同时，及时刊发该作品写作过程的相关介绍，对青年作者创作起到很好的引导作用。编辑部经常针对来稿中普遍存在的问题，向作者提供切实的建议，如要求他们进一步拓宽题材，开掘主题；要求他们要注意提炼，讲求写作方法，提高写作技巧等。甚至对译文作者都有苦口婆心的忠告：搞文学翻译，"应该不是盲目的介绍，而必须自己努力熟悉国外国内的文学的历史和现状，了解读者群众的要求，并且努力提高自己的辨别与判断的能力，然后从经常的对于国外书刊的浏览中选择那种最值得介绍的材料翻译"。⑪

茅盾和他主编的《人民文学》做青年作者的良师益友，注意与作者保持密切联系。编辑部接到有"文学新人"的佳作，总是要亲自走访一番，不少在50年代成长起来的当代文学作家，都把《人民文学》称作"我的文学摇篮"。⑫更多的人则认为《人民文学》是"文学的播种者"。⑬

这一切表明，"茅盾在肯定编辑主体价值的同时，还自信地认同了作为引路人的自我价值，以此为出发点的编辑构想，超脱了作品面世这一发表行为本身，而是想在文学创作的更深更广的背景下阐释和分析文学现象，引导文学创作"。⑭这是茅盾长期形成的编辑观念的延续和发展。

茅盾十分重视文学评论工作，尤其做过大量对新人新作的评介，《人民文学》在发表文学评论工作者论文的同时，也认真反映读者的批评。在50年代特定的政治环境中，有一些比较不错的作品受到读者的错误批评，如《我们夫妇之间》、《改造》、《让生活变得更美好罢》等，编辑部一方面作自我批评，另一方面又及时刊登原作者的检讨，处理事件的态度比较平和、沉稳，没有推波助澜，上纲上线，显示了对作者的爱护和对读者的尊重。

然而由于党在历史上“左”倾错误的泛滥，文学工作中某些非文学因素的影响，文学艺术自身的特殊规律和发展轨迹常常被扼杀，对某些作品的评价和判断往往超出了一般的文艺批评，而以某种不可阻挡之势变化的批判运动，如由《我们夫妇之间》而引发的对“萧也牧创作倾向”的过火批判等。在这种强大的政治态势下，《人民文学》不仅无力保护某些作家、作品，而且自身也陷入某种难以适从的艰难局面，茅盾主编的《人民文学》在执行正确编辑方针的同时，也难免要受到特定社会思潮的影响。《人民文学》也以此不断在各种政治形势的变化中经受磨炼。

三　倾听读者反映，沟通三方交流

茅盾是一位讲求“互动式操作”的编辑家。注重编辑作者化、作者编辑化、读者作者化，[15]他主编《人民文学》，十分注意沟通与读者的联系，积极地充当读者、作者之间的桥梁。从第二卷第一期起，《人民文学》不定期刊出一则“编后”或“编后记”，编辑部开门见山说出自己的想法，虽篇幅短小，但语气亲切，涉及面广，从对某一创作状况的简要分析到作者来稿的基本情况，从编辑意图到推荐重点作品，从对作者的要求到反映读者的意见，开诚布公，坦率真挚。这些“编后”、“编后记”是茅盾编辑思想的一种表现形式。

《人民文学》曾向读者发布调查表，用“邮资总付”的形式鼓励读者把对刊物的各种意见、看法及有关刊物的发行情况等反馈回编辑部，以不断改进编辑工作，进一步满足读者需要。还曾开设“读者中来”、“讨论·批评”等栏目，欢迎读者对刊中作品及刊物的编辑工作提出各种批评。

一份刊物受到读者器重的一个明显标志就是能经常听到读者的反映，对文学期刊而言，读者对刊中作品有评论，正是说明他认真阅读了作品。编辑部认为，“批评作品的文章增加了许多”，“这是一个很好的现象”，“要提高我们今天的创作的思想水平和艺术水平，加强文艺批评是主要方法之一。一般读者的批评又是整个文艺批评中的一个很重要的组成部分”。⑯

客观地说，“一般读者的批评常常写得不大周密，以至有时写得不大恰当”，但他们的批评代表了一部分读者的意见，作家们“应该对批评采取一种积极的正确的态度。这就是‘坚持真理’、‘修改错误’的态度。对批评得对的地方应该毫无保留地接受，并且根据它来修改自己的作品，或者用它来作以后的写作的参考。对批评得不对的地方，应该公开说明自己的不同的意见”。⑰

对批评者，编辑部也及时指出：“看问题过分简单片面或者专门吹毛求疵的批评也是不应该提倡的，这对于创作，对于批评风气，都会起一种不好的影响。”还希望读者不要光批评有缺点的作品，也应该对较好的作品进行推荐和分析。⑱《人民文学》既提倡读者批评，又注意加强引导，不断密切读者、作者、编辑间的联系，全面促进了期刊向前发展。

编辑部还经常应读者的要求组织文章，如读者要求“刊登一些关于怎样写小说，怎样写诗一类的指导初学写作的文章”，《人民文学》便刊登了《记生活手册的几点经验》，并“请求作家们能给写这一类文章，不论是某一篇作品的成功或失败的经验，创作的具体过程，点滴的体验和心得……对读者都是有帮助的”。⑲以后又发表过几组“写作漫谈”一类的文章。

茅盾主编的《人民文学》还特别刊登过一些作者给编辑部的信，其中有些信还是作者应编辑部之约写的，这些信有助于读者了解作者的创作心态、创作意图，有助于读者加深对作品的理解，有益于文学爱好者学习写作。

编辑部还认为，《人民文学》的众多读者中，自然会有许多是刊物的作者，所以，在“编后”、“编后记”中也常常对作者提出一些要求，如呼吁作家要深入生活、熟悉生活，写出反映新生活的好作品，希望作者多提供某一方面的稿件等。一本文学期刊的发展必须有一支强大的作者队伍做后盾，茅盾主编的《人民文学》有意识地做了许多在读者中发展作者的工作。一个典型的例子就是，在这个至今我们仍很仰慕的最高级别文学期刊上，当初就发表了不少初学写作者、业余作者的作品，发表过不少作家的处女作，如玛拉沁夫的《科尔沁草原的人们》等，真是“一篇作品就推出了一个作家”。对有些作品，《人民文学》一边点明其独特之处，一边指出其不足、缺陷，并向读者作重点介绍。这种对读者、对作者、对刊物全面高度负责的精神，特别令人感动，是茅盾及《人民文学》其他编辑人员崇高思想境界的鲜明体现。

茅盾担任《人民文学》主编的时候，正值建国初期，新中国的文学道路怎么走，新中国的文学期刊应该怎么办，文学期刊怎样才能发挥自身特点，宣传党的政策、紧跟时代步伐，促进创作繁荣等一系列新问题都摆在茅盾面前。他坚持并服从党的领导，坚定文艺为人民服务、为社会主义服务的根本方向，积极讴歌新的时代，反映波澜壮阔的现实，讲求文学作品及期刊内容的社会效果，注意提高民族自尊心、自信心，努力遵从艺术创作规律，追求期刊编辑艺术。作为新中国第一个全国性大型文学期刊的首任主编，茅盾作了许多具有开创意义的工作，其中有成绩，有经验，但也有其时代的局限与教训，而无论是经验还是教训都是一笔宝贵的财富，茅盾主编《人民文学》的编辑思想值得我们认真研究。

参考文献：

① 茅盾：《发刊词》，《人民文学》第 1 卷第 1 期。

②⑦ 茅盾：《文学创作问题》，《人民文学》第 1 卷第 5 期。

③⑲ 《编后》、《人民文学》第 2 卷第 1 期。

④ 茅盾：《关于反映工人生活的作品》，《人民文学》第 2 卷第 1 期。

⑤ 艾青：《谈工人诗歌》，《人民文学》第 2 卷第 1 期。

⑥ 参见茅盾：《目前创作上的一些问题》，《文艺报》第 1 卷第 9 期。

⑧ 参见金韵琴：《茅盾谈话录》，P. 9，P67 ~ 71；上海书店版，1995 年 12 月第 2 次印刷。

⑨ 《编后记》，《人民文学》1953 年第 2 期。

⑩ 《改进我们的工作》，《人民文学》第 2 卷第 2 期。

⑪ 《编后》，《人民文学》第 3 卷第 1 期。

⑫ 柳溪：《我的文学摇篮》，《人民文学》1984 年第 9 期。

⑬ 刘心武：《秋收时节念播春》，《人民文学》1984 年第 10 期。

⑭ 参见李频：《编辑家茅盾评传》，P106，河南大学出版社，1995 年 2 月版。

⑮ 同上，第二章“冲刺《小说月报》改革新途”。

⑯⑰⑱ 《编后》，《人民文学》第 2 卷第 3 期。

原载《编辑之友》1997 年第 5 期

茅盾在作协往事

涂光群

新中国成立后，我在中国作家协会工作 30 年，虽为一普通干部，有幸也常能见到作协主席茅盾，聆听他的讲话；看到他为新中国文学事业所做的工作及他的处境；因工作而跟随我的领导去看望他，或有事被指派去他那儿跑跑腿。现记下我了解的茅公的点滴往事。

建国后,茅盾身为文化部长,本来活动、应酬等事务就多。但他总是不嫌麻烦地、没完没了地亲自回复那些想当作家的年轻人慕名寄给他的信件和稿件,有的人连句子都写不通,别字连篇,还想写小说,要茅盾先生给以“指点”。历届《人民文学》负责人,像邵荃麟、张天翼、严文井等,他们都在期待茅盾先生写出自己的新作(如《霜叶红于二月花》的续篇);不忍看见这位大作家宝贵的时间、精力,耗损在回复来稿来信这类普通编辑能做的劳作上,因此常对他说:您将这类来信来稿交给我们编辑部处理吧。但茅盾律己甚严,除了明显写着“人民文学主编茅盾收”这类信、稿,有的他亲批“请人民文学编辑部处理”外,仍有大量直接寄给他的无名作者的信、稿,是他亲自处理的,而不由秘书代劳。老人的态度非常严肃认真,他细心地、一丝不苟地答复那些想当作家的人们的提问。此情况一直延续到20世纪60年代中后期。从20世纪80年代后期出的《茅盾书信集》中,看茅盾先生花费了那么多时间、精力,给那么多的人们回信,我更多的是痛惜。为什么茅盾先生无法发挥他的创作专长,反而将时间耗费在不必由他去做的这些事情上呢?但从茅盾先生给别人的回信上,却可以见出先生的为政风格和一尘不染的高尚品德。例如1957年一位从事茅盾作品研究工作的年轻学者给他写信,讲到自己新写成一篇研究论文,可否由茅盾先生帮忙介绍出版?这位年轻学者有这样的设想可以理解。然而茅盾先生是这样答复他的:“您的论文,是花了功夫写的,富有实事求是,客观分析的精神。恕我不能提供什么具体意见。作为一个被研究的作家,我向来是只愿意倾听批评,而不愿意自己说话的。同样的理由,我也不便把您的这篇论文介绍去出版;如果我这样做了,特别是因为我还是文化行政的高级负责人,便有利用职权、自我宣传的嫌疑。”

茅盾先生对于文学青年、文学人才,总是不倦地关心、扶持,还包括他从浩如烟海的各种文学出版物中直接发现优秀人才及作品。他对有才华的年轻作者及其新出炉作品，总是持宽大、支持和欢迎的态度。

1957年4月间，文艺界贯彻双百方针，鼓励鸣和放。但是到底"放"到何种尺度？有何标准？大家都没有经验。谁都跃跃欲试，谁也没有把握，谁都不敢吃第一口螃蟹。当年《人民文学》杂志小说散文组从作家和投稿者中挑选出六七篇把握不定的小说稿，先在编辑部内传阅。结果有的稿子发生争议，对有一定艺术质量的稿件是否可发，连编辑部的头儿也拿不准。于是作协领导人、原《人民文学》主编邵荃麟建议我们送给茅盾先生（1953年下半年《人民文学》编委会改组，茅盾不再担任主编）一阅。我们送去东四头条老文化部西边小楼茅公家。没过几天，茅公就全部看完，将稿件交给我们。我印象深的是茅公在我们争议最大的两篇稿上，明确批了字，认为"两稿都可以发表"。这两篇小说，一是常给我们写稿的北京市青年作家林斤澜的短篇《一瓢水》，这篇小说我记得是写战时西南一小旅店发生的故事，意境、气氛都造得不错，只是文字略嫌晦涩。编辑部有人不主张发表，认为如发表，岂不是提倡晦涩？另一篇是卫生出版社一位徐铁镧编辑的来稿，约3000字。小说题目叫《爱的成长》，用的是"蓝珊"笔名。故事是讲一个小男孩起先不认他后妈。后来由于这个后妈对小孩细心呵护，投入自己的真诚爱心，结果小孩深受感动，最后唤了一声"妈"。作者采用白描手法，文笔细腻、生动，入景入情，是一篇可读之作。然而对这篇小说的争议很大，有人认为小说是鼓吹人性论的小资产阶级情调作品，不应发表。编辑部的人还是尊重茅盾先生的权威，尽管有个别人不欣赏也不赞成这两篇，还是同意将两篇都安排在《人民文学》发出。这件事的余波是反右开始后，徐铁镧在单位被划为右派，发配青海劳改。一篇提倡爱心的小说，竟让作者蒙冤遭祸。

1958年《人民文学》副主编陈白尘有个倡议，每年让茅盾先生为刊物写一篇分析、评论全国短篇小说的文章,这有助于提高小说创作水平,同时也可以推出、奖掖文学新人。白尘说,他同茅公讲了,茅公答应写,正在读作品,做准备。我那时已调评论组工作。我们问白尘,要不要评论组提供作者和作品线索(对有些为刊物写评论的作者,我们通常是这样做的)?白尘说,不用了,文学杂志茅公那里都有,他读作品比我们多,并且读得仔细,有的他读过的作品我们未必读过,甚至也不一定知道。不久茅公交给《人民文学》一篇《谈最近的短篇小说》,其中他颇为兴奋地推荐了上海青年女作者茹志鹃发在《延河》上的小说《百合花》。这之前,编辑部的人除知道茹志鹃是上海一位文学编辑,并不了解她小说写得好,也没有人留意她在《延河》发的这篇小说。当时,这类风格细腻、含蓄、富有诗意的小说,是颇不合那年代大喊大叫、"意气风发"的调儿的,所以作者曾屡遭退稿。茅盾先生真是慧眼识珠,大家找来一看,觉得小说果真是好,茅盾的评语"清新俊逸"也很准确。于是白尘作出决策:1958 年第 6 期在刊登茅盾先生文章的同时,转载茹志鹃小说《百合花》。这一期杂志出来后,社会人士观感甚好,觉得在发现和扶持文学新人、注重作者不同的个人风格方面,茅盾先生为文学界开了个好头,做出了榜样。而青年女作家茹志鹃就从此脱颖而出了。

苏州的青年作家陆文夫,1957 年因参与发表《探求者文学宣言》,被长期下放劳动。他在工厂扎扎实实地工作,向工人学习生产技术,同他们打成一片,几年时间,积累了丰富的创作素材。于是在 1961 年、1962 年之际,他陆续给《人民文学》寄了几个短篇,这些作品很熟练地写出了工人、技术员的形象,情调健康、向上,有的则妙趣横生。执行主编陈白尘、李季很看重他的新作,有的发在头条,如《葛师傅》、《二遇周泰》。1962 年,茅盾在《文艺报》上发表文章,对陆文夫写工厂生活的新作和他长期在劳动者中认真体验生活,给予肯定、赞扬。这期间,上海工人出身的作家胡万春,写了一些反映工厂生活变化的小说,也引起茅盾先生的注意,写信给以鼓励;同时指出了年轻作者易犯的毛病(如写作中会出现概念化),希望勤于思考、学习,继续提高自己。(此信发表在上海《文汇报》上)

茅盾是现实主义小说大家,但他对现实主义小说的取材、人物选择、写作方法、技巧等,从不拘泥、狭隘,一向看得很宽广,他自己的小说实践也是如此。就拿他小说的人物画廊来说,是很多样化的。因为社会的人物是复杂多样的,小说的人物怎么能够简单、单调呢?

1962 年 8 月,中国作协在大连开小说创作座谈会。作协副主席、党组书记邵荃麟主持会,邀请作协主席茅盾出席指导,到会的有北方、南方的十几位作家。中宣部副部长周扬也到会,同大家见面讲话。我是会议的记录之一。会议的目的,是与作家们共同总结前几年的经验教训,反对创作中的浮夸风、虚假的"浪漫主义",以使创作回到实事求是,正视社会生活中的矛盾,塑造真实可信、而非虚假的人物形象,回归现实主义健康轨道上来。会议气氛宽松、活跃,作家们畅所欲言,讲到前几年说大话,鼓虚劲,对创作者造成的压力和有害影响;讲述自己对生活和创作的思考,也诉说着创作中的苦闷。茅盾先生每天到会,认真倾听作家们意见,和会议主持人邵荃麟一道,以发言或插话方式,发表自己的见解,同大家交流。在谈及现实主义应当坚持和深化时,茅盾、荃麟,根据创作规律和中外作家成功经验,提出人物的形象塑造也应多样化,英雄人物是需要我们格外注意的,但处在中间状态的各种人物也不可忽视,也宜放在我们视野中,观察、研究和塑造。这既丰富了现实主义创作,也使我们的作品深入一个更广大的读者群,使这些读者从中受益。茅盾、荃麟的意见,针对了作家们提出的问题,切实而中肯。

茅盾先生是中外知名的中国左翼作家,他信仰坚定、谙熟辩证唯物论和历史唯物论，谨言慎行，总是在冷静地观察着、思考着。对社会生活，他很少发表自己见解，也不人云亦云，但并非没有自己成熟的思考和见解。1963 年上半年，编辑部约茅盾先生写散文，他赐给我们一篇《海南杂忆》，发表于《人民文学》当年第 6 期。茅盾先生是写散文、杂文的能手，建国后却很少施展。《海南杂忆》实际是一篇杂文，它言简意赅，凝重、深沉，艺术上达到炉火纯青的境界。我至今记得，他从海南岛“天涯海角”奇拔的岩石，联想到流放在海南荒岛的宋代诗人苏东坡的《儋耳山》那首五绝：“突兀隘空虚，他山总不如。君看道旁石，尽是补天遗！”又联想到历代封建王朝的当权者，因听不进逆耳忠言，而对忠臣良将给以贬斥、放逐。自唐、宋以来，国家需要的这些名臣良将，流放到海南岛的真是络绎不绝。他们无缘补天，却“获罪”被放逐到这里来作“道旁石”。茅盾先生写道：千载以下，真叫人读了苏东坡这首诗同声一叹！《海南杂忆》的另一段，是从公路旁的草本植物鸭脚粟，联想到明朝海南岛诗人王佐赞鸭脚粟的诗。王佐诗中写了海南岛的劳苦百姓，庄稼大熟、小熟都不能够自己享用，而他们经常借以维持生命的是鸭脚粟。王佐还有另一首诗《天南星》：“君看天南星，处处入本草。夫何生南海，而能济饥饱。八月风飔飔，闾阎菜色忧。南星就根发，累累满筐收。”茅盾先生写道：“这就是说，（大熟八月登）以后，老百姓所得，尽被搜刮以去，只得靠鸭脚粟和天南星过活。王佐在这首诗的结尾，用了‘含泪微笑’式的两句：海外此美产，中原知味不？”

茅盾 20 世纪 60 年代初期游海南，受到的生活安排和照顾甚是周到，然而他却无心游山玩水，而是忧国忧民，像他的文学先辈屈原、杜甫那样，心中装的是百姓的冷暖。他在天涯海角发思古的幽情，想到历代吏治的腐败，使老百姓忍受饥荒之苦，面有菜色，靠吃野草野菜维持生命。茅盾写的是历史，他期望人们以史为鉴。他心中装着的是在日益频繁的政治运动中被错整获“罪”的那些由“补天石”变为“道旁石”的开国元勋和那些直率进言的知识分子们，那些在“穷过渡”中曾被折腾得忍饥受寒的人们。

茅盾不幸而言中，在此后的年月，他也“获罪”了。1964 年的文艺整风，文学界重点是查 1962 年的大连小说创作座谈会，原作协党组书记、副主席邵荃麟直接获罪，《文艺报》发表大块批判文章《写中间人物是资产阶级的文学主张》，这个“资产阶级”除了被公开点名的邵荃麟，还有被内部点名的茅盾先生。指责茅盾不仅是“中间人物论”的鼓吹者，他还“代表资产阶级争夺青年”，说他“吹捧”陆文夫，给工人作家写信就是典型的例子。这是当年一位文学界领导人在 1964 年下半年一次内部讲话中讲的。1962 年以后仍是中国作协主席、文化部长的茅盾，几乎不再在中国文学界的活动中露面。1965 年“文革”前夕，沈雁冰（即茅盾）被免去文化部长职务。“文革”中茅盾虽被保护，但在那漫长十年的处境，除了挂着个政协副主席的名，他孤独、寂寞、抑郁，跟被冷落的“道旁石”也差不多。1970 年仍有文学爱好者写信给他求助。茅盾在回信中说：“你写了长篇小说，希望我看看，提点意见。但是抱歉得很，我不能满足你的愿望。因为我虽然年逾七十，过去也写过小说，但是我的思想没有改造好，旧作错误思想多、极严重，言之汗颜。我没有资格给你看稿，或提意见，一个人年纪老了，吸收接受新事物的能力便衰退。最近十年来我主观上是努力学习毛泽东思想，但实际上进步极少，我诚恳地接受任何批评，也请你给我批评，帮助我。此致无产阶级文化大革命的敬礼！沈雁冰一月二十六日。”一个饱经风霜的历史老人，处在“文革”那样一种境地，还有什么可说的呢！

茅盾先生在“四人帮”被粉碎后，虽说年老体弱，但他的精神实现了解放，他对未来重又燃起信心，总愿意为这已经到来的新时期做点事情。我还记得 1977 年 10 月下旬，《人民文学》杂志举办短篇小说创作座谈会，我们打算邀请一些文艺界著名人士和中青年作家到会。这将是文学界在粉碎“四人帮”后第一次集会，这时文联、作协都还没有恢复。编辑部从领导到一般工作人员，立刻想到了刊物的第一任主编、作协主席茅盾先生。于是我和周明打前站，去交道口南三条茅盾先生的新住所，先去探望茅公。我们在后院书房里见到了茅盾先生，他身体比以前消瘦多了，且在这冷季，常犯哮喘，视力也大大减退。但先生仍未放弃看书、写字。一听说《人民文学》将开小说座谈会，先生显得兴奋，答应争取到会。开会那天，天气也是阴冷冷的，但去接茅盾先生的车，居然将茅公接来了。会上许多文学界的老人走到茅公面前同他握手问好，中青年作家更是热情如火地将他们敬爱的师长围了起来。茅公在这次会上发表了讲话。一个月后，《人民文学》编辑部邀请在京的更多文学界人士开座谈会，这次除了批判“四人帮”炮制的“黑线专政论”，还酝酿恢复文联、作协。茅盾先生又一次应邀到会。关于恢复文联、作协，记得茅盾先生在讲话中幽默地说了一句，谁也没有听说取消了文联、作协，我还是全国作协的主席呢！茅盾先生的意思很明白，恢复文联、作协是很自然的事，说恢复就可以实现恢复。实际上文联、作协的工作也是渐渐地恢复了，正式宣布恢复则是1978 年 5 月开了文联全委扩大会之时。茅盾先生以自己的行动，热情支持了文联（他原来就是全国文联的副主席）、作协在新时期恢复工作和拨乱反正。不仅如此，他以多病的高龄，写出了极具历史价值的部分回忆录。两份遗言，一是申请恢复党籍，一是稿酬25 万元留赠中国作家协会，做长篇小说获奖者的奖金。茅盾为自己追求理想的一生，画上了完满的句号。

原载《炎黄春秋》2001 年第 10 期

《小说月报》的前前后后

刘 兰

商务印书馆的《小说月报》创刊于1910年8月，到1932年“一·二八”因商务印书馆遭战火而停刊，历时21年。《小说月报》是商务印书馆在文学方面的一个重要刊物。这份刊物不仅培养出中国现代著名的编辑家，而且也是中国现实主义新文学的摇篮，五四以后的中国现实主义新文学巨匠们许多是从那里走出来的。

保守的初期

《小说月报》第一任主编王莼农，名蕴章，别号西神，南社社员，善骈文、词曲，无锡人。王蕴章在创刊号中的编辑大意是这样说的：“本报以趋译名作、缀述旧闻、灌输新理、增进常识为宗旨……”设立的栏目有图画、长篇小说、短篇小说、译业、笔记、文苑、新智识、改良新剧等，题材丰富，内容多样。从办刊宗旨和栏目设置可以看出，王莼农也是为了适应当时社会对新知识的需求，加上他本人略懂英文，所以想通过《小说月报》传达一些国外的新东西。但是，王蕴章本人属于当时封建思想的旧文人一类，总体趋于保守，并且当时他和鸳鸯蝴蝶派作家联系较多，也欣赏他们的作品，因此，初期的《小说月报》便成了鸳鸯蝴蝶派的阵地，读者对象是小市民阶层。

第二任主编恽铁樵（1878～1935），江苏武进人，青年时代进入南洋公学，学过英文，翻译过西洋文学作品。他和王莼农不同，爱好现实主义文学，主张文章要简洁，反对陈词滥调，无病呻吟。他说：著译小说是为了“变国故”。他还认为清末民初的小说很杂，对“大抵为鸳鸯蝴蝶派”的作品“一切摈之,而雅杰者是取”;他很注意在编辑工作中发现和培养人才,“佳者虽无名新进亦厚利,否则即名家亦摈而勿录”;他也很有鉴赏力。1913 年 4 月,他在《小说月报》第 4 卷第 1 号上以首版的位置发表了署名周卓的文言小说《怀旧》,并对文中佳妙处加了十来处圈点,又在文末加了评语:“曾见青年人才解握管,便讲词章,卒致满纸饾饤,无有是处,极宜以此等文字药之。——焦木附志”,热情地向社会推荐他并不认识,当时还默默无闻的一位投稿者的佳作。后来知道,这位周卓就是年轻时代的鲁迅先生,而《怀旧》则是他写的第一篇小说。恽铁樵的眼力和善于发现新人的伯乐精神,的确值得称赞。可是,《小说月报》整体面貌上并没有太大突破,在社会上的影响力不够大。

1917 年恽铁樵离开《小说月报》,王蕴章又回来主编刊物。到了 1919 年,五四运动在国内兴起,商务领导人在新文学运动面前,感到落后于时代,不满意《小说月报》的旧格调,要求引入新人,改换和调整栏目,《小说月报》的改革势在必行。

改革的中期

1920 年初,文学新人沈雁冰被吸收到《小说月报》编辑部,负责“小说新潮”栏目,这标志着《小说月报》从第 11 卷开始半革新。这说明:十年之久的一个顽固派堡垒终于打开缺口而决定了它的最终结局,即第 12 卷的全部革新。而沈雁冰则是改革的实施者。

“小说新潮”栏目先后刊载了谢六逸的《文学上的表象主义(象征主义)是什么?》和佩之的《红楼梦新评》等,这引起了读者的反应,海内外人士纷纷写信参与讨论,发表意见。这个栏目引起了进步青年的注意,同时也与以小型刊物《礼拜六》为代表的、在当时的小市民阶层中有相当影响的鸳鸯蝴蝶派文人结下了不解的深仇。

半革新力图冶新旧于一炉，但这势必两面不讨好。当时新旧思想斗争剧烈，不容许有两面派，所以，这段时间的《小说月报》既得罪了“礼拜六派”，亦未能取悦于思想觉悟的青年。商务领导人也感到半革新后的《小说月报》新意不够，不能适应新时代文化的需要，遂决定任用沈雁冰担任主编。

沈雁冰从第12卷第1期起对《小说月报》进行全面改革，这时文学研究会正好在北京成立。于是，沈雁冰在郑振铎的协助下，组织了冰心、叶圣陶、许地山、瞿世英、王统照的创作，加上周作人的文章，耿济之等的翻译，还汇编了“海外文坛消息”六则，刊物总算及时出版了。沈雁冰在《改革宣言》中提出：“‘一国文艺为一国国民性之反映，亦惟能表见国民性之文艺能有真价值，能在世界的文学中占一席之地’；‘中国旧有文学不仅在过去时代有相当之地位而已，即对于将来亦有几分之贡献’；主张广泛介绍欧洲各派文艺思潮以为借鉴，‘对于为艺术的艺术与为人生的艺术，两无所袒’。”宣言充分表达了现实主义思想，反对封建主义，反对旧礼教，反对旧文学，希望通过文学能提高中国之地位，也让国人了解世界之情况，表现出追求理想、勇于探索的创新精神。

改革后的《小说月报》基本上采用了白话文，刊登了许多有现实主义和民主主义倾向的作品。刊物十分重视翻译介绍外国文学名著，尤其是着重介绍许多被压迫民族的文学作品。在沈雁冰主编期间，又出版了《俄国文学研究》和《被损害民族的文学》等专号。整个《小说月报》呈现出一种新气象、新格局。所谓新气象、新格局主要指《小说月报》此时与广大新文学家之间建立了密切联系，凡在新文学创作与批评上稍有成就者，《小说月报》无不设法与之建立联系。事实上，《小说月报》以刊发他们的文章为主。这批新人新作，就当时所具有的水平而言，很难说达到了成熟的境地，但他们表现出的创新精神与五四新文化运动所倡导的建立现代中国新文化的要求,在精神底蕴上是合拍的。所以,全面改革后的《小说月报》一经刊出,便得到北京新文学运动倡导者的积极肯定和热情帮助。鲁迅、周作人除了将自己的稿件交给《小说月报》发表外,还与主编沈雁冰建立了通信联系,他们不断给《小说月报》出谋划策。文学研究会成员李石岑也在《时事新报》上撰文,充分肯定《小说月报》全面改革后在文学上取得的成绩。

改革后的《小说月报》第 1 期印了 5000 册,立即销完,第 2 期 7000 册,到当年最后一期印到 10000 册,可见社会上对刊物的改革是欢迎的。

后来沈雁冰在《小说月报》第 13 卷第 7 期上发表了《自然主义与中国现代小说》一文,点名批判了“礼拜六派”,商务当局中的保守派便对他施加压力,不久又改变方式,要求对《小说月报》发排的稿子实施馆方检查。沈雁冰发觉后,便向王云五提出抗议,指出馆方违背了不干涉主编的编辑方针的约定,要求取消内部检查,或是主编辞职。后经研究,允许沈雁冰辞职,改由郑振铎任主编。

出新的后期

商务领导人这样考虑:郑振铎是文学研究会的人,让郑振铎接沈雁冰,可以让赞成新文化的人认为《小说月报》的宗旨并没有变;另一方面,又可以消除“礼拜六派”的火气。这是一个“两全”的办法。

郑振铎接编《小说月报》,继续了沈雁冰的编辑方针,于是,新文学阵地又推出了不少当代著名作家。许多作家的处女作或早期作品,一开始就是登在那时的《小说月报》上的。比如老舍的第一部长篇小说《老张的哲学》就是通过许地山介绍,到郑振铎手里;后来的《赵子曰》等也是写在练习本上从英国寄给郑振铎的。老舍回国后,留在上海郑振铎家小住。他的《小坡的生日》的最后部分，就是在郑振铎家里写完，又由郑拿到《小说月报》上去发表的。巴金的处女作《灭亡》，最初也是发表在郑振铎任主编时的《小说月报》上的。

这期间，郑振铎自己也在《小说月报》上发表了不少作品。他的《俄国文学史略》、《文学大纲》等都曾在《小说月报》上连载。郑振铎也很重视介绍被压迫民族（所谓弱小民族）的文学作品。他在主编《小说月报》期间，先后编印了"泰戈尔"、"拜伦"、"安徒生"等文学专号。这些工作，在当时来讲，对推动新文化运动的发展，是有积极的现实意义的。

1927 年 5 月，郑振铎去欧洲游历，叶圣陶担任主编。这时正是大革命之后，时代的激荡也反映在文学的领域里。以往沈雁冰和郑振铎主要是文学批评家，所以在他们主编时期，办得最有特色的是文学批评及外国文艺思潮的翻译介绍。而当叶圣陶当主编时，文学创作栏目才真正体现出自己的特色，推出了丁玲等更多的作家，《小说月报》也一直是他们活动的土壤。等到 1929 年上半年，郑振铎从欧洲回来，叶圣陶又把工作交给他，于是郑振铎干到 1931 年底因去北京燕京大学代理中文系主任而离开商务印书馆，《小说月报》也在 1932 年的战火中停刊。

《小说月报》是同时代刊发新文学作品最多、持续时间最长、影响最大的大型文学杂志，培养成长起了沈雁冰、郑振铎、叶圣陶这样的大编辑家；它对中国现实主义新文学的产生和发展有着不可磨灭的功绩，推出了许多当代著名作家：老舍、冰心、巴金、丁玲等。正如茅盾后来所说："《小说月报》记录了我们老一代文学家艰辛跋涉的足迹，也成为老一代文学家在那黑暗的年代里吮吸滋养的园地。"它为中国文学留下了灿烂的一笔！

参考文献：

① 茅盾.商务印书馆编译所和革新《小说月报》的前后.见：商务印书馆九十

年.北京:商务印书馆,1987
② 郑尔康.郑振铎在商务印书馆的十年.见:商务印书馆九十年.北京:商务印书馆,1987
③ 舒乙.老舍和商务印书馆.见:商务印书馆九十年.北京:商务印书馆,1987
④ 叶圣陶.我和商务印书馆.见:商务印书馆九十年.北京:商务印书馆,1987
⑤ 陈江.鲁迅与商务印书馆——鲁迅在商务印书馆出版的著译.见:商务印书馆九十年.北京:商务印书馆,1987
⑥ 杨扬.商务印书馆与二十年代新文学中心的南移.见:商务印书馆一百年.北京:商务印书馆,1997
⑦ 陈应年.涵芬楼的文化名人.见:商务印书馆一百年.北京:商务印书馆,1997
⑧ 汪守本.百年回顾话商务.见:商务印书馆一百年.北京:商务印书馆,1997
⑨ 杨扬.商务印书馆——民间出版业的兴衰.上海:上海教育出版社,2000

原载《中国编辑》2003 年第 3 期

茅盾与《小说月报》

陈桂良

上世纪 20 年代初,青年茅盾凭借自己的智慧和胆略,成功地改革了《小说月报》,使之成为中国期刊史上第一本真正意义上的文学期刊和新文学的主阵地,对推动我国文学期刊由近代向现代转变做出了重要贡献。无疑,这也是茅盾编辑出版人生中光辉的一页。茅盾主编并成功地改革《小说月报》,其原因固然是多方面的,但我们认为,强烈的读者意识是其改革成功的最重要原因之一。在他作为作者和编者的主体意识中，读者意识始终是一个不可替代的重要部分。

一　确立读者在作者、编辑之间的中心地位

所谓读者意识，是指作者在写作时，自觉地把读者的要求和权益纳入自己的写作思考中去的观念。作为作者和编者的茅盾，他深知读者意识的有无，对于一位作家能否写出成功的作品，编辑家能否编辑出富有个性特色的刊物有着极其重要的影响。接编《小说月报》后，茅盾封存全部旧稿，主动放弃鸳鸯蝴蝶派的原有读者群。他之所以这样做，敢于这样做，是与他改革指导思想中对文学"为人生"的执著追求和强烈的读者意识分不开的。

首先，是为了使《小说月报》真正成为新文学的阵地。《小说月报》原是鸳鸯蝴蝶派文人的地盘，一直以刊载娱乐性、消遣性文学作品为主。它们不但不能激励读者积极上进，反而麻醉他们的神经，消磨他们的意志，其所产生的社会效果只能是负面的。而茅盾认为"文学是为表现人生而作的"，"文学不仅是供给烦闷的人们去解闷，逃避现实的人们去陶醉；文学是有激励人心的积极性的。尤其在我们这时代，我们希望文学能够担当唤醒民众且给他们力量的重大责任"。因此作为新文学阵地的《小说月报》，积极宣传"文学为人生"的新思想，担当起了唤醒青年知识分子、文学爱好者积极投入新文学运动的重任。在这里茅盾不只是以一个作家或编辑的身份来考虑刊物改革的指导思想，而是以一个新文学运动先驱者的身份来分析考虑自己将担负的历史使命。

其次，是为了组织和培养新的读者群，推动新文学运动的发展。茅盾在全面改革《小说月报》之前，就已经注意到当时的《新青年》因发表了鲁迅的《狂人日记》、《孔乙己》、《药》等新文学作品，引起了思想解放的青年读者欢喜赞叹的情况。这一方面使他

能较好地把握和了解当时青年读者的文学阅读需求与反传统的心理;另一方面又使他从中受到启发,认为《小说月报》内容的改革必须满足读者对新文学、新文化的阅读期待。

作者、编辑、读者是办好刊物的三驾马车,缺一不可。"一个文化市场之形成,不能光有作家而无出版家,进一步,又不能说与读者无关"。读者既是文章写作主体的受体,又是编辑服务的对象,作者的文章和编辑的出版物,其文化价值只有通过读者的阅读接受过程来实现。离开了读者,其社会文化效益也就无从实现;失去了读者,《小说月报》的改革也就成为镜中之花。鉴于以上情况,茅盾确立了以读者为中心的改革指导思想,并付诸实践。

《小说月报》的改革先从编辑观念下手。以读者为中心的编辑理念,使他改以作者为主的编辑思维模式为以编辑为主的思维方式,也即编辑选什么题,作者就写什么稿的新型编辑方法。值得注意的是,以编辑为主的思维方式是建立在以读者为中心这一基础之上的。因为读者是编辑的服务对象,编辑对刊物栏目或论题的确定,形式与内容的改革,必须顺应新文学发展潮流,以满足读者对刊物的要求为前提。因此,由原先的以作者为中心发展到现在的以读者为中心的编辑思维方式,是茅盾自觉地将读者意识纳入编辑主体意识的一项创举。

这项改革的显著特点是以读者为中心,创造出令人耳目一新的新形式、新内容。在《小说月报》第 11 卷第 12 期刊登的启事中,我们看到"小说月报自第十二卷第一号起。刷新内容。减少定价。每期并附精印西洋名家画多幅。特请对于绘画艺术极有研究之人拣选材料详加说明。以为详细介绍西洋美术之初步。出版期提前为每月十号。定价减为二角。页数仍旧。材料加多。以副爱读本刊诸君惠顾之雅意"。这虽然是茅盾为招揽读者而推出的具有商业经营性的招数,但也可看出他对培养和争取新读者群的重视程度。接着他在《〈小说月报〉改革宣言》中提出的办刊宗旨和所设置的论评、创作、译丛等主要专栏，以及特载、杂载如“海外文坛消息”、“书评”等以输送文学知识与文学信息为主的辅助栏目，都是在以读者为中心的编辑理念指导下形成的。《小说月报》以崭新的内容和形式面向读者，从而对新读者群产生了较强的刺激力和吸引力。这就为《小说月报》下一步的成功改革奠定了良好的基础。

二　建构读者与作者、编者之间的沟通渠道

文章写作与文章阅读是互相联系、互相制约的两个方面。文章写作为文章阅读提供对象，以帮助读者提高阅读鉴赏水平；文章阅读则是作者写作实践在读者方面的继续和延伸，读者阅读鉴赏水平的提高又反作用于作者，推动其文章写作水平的提高。因此，“读者与作者意见的沟通是必要的！读者与作者之间的沟通意见的路是应当及早建立的”。

改革后的《小说月报》出版发行后，虽然对新的读者群产生了极强的吸引力，但他们对刊物作品的兴趣还是暂时的、不稳定的，需要不断加以巩固。这样刊物除继续在倡导新文学方面刺激新读者群的阅读兴趣外，还需不断地发现、了解新读者对刊物的新的阅读鉴赏要求，以便及时给予满足。鉴于以上情况，茅盾首先开设了“通信”专栏。虽然还不是定期的（从第 13 卷第 1 期开始改为定期），但已为读者与作者、编者之间架起一座心灵沟通的桥梁。

茅盾非常重视读者对刊物的反馈意见，特别是对一些有代表性的意见，他都给予认真的答复，连同来信一并刊发在“通信”栏。读者来信对刊物的肯定，坚定了他改革的信心；读者来信对刊物提出问题或质疑，他则给予有针对性的答复，动之以情，晓之以理。

此外，他既重视反馈本刊问题的读者意见，也重视反馈与本刊

相关问题的读者意见。如读者谭国棠来信反映《小说月报》的创作坛太贫乏,列举刊登于《晨报》的《阿 Q 正传》,并加以不以为然的评述。茅盾对他来信总的观点表示赞同后,对《阿 Q 正传》发表了有利于读者加深理解的见解:“但以我看来,实是一部杰作。你先生以为是一部讽刺小说,实未为至论。阿 Q 这人,要在现社会中去实指出来,是办不到的;但是我读这篇小说的时候,总觉得阿 Q 这人很是面熟,是啊,他是中国人品性的结晶呀!”

茅盾不仅注重来自本刊读者的意见,也注重来自别的刊物反馈的对本刊的意见。如读者晓风在《民国日报·觉悟》发表文章,提出对目前尚处于幼稚阶段的一些新文学作品,迫切需要有人去扶持、去指导,希望《小说月报》能担当此任。这是一项十分繁重的工作,但茅盾仍然觉得义不容辞。他在搜集并阅读大量的作品之后,写出了《春季创作坛漫评》、《评四、五、六月的创作》等一些具有俯瞰文坛全景的综合性批评,对当时文坛的作品进行了全面而细致的考察分析,及时而具体地指出了作品的特色和存在的问题。这种评论极大地满足了读者阅读鉴赏的要求。

针对广大读者高涨的阅读写作热情,《小说月报》从第 13 卷第 1 期开始又特辟“读者文坛”这一专栏,专门发表读者有感而发的短小文章,为更多的读者发表作品创造了有利条件。“读者文坛”的设立,使读者与作者、编者之间的沟通更加深了一步。从第 13 卷第 7 期开始,茅盾又增设了“评论”、“故书新评”、“欧美最近出版的文学书籍”等专栏。这不仅进一步拓宽了读者与作者、编者之间的沟通渠道,而且充分表现出茅盾针对读者的需要,自觉为其服务的读者意识。这种改原有对读者单向灌输为现在注重作者、编者与读者双向交流的新颖举措,不仅在当时的期刊编辑策略中属于进步的一种,即使在今天对各种现代媒体的编辑出版也不无借鉴意义。

三　发挥读者在阅读接受过程中的主动性

如果说确立读者在作者、编辑之间的中心地位，建构读者与作者、编者之间的沟通渠道是茅盾改革《小说月报》的手段的话，那么充分发挥读者在阅读接受过程中的主动性则是其主要目的之一。因为“读者阅读文章，不是一种完全被动、机械的认知行为，而是包含了他积极的思维、创造性的劳动”。所以茅盾“把读者看成生动活泼、自觉自为的文化主体，而不是被动接受的书刊商品的倾销的对象”。为充分发挥读者在阅读接受过程中的主动性，茅盾改原有的如何将文学杂志推荐给读者的思维模式为如何引导读者主动阅读鉴赏文学作品的思维方式。并从开辟新栏目、改革刊物内容与形式方面着手努力。

1.充分发挥文学批评的导向功能

《小说月报》改革宣言中设立的第一个专栏是“论评”，可见茅盾对文学批评的重视程度。文学批评不仅能反映和激发广大读者的阅读期待，也能引导读者的阅读走向，甚至是促成阅读热潮的形成，而且对读者与作者的阅读和写作具有一定的导向功能，对创造培养新的读者群更具有十分重要的作用。因此，茅盾对文学批评给予了前所未有的重视，并以他深刻独特的批评见识，精湛超群的批评艺术参与写作实践，亲自为“论评”撰稿，使其显现出不同于其他专栏的个性特色。

文学批评的写作并不是一步成型的，茅盾在以“社论”、“评论”等不同形式刊发了《文学和人的关系及中国古来对于文学者身份的误认》、《新文学研究者的责任与努力》、《社会背景与创作》、《创作的前途》等文章后，才尝试性地推出了《春季创作坛漫评》、《评四、五、六月的创作》等这样大容量的综合性文学批评。由于这种综合性文学批评注重于作品批评的信息量和时效性，既为读者理解作品、作者认识作品优劣带来了帮助和指导，又为读者和作者提示了当前文坛的动态走向，极大地满足了人们在短时间内快速了解新近文学动态的需求，有效地刺激了读者与作者阅读与写作的积极性。

为使文学批评产生既经济又有价值的效果，茅盾还创造了另一种点评式的文学批评样式。这种批评方式即在作者创作的作品后面附上对作者的介绍，或对作品内容的提示，或假借别人之口来表达自己对作品的评价。如他对叶绍钧的小说《母》的点评是这样的：

“圣陶兄这篇创作，何等地动人，那是不用我来多说，读者自能看得出。我现在是要介绍圣陶兄的另一篇小说名为《伊和他》的（登在《新潮》），请读者参看。从这两篇，很可能看见圣陶兄的著作中都有他的个性存在着。”

在这里，他于肯定本篇作品的同时，又向读者介绍了作者的另一作品，并提示读者，通过阅读比较来感受作者的写作个性。篇幅虽小，信息量却大。有时他索性直截了当地用了一两句话来表达自己对作品的喜爱，如“我对于这篇文章爱极了”等。这种点评方式，无疑对读者的阅读接受会产生导向作用。

2. 注重外国文学翻译的系统性与经济性

翻译外国文学作品，其他文艺刊物也有，问题是以怎样的内容与形式才能突出自己的个性，满足读者的阅读需求。茅盾认为介绍西洋文学一要系统性，二要经济性。“因为西洋新文学杰作，译成华文的，不到百分之几，所以我们现在应选最要紧、最切用的先译，才是时间上人力上的经济办法。”根据当时情况他确定了把俄罗斯文学、世界被损害民族和弱小民族的文学作为翻译介绍的重点。他这样做，不仅是为了满足作为读者的一大批进步知识分子和文学爱好者对俄罗斯文学了解或研究的强烈渴求，更是认识到翻译介绍俄罗斯文学对中国新文学所具有的范式作用，直觉到俄罗斯文学与未来中国文学的内在关联。

对于重点翻译的外国文学，不仅表现在从文学流派到作家评传，从文学作品到文学批评等方面，还表现在采用出专辑的方式给予系统介绍，如“俄国文学研究”、“法国文学研究”等，真正体现了系统性与经济性的特点。这不仅开阔了读者的阅读视野，促使读者更好地、更有利地消化吸收，还极大地调动了广大读者了解或研究俄罗斯文学的积极性和主动性。

3. 突出“海外文坛消息”编译的点面结合

为满足文学爱好者及时了解海外文坛动态的愿望，引导读者积极关注相关国家的文学动态，茅盾亲自编撰“海外文坛消息”这一专栏。他对这一专栏的编译采取了点面结合的方式，表现在：一方面是选择一定数量，且具有一定代表性的国家，对其文坛情况，或某一类文学作品情况进行面上的概括性介绍。如“英国文坛近况”、“荷兰文坛之现状”、“劳农俄国的诗坛之现状”、“新犹太戏剧之发展”以及“意大利的女小说家”等，让广大文学爱好者对外国文坛面上的动态有一个大概的了解。另一方面是有重点的介绍国外一些著名作家的创作情况及创作生涯。如对诺贝尔文学奖获得者挪威文豪哈姆生、法国小说家法朗士的编译报道。还有一方面是把“海外文坛消息”的翻译编写看作是对外国文学翻译介绍整体的一个部分，两者相互关联，互为补充。这样做不仅有利于读者把两个相互关联的栏目结合起来阅读比较，更能加深读者对某一文坛现象或某一作家作品的理解，形成独立性的见解。

“海外文坛消息”的编撰，不仅有效拓宽了广大读者的海外文学视野，而且较好地激发了不同层次读者对阅读鉴赏的积极性和主动性。“由于我采的内容包罗万象，很得关心外国文坛近况的读者的欢迎”。“海外文坛消息一栏，所以裨新文学研究者尤大，亦自非沈君莫办”当是极好的佐证。作为作者的茅盾，他撰写的文学批评、翻译的外国文学作品、编译的海外文坛消息，不仅有效刺激了读者的阅读鉴赏兴趣，而且对促使他们主动投入新文学运动发挥了导向的作用，其原因是读者意识在他的主体写作意识中始终处于主导地位。这对当下图像文化趋于普及，文学期刊应如何改革应对，应该说是不无启示的。

在新旧文化激烈冲突的五四时代，茅盾顺应新文化发展的历史潮流，自觉地将读者意识纳入到写作与编辑主体意识之中，终于使《小说月报》的改革大获成功。改革前的《小说月报》每期印数只有 2000 册，商家已无利可图。改革后的《小说月报》在 1921 年 1 月第 12 卷第 1 号出版后，以其新颖的内容和形式、丰富的文学内涵、饱和的信息量，立即吸引了广大读者。印数 5000 册的第 1 号很快售罄，第 2 号印 7000 册，到年底第 12 号则增加到 10000 册。《小说月报》的改革成功，标志着中国倡导现实主义文学重要阵地的崛起，新的读者群的形成并趋向于稳定，新文学运动的发展进入了一个新的阶段。

原载《编辑学刊》2004 年第 3 期

试论茅盾系列文学期刊

——中国现代文学期刊考察报告之一

刘增人

中国现代文学期刊，是一个极其庞大的“家族”。其卷帙之浩瀚，情况之复杂，都是令人惊叹的；同时，这又是一个极具挑战性的研究课题，如何从浩瀚的史海中钩沉辑佚，如何从表象底下发现潜隐的本真……每一点微末的发展，都闪烁着学术的诱人魅力。但是，面对如此复杂、庞大的研究对象，如何像“解牛”的“庖丁”一样选取科学的切入门径,“奏刀騞然”,游刃有余,却往往是研究者可遇难求的理想境界。笔者不才,愿以文学期刊的“系列性”研究为开路的试探,成败得失,希望都能够成为后来的健者阔步前进的路标。

一

系列性特征,是对中国现代文学期刊长期从事宏观与微观结合的考察得出的重要印象之一。组合为系列的期刊,有的以社团流派为旗帜,如文学研究会系列、创造社系列、新月派系列、七月派系列、京派系列、海派系列、左联系列、文协系列……;有的以文化时空为范围,如五四前后系列、30 年代系列、40 年代系列、“孤岛”系列、沦陷区系列、大后方系列、根据地解放区系列……;有的以出版集团为支撑,如商务印书馆系列、中华书局系列、泰东图书局系列、北新书局系列、开明书店系列、生活书店系列……;有的按照不同的文体形成相异的归属,如小说系列、散文系列、诗歌系列、戏剧系列等等。有的则由著名的编辑家领起,如胡适系列、鲁迅系列、茅盾系列、郑振铎系列、叶圣陶系列、施蛰存系列、周瘦鹃系列、张恨水系列、包天笑系列……。正是系列性文学期刊与非系列性文学期刊不同形态的错综交叉,构建起中国现代文学期刊有如热带雨林般的繁茂芜杂的庞大体系,体现着也带动着中国现代文学与中国现代传播学的历史进程。但是,能够组合为系列的文学期刊,必然有着某种共同性或连续性,由此,也就形成比较巨大的影响,其首先引起研究的关注,是非常自然的。对文学期刊的内部运行机制和外部生态环境的综合考察,则是这一研究的任务之一。

茅盾系列的文学期刊,应该包括《小说月报》(本文中一律指 1921.1 ~1931.12 间的该刊,下同)、《文学》(1933.7 ~1937.11)、《呐喊(烽火)》(1937.8 ~1938.10)、《少年先锋》(1938.2 ~1938.8)、

《文艺阵地》(1938.4～1944.3)、《笔谈》(1941.9～1941.12)、《文联》(1946.1～1946.6)、《小说》(1948.7～1952.1)等。其中,最能代表茅盾期刊系列的,当属《小说月报》、《文学》与《文艺阵地》。

连续性,是茅盾期刊系列最容易发现的特征之一。从上文所列的时间表不难看出,从1920年末介入文学期刊编辑事业以来,一直到40年代末新、旧中国交替(其实,此时他所编辑的《小说》,与建国后主编的《人民文学》又交错连续,简直可以纵贯整个的50年代——从这样的角度看来,他又完全有资格作为"40年一贯制"的编辑家,成为文学期刊编辑史上罕见的奇迹),除去极其特殊的时段以外,他几乎无时无刻不忙碌、战斗在文学期刊编辑的第一线。人所共知,他对《小说月报》的革新,肇始于1920年末,落实于1921年初。这是该刊新生命开始的里程碑,也是茅盾编辑生涯的辉煌的起点。1923年后,他虽然离开了《小说月报》主编的位置,但继任者无论是郑振铎还是叶圣陶,从私交上看是肝胆相照的莫逆,从编辑方针上看则是有同有异而同大于异(他们的同中之异,拟在《文学研究会期刊系列研究》中专文论述,此姑从略)。十年间,该刊虽然三易主编,但基本风貌大体一致,一直延续到1931年末由于商务印书馆被炸停刊为止。1932年,是茅盾集中时间和精力创作长篇小说《子夜》的特殊时段,未曾致力于期刊编辑,是可以理解的。但随即创刊的《文学》,却立即填补了这段空白,把茅盾的文学期刊编辑事业演绎得有声有色。创刊于抗日运动风起云涌的1937年的《呐喊(烽火)》是《文学》的续篇,请允许在下文证明。与《呐喊(烽火)》几乎同时创刊的《文艺阵地》,则把这一事业一直推演到1944年春。从《文艺阵地》停刊的1944年春,到后一份刊物《文联》创刊的1946年初,他所从事的最主要工作,就是帮助初涉文学的女企业家、妇女运动头面人物胡子婴写成了一部十万字的小说①。1946年末,茅盾携眷访问苏联,长期不在国内,1947年4月回国以后,由于政治形势不断恶化,他不得不转道香港。在港期间,一面主持《文汇报》的《文艺周刊》,一面为该刊赶写长篇小说《锻炼》。这是长篇小说家的茅盾最后的一个长篇,在《文汇报·文艺周刊》连载了111天。这是一部原计划写成连贯5卷的反映抗日战争全貌的规模宏大的长篇小说,可惜因故未能如愿。《锻炼》之后紧接的就是1948年到1952年的《小说》月刊。他说:"创办《小说月刊》,我是发起人之一,虽然把主编的担子卸给了周而复,自己只担任编委,但《发刊词》是我写的,同时说好,每期我至少要交出一篇文章。"②实际上,茅盾的办刊线路,还是直接左右着这份以"小说"为旗号的月刊,即使把它看成20年代《小说月报》的40年代版,也不是没有理由的。始于"小说",终于"小说"(编辑小说期刊之中,穿插着的还是小说——要么自己创作小说,要么帮助他人创作小说),正是小说家的茅盾期刊编辑生涯的绝妙概括。要从中国现代文学期刊史上再寻找一位纵贯数十年一直乐此不疲从来不言放弃的编辑,恐怕是颇为不易的。

这种连续性,不是被动的,更不是偶然的,在茅盾,这完全是自觉的、主动的,是一种有意为之的文化战略,持续追求的文学事业,是周密计划按步实施的系统工程。当《小说月报》被迫停刊以后,茅盾一直深深感到失去"自己"的刊物的种种不便甚至是痛苦,这就是《文学》创刊的直接动因。他后来回忆创刊的过程说:"一九三三年春节过后,郑振铎从北平回到上海度假(当时他在燕京大学教书)。三月下旬的一天,他来看我。我们谈到现在缺少一个'自己'的而又能长期办下去的文艺刊物,像当年的《小说月报》;作家们,尤其是青年作家们,写出了作品苦无发表的地方。郑振铎忽然说,我们把《小说月报》重新办起来如何?《小说月报》自从因'一·二八'沪战而停刊后,已一年多了,未闻商务印书馆当局如王云五之流有复刊的表示。我对郑振铎说:'你的丈人虽是商务元老,但是复刊《小说月报》,恐怕他也做不了主。商务当局是愈来愈保守了,他们是怕我们的。倒不如另找一家书店来出版。'……我说,刊物要办就办个大型的,可以改个名称,不叫《小说月报》,篇幅可以比《小说月报》增加一倍。内容以创作为主、提倡现实主义,也重视评论和翻译。观点是'左'倾的,但作者队伍可以广泛,容纳各方面的人。对外还要有一层保护色。根据这样的条件,老牌的大书店恐怕不敢接手,而名气不大的进步小书店又承担不了这样大的刊物,这是比较难办的地方。振铎说:'找书店出版的事交给我来办,刊物的名称就叫《文学》如何?至于主编一角当然由你来担任。'我说:'不行!我是被戴上红帽子的,我当主编,不出三天,老蒋的手下就找上门来了。还是另找一个不被他们注意的。你本来是《小说月报》的主编,由你来担任,倒名正言顺,可是你又远在北平教书。'振铎说:'我只能顶个虚名,帮忙拉拉稿子,实际办事,总得在上海找一个人。'……接着我和振铎研究了编委会的名单,提出了十个人。都是文艺界的知名人士,即鲁迅、叶圣陶、郁达夫、陈望道、胡愈之、洪深、傅东华、徐调孚以及郑振铎和我……上述十人组成《文学》编委会,主编由郑振铎、傅东华二人担任……其实,这次聚餐以后,郑振铎即回北平教书,同时负责平津地区的组稿;而上海则由傅东华和黄源筹备出版事宜。不过傅东华主要忙于编商务的中学国文教科书(商务同意他可以兼编《文学》。当时书店编印教科书是最赚钱的,只要某学校采用该书店的教科书,便能销出一大批书,因而编教科书的人,所得的酬劳也特别高,傅东华当然不愿放弃这肥差),所以,《文学》实际的筹备工作,我不得不多方照应。傅东华把审定创作稿件和给'社谈'栏写文章这两大项工作都推给了我,还要我包写作品评论(《文学》一卷至三卷的'书报述评'栏共刊登文章四十三篇,其中我写了二十八篇)。"③一段简短的回忆,已经证明了《文学》是《小说月报》的续篇,也已经可以看出茅盾在文学刊物编辑事业中举足轻重的位置。1937 年"八一三"上海事变前夕,茅盾和邹韬奋、胡愈之等早已在未雨绸缪,策划在强寇入侵国难当头时文学期刊应有的对策。"八一三"的次日,上海文艺界的知名人士"有个聚餐会",大家"谈到出版刊物,多数人主张不管《文学》、《中流》等大型刊物停不停刊,我们都要马上办起一个适应战时需要,能迅速传布作家们呐喊声的小型刊物来,而且认为应该由我来担任刊物的主编。战友们的信任和期待,使我义不容辞,当天下午我约了冯雪峰去找巴金。巴金完全同意赞成办这样一个刊物,他说,文化生活出版社已决定《文丛》停刊,听说上海杂志公司的《中流》、《译文》也已决定停刊,现在可能出现这样一种反常的现象:抗战开始了,但文艺阵地上却反而出现一片空白!这种情形无论如何不能让它出现,否则我们这些人一定会被后人唾骂的!不过当前书店都忙着搬家,清点物资,收缩业务,顾不上出版新书和新刊物,所以新刊物只有我们自己集资来办。好在一份小型周刊所费不多,出版了第一期,销路估计一定会好,这就可以接着办下去。雪峰道:这是个好办法,何不就用《文学》、《中流》、《文丛》、《译文》这四个刊物同人的名义办起来,资金也由这四个刊物的同人自筹?我说,就这么办,还可以加一条:写稿尽义务,不付稿酬。我们又研究了刊物的名称,初步确定叫《呐喊》,发刊词由我来写。又议定分头去找四个刊物的主编——王统照、黎烈文、靳以、黄源,征求他们的意见。当天晚上我就到隔壁二号黎烈文家中谈了这件事。第二天我又在文学社找到了王统照……王统照和黎烈文都赞成由四个杂志社的同人集资出版《呐喊》周报的计划……第二天,巴金和我约了四位主编开了第一次会议,讨论了编辑方针,纸张和印刷问题,并最后决定以《呐喊》为刊名"④。读着这些纪实的文字,稍加联想,脑海里就不禁浮现出茅盾在大敌当前大战在即的特定岁月里指挥若定的风采,也不难想像出他在文学期刊编辑们心目中举足轻重的重要地位,而且自然也就会认同《呐喊(烽火)》实际上是《文学》等杂志的"战时版"、"小型张"的观点。《呐喊》刚出第2期即遭查禁,他们便以《烽火》的名义重新登记申请,"第一期封面上加印了'编辑人茅盾,发行人巴金'。

后来上海沦陷,《烽火》搬到广州继续出版,又把两个负责人倒换过来,成了'编辑人巴金,发行人茅盾'"⑤。1938 年 2 月 7 日,茅盾来到武汉,立即找到生活书店的邹韬奋、徐伯昕研究刊物编辑的问题,再次发挥了他独到的作用:"我提出如下意见:刊名叫《文艺阵地》,是综合性的文艺刊物,半月出一期,每期约五万字;内容包括创作(小说、诗歌、戏剧、战地通讯等)、论文、短评、书报评述,以及国内外文艺动态,字数以三五千字为限,千字以下最好。但小说、剧本可以万字以上;编辑出版地点移到广州。"⑥邹韬奋和徐伯昕同意了他的意见,并且补充指出:"《文艺阵地》应该是一面战斗的旗帜,能起到团结进步的文艺力量,巩固统一战线的作用。因此一开始,我们就确定《文艺阵地》是个战斗的文学刊物,是个坚持现实主义传统的文学刊物,它理论和创作并重,在形式上,如徐伯昕和我研究的那样,像个'缩小'的《文学》。"⑦《文学》"像当年的《小说月报》",而《文艺阵地》就"像个缩小的《文学》",一句话,非常贴切地道出了三个刊物之间的关系,也有力地证明,无论茅盾在名义上是不是主编,他实际上都是这一系列文学期刊的动力和灵魂,元帅又兼主将,运筹帷幄、指挥若定的风采栩栩然呼之欲出。

二

除去这些显而易见的外在特征,茅盾系列文学期刊还具有更本质、更内在的质的规定性,那就是始终关注现实人生、不断推出新人新作、一直保持论辩态势以及顽强坚忍、厚重坚实等等。

在发表于《小说月报》1921 年 1 月 1 日出版的第 12 卷第 1 号(即茅盾主编的第 1 期)的《改革宣言》中,他就明确地宣称:"就国外文学界情形言之……写实主义在今日尚有切实介绍之必要。"同期刊载的《文学研究会宣言》则强调指出:"将文艺当作高兴时的游戏或失意时的消遣的时候，现在已经过去了，我们相信文学是一种工作，而且又是于人生很切要的一种工作。”从此，密切关注现实人生，就成为茅盾系列文学期刊非常自觉、日益坚定的追求。《小说月报》革新伊始，就集中编发了冰心、叶绍钧、许地山、王统照等创作的以探讨社会问题著称的“问题小说”，重点介绍了托尔斯泰、屠格涅夫、契诃夫、高尔基、果戈理等世界级现实主义作家，隆重推出了“被损害民族的文学号”、“俄国文学研究”等侧重反映底层人生的文学专号，结结实实地奠定了杂志的基调。《文学》完全承续了《小说月报》的传统，主要从关注现实人生的角度组织作者队伍。除去鲁迅、茅盾以外，编委还有叶圣陶、郁达夫、陈望道、胡愈之、洪深、傅东华、郑振铎、徐调孚等。这时的郁达夫，已经从《沉沦》时代向《迟桂花》时期转化，此外，则几乎完全是公认的现实主义作家。撰稿人中，不但有叶圣陶、朱自清、巴金、王统照、丰子恺、夏丏尊、俞平伯等早已在文坛上获得定评的成熟作家，而且有张天翼、沙汀、艾芜、臧克家、黑婴等崭露头角的文坛新人，可以说，当时经常在文坛上露面的“新”、“老”现实主义作家，几乎大都“网罗”在内。当《文艺阵地》创刊时，中国已是烽火连天，抗战，自然成为举国上下最最关注的现实，因此，这份刊物的宗旨，自然就锁定在“战斗”:“创办《文艺阵地》是鉴于当时的抗战文艺运动虽也轰轰烈烈、热热闹闹，但总觉得缺乏深度，既没有在理论上对各种新问题作认真的探讨，也没有在创作上对现实生活作严肃深刻的发掘。所以，就想办一个刊物来做这方面的工作。邹韬奋还认为《文艺阵地》应该是一面战斗的旗帜，能起到团结进步的文艺力量，巩固统一战线的作用。”⑧茅盾是中国现代文学史上自觉坚持现实主义的主要理论家之一，这样的编辑方针，正是他的文艺观的具体体现，又是文学与传播学互补互动的一个有力的佐证。

能否不断推出新人新作，是文学期刊水平高低、影响大小、生命力强弱的一个重要标志。《小说月报》在茅盾主编的两年里，先后推出冰心的《笑》、《超人》、《最后的使者》、《离家的一年》、《爱的实现》、《烦闷》、《疯人笔记》、《遗书》、《往事》、《寂寞》,叶圣陶的《母》、《一个朋友》、《低能儿》、《恐怖的夜》、《萌芽》、《苦菜》、《恳亲会》、《云翳》、《乐园》、《旅途的伴侣》、《祖母的心》,许地山的《命命鸟》、《商人妇》、《换巢鸾凤》、《黄昏后》、《缀网劳蛛》、《空山灵雨》,王统照的《沉思》、《遗音》、《春雨之夜》、《月影》、《一栏之隔》、《死之胜利》、《自然》、《微笑》、《钟声》,庐隐的《一个著作家》、《一封信》、《红玫瑰》、《两个小学生》、《灵魂可以卖么》、《思潮》、《余泪》、《月下的回忆》、《或人的悲哀》……这些后来不断出现在文学史上的人名与篇名,那时的的确确是标准的新人新作。更为可贵的是,这支朝气蓬勃富于活力的队伍日渐扩大,陆续增添了丁玲、施蛰存、穆时英、胡也频、沈从文、彭家煌、黎锦明、靳以、巴金、老舍、戴望舒、梁宗岱、徐雉、朱湘、汪静之、李金发等小说家、诗人,终至旌旗蔽空,声势浩大,长期占据着新文坛的主流地位。甚至,连茅盾自己,也在叶圣陶代理主编期间,被作为新锐的小说家以连续的三个中篇《幻灭》、《动摇》、《追求》从《小说月报》推出,实现了从理论家、翻译家、编辑家的沈雁冰,向小说家的茅盾转换的历史过渡。上文所开列的《文学》的编委及撰稿人名单,对于证明这一点,也应该是有相当说服力的。而据茅盾统计,“在我亲自编辑的十八期《文阵》中,经常撰稿的当时已经成名的作家或者后来成名的作家,就可以列出七十多位!”⑨其中,张天翼的《华威先生》、姚雪垠的《差半车麦秸》,以及像彗星一样闪过文学的夜空的青年文学评论家李南桌的理论文章,都是《文艺阵地》最先推出并且产生轰动效应的范例。

论辩,是现代文学期刊的重要历史使命,是和读者一起杀出一条生存的血路的武器,同时,又是吸引读者、活跃版面、争取期刊存在与发展的基本手段。在文化思想论争以及阶级之间、民族之间生死存亡的斗争日趋激烈的年代,期刊的论辩功能就大大凸显、膨胀起来，乃至长期占据主流、中心地位，成为期刊最重要的标志。正如鲁迅所说："……现在是多么切迫的时候，作者的任务，是在对于有害的事物，立刻给以反响或抗争，是感应的神经，攻守的手足。潜心于他的鸿篇巨制，为未来的文化设想，固然是很好的，但为现在抗争，却也正是为现在和未来的战斗的作者，因为失掉了现在，也就没有了未来。"⑩"……近来的有些期刊，那无聊、无耻与下流，也是世界上不可多得的物事，然而这又确是现代中国的或一群人的'文学'"⑪。

要坚持关注现实人生的文学观念，要为名不见经传的文学新人开路，就必须长于论辩，善于在论辩中取胜，对此，茅盾是非常自觉非常主动的。他说过："我是素来不护短，也是素来不轻易改变主张的。"⑫这种不动摇、不妥协、执著坚定的批评性格，决定了他和他所编辑的期刊必然时时处于论辩的漩涡之中。在《小说月报》三主编中，如果说郑振铎以学术建设见长，叶圣陶以推动创作取胜，茅盾就应该是以敏锐的文学批评和严谨绵密的思辨最为世人注目。他后来回忆说："一九二一年至二二年，我和其他文学研究会在上海的成员（其中主要是郑振铎），不得不同时应付三方面的论战。此所谓三方面：一是鸳鸯蝴蝶派，这原是意料中的事；二是创造社，这却是十二分的意外，是我以及当时在上海的文学研究会同人所极不愿意，是被迫而应战的；三是南京的学衡派，这也是意外，但我以及文学研究会在上海的同人都认为这些留学欧美回来的东南大学的教授们向新文学的进攻，必须予以坚决的还击。"⑬除去这三方面的比较激烈的论战，还有若干相对平和的讨论，例如关于创作问题的讨论，翻译问题的讨论，语体文欧化问题的讨论，民众文学的讨论，自然主义的讨论，整理中国文学遗产的讨论，等等。这些论战与讨论，当然并非仅仅在《小说月报》的有限篇幅中展开，文学研究会的其他会刊例如《文学周报》、《文学旬刊》等，也都是他们质疑驳难的重要阵地，但由茅盾主编的《小说月报》,无疑是最有分量的理论文章最为理想的载体。

从《文学》创刊号到第 6 卷末,各期皆设“社谈”、“书报述评”(有时称为“书评”)两个专栏,1933.12.1 第 1 卷第 6 期起,又特辟“文学论坛”栏目,专司文学批评,以及社会批评、文化批评(在王统照主编期间,这类栏目曾有所削减,仅见 1937.7.1 第 9 卷第 1 期辟有“短评”)。主要撰稿者,除鲁迅以外,大量稿件均为茅盾执笔。为了对付当局的审查,他每年都要更换一批新的笔名,1934 年使用的笔名就有风、兰、蕙、曼、惠、江、丙、明等。采用这类颇具女性色彩的笔名的原因,只要略微注意当时的社会环境和文坛氛围,自然就心领神会不言自明。正是通过这类栏目,文学社同人发起或参与了“杂志年”讨论,“小品文论战”,“大众语论战”,“中国目前为什么没有伟大的作品产生”的讨论,“文学遗产问题”讨论,“翻译问题”讨论等等。值得注意的是,文学社同人在一致对外的同时,内部也发生过某些分歧的意见和不愉快的纷争。傅东华匿名攻击编委会成员鲁迅引发鲁迅对《文学》的反感(参见茅盾:《一九三四年的文化“围剿”和反“围剿”——回忆录[十七]》,《新文学史料》1982.4;鲁迅:《南腔北调集 · 给文学社信》,《鲁迅全集》第 6 卷第 551 ~ 552 页;《文学》第 1 卷第 2 号、第 3 号等),傅东华对周文(何谷天)小说《山坡上》的粗暴删改引起所谓“盘肠大战”(参见周文:《山坡上》,载于《文学》第 5 卷第 6 号;周文:《关于〈山坡〉上的原形》,载于《文学》第 6 卷第 1 号;水:《〈盘肠大战〉的反响》,载于《文学》第 6 卷第 2 号等)……都在不同程度上削弱了《文学》的影响,降低了刊物的威信和声誉,甚至一度使《文学》主编空缺,接替为难(参见鲁迅 1936.5.7 致台静农信,《鲁迅全集》第 13 卷第 374 页;《文学》第 7 卷各号王统照所写的“编后记”)。傅东华是茅盾在创刊之初,为了给刊物涂抹一层保护色而有意选取的一位以嗜赌闻名、与当局又有某些关联的特殊人物,真所谓有一利必有一弊,刊物的论辩功能,也由此走出了一条邪路。论辩,应该是有原则的;意气之争,宗派之见,只会把刊物引向歧途——在中国现代文学史、期刊史上,这样的教训和由此付出的代价,真是太多也太沉重了!

《文艺阵地》诞生于大江南北烽烟四起的特殊岁月,除了基本继承了《文学》的论辩方式外,还形成了某些新的特征。在《文艺阵地》创刊号的《编后记》中,茅盾写道:“这一期议论文多于作品。编者很想每期都能保持这一个性。似乎现在还没有对于文艺上百般问题多发表意见的刊物,本刊试想在这里开一冷门,但自然也不是不注意作品。”“议论文多于作品”的“个性”,非常生动地体现在刊物的编排中。此后的各期,几乎都安排了“短评”和“书报述评”专栏,而且往往是由茅盾一人包写的。他说过:“在《文艺阵地》上我自己写的文章都是千字左右的短论和书报述评,但数量不少,七个月共写了短论二十篇,书评三十篇。”“我在《文艺阵地》上写的短论,都带杂文性质,通过它们对一些文艺问题发表自己的感想。”[⑭]正如《文艺阵地》是一份缩小了的《文学》,《文艺阵地》上发表的短论,也就是《文学》的“论坛”的缩微,篇幅大约仅有一半,论述的问题自然必须更为集中,文体也就基本统一为杂文。当时集中讨论的问题,主要是文艺大众化问题,围绕《华威先生》而展开的暴露黑暗问题,文艺创作中的公式主义问题,报告文学的地位与作用问题……都是与抗战文艺发展密切相关的带倾向性的重大问题。浏览一番当年的旧刊,很容易感受到在那国难当头的艰难岁月里,茅盾和他的战友们,立马横刀,巡逻在民族文化的第一线上,勇敢地阻击着一切来犯的敌寇,警惕地守望着民族文化的生存边界的动人情景。这里没有精致,没有雅趣,文章的字里行间闪烁的不是花香鸟语软玉温香,而往往是粗糙、冷涩的刀光与血色!这种风格的来龙去脉,历史地位与作用,离开了那一特定的时代,是既无法索解更难以准确评价的。

只要稍稍关注一下现代文学期刊的生存状况,就不难发现,文学期刊的生命一般都是极其短暂的。据不完全统计,仅在1927年4月至1937年7月,仅出1期即告停刊的至少有蒋光慈的《时代文艺》,创造社的《新兴文化》,李一鹤的《虞美人》,叶灵凤等的《小物件》,鲁迅的《文艺研究》,沈端先的《艺术月刊》,冯乃超的《文艺讲座》,郑逸梅等的《华光》、《时代文艺》、《文学新地》,李辉英的《生生》,葛一虹的《文学新辑》,胡风的《木屑文丛》,尹庚、白曙的《现实文学》,邵英、黄旭的《时代文艺》……其他左联的刊物往往只有三四期的存活率,相当多数是仅出1期即遭查禁。更换刊名再出,也是随出随禁。超过五六期的,真如凤毛麟角。就是并非政治性特别鲜明的某些刊物,寿命也未必久长。周瘦鹃是公认的"鸳鸯蝴蝶派"的大家,但他主编的刊物,也有1期而终的例证。个中原因,极其复杂,非本文所可道尽,但资金的短缺、政府的扼杀、编者的才力不逮或兴趣转移,则是最常见的原因。换言之,倘能有效地解决上述问题,刊物一般就可以较长时期地维持。在文学期刊普遍的"短命"中,我们却发现了例外——茅盾系列文学期刊发行出版一般都在数年以上,可谓坚忍持久的典范——《小说月报》坚持了十年左右,《文学》发行了将近五年,《文艺阵地》在烽火硝烟中还支撑了六年左右——称为文学期刊史上的"奇迹",恐怕也不算过于夸张吧?

依托实力雄厚的出版集团,以商业性掩护文学性,是茅盾系列文学期刊的重要策略之一,也是构成其顽强坚忍的特色的基础性要素之一。他最初编辑的《小说月报》,是中国现代出版重镇商务印书馆的主要期刊之一,最后编辑的《小说》月刊,也是商务印书馆的出版物之一。始于商务,终于商务,是茅盾系列文学期刊的发展轨迹。但茅盾系列文学期刊最理想的合作伙伴,不是商务,而是邹韬奋主持的生活书店。他们与生活书店的密切合作,是从《文学》创刊开始,由郑振铎"牵线"而臻于成功:"振铎又说:愿意出版《文学》的书店也找到了,就是生活书店,是他约了胡愈之一同找邹韬奋谈的。我听了很高兴,因为生活书店这块牌子是比较牢靠的。当时的生活书店很有特色,它没有老板,采取合作社的组织形式,每个职员都有一份股金,实行民主的管理办法,所以它没有老牌书店的那些陋规和弊端,是个新兴的朝气蓬勃的目光四射的书店。它又不同于那些随时面临着被国民党查封危险的'红色'小书店,而有个可靠的背景——黄炎培的中华职业教育社。特别是书店总经理邹韬奋,他是办《生活》周刊起家的,很有才干,很有见识,很有魄力。'九一八'以后在政治上日益'左'倾,活动的能量也大。他对于我们办这杂志的目的、方针、内容和政治倾向是清楚的,也是同情和支持的,但表面上采取和我们订合同的形式,声称不干涉我们的编辑事务。"⑮此后,虽然曾经有过因《译文》编辑人选的不同意见导致鲁迅与生活书店的疏离,但后来又在《文艺阵地》的创办过程中,进一步互相信任,终于成为患难与共、互相依存的密友。事实证明,有没有如此强大的出版集团作为依托,对于期刊的存活率来说,是至关重要的。有此依托,编辑者可以不必为资金预支、联络作家、广告开支等必需的经济来源大伤脑筋,可以较少考虑排字、印刷、发行等繁杂的事务,以及送审、纳税、对付文化出版界的地痞流氓等他们更为陌生的"业务",有利于把精力相对集中于组稿、改稿、编排栏目、撰写"社论"、"短评"、"编后记"等刊物的指导性文字,以及与作者、读者开展密切联系等专业性更强的工作,对于提高刊物的水平和声誉,当然是大有裨益的。有此依托,当遭遇到当局的稿件检查、刊物封禁等麻烦时,编辑者可以与书店老板共同协商对付方案而由老板出面应对,编辑处于"第二线",无论是采取"化名编辑"还是"后台编辑"的策略,都比较主动,比较易于奏效。但有一利必有一弊,出版家的最终追求当然是刊物的利润,当刊物的文学性与商业性冲突的时候,老板倾向于后者,是必然的规律。面对老板的仲裁,文学编辑可以有两种选择:其一如鲁迅,他的风格是宁折不弯,宁可玉碎,决不瓦全——他为

《译文》与生活书店决裂就是有力的佐证，茅盾也曾因商务老板食言而出面干预《小说月报》的具体编务而辞职，也是有说服力的证据；其二，如茅盾的对于生活书店，是有分寸的妥协，有原则的退让，以某种妥协和退让，换来刊物的较长时期的生存与发展。鲁迅系列文学期刊一般为同人刊物，其初衷之一恐怕就是为了摆脱商人的制约，但刊物的生存时间一般较为短暂；茅盾系列文学期刊一般都依托某一强大的出版集团，存在时间久长，影响自然也较大，但需要一整套与出版商人折冲樽俎的本领与手段。今天看来，即使是这种技能运作娴熟似臻化境的茅盾，也不免时有"杂志办人"而不是"人办杂志"的感慨与无奈。体现在这一领域里的鲁迅风格与茅盾风格，是两种可以互补的人格范型在期刊编辑事业中的折光，是两种艺术、两种处世哲学和两种美，它们是不可以互相替代的。

审时度势，不断更换编辑人选，既以实现刊物编辑群体的不断吐故纳新，使刊物不断以新的面目、新的编排吸引读者，又以主编人选的更迭对付来自当局和出版商的非难、挑剔、干预、制约之类干扰，是茅盾系列文学期刊的又一重要策略，以及构成其顽强坚忍的特色的基础性要素。《小说月报》三易主编，从沈雁冰到郑振铎，从郑振铎再到叶圣陶，刊物的风格虽有变异，但基本内涵却一以贯之。《文学》则以郑振铎、傅东华出面，茅盾在"后台"指挥，傅、郑以后，改为由王统照主持笔政。其实，王与傅、郑一样，同为茅盾最知心的密友、文学研究会的骨干。无论谁在前台，茅盾作为刊物的灵魂与动力的地位与作用都不曾稍稍削弱。《文艺阵地》创刊两年，基本构架（撰稿群体、读者群体、发行网络、排印模式等）已经形成，他征得生活书店方面的同意，就逐步过渡到由楼适夷代理主编、茅盾挂名主编的格局——刊物依然在出版发行，新的编辑已经在几年的直接培养下逐步成熟，而作为主将者又可以抽身到另外的事业中去，诚所谓两全其美。

连续推出"专号",有效地抵制国民党当局借审查稿件对刊物的扼杀,同时也较好地保持了刊物的稳定性、长效性,是茅盾系列文学期刊的另一重要策略。1933 年 11 月 12 日,上海艺华影片公司被捣毁,13 日,良友图书公司的橱窗玻璃被打碎,14 日,《中国论坛》遭到袭击,30 日,神州国光社又被破坏……山雨欲来,黑云压城,国民党当局大规模扼杀进步文艺运动的艰难岁月来临了!果然,出版《文学》的生活书店接到国民党上海市党部宣传部通知:《文学》从第 2 卷起,每期稿件必须经过他们的特派审查员的检查才可以发稿。《文学》第 2 卷第 1 号(新年号)送审后被抽去巴金的长篇《雪》、欧阳山的《要我们歇歇也好》、夏征农的《恐慌》,征文特辑《文坛向何处去》中郑伯奇、张天翼等 8 人的文章全部被禁,"新年试笔"栏中的作者巴金奉命改为"比金"……一经如此大杀大砍,从来准时出版的《文学》竟然脱期半月。于是编者在该期发表启事,严正声明道:"本刊自去年七月创刊以来,每月一日发行,从未脱期,内容纯属文艺,绝无政治背景,极受读者界欢迎,销行至为畅广。近以特殊原因,致出版延期,重劳读者垂询,至深歉憾!事非得已,尚祈曲谅是幸!"同时,茅盾驰函北京,急邀郑振铎南下共商对策。他们研究决定:"从第三期起连出四期专号(第二期的稿子已送审),一期为翻译专号,一期为创作专号,一期为弱小民族专号,一期为中国文学研究专号。这四个专号中,估计有三期国民党检查官是捞不到什么油水的!至于创作专号,可以在选稿时预先避开有明显'违碍'内容者。我们又研究各专号要否专人负责?研究结果,认为郑振铎远在北平,与他人联系不便,可以把'中国文学研究专号'交振铎负责编,由他在北平组稿;其他三期专号还是由傅东华和我共同负责。"[16]4 个专号的连续推出(2 卷 3 号翻译专号,1934.3.1出版;2 卷 4 号创作专号,1934.4.1 出版;2 卷 5 号弱小民族专号,1934.5.1 出版;2 卷 6 号中国文学研究专号,1934.6.1 出版),不但粉碎了当局扼杀《文学》的图谋,而且因为内容丰富,获得了高度评价。鲁迅在 1934 年 6 月 2 日致郑振铎的信中就曾热情赞扬道:“本月《文学》已见,内容极充实,有许多是可以藉此明白中国人的思想根柢的。”⑰

中国现代文学期刊的刊期,可谓多种多样:有三日刊、五日刊、周刊、旬刊、半月刊、月刊、双月刊、季刊、半年刊、年刊、不定期刊等等。其中月刊、半月刊居多数。容量较大的期刊,多数为月刊、季刊等,反之则多为半月刊、周刊等。其开本,也有 64 开、小 32 开、大 32 开,16 开以及袖珍开本、狭长开本等不同样式。32 开、16 开,为常见开本。容量较大的期刊,大多为 16 开本或大 32 开本。开本与页码,一般呈正比例。茅盾系列文学期刊,大多是 16 开本的大型刊物,一向以内容丰富、兼收并蓄著称。《小说月报》、《文学》均为 16 开月刊,每期约 130 个页码,大约 12 万字。《文艺阵地》为 16 开半月刊,每期约 32 个页码,大约 6 万字。倘若按每月登载的文字计算,当与《小说月报》、《文学》基本持平。它们的某些号外、专号,简直就是期刊世界中的“巨无霸”——《小说月报》第 12 卷号外“俄国文学研究”近 500 页,约 45 万字;《文学》2 卷 6 号“中国文学研究专号”300 余页,几近 30 万字——都开创了期刊容量的新纪录。试想在从 1921 年到 1949 年这近 30 年里,茅盾文学期刊连续以每月不少于 10 万字、总量不少于 3600 万字的可观篇幅,源源不断地向读者提供着堪称丰富的精神滋养,为新文学的发展建设自觉地鸣锣开道,这份贡献,这份执著,都着实是令人惊叹的。

大容量,才有可能实现兼容并蓄的编辑方针,才有可能显示茅盾系列文学期厚重坚实的重要特色。从《小说月报》开始,茅盾系列文学期刊就始终坚持创作、翻译、批评、研究并重的方针,而且是文图并茂,形式活泼,可读性甚强。《小说月报》改革伊始,就创设“创作”、“译丛”、“书报介绍”、“海外文坛消息”、“插图”、“补白”、“通讯”等传统栏目(“创作”一栏自第 13 卷起又分列为“短篇及长篇小说”、“诗歌及戏剧”等子栏目。同时增加“读者文坛”，一面加强与接受主体的联系，显示对读者的尊重，同时也从文学市场的角度吸纳各种有益的信息，作为调整编刊思路的重要依据。这一传统，延续到《文艺阵地》，就一变而为深受广大读者特别是或转战四方或陷身敌后的各地文艺家喜爱的“文阵广播”），并且一直延续几十年。所谓“并重”，当然是就刊物的全局而言，在每一位主编那里，情况也许会有所不同。例如沈雁冰侧重翻译、介绍和评论，郑振铎则更热心于国学整理与学术研究，叶圣陶对于推进创作无疑有着更为显著的建树——这就有意无意形成一种良性的互补格局。所谓“并重”，有时是体现在同一期刊物中，有时则呈现为集中编发的专号、号外、特辑等。《小说月报》除有“中国文学研究专号”、“法国文学研究专号”外，还陆续编发了“泰戈尔专号”、“拜伦专号”、“安徒生专号”、“芥川龙之介专号”、“陀思妥耶夫斯基特辑”、“契诃夫特辑”、“莫泊桑特辑”、“罗曼·罗兰特辑”、“法朗士特辑”、“霍甫德曼特辑”、“包以尔特辑”等。如上所述，《文学》在1934年除连续推出四个专号，还编发有“屠格涅夫纪念号”、“一周（年）纪念号”、“二周（年）纪念号”、“新年号”、“儿童文学特辑”、“高尔基纪念特辑”、“短篇小说专号”、“鲁迅先生纪念特辑（一）、（二）”、“新诗专号”等。这些专号、号外、特辑，往往主题集中而鲜明，页码增加而价位照旧，长期订阅的读者负担如故而获取的信息量大大增加，其大受欢迎，当然在意料之中。这是对文学、学术的贡献，也是组织较为固定、较为普泛的读者群落的上佳策略，对于协调刊物的文学性与商业性的矛盾冲突，保证刊物不致在订数不稳的情况下翻船落马，是非常值得总结推广的经验。

兼收并蓄，不但需要栏目设置的多样化，而且应该体现在文体的纵横交织，风格的多姿多彩，流派的互渗互补。《小说月报》虽然定位在“小说”，其实一直在以相当篇幅发表其他文学文体的作品，诗歌、散文、戏剧乃至理论批评、作家传记、国学研究，编者都给开辟了自由开放的园地。茅盾系列文学期刊，自然是以“为人生”的现实主义为旨归的，但对浪漫主义、现代主义的作品，并不一概排斥，王统照、许地山的若干作品，也并不恪守“严格”的现实主义畛域，而徐志摩、穆时英、李金发、施蛰存、戴望舒等，的确是这一期刊系列的作者，戴望舒的处女作《雨巷》，便是首发于《小说月报》，是在该刊代主编叶圣陶的嘉许下以“雨巷诗人”的身份走上文坛的。期刊的审美旨趣的多样与集中的统一与对立，也即读者群落的普泛与定向的统一与对立，广泛而不专与固定而狭窄的矛盾，一向是编者们苦苦思索力求完美解决而始终难以绝对统一的两难课题。从茅盾文学期刊系列中，也许能够探讨出某些带规律性的认识。

三

传统的文学研究是把作家→作品看作一个独立自足的体系，文学史就是作家与其创作的作品活动的历史；接受美学引进了文学活动的另一极——读者，把读者的期待视野看作对作家创作的重要制约因素，文学史必须考虑读者的再创造的作用和意义，由此引发了文学史研究的新思路；但事实上，以期刊为主要载体之一的新文学，还必须把编辑的作用考虑在内——作家所提供的仅仅是手稿，只有经过编辑的解码与再编码，才可能变成供读者阅读的文本；而在出版人（往往是文化商人）左右下的编辑，一面以稿酬、发刊词、按语、跋语、栏目编排等，构成对作家创作的直接诱导和干预，一面又以稿件特色、装帧设计、广告宣传、栏目编排等，发展、巩固自己的读者群落，对读者的期待视野施加影响。他们并不仅仅是文学生产与文学消费的简单中介，而是其中十分活跃的决定性要素——编辑者的文学观念、审美意识、人格魅力、编排艺术、营销技巧等，既是期刊生死存亡的先决条件，又是制约社会文化风尚、制导文学事业走向的极其活跃的因素。同时,在传统的文学观念中,人们一般把文学过程看成是由作者的审美创造与读者的审美欣赏构成的。事实上,文学期刊等传播媒介参与的文学,已经不仅是抽象的符号系统,而且是与一定的物质材料和技术文明等联系在一起的具体物化态的存在。文学的具体形态与现行的印刷技术及出版运行机制密切地结合在一起,出版者的资金周转、商业谋略、出版策划,编辑者的立场与风格,发行网络的规模,读者市场的定位与流动等非文学性因素,在很大程度上决定着文学的面貌。期刊的编辑、订阅的读者、出版的商家(在某些同人刊物中,编辑与商家又是两位一体的)、当局的政策,四者以不同方式互相勾连,在不同层面互相制约,决定着文学期刊的生存与发展、面貌与影响——其中,编辑无疑起着决定的作用。这正是笔者选取鲁迅、茅盾、施蛰存、周瘦鹃等编辑家作为期刊系列定位标志的主要原因。

注释:

① 详见茅盾:《雾重庆的生活——回忆录[三十]》,《新文学史料》1986.1。

② 茅盾:《访问苏联·迎接新中国——回忆录[三十三]》,《新文学史料》1986.4。

③⑮ 茅盾:《多事而活跃的岁月——回忆录[十六]》,《新文学史料》1982.3。

④⑤⑥ 茅盾:《烽火连天的日子——回忆录[二十一]》,《新文学史料》1983.4。

⑦⑧⑨⑭ 茅盾:《在香港编辑〈文艺阵地〉——回忆录[二十二]》,《新文学史料》1984.1。

⑩ 《且介亭杂文·序言》,《鲁迅全集》第6卷,第3页,人民文学出版社1981年版。

⑪ 《且介亭杂文二集·"题未定"草(六至九)》,《鲁迅全集》第6卷,第432页,人民文学出版社1981年版。

⑫ 茅盾:《读〈倪焕之〉》,《茅盾全集》第19卷,第217页,人民文学出版社1991年版。

⑮ 茅盾:《复杂而紧张的生活、学习与斗争[上]——回忆录[四]》,《新文学史料》1979.8总第4辑。

⑯ 茅盾:《一九三四年的文化“围剿”和反“围剿”——回忆录[十七]》,《新文学史料》1982.4。

⑰ 《鲁迅全集》第12卷,第443页,人民文学出版社1981年版。

原载《文学评论》2004年第4期

茅盾的期刊编辑思想

高冬可

茅盾是一位卓有成就的编辑家,他丰富的期刊编辑活动,是我国现代期刊发展史中极有价值的组成部分。

1916年,20岁的茅盾进入商务印书馆工作,由于表现出色,不久即被指派助编商务社办《学生杂志》,从此开始了他辉煌的期刊编辑生涯。从1917年9月助编《学生杂志》起至1949年10月新中国成立,茅盾从事或参与了15种期刊的编辑活动,其中主编或编辑《小说月报》、《文学》、《呐喊》、《文阵》和《笔谈》是其最为重要的经历。在丰富的编辑实践中,他阐发了成熟的期刊编辑思想。

一 编创结合是编好期刊的有力手段

编辑活动涉及三种文化角色:精神文化产品的原创者即作者,作品的二次创造者即编者,文化信息的接受者即读者(受众)。在社会文化关系中,编辑和作者的关系本质上是社会与创作个体的关系,在文化产品的建构中,作者侧重具体产品的创造,而编辑侧重整合组装、构成媒介的创造。[①]作为期刊编辑者的茅盾,却以编创结合的方式，把作者和编者两种角色很好地集于一身。编创结合是茅盾编辑活动的最大特点，也是茅盾编辑思想的重要组成部分。

茅盾的编辑活动是与他的创作活动相伴的，在新中国成立前的30年期刊编辑历程中，茅盾在自己和他人主持的多家报刊上发表过大量的小说、文艺论文、杂感、游记等作品。在这篇论文中，我以茅盾在他主编和实际参与编辑的刊物上的创作为研究范本，探讨他编创结合的思想。

创作丰富。1917年12月5日，茅盾还在助编《学生杂志》时，受当时主编朱元善之请以雁冰的署名在《学生杂志》上发表了他的第一篇论文《学生与社会》，自此，他的生花妙笔就没有停下过。他以本名德鸿、字雁冰，以郎损、玄珠、玄、真、明、微明、茅盾等十几个笔名发表了大量有关文艺、社会问题、政治和科学的论文和文学作品。

先从《学生杂志》谈起。从第一篇社论《学生与社会》起，至1920年1月他接编《小说月报》的"小说新潮"栏目，作为助编的茅盾共为《学生杂志》提供了10篇创作，其中有科学小说，有新剧，最多的是论文。自《小说月报》开始，茅盾编辑的多家刊物上都有栏目被茅盾主写甚至包写。革新后的《小说月报》上开设了"海外文坛消息"与"译丛"两栏目，其中的文章多由茅盾执笔。

从《文学》第一期起，傅东华就和茅盾商定"书报述评"由茅盾主笔。茅盾为这一栏目写了两类文章，一类是书评，一类是刊评，如第三期上的《丁玲的〈母亲〉》和《几种纯文艺刊物》。茅盾曾说，在他发起创办《文学》之初的计划中，只有"书报述评"坚持了下来，[②]这坚持中茅盾功不可没：在第一至第三卷的"书报述评"的48篇文章中，茅盾一人就提供了28篇。

茅盾主编的《文艺阵地》辟有"书报述评"和"短评"栏，在他编辑的18期《文阵》中，"书报述评"共登文33篇，其中30篇出自茅盾;“短评”栏共登文 21 篇,其中 19 篇出自茅盾。仅在第一期《文阵》上,茅盾就写了短评 2 则,书报述评 3 则。和《文学》的“文学论坛”相似,短评栏的定位是结合当时的文坛现象表明刊物的态度。

《笔谈》时期,“书报春秋”栏和“杂俎”栏的文章更成了茅盾的专栏,1 ~ 7 期的文章全由茅盾包写。前者每期刊登 2 ~ 4 篇 200 ~ 300 字的文章,7 期共登 18 篇文章;“杂俎”的文章更短小些,除第 7 期未登外,每期登 2 ~ 6 篇,共登 27 篇。这两个栏目虽被茅盾用做补白,但合起来每期的篇幅并不少。(茅盾在《我走过的道路(下)》中说,他为“书报春秋”和“杂俎”栏写文共 43 篇,这个数字不准确,应为 45 篇。这是笔者根据《笔谈》原刊统计出来的数字。)“书报春秋”与《文学》的“书报述评”相似,是介绍文艺书刊报的栏目,“杂俎”的文章是短消息、寓言或短评论,一般都与现实斗争相关。另外,《笔谈》的“掌故·轶闻”栏中还特设“客座杂忆”小栏目,这里是期期连载的札记性质的文章,由茅盾以形天的笔名专谈大革命前后的掌故,使刊物增色不少。

除了包写和主写某栏目的文章,茅盾还为刊物提供了很多其他的理论评论文章和文学作品。他主编的两期《呐喊》和五期《烽火》,共刊载了 58 篇各种体裁的文章,其中就有茅盾的 5 篇。在当时烽火连天的战争背景下,对于一个独立主编刊物的编辑人来说,这个数字实属不易。

丰富的创作是服务于编辑意图的一个手段。对于一份期刊而言,编创结合不是简单的编辑搞创作,在这种形态下,编辑虽然同时具有作者的身份,但他创造作品是在编辑宗旨的指导下自觉地实现编辑意图的一种行为,是亲手制造“文化产品的零部件”以配合和完善整个文化产品的“整合组装”的行为。所以,编创结合的实质是期刊编辑以创作者的身份为他的编辑目的服务,这是茅盾以编创结合实现编辑意图的思想核心。

茅盾为上述这些刊物进行的创作和一个文学家向刊物的投稿不同,它们不是茅盾出于抒发自我的意图写就的,而是在刊物编辑方针的指导下精心策划并完成创作的,是编辑人茅盾对于刊物内容的充实和刊物整体结构的完善,也就是茅盾实现编辑方针的一部分。

当年茅盾为《学生杂志》写的文章,就是茅盾在主编朱元善的授意或同意下,为实现《学生杂志》一定的编辑意图而创作的。比如被茅盾称为自己平生第一篇论文的《学生与社会》,写作起因是朱元善感到社会上对于《新青年》提倡的文学革命的响应,打算在《学生杂志》上小试改革,于是请茅盾写一篇具有新思想的社论。茅盾不负厚望,借此题目对中国两千年来的封建治学思想予以议论,引起了读者关注。发表于 1918 年 7 月号的科学小说《二十世纪后之南极》,也是由朱元善和茅盾先商议好要增加新的吸引读者的内容即科学小说,而后茅盾才动笔创作的。

抗战爆发后,茅盾创办和主编《呐喊》和《烽火》,目的是以文艺刊物"为前方的忠勇的将士和后方的义愤的民众尽一点'呐喊助威'的职责"(《烽火复刊词》),配合"和平,奋斗,救中国"的斗争(《呐喊创刊献词》)。为实现这一宗旨,茅盾为刊物创作了《写于神圣的炮火中》(载《呐喊》创刊号)、《战神在叹气》(载《烽火》创刊号)等 5 篇作品,以掷地有声的语言发出对侵略战争的诅咒和对中华儿女抗战精神的赞佩与激励。

1941 年 9 月,茅盾担负了周恩来同志交给的以进步文艺刊物开辟"第二战线"的任务,在香港创办《笔谈》,之后茅盾为《笔谈》创作的文章,也都是最初编辑意图的体现。像前面论述过的"客座杂忆"里的连载文章,每篇一般不逾千字,从体裁上讲,叙事中夹以评论,亦庄亦谐,谈天说地,是典型的小品文;从内容上讲,虽是对民国之后文坛和国民革命中的轶闻趣事的记载,对当时的进步文坛却有很好的教育意义。

总的来说,茅盾在自己编辑的刊物上发表的文章大多数是评论文章。这些文章,或探讨文艺思想问题,或评析作家作品,既有理论深度,又密切结合当时的斗争实际,而他的文学作品,既具时代特色,又是他在刊物上提倡的先进文艺的创作实践,从而实现了茅盾以期刊推动先进文学发展的编辑意图。所以,茅盾为这些刊物写文章,是建立在维护刊物宗旨、维护刊物顺利发展的前提下的,实践编辑意图需要哪类文章他就积极提供哪类文章,这已经超越了单纯的文学行为,而是编辑主体对编辑意图的实现。

当前的期刊工作仍应提倡编创结合。编创结合,对于期刊而言至少有三方面的益处:其一,编辑得以体味创作的甘苦,促使他慎重对待并尊重作者的劳动成果,这样就有利于刊物长期团结作者。其二,稿源缺乏时及时补上作品,保证文章数量和刊物质量。其三,刊物方针有调整时,以最能体现编辑意图的稿件完善刊物结构。所以,茅盾编创结合的思想在今天仍然具有生命力和借鉴意义。

二　编辑文艺期刊应实现它引导先进文化的社会功能

期刊有文化宣传的功能,换句话说,期刊是传播文化思想的重要手段。但是,只有传播先进的文化思想,才能称得上发挥了期刊的文化宣传功能。编辑家茅盾始终强调期刊编辑应以文艺期刊创造和提倡与时俱进的先进文化,把期刊打造成为引领先进文化的一面旗帜。这是茅盾期刊编辑思想的又一个闪光点。

茅盾在接编之始,就从编辑角度规划了《小说月报》所发布的新文学的总体结构模式:旧文学中进步的东西加上西洋文学中进步的东西,二者的结合创造出新的先进的现代文学,以此服务于社会,服务于时代,服务于民众。茅盾受邀编辑《小说月报》的“小说新潮”栏目后，就把倡导新文艺列为自己的编辑计划。《小说月报》第10卷第12期刊出了他的《“小说新潮”栏预告》，说这一新辟的栏目“专收西洋新文艺家的著作……这一门……评论现代文学，发表本社同人对于创造中国新文艺的意见”。1920年1月，他又在《“小说新潮”栏宣言》中宣布了自己的编辑蓝图：“我们相信现代创造中国的新文艺时，西洋文学和中国的旧文学都有几分的帮助。我们并不想仅求保守旧的而不求进步，我们是想把旧的做研究材料，提出他的特质，和西洋文学的特质结合，另创一种自有的新文学出来。”这是一篇全新的充满文学革命正气的宣言，它鲜明地表明了茅盾的编辑宗旨：古为今用，洋为中用，为新的文化思想鼓与呼，创造并发展一种“新文学”。

茅盾受命全面革新和主编《小说月报》后，他以刊物为先进文化服务的思想有了更为广阔的实践舞台。1920年最后一期《小说月报》上发表了茅盾的启事：“近年以来，新思想东渐，新文学已过其建设之第一幕而方谋充量发展，本月刊鉴于时机之既至，亦愿本介绍西洋文学之素志，勉为新文学前途尽提倡鼓吹之一分天职。自明年十二卷第一期起，本月刊将尽其能力，介绍西洋之新文学，并输进研究新文学应有之常识。”为了很好地实现这一编辑意图，茅盾设计了与此相应的栏目，并在这期启事中做了说明：

甲　论评　发表个人对于新文学之主张

乙　研究　介绍西洋文学思潮，输进文学常识

……

丁　创作　国人自作之新文学作品，不论长篇短著，择优汇集于此栏

戊　特载　此门所收，皆最新之文艺思想及文艺作品，从此可以窥见西洋文艺将来之趋势

……

这些具体的栏目实际上是编辑意图中新文学总体结构模式的具体化。

1921年1月,全面革新的第一期《小说月报》一出版就备受关注,当时的《时事新报》副刊《学灯》主编李石岑就很快在《学灯》上发表了公开信予以赞扬。茅盾在1921年2月3日的《学灯》上发表回信,说:"《小说月报》今年改革,虽然表面上是我做了编辑,而实在这个杂志已不是一人编辑的私物,而成了文学研究会的代用月刊。正惟是如此,所以我也觉得《小说月报》对于新文学的创造一定很有贡献。"可见,茅盾力图以集体之力把《小说月报》办成新文学的领地。他接着表示:"我敢代表国内有志文学的人宣言:我们的最终目的是要在世界文学中争个地位,并做出我们民族对于将来文明的贡献。"这进一步表明了茅盾希望以编辑工作帮助中国新文学建立并走向世界的伟大抱负和理想。[③]事实上,茅盾主编的《小说月报》从一开始就成了新文学亮相的舞台。它的"主打"栏目"创作"栏就非新文学作品不用,而且大力提倡白话文学作品。比如全面革新的第一期《小说月报》上就刊登了许地山的《命命鸟》、叶绍钧的《母》、王统照的《沉思》等7篇"国人自作之新文学作品",它们与以往《小说月报》的浓艳风格迥异,为文坛吹来了一股新鲜的文风。其他栏目如"论评"、"译丛"、"特载"等,也都以评介新文学理论和作品为己任,广泛地沟通中西方文化。

书报刊是最常见的大众传播媒介,通过刊物推动先进的文学书报刊事业的健康发展,是茅盾创办和编辑文艺刊物的主要宗旨之一,也是他以期刊引导先进文化发展的主要措施之一。创刊词、征稿启事和栏目说明是刊物的编辑方针、宗旨和原则的宣言书,因而可以看作主编和编辑人阐发其编辑思想的重要园地。茅盾就在《文阵》征稿简约中明确表明了他的编辑主张:"各地方文艺的活动——刊物,单行本,作家们人的活动(参加实际救亡工作等等),文艺团体的组织，文艺教育工作，座谈会，被提出而讨论着的问题——上列各项，或全举而作鸟瞰式的叙记批评，或择一二而深入展开，都无不可在《文阵》的宗旨之一。"最充分体现这一宗旨的恰恰就是茅盾本人包写或主写的栏目，如《文阵》的"书报述评"和"短评"，《笔谈》的"书报春秋"、《文学》的"书报述评"以及"文学论坛"，等等。茅盾在书评类文章中推介作品、指导创作，短评类文章则结合当时的文坛现象表明刊物的态度，这些严肃而慎重的评论体现了茅盾以刊物推动文艺事业健康发展的编辑意图。

三　编辑期刊应建立开放的、动态的作者队伍

在茅盾看来，强大的作者队伍必须是开放的。他反对稿源上的关门主义，提倡作家队伍的创作风格和政治成分在不违背刊物政治立场的情况下可以具有多样性，这样才能保障作家队伍的广泛，从而更有利于体裁与题材的丰富，使刊物显示出厚重和丰满，得以满足更多读者的需求。这里反映出，茅盾希望以期刊编辑活动缔构出一种全面的、民主的、爱国的文学结构，这种文学结构总的方向是革命的，但不是纯粹左翼的。茅盾曾对左翼文艺刊物《北斗》的作者工作表示赞赏，因为《北斗》的执笔者除了左联的作家外，也有"自由主义"的中间作家。这是和《拓荒者》等以前的左联刊物不同的地方。同样地，他在《小说月报》的"改革宣言"中说，对于外国文学，"不论如何相反之主义咸有介绍的必要。故对于为艺术的艺术与为人生的艺术，两无所袒，必将忠实介绍，以为研究之材料"。这就等于告诉现实主义派以外的作家，《小说月报》并不排斥他们的作品。而《文阵》发刊词中也宣布"这阵地上（指《文阵》，笔者注）将有各种各类的'文艺兵'，为了抗战，在献出他们的心血"，表明了茅盾接纳各派文艺工作者稿件，力图广征博采、广取博撷的编辑意图。

茅盾认为,强大的作者队伍还必须是动态的。期刊的作者队伍一经建立,并不是固定不变的,也就是说,这支队伍不是静态的而是动态的,需要在已有的基础上不断去充实和补充,这其中最有效和最重要的方法就是培养新的创作力量。茅盾把发现可塑之才、扶植和培养文学新人与文艺刊物的长久发展联系在了一起,他主张将刊物当作发布新作的窗口和培养新人的沃土,在强大了文坛创作力量的同时,也使刊物本身不断汇入新的作者力量,保证刊物旺盛的生命力,得以带给读者不断的新鲜感。在实际编辑工作中,他正是以这种方式不断地为自己的供稿队伍输入新的血液。

改革《小说月报》之始,茅盾就在《小说月报》上开辟了"创作"栏目。《〈小说月报〉改革宣言》申明了此栏目的意图:"同人以为国人新文学之创作虽尚在试验时期,然椎轮为大辂之始,同人对此,盖深愿国人共勉,特辟此栏,以俟佳篇。"这些话,是编者对有志于文学者尤其其中无名小辈的殷切鼓励和对新作品的殷切期盼。以后这一栏目不断推出新人作品,有时还组织作者讨论、组织读者评论刊登的作品,从这些活动中发现新人,推出新作,培养新秀。这样的精心策划和耕耘,为《小说月报》培育了徐玉诺、汪静之、梁宗岱、朱湘、潘漠华等一大批新的创作力量,也使文坛增添了璀璨的新星。主持《文学》期间,茅盾对尚无名气但很有才华的作者精心培养,爱护备至。他在创刊号上的社论《新进作家与"处女作"》中表达了对新作家新作品的渴求和鼓励:"我们不问作家的新老和面熟面生,只看文章的好坏……我们与新进作家或是将发表处女作的作家初无一面之雅,就只好等他们投稿来了。不过我们对于外来投稿一定细心阅读,不敢冤屈佳作……打算每期里刊登新作家或处女作家的文章一二篇。同时我们对于那些作品的意见也将掬诚贡献,俾作者和读者参考。"

茅盾还特别提出,对于青年作者的作品可以适当优待以扶持他们,以便帮助他们尽快成长为刊物新的创作力量。他曾在《小说月报》中借回答读者来信表述了这种思想:"本来一件文学作品,我们只须问'好不好'? 好便登;不管作者是年青或是年老。但是青年的文艺,颇有虽然艺术上不很完善,而青年活泼之气,却极充足的;像这一类,便不能用'好不好'的死规律去范围他,应该原谅其短处,把他发表出来。我们刊登青年的文艺,就取的这个标准。"④但是,茅盾又指出,优待的前提是文章必须有相当的可取之处,一定要与刊物性质相应。比如《文学》第三期刊登茅盾的《几种纯文艺刊物》,文章介绍和评析了新生刊物《无名杂志》、《文艺月报》和《文学杂志》,其中谈到几篇新人之作时说:"这样的欧化文章,放在文学杂志上总是不应该的。因为文学杂志一定赞成'文艺大众化',而且要把文艺大众化当作重要任务的。"

正是通过勤恳细致的作者组织工作,茅盾为作为编辑人的自己建立起来了一个长盛不衰作者群。在茅盾一生的办刊生涯中,这个作者群给予了他很大的支持。

无论是编辑实践还是编辑理论建设,期刊编辑家茅盾都颇多建树,他以自己的言论和实绩树立了一个丰满伟岸的编辑家的形象。当代新兴媒介的不断涌现,使期刊这种较为传统的大众媒介面临着更加严酷的竞争,所以,我们更应该很好地汲取茅盾的期刊编辑活动和编辑思想给予我们的有益启示,观古鉴今,促使我们的期刊出版事业蒸蒸日上。

注释:

① 王振铎.编辑学原理论.开封:河南大学出版社,1997.62.

② 茅盾.我走过的道路(下).北京:人民文学出版社,1997.604.

③ 茅盾书信集.天津:百花文艺出版社,1987.180~181.

④ 小说月报:第十三卷第十一号"通信栏".致采江先生信.

参考文献:

① 楼适夷.茅公与《文艺阵地》.新文学史料(季刊),1981(3).

② 戈宝权.忆和茅盾同志相处的日子.新文学史料,1981(3).

③ 伏琛.茅盾与《笔谈》.随笔,1993(1).

④ 黄源.在鲁迅身边.上海:上海文艺出版社,1991.

⑤ 茅盾."杂志办人".见:茅盾全集:第22卷.北京:人民文学出版社,1991.

⑥ 茅盾.我对于《文阵》的意见.见:茅盾全集:第22卷.北京:人民文学出版社,1993.

⑦ 李频.编辑家茅盾评传.开封:河南大学出版社,1995.

链接:

1917~1949年茅盾参编刊物一览表(按参编时间为序)

序号	刊名	刊期	参编时间	参编形式
1	学生杂志	月刊	1917.9~1919.12	协助编辑
2	小说月报	月刊	1920.1~1920.11	编辑专栏
3	小说月报	月刊	1921.1~1922.12	独立主编
4	戏剧	月刊	1921.5~1921.11	发起人
5	前哨(文艺导报)	不定期	1931.4~1931.11	合作主编
6	文学	月刊	1933.7~1937.11	合作编辑
7	译文	月刊	1934.9~1935.9	发起人、编委
8	呐喊(烽火)	不定期、周刊、旬刊	1937.8~1937.9	合作主编
9	少年先锋	半月刊	1938.2~1938.8	合作编辑
10	文艺阵地	月刊	1938.4~1938.12	独立主编
11	反帝战线	?	1939.5~1940.5	编委
12	大众生活	周刊	1941.3~1941.12	编委
13	笔谈	半月刊	1941.9~1941.12	独立主编
14	文联	不定期	1946.1~?	发起人
15	小说	月刊	1948.7~?	编委
16	进步青年	月刊	1949.5~?	编委

原载《中国编辑》2005年第2期

存　目

著　作

茅　盾　《茅盾研究资料集》

人民文学出版社 1979 年

茅　盾　《我走过的道路》(上、下)

人民文学出版社 1997 年

韦　韬、陈小曼　《父亲茅盾的晚年》

上海书店出版社 1998 年

伏志英编　《茅盾评传》

现代书局 1931

山东师院中文系编　《茅盾研究资料汇编》

山东师院中文系 1960 年

志　英编　《茅盾评传》

香港南岛出版发行社发行 1968 年

人民文学出版社编　《茅盾评论文集》

人民文学出版社 1978 年

孙中田、查国华编　《茅盾研究资料》(上中下)

中国社会科学出版社 1983 年

中国茅盾研究学会编　《茅盾研究论文集》(上下)

湖南人民出版社 1983 年

叶子铭　《茅盾漫评》

百花文艺出版社 1983 年

《茅盾研究》编辑部编　《茅盾研究》(1 ~6 辑)

文化艺术出版社 1984 年

庄钟庆 《茅盾研究论集》
天津人民出版社 1984 年

邵伯周 《茅盾评传》
四川文艺出版社 1987 年

李标晶编 《茅盾传》
团结出版社 1990 年

邱文治编 《茅盾研究六十年丛书》
天津教育出版社 1990 年

李　频 《编辑家茅盾评传》
河南大学出版社 1995 年

万树玉、李　岫编 《茅盾和我》
中国广播电视出版社 1996 年

欧家斤 《茅盾漫评》
学林出版社 1997 年

吴福辉、李　频编 《茅盾研究与我》
华夏出版社 1997 年

丁尔纲 《茅盾评传》
重庆出版社 1998 年

钟桂松 《茅盾散论》
复旦大学出版社 2001 年

钟桂松 《二十世纪茅盾研究史》
浙江人民出版社 2001 年

论　　文

苏珊娜·贝尔纲(法) 《走访茅盾》
《新文学史料》1979 年第 3 辑

胡耀邦 《在沈雁冰同志追悼会上胡耀邦同志致悼词》
1981 年 4 月 12 日《人民日报》

鲍文清　《茅盾晚年生活琐记》

《人物》1981 年第 3 期

秋　水　《茅盾著作出版概况》

《中国出版年鉴》1981 年

茹志鹃　《说迟了的话》

1981 年 4 月 1 日《文汇报》

符　浩　《茅盾先生与我》

1981 年 4 月 8 日《湖北日报》

新文学史料编辑部　《忆茅公为本刊撰写回忆录的经过》

《新文学史料》1981 年第 3 期

碧　野　《忆雁冰师》

《新文学史料》1981 年第 3 期

吴奚如　《悼念茅盾同志》

《新文学史料》1981 年第 3 期

庄仲庆　《永不消失的怀念》

《新文学史料》1981 年第 3 期

佘　时　《茅盾的编辑艺术》

1981 年 4 月 17 日《羊城晚报》

佘　时　《注重附白——茅盾编辑艺术之二》

1981 年 4 月 23 日《羊城晚报》

佘　时　《杂而有序——茅盾编辑艺术之三》

1981 年 5 月 4 日《羊城晚报》

孙　犁　《大星陨落——悼念茅盾》

《新港》1981 年第 5 期

陈冰夷　《怀念茅盾同志——〈世界文学〉初期的一段经历》

《世界文学》1981 年第 3 期

戈宝权　《忆和茅盾同志相处的日子(一)——和茅盾同志的最初通信(附来信三封)》

《新文学史料》1981 年第 3 期

《新港》编者　《沈雁冰（茅盾）同志给本刊一位编辑的部分手迹》（1963年6月4日）

《新港》1981年第5期

斯　菲　《文学海洋中的优秀领航员——茅盾与文学新人》

1983年9月1日《文学报》

庄钟庆　《茅盾与文学书籍的出版工作》

《上海出版工作》1983年第10期

安　塞　《文学工作者和编辑工作者的楷模——怀念茅盾》

《他人集》山西人民出版社1984年

王向民　《茅盾的编辑生涯》

《沈阳师院学报》1984年第2期

潘颂德　《茅盾与〈大江月刊〉》

《朝阳师专学报》1986年第1期

范　泉　《茅盾主编的〈文联〉半月刊出版始末》

《出版史料》1986年第6辑

金　芹　《论茅盾在汉口〈民国日报〉的活动和思想》

《郑州大学学报》1986年第3期

钟桂松　《从〈小说月报〉的插图看茅盾》

《浙江学刊》1986年第4期

赵家璧　《编辑生涯忆茅盾》

《编辑学刊》1987年第4期

陈梦熊　《茅盾答复书刊编者的四封遗札》

《出版史料》1987年第4期

劳　荣　《茅公谨严邃密一例》

《新文学史料》1987年第3期

查国华　《茅盾全集编余漫记》

《山东师大学报》1988年第2期

赵家璧　《从茅盾给我最后一信想起的几件往事》

《新文学史料》1988年第1期

杨　郁　《茅公为我改译文》

1988 年 5 月 2 日《人民日报》(海外版)

庄钟庆　《茅盾的文学编辑工作》

《沈阳师院学报》1989 年第 2 期

王　英　《在文学巨匠与出版名家之间——记张元济与茅盾的交往》

1989 年 5 月 16 日《人民政协报》

谷　苇　《向茅盾组稿》

《出版史料》1989 年第 3、4 期

王　醒　《编辑大师茅盾》(1～8)

《编辑之友》1990 年第 5、6 期,1991 年第 1～6 期

叶子铭　《心火未灭——“文革”期间茅盾撰写回忆录的前前后后》

《人物》1989 年第 2 期

康福英　《茅盾研究核心期刊初探》

《湖州师专学报》1990 年第 4 期

楼适夷　《我纪念茅公》

1991 年 5 月 1 日《文汇报》

孙国林　《茅盾在延安》

《新文化史料》1991 年第 2 期

金美福　《编辑大师茅盾与〈小说月报〉改革》

《锦州师院学报》1992 年第 3 期

金美福　《茅盾的早期编辑生涯考略》

《东疆学刊》1992 年第 2 期

黄志雄　《茅盾早期的文学期刊活动》

《抚州师专学报》1994 年第 4 期

徐　枫　《略论茅盾的编辑思想和实践》

《河南大学学报》1994 年第 3 期

徐　枫　《茅盾编辑轶事(之一)——扶植青年作者》

《出版研究》(浙江)1994 年第 1 期

徐　枫　《茅盾编辑轶事(之二)——接办〈小说月报〉》

《出版研究》1994 年第 2 期

徐　枫　《茅盾编辑轶事(之三)——以评论现实导向》

《出版研究》1994 年第 3 期

金美福　《茅盾主编〈小说月报〉的启示》

《锦州师院学报》1995 年第 4 期

李　频　《茅盾出版评论的类型批评法》

《益阳师专学报》1995 年第 1 期

宋应离　《展现茅盾编辑业绩的新作》

1995 年 10 月 17 日《人民日报》

言　谟　《编辑家茅盾的评传》

《书城》1996 年第 2 期

钟桂松　《茅盾与商务印书馆》

1996 年 10 月 30 日《中华读书报》

叶子铭　《〈编辑家茅盾评传〉序》

《编辑学刊》1996 年第 1 期

李　频　《不朽的编辑巨匠茅盾》

1995 年 6 月 17 日《文艺报》

欧阳山尊　《接触虽少获益良多——为纪念茅盾同志诞辰百年而作》

1996 年 8 月 2 日《新闻出版报》

叶君健　《我的主编茅盾》

万树玉、李岫编《茅盾和我》,中国广播电视出版社 1996 年

范　泉　《回忆茅盾先生二三事》

同上

臧克家　《往事忆来多——沉痛悼念茅盾先生》

同上

李　频　《编辑家茅盾研究断想》

吴福辉、李频编《茅盾研究与我》,华夏出版社 1997 年

陈应年 《〈小说月报〉的文学健将——沈雁冰》

1997 年 5 月 5 日《新闻出版报》

熊显长 《试评〈文艺阵地〉的办刊特色》

《编辑学刊》1998 年第 6 期

陆 潜 《茅盾先生两次为“书讯”题词》

《编辑学刊》1999 年第 1 期

钟桂松 《人间伉俪——茅盾与孔德沚》

《人物》2000 年第 11 期

吴泰昌 《怀念〈文艺报〉的创始人——盛会之际忆茅公》

2001 年 12 月 20 日《文艺报》

胡德培 《文坛长老——怀念茅盾先生》

《人物》2002 年第 6 期

谢其章 《茅盾与〈文艺阵地〉》

2003 年 6 月 26 日《光明日报》

谢晚霞 《主编 1921 年〈小说月报〉的改革及其意义》

《齐鲁学刊》2004 年第 4 期

张 舸 《茅盾与〈文艺阵地〉的编辑特色》

《河南师范大学学报》2004 年第 3 期

范 军 《茅盾的书刊广告艺术》

《图书情报知识》2004 年第 4 期

李 辉 《茅盾与〈小说月报〉改革》

《出版史料》2005 年第 2 期

胡愈之

胡愈之(1896～1986),浙江省上虞人。原名学愚,笔名伏生、化鲁。1911年入绍兴府中学堂,受到鲁迅的熏陶。1914年考入上海商务印书馆编译所当练习生。1919年在上海参加了声援五四运动的斗争。1920年,他和沈雁冰、郑振铎发起成立"文学研究会"。1925年,积极投入上海"五卅"运动,编辑出版《公理日报》,他撰写了《五卅运动纪实》,报道了这一历史性的群众运动。1927年"四一二"反革命政变后,迫于国内白色恐怖,1928年流亡法国,入巴黎大学法学院学习。1931年在回国途中对莫斯科进行访问,写出了《莫斯科印象记》。1931年"九一八"事变后,他在上海主编《东方杂志》,宣传抗日,同时与邹韬奋共同主持《生活》周刊,并推动创办生活书店。1933年初,应鲁迅之邀加入"民权保障同盟",并任中央执行委员。在党的领导下,他不顾个人安危,先后筹办了《文学》、《太白》、《译文》、《妇女生活》多种进步刊物,并亲自主编了研究国际问题的著名刊物《世界知识》。1935年之后,他将主要精力投入组织救国会活动。1936年救国会“七君子”被捕，他和宋庆龄、何香凝等发动“救国入狱”活动，抗议国民党反动暴行。抗日战争爆发后，他组织团结大批爱国人士投入抗日救亡运动。在极端困难条件下，出版了斯诺的《西行漫记》，并首次出版了《鲁迅全集》。1938年之后在周恩来同志直接领导下，在武汉、桂林、香港作民族统一战线工作。1940年赴新加坡开辟海外宣传活动，帮助陈嘉庚办《南洋商报》。抗日战争胜利后，在新加坡创办《南侨日报》、《风下》周刊、《妇女生活》等报刊，为团结侨胞，迎接新中国的诞生做出了重大贡献。

新中国成立后，胡愈之同志历任《光明日报》总编辑，主编《新华月报》，任国家出版总署署长，中国文字改革委员会副主任，文化部副部长，中国人民外交学会副会长，中华全国世界语协会理事长，第一届至第五届全国人大常委，第六届全国人大副委员长，第二、三、四届全国政协委员，第五届全国政协副主席，中国民主同盟中央委员会副主席、代理主席等职。

胡愈之同志不仅是一位杰出的政治家、社会活动家，也是一位新文化运动的先驱，著名的编辑出版家，他长期从事进步文化活动，编辑多种报刊和进步图书。他为在我国建立社会主义新型的出版机构，出版大量革命书刊和知识性读物做了开创性的工作，是新中国出版工作的开创者。

《世界知识》创刊词

胡愈之

中国是“世界的中国”了。

假如西藏高原和印度洋中国海的深渊，永远是不可飞越的天然门户，那末一切洋鬼子都给滚出去，让我们关上大门，维持着“光荣的孤立”罢。

但是不能。

假如二千余年前建造的万里长城，还能抵挡近代的进攻武器，教胡骑不敢进窥中原，那么，就算已丢失了东北四省，我们也只好将就些，过着偏安的日子。

可是要将就也不让你将就下去。

假如从我们老祖宗一直用到如今的那一套锄头犁耙，比得上最新式的电耕机和联合机；假如原始的手工业，抵得过机械化的大量生产；假如张天师的灵符，孔夫子的微言大义，能够抵挡这经济侵略的狂潮，挽救这农村没落的命运，那么我们也不妨坐守五千年的家园，读圣贤书，念弥陀佛，做个安分的太平百姓罢。

可是事实显示着，这尤其是一个永不会实现的梦想。

总之，不管我们愿意也罢，不愿意也罢，中国——

中国到底是“世界的中国”了。世界却又是一个什么世界呢？

近代的一大怪物——资本帝国主义——用了本国和殖民地内整千整万平民的血汗和枯骨作基础，建造起一座大厦，这就称作“文明世界”。“文明世界”的外表原是光辉灿烂的，可是内面和底层，却充满了丑恶、肮脏，黑暗和崎岖不平。因此这大厦建造得不到几时，现在却已在整座儿动摇着了。

可不是吗？称为现代的奇迹的科学发明和技术进步，并不能造成“世上乐园”，却产生了战争、掠夺、饥饿和失业。帝国主义百余年来，从本国和殖民地巧取豪夺所积累的无量数财富，却变成阻碍肠胃消化的毒素，徒然使战争和屠杀连续地发生，失业队伍一天天扩大，人类休想再过一天安淡的日子。要是单从黑暗的方面来看，20世纪过去了三分之一的今日，比罗马帝国没落期的黑暗时代，并没有相差的多少。

这“文明世界”的大厦，会整座儿坍倒下来吗？那是断没有疑问的。但是在将近坍倒以前，这大厦的主人却必须拼命支撑着，挣扎着。这自然再没有别的办法，只有更多地掠夺，更多地巧取豪夺，更多地用血汗枯骨来动摇着它的基础。因此销货的市场，是感到过分狭隘了；积累的资本是过分膨胀了；殖民地是不够分配了：堆栈里容纳不下的商品，只好抛掷在大洋里，或者付之一炬了。总而言之，世界是非经一度分割不可了。

大战后短时间的稳定和繁荣，早就成为水花泡影。经济、军缩会议相继夭亡。和平公约早成为一撮废纸。日内瓦的和平鸽子，只想在欧洲大陆展开翅膀，却也未必能畅快地飞翔，更谈不到干涉远东和美洲的战争。在百业萧条中，只有兵工厂、飞机厂是在日夜不停地赶造定货。一面各国拼命地扩张军备，一面又在结成军事的经济的国家集团。假定我们不是健忘，那么，都会明白眼前的世界，和20年前第一次大战爆发的前夜，几乎是相同的。

可是历史到底是在不绝地演进着，而不是循环着的。假如目前的世界和20年前表面是相同的，实质上却已起了显著的变化。

第一，资本帝国主义以不同的面目来出现了。这近代怪物要想挽回没落的命运，就顾不得表面的一切。民主主义，个人自由，国际协调，这些原是“文明世界”的美丽外衣，现在索性都褫下了。留下的只是榨取，掠夺，压迫，屠杀的赤裸的本质。从北海到地中海，从大西洋到太平洋，到处掀起法西斯的狂潮。在政治上表现着极端的国家主义、黩武主义，在经济上表现为锁国主义、自给自足主义、货币关税的战争。一切的民主主义者，自由主义者，人道主义者，现在已消失了他们的本来任务，被送入牢狱，或圈禁营里去。因此，“文明世界”不但内部溃烂，连外部的光辉也褪了色。最后坍倒的日期，是更加迫近了。

第二，和这“文明世界”对峙的另一个世界，已建下基础了。17年前，在世界六分之一的土地上，开始向“文明世界”竖起反叛的旗帜。这些叛徒们，最初为了肃清内部敌人而斗争，他们是胜利了，后来又为了合力征服自然，提高生活水准而斗争，他们也快得到胜利了。现在他们正在赶工建造一座新的大厦——以平等自由做栋梁而不以汗血枯骨作基石的大厦。无疑地这新大厦完工的时候,便是旧大厦崩溃的日子。在当初,这些叛徒们,不过给“文明世界”以精神的道德的威胁,现在又加上了物质的威胁。他们的物质建设,超越了先进的帝国,他们的防卫威力,吓退了挑战的敌人。旧世界虽然切齿痛恨着,却不得不前倨后恭起来。至今世界政治,经济,文化各方面,都不能不让它占着主要的地位了。

第三,斗争的场面也变换过了。假如20年前的大战,只是帝国主义的内部火并,而一切殖民地弱小民族,只处于被支配的消极地位,那么,在目前,情形都完全不同了。占世界人口半数以上的被压迫民族,现在已不能而且不愿束手待毙了。东亚大陆的一片肥沃土地,和广大群众,已不只是资本帝国主义贪欲的最后目的物,而且直接促成“文明世界”坍倒的主要动力。飓风是从最低的气压产生的。火山是从最脆弱的地面爆发的。远东战争的开始。如今已三年了,但是它的终了,一定是整座“文明世界”倒坍的日子罢。

我们的后面是坟墓,我们的前面是整个世界。怎样走上这世界的光明大道去,这需要勇气,需要毅力——但尤其需要知识。

《世界知识》都在这个时候,呱呱坠地了。这绝不是偶然的。

祝福这小东西罢！它将帮助你认识世界！在走向“世界的中国”的途程上,它将尽一点小小的力量。

祝福这小东西罢!

祝福这小东西的朋友们罢!

原载《世界知识》1934年9月16日创刊号

论人民出版事业及其发展方向①

——在第一届全国出版会议全体会议上的报告

胡愈之

一 人民出版事业在革命的战斗中长大

毛泽东主席说："中国人从来就是一个伟大的勇敢的勤劳的民族。"

从出版事业来看也是如此。

当全世界各国人民还在用泥版、芦草、羊皮之类当作书本的时候，我们的先人已经发明了造纸，已经发明了雕版印刷术。

世界上第一本用白纸印上黑字的书就是在中国出版的，是我国人民劳动创造的成果。

勤劳的中国人民不但创造了优良的出版技术，而且用严肃的认真的态度干出版工作。版本的考据，书籍的校勘、编纂和翻译，很早就成为中国所特有的专家事业。我们要感谢前代的出版工作者，他们使我国有悠久历史的文化遗产和丰富的劳动生产经验一大部分得以保存到今天。

但是在从前，封建地主阶级统治的时代，出版事业的发展究竟是极有限度的。历史上所有反动的统治阶级一贯地采取愚民政策。书籍典册被用来作为"载道""卫道"的工具。所谓"道"，就是剥削阶级之"道"，封建地主阶级之"道"，和人民大众的利益背道

① 载《第一届全国出版会议纪念刊》，人民出版社 1951 年出版。并见新华书店总管理处《内部通报》第 14 号，1950 年 10 月 28 日出版。

而驰。书本和知识为少数人所独占，出版事业也就没有大量发展的可能。

鸦片战争以后，中国开始有了石印、铅印、彩印，并且翻译出版了新学书籍。从19世纪末期开始，中国又有了新式的印书馆、合资经营的书局和期刊杂志。这是从资本主义国家学来的。当时出版的一些新书刊介绍了西方资产阶级的民主思想和科学技术，对初期的民主革命和文化启蒙运动起了推动作用。虽然初期的出版业也沾染了资本主义的病毒，除了极少数优良作品外，大部分书刊只是为了追随市场的需求，迎合小市民的低级趣味，并不适合人民大众的要求，但是出版、发行的企业化经营和印刷技术设备的近代化却在这一时期打下了基础。

至于新的人民出版事业是从五四运动开始萌芽，配合着整个新民主主义革命过程，从战斗中长大起来的。五四以后，中国人民找到了马列主义的普遍真理，走上反帝反封建的解放道路。从《新青年杂志》和《向导周报》开始，进步的书籍刊物成为革命斗争的武器，和人民大众的要求相结合。革命的出版事业在当时力量还很薄弱，并且遭受反动势力的摧残压迫，但是它对于中国人民觉醒所起的巨大影响和作用是难以估量的。

国民党反动集团20年的统治扼杀了中国人民的出版自由。在整个国民党统治地区内，美国化的诲淫诲盗的低级读物，歌颂帝国主义、阿谀人民敌人的有毒书刊在市场流行，而为人民所需要的有益读物却遭受到严厉的检查和禁止。进步的书店、报社和杂志社被查封没收，人民的作家、人民的出版工作者遭受惨杀、拘禁和迫害，无法计算数目。

但是，反动统治阶级无论怎样残暴凶恶，到底不能阻止新的人民出版事业的成长和发展。一方面，进步的作家们和出版家们，在国民党统治区内，拿笔杆当作枪杆，拿纸弹当作枪弹，用公开的和秘密的方式，和帝国主义、封建主义、官僚资本主义作长期的坚决的斗争，在文化出版领域中，建立起不可摧毁的人民革命的营垒。这方面留下了两个伟大的名字——鲁迅和邹韬奋。

另一方面，革命作家和革命出版工作者，从土地革命时期起，就在革命根据地建立起革命的出版事业的基础，在极端紧张的战争情况中，大量出版书刊，对于马列主义、毛泽东思想的传播和工农兵的文化政治教育都做了出色的工作。毛泽东的旗帜成为革命出版工作者的旗帜。从抗日战争到解放战争，文化出版事业在国民党区日见衰落，在解放区不断发展。在物质条件十分缺乏的困难环境中，新华书店大批供应了优良的丰富的人民精神食粮，在大部分的解放区农村和解放军部队中，展开了革命书刊的发行工作，获得了广大群众的欢迎。

在这里必须提及的是友邦苏联对于我国人民出版事业的大力援助。莫斯科外文出版局出版了中文本的马列主义经典著作，使我国人民的政治思想教育和一般干部理论水准的提高收到了极大的效果。

不可否认，30 年来革命的人民出版工作，在中国共产党的领导、号召、影响之下，对于广大的中国人民的觉醒、团结、进步和统一，曾经起了巨大的作用，它成为伟大的人民解放事业中一个不可缺少的部分。

人民觉醒了，人民团结起来了，人民胜利了。全中国大部分地区的解放，国民党反动统治的覆亡，人民政协的召开，中华人民共和国和中央人民政府的成立，整个国家的完全统一，货币物价的稳定，财政经济状况的开始好转，农村中以消灭封建剥削为目的的土地改革的稳步前进，城市中工商业的逐渐恢复和发展，所有这些创造了中国一切人民事业发展的有利条件和无限前途，也创造了中国人民出版事业发展的有利条件和无限前途。虽然出版工作目前还存在着一些困难，有待于克服，可是新民主主义的人民出版事业的稳固基础已经建立起来了。这个基础是不可摧毁的，前途是光辉灿烂的。饮水思源,我们不能不向中国人民出版事业的先驱者、无数牺牲者和战士,表示崇高的敬意。这是无可置疑的,他们的英勇的斗争和勤劳的工作曾经是中国人民解放事业胜利成功的重要因素之一。

二　全国大城市解放后的出版事业概况

1949 年人民解放战争在全国范围内取得胜利以后,出版事业出现了全新的面貌。国民党的反动思想堡垒,如正中书局、独立出版社、中国文化服务社等被人民接收。反动刊物停止出版。国营新华书店开始以城市为中心,大量出版进步的书刊。工人和青年分别建立了他们自己的出版社。其他私人资本经营的书店自动肃清了在解放前印行的一部分反动书籍。封建迷信的、低级趣味的、于人民有害的书刊逐渐从市场上被驱逐。各种革命的、科学的优良读物在全国各地大量行销。出版事业现在不再成为反动统治阶级用以欺骗和麻醉人民的工具,而成为新中国人民精神生活中重要的战斗武器了。

新生的力量是活泼健全的,是有发展前途的。但是它还年青,还没有壮大,还有许多困难和缺点需要克服。

从中华人民共和国诞生以后,全国书刊的出版、印刷、发行工作情况可以分作以下的几点来说明:

(一)书籍的生产数量

据不完全的统计,从 1950 年 1 月到 6 月,全国出版书籍(不包括期刊),计初版新书 2619 种,重版书 4257 种,总印数为 95224516 册。其中包含中小学教科书 57633186 册。除去教科书不算,一般书籍的平均印数为 6418 册。

从这些数字来看,1950 年上半年书籍出版总数量虽然比解放前有了增加,可是还没有恢复到抗战前的水准。

据本年6月底的调查,全国公私营出版机关共计426家,但在今年上半年,只有185家出版新书。其他241家,生产是在停顿或半停顿中。

全国专印书刊的印刷厂,估计有50%的生产力在目前是过剩的。这也说明了目前书刊的生产数量还没有恢复到抗战前的水准。

如果下半年出版数量和上半年相差不多,则1950年全年全国出版的书籍杂志应为2万万册,平均起来,全国每2人或3人才有一册,比之于苏联今年度的出版计划,全国出版总数为8万万册,还不包含期刊在内,平均每一人得到新书4册,差得多了。要是再拿每册书的容量多少和用纸数量来比较,我们目前的出版生产量大约和苏联相差10倍。

(二)出版方向

出版总署成立以后,向全国出版家征集中华人民共和国开国以后初版和重版新书的样本,到7月底为止,收到的样书总计为4960种,其中由公营、公私合营书店及机关团体出版的计2088种,由私营书店出版的计2872种。

就出版物的内容来区别,所占百分比如下:

类　别	百分比(%)
政治理论及时事	20.7
哲学、语文、史地	11.6
自然科学及应用技术	17.1
文艺	18.9
学校课本	6.5
通俗读物	18.1
儿童读物	5.3
其他	1.8

全国现在出版新书的185家出版业(除新华书店外,公营15

家,公私合营6家,私营163家)中,出版文艺书籍的有94家,其中39家出版在5种以上;出版社会科学书籍的有85家,其中28家出版在5种以上;出版自然科学及应用技术书籍的有39家,其中16家出版在5种以上;出版通俗读物的有88家,其中32家出版在5种以上。以上的统计是极不完全的。但是大体上可以看出出版的方向主要是出文艺书,其次是通俗读物和社会科学书籍。出版自然科学和应用技术书籍的不到出版家总数的1/10。

在7月底为止收到的928种的文艺书中,文学理论占7%,文学创作占36%,翻译作品占35%,戏剧音乐美术占22%。在文学创作中,新的作品不到100种,大部分是旧的创作的重印本。翻译主要是苏联的作品,数量相当多,是这一时期出版的特点。

社会科学书籍销行册数一般都比文艺书籍多。这是十分自然的。由于汹涌全国的学习运动的高潮,一般干部和新解放区的读者,对于政治理论书的要求要比对于文艺读物的需要迫切得多。包含12种马列主义经典著作的《干部必读》已经全部出齐,印行的总数达300万册。《毛泽东选集》的新版,由于校订和注释工作的浩繁,直到现在还不能全部付印。全国读者渴望已久了。在不久的将来,这一部巨著的出版将是中国出版界划时代的一件大事情。

除了这些以外,属于社会科学和政治时事这一类的书籍,大部分是有关政策法令的小册子和活叶本。大部头的专门著作或译作并不多。政治时事读物在今年出版的,比去年的版本较为统一整齐,排印校对上的错误已经大大减少。但是这类书籍大部分是编选政策文件报告论文而成,内容往往互相重复。在目前的情势下,这是无法避免的。

出版界对工农兵通俗读物和儿童读物的重视,还不过是正在开端,但已经收获了相当大的效果。北京和上海方面,公私出版家大量地编印了通俗故事、曲本、唱本、连环画和其他通俗读物,在市场上逐渐挤掉了旧的有毒素的通俗读物。所欠缺的是内容方面狭，偏重文艺性，介绍科技、史地、财经常识的太少。这一工作继续干下去，是有极大前途的。

自然科学和应用技术书籍的出版，还没有引起一般出版界的注意，在目前新出版的自然科学书籍中，只有少数的译本和一些中级读物。关于财经和应用社会科学的书籍也出得很少。

解放以后，各种工具图书如字典、辞书、地图等，需要十分迫切。许多旧的出版物必须重加订正。有些出版家为了迎合市场的需求，把旧的版本改头换面，草率印行，引起了读者普遍的不满和批评。出版家要是用严肃的、认真的态度，修订旧的，重编新的工具书，对于我们的读者是有极大帮助的。

学校教科书的出版，在解放以后，情形相当混乱。各地所用版本不一律，供应不及时。今年秋季，中央教育部和出版总署作出了决定，把小学用书及中学语文史地课本首先统一规定版本，并抑低书价。在最近的将来，在中央教育部和出版总署领导之下，将建立人民教育出版社，逐渐统一全国教科书的编辑出版工作。但由于目前学制和课程标准还没有确定，在若干时期内，教科书的全国统一编印和统一采用，还不可能办到。因此，在目前，私人出版家编印教科书，由教育部审核后发售，是被许可的。

从一般来说，解放以后出版情况是完全不同了。公私出版业者现在都同意为人民服务的原则，采取对人民负责的态度。一般出版家都能接受群众的批评，发现了出版物有错误，往往自动改正或自动停售，甚至自动登报声明更正，虽因此遭受物质损失，亦无所顾惜。报纸对新书的批评介绍，也帮助了出版事业的改进。这种认真的工作态度已成为出版界的一种新风气，但是另一方面，出版物内容还显得不够充实，和国家的建设工作、人民的实际需要还不能密切配合。作家和编译工作者还没有很好地组织和动员起来，因而造成稿源的缺乏。某些盲目性的投机的旧作风有时还存在着，缺少计划性，重复浪费无法避免。为了纠正这些缺点，今后出版逐渐走向分工和专业化是有必要的。

（三）书籍供应的情况

今年1月至6月，全国出版书籍9500余万册，总售价约为2000亿元。书籍销数比解放前已大大增加。一般书籍在战前每年只能销一二千册，现在可以销5000至1万册。通俗读物和干部学习用书有时可以销到5万至10万册。这是解放前所不能想像的。

但是就我国领土的广大和人口的众多来说，目前书籍供应的情况还没有达到使人满意的程度。值得我们注意的有以下几点：

①人民的出版物并没有真正深入到人民大众中间。直到目前为止，我们的读者群还只是局限于城市小资产阶级知识分子和中级以上干部，适合工人、农民和战斗员阅读的书本子是太少了，即使有了一些，也没有普遍地在他们中间推销。

②我们的书店和发行机构依然集中在大城市和沿海一带，很少到内地去干书籍的推销工作。在上海和北京，一条街上可以找到十余家书铺，但在新疆，人们要赶几千里路才能买到一本书。除老解放区一部分地区以外，在广大的农村中，书籍的供应是完全缺乏的。

③书价贵，买不起书。这有多方面的原因：纸张来源困难，造货成本高，出版和发行费用太大，远处运费贵，基本定价制度造成书价的混乱。此外，发行工作没有很好的组织起来也是其中原因之一。

④全国还没有普遍建立图书馆或大众文化馆，使大多数缺乏购买力的读者无法和书本子接近。

⑤发行工作者和读者群众的联系不够，替读者服务的工作做得不够。

这些情况是必须改变而且有可能改变的。国营新华书店改为专营书刊发行的机关之后，一方面对全国公私出版家担负起出版物的推销任务，另一方面也对全国读者担负起精神食粮的供应任务。新华书店和其他公私发行工作者应当联合起来，有计划地把书籍杂志尽量推销到基层的读者群，推销到工厂农村部队里去，推销到偏远地区，并且要加强和读者的联系，大规模展开读书运动。

除此以外，值得提起注意的，是杂志出版业和印刷业的目前情况。

杂志出版和发行的情况，一般都和书籍出版和发行的情况相类似。据不完全的统计，全国现有期刊杂志 247 种，今年上半年总印数为 1400 万册左右，每期总销数为 200 万份左右，其中销数达 10 万份以上的只有 2 种，10 万份以下 5 万份以上的 4 种，5 万份以下 1 万份以上的 37 种，其余销数都不到 1 万份，甚至有少至 1000 份左右的。在这里，重复浪费，缺少特性，缺少计划性是销数不多的主要原因。对于杂志出版业，今后提倡专业分工并使编辑方针与实际结合，是有必要的。

印刷业目前遭遇的困难要比出版家和书店的困难来得大。营业不振，也会影响到技术水准的下降和一般生产品质的低落。但这是一时的现象，是可以从各方面设法克服的。

三　新民主主义的出版政策和方针

《人民政协共同纲领》规定了中华人民共和国政治、军事、经济、文化建设的总政策和总方针，其中也包含了出版政策和方针。这全部的政策方针是中华人民共和国人民所应当共同遵守的，也是我们出版工作者所应当共同遵守的。我们出版工作者，在执行行政或业务中，不可能有别的政策，只能有一个《共同纲领》所规定的总政策；不可能有别的方针，只能有一个新民主主义的即人民民主主义的总方针。

为了更深入了解新民主主义的总政策和总方针，以求减少顾虑，并避免发生偏向和错误，不妨就以下四项问题作补充说明：(一)言论自由和出版自由问题；(二)出版和实际需要相结合的问题；(三)统筹兼顾问题；(四)分工合作问题。

(一)言论自由和出版自由问题

除反动分子、封建地主、官僚资本家在必要时期内被剥夺政治权利外，中华人民共和国的人民充分享有言论自由权和出版自由权。国民党反动政府过去所颁布的钳制言论与出版自由的法令，现在已经废除。除了军管时期对付反革命分子的特殊情形有必要者外，国家不采取原稿检查制度。

但是，仅仅取消了对言论出版自由的消极限制，并不就等于充分保障了人民的言论出版自由权利。人民的国家有责任和义务领导并协助各阶级人民，从事言论和出版事业，使之向有利于人民的方向发展，避免发生偏向和错误。由于此，中央和地方人民政府对于公私出版、印刷、发行业应当负领导和指导的责任，出版、印刷、发行业应向人民政府按时报告工作情况。人民政府在必要与可能的条件下，应协助人民解决在出版方针和业务经营上所遭遇的困难。国营新华书店一方面应当担负全国人民所编辑出版的各种书刊的销售任务，另一方面也有责任联系广大的读者群，把他们的意见反映给公私出版家，以逐步改进出版物内容，消灭出版界的不良倾向。只有积极领导人民经营和发展正当的有益于人民的出版、印刷、发行事业，才能使人民大众的言论自由权和出版自由权有了实质上的保障。把言论出版自由解释为国家对言论出版的不干涉主义或绝对放任主义，是错误的，是和新民主主义的政策方针不相符合的。

(二)出版与实际需要结合的问题

《共同纲领》规定，中华人民共和国的文化教育为新民主主义的，即民族的、科学的、大众的文化教育。毫无疑问，人民出版事业的总方针也应当是民族的、科学的、大众的。但是要实施这一总的方针,必须因时制宜,因地制宜,和人民的实际需要相结合。中央文化教育委员会郭沫若主任在人民政协全国委员会第二次会议的报告中,指示了"在文教事业建设中应坚持理论与实际相结合,提高与普及相结合的方针"。我们的一部分出版界,目前还残存着闭门造车的旧作风。目前我们的出版方向,和国家的需要是并不相符合的。我们的国家正在开始进行生产建设,而出版方面就缺少关于财经科技的书籍。一方面,我们的工人、农民和干部同志埋怨没有书本子可读,另一方面,我们的出版家却在愁无书可出。这不是很矛盾吗?要消灭这一矛盾,我们就要有一个全国性的出版计划,这个计划要和国家的政治、军事、经济、文化建设计划密切配合。此外,我们要求中央和地方人民政府各专业部门和各种专业的人民团体负责领导和协助我们的公私出版业,就个别的编辑出版计划,稿件的征集审核,予以必要的指示。我们也要求出版工作者接受有关政府机关团体的指导,按照此时此地人民的实际需要,从事编辑与出版。每一本书,每一册杂志,都要对于人民的精神物质生活,至少有一点一滴的贡献,而不只是为出版而出版。这样使出版和实际需要结合起来,不但有利于国计民生,而且在业务经营上,也确实可以解决一些困难问题。

(三)统筹兼顾问题

正当的书籍杂志的出版、印刷、发行,毫无疑义,是有利于国计民生的事业。在这里面,也包含了五种社会经济成分,即国营经济(国营的书店、出版社和印刷厂),合作社经济(即书报合作社),个体经济(即书摊、书贩),私人资本主义经济(私人经营的出版、印刷、发行企业)和国家资本主义经济(国家资本与私人资本合作的出版、印刷、发行企业)。这五种经济成分应当在国营经济领导之下长期分工合作。人民政府对于私营事业并应鼓励其经营的积极性,扶助其发展,也是无可怀疑的。

目前私营出版、印刷、发行业一般都希望和国家资本合作，以解决其在业务经营上所遭遇的困难。这是一种好现象。但是由于目前国家财政经济状况还没有基本好转，私营企业中也还存在着散漫的不合理的情形，国家不应当亦不可能根据单纯的救济观点，对私营企业加以普遍的资助。为了便于日后更进一步实行国家资本与私人资本的合作（其中包含国营企业加工，国营书店订货，公私合资经营等各种方式），私营企业应首先进行必要的改进和改造，改善本身的管理与经营方式，达到自给自足的程度。某些规模较小的企业，在可能范围内，实行联合经营，以便于国家的统筹兼顾。私营企业单纯依赖政府或依赖国营经济的领导和协助是不能解决问题的。国营书店对私营出版、发行企业采取关门主义是错误的，但是采取单纯的救济观点和迁就主义也是错误的。只有公私双方从全局着想，分别负责，发挥出版工作者的主动性、积极性、创造性，才能做到真正的统筹兼顾。

（四）分工合作问题

“分工合作，各得其所”，这是克服中国出版事业中所残存的落后性，消灭盲目性和无政府状态，改善公私关系和劳资关系的惟一有效的总方针和总办法，这个方针和办法的具体执行却是一件长期的细致的工作。所谓分工合作，包含了很多方面。首先是公营和私营、公营和公营、私营和私营的分工合作。其次是不同的经营范围的分工合作。这就是专业分工，其中包含了出版和发行的专业分工，印刷和出版的专业分工；而在出版业中又有各种不同性质和不同读者对象的专业分工，在发行业中有批发和零售的专业分工，在印刷业中有不同的技术条件的专业分工。再其次，还有中央与地方的分工合作和不同地区的分工合作。国家经济的整个生产流通过程是不可分割的。一部分的分工专业化一定会影响到其他部分的分工专业化。特别是中国出版事业，由于历史的传统，一向保持手工业作风，缺乏分工和科学化的习惯，现在要具体实施分工合作，是一次大改革，也可以说是一次大革命。因此，实施分工应当有重点，有步骤，分别出缓急先后，特别重要的是要照顾全局，而不可单从本位利益出发，片面地考虑问题。国营出版、印刷、发行业首先要实行内部的专业分工，同时给私营企业划出一定的范围。例如国家建立专业出版社，只抓住几个最重要的方面来进行，而不是一切都包办。国营书店应当以担负批发任务为主，在没有必要时，不应无限制发展门市分支店，以免把私营中小书商挤垮。根据同一原则，国营印刷工厂在印刷业生产过剩时，也不应扩充机器设备，并应停止大规模建厂。至于私营企业的专业分工，应当根据客观可能的条件稳步前进。到了出版事业一般情况好转的时候，特别要注意不要向无限制的自由竞争的方向去发展。只有这样，我们才有办法克服出版企业中的盲目性和无政府状态，才能真正做到分工合作，各得其所。

四　怎样克服暂时的困难

中国人民出版事业是在发展的，在发展的途程中是有困难的。

这困难不是本质上的困难，只是过去半封建、半殖民地的不合理的社会经济制度所残留的困难，也是国民党反动集团长期统治所造成的困难。

所以这困难只能是暂时的，不可能是长期的。这困难是有办法克服的。

什么办法呢？还是前面说过的八个字："统筹兼顾，分工合作"。

首先，中央和各级地方人民政府必须加强对全国公私出版、印刷、发行事业的领导和协助。全国出版、印刷、发行工作者也要加强团结，和人民政府保持密切的合作。

国营新华书店改为专业的发行机构之后，要对全国出版家和书店负起更多的领导和协助的责任。新华书店应当用总批发、订货等方式，对于出版良好读物而经营困难的书店和出版家加以协助。它也应当联合现有公私书店、书商、书摊、书贩，组织普遍全国的书刊发行网。新华书店对公私发行业进货、发货应同等待遇；对于农村中和偏远地区的书商、书贩尤应予以优惠待遇。

在目前，国营的出版社首先实行专业化。同时中央和地方的出版机关也要确定分工合作的范围。公营的出版社，不论是中央的或地方的，对于私营出版业都应当担负一定的领导和协助的责任，这就是说：委托加工，相互交换出版稿件，相互商讨编辑出版方针及计划等等。我们欢迎私营出版业逐步走上专业化的道路，但要根据各出版家的特长和自愿。专业化亦不应解释为对于某一专业的独占。任何出版家选定他自己所愿意的书刊出版应当是有自由的。为了使出版结合实际需要，各种专业出版社可按出版物性质对象，和有关政府机关或人民团体分别联系，并接受其领导，以确定编辑出版方针，并协助供给组织稿件。

为了解决稿源的恐慌，政府机关和人民团体应当协助出版界，把全国著作家和编译工作者组织并动员起来，特别应当组织工农兵作家，鼓励他们的作品的出版。书籍和杂志的出版家应当在可能范围内提高作家的待遇和写稿的报酬。

为了提高出版物的质量，出版机关加强编审部的人员和组织是有必要的。

发行工作和出版工作都必须密切联系读者。读者俱乐部和读书会的广泛组织，不但可以增加书刊的推销，而且对于出版物内容的改进是有帮助的。一切负责的出版者都应当重视报纸的书评。批评和自我批评是推动社会进步的一种力量，在出版事业中也是一样。

为了使书籍、杂志的销路增多，必须逐步降低书价，减轻读者的负担。出版、发行分工与出版专业化之后，发行与出版费用可以减省，书价有继续降低的可能。出版总署准备于有必要与可能时，选择公私营出版业出版的优良书刊，对某些读者予以适当的书价补贴，这样，一方面帮助了书刊的推销，另一方面也减少了读者买不起书的困难。

基本定价制度造成书价的混乱。在目前物价已趋稳定，应当争取于不久将来取消基本定价制，改用统一的货币定价制。

印刷业在目前是有困难的。但是在明年书刊生产数量增加，困难可能大部分克服。在目前政府和工会应首先协助维持，并有重点地救济或训练失业工人。

发展人民出版事业，目前最大的难关是干部问题。我们希望出版界和政府合作，进行在职干部的政治教育与业务训练。全国总工会已经提议建立全国性的新闻出版印刷工会。国营出版、印刷、发行业应首先实行民主管理制，以提高劳动积极性，增加生产的效率。

中央人民政府正在考虑从 1951 年开始各部门工作加强计划化。我们希望全国公私出版、印刷、发行业协助中央出版总署起草并保证执行明年度的全国出版计划。经初步研究，1951 年度，为准备扫除文盲，推广干部文化教育，出版书刊应以工、农、兵、青年、妇女通俗读物为重点。此外并应增加政治建设、生产建设所需要的出版物，同时改进学校教科书、工农课本的出版发行工作。出版总署并拟建立民族语文出版社，以使国内各民族都能用他们自己的语文大量出版书籍。此外，对海外的书刊供应亦在计划中。预计明年书籍刊物出版数量可比今年增加一倍，目前出版事业中的困难可以解决一大部分。在今后三四年内，相信出版事业可以获得基本的好转。

中国人民是伟大的，勇敢的，勤劳的。在新民主主义革命的长期斗争中，中国人民在中国共产党和毛泽东主席领导之下，克服了无数困难，终于获得胜利。目前人民出版事业在发展途程中所遭遇的困难比较起来是微不足道的,而前途却无限光明。全中国的著作家、艺术家、出版家、编译、审订、校对、排版、制图、印刷、装帧、发行工作同志们和广大读者们,团结起来,站在共同的新民主主义的文化战线上,统筹兼顾,分工合作,克服暂时的困难,稳步前进吧!我们要争取在最短时期内实现毛泽东主席的科学预言:

"我们将以一个具有高度文化的民族出现于世界。"

1950 年 9 月 16 日

选自戴文葆编《胡愈之出版文集》,中国书籍出版社 1998 年

胡愈之和商务印书馆

胡序文

1914 年的夏天,胡愈之听说商务印书馆招收编辑练习生,这是他所理想的工作,就从家乡来到上海。通过父亲的一位朋友,把他写的几篇文章呈送给商务的张元济先生。张元济先生对这几篇文章十分赞赏,立即同意胡愈之到商务工作。这样,这年 10 月,胡愈之当上了商务编译所的练习生,一年后又分到《东方杂志》,从该刊的编辑助理一直到主编,在商务工作了近二十年,成为当时商务中著名的编辑之一。

胡愈之一开始就是商务印书馆内进步力量的代表之一,他在推动商务政治活动、编辑出版工作前进方面做出了重大贡献。

五四运动前夕,新文化运动在我国兴起,商务的保守势力仍宣扬国学和东方文明,拒用白话文,成为新潮流中的落伍者。青年的胡愈之却是新文化运动的积极支持者。他这时广泛地阅读了介绍西方各种新思想、新科学的书刊,并利用《东方杂志》这一阵地,翻

译介绍了国外许多新的科学知识和思想、理论。1917 年俄国十月革命的胜利,他也立即收集资料,在《东方杂志》登载介绍。他研究中国的语言文字,提倡文字改革,实行汉字简化和拼音文字,极力主张白话文;当时他还在学习世界语的基础上,自己创造了一套拼音文字。他努力练习写白话文,这时他发表在《东方杂志》的一些翻译文章,已十分接近白话文了。他和沈雁冰两人是当时商务编译所里最早提倡白话文的。正是在胡愈之、沈雁冰等积极推动下,也在五四运动浪潮的推动下,商务终于实行革新,赶上了历史潮流。

五四运动后,胡愈之成为《东方杂志》的主要编辑,他为《东方杂志》的不断革新尽了最大努力。五四前的《东方杂志》,基本上只是翻译介绍国外的科学技术和学术思想,还是资料性的刊物,胡愈之努力改革,使之逐渐成为学术性的刊物。原来国际时事政治的简单介绍,现在变为国际问题的评论和研究。胡愈之自己致力于国际问题的研究,成为《东方杂志》评论的主要撰稿者;原来介绍科技发展的内容减少了,改为着重于社会科学新思想的介绍,并大大增加了对中国的哲学、文学、经济、政治等的研究论文,《东方杂志》逐渐成为权威性的社会科学大型综合刊物。1924 年,《东方杂志》创刊 20 周年,胡愈之从《东方杂志》登载过的文章中,选编了一套《东方文库》,实为当时文学、哲学、社会科学发展介绍和论述的集锦。在 20 年代前,胡愈之就为《东方杂志》著译了六百多篇文章,计百万字以上,可见胡愈之对《东方杂志》的辛勤耕耘。1932 年"一·二八事变",商务编译所、印刷厂等被毁,8 月才重新恢复经营。这时胡愈之担任《东方杂志》的主编,并承包了刊物的全部编辑任务,他得以全面地革新刊物,使劫后的《东方杂志》以崭新面貌与读者见面,刊物成为宣传革命思想理论的阵地,刊物销路也大大增加,是《东方杂志》最辉煌的时期。

胡愈之还是促进商务在政治上进步的重要力量。五四运动开创了我国新民主主义革命的阶段,胡愈之也成了新民主主义革命的积极支持者。五四运动中,商务的职工开始组织起来。大革命开始,商务印刷、发行等部门的工人群众就建立了工会,不久商务编译所职工也成立了工会,胡愈之成为编译所工会的代表之一,曾多次代表编译所职工与资方谈判,为职工争得一些福利。“五卅”运动爆发,胡愈之积极组织编译所职工,支持广大工人群众的斗争,他还组织出版了《公理日报》,为群众运动鼓舞斗志,指导斗争的方向,这份报纸实际就是商务的一些编辑搞起来的。胡愈之还出版了《东方杂志》“五卅”运动的专辑。北伐战争胜利发展,上海工人举行了三次武装起义,上海工人依靠自己的力量解放了上海。胡愈之虽没有直接参加工人群众的斗争,但他积极组织商务编译所职工给予工人斗争以热情支持。大革命时期,商务是上海工人运动中一支重要力量,也是一块重要的革命宣传阵地。

胡愈之对商务印书馆怀有很深的感情,他曾说:“我从事文化出版事业是从商务开始的,我是在商务学习提高了文化知识水平,熟悉了编辑出版业务;也是在商务的锻炼中提高了政治思想水平,走上了革命道路。”他认为商务作为我国历史最长、规模最大的一个文化出版机构,“对我国文化事业发展是作出了重大贡献的,它在经营出版事业上有许多好的经验和传统,是值得我们继承和发扬的”。

胡愈之多次谈到过商务很重视人才。他说:“早年在张元济先生努力下,商务编译所聘请了许多学者专家,这对商务的发展是起了重要作用的。”他回忆杜亚泉、钱智修等早年商务的编辑,认为他们不仅学有所长,而且都是治学严谨,办事踏实,对编辑工作十分尽责。商务有一支好的编辑队伍,从而保证了出版优秀的文化产品。他还认为商务很注意对青年的培养,有不少青年,通过商务工作锻炼,后来都成为著名的学者专家。实际上他自己也是其中的一个。他是因为张元济先生识才爱才而得以顺利地进商务工作的;他到理化部后,杜亚泉、钱智修等一批忠厚长者,一面放手让他在实际工作中锻炼,一面又细心指导,得使他迅速成长。胡愈之还指出,商务在人才的培养上也舍得投资,曾资助一些人出国留学,他自己去法国留学,也是得到商务的支持,保留他在商务的职务,并允许他作为《东方杂志》的特约通讯员。他从国外寄稿回来,商务给予优惠稿费,补助他国外留学费用。重视人才,并能识才、用才、培养人才,这是商务不断发展的重要保证。

胡愈之十分赞赏商务印书馆的六小时工作制度和藏书丰富的东方图书馆。他说:“商务编译所每天工作只有六小时,还有一个藏有丰富书刊的图书馆,职工可以随时去借阅图书,这对我的自学有很大好处。”六小时工作制使他有更多的业余时间,参加夜校和训练班学习英语、世界语,或到图书馆去博览群书。所以他说:“我只有中学二年的学历,我读书主要是在商务读的。”胡愈之是自学成才的,他也养成了自学的习惯,一直到老他都在不断地学习。他从自身的体验中认为,一个编辑出版工作者,一定要不断学习提高,而编辑出版机构也要多为编辑创造学习条件,如果可能,也要像商务一样实行每天六小时工作制,更多地给编辑人员以读书的时间。

胡愈之对商务印书馆的练习生生涯也很怀念。商务编译所的练习生待遇菲薄,生活艰苦,工作繁杂,很是辛劳。胡愈之参加工作正是从练习生开始的。他说:“当练习生,什么都得干。”当时他分在理化部,理化部当时除编中、小学教科书外,还要编著动、植物大词典,还管《东方杂志》,理化部主任杜亚泉也是《东方杂志》的主编。胡愈之开始学做编辑工作,就是帮助找资料,并翻译一些小资料,为动、植物大词典编索引,为《东方杂志》做时事摘录,此外还独立编了一本叫《利息表》的小册子,即把银行存款利息计算出来列成表,以供存款者查阅,这是他负责编辑出版的第一本书。另外练习生还要登记稿件、计算和领发稿费,核算出版物的字数、印张和成本,更多的是要跑工厂联系排印和做校对。总之,编辑出版过程中全部事务工作,他都得做。对于这样繁杂的工作,他都做得很认真,他正是从什么都干中熟悉了编排校印的出版全过程,还学会了出版成本核算等财会工作。他从自己练习生生涯中悟出一点经验,主张编辑应从练习生做起,认为这对培养编辑“很有好处”。

胡愈之在商务长期担任《东方杂志》的编务工作,这对他的锻炼很大。《东方杂志》是一个综合性的大型刊物,要求编辑具有广博的知识,迫使他刻苦学习和磨炼。《东方杂志》要求介绍国外的新思想、新科学,胡愈之就努力学习英语、世界语,经过努力,他成为出色的翻译家,无论文学作品还是学术著作,都能译得准确,文笔优美而又流畅,他的翻译作品,连当时胡适这位大权威也十分钦佩和赞赏。《东方杂志》很重视国际问题的研究和评论,胡愈之就深入研究,使自己成为国际问题的专家。《东方杂志》联系了广大的作者和读者,这也使胡愈之广泛结识了文化界人士。胡愈之办刊物的经验和才能,正是从《东方杂志》的工作中积累起来的。

胡愈之一生从事文化出版事业的基础是在商务奠立的,他也为商务的事业做出了重大的贡献,后来他虽被迫离开了商务,但与商务仍有密切的联系和深厚的感情。全国解放后,他担任了出版总署署长,在他的极力主张下,商务这个著名的出版机构才得以保留,以后他也一直关心商务的情况和发展,晚年仍时常谈到商务的旧事和经验传统。遗憾的是,就在商务创立 90 周年的前夕,胡愈之离开了我们。如果他能参加建馆 90 周年的庆祝会,他一定能更多地谈谈商务旧事,更全面地来总结商务的好经验和好传统,以促进商务不断地前进和发展。

选自《商务印书馆九十年》,商务印书馆 1987 年

回忆伯父在出版总署的工作[①]

胡序介

1949 年初国共和谈已经破裂,渡江战斗尚未打响之际,我伯父胡愈之已经在设想新中国建立后出版事业怎样开创的问题。3 月 17 日在北平,他对周扬同志谈了他个人对今后新中国出版事业开创的设想,周扬同志当即把他的设想汇报到了中共中央。他的设想一共五条,抄录如下:

(一)书报贩卖事业即书店、书刊出版社及印刷业,这三者应实行分工,总原则应以国营事业处领导地位,民营出版业及印刷业应在党领导之下。

(二)三联应改为国营最大书店,控制全国文化商业,在城市、乡村普遍建立分店、分销处,在学校工厂设立书报合作社,但自己不出版任何书刊,政府控制了全国发行事业则进步书刊可大量行销而反动书刊不待命令禁止,自可限制其流行。

(三)出版社除国营党营以外,应按照出版自由原则准许私人自由经营,对人民有害之出版物,只要国营书店不替他推

---

① 本文作者胡序介同志,是胡愈老的嫡侄。1951 年春,他由前政务院机关事务管理局人事处调到出版总署,开始在办公厅秘书处工作,1952 年中调署长办公室任秘书,负责在署长胡愈之与副署长叶圣陶、周建人、陈克寒、萨空了间传递公文签署,担任会议记录等工作。1954 年 12 月,出版总署撤销,出版工作并入文化部管理,胡愈之出任中国文字改革委员会副主任;他调任文改会主任办公室秘书。由于他爱好自然科学,1955 年夏天考取天津南开大学物理系,1958 年毕业后留校任教,从事无线电电子学实验教学,后晋升为高级工程师。1990 年离休。

销，自然无法行销。

(四)印刷业照普通工业办理，大印刷厂由国营，小印刷厂由私营而受国营管理。

(五)以上办法的好处可使出版自由得到保障，反动书刊受到限制，书刊出版业趋向计划化，书刊成本减低，著作人报酬可以大大提高，书业及出版业干部可统筹分配不至成为无政府状态。

旧中国出版事业十分落后，遗留给新中国的除了解放区原本属于人民的出版事业，如解放社、全国新华书店等，原蒋占区英勇的革命工作者拼死搏斗坚持到解放胜利的如生活·读书·新知三联书店等主要是人力；还有解放了被没收归人民的官僚资本主要的物力。按伯父粗略估计不过占全国出版总量的1/4光景，而那3/4的力量，暂时还不能马上适应新的环境，需要进行一番逐步而且痛苦的改造。

全国解放了，面对这个人口众多、幅员辽阔的新中国，要向人民提供足够的精神食粮，是件十分艰巨的任务。不改革，按老一套落后的经营方式开书店办出版社是根本完不成任务的。伯父在设想中提出的第(一)条就是要大胆进行发行、出版、印刷三者分工的大举措，为实现出版事业的大生产创造条件。

伯父分析了出版业务的全过程，他指出："出版业务"好比开工厂生产商品，需要集中一些专门人员进行组稿、编撰工作；"发行业务"是进行书刊这个商品流通的工作，它需要有一个统一的领导中心，统一指挥调度分布在全国城乡、工矿、学校、机关事业单位、公共场所以至穷乡僻壤深入每个角落的发行网，集中研究发行方式，尽量减少发行费用，提高发行效率，让书刊流入真正需要的读者手里；"印刷业务"则是运用现代印刷机械，形成生产流水线，为减少运输费用，分别不同地区，分区造货，以最高速度印出大量书刊的工作。三种业务是三种性质不同的业务,将它们放在一起,势必机构庞大,领导顾此失彼。如果分工进行,则可以提高效率,提高质量。如出版社可以有多个专门化分工既可避免重复浪费,又可以增加品种以适应现实生活中各种不同的需要。

从1949年10月召开全国新华书店出版工作会议,研究新华书店统一问题开始,到1950年9月,第一届全国出版会议整整一年期间,我伯父到处奔波游说,终于在国营企业中统一了大家的思想。我伯父把1950年9月召开的全国出版会议看成是出版界中的政治协商会议,把会议作出的决议看成是出版界中的共同纲领,出版事业中出版、印刷、发行分工专业化的原则从此得到了确立。全国出版会议以后迅速成立了人民出版社、人民教育出版社、新华书店总店、新华印刷厂总管理处,国营企业领先带头。

改革解放了生产力,促进了新中国出版事业的大发展,例如1949年全国新华书店分支店还只有735家,1952年增到了1039家,1962年又增至1476家。图书发行量从1949年的1亿册到1951年达5.4亿册,到1953年达7亿余册。中央一级出版社迅速发展,到1954年底除人民出版社、工人出版社、青年出版社、人民文学出版社、人民美术出版社、外文出版社、科学出版社、人民教育出版社、高教出版社、人民卫生出版社、体育出版社、地图出版社、古籍出版社、民族出版社,再加上交通运输和轻重工业的技术出版社,共27家出版社,各种门类应有尽有。如果说解放前出版量最高的年份是1936年,全年出版图书1.78亿册,建国五周年时新中国图书年出版量是9.3亿册,是解放前出版量最高年份的6倍。

我伯父解放前的经历主要是从事报纸杂志的编辑工作,但解放以来他对出版事业中的发行工作却特别钟爱,这是因为在他看来发行工作是出版事业的龙头。他向中央创议的第(二)条,谈到"三联应改为国营最大书店,控制全国文化商业,在城市、乡村普遍建立分店分销处,在学校工厂设立书报合作社,但自己不出版任何书刊。”

他要求国营书店不光行销国营公营出版社的出版物，对私营出版物也应“一视同仁”，只要人民需要的就“一视同仁”。当然也要“有所不同”，这个“有所不同”第一个含义是国营出版的图书质量上理应比私营的好，而定价理应比私营的低或者至少也要一样。因为国营较私营经济优越。第二个含义是对于不同质量的图书，行销也应有区别，好的积极推销，差的少销或者不销，例如反动的或有害于读者身心健康的黄色书刊则予以禁销。

出版事业不同于其他事业，它生产的是精神食粮，解放初人们热衷于了解党的方针政策，私营书店一下子转不过弯来，没有书稿，出不了新书，国营书店往往门庭若市，而私营书店往往门可罗雀，私营出版业一度陷于困境，因此纷纷要求贷款或国家投资实行公私合营。但国家也还属财政困难时期。为解决私营出版业的困难，国营书店代销一部分没有政治错误的旧出版物以缓解其困难。

我不理解伯父为什么创议三联改为国营最大书店而不是新华，可能伯父嫌新华缺乏城市工作经验，企业化程度不够。生活书店、读书出版社、新知书店（1948年联合成立生活·读书·新知三联书店），不顾反动势力血腥镇压，在地下党领导下，出版马列主义经典著作，传播革命思想，在抗战时期成为文化出版战线一面光辉的旗帜。在解放区，党的直接领导下，新华书店遍布各地。不过由于战时，地区分散、隔离，大部分书店在这样的环境下谈不到现代化的经营管理。这也可能由于他进入解放区时间不长不太了解新华书店。而对三联他是了如指掌的。中央在当年7月份便有个决议，认可三联与新华同是党领导下的书店，但新华是国营书店，三联是公私合营的进步书店，且香港还有分店，将来自应保持公私合营性质。在大城市中私人书店仍有很大的力量，为了与这些书店进行团结和斗争，三联作为新华书店的亲密助手与同行而存在是有好处的。伯父充分理解中央这个意图。全国出版会议结束后，分工专业化原则既已确立，伯父推动三联书店与另一公私合营的联营书店与商务、中华、开明三家私营书店的发行所联合成立公私合营的中国图书发行公司，这家公司主要行销商务、中华、开明与三联的图书，其次也行销其他出版社的书，联合起来的中图公司共有 80 多个分支机构，这对新华书店发行网是个很好的补充，同时也解决了商务、中华、开明三家的困境。1953 年中图公司的任务已告完成，最初开明书店并入青年出版社；商务、中华公私合营的时机也已成熟，全国最大的私营书店商务印书馆改组为高等教育出版社，保留商务印书馆的名义；中华书局改组为财经出版社专门出版经委工业部门以外的各种财经书籍，仍保持中华书局的招牌；中国图书发行公司私股退出后正式与新华书店合并，1954 年新华书店全国分支店家数是 1949 年的三倍，工作人员是 1949 年的一倍半，每年向亿万人民供应 8 亿册以上的课本与期刊。

伯父的每次讲话几乎都要谈到降低书价的问题，他在 1950 年 10 月中图公司成立前，中华、商务、开明、联营、三联五家书店的联合干部会议上，他说："有人说过过去有两种生意是本轻利重的，一种是药，一种是书。药的成本很轻，大部分钱花在广告上，书的本轻利重，则是说用在生产的直接成本少，而花在生产品的推销广告费用大。因为书价中包括了建立分支机构的发行管理费、竞销推广费，书价就贵了。书价贵读者买的少，卖出去少更使书价要提高，反过来说呢，如果书价能便宜，则买的人一定多，买的人多，销数增加，就又必定可以使成本减低，也就是书价减低，销数增多，也就使出版业更趋发展。"资本家追求的是利润，解放前有的教科书定价为印刷成本的 2000%，这对于学生是极重的剥削。伯父追求的是出版事业的发展，坚决主张薄利多销。

1950 年出版工作会议上，他说："出版发行工作者一方面是为广大读者服务，另一方面也是为作家服务。没有读者，书就卖不出去，没有著作家，就无书可出。所以著作家、出版家、发行工作者和读者有血肉相连的关系。出版发行工作者为了做好工作,一方面必须在可能条件下减低书价,另一方面,更必须在可能条件下提高稿酬,使作者、读者都不吃亏,出版发行工作者才算尽了责任。”

优秀的作家是国家与民族的财富,伯父十分珍重作家的作品,鲁迅逝世了,为了抢救保存鲁迅著作,不受战争的破坏,伯父在极端困难的条件下,在上海孤岛,成立了“复社”,出版了20卷《鲁迅全集》。鲁迅的老师蔡元培逝世40周年,他了解到南开大学的兼职教授高平叔老先生正在天津整理蔡元培文集,他亲自写信要高平叔赴京,了解蔡元培逝世时中共中央及毛主席的唁电和周总理的挽联等资料,经他通过政协,汇报中共中央领导人,批准于1980年3月5日在京举行首都各界纪念蔡元培先生逝世40周年大会。同时也由中华书局出版了7卷文集。

他为邹韬奋,为许多作家编刊了文集,就是没有考虑他自己的文集,只在中央党史办委托他回忆国共两党合作史时才在我兄弟胡序文的帮助下、亲友的督促下回忆了他的个人经历。他从不留文稿,写文章不用真名而用许多古里古怪的笔名,胡序文同志费了许多工夫才在各地图书馆中找到一些文章,编印成现由北京生活·读书·新知三联书店出版的《胡愈之文集》。

伯父做过许多工作,国际国内的统战工作,文字改革工作,但他的工作我们第二代许多事都不清楚,他为党史办写的材料中,对出版工作也说得很简单,我抄录如下作为结束语:

“出版总署的工作也相当复杂,没有前例可循,只能探索着干,我没有能把工作做得很好。出版总署成立后,统筹安排,使几年里我国出版事业有较大的发展。此外还在提高书刊出版的质量和文字、标点符号规范化等方面做了一些工作。当时,对出版事业的建设有不少争论,一些比较‘左’的意见便要把出版工作绝对统一起来,只有新华书店一家,我虽然没有同意这种意见,但以后的一些做法也还是绝对化了一些。如出版社只管编辑出版,新华书店专管销售,把出版与发行完全分开,使出版社与读者之间隔了一个中间环节,有的书读者需要但出版社印得少,有的书却又在各个新华书店里积压起来;又如出版社一律都实行专业分工,各专业都独此一家,没有比较和竞争,影响出版质量的提高,像'商务'、'中华'等我国历史上有成就的出版社,也还是经过争取才保留下来,这都是在我主持出版总署工作时没有能解决得好的问题。"

选自戴文葆编《胡愈之出版文集》,中国书籍出版社 1998 年

开拓者的足迹

——怀念伯父愈老

胡德华

伯父愈老离开我们已六年多了,思念伯父的文章早在心里写过数十遍,但我无法用我笨拙的笔来表达对伯父的崇敬之情。

我与伯父接触最多还是在"文革"期间。1971 年,我从河南干校回京治病,愈老当时正经过批斗靠边站,我就三天两头往他那里跑。当时,出版界乌云翻滚,不知揪了多少所谓的黑线人物。不知是哪个造反派,又把愈老封为出版界黑线的"佘太君"。我听说后,就去人民出版社大院看大字报,回来后,我对愈老说:"人家把你从 30 年代批到 60 年代,说你是一根又长又粗的黑线代表人物。"他听了哈哈大笑,反而兴致勃勃地大谈出版工作,说得神采飞扬,心情酣畅,全然不理会社会上那股恶风浊浪对他的压力。

说到 30 年代,愈老幽默地说:"我搞出版可不是从 30 年代开始的,我是 1910 年当小孩子时候就编刊物了。"他是讲童年时代编

的"家庭"杂志。那时他才十岁出头，他和我父亲仲持、我堂叔伯恳三人编"家庭"杂志，给亲友、同学传看。他们摘录报上的时事要闻，还写论文、小说，画上插图，用手工工整整抄在黄草纸上，自写自编自画自订，编得生动活泼、图文并茂。他还记得他自已写过"斯蒂文生小传"和"家庭迷信费用统计"等文章，可见他从小编的杂志，就是有感而发，注重讲科学、破迷信，很有一点战斗味道的。他说那本"家庭"杂志坚持了三四年，出了四五十册，积了一大箱，直到他和弟弟都外出读书了才结束。他说，童年的爱好，成了他的职业理想，进入出版界后，这方面的兴趣愈来愈浓。

愈老在1914年进商务印书馆编译所当练习生，那年刚18岁，只有初中二年级的学历。他除了每日六小时工作以外，就刻苦自学，到第二年，就担任了《东方杂志》的编辑，还翻译、写作了不少文章，在《东方杂志》上发表。五四前夕，他偷偷地看《新青年》，偷偷地练习写白话文。在五四时，他和沈雁冰是商务力主白话文的两个人。五四以后，他著译不少，已是商务小有名气的编辑、《东方杂志》的实际负责人了。

"五卅"运动时，愈老是商务工会的代表。当时上海报界不敢刊登"五卅"的真相，怕得罪帝国主义当局。愈老和郑振铎、叶圣陶共同发起创办了《公理日报》。愈老负责采编，他联络新闻界，把一般报纸不敢刊登的消息收集起来，集中报道，成为指导工人运动有力的舆论工具。

愈老讲商务，总要讲到《东方杂志》，讲到那个"新年的梦想"所引起的一场政治风波。那是1932年，他风趣地说："那时候没有说话的自由，只有做梦的自由。"于是，他发起一个"梦话"征稿。想不到应征的学者、作家很多，有142人做了240多个梦。大家借"梦"抒发对现实的不满，对未来的向往。鲁迅在《听说梦》一文中，曾把这些梦的主要内容概括为两点："首先，是谁也觉得生活的不安定。其次，许多人梦想着将来的好社会，'各尽所能'呀，'大同世界'呀，很有些'越轨'气息了。"伯父说到这些，还清晰地叙述过几个"梦"，讲得津津有味，仿佛还沉浸在当年的编辑部里在欣赏那些来稿。他说，老板王云五看了清样大发脾气，一定要他撤下稿子，他坚持不让步，并且说要他主编这个杂志有合同在先，不受干涉的。新年号一字不改出去了，但是到 1933 年 3 月，满了半年合同期，他被迫离开工作了 20 年的商务。他说，那时候蒋、汪合流，王云五是要投靠汪精卫，故意找岔子撕毁合同的。王云五找来个汪精卫的人叫李圣五的来当主编。此人一上台，第一期就发汪精卫的文章。他叹了口气说："这是个教训啊！放弃了这个重要的宣传阵地，是可惜的。应该懂得斗争策略利用一切阵地。"

愈老经常谈到韬奋，说到《生活周刊》和生活书店。他谈到与韬奋成为知交的过程。他说韬奋开始办那个《生活周刊》是专门讲青年职业修养的，是黄炎培的职业教育社那一套。他认为一个刊物不谈大事，有点低级趣味。有一次韬奋约他写稿。他说"现在办刊物，首先应该宣传抗日"，他写了"一年来的国际"，原来以为韬奋不会用的，想不到韬奋一字不改地用了。从此他经常应约为《生活周刊》写国际问题的文章。《生活周刊》逐渐冲破职业教育的小天地，引导青年关心民族、社会的大事。他与韬奋的接触中，认识到韬奋不像一般知识分子，是一个真正的爱国者，他们成了挚友。愈老还谈到 1933 年 7 月，韬奋流亡国外，由他负责《生活周刊》的编辑业务。他每期为周刊写一篇不署名的小言论，国民党还一直以为是韬奋所写。《生活周刊》发展到成立生活书店是韬奋与愈老一起商量决定的。是想着万一周刊被查禁，有了书店可以继续出版别的刊物。果然不出所料，后来《生活周刊》被禁。生活书店先后办起了《文学》、《世界知识》、《妇女生活》、《生活教育》、《读者与出版》等九种刊物，阵地更壮大了。生活书店的体制，也在愈老的建议下改成出版合作社，即经营集体化，管理民主化，赢利归全体。愈老与韬奋，与生活的关系至深至亲，大家称愈老是

"生活书店的灵魂"。

愈老对开明书店的《月报》也是深有感情的。他说,那是西安事变以后,国共开始第二次合作,他建议"开明"办一份文摘性月报。开辟这个阵地,是为了专门刊登各种抗日救亡的文章,以推动救亡运动。他说过一件事,他为了要发表毛泽东同志的文章,就同时刊登了蒋介石的文章。他说大家想看的是毛泽东的文章,对蒋介石的文章没人要看,登了是为了堵国民党检查部门的嘴。我记起曾在"开明"工作过的一位老先生谈到愈老为《月报》写社论的故事。说他在《月报》发放那天,就赶到编辑部写稿,他一边不停地抽烟,一边不停地写稿。他写一页叫工友送一页去排字房,他一页接一页写,工友一页接一页排字,他写完,很快就排完,一字不改付印。在文摘性的《月报》上他的社论总是起到了画龙点睛的作用。大家夸他思想敏锐,才气横溢,文笔犀利。

在30年代后期,抗战爆发不久,上海陷落,租界成了孤岛。在这段时间里,他与朋友们利用洋商挂牌的办法办起了《团结》、《译报》、《集纳》等好几个刊物,这些刊物大多是编选外国通讯社稿子,达到为我宣传抗日救亡的作用。在此期间,他为出版《西行漫记》创办了"复社",这次"冒险"的成功,又使鲁迅600万字的光辉巨著得以在战乱中问世。

由于愈老勇敢的开拓,他为革命事业的需要建立了一个又一个文化阵地。有人形象地形容他总是建立一个阵地打一阵子枪把阵地交给别人,自己又去开辟新的阵地,很少留下他个人的痕迹。正像韬奋在1940年生活书店的《店务通讯》上介绍愈老时所说的,"他对书店的贡献,不仅是编审,在实际上包括了我们的整个事业,但是他总是淡泊为怀,不自居功","他的特性是视友为己,热血心肠,他是我们事业的同志,患难的挚友"。

解放后,他虽然忙于很多方面的工作,还是参与编辑一本给农民看的书籍《东方红》。他曾经对我说过,国家要强盛,占人口百分之八十的农民没有文化是不行的。他说他调查研究后发现农民很少有书，但在南方，一般农家，户户有一本“皇历”，内有时令节气，可供耕作查考，还有不少宣扬迷信的东西。他从中受到启发，能不能旧瓶装新酒。终于在 1963 年出版了给农民看的大型历书《东方红》，其内容除时令节气农业科学知识，还有通俗的政治，经济常识以及文化娱乐等方面内容。他为编这本书，亲自下乡向农民讨教，对选题、组稿、封面设计和插图等都精心指导。“文革”后期，这本历书继续出版，他多次邀请编辑来家里，一起研究如何改进内容，他为农民大众服务是尽心竭力的。

愈老对青少年的关怀，我是深有体会的。他自己第一本译作是伊林的儿童科普读物《书的故事》，他是要教育下一代从小爱书。他在流亡印尼时，在极度艰难的生活条件下，还写了一本少年读物“少年航空兵”，借此抒发对未来社会主义新中国美好生活的畅想。我干少年儿童出版工作后，他常开导我，“为什么外国孩子到三年级就能看大部头的古典文学作品，而我们中国孩子要到五六年级才能看，相差二三年。你们要想办法，要多出拼音读物，让小孩子早一点掌握汉字。”我曾表示拼音读物编排困难，成本又高，他为此很不高兴，批评我不想办法。他还多次提醒我说：“你们好好调查一下，一个人一辈子看书最多是青少年时期，你们要为他们多出好书。”1975 年青少年出版社成立筹备组，我找到当时上海少年儿童出版社刚出的“鲁迅的故事”。我认为写鲁迅的故事总是好书，就拿回家细读。那天中午，我看完这本书就倒在床上睡着了。待我醒来，猛然发现伯父正坐在我床边的椅子上看那本《鲁迅的故事》，并且在不少书页上折了角。他见我醒来，把书往桌上一扔，愤愤然地说：“真是岂有此理，这是什么人写的？歪曲、撒谎，打着鲁迅的大旗毒害青少年。”这次我送伯父回家，他一声不响，在公共汽车上，有人给他让座，他也不坐，默默地站着。他还为这本坏书怒气未消。他对出版工作的严肃认真可见一斑。以后我对这本书的作者进行了调查,才知道是姚文元在上海拼凑了 11 个人组成的写作班子,“石一歌”专门作践鲁迅,拉着虎皮当大旗。我以赎罪的心情请唐弢同志去为青少年写一本《鲁迅的故事》以拨乱反正。愈老知道后很是高兴。

他在“文革”后期经常说,他的兴趣是编一本刊物。粉碎“四人帮”后百废待举,他总想干点实事,他又多次提到“我的兴趣还是编一本杂志,像《东方杂志》那样的杂志”,他说一言堂的教训太深刻,现在编刊物还是要大讲民主与科学,要广开言路,搞群言堂,为了创办“群言堂”他日思夜想,找很多朋友议论,他设想了一个宏大的计划,在出版大型杂志同时要改革出版、发行体制。

愈老对出版事业感情深厚,他喜欢编刊物,几乎成了一种癖好。他编刊物的兴趣何在?他在 30 年代初编《东方杂志》时,就写过“以文字作分析现实、指导现实的工具,以文字作民族斗争,社会斗争的利器”。他在半个多世纪的战斗历程中,正是把出版当工具当利器的。他在出版阵地上留下的足迹,何止是 30 年代至 60 年代,而是 20 年代至 80 年代,整整 70 年。愈老对革命的贡献是多方面的,但就在出版这个方面,可以看出他的一生是勇敢开拓的一生;是孜孜不倦循着真理的红线不断前进的一生。遗憾的是愈老不愿写回忆录,现在只能靠他七十多年来发表在众多书刊报纸上的大量文章来说明一二了。

原载《出版史料》1991 年第 3 期

他像兄长、父辈一样关心我们

沈粹缜

1 月 16 日晚上,我从新闻联播节目中听到胡愈老病逝的噩耗，忍不住悲痛的心情，一个人在病房里哭了起来。

我和胡愈老相识已经半个多世纪了。我深深体会到胡愈老是韬奋的挚友和亲密的同志。是他首先用共产主义思想影响和教育了韬奋。20年代末期，韬奋接办了中华职业教育社创办的《生活》周刊。这个刊物从初期偏重于个人修养教育和职业指导，转变为主持正义的舆论阵地。"九一八"事变后，成为积极宣传抗日救亡主张的"人民喉舌"，这个转变是和胡愈老的积极帮助分不开的。以后，胡愈老又支持韬奋创办《生活日报》、《生活星期刊》等进步报刊。在韬奋转变和走上革命道路的每个重要时刻，都有着胡愈老的扶持和帮助。韬奋创办了生活书店而胡愈老亲自为书店起草了生活合作社章程，拟定了进步的出版方针、出书计划，并组织许多进步作家为书店撰稿，从而出版了大量马克思主义书刊。在国民党实行文化围剿的白色恐怖下，生活书店能成为进步文化的一个堡垒，与反动派作斗争，这都是在胡愈老的亲自指导下进行的。

1936年11月"七君子"被捕，胡愈老做了大量组织工作，声援营救"七君子"。该案是1937年6月在苏州审理的。有名的《爱国无罪听审记》一文，就是胡愈老在审讯的当天，坐镇上海，晚上生活书店张仲实等同志赶回上海将听审的详细情况，向他汇报，胡愈老边听边写，挥笔直书，写了一部分，即油印数份，派人送各报馆，分四批才送完，赶在第二天见报，及时有力地揭露了国民党当局迫害爱国志士的反动行径。胡愈老还发动爱国入狱运动，亲自陪同宋庆龄等著名爱国志士赶赴苏州，抗议国民党的反动暴行，那天的情景，我是亲眼目睹的。

胡愈老在党的领导下，长期从事新闻出版工作，从事爱国统一战线工作，做出了卓越的贡献。他是我国进步文化事业的先驱，是杰出的政治活动家，是卓越的马克思主义者和国家领导人。

我和我的子女在18日给北京沈兹九大姐的唁电中说："几十年来，他像兄长像父辈一样关心我们。他的突然离去，使我们感到由衷的难过。愈之的一生是战斗的一生,是鞠躬尽瘁为人民服务的一生。他以一个战斗不息的共产主义战士的光辉形象离开我们,我们将永远怀念他,学习他,纪念他。”

(按:以上是邹韬奋夫人沈粹缜同志于 1986 年 1 月 27 日在中国民主同盟上海市委为追悼胡愈之同志而召开的座谈会上的发言稿。沈因病住院,发言稿由其女邹嘉骊同志宣读。)

原载《出版史料》1986 年第 6 辑

引曙光于世　播佳种在田

——访胡愈之先生

周健强

一　“斫轮老手”

三联书店计划为胡愈老出一本书,任务交给了我。我经过一番紧张的搜寻,凑齐了一小册文稿。一篇篇拜读过来,便觉得一位可亲可敬的先辈形象跃然纸上。只有文章高手才能写出这样看似毫不着力,实则感人至深的文章来。最使我感动的是,在搜寻过程中,我不仅得到社内外同志的大力帮助,还得到许多素昧平生的人的热情支持和鼓励。他们接到我的求援信,便从山东、湖南、上海等地为我寄来复印资料,或提供线索,并希望早日看到胡愈老的书。使我既感到“同行相助”的幸福,又感到自己从事的是一桩极有意义的工作。

到了约定时间,出版协会王仿子同志领我趋谒胡愈老。愈老夫妇正坐在沙发上看书,见我们来了,立即起身和我们一一握手,二老脸上漾着童稚般纯真的笑容，一下子扫除了初次见面的拘谨。我简单说明来意，奉上剪贴好的一叠文稿，愈老接过去便埋头翻阅起来。他看完以后，微微笑着，慢条斯理地说："我写的这些回忆录，大都是'文革'以后，报刊来催来要的应景文章。时过境迁，没有什么大意思，写得也不好，我看没有什么出版价值，就不要出书了吧！"

"老先生"竟然拒绝找上门的出书机会，看来我恐怕要白费工夫了。这时，王仿子同志说话了：

"这些回忆文章，在您看来好像没什么，但是我们看起来颇感亲切，很受教益。像您回忆潘汉年的那篇，不但说出了许多不为人知的史实，又极为感人，死者有知，也会含笑九泉。还有对于像范长江、金仲华、杨贤江、杜重远等同志，年轻人最多只听到过他们的名字，至于他们是怎样的人，对革命有过些什么贡献，就鲜为人知了。您的这些文章，可以帮助年轻人了解过去的斗争生活。"

沈（兹九）老是胡愈老的亲密伴侣，亦是一位著名的社会活动家、老编辑、老报人。她看了她的老伴一眼，对我说：

"愈之总是这样，说他的书没有出版价值……比方说《郁达夫的流亡和失踪》就是很重要的史料，第一个揭开了郁达夫失踪之谜。战后日本为这篇文章闹得很凶，极力否认文章揭露的法西斯罪行。可见愈之的文章影响很大，很有保存价值。我写的《流亡在赤道线上》与他的不同，是用文学笔调写的。事隔近四十年，最近在《华声报》重新发表以后，许多读者和朋友纷纷来信，都表示欢喜和感动。我们一群进步文化人，当年漂泊南洋时的斗争生活，不要说你们年轻人不了解，就是有些老首长也不很了解哩……"

"是的是的，你们在热带丛林的流亡生活，像传奇故事一样迷人，可惜我才第一次读到。"

胡愈老并不固执，大家终于说服了他同意出书。随即他便从出版的角度考虑，向我指出：

“这许多文章不能像这样子凑在一起，我看应该分成两本书。一本以南洋为中心，包括《郁达夫的流亡和失踪》、《流亡在赤道线上》，专门讲在南洋的斗争生活。还可以把我们办《南洋商报》、《风下》和《南侨日报》的前前后后写一篇文章加进去。一本以人物为中心，收进写蔡元培、杨贤江、邹韬奋、潘汉年、郑振铎、许地山等的纪念文章。”

胡愈老真不愧是“斫轮老手”，三言两语就把那一堆匆忙搜集起来的文章分门别类了。

胡愈老的贤内助考虑得更加细致周到：“编成两本书很好，一本几万字，出成像《干校六记》那样的小册子，找些当时的照片插进去，增加兴味。一本几角钱，可以装在衣兜里，青年人买得起，携带也方便。”这些老一辈编辑出版工作者，总是处处为读者着想。

沈老停了会儿又对我说：

“《风下》周刊、《南侨日报》，都是很有影响的报刊，它们的创办经过很值得回忆，写出来会是很好的新闻研究资料。我看可以让愈之说，你帮助整理写成文章。”

王仿子同志当即表示赞成，并嘱咐我：

“只要愈老健康许可，约个时间，你就来完成这个工作吧！”

“行！”我爽快地答应下来。

翻古谈往是老年人的“专利”；回忆那些无愧于今天的可贵经历，更是老年人的慰藉。而我觉得发掘他们珍贵的记忆宝库，是和抢救历史文物同等重要的工作。我喜欢这工作，恨不能立即动手干起来。况且，当工作需要，我开始关注胡愈老的大名以后，我惊奇地发现：在我随手翻阅的《文史资料》、《新文学史料》、《救国会》、《西行漫记》等书刊里，在鲁迅、瞿秋白、茅盾、叶圣陶、郑振铎、邹韬奋、陈嘉庚等作家、名人的传记资料及回忆录里，还有在解放前的书报杂志里，处处都会碰到胡愈之的名字。他从五四运动开始，同沈雁冰躲在昏暗的宿舍里，瞒着他们的反对白话文的商务印书馆老板，偷偷用白话文进行译著，以不同的笔名向当时仅有的几家刊登白话文的报纸副刊，如《时事新报》副刊《学灯》、《民国日报》副刊《觉悟》，以及《新青年》等等投稿，参加新文化运动。他曾主编过《东方杂志》、《文学》周报、《公理日报》、《生活日报》、《世界知识》、《南洋商报》、《风下》周刊、《南侨日报》、《光明日报》等颇有影响的报纸杂志。他与瞿秋白、郑振铎、耿济之等于 1920 年筹备创立的"外国文学研究会"，在现代文学史上颇具声名。他是我国最早的世界语学者之一，是 20 年代上海世界语会负责人。"九一八"事变以后，他全身心投入抗日救国运动，是"全救会"的发起组织人及负责人之一。他致力于统战工作，通过杜重远与张学良将军取得联系与默契，促成了有历史转折意义的"西安事变"，为国共第二次合作做出了不可磨灭的贡献。他一生经历了三个朝代，是许多著名历史事件的参加者和见证人。我看到过的许多人的回忆录里，都十分尊敬地提到胡愈老，也读过胡愈老亲切怀念故友的文章。但是，我几乎从未读到过胡愈老回忆自己的文字。现在，我将有幸亲聆他回首当年，多么令人高兴啊！

二　巧渡南洋

怀着将发掘一座未经"开采"的"富金矿"的快乐心情，我又走进了胡愈老的客厅。那一对"偕老白头"的恩爱夫妻，还像我上次来时一样，各据一只沙发，正静静地在"文字国"里漫游。胡愈老同我打过招呼以后，就捧起了刚放下的书说：

"你们谈，你们谈吧！"

随即又埋进书里去了。他正在读《邓小平文选》。他的助听器放在沙发旁的小几上，显然不准备参加交谈。望了望专心读书的老人，我不无遗憾地看着沈老微笑。沈老向我解释：

"愈之开了一上午会，累了，让他读书吧！我们两个谈。"

我的本名胡学愚，这名字除了我家里的人知道，和我在五四运动前曾用它发表过文章以外，几乎无人知道。他们也知道中国人的名字很复杂，又是本名，又是字、号，一般为了表示尊敬都称字。至于他们不知道胡学愚就是胡愈之，只能怪他们孤陋寡闻。他们抓不住我的‘小辫子’，只好让我留下。

“沈兹九第二年也是坐三等舱来的。由于工作联系密切，相互渐渐产生了感情，我们不久就在新加坡结婚了。

“还有乔冠华和郑森禹同志，也是第二年坐统舱来的。但是英殖民当局就是不准他们上岸，硬说他二人的名字是假的，原来的名字都是著名的共产党。因为乔冠华曾用“乔木”做笔名，他们就说他是延安那个著名的中共政论家胡乔木。结果郑、乔二位只好徒劳往返，又乘原船回去了。

“我到《南洋商报》快满一个月的时候，陈嘉庚先生从祖国回来了。他以南侨总会主席名义，率南洋华侨回国慰劳视察团，到全国各地视察了九个月，又到延安访问了九天。他把延安和国统区作了比较之后，终于由一个拥蒋派转变为拥护共产党了。他在回新加坡途中，经仰光，沿槟城和马来亚各大城市南下，一路宣传团结抗日，说明中国的希望在延安，受到各地华侨的热烈欢迎。他到达新加坡时，恰好是1940年除夕，他想不到我已就任《南洋商报》编辑主任之职，见到我高兴得连声说：‘深庆得人，深庆得人！’”

三　办报和流亡

“《南洋商报》的当务之急是打开销路，扩大影响。傅无闷是老报人，懂得跟上时代潮流，迎合读者心理至关紧要。而要赢得读者，就必须拥护、支持华侨领袖陈嘉庚先生及他所领导的南侨总会，拥护抗战救国。这与我来南洋的目的真是不谋而合。因此我的改版、改造《南洋商报》的计划均得以顺利进行。我既得到范长江同志主持的'国新社'的大力支持，又和香港保持着密切联系。在报馆同人上下一致的努力下，《南洋商报》名声大噪，销路猛增，一时跃居南洋各报之首。"

胡愈老思路清晰，语言流畅，在沈老的插话补充下，把四十余年前去新加坡的始末讲得简单明了，遗憾的是很少具体谈他自己。我只好单刀直入地问：

"您是怎样改造《南洋商报》，使它销路大增的呢？"

"我们大家各负其责、分工合作。除保持原商报的特色，有广告、有商市牌价、各业行情以及外汇兑换率等等外，还配合如火如荼的抗日救国运动，配合陈先生领导的南侨总会的工作，将国内抗战的最新消息，发生的重大事件，及时准确地予以报道，并大量采用'国新社'稿和特约稿，做到新闻真正快而新。同时抓当地新闻、本埠新闻，组织了一个采访委员会，侧重于及时报道各行各业、各个阶层的筹赈救亡活动。每天一篇社论，另有星期专论，对动荡激变的国际形势、国内局势进行条分缕析，力求客观公允，言之成理，令人信服。我们有一个人才济济的编辑班子，继我和兹九之后，刘尊棋、张企程、蔡馥生等也陆续来到《南洋商报》，都是既当编辑，又作记者和写家，个个多才多艺又齐心协力，报纸销路还能不好吗？"

"您具体做什么呢？"

"我除负全责外，主要负责写社论。"

"都说您是国际问题权威，政论散文大师……"

"我写这方面的文章。"

"人家说您是陈嘉庚先生的政治顾问，是吗？"

"我不过每周去怡和轩同他谈谈天。我们都很忙，没有时间交际。我每礼拜和楚琨去陈先生家一次，主要是报告他一些新闻，同他谈谈国际国内形势及动向。可惜我们语言不通，他一口福建话，我一口上虞腔，谁也听不懂谁的，全靠楚琨当翻译。我对陈先生的为人、襟怀，尤其对他的爱国主义精神是由衷的钦佩。我们都愿为抗日救国竭尽全力，尽管言语不通，心灵却是相通的。加上有一位理想的翻译官，我们每次都谈得十分投契，十分愉快。

“我们这种促膝谈心，一直到太平洋战争爆发，星岛沦陷前夕才中断。陈先生了解到新加坡英总督决心不战而降，同时重庆国民党政府来电要求安全撤退总领事馆人员及官方代表，却无只字提及抗日侨领及其工作人员的安全问题。英殖民当局甚至不许陈嘉庚先生离开新加坡。陈先生当机立断，召集新加坡华侨抗敌动员总会工作人员谈话表示：‘新加坡总督准备当俘虏，我们可不能！’并通知大家务必设法迅速撤离，以免遭日寇残酷报复。陈先生于 1942 年 2 月 2 日凌晨，与刘玉水等乘小火轮秘密转移去巴东。后又辗转到爪哇，改名李文雪，剃去留了多年的胡子，在玛琅蛰匿至日本投降，才重返新加坡。

“我当时是星洲华侨文化界战时工作团副团长（郁达夫是团长），又是华侨抗敌动员总会执行委员兼宣传主任。等陈先生安全离开以后，我也召集文化界战时工作团负责人员开了二十分钟紧急会议，并于 2 月 3 日偕兹九、郁达夫、王纪元、王任叔、高云览、张楚琨、汪舍丁、邵宗汉等二十几人，撤离了兵临城下的新加坡。大家都隐姓埋名，改头换面，在苏门答腊的原始丛林里，开始了三年零八个月的迁徙流亡。我改名金子仙，剃了光头，蓄了小胡子。郁达夫改名赵廉，装成富商。

“1945 年 9、10 月间，我和兹九以及同时撤离的一群朋友，陆续回到了战后的新加坡。可惜损失了郁达夫，他被日本宪兵绑架杀害了！我们回到新加坡的第一个念头就是：我们马上可以办报了！在战后精神食粮十分缺乏的时候，我们愿意尽一个拿笔杆的人所应尽的责任。为祖国的和平民主，为支援南洋各民族争取独立解放的斗争，为提高华侨的地位，我们想尽快开辟一个舆论阵地，拥有一个呐喊的窗口。我们打算先办一个小刊物。办大报办不起，办小刊物要不了多少钱。那时我与兹九寄住在陈岳书家里，生活困难。刊物办起来以后，既可以做进步文化事业，也可藉以维持生活。恰在这时，上海书局老板石叔旸要我们帮助开爿分店。上海书局一向很进步，我们当即欣然应允，这样就解决了部分经费和社址问题。上海书局新加坡分店很快就开张了，楼下门市部卖书，楼上作编辑部，成立新南洋出版社，编辑出版《风下》周刊，主编沙平，就是我。”

四 “播佳种在田”

“1945 年 12 月 3 日，《风下》创刊号问世。《开场白》写道：‘新加坡现在是东南亚洲总部所在地，实在也是西南太平洋军事、政治、经济、文化的重镇。因此本刊的报道、分析、评论，将侧重在这西南太平洋的各项问题上面。本刊愿意作为这一广大地区内的一万万人民的报道机关，以求反映他们的意志情感，传达他们的民族愿望。’这是创办《风下》周刊的初衷。

“为什么题名‘风下’呢？原来马来人把西方称为‘风上之国’。因为四五百年前，第一批西方殖民主义者，就是驾着帆船，乘西南季节风来到马六甲与巽地海峡沿岸的。马来人把自己的土地叫作‘风下之国’，从锡兰（斯里兰卡）以东，一直到菲律宾群岛，包含缅甸、马来亚、越南以及整个印度尼西亚。‘风上之国’成为欧洲及近东各国的总称。‘风下之国’整个沦为殖民地，丧失了政治、经济、文化的独立地位，这里的数万万人民，数百年来都过着被剥削被奴役的生活。

“两次大战后的今天，‘风下之国’已不愿再受西方的支配奴役，到处发出战斗的呼号。未来的战争与和平决定在‘风下之国’。

“怎样去理解‘风下之国’,怎样去倾听‘风下之国’被压迫奴役人们的呼声,反映出他们的愿望与要求,这是我们《风下》创刊者的希冀。由于此,把我们这个小小刊物,题名为《风下》,以配合‘风下之国’如火山爆发的民族独立解放斗争,维护远东的和平安宁,其中也包括中国内部为民主和平团结而进行的斗争。

“《风下》周刊一问世,就代表了我们的观点和态度,提出明确的政治主张,并为引导华侨社会的舆论尽了它应尽的责任。《风下》紧扣时代脉搏,从内容到形式都较清新可喜。这主要得力于许多著名作家和知名人士的热情惠稿支持。如郭沫若、茅盾、陶行知、黄炎培、沈钧儒、许广平、楼适夷、何其芳、马凡陀、沈志远等名家,在国内的独裁统治下,找不到发表文章和作品的园地,就把他们的大作惠寄《风下》予以发表。至于杨骚、巴人、汪金丁、卢心远、陈仲达、张企程、吴柳斯、沈兹九等等流亡在南洋的文艺界朋友,几乎都是《风下》的基干作者兼记者,有的还担任《风下》的编委,每期都有他们采访的新闻、通讯和各种文章发表。名家荟集是《风下》的一大特色。另一特色是注意培养自由投稿人中的青年作者,发表过许多当地青年生机勃勃的作品。年轻人的文章不成熟,我和兹九及前面提到的那些文艺界朋友,就耐心地代为修改,只要稍有可取之处,就尽量予以刊登。这样,既提掖后学后进,也培养鼓励了年轻人,并因此赢得了读者,扩大了影响,增加了销路,真是一举而数得。

“《风下》是一份颇具特色的综合性周刊,辟有内容丰富的多种栏目。如由我‘包办’的‘卷头言’的国际、国内时事专论;由兹九负责的‘这一周’时事短讯、短评;由金丁和少青主管的‘每周一课’;还有‘人物介绍’、‘书报介绍’、‘一周一书’、‘新音乐’、‘哲学漫谈’、‘笔谈’、‘通讯’、‘信箱’、‘画刊’等等不一而足,堪称‘名目繁多’、‘容纳丰富’。这本小小的16开周刊,被滞留新加坡的文艺‘众星’捧月似的捧着,被装点得有声有色,成了青年读者的‘宠物’,被读者誉为‘不可缺少的精神食粮’。

“我们看到当地青年因忙于生计,没有条件进入正规学校攻读。而马来亚的华侨学校,只限于中小学,除英文专科学生外,没有大学生。青年们又是那么渴望获得较高、较广泛的文化科学知识,尤其渴望提高自己的国文水平。我们决定以《风下》编辑部为基础,创办青年自学辅导社,帮助广大失学、渴学的青年自学成才。我们以‘自学青年的福音’为题登出广告:

‘《风下》周刊为协助失学青年起见,定于本年(1947 年)5 月开办“青年自学辅导社”。学员每月作文二篇及练习题数次,由本社聘请名家担任改卷。学员成绩优异者可获免费优待,学费、课卷费一律免交。修满一年毕业成绩最优者可得奖学金。有志自学者,请向新南洋出版社索阅简章及入学志愿书。’

“广告见报后,自学青年报名十分踊跃。一时间《风下》编辑部门庭若市,变成了自学青年‘活动中心’,社员逾千人。我们谨守诺言,担任改卷的都是实实在在的‘名家’。自学社员只要订一份《风下》,一年交二元学费,每月交二篇作文,我们都认真仔细批改,指出其优缺点。好的文章推荐给《风下》或《南侨日报》发表,稿费从优。学习成绩优异者,不但免交学费,还赠阅《风下》和新书。这样既激励了青年们的学习热情,使他们的国文程度有长足的进步,还达到了团结与培养教育广大华侨青年的目的。《风下》因为受到青年人的拥戴而成为一份历久不衰、始终受欢迎的读物,一直出了一百三十余期,直至 1948 年英殖民政府颁布‘紧急法令’后,所有参加编辑和撰稿工作的同志,一个个被迫陆续离星返国为止。

“令人欣慰的是,当年许多参加《风下》编务工作,参加自学社的默默无闻的青年,今天都成了‘社会的栋梁’。有的回国以后当了国家干部,至今仍活跃在文化、新闻、教育战线上。有的现在是新加坡政府的部长,有的成了学者、文学家、戏剧权威……他们至今还在怀念《风下》周刊和青年自学辅导社，怀念那些舐犊情深的改卷名师。不少人一直和我们保持通信联系，他们在归国访问、旅游或出差来京时，还常来看望我们，与我们一起回首当年，畅谈往事。这说明，大到一个政党，一个团体，小到一个人，一份小小的刊物，只要脚踏实地，全心全意为青年、为大众做一点有益的工作，是永远不会被人遗忘的。

“当年，我们这一群滞留异国的文化界赤子，大都兼做多种工作，尽量做到‘有一分热，发一分光’。国内大规模的内战打响，国民党反动政府宣布中国民主同盟为非法组织以后，我们筹备成立了中国民主同盟南方总部，驻新加坡办事处就设在《风下》编辑部楼上，并编辑出版《民主周刊》。邵宗汉等在苏门答腊主持《民主报》，王纪元等在东爪哇吧城出版《生活报》，还有民盟槟城分部机关报《商业日报》。这些进步报刊和《风下》一样，篇幅不大，影响有限。而各地大小报刊又多为国民党控制，那些‘党报’、‘准党报’的反动宣传甚器尘上，蒙蔽了不少华侨。为团结广大华侨反蒋拥共，促进祖国早日实现和平民主、自由解放，为协助南侨总会及陈嘉庚主席的工作，我们需要开辟规模较大的舆论阵地，需要拥有自己有力的宣传喉舌。《南洋商报》由于股权变换，昭南阴魂不散，已不能为我所用。我们和陈先生商量，要办一份大报。陈先生表示赞同，并与其亲友一起慷慨解囊，张楚琨和高云览也倾囊捐助，各帮爱国侨领和民主派侨胞也纷纷入股，我们很快就募集了必要的资金，由我组织了一个出色的编辑班子。大家齐心协力，仅用了两个月时间，赶在 1946 年 11 月 21 日，将《南侨日报》创刊号送到了读者手中。董事主席陈嘉庚，总理张楚琨，督印李铁民，我任社长，总管编辑事务，个人不受薪。我在《南侨日报》‘创刊词’中开宗明义提出：‘以前南侨是抗日长城，现在南侨是和平先驱，民主堡垒。’

“《南侨日报》汲取战前《南洋商报》和《风下》的成功经验，

以准确无误的新闻消息，说理透彻、观点鲜明的社论，活泼清新的版面，丰富多彩的栏目，赢得了广大华侨的喜爱和信任，被读者誉为‘民主堡垒’、‘公众喉舌’。在南洋报界自始至终处于不败的地位。关于《南侨日报》，张楚琨在《陈嘉庚与〈南侨日报〉》一文中，已有相当详尽的记述，我就不重复了。我忍不住要提到的是《南侨日报》编辑部罕见的工作热情和效率。编辑部连我在内21人，而每天要编排十来个不同栏目，八版两大张，要翻译、编撰近八万字，还要答复大量读者来信，工作量是相当可观的。我那时虽然年近半百，幸精力尚佳，要做的事情那样多，恨不能一天有48小时。白天我要参加各种社会活动。下午三四点钟来到报社，一直要忙到第二天凌晨，与编辑主任胡伟夫共同签完‘大版’，才算结束一天的工作。所有编辑部同人也都以一当十，像打仗一样拼命工作。新加坡终年酷热，每到下午，街上行人都很稀少。只有夜间九、十点钟以后才较为凉爽，宜于休息。当整个星岛乘着夜晚的凉爽沉入梦乡之时，却正是南侨日报编辑部灯火通明，工作最紧张的时候。通宵达旦地工作是常事，凌晨两三点能上床就是节日了，我们全体就这样日复一日，年复一年地苦干，就在英殖民当局实施‘紧急法令’后仍坚持不懈。直至1950年9月20日晚上报馆被封，《南侨日报》才被迫停刊。但《南侨日报》至今被引为侨报的光荣和骄傲，为它的读者所津津乐道……”

几次访问胡愈老归来，都使我久久不能平静。在这个虚怀若谷的老人的言谈、回忆里，没有个人的功绩，只有集体的成就。他几乎不会用单数第一人称，而只会说“我们”，“大家”、“全体”！他的同事和朋友对他推崇备至，尊敬钦佩不已。有人说，他对我国文化事业的贡献，仅次于鲁迅。《鲁迅全集》正是以他非凡的组织经营才能，在上海沦为孤岛，遍地烽烟的时刻，白手起家，以四个月时间出版发行600万字的巨著，创造了出版界奇迹！他们说，他惯于从没有路的地方走出路来，在文化出版事业方面，他做的多是开创性的工作。他主编的《东方文库》和《世界文库》几乎罗致了文艺界、科技界，乃至翻译界所有的当代名流。桂林文化生活供应社是他擘画，《风下》自学辅导社是他首创。至今传为报业佳话的《南侨日报》编辑部，就是以他诚信待人，"一碗水端平"的卓越的领导才能，使21个人团结得像一个人一样，发挥一以当十的工作热情，用事实证明了"文人相轻"、"同行相忌"未必是真理。解放初，他入主出版总署和文改会，在那满目疮痍，百废待举的时刻，他一手挥笔杆，一手拿算盘，从总体规划到纸张来源，乃至全面铺开整个文化出版工作，都留下了他不可磨灭的足迹。他是一个披荆斩棘的拓荒者，一个胼手胝足的耕耘者。他一生从事于"引曙光于世，播佳种在田"的伟大工作，从不替个人打算……

原载《编辑之友》1985年第2期

悼念愈之兄

叶圣陶

作文悼念愈之兄，在我是第二回了。40年前作过一回，那是抗日战争结束前不久，忽然传来消息，说他在南洋某地病故了。朋友们都异常怅惘，不肯相信，可是据说消息十有八九是可靠的。在这样的心情的支配下，雁冰、彬然、云彬、伯韩、子婴和我，都作了悼念文字，由我编成特辑，发表在《中学生》杂志上，因为愈之兄也是《中学生》的老朋友。悼念文字虽然写了，而且发表了，大家还希望消息是误传。我的那篇文字就是这样说的：如果我们有幸得与他重新相见，这特辑便是"一死一生，乃见交情"的凭证。

这一回是千真万确的了。同在一个医院里，我住在一楼，听说愈之兄进院了，住在四楼。我向医务人员打听，回答说他感到有点儿不舒服，所以进院来检查，没查出什么问题，过几天就可以出院的。没想到几天之后，他的病情突然恶化。我听说了就让儿子上楼去探望，医生已经在进行抢救。我想亲自上楼去看看，让医务人员给劝阻了。听着抢救的措施逐步升级，我知道要再见一面是没有希望了。都这么大年纪了，总会有这样一天的，听到他去了，我并不十分悲伤，只觉得又异常怅惘。我想起40年前《中学生》上的那个特辑，六篇悼念文字的作者，现在只剩下我一个了。又想起那六篇文字，我的一篇写在最后，却放在头里作为特辑的序言，为的说明发表这样一个特辑是让读者学习愈之兄的长处，所以题目就用的《胡愈之先生的长处》。

那篇文字我着重说了愈之兄在四个方面的长处。一是他的自学精神。他中学没毕业就考上了商务印书馆当练习生，从此一边工作一边自学。几种外国文字，还有世界语，他能运用自如。他是熟练的新闻工作者，编辑工作者，出版工作者。他兴趣广泛，博而且通，对政治、经济、哲学、文学、语言文字，都有独到的见解。《中学生》当时标榜自学，愈之兄就是一个最可凭信的自学成才的实例。二是他的组织能力。愈之兄创建过许多团体，计划过许多杂志和书刊，他能鼓动朋友们跟他一起干。他善于发现朋友们的长处，并且能使朋友们发挥各自的长处。等到团体和杂志书刊初具规模，他往往让朋友们继续干下去，自己又开始新的建设。他有这样非凡的组织能力，所以建树事业之多，能比得上他的似乎少见。三是他的博爱精神。我说的博爱指的是爱人民大众。既然有所爱，就不能不有所憎，尤其在那个时代和那个社会里。愈之兄坚持正义，坚持进步，反对法西斯和帝国主义，在紧要关头，他冒生命危险也在所不惜。可是事过之后，他就不再提起，不愿让别人知道。他不为名不为利，所以坚持做去，只是出于对人民大众的爱，觉得有责任非做不可而已。四是他的友爱情谊。愈之兄关心朋友甚于关心自己。他经常为朋友出主意，帮助朋友解决困难，却没见他为自己出过什么主意，也没听他诉说过自己的困难。所以他的朋友决无泛泛之交，都愿意接受他的意见，乐于跟他共事。

那个纪念特辑发表在1945年7月出版的《中学生》上。过了不久，日本投降了，又过了不久，南洋有信来了。朋友们都喜出望外，愈之兄历尽艰辛，居然健在，而且打算尽快回国，迎接新中国诞生。旧友重逢，都有说不尽的高兴，何况时代已经变了，美妙的前景已经展现在大家面前。从那时起，我有幸又跟愈之兄相聚了三十几个年头，还经过许多次合作共事，有时甚至朝夕相处。这样的日子，今后不可能再有了。现在悼念愈之兄，我仍旧要说他的长处，说这四个方面；因为都是做人的根本，都是咱们应该向愈之兄学习的。

1986年2月11日

原载《群言》1986年第4期

悼念出版总署的好署长胡愈之同志

——对新中国出版事业开创工作的回忆

王　益

胡愈之同志是我国进步出版事业的先驱者之一，又是新中国出版事业主要开创人之一。解放初期，全国出版工作，是在党中央和中央人民政府政务院领导下，由出版总署掌管的。胡愈之是出版总署的第一任署长，也是最后一任署长。1954年，出版总署合并于文化部。新中国出版事业的开创工作，是在出版总署成立时开始的（1949年10月1日中华人民共和国成立前，在1948年8月，中央宣传部建立了以黄洛峰为首的出版委员会，为开创新中国的出版事业做了不少准备工作），开创工作完成，出版总署也就撤销了。回忆胡愈之领导和主持开创新中国出版事业的过程，更加增强了对他深切的敬佩之情。胡愈之是出版总署的好署长，永远值得我们怀念，值得我们学习。

我们党历来重视出版工作。自从党诞生之日起，就有党的出版工作。在国民党统治区，党领导下的革命出版工作和团结在党周围的进步出版工作，一直没有间断过。抗日战争期间和解放战争期间，党中央在延安设有解放社（编译出版机构）和新华书店（发行机构），在各解放区设有综合经营编辑、出版、印刷、发行的出版机构新华书店。所以，在全国解放以前，我们党的出版工作是有一定基础的。出版了许多解放后仍很有用的书，培养了一批干部，积累了不少经验。但是，全国解放以后，面对着如此广阔的新解放地区，如何建设国家规模的人民的出版事业？如何开创出版工作的新局面？如何满足数以亿计的广大群众的迫切需要？对于这样重大的问题，不知别的同志怎么样，至于我自己，虽然不能说完全心中无数，束手无策，但是，坦白地说，稍为完整一点系统一点的想法确实是没有的。心中不免着急。

当时的情况是这样的：新区人民渴望学习，渴望了解我们的党、我们的军队和政府，渴望了解一切新事物。我们从老解放区带到新区的书，品种有限，数量也不多。进入大城市后，有纸型的书，可以翻印，没有纸型，只要有样本，也可以重排重印；数量问题可以部分解决。由于编辑力量薄弱，著作需要时间，稿源奇缺，增加出书品种的问题一时却不易解决。印刷设备，沿海大城市有多余，内地则不足。由于出版社发不出很多的书稿，印刷工人大量失业。

纸张,勉强可以供应印刷报纸和一般书籍的需要,大量印刷教科书则有困难。发行方面,旧中国并没有建成一个完整的遍布全国的发行网。新华书店的分支店(销售店)发展很快,主观上想解放到哪里,分支店就开设到哪里。但由于干部和财力的限制,到1949年10月,全国也只有分支店700处左右,仅三分之一的县市有店。深入农村更谈不到。而且新华书店是在农村和战争环境中建立起来的,游击作风和小生产习气严重,缺乏科学的管理方法,工作效率很低。各解放区是被分割的,解放区的出版机构,名称都是新华书店。但大区与小区之间,甚至一个大区的省与省之间,新华书店都不相统属,各自为战,缺少联系,未能形成一个坚强有力的有较高效率的系统。甚至在一个城市内,会有两个各自独立的新华书店。在编辑出版方面,不可免地发生无计划、无组织、重复浪费、版本杂乱、质量不高等现象。组织上不统一,那么,思想上、政策上、业务制度上,当然更谈不上统一了。与此同时,旧中国的私营出版业却由于新旧社会的交替而发生了巨大的困难,许多书过时了,没有人买了。有些书,从长远来说,还是有价值的,有销售可能的,但人们一时顾不上读这些书。因此门庭冷落,生意清淡,入不敷出,难以为继。他们拥有一支编辑、出版、印刷、发行队伍,但如何参加到新中国出版事业的行列中来,为人民服务,暂时还有一个不能适应的过程。除这些具体问题外,根本的一个问题,则是人民出版事业的方针问题。时代不同了,半封建、半殖民地、官僚资本统治的时代一去不复返了,人民当家做主了,人民的出版事业是怎样的一种事业?应该遵循什么样的方向前进呢?这是思想上亟待明确和在实际工作中急迫需要解决的问题。

1949年9月,我接到中央宣传部通知,到北京参加全国新华书店出版工作会议。1950年8月底,又到北京参加出版总署召开的全国新华书店第二届工作会议。会议结束,紧接着在9月15日又参加出版总署召开的第一届全国出版工作会议。三次会议,在中央领导同志关怀下，在政务院文教委员会和中央宣传部直接领导下，在出版总署及其前身出版委员会的主持下，开得非常隆重和成功。第一次会议，毛泽东为会议题了字："认真作好出版工作"，并在中南海勤政殿，在陆定一和胡愈之陪同下，接见会议全体代表和工作人员，一一握手问好，慰勉有加。朱德也为会议题了字："加强领导，力求进步。"他还亲临会议作了重要讲话。胡愈之在会上致了开幕词，并作了题为《全国出版事业概况》的报告。陆定一致了闭幕词。胡乔木也在会上讲了话。沈钧儒、茅盾、周扬、叶圣陶、胡绳、赵树理等到会祝贺。《人民日报》发表了社论和短评，称这次会议"是我国文化战线上重大的事件之一"。第二次会议，是为

出版总署署长胡愈之1950年8月在全国新华书店第二届工作会议上作报告。

了召开第三次会议先在党内统一认识的会议，是第三次会议的预备会议性质，所以形式上不如另外两次会议隆重，但是却做了非常切实的准备工作。会议前召开了新华书店华北总分店第三次分店会议、京津发行工作会议、京津出版工作会议，并在各大区召开了

公私营出版业座谈会，广泛听取意见。胡愈之在招待华北新华书店分店经理的会上做了《出版发行工作的新方向》的报告，在京津发行工作会议上做了《出版工作一般方针和目前发行工作的几个问题》的报告，在京津出版工作会议上做了《出版事业中的公私关系和分工合作问题》的报告。在第二届新华书店工作会议上，做了《论新民主主义的国营出版印刷发行事业》的报告，并致了闭幕词。第三次会议，是三次会议中规模最大的一次。参加会议的有各地区的公营、公私合营和私营的出版、发行、印刷、杂志业和中央与地方出版行政机关的代表，中央人民政府有关各部的代表，印刷工会的代表，甚至还有书报摊贩的代表。此外还特邀了一部分出版界老前辈和关心出版事业的专家学者参加。出席的代表共321人。朱德同志作了重要讲话。郭沫若、吴玉章、沈雁冰、李德全、韦悫等到会指导并讲了话。叶圣陶致开幕词，胡愈之在会上做了《论人民出版事业及其发展方向》的重要报告并致了闭幕词。他在报告中说，这次会议体现了全国出版界的大团结，是出版界的"政治协商会议"。通过会议，要产生一个出版界"共同纲领"。《人民日报》发表了评论，新华社发表了电讯，对会议作了高度评价。

三次会议，前后相隔仅一年时间。胡愈之在这些会议上做的讲话和报告，有文件可查的，共有九次，约达七万字。他的讲话和报告有一个鲜明特点，总是遵循党在新民主主义革命时期的总方针，根据中国人民政治协商会议的《共同纲领》提出的"发展人民出版事业，并注意出版有益于人民的通俗书报"的要求，经过调查研究，掌握实际情况，然后从分析情况出发，找出问题，提出解决问题的方针、办法和步骤。他知识渊博，阅历丰富，从18岁起就参加出版工作的实践，所以每一次讲话，都有充实的内容，很吸引人，具有充分的说服力。他不喜欢讲空话。他平易近人，摆事实说道理，用商量的口气说话，没有一点强加于人的意思。他从不疾言厉色地教训人，吓唬人。每一次听了他的讲话，都像上了一堂课，听了一次学术报告。他所主持的会,充满民主和团结的气氛。参加会的人,都可以知无不言,言无不尽,把意见说出来。他的意见也不总是一开始就被人所接受,经过讨论,才逐渐一致起来。

胡愈之在历次报告中反复阐述了以下这些方针性的观点:

——在人民民主专政的国家,出版事业是人民民主专政的工具,出版事业的领导权必须操在人民政权管理下的国营出版业的手中。

——人民充分享有言论自由权和出版自由权,政府不采取原稿审查制度。但不干涉主义和绝对放任主义都是错误的。

——人民出版事业的总方针应当是民族的、科学的、大众的。出版事业应该与实际需要相结合,理论与实际相结合,提高与普及相结合。

——出版工作是一种重要的文化思想工作,它的任务是供给人民所必需的精神食粮,国家要建立起从中央到地方的出版行政机关,同时也要建立起国营的出版、印刷、发行企业机构。出版行政机构和企业必须分开。

——出版事业应当逐步做到统一领导、科学合理和计划生产,而不应该是盲目的、无组织的、无计划的。国营企业本身尤其要实现统一管理和统一领导。

——出版与发行要分工,出版与印刷也要分工,出版本身要专业化。出版、印刷、发行分成三个独立的系统分别经营,但互相要注意协作配合。出版社和印刷厂之间,书店和出版社之间,应当按照全盘计划,分别建立长期的合同关系。出版、印刷、发行企业要相互尊重企业的独立性。凡属于企业职权范围内的事,应由对方最后决定。造货数量由出版社决定,印刷工价由印刷部门决定,订货数量由书店决定。

——出版社必须实行专业化,上至天文,下至地理,一切书籍集中在一个出版社出版是不能保证出版物质量的。但这只是一个方向,不是机械地划分范围,不等于专利,绝不是垄断,也不限制出书。

——印了书不能无代价地分配给读者。无代价配给书刊,就是要由没有能力读书的人负担能够读书的人的费用,是不公道的,而且书刊配给制要它合理是很困难的。书刊配给往往造成极大的浪费。

——出版、印刷、发行虽然是一种有着重要政治意义的工作,我们仍然要当作一件经济工作来做。出版和印刷是生产事业,发行是流通事业,一定要走向企业化经营。企业化经营的目的,就是要实行经济核算,加强科学管理,减低成本,减低读者负担。企业化不应解释为只要做到赚钱,或收支平衡就好了。这样看法是单纯营利观点。企业化要配合一定的政治、经济任务。首先资金流转的速度应规定为一定的任务,一定的资金在一定的时期内要达到一定的生产数量或销售数量。其次,一般开支不应超过在营业额中一定的百分比。但有些特殊情况仍然要考虑到,必要时国家应该给以适当的照顾和补贴。我们决不专为利润而工作,我们还有更重大的目的,就是为人民服务,为广大读者群众服务。我们的工作是有关人民精神生活的重要工作,不仅仅是经济工作,而是一种政治工作。

——要调整好出版业的公私关系,统筹兼顾,分工合作。我们不能让私营出版业和我们对立地发展,也不能排挤他们,让他们垮台。应该团结他们,领导他们,根据公私兼顾的原则,有计划有步骤地进行生产的分工。把私营出版业团结在公营企业的周围,共同从事新中国的文化建设。

以上仅仅就荦荦大者作一些概括的介绍,不免挂一漏万,而且在转述中还可能有不确切的地方。事实上当时胡愈之考虑的问题远比以上列举的多得多。有些观点,也是方针性,是极为重要的。例如:他认为在出版工作中,教科书的供应应该居于各类书的首位。他很强调期刊杂志的作用,认为杂志编得快,销得快,价钱低,能与群众建立密切的联系,应该重视杂志的出版。他认为应该发展我国的造纸工业。解放初期印刷力量在沿海大城市过剩,应该适当调剂,把部分设备和人员迁移到内地去。他认为应该研制先进的印刷设备,虽然当时有空闲,将来必然会不足。他主张全国书价一律。他认为版税制度是一种进步的制度,可以造就以写作为专业的作家。新华书店的业务,应以批发为主,零售为辅。等等。

三次会议,都在充分讨论后取得一致意见,做出了决议。第一次会议,通过了《关于统一全国新华书店的决定》,主要是解决了新华书店统一领导的问题。1950 年 3 月 25 日由出版总署呈报政务院文化教育委员会批准后公布。第二次会议,作出了关于全国新华书店统一分工和专业化、关于建立人民出版社、关于出版印刷发行三个专业部门的相互关系、关于调整公私关系等项建议和决议,主要是解决新华书店进一步统一领导和出版、印刷、发行实行分工专业的问题。决议没有单独公布。第三次会议通过了关于改进和发展全国出版事业的五项决议,出版总署于 1950 年 10 月 28 日公布,同时又公布了《关于国营书刊出版印刷发行企业专业化与调整公私关系的决定》。也就在同一天,中央人民政府政务院总理周恩来签署公布了《关于改进和发展全国出版事业的指示》。这个指示,是以上述三次会议的决议为基础,在进行高度的综合和概括,并作了必要的修正、补充和提高后制定的,是新中国中央人民政府发布的关于出版工作的第一个指导性文件,也就是当时出版界所迫切想望的"共同纲领"。

上述指示、决定、决议发布后,令行禁止,贯彻比较顺利,出版工作取得很大的成绩。中央一级出版社和各大区、各省人民出版社纷纷建立起来,到 1954 年,中央一级出版社已达三十余家。今天中央一级出版社已远远超过此数,但其中至关重要的带骨干性质的出版社,都是在 1950 年至 1954 年的四年间建立起来的。各省、自治区、直辖市的人民出版社,除个别省、自治区、直辖市外,也已建立齐全。新华书店已经按照统一的制度,实行全国统一领导统一管理。分支店发展到1726家，百分之七八十的县市有了一定规模的书店。书价全国已经统一，而且比解放前低廉。印刷生产力经过调剂，分布不匀的情况大大改善。私营出版业经过合理调整，分别采取公私合营、联合经营，出版物由新华书店根据"一视同仁，有所不同"的原则代销等措施，困难已成过去，而且有所发展（"一视同仁"，指不分公营私营，凡好书一律积极推销；"有所不同"指按书籍内容，分别规定积极推销、一般销售或拒绝销售。1954年，全国出书17760种（1950年为12153种），其中新书占10685种（1950年为7049种）印数9亿余册（1950年为2.75亿册），超过了抗战以前的水平。

新中国出版事业的开创工作顺利地完成了。这首先是由于中央和政务院的重视和领导的正确，也是全体出版工作者努力的结果，不能归功于任何个人。但胡愈之作为出版总署署长，其贡献是不能低估的。当时采取的各项决策，现在看来，在当时是完全正确的，符合事物发展的客观规律的，所以能够得到顺利的贯彻。但是也有个别的规定，没有得到贯彻，例如出版印刷发行企业之间，必须订立合同，是完全正确的，但到现在没有得到严格执行，这是习惯势力的阻碍和出版行政机关督促不严所致。三十余年来出版工作中的有些做法，现在看来必须做一些必要的调整。例如，出版与发行的分工太绝对化了，太机械了。出版社完全不过问发行，出版社也不存书，都是不正常的。但当时的决定和决议上，并没有这样规定，一直到"文化大革命"开始时，许多出版社还是有自设的门市部和办理邮购的。征订包销制度，也不是出版总署的规定，出版总署并不赞成单一的征订包销制度。出版社实行专业化，是一项非常英明的决策。如果不实行专业化，一切书都由一家出版社出版，或者虽然实行专业化经营，但一切出版社都由一个出版行政机关领导，而不是分别由各个专业部门领导，出版工作一定做不好，也不可能形成全国党政军、人民团体各方各面都办出版的繁荣局面。但是现行政策对出版社出书范围是有限制的,这与胡愈之当时的意见不同。我还是把他的意见如实介绍出来。我认为回忆必须真实。我并不认为胡愈之的意见不可修改,何况是几十年以前的意见。社会主义的出版事业应该如何做,在坚持四项基本原则的前提下,具体问题都是可以讨论的。

在我开始写这篇回忆的时候,曾经想用"成竹在胸、指挥若定"来赞颂胡愈之在建国初期领导水平之高。我一向是这样想的。这样写,如果从正确的意义去了解,也不是不恰当。但容易发生误解。我终于没有这样写。因为在我回忆的过程中,我发现他老人家的思想也是不断发展的,多次会议上的讲话,最后一次同第一次相比,有很大不同,后者要深刻得多,完善得多。这说明他并不是在解放前在胸中已经画好一张解放后建设新中国出版事业的蓝图,而解放后的工作,就是按照这张蓝图去施工。他的思想是不断发展的,他不断吸收上级的、平级的、下级的、一般群众的意见来丰富自己,才能提出那么精辟的见解。他曾透露,新华书店统一集中领导,出版印刷发行分工,出版专业化等等,都是大改革,而大改革必然有大困难。他遇到了大困难,有些问题,最初在负责同志间也不一致,但他知难而进,而不是知难而退。各项政策和措施,在他想好并且得到同志们的赞同和上级批准以后,他是坚决贯彻的,锲而不舍的,毫不含糊的(当然也包括必要的对原来意见的适当的修正)。所以,新中国出版事业的开创任务也是很艰巨的,即便在思想统一以后,每办成一件事(例如办一个出版社)也要花不少心力。胡愈之同志在开创工作中的确是非常辛劳的。他是设计家,又是组织家、实干家。这是他所以成功的地方,也是值得我们永远学习的地方。

1986年2月20日

原载《出版工作》1986年第4期

德才兼备的胡愈之

胡国枢

凡熟识胡愈老的人,都会异口同声地说:他是一位德才兼备、品学兼优的长者。

胡愈之(1896~1986)的一生是用笔战斗的一生,是为中国人民解放事业为共产主义事业,艰苦奋斗的一生,是全心全意为发展进步新闻、出版事业埋头工作的一生,是为中国新文化运动而献身的一生。他的历史是一部光明磊落、绚烂多彩的史诗。

他生活的90年,正是世界风云激荡、中国走向新生、历史进入翻天覆地大变革的年代。他经历过五四新文化运动、五卅运动、北伐战争、十年土地革命、抗日战争、解放战争,以及新中国建立后社会主义建设的36年光辉而曲折的历程。他在白色恐怖空前严重的30年代初期的上海,秘密加入中国共产党,冒着坐牢杀头的危险,出生入死,英勇奋斗。在这漫长的岁月里,从不动摇,从不退缩,在敌人淫威下不为威屈,在灯红纸绿的环境里不受利诱,不曾向敌人退让一寸,为着国家、民族、劳苦大众的利益而默默地贡献着自己的一切,终生不渝,老而弥坚,“无私无畏,鞠躬尽瘁”①,具备了无产阶级革命家的高风大德,不愧为忠诚的共产主义战士。

胡愈之长期战斗在白色区域,环境险恶,遭遇复杂,他总是出色地完成党交给的重大政治任务。他口若悬河,笔能生花,有敏锐的思维能力,有披荆斩棘的开拓精神,有高超的组织才能。他善于依靠群众,又乐于亲自动手,懂几国外语,能日写万言。他的政论

---

① 胡乔木:《无私无畏,鞠躬尽瘁——深切悼念胡愈之同志》,1986年1月23日《人民日报》。

文章切中时弊、妙语横生，人们誉他为“国际问题专家”。他的文学小品，文情并茂，清新俊逸，被赞为新文学作品的一绝。郭沫若称他为“写文章的老手”，邹韬奋尊他为当代的诸葛亮。胡愈老确称得上是中国之一秀，人世之英才。

胡愈老之所以德高才富，有高风亮节，并非天生，更不是偶然，追溯其成长道路，真是源远流长。

先是得益于父母的教养。胡愈之出生于浙东山清水秀的上虞县书香之家。父亲是清末具有维新思想的知识分子，辛亥革命后任县教育会副会长。家道虽然清寒，却热心于桑梓教育事业，曾为首创办过好几个学校。母亲也知书识字，性情温厚慈祥。愈之在开明的家教里、知识的气氛中成长，家中订有辛亥革命前后如雨后春笋般涌出的许多报刊，诸如《新民丛报》、《民立报》、《时报》、《申报》、《汇报》等等，日熏月染，使他在不知不觉中成了爱读书报，对变幻莫测的世界大事日感兴趣的“小报迷”。早在中学时期，他就指导两个弟弟编辑《家庭杂志》、《家庭三日报》和以他家小庭园名字命名的《后咫园周报》。这几份用黄草纸装订的刊物，一直出了两年。青少年时代的爱好，居然成了他毕生事业的起点。

继则受惠于名师的指点。愈之先在他父亲创办的正经书院读书，这个学堂后来改为县立高小，学校请了上海理化专科学校毕业、对新旧学均有根底、尤长文史、有爱国思想的朱估生等新派教员。这使愈之从小学即受到新学的熏陶。他毕业时，不仅读过《大学》、《中庸》、《论语》、《孟子》一类古书，也已学过算学、博物、格致等自然科学常识，并已能阅读英语报刊。所以他得以第一名优秀成绩考入了绍兴府中学堂实科二年级。正巧，大文豪周豫材（鲁迅）在该校任学监兼教博物课，这也是愈之人生一幸。愈之从小既聪明又顽皮，作为学监的鲁迅，常常要在这个“小淘气”身上花一些精力。鲁迅严格而和蔼的教导，给愈之幼小的心灵，留下了深刻的记忆。直到晚年仍记忆犹新，还常讲述鲁迅诱导学生的生动情景。

更靠自己发愤自学。如果说愈之青少年时所受的教育，为他的成长迈出了扎实的一步，在文化素养、道德思想上有了一个良好的开端，那么他后来的刻苦自学，则是他成长的雄厚基础。1914年，18岁的胡愈之进入商务印书馆编译所当练习生，它是当时全国书刊出版中心，除了出版教科书外，还出版《东方杂志》、《小说月报》、《妇女杂志》、《学生杂志》、《教育杂志》和《少年杂志》等大型期刊，又有藏量丰富的东方图书馆。这一浩瀚的知识海洋，激发了他奋发上进的雄心。两年后，沈雁冰（茅盾）也进入了商务印书馆，他俩同住在编译所的集体宿舍里。他们都爱好读书、又都在这时开始用白话文为报刊写稿，同时又都是《新青年》的热心读者。每逢新的一期《新青年》在报上登出广告，他们下班以后，就匆匆赶到棋盘街群益书局去零买一本，以先睹为快。共同的爱好，互勉互学，使他们结下了终生的友谊。不久，郑振铎也从北京调来，他们三人都成了我国现代最早文学社团“文学研究会”的创建人。愈之还努力自学世界语，终于成为后来国际上著名的世界语学者，中国最早的世界语团体上海世界语学会会长。借助于世界语，他与各国进步人士交往，使他的视野扩大到国际社会。

尤其重要的是长期的实践锻炼。一方面是火热的革命斗争，从20年代、30年代发生在中国第一大都市上海的各项重大政治事件，他几乎都身临其境，在不少事件中，他还是政治漩涡里的中心人物。特别是他学习了马克思列宁主义、参加了中国共产党以后，他就更加自觉地把自己的言行、把整个的心与时代脉搏、与中国的命运紧紧地联系在一起，他的思想从此跃进到新的高尚的境界。另一方面，他从跨入社会开始，始终是新闻、出版、文化界的一员。他当过记者、编辑，搞过翻译，做过主编，任过社长，从最基层的编译所的练习生，做到新中国国家出版机关的最高行政长官。出过洋、留过学，不仅有国内办报经验，又有海外办报经验，他亲手创办、参与发起和从事过的报纸刊物，不下二三十种之多。多层次的阅历，丰富的经验，渊博的知识，使他在处理业务时达到驾轻就熟、炉火纯青的地步。

胡愈之一生战斗过的地方，都留下了他坚定的脚印，做出了不可磨灭的业绩。

在30年代，他以社会活动家、名记者、高级编辑、有作为的出版家的姿态，活跃在上海的政治、文化战线。他与宋庆龄、蔡元培、杨杏佛、鲁迅等组织中国民权保障同盟，为伸张正义、保卫民主、营救被监禁的爱国志士与共产党人而英勇奋斗；在杨杏佛惨遭暗杀、中国民权保障同盟无法工作、自己被列入黑名单的困难情况下，他别开蹊径，以法新社记者（特约通讯员）的合法身份公开活动。与沈钧儒、史良等组织救国会，团结群众，开展广泛的抗日救亡活动。当救国会“七君子”被关押以后，他与宋庆龄、何香凝等发起“爱国入狱”运动，进行爱国宣传，影响遍及全国。他又在党的指示下，与潘汉年一道，通过著名的爱国人士杜重远，做争取东北军上层的工作，对以后的西安事变起了积极的作用。在出版事业上，他从政治思想上帮助、影响邹韬奋，并支持办好《生活周刊》、共同创建生活书店，在旧中国建立起这个进步新闻出版事业与文化宣传的重要阵地。在韬奋被迫出国流亡以后，愈之毅然接过韬奋的担子，亲自撰写《生活周刊》的每期小言论，帮助艾寒松苦撑，直到被封闭停刊，又改出《新生》周刊。在韬奋出国的两年间，胡愈之、徐伯昕等团结全店职工，使出版业务有了很大发展，他们与进步作家协作，开始出版《文学》、《太白》、《世界知识》、《译文》、《生活教育》、《妇女生活》等大型刊物，并请来了张仲实等人，加强编辑部，出版发行一批宣传马列主义理论的译著与《青年自学丛书》。上海沦陷，胡愈之为了在孤岛里建立抗日文化宣传阵地，组织漂泊在上海租界里的抗日救亡文化战士，与张宗麟、郑振铎、胡仲持、梅益等成立了半公开的宣传出版机构复社。复社联系了一批进步作家、翻译家，办起了《团结》、《上海人报》、《集纳》、《译报》等进步报刊。抗日文化宣传蓬勃发展，使孤岛不"孤"，与全国人民抗战事业紧密地联系起来，胡愈之是起了杰出的作用的，这个时期，更有意义的两件大事，一是他组织翻译界同志，突击翻译出版美国进步记者斯诺的《西行漫记》，以及斯诺夫人宁谟·韦尔斯女士的《续西行漫记》，使广大的人民知道中共领导的抗日民主根据地的真实情况，从而，增强了人们的抗日斗志；二是抢救鲁迅宏富的遗稿，以鲁迅纪念委员会名义出版《鲁迅全集》，当时日寇蹂躏、国土沦丧，出版鲁迅全集，保卫祖国文化，实为刻不容缓之事，但许广平与鲁迅许多生前友好、学生苦于无力经营束手无策，胡愈之见义勇为，敢肩重任，奔走擘划，不遗余力，在文化界许多人士的共同努力下，竟于三个月中完成了600万字的全集这一巨大工程，"实开中国出版界之奇迹"！

在武汉、桂林。胡愈之在1938年5月担任军委政治部第三厅第五处处长，主管宣传抗日动员工作。在周恩来的直接领导下，紧张地开展抗日民族统一战线的工作，武汉失守，他经长沙到达桂林。他在党的领导下，依靠、团结了文化界许多朋友，通过继续出版《国民公论》和《救亡日报》、组织国际新闻社、筹办文化供应社，成立生活书店分店、创办广西地方建设干部学校等多种活动形式，使桂林这个原来冷僻的小城市，出现了抗日宣传工作欣欣向荣的新气象，成为大后方当时惟一抗日文化中心。

在南洋开辟海外宣传基地。1940年胡愈之根据周恩来指示，经廖承志介绍，从桂林转香港去南洋主编《南洋商报》。在他与沈兹九、张楚琨、王纪元等的苦心经营下，《南洋商报》一跃而为侨报之首，在宣传祖国情况，动员华侨抗日，支援爱国侨领陈嘉庚等方面，均取得了出色的成绩。太平洋战事爆发，他与郁达夫、王任叔、庄奎竞等组织星洲华侨文化界战时工作团。又与陈嘉庚、郁达夫等成立了新加坡华侨抗敌动员总会。使南洋华侨的抗日救亡运动迅速普遍地开展起来。新加坡陷落,胡愈之与一批抗日文化战士流亡到苏门答腊乡下,在丛林里坚持斗争。抗战胜利后,愈之重回星洲,立即创办了"新南洋出版社",出版《风下》周刊和《新妇女》杂志,又与陈嘉庚、张楚琨、李铁民等办起了《南侨日报》。这些报刊深得广大华侨的信任,在宣传党的方针政策,团结侨胞共同迎接新中国的诞生,做出了自己的贡献。

1948 年 8 月,胡愈之从香港回国,到达华北解放区,在党中央所在地西柏坡,参与人民政协的筹建工作。中华人民共和国成立以后,他出任出版总署署长。为了在最短期内,建立起新型的社会主义出版机构,他废寝忘食、夜以继日,制订方案,组织力量,从出版到发行、从中小学课本到高等学校教材、从科普读物到革命书刊、从学术专著到翻译名著,都作了周详的部署。出版了大量的革命进步书刊和知识性读物,满足了广大青年、干部、知识分子对马列主义、毛泽东思想的渴求与普遍高涨的学习文化的欲望。他又创办了我国第一张反映知识分子要求的全国性大报《光明日报》。晚年,他定居在北京,历任中国文字改革委员会副主任、文化部副部长、中国人民外交学会副会长、中华全国世界语协会理事长、中国出版家协会名誉会长,因他德高望重,所以又被推为历届政协委员与全国人大常委会委员、第五届全国政协副主席、第六届人大常委会副委员长、中国民主同盟中央副主席、代主席。他为发展我国社会主义文化、出版事业、进行文字改革、开展人民外交,巩固与发展爱国统一战线、加强政权建设等多方面尽了自己的努力,作出了卓越的贡献。

胡愈老在我们晚辈心里,真有高山仰止、景行行止之感。他的为人、处世值得我们学习之处不胜枚举,这里略述几点,以示对他的深切悼念。

一、全心全意毕生为人民服务的崇高精神。为人民大众的利益工作、为人民大众的利益办报,成了他一生行动的准则。他主持的每一种报纸、杂志都有鲜明的党性、人民性，为当时当地的革命斗争服务，为人类进步事业服务。他办的出版社、书店，从生活书店到新南洋出版社的经营思想，都不是以单纯赢利为目的，而主要以服务群众为宗旨，为普及新知识、宣传新思想而开展业务。解放前，他朝思暮想的是早日推翻三座大山，新中国建立以后，他日盼夜念的是社会主义建设的蒸蒸日上、早日实现四化。他一生中最后一次建议创办的刊物《群言》杂志，就是为了提倡"群言堂"，调动各方面的积极性，集思广益，搞好两个文明建设。他一生中最后一次接见群众代表，可能就是 1985 年 11 月中（去世前两个多月）接见浙江省温州市与乐清县的文化局与越剧团领导，他说："身体尚健，还能做点工作。人到古稀之年，今后的日子就不多了，应该努力一点，抓紧时间，在最后几年，尽量利用一切可能的条件，多做点贡献。"早已是耄耋之年，甚至快要离开人世了，而他念念不忘的，还是希望为人民"多做点贡献"，这难道不是人类最崇高的精神——共产主义者的为人民服务的精神吗！

二、爱憎分明，敢说真话的凛然正气。胡愈之身上有一股青春活力，有一股革命锐气，有一股凛然正气。他从青年时期开始，就爱憎分明，敢于坚持真理、坚持正义，敢讲真话。在长期的新闻工作中，他养成了对人民讲真话的勇气与习惯。"报纸应该成为人民的喉舌"，这句他常说的话，是他言行一致的信条，是他不可动摇的办报宗旨。他急人民之所急，言人民之想言。他不怕高压而敢于揭露事实真相，进行实事求是地报导。1927 年"四一二"政变的第二天，他在上海闸北鸿兴路口看到徒手游行的工人被国民党军队枪杀的惨状，这对一位正直的报人是无法容忍的。他激于对反动派的义愤，当天晚上即起草了一封抗议书，邀请郑振铎、吴觉农、章锡琛等七人签名，直接邮寄给国民党中央委员中的文化名人蔡元培、李石曾、吴稚晖。并同时交给在《商报》馆当编辑的弟弟仲持，在 15 日《商报》上全文刊登。他在公开信中尖锐地指出："自北伐军攻克江浙，上海市民方自庆幸得从奉鲁土匪军队下解放，不图昨日闸北，竟演空前之屠杀惨剧。受三民主义洗礼之军队，竟向徒手群众开枪轰击，伤毙至百余人。"那时是何等形势？特务横行，流氓肆虐，反共之声喧嚣尘上，黑云压城，胡愈之竟敢冒天下之大不韪，在报上公开揭露，这又是何等胆识！既有这枝笔，就得写出天下不平事。这种刚正不阿的气概，贯串在他的报业生涯。1931 年春，胡愈之从法国经苏联返国。在莫斯科短暂停留期间，见到苏联社会主义建设的沸腾生活，苏联大学生们、劳动群众深挚的国际主义友谊，使他情不自禁地写出了脍炙人口的《莫斯科印象记》，比较系统地向我国人民报道苏联的真实情况，在广大青年中引起了强烈的反响。在此前后，他还写了《苏联和平外交进展》、《国人对苏联应有的认识》、《中俄关系的将来》等文介绍苏联各个方面的情形。在新闻封锁，苏联情况一再被歪曲、污蔑的日子里，生活在封闭的铁桶里似的透不过气来的人们，一下子见到这本报道世界上第一个社会主义国家真情的书，真如久雨见到阳光一样。人们的高兴、这书对社会舆论、思想学术界的启示自不待言，而作者《东方杂志》的驻欧洲特约记者，以世界语学者身份进入苏联的胡愈之，实在是胆大包天！又如他与张锡荣等合作采访、编写的《爱国有罪案听审记》，揭露了对救国会"七君子"无理审讯的实况，震动了中外舆论界，也正是他这种战斗风格的体现。敢于向人民说真话，成了他办报与写作的特色，这也是赢得当时读者信任的惟一原因。

三、好学多问、思想敏锐、视野开阔、出手利索的优良学风与才华。胡愈之一生奋发努力、好学不倦。他善学、好问、多思，你与他交谈，他可娓娓而谈，向你提出各色各样、奇里古怪的问题，而且又是发人深思的事情。你答不出，他可以将来龙去脉、头头是道地解释清楚。你有事向他请教，不论上涉天文、下系地理，九州风云、十八朝掌故，都可应答如流，使人满意。正由于他有这么多的知识，又养成了好学、深思、博闻、喜辩的习惯，而且一直很关心世界大事，可见成为国际问题专家绝非偶然。他能见人所未见，言人似有所悟而却无法表示之言。1941年2月，距离珍珠港事件、太平洋战争爆发前十个月，胡愈之的新闻敏感早已预见到日本侵略者的猪嘴势将南拱，在他主编的《南洋商报》上连续著文，提出了“保卫南洋”的响亮口号，并指出“援助中国抗战，加强美英合作，厉行对日禁运，实现远东民主”是“保卫南洋”的“四件法宝”。因为日本的作战资源及外汇，百分之七八十是取自英美及南洋各属。要是英美及南洋对日实行全面禁运，日寇将无法支持而不战自败。可惜的是英美当局一直不能抛弃对法西斯妥协的幻想，对愈之的忠告无动于衷，而对日本继续采取绥靖政策，等到1941年12月8日，日寇的炸弹炸到自己头上，侵略炮火逼近眉梢，他们已悔之晚矣！从胡愈老对国内外形势多次所作的正确分析来推断，李一氓在《悼胡愈老》一文中披露的，胡愈之在1948年夏天对中国革命将迅速胜利，用不着两年的科学判断，比党中央原来的估计为早，因而党中央与毛泽东吸取了他的意见，重新作出了“从现时起，再有一年左右时间，就可将国民党反动政府从根本上打倒了”的结论，这一情况是完全可以相信的。胡愈老对政治事件的敏锐观察能力是他在长期的学习、实践中形成的，早在对五卅事件的报道中，我们就不难发现他已开始具备了这种长处。1925年5月30日上午，上海各校学生代表到公共租界散发传单，抗议日本纱厂枪杀工人领袖顾正红。英国巡捕逮捕这些学生，激起了公愤，下午一万多人在南京路上举行反帝游行大示威。3时37分，队伍到了老闸捕房，英国巡捕开枪打死徒手群众数十人，逮捕工人五十余人，这就是五卅惨案。当时，有的人只着眼于赔偿损失，仅从司法范围内去看待这一事件。胡愈之却慧眼独具，认为不能仅仅作如是观。他把惨案经过迅速写出了近四万字的长篇通讯《五卅事件纪实》，在《东方杂志》五卅事件临时增刊上全文刊载。在这篇报道里，他以开阔的视野、动人的笔调写了14个方面：五卅事件的意义、上海租界的历史、顾正红案、五月三十日惨状、恐怖状态中之上海、全市一致的大罢业、外交部的三次抗议、要求的条件、就地交涉的失败、国民的持久战、对日单独交涉、汉口事件、香港罢工与沙面大惨案、修改不平等条约。他不仅如实地记录了事件真相、斗争经过、与此有关的种种情况,里里外外详详细细的介绍明白,更可贵的是他把事件放到当时国际资本帝国主义侵略与殖民地、半殖民地人民的反抗斗争的总形势中去观察、分析,因而揭示了这个事件的重大国际背景,以及它与中国人民革命事业的密切关系,从而指明了五卅事件的重大政治意义,“五卅事件不能看作只是一种司法事件,或局部事件,应当看作是国际政治事件,关系民族全体的事件,中华民族受外国势力的侵害压迫,忍无可忍,五卅惨案发生,才激起民族自觉,引出普遍全国的大反响。所以五卅事件而引起的全国民众运动,是中华民族要求独立与生存的大抗争的开始。所以我们对于此次事件,应该看作非常重大,应该深切的注意”。这份纪实为当时报道政治事件树立了一个典范。事实的确凿无误、逻辑的严密无隙、观点的正确鲜明,经得起时间的考验,过了 60 年的今天来看,它不失为是一份五卅运动的珍贵的历史文献。于此我们可以看出胡愈之的历史眼光、政治远见与革命胆略。如果离开了他平日的知识积累与理论修养,那将是不可想象的。

四、尊重同志、爱护后辈、不嫉同行、团结战斗的宽广胸怀。胡愈老对待朋友有一副“菩萨”心肠。他总是以宽大的心胸、诚挚的态度,对待同志与战友。他尊重别人,尊重与他一起工作的同志,不论对方职位的高低、年龄的长幼,处处表现出共产主义者的情操。正如邹韬奋评介胡愈之时说的:“他的特性是视友如己,热血心肠。”他对出版界的同行,尤其是对那些年岁比自己小、资历比自己浅,而在某些方面显示出长处,甚至超过自己的同志,他总是爱护备至,帮助提掖。从不抱任何私心,唯恐别人超过自己而暗设机关。旧社会流行的那种“同行相妒”、尔虞我诈、相互倾轧的庸俗气味，在他身上是嗅不到的。他经常不自觉地流露出对战斗集体的成绩由衷地欣慰，对同志们做出的贡献发自内心的赞许。他回忆在新加坡主编《南洋商报》时，同志们共同努力的情景时说：“继我之后，刘尊棋、张企程、蔡馥生等同志也陆续来到《南洋商报》，真正是编辑班底雄厚，人才济济。由于全体一致地团结努力，《南洋商报》负起了引导海外华侨舆论的重责，触角伸向华侨社会最敏感、最关切的各个角落，成为华侨社会观察错综复杂的社会现实，了解祖国真实情况的良好渠道，赢得了广大读者，尤其是华侨青年读者的心。因而销路大增，风行新马，一时间跃居为南洋侨报之首，大有‘洛阳纸贵’之势。”他总结“《风下》从内容到形式都较清醒可喜，这主要是得力于许多著名作家和知名人士的热情支持。如：郭（沫若）老、茅（盾）公、陶行知、黄炎培、沈钧儒、许广平、楼适夷、何其芳、马凡陀、沈志远等名家，在国内的独裁统治下，找不到发表文章和作品的园地，他们就把稿子惠寄《风下》予以发表。至于杨骚、巴人、汪金丁、卢心远、陈仲达、张企程、吴柳斯、沈兹九等流亡在南洋的文化界朋友，则既是《风下》的作者和记者，又是《风下》的编委，每期都有他们采访的新闻、通讯和各种文章发表”。他总是把报刊的成绩归功于大家的努力与协作。

他对新闻出版界涌现出的卓越人才，出自内心的钦佩，他与邹韬奋、金仲华、范长江的友谊，就是最有力的例证。虽然，进新闻出版界，他们都比愈之迟得多，金、范的年纪也比他小得多，而他们的战斗情谊却如胶似漆，相互尊重、相互帮助、相互支持，亲密无间堪称榜样。邹、金、范三位离世以后，愈老对他们的友谊永志不忘，真是生死不渝。对邹韬奋，愈老深情地称他是“伟大的爱国者”、“……仿佛有一位诗人说过现实是土壤，生命是花木，而爱是肥料。有了爱的滋润，生命是永远年轻的。许多二三十岁的人，没有爱，只替个人打算的，那在精神上成为垂死的老人，韬奋有热爱，所以不老”。“什么是韬奋的爱？那是对国家的爱，对人民的爱，对人类的爱，对真理的爱，是这种伟大的爱，造成了韬奋的坚强的人格”。“韬奋是一个真正的爱国者，伟大的爱国者”，而韬奋经营生活书店是“真诚地为人民服务”。他充分肯定金仲华的优异成绩：“金仲华同志是《世界知识》的发起人和主要撰稿人。他以后从上海、武汉、重庆、香港，再回到上海，一直到全国解放为止，在十分困难的环境中，不倦怠地主持这一刊物的编辑和出版工作。”“当杜重远入狱，《新生周刊》被封以后，仲华同志是继承《生活周刊》、《新生周刊》以后的《永生》和《大众生活》的主编和主要撰稿人”。“金仲华同志的一生，是勤奋学习的一生，革命战斗的一生，努力自我改造的一生”。“从抗战后期，解放战争时期，社会主义革命时期一直到最后一息，金仲华同志在周恩来同志的直接和间接领导之下，不仅在文字工作上，也在行动上，对忠实执行党的革命的国际统一战线政策，做出了应有的贡献”。对范长江在新闻战线上的功绩，更是大为赞扬，“他是在国内报纸上公开如实报道工农红军二万五千里长征的第一人。由这些报道汇编而成的《中国的西北角》，和后来斯诺的《西行漫记》一样，是一部震撼全国的杰作”。“长江同志跟随毛主席和周恩来同志，转战陕北和晋西北，主持新华社的报道，为党做了十分重要的工作”。1945 年，胡愈之流亡在苏门答腊一个山区时，写的一本幻想小说《少年航空兵》，里面有一个机智的通信兵万里长，就是以长江同志为典型来描写的。范长江同志经常自称为小兵，而胡愈老誉他“是毛泽东麾下的最忠诚、最勇敢、最机智的一名小兵”。他对夏公的友谊也是如此。当代大文豪夏衍与他是同乡、同志、老朋友。去年愈老生日，夏公亲登胡宅祝寿，二公促膝谈心互表敬意。他们情同手足，堪称是一对晚节芳香的老同行。对待同志、同行、战友的态度，往往是衡量一个人的品德的一个尺度，从这里是可以透视出胡愈老晶莹、坦白的心灵的。

五、廉洁奉公、遵纪守法、不为自己争名夺利的优秀品质。胡愈老在旧社会、旧制度下是一个叛逆者、大闹天宫的孙悟空；而在新中国、社会主义制度下，则是一个遵守党纪、恪守国法的孺子牛。

他不是一事当先，先为自己打算的人。他与人合作共事，往往只实干而不挂名。这一方面固然是与他秘密党员的身份有关，而更为重要的原因，却是他对自己的名利上淡泊所致。如《世界知识》最初实际是由他主编的，但他却不愿出面，请毕云程出面作主编和发行人，他俩合作得非常和谐。再如创办生活书店，当然，韬奋是起了主要作用的；而愈之从建议开设书店到筹建，以及开张以后的经营，都是积极的参与者和主要谋划者之一，但他在生活书店没有职务，直到办店四年多以后，才担任了编审委员会主席。他从不张扬自己所做的贡献，因而很少有人知道他的这段历史。邹韬奋也是襟怀坦白，不愿埋没人的，因此在生活书店内部刊物《店务通讯》上，撰写专文《我们的胡主席》特为介绍："胡主席是本店的最有功勋的一位同事。他在《生活周刊》时代就经常替我们写国际文章"，"他参加本店创办的计划，等于本店'大宪章'的'社章'就是由他起草的。他对本店的重大贡献不仅是编审，在实际上是包括我们整个的事业。但是他总是淡泊为怀，不自居功"。"他的特长不仅文章万人讽诵，而且对出版营业无所不精，他的特性是视友如己，热血心肠。他是我们的事业的同志、患难的挚友"。正如胡乔木同志在1986年1月23日《人民日报》上发表的哀悼文章中指出的，"所有熟悉上海救亡运动历史的人，都知道愈之同志在这一运动中起了怎样重要的作用。愈之同志在救国会中也没有担任什么职务，仍然默默工作，这就是愈之同志的一贯作风"。从许许多多的类似情况中，我们可以看出他的风格的高尚。去年9月是愈老90大寿，中共中央统战部、民盟中央几位领导为愈老祝寿。中共中央书记处习仲勋同志代表胡耀邦、赵紫阳同志对他一生功绩作了高度评价。愈老再三表示，功劳应归于党与人民，自己只做了一个共产党员应做的一些工作。

在"利"字面前，胡愈老也是经得起考验的。他对非义之财，分文不取。自己的正当收入,在朋友的交往中,却慷慨好施。抗战前,他与其弟在上海法租界合租的一幢房子,楼下给复社当办事房。上海陷落后,他们的家更是车水马龙,高朋满座,实际上成了文化界进步人士的联络站与革命干部的招待所,有时开一次饭就是好几桌,好些青年人从他们这里出发,转到抗日民主根据地去。对朋友、对同志他从不吝啬自己的钱财,所以常常使自己落得一贫如洗。他兄弟俩去武汉、桂林、香港以后,他们留在上海的家,成了地下党重点照顾的对象。当时坚持在上海文委工作的梅益,就曾多次代表组织送钱到他们家中去。后来他到南洋办报,经常与腰缠万贯的商贾巨富打交道,自己又是大报主编、社长,独当一面,大权在握,能管他的党的领导又在万里之遥,在那样的条件下,如果他想为个人捞一点钱,那是不费吹灰之力的。然而,他整天忙的是工作,常挂心间的是国家大局,为个人刮民致富连做梦也没有想过,所以正如他自己说的:回忆在南洋七年多,除了与党内外同志共同奋斗,亲如家人的友谊,就是工作。紧张的、夜以继日的工作,日复一日,年复一年。"我和兹九去南洋时是两袖清风,从南洋回来依然是清风两袖"!

进入北京,他已是党与国家的高级干部,身居要位廉洁之风不变,保持了共产党人、革命者的应有本色。住的几十年不变,仍是小小的四合院,坐的仍是那辆半老不新的小汽车,还是那个小天井,还是那间既是他也是他夫人合用的办公室兼会客室。真可说是:先天下之忧而忧,后天下之乐而乐!

愈老律己很严,凡是涉及与党争名、与民争利的事,他都主动退避三舍,这正是他的不平凡之处。但是在某些问题上却过分拘谨,甚至对工作上需要、应有的待遇也不去"争"一下,长期以来,特别是当年入古稀、写字时手已颤抖得很厉害了,还是连一个专职秘书也不配备,没人帮助整理资料,以致去世前只留下一份近六万字的简单回忆录。20 年代、30 年代、40 年代、50 年代、60 年代、70

年代、80 年代，在他头脑中的半部近代史、一部现代史、一部新文化运动史，都没有抢救下来！可惜呵！这是党、人民、历史科学、社会主义文化事业的一个损失！机已失去，时不再来，我们只能作为一个教训来吸取！对越是不顾自己、不计较个人得失的人，越应对他倍加照料，对胡愈老这样的学人，配备有笔杆子的助手，比配备带枪杆子的警卫员的重要性，实有过之而无不及。

愈老一生，无愧于人民，无愧于国家，无愧于党，无愧于自己的心，无愧于我们伟大的时代！

他虽然离世长逝，德高望重的长者之风，将永留人间。一位杰出的革命家、社会活动家，卓越的老报人、编辑、记者、优秀共产党员的光辉形象，会久远地活在后继者的心里！

1986 年 2 月 22 日稿于杭州

原载《编辑学刊》1986 年第 2 期

深切怀念胡愈老对《新华月报》的关怀

郑　曼

这是一张珍贵和值得纪念的照片。1961 年 6 月，《新华月报》出满 200 期，在当时的编辑室主任殷国秀的主持下，于 7 月 3 日邀请在京的原《新华月报》领导和顾问及工作人员王子野、杨培新、臧克家、李庶、范用等同志，在北京南河沿文化俱乐部开茶话会，老前辈胡愈之同志在百忙中也欣然应邀，大家兴致更高。会后，由我 12 岁的女儿拍下了这张照片。

胡愈老参加茶会，不单纯是因为他在《新华月报》创刊时是出版总署署长，而是因为他是《月报》的主要奠基人。在他的倡议下，出版总署于未正式成立前就开始了《新华月报》的筹备工作了。

胡愈老创办《新华月报》，正是社会主义出版事业草创阶段，百废待举，但为了办好这个刊物，不少事他都亲自动手。

他亲自函请毛主席为《月报》题词；亲自撰写题为《人民新历史的开端》的代发刊词，在发刊词中，制定了《月报》的宗旨是"记录新中国人民的历史"；亲自拟定名单，聘请胡绳、杨培新、傅彬然、曹伯韩、艾青、臧克家、王子野等组成编委会，绝大部分编委兼任各栏主任，由当时的编审局第三处处长王子野总揽编辑出版业务，作为胡愈老的得力助手；亲自参加每月召开的编委会，直到 1950 年年底；亲自审定创刊号的稿件和图片，并以他的丰富的编辑出版经验，手把手地教会了一批新人。1949 年 11 月，《新华月报》创刊号满载着中国人民政治协商会议第一届全体会议和开国大典的重要文献，随着新中国的诞生而诞生了。建国初期，这份综合性、资料性的大型刊物，以它独一无二的权威性，在当时引起了各界的重视。三十多年来，风风雨雨，几经沧桑，"文革"初期，《月报》被迫休刊，1970 年，在周总理的关怀下得以复刊；为适应读者需要，1979 年，《月报》又一分为二。不管环境如何，《月报》本身有什么变迁，历届工作同志，都兢兢业业，遵循着胡愈老当年制定的宗旨，完成着它肩负的"记录新中国人民的历史"的光荣任务。

《月报》一开始筹办，胡愈老就十分强调要建立一个能提供《月报》全面而准确资料的资料室。他要求全国报刊要订完备，要针对各栏的需要，搜集各种资料以备选用，并亲自设计了一种能分类插放剪报资料的柜子，还教诲我们要进行科学管理。他说："一个好的资料室，不论什么资料，应该是一个人放进去，任何人都能拿得出来。"他要求资料工作做细，为了保证资料的准确性，一定要把"更正"贴在原资料上。这些，都为新华月报资料室（后为人民出版社资料室）树立了正确的指导思想和工作方法。

面对这帧照片，重温往事，思绪万千。在当前深化改革的时期,应如何学习出版界老前辈胡愈老的崇高品质,继承和发扬我国进步出版事业的优良传统,值得我们深思!

原载《出版史料》1988年第3、4期

我们的楷模

——记胡愈之同志与《新华月报》

王子野

新中国成立40年来,出版工作取得很大成绩,这是人所共知的事实。出版战线上值得回忆,值得怀念的人和事实在太多。我首先想到的是《新华月报》的出版,因为它是在建国之初创刊的,也有40年的历史了。

《新华月报》创刊号

提起《新华月报》不能不想到胡愈之同志。他曾在上海主办过很多有名的刊物,如《东方杂志》、《世界知识》等等。“八一三”抗战前他在上海主办过一种大型的综合性的文摘刊物——《月报》(开明书店出版)。这个刊物特色显著,一出版就很叫座,受到社会上的欢迎。可惜没有出版几期,就由于战火的无情而被迫停刊了。1949年出版总署刚一成立,就有一些同志想起

《月报》那份刊物来，当即向他建议，希望重新办一个类似《月报》性质的刊物。他非常赞成，不仅热心支持，而且还亲自挂帅着手筹办，要我给他当助手。我想到他肩负出版总署署长的重任，工作那么忙，居然还不怕麻烦来管筹办一个刊物这么具体的工作，不由得对他肃然起敬。

胡愈之同志的名字，我远在30年代就已熟知，心仪已久，但无缘见面，只是出版总署成立之后，我被分配在他领导下工作，才有机会朝夕相处，面聆他的亲切教诲。

《新华月报》筹创之始，他抓工作具体而微，几乎每事必问。刊物的起名是他出的主意，他认为旧的刊物称《月报》，新办的加上"新华"二字表明是在新中国成立后办的。

《发刊词》是他亲手撰写的。其中提到办刊的宗旨时指出这个刊物是随新中国的诞生而诞生的，它的主要任务是刊载新中国成立后的重大历史事件。刊物的栏目也是他设计的。各栏的主编和副主编是他和我们一起开会商量，最后经他审查决定。有些栏目的主编和副主编在本单位难以找到适合的人选，他就亲自修函去向外单位聘请。如经济栏目的主编杨培新同志和文艺栏的副主编王淑明同志都是应聘而来的。

《新华月报》的刊名大家都想请毛主席题字。我找过田家英同志，请他帮忙。田说主席太忙，不宜去打搅他。又说南京的《新华日报》是主席题的字。日字加长两笔就成月字，这么改一下就行了。我回来照办，效果不错，这题字从此一直沿用了40年。

胡愈之同志想到创刊号上如能求得毛主席的墨宝，那将增色不少。但又想到要主席去动脑子想题词是不合适的，他就从政协的《共同纲领》中摘抄了有关公德的一段，附在他亲笔写的一封信内送去，没有几天毛主席就派人给愈之同志送来复信和题词。可惜在这件工作中愈之同志抄写那段文句时有点疏忽，原文是"提倡爱祖国、爱人民、爱劳动、爱科学、爱护公共财物……"这五爱他漏抄了最后一爱,因此毛主席写来的题词中也就缺了这一条。愈之同志当时非常后悔自己的粗心。因为不便再去麻烦主席另写,明知美中不足,也只好拿去制版刊印。

《新华月报》的稿源是来自全国各报刊的文章资料,资料室的征集、分类、保管、供应工作十分重要。因此愈之同志对这件工作非常重视,经常关心,经常来过问,并曾作过许多指示。资料室的工作就这样在他的耐心指导下逐渐走上了轨道。

建国之后,新闻出版事业发展迅速,报刊如雨后春笋般纷纷出世。《新华月报》不愁稿源枯竭,而是思考如何做到多中择优。愈之同志主张从严选稿,好中选好,精益求精,宁缺毋滥,决不滥竽充数。他还提出一条重要的原则:旧稿应当作新稿一样认真审读,因为报刊上登过的文章不一定没有差错失误。审读时发现的问题如是纯粹技术性的,编辑可以主动改正。凡是较重大的问题一定要同原作者或原单位商斟才能修改。要尽量做到使《新华月报》上重刊的文章比在报刊上第一次发表时有所提高。这件工作我们在60年代曾作总结,的确取得了不少成绩。这都是由于愈之同志一开始就给我们树立了好的榜样。

当时我们编辑部的人员不多,但在愈之同志的领导之下,工作效率相当高,50万字以上的创刊号在一个多月的时间内居然能出版问世。创刊号在发稿前要经愈之同志最后审查,对一些文章的取舍,他提出很多很好的意见。创刊号一出版他又认真检查样本。由于刊物的篇幅太大,又由于我们没有工作经验,编辑加工和校对中的差错是比较多的。经他检查出来的差错就有十多处。

他找我们去开会,首先祝贺创刊号的出版,对大家的辛勤努力表示满意。同时指出出现差错的问题不能忽视。当然第一期出现点差错也是难免的,应当总结经验教训,订出几条规章,建立起制度,把各个工作环节的漏洞堵死,责任搞明确,以后工作就会好起来。我们照他的指示去做,从第二期起果然就有了进步。

胡愈之同志就是这样把着手教我们如何办杂志，一直带领我们办了5期才慢慢放手。以后由于我们基本上已能独立工作，而且出版总署的工作也实在太繁忙，他没有时间和精力再继续带下去了。虽然不管了，但当我们碰到一些重大问题去请示时，他还是不厌其烦地给我们想办法。

在愈之同志领导之下，我们感到亲切、愉快。他是一位和蔼可亲的忠厚长者，从来都是平等待人。碰到问题他总是先征求下级的意见才作决定。他能虚心听取意见，只要是合理可行的，他无不采纳。有不同意见，他总是耐心解释说服，从来没有见过他随便发脾气训斥人。这样的领导作风的确是很难得的。虽然愈之同志离开我们已经3年了，但他的好作风将永远是我们出版工作者的楷模。

原载《出版工作》1989年第4期

人民出版事业的先驱者——胡愈之

王仿子

胡愈之是一位杰出的革命活动家和著作家，也是富有开拓精神的事业家，他是进步文化出版事业的卓越领导人，是我国革命出版事业的主要先驱者之一。

我认识胡愈之同志是在我参加生活书店工作之后。1940年春，生活书店桂林分店经理张又新通知我，按照生活书店合作社章程，我已具备入社的条件，并向我说明生活书店合作社是邹韬奋先生采纳胡愈之的意见建立的。还说到胡愈之在建立生活书店这件事上所起的作用以及与书店的密切关系等等。由此使我对他产生一层亲切的感情。虽然在此之前，在《大众生活》等杂志上已读过

毛泽东同胡愈之等交谈(1956 年)

署名伏生的时事政论文章,但当时还不知道伏生就是他的笔名。

那一年胡愈之正在桂林主编《国民公论》杂志,由生活书店经销。我在书店门市部工作,没有机缘经常受到他的教诲。一直到 1949 年,我被调到北京,参加筹备第一届全国新华书店工作会议时,才有幸得到在他领导下工作的机会。接着我又参加第二届全国新华书店工作会议和第一届全国出版工作会议的筹备工作,在这几次会议上多次听到他的重要讲话。

在建国初期一年多的时间里,胡愈之论述出版工作最重要的讲话有:《出版发行工作的新方向》、《出版工作的一般方针和目前发行工作的几个问题》,《出版事业中的公私关系和分工合作问题》、《论新民主主义的国营出版、印刷、发行事业》、《论人民出版事业及其发展方向》等等。他遵循党在新民主主义革命时期的总方针,根据中国人民政治协商会议的《共同纲领》,提出了发展人民出版事业的方针政策和具体实施方案。为广大出版工作者具体地指明社会主义出版工作事业的发展道路。

新中国成立以后,出版总署成立,使解放区和国统区两支革命出版队伍在北京汇合,成为建设新中国出版事业的重要力量。虽然这两方面的干部都有多年出版工作经验,但是,对于新中国出版事业究竟如何做法,都是不太清楚的。出版总署署长胡愈之肩负建立新中国人民出版事业的重任,为开创新局面,高瞻远瞩,运筹帷幄,在每一次讲话中都以鲜明的立场,充分的说服力,阐明人民出版事业必须采取的方针和政策,使大家的思想认识逐渐趋于一致。

在长期战争造成的战区分割,各自为政的局面下,当时各地区的出版工作分散经营,有很大盲目性。各地新华书店按需要翻印图书,重复出版,版本杂乱,质量不高。而私营出版社在这转变时期,有的持观望态度,有的工作停顿,大批职工面临失业的危险。全国亿万人民的学习需要,当前政治、经济、文化建设中急需的出版物却得不到有计划的供应。胡愈之同志为扭转这种局面,建立新秩序,抓了三件大事:

一是统一全国新华书店,加强专业化和企业化经营,以担任国家的出版发行任务,发展人民出版事业。1949 年 9 月召开的全国新华书店工作会议,作出《关于统一全国新华书店的决议》后,解决了组织领导问题。全国 726 家新华书店和 8123 名职工统一到出版总署和各地出版行政机关领导之下。

二是实行出版、印刷、发行分工和出版专业化。这是对传统出版工作的一大改革,目的在于“发展国营出版事业,提高出版物的质量,加强计划性,减低生产成本,避免重复浪费,增加工作效能”。这项分工专业化的方针写入第一届全国出版会议的《五项决议》

中。会后出版总署发出《关于国营书刊出版、印刷、发行企业分工专业化与调整公私关系的决定》。根据这一决定,新华书店总管理处一分为三,分别成立以出版国家政治书籍为专业的人民出版社和新华印刷厂总管理处、新华书店总店。随后各种专业出版社如人民美术出版社,人民文学、科学、民族出版社等纷纷建立,形成强大的国家出版力量。

三是对私营出版业的改造。根据第一届全国出版会议提出的对公私出版业本着"统筹兼顾,分工合作"的原则,调整关系,在自愿的基础上将曾经在文化出版方面有过贡献的一批出版社,如商务印书馆、中华书局、开明书店、世界知识出版社等经过公私合营纳入人民出版事业的轨道。

建国初期,在胡愈之署长领导下这一次对出版工作的大改革,是一场在学习苏联经验基础上的对传统出版工作的大革命。通过这次改革,实现了出版与印刷、发行分工,创建各门类专业出版社,改造私营出版社,建成遍及全国的图书发行网,建立起在党的统一领导下的有计划发展的社会主义出版事业。

按照胡愈之的设想,国家出版事业的发展,必须接受有关政府部门和人民团体的领导和帮助。出版社应根据有关部门业务需要制订编辑方针,使出版与实际需要相结合,出版有利于国计民生的书籍。实行出版分工专业化,政府各部门和人民团体只要有编辑人才,就可以建立自身需要的专业出版社,这个设想很顺利地得到实现。

学习苏联是当时历史进程决定要走的一步。正如毛泽东同志在《论人民民主专政》一书中谈的"一边倒"。除了向苏联学习之外,没有别的榜样可供选择。回想起来,当年学习苏联的确是十分热诚的。1950～1951 年间,曾经两次利用苏联国际图书公司总经理塞米金和副总经理德奥米多夫来访的机会,邀请他们向出版总署科长以上干部介绍苏联出版工作情况和经验。胡愈之署长和办公厅主任黄洛峰分别主持报告会,听众作了详细的笔记,热烈地提了许多问题。建国后出版发行体制仿照苏联的模式,可以说是历史的产物。

有一点应当说明。学习苏联,并非一切照搬。胡愈之同志长期从事出版工作,从 1914 年参加商务印书馆到 1949 年任出版总署署长。在这漫长的岁月中,他曾经组织和推动建立了生活书店(1932 年),复社(1937 年),文化供应社(1940 年),新南洋出版社(1946 年)等著名出版社,创办和主编过许多有声望的杂志。他是进步文化出版事业的组织者和实干家,是出版工作的行家里手。不论在著译和编辑工作方面,或是出版社的经营,都有丰富的经验。在学习苏联的时候,他运用自己的智慧和经验加以鉴别取舍。最明显的例子就是在对待原稿审查方面,我国和苏联采取截然不同的态度。胡愈之在第一届全国出版会议上明确宣布:“除了军管时期对付反革命分子的特殊情形有必要者外,国家不采取原稿检查制度。”不检查,不等于放任不管。按照胡愈之的设想设立图书审读部门,对出版物作事后审查。发现问题还是要行使出版行政机关的权力,酌情处理的。事实证明,事后审查的做法是明智的。

胡愈之作为出版行政机关的最高领导人,不仅对出版事业的宏观管理有一整套方针和办法,在微观方面,具体到一本书的形态,书的版本纪录,出版计划与统计中一个名词术语的定义以及计算单位,他都以精通出版专业的出版家的见识一一提出意见。他为了向广大人民群众提供有益的廉价的书刊,大到出版事业建设规划、教科书的定价,小到校对、书刊使用铅字的大小都要过问,决不马虎。他反对对出版物的漫不经心和粗制滥造。1950 年他读到向达先生的《关于书的几个问题》一文后,写了一篇《读了“关于书的几个问题”》,对于不够严肃的出版态度提出批评。他说:“从书的内容好坏来说,解放以后,我们的出版界是大有进步了。可是……一本很有价值的书,却排印得很坏,校对得很马虎,封面、插图等等和书的内容都不相称，这是糟蹋了那本书的本身，侮辱了那本书的作者，同时对读者是采取了不负责的态度。”

在同一篇文章中，他还谈到出版与保护目力的问题。他指出某些出版物“字体越来越小，行格越来越密，不但有失美观，而且损伤青年和儿童的目力”。他认为：“版权页应有一定格式，著者、译者姓名，译著的原书名，特别是版本的来源（初版或重版），出版的年月，必须详细标明。”这些主张，以后陆续通过出版总署作出的《规定》或《暂行办法》行文全国，贯彻实施。

1952 年我参加广西土改回来，从人民出版社调到出版总署，先后主持计划科和出版处的工作，有幸在实施上述种种设想时尽了微薄的力量。

1952 年推行出版计划化，胡愈之认为要搞好计划必须先搞好统计；要搞好计划与统计，必须对有关的一些名词术语有统一的概念，还要有统一的计算方法，才能获得准确的数字。在我起草《出版物的计量单位与计算方法的规定》时，他几次要我写清一些术语（如“期刊”、“再版”）的定义。在这个《规定》里我国首次使用了一个计量单位“印张”。一印张等于半张新闻纸，把原来的计量单位“令”（500 张纸为一令）改为十进位的“千印张”，大大方便了计算。

1953 年出版总署颁发《关于图书、杂志版本纪录的规定》。1954 年增订后重新颁发。其中列出版本纪录必须记载的十个项目。除通常记载的书名、著者名和出版单位名称等外，还规定要记载“版次”与“印次”。明确区分“版次”是“用以统计版本内容的重要变更的”，而“印次”是“用以统计印刷的次数的”（解放前一本书再印时不论内容有无修改统称再版）。还规定要记载本次印刷的印数和累计印数。记载本书字数和不加评语的内容提要等等。还提出如有需要可以载明责任编辑、优秀的装帧设计者、插图设计者及校对者的姓名。这一切都是为了加强出版工作的严肃性，以备读者、图书馆和书店查考。

在书上白纸黑字向读者与作者公开印数，是新中国出版业的一个大胆的改革，在解放前是难以设想的。版本纪录的十个项目，体现了胡愈之对出版工作的严肃态度，也体现出社会主义出版事业认真为人民服务的精神。令人不安的是现在有些出版社随意删减版本纪录的项目，或者不能准确记载规定的项目，对此采取很不严肃的态度。

接着在1955年颁发《关于书籍、杂志使用字体的原则规定》和《关于汉文书籍、杂志横排的原则规定》。解放初期的书报、杂志纸质很差，印刷又欠精良，字迹模糊，损伤目力。

出版处按照胡愈之署长的指示起草书刊使用字体的规定，要求各出版社出版的书籍、杂志正文用老五号字，儿童读物的字更大一些。小五号字只用于引文、说明、图表等处，以及供查考的工具书，还有用于资料性的杂志和杂志的补白处。对六号字的使用也限制了范围。在制订这两个规定时，胡愈之同志像往常一样先跟我说明道理。他讲了字体大小对于保护目力的重要性，还讲到人的眼睛的生理结构，阅读横排的文字比直排可减少疲劳。横排适应文中夹外文、阿拉伯数字和表格公式的好处。《规定》说明允许古籍保持直排之外，其他汉文书与杂志今后一律横排。

胡愈之十分重视出版工作在继承人类优秀的科学文化遗产方面的作用，关心版本的保管工作。早在1952年，出版总署向全国发出《关于征集图书、期刊样本暂行办法》，规定“凡公开发行的书籍、图书杂志……均应在出版后三日内由出版者按规定缴送样本”。向出版局缴送两份，一本用以编印《全国总书目》，一本入藏版本书库。藏的这一本非万不得已不得动用。这份版本显然是为后人准备的，这个版本书库将成为一部新中国的出版史。

到60年代初，胡愈之提议由文化部出版局编一部1949～1960年的保留书目。先由各出版社在历年出版的18万种新书中选出好的和比较好的图书向出版局推荐，再由出版局图书审读处从中选得16400多种，编成三巨册。

胡愈之一贯重视实际工作。他认为出版行政领导机关主要是贯彻方针政策，搞调查，订规划，督促检查出版计划的实现，不需要很多人。60年代他任文化部副部长，主管出版工作时，他强调出版局应该把人放到下面（基层）去。他自己一贯不尚空谈，多干实事，是我们学习的榜样。三年困难时期，他认为重要问题在教育农民。他亲自到江西农村调查，同时派我和人民出版社的齐速同志去调查农民读物的需求和供应情况。在他主持下写成《对今后农村读物出版工作的几点意见》，督促全国有关出版社加强和改进农村读物的出版工作；成立农村读物出版社；召开农村读物出版工作会议。他还发起和指导人民出版社编辑出版《东方红》，每年出版一本，是模仿广东民间流行的一种类似万事通的历书的。旧形式装新内容，实际上既是历书，又是包罗政治、经济、文化、科技知识的农业百科全书，很受农民欢迎。

1961年在胡愈之的倡导下成立《知识丛书》编辑委员会，由学术界、文艺界56位知名人士组成。胡愈之任主编。这套书经出版局的发动和组织，由人民出版社、人民文学出版社、中华书局、商务印书馆、世界知识出版社和科普出版社联合起来，分头出版。到1965年已出版83种，由于十年动乱而夭折。

胡愈之深知出版事业中出版与印刷、发行三位一体、相互制约的重要性。他除了主要抓住编辑出版工作外，从不放松对印刷（包括纸张）与发行工作的关注。特别对于印刷新技术的引进，他是积极的倡导者。早在50年代初期，出版总署引进了第一台手动照排机（日本森泽公司制造的MC－1型照排机），又引进一批字模雕刻机，为改进我国字模生产和提高字模质量起了关键作用。并为新华印刷厂的扩建引进了大批印刷、装订机械，使北京新华印刷厂成为全国第一流的最强大的书刊印刷厂。

60 年代初，经过调整、巩固、充实、提高八字方针的贯彻，全国经济建设重新出现欣欣向荣的大好局面。随着出版事业的恢复和发展，提高印刷技术又一次成为紧迫的问题。在胡愈之的关怀下，对加强印刷工作采取了一系列的重要措施。成立中国印刷公司，加强对书刊印刷业的管理；派出新中国成立以来第一个考察印刷技术的代表团；引进制版印刷的先进技术设备；召开全国印刷会议；委托上海作印刷新字体；加强和调整印刷机械和书刊用纸的分配管理工作等等。还有开始筹备而未能实现的印刷学会。胡愈之对当时的进展寄予极大的希望，所以他说："1964 年是印刷年。"不幸的是，"文化大革命"突然爆发，使得发展印刷事业、引进新技术等许多设想未能变成事实。

"文革"后，胡愈之虽然不再担任出版印刷的领导工作，可是，他一直注视着印刷的落后问题。他在一次发言中又提到印刷问题。他说："现在大家感到书刊印刷不出来，印刷周期很长，而且纸张和印刷质量差，数量不能满足一般的要求。……我想，印刷技术所以发展不快，有一个原因是解放后出版工作有了一些成绩，我们多少有点骄傲自满，认为印刷规模已不小了，所以不去研究，不去学习，即使学习也很少，更没有向国外学习先进技术。"胡愈之的这一番话是十分中肯、切中要害的。接着他提出建设性的意见："不妨先从国外引进印刷技术"，"最要紧的是要很快建立技术学校"；"应该有一所相当规模的印刷学院"；"派一些青年技工去国外学习，也可以从国外找一些印刷专家"来我国工作。这是 1980 年春天的呼声。他还建议："出版印刷工作的机关可以用自己的力量来搞先进的造纸工业，把出版、印刷方面和发行方面积累的资金，投到造纸工业，使造纸工业在质量和数量上有很大改进。"

胡愈之待人处事没有一点架子。他严于律己，宽以待人，深入实际，平易近人。他高尚的气质，朴素的作风，清淡俭朴的生活方式，使人产生尊敬和亲切感。他和我们出版局的同事从来不像上下的关系，更多的是朋友关系。谈工作，往往是他到我们办公室来，说话总是商量的口气，有人不同意他的意见，亦丝毫不影响谈话的亲切气氛。

胡愈之得到广大出版工作者的爱戴，30年后的今天还有许多人留恋当年的出版总署，怀念当时的几位署长，绝不是偶然的。胡愈之是革命文化出版事业的开拓者，他永远站在时代前列，他善于破坏旧世界，亦善于建设新世界。

胡愈之一生对革命，对文化出版事业所作的贡献是很大的，我所接触到的、今天能够回忆的只是大海中的一滴水。这一滴水足以让我学习一辈子，让我永远铭记不忘。

原载《出版工作》1989年第1期

人民新闻出版事业的先驱

——写在胡愈之同志逝世五周年

李　文

今天是1月16日，胡愈老离开我们五周年了，我们深切地怀念他！他是一位著名的政治活动家和杰出的新闻出版工作的先驱。他于30年代、抗日战争、解放战争时期在新闻出版方面做出了杰出的贡献。建国以后，他筹建《光明日报》任主编。并任出版总署署长，以后又任文化部副部长、政协副主席和全国人大常委会副委员长。他生前对我国新闻出版事业的功绩，是难以用笔墨叙述的。

一　少年时代的志愿

胡愈之是浙江省上虞县人，在他青少年时期，爱好读书学习，对书报有特大的兴趣。他的父亲胡庆皆是清末民初的维新派知识分子，在家乡创办新学。胡愈之上私塾和小学时，熟读了《古文辞类纂》、《通鉴精览》和《寰瀛全志》。由于他的父亲思想倾向于民主革命，家里订购了《新民丛报》、《浙江潮》和谭嗣同著的《仁学》等书报。他很爱阅读和爱护这些书报，他在小学时就是个“读书迷”。他读过孙中山先生著《三民主义》。他对孙中山、梁启超都很钦佩，羡慕他们写的文章文理通顺。他和二弟仲持、从弟伯恳一起编了一个家庭“杂志”，是用手抄的“杂志”，内容有论文、小说，还有插图。这个“杂志”竟坚持了三四年，共出了四五十册，直到他们离开家乡去外地求学才停办。他在绍兴中学读书时，爱看课外读物和写些游戏文章。他立志将来写出好文章，搞编辑出版工作。他离开中学，专门从师学国文和学习日语、英语和世界语，他想学好外文可以翻译介绍外国新的科学知识，使我们国家能够兴盛起来。

二　进入商务印书馆

1914 年胡愈之 18 岁，考入上海商务印书馆，在编译所当练习生。编译所编辑出版的《东方杂志》是个大型的综合性月刊。他练习编辑工作，有时为《东方杂志》翻译一些外文资料，还参加编写《动植物大辞典》索引。他经常跑印刷厂，很快就熟悉了排版、印刷、装订的过程，认识了许多印刷工人。他在业余的时间，还继续补习外语。经常去东方图书馆借阅图书刊物，写文章向报、刊投稿，后来他担任了《东方杂志》的责任编辑。他在《东方杂志》上发表了许多文章和翻译的作品。俄国十月革命,他就在《东方杂志》上写了报道。

1919年五四运动,《新青年》杂志举起了民主与科学两面大旗,提倡白话文。胡愈之是最积极用白话文写文章的,经常用笔名在《时事新报》副刊《学灯》和《民国日报》副刊《觉悟》上投稿。上海工人大罢工,他也参加商务印书馆工人的这场伟大的斗争。五四以后,他更努力地进行译著,在《东方杂志》、《小说月报》、《妇女杂志》、《学生杂志》上发表有关文学、国际问题、妇女问题、社会和哲学思想等各方面的文章。同时他积极参加各种社会活动。1924年后,他主编《东方杂志》,帮助和培养一批新作家和社会学家。他又积极支持章锡深创办开明书店,出版《中学生》杂志,以及创办《月报》。

1925年,英日帝国主义勾结,在上海猖狂地镇压工人罢工运动,发生了"五卅"大惨案,公共租界工部局压迫上海各报纸不许报道惨案的真相,商务印书馆的职工决定出版《公理日报》,冲破帝国主义的压迫,开展对"五卅"运动的宣传报道工作。那时,胡愈之主要负责与新闻界联系,把别家报纸不敢登的稿件拿来,在《公理日报》上发表。这份报纸实际上成为宣传、指导运动的重要舆论工具。他除了出版《公理日报》,还出版了《东方杂志》"五卅"事件的临时增刊,他还写了《五卅事件纪实》的长文,详细报道了运动的起因和发展过程,指出了由"五卅事件引起的全国民众运动是中华民族要求独立与生存的大抗争的开始"。

1927年,蒋介石在上海发动"四一二"反革命政变,胡愈之亲眼见到反动派对工人群众的大屠杀。他愤慨地起草了一封对国民党的抗议信,郑振铎、吴觉农、章锡深等共同署名交给当时国民党上海政治分会委员蔡元培、吴稚晖、李石曾,并寄给国民党中央委员会,同时在《商报》上发表,遭到国民党反动派的嫉恨,被列入黑名单,只好逃亡国外。

三 流亡法国进巴黎大学

1928 年 1 月,他决定去法国,但是他那时不懂法语,他用世界语与法国世界语团体联系,得到他们的帮助,解决了生活和学习问题。他进了巴黎大学国际法学院,学习国际法,研究国际问题。还到新闻专科学校听课,学习新闻学。他在法国三年学会了法语,还到瑞士日内瓦和欧洲几个国家去考察。同时他对法国的出版业很感兴趣,法国读者是很讲究书籍的装帧艺术的,所以他专门跑到法国的书籍装订作坊,学习他们的书籍装订技术。在巴黎大学的附近,有几家以装订为职业的手工业者,他常常去那里看他们装订书籍。他在暑假中,在一家手工业者家里当学徒两个月,学会了法国书籍的精装技术。

四 出版《莫斯科印象记》

1930 年冬,他从法国经过苏联回国。他想了解苏联十月革命后的社会主义社会的情况。但是他不懂俄文,又只能写信求助于苏联的世界语者。他到了莫斯科车站,就见到两位苏联姑娘挥动着绿星旗(世界语的标志)迎接他。莫斯科世界语学会的同志热情地帮助他获得在莫斯科停留七天的签证,并安排他参观访问了工厂、国营农场、商店、学校和幼儿园,他看到当资本主义世界经历着经济危机时期,苏联恰度过了艰难,开始了第一个五年计划的经济建设,出现了欣欣向荣的美景。七天紧张的参观访问,使他认识到一个真理:只有社会主义才能救中国。

1931 年初,他回到上海,仍在商务印书馆,任《东方杂志》责任编辑。他写了《莫斯科印象记》,原在“商务”任职的樊仲云开办了一家新生命书店,还出版了《社会与教育》杂志,因为销路不佳约他写稿,樊同意一字不改地连载《莫斯科印象记》,那时国民党政府与苏联绝交,报纸上不许登苏联的消息。读者为了解苏联社会主义社会的真相,都争相购买,《社会与教育》杂志果然发行量大增。樊仲云很高兴,还同意出版单行本,不到一年再版5次,国民党终于注意,就被禁止了,但在香港、南洋各地还多次翻印,受到华侨的欢迎。当时广大进步青年走向革命,受《莫斯科印象记》的影响很大。

五　韬奋的挚友

《生活》周刊主编邹韬奋,读了《莫斯科印象记》极受感动,他立即写文章在《生活》周刊上介绍这本好书。那时正是"九一八"事变发生不久,邹韬奋亲自去"商务"与胡愈之认识,长谈了国内外形势的种种问题,真是相见恨晚。韬奋约他为《生活》周刊写稿。胡愈之以伏生的笔名写了一篇《一年来的国际》,一字未改地在《生活》周刊国庆节专号上发表了。从此以后,胡愈之经常以伏生、景观等笔名为《生活》周刊写稿,《生活》周刊逐渐关心和议论起国家民族的大事,使刊物和全国人民反蒋抗日的愿望一致起来,更受到读者的欢迎,成为当时发行量最大的刊物。《生活》周刊与现实斗争密切联系,成为主持正义的舆论刊物,政治影响也逐渐扩大了。邹韬奋在实际斗争中成为一名坚强的爱国民主战士,与胡愈之在共同战斗中建立起最亲密的友情。

1932年"一·二八",日本帝国主义在上海发动进攻。闸北商务印书馆被炸毁。总经理王云五宣布停业,职工一律解雇,乘机把"商务"的工会组织搞垮。胡愈之也失业,就帮助韬奋编辑《生活》周刊,宣传抗日。终于引起蒋介石的不满,要黄炎培来扭转《生活》周刊的方向。邹韬奋为不使黄炎培为难,决定生活周刊社独立,与中华职业教育社不再是从属关系。同时,胡愈之建议创办生活书店,可以出版书籍和其他刊物扩大宣传阵地。1933 年他协助韬奋进一步把生活书店改组为生活出版合作社,规定了“经营集体化,管理民主化,盈利归全体”的原则,使生活书店的组织形式更适合于革命文化出版事业的需要。

正在这时刻,法国在上海办起了一个新闻通讯社——哈瓦斯,胡愈之被聘为中文部编辑。每天只需工作两小时,有更多的时间来从事别的工作,而且是很好的掩护。是年秋,鲁迅邀胡愈之、邹韬奋参加宋庆龄、蔡元培发起的“民权保障同盟”,是营救被国民党反动派逮捕的共产党员和进步人士的组织,向国际上揭露反动派迫害政治犯的严重罪行,争取国际和平民主力量的声援,引起反动派的仇根,他们指使特务暗杀了总干事杨杏佛,上海成为白色恐怖的黑暗世界。邹韬奋被列入黑名单,不得不流亡国外,去英国、苏联、美国考察。胡愈之由于哈瓦斯的掩护,国民党反动派不敢下手。《生活》周刊由胡愈之、艾寒松负责,坚持抗日的主张。国民党反动派更加紧迫害,1933 年 11 月胡愈之写的“小言论”:《民众自己起来吧!》表示对当时蔡廷锴等建立的福建人民政府的支持,触怒了蒋介石,终于在 12 月被查禁停刊。1934 年 2 月立即出版了《新生》周刊,由杜重远出面登记为主编,实际上是《生活》周刊的继续。胡愈之在办刊方针和内容上经常出主意,促使《新生》不断前进。

韬奋出国期间,生活书店有了飞速的发展。胡愈之邀请郑振铎、陈望道、沈兹九等进步作家出版了好几种杂志。1933 年 7 月创办了大型刊物《文学》月刊,胡愈之任编委。1934 年 9 月他亲任主编,创刊了《世界知识》半月刊;同时出版了鲁迅、茅盾等发起创刊的《论文》和陈望道主编的《太白》半月刊。又陆续出版了沈兹九主编的《妇女生活》,陶行知主编的《生活教育》,洪深、沈起予主编的《光明》半月刊。胡愈之还推荐张仲实担任生活书店总编辑,负责编译马克思主义经典著作和其他理论著作。还出版普及新兴社会科学知识的《青年自学丛书》;关于国际国内时事政治方面的《时事问题丛刊》、《黑白丛书》,还有《百科小丛书》、《世界知识丛书》等等。这些刊物和书籍,在国民党实行文化“围剿”的情况下,为中共党员和进步文化人士开辟了战斗的阵地。生活书店成为在国统区的一个坚强的革命文化堡垒。

1935 年发生《新生》事件,韬奋立即从美国回到上海,积极筹备出版《大众生活》周刊,继续为抗日救国挽救民族危亡而奔走,全国人民大众团结起来抗日救国,全力支援“一二·九”学生运动。邹韬奋的爱国救亡行动引起了国民党反动派的恐慌,由杜月笙出面约邹韬奋去南京和蒋介石面谈,企图软禁。韬奋第二次流亡,于 1936 年 3 月去香港创办《生活日报》。胡愈之为将张学良愿停止内战抗日的大事向党中央汇报,第二次去苏联,后赶回香港协助韬奋办《生活日报》,贯彻党的抗日民族统一战线政策,促进国共合作,团结一致共同抗日。他协助韬奋、陶行知起草《抗日救亡告全国同胞书》,韬奋亲自回上海与沈钧儒、章乃器协商联名发表,经章乃器修改为《团结御侮的基本条件与最低要求》在《生活日报》上发表了。《生活日报》仅出版 55 期于 7 月底迁回上海,改出《生活星期刊》。11 月救国会沈钧儒、邹韬奋、李公朴等“七君子”被捕,胡愈之担负起声援营救“七君子”的组织工作。在全国一片“爱国无罪”,要求释放救国会领袖的强烈呼声中,国民党反动政府不得不在 1937 年 4 月才“开庭审判”。胡愈之积极组织了名律师团进行辩护,并亲自执笔写了《爱国无罪听审记》在各大报上发表,揭露了反动政府所谓审判的真实面目,引起了全国轰动。紧接着请宋庆龄、何香凝领头与上海各界知名人士 16 人到苏州高等法院进行“救国入狱”运动,发表了《救国入狱运动宣言》,引起了社会上的震动,全国各界纷纷响应都签名要求爱国入狱,终于在 7 月底,国民党政府被迫无罪释放了“七君子”。

“七七”卢沟桥事变。日本帝国主义发动对中国的全面进攻,

"八一三"日军进攻上海,国民党政府才宣布对日全面抗战开始。生活书店在这新形势下,总店内迁武汉,迅速派大批干部到全国各大城市建立56个分支店。武汉失守,总管理处迁往重庆。胡愈之去桂林,邹韬奋为适应大时代的文化工作,特电邀他到重庆共商大计。胡愈之到达重庆,提出生活书店在抗战时期的工作原则:1.促进大众文化;2.供应抗战需要;3.发展服务精神。他与韬奋等共同讨论了生活书店今后工作的方针,决定大力发展分支店,把抗日文化种子撒到全国各地去,既可扩大生活书店的业务和影响,也可避免国民党一下子把生活书店扼杀。他还提出了调整健全生活书店总管理处的机构,设立编审委员会。他被聘为编审委员会主席。邹韬奋在《店务通讯》上介绍胡愈之,题为《我们的胡主席》,说:"胡主席是本店的最有功勋的一位同事","我们请得一位'诸葛'来做我们的主席,是再足欣幸不过的事情","他是我们事业的同志,患难的挚友。"正当生活书店大发展的时刻,国民党反动派十分恐慌,伸出了魔爪,向邹韬奋提出:要他加入国民党,要生活书店与国民党办的正中书局、独立出版社合并。邹韬奋坚贞不屈,严词拒绝。最后国民党反动派凶相毕露,将国统区55个生活书店分支店摧毁查封了,邹韬奋愤然辞去国民参政员出走香港。那时胡愈之已去新加坡,重庆相会成了两位亲密挚友的最后永别!

六 "孤岛"上出版的奇迹

1937年11月,上海被日军占领,英、法租界当局宣布中立,租界成了日寇四面包围下的孤岛。在上海的救亡团体和各界爱国人士纷纷撤离上海去香港或武汉等地。原来出版的抗日救亡报刊被迫停刊,原来搞得轰轰烈烈的抗日救亡文化宣传工作,一时冷落下来。胡愈之没有立即撤离,继续留在上海战斗。留在上海的一些进步的作家文化人一起研究,决定重新开始,深入到群众中去,组织对难民、工人、市民的宣传教育。还出版了《团结》、《上海人》、《集纳》、《译报》等报刊。

那时,美国的著名记者埃德加·斯诺正在上海,他送给胡愈之一本刚出版的英文本《红星照耀中国》,是他冲破国民党反动派的封锁,冒着生命危险,到达陕北,进行实地采访,见到了毛泽东、朱德、周恩来、彭德怀等中共的领导人,采访到了第一手资料,忠实地向全世界报道了中国共产党领导的工农红军二万五千里长征可歌可泣的真实的史诗。胡愈之决定设法尽快地翻译出版,介绍给国内外的读者。那时上海的书店、出版社都搬到内地去了。但是有的翻译作家没有离开,印刷厂也没有搬走,空闲着,工人也失了业,生活很困难。他就立刻组织几位翻译家分工很快翻译出来,以《西行漫记》为书名。商务印书馆的印刷厂的印刷能力很强,技术也很好,工人都认识他,问他有没有书给他们排印,他和他们商量,先排印出来再付款,他们同意了。没有钱买纸张,就采取预约推销的办法,用"复社"的名义出版。只用了两个多月的时间就印出了第一版1000本,很快就卖完了。开始有的读者还不知道这本书的内容,后来知道是写共产党,写红军长征,写延安的书,都争先购买,半年内就印了五六版,卖了八九万本,还运到香港和南洋群岛,引起轰动。随着又翻译出版了《续西行漫记》,同样受到国内读者和华侨的欢迎。

从用群众的力量出版《西行漫记》的经验,他又组织力量出版了20巨册的《鲁迅全集》。关于出版《鲁迅全集》的事,早在"七七"事变前与商务印书馆谈过,由于有些条件未谈妥,一直拖延到战争爆发上海沦陷,当时上海形势很紧张。日军随时可能占领租界,经许广平辛勤收集和整理的鲁迅先生的大量文稿,全部留在上海,要是被日本人弄走就糟了!运到国民党地区也不行,鲁迅的书是被国民党禁止出版发行的。许广平很着急,大家认为把这份宝贵的文化遗产,完整地保存下来的最好办法,就是出版《鲁迅全集》。在上海出版力量很强，纸张也较便宜，依靠群众，组织力量迅速把《鲁迅全集》编印出来是极有重要意义的。没有出版资金，决定也采取预约推销的办法来筹款，五六百万字的《鲁迅全集》，相当于《西行漫记》20本，全部定价20元。在战争时期，广大读者能拿出20元钱买书的人不多。于是又想出一个办法，决定出普及本和精装纪念本两种版本，普及本定价8元钱一部，这连工本费都不够；另一种精装纪念本，不仅精装讲究，而且每部都有一个精美木制的书籍，外刻有“鲁迅全集，蔡元培题”的字样，每部售价100元，实际成本二三十元，以盈补亏，整个出版发行就可以不赔钱了。他到处奔走联系，组织了百数十位学者，文人和工人，共同来为《鲁迅全集》的编排印校出力。为了争取扩大发行，改用“鲁迅纪念委员会”的名义。实际上只是用会长蔡元培和副会长宋庆龄的名义。他亲自去香港，把出版《鲁迅全集》的计划告诉了蔡元培和宋庆龄，得到他们的赞同和支持，蔡元培挥笔题了“鲁迅全集”和签名。蔡元培是国民党的元老，声望很高，国民党当局也不好明令禁止。他就赶印了预约卷和广告，开始推销。那时100元一部的书，只有富人才买得起。当时富人都集中在香港、广州、武汉等地，所以他先从香港开始推销。办法是开茶话会，把那些进步的资本家、各界开明人士及国民党要人请来参加，清茶一杯，主要向他们介绍有关《鲁迅全集》的情况，请他们购买预约书券。到广州、武汉也采取同样的办法。在武汉周恩来同志和八路军办事处积极支持，预购了十多部，经胡愈之手很快就推销了100多部。当时如国民党左派人士孙科、邵力子等人都订了10部。并且通过正在美国的陶行知，南洋的王纪元和华南地区的巴金、茅盾等都积极推销了不少部。上海本地预购的也出乎预料的多。通过以上途径，在很短时间，就筹集到了三四万元出版资金，马上在上海买纸开印，仅4个月的时间就将全集多达20卷、600多万字的《鲁迅全集》，印刷精美的丰厚文学瑰宝，送到了广大读者手里。这在我国出版史上是从来没有过的。胡愈之在日寇占领包围的上海孤岛，发挥他创造性的出版奇迹，是对日寇的示威，这种革命创造的事业精神，是很值得学习的。

七 战时桂林的新闻出版事业

胡愈之抵达武汉，参加郭沫若领导的政治部第三厅工作，组织"七七"抗战周年纪念活动和到前线进行向部队慰问活动，编写了一些供战士用的宣传材料。这些材料送到部队，往往被国民党扣留了。但在第三厅做了一件有意义的事，就是对外的新闻宣传工作。当时华北和上海等地的文化人士都集中到武汉，他们愿意投身于抗日的新闻事业，于是党组织成立了青年记者学会，派他们到部队去担任战地记者，发挥了很大作用，寄回许多战地的真实消息。编写战地新闻，每周一次向外国记者发布，报道了中国抗战的一些真实情况。这是同他在上海时组织的救国会国际宣传委员会国际新闻供应社的继续，很受外国记者的欢迎。由范长江负责成立一个国际新闻社，因武汉失陷，直到桂林才正式成立。

1938 年 10 月 24 日，胡愈之和郭沫若最后撤离武汉，到达长沙。经周恩来同志同意离开了政治部第三厅，要他去桂林做李宗仁、白崇禧的统一战线工作。同时把桂林的抗日文化工作搞起来。当时广西是西南后方政治空气比较活跃的地区。桂系主要人物李宗仁、白崇禧、黄旭初等成立一个广西建设研究会，是桂系联系各方面政治势力的政治组织和咨询机构。该会由担任常务理事的著名开明人士李任仁、陈劭先两人主持，他们与救国会有过联系，就聘他为广西建设研究会委员，并担任文化部副主任，这样他与广西上层人物经常有些往来联系。

国际新闻社也正式在桂林成立了，夏衍主编的《救亡日报》也迁到桂林复刊。从武汉、广州撤离下来的大批文化人也都到了桂林，原第三厅组织起来的一些文艺界人士和团体，也来到桂林演出，生活书店等出版机构也在桂林开设分店和门市部，他主编的《国民公论》也迁到桂林继续出版。这样“文化沙漠”的桂林，抗日文化运动竟迅速地发展起来，成为国民党统治区的一个抗日文化中心。成立国际新闻社，主要是打破国民党的中央社对新闻封锁。香港也成立了国际新闻社，是在上海国际宣传委员会的基础上成立的，主要是向国外和华侨报刊供稿。桂林“国新社”主要为国内报刊供稿，人员统一交流使用。这样使国际新闻社在党的直接领导下，它和《新华日报》成为党在国民党统治区的两个主要的革命新闻宣传机关，以后还在重庆设立了“国新社”的办事处。“国新社”的成员大多是青年人，都是青年记者学会的会员，工作和学习的热情都很高。“国新社”为党培养了不少优秀新闻工作的人才。胡愈之还积极建议李任仁，由广西建设研究会与救国会共同合作开办一个文化出版机构——文化供应社，于 1939 年 10 月正式成立。陈图先任社长，他代表救国会任董事和编辑部主任，计划出版一套二百多种通俗百科知识的《国民必读》小型文库，内容密切配合抗战宣传，又能推进人民大众的文化教育。还为这套丛书设计了专门书箱，配以挂图和地图，供给全省基层图书室，打开书箱就是书架，即可展览阅读。文化供应社艰苦创业有很大发展，编发了上百种图书，大部分是社会科学、知识性的读物和文学作品，还出版了不少青少年读物和通俗读物，在大众化、通俗化方面作了不少努力，为抗日救国提供了大量精神食粮。

由于国民党蒋介石企图对日妥协投降，发动了反共高潮，对抗日民主运动的压迫更是猖狂，各地生活书店相继被迫查封停业。桂系主要头目白崇禧越来越靠近蒋介石，桂林的国民党反动派特务活动猖獗起来，生活书店被迫停业。1940 年 6、7 月间，桂林八路军办事处主任李克农通知胡愈之，已给他买好飞机票，要他立即离开桂林去香港。

八　开辟南洋的新闻出版新阵地

胡愈之抵达香港，见到廖承志同志，才知道是周恩来同志推荐他去新加坡担任《南洋商报》主编。《南洋商报》是爱国华侨领袖陈嘉庚先生在 1923 年创办的。胡愈之于 1941 年元旦正式接任《南洋商报》主编工作。他按照党的指示，开辟海外宣传阵地，使《南洋商报》成为团结华侨，一致抗日救国，实现党的抗日民族统一战线政策的阵地。当时，《南洋商报》面临如何扩大影响，打开销路；使报纸能更受读者的欢迎，争取更多的读者的问题。必须支持华侨领袖陈嘉庚先生和他所领导的南侨总会。他作为主编，在撰写社论和选编稿件始终是以抗日救国运动为中心，突出强调民族团结，南洋华侨团结，以及南洋华侨在抗战救国中的作用，配合陈嘉庚先生领导的南侨总会的工作。他与"国新社"保持密切的联系，也与香港和内地文化界保持密切联系，及时、准确地报道国内抗战的最新消息和发生的重大事件。"皖南事变"发生，国内由于国民党的新闻封锁，各报不准登载事实真相。胡愈之在《南洋商报》上立即如实地报道了这一事件的真相，并连续发表了几篇社论，评论了这一事件。立时轰动了南洋华侨社会，产生了巨大影响，激起了广大爱国华侨对国民党反动派分裂倒退行为的极大愤慨。通过正确的宣传方针，使《南洋商报》能够代表南洋华侨的心声，成为南洋华侨的喉舌，使得《南洋商报》销路大增，一时跃居各报之首。从而也为促进南洋侨胞抗日救亡运动的发展起了重大作用。

为了在南洋侨胞中扩大抗日民族统一战线，胡愈之还积极参加广泛的社会活动。在《南洋商报》任编辑的张楚琨是陈嘉庚先生的助手，他组织华侨青年抗日团体——民族先锋队。通过他的介绍，使胡愈之知道了许多新加坡的情况和结识了南洋文化界的不少朋友。新加坡另一家大报《星洲日报》是南洋另一位著名华侨胡文虎办的，著名作家郁达夫在《星洲日报》编副刊，也代理过该报的主编。那时《星洲日报》的主编是俞颂华，他们两位在上海时就与胡愈之很熟，俞颂华是在《东方杂志》的老同事，关系都很密切。但是《星洲日报》与《南洋商报》因属不同华侨帮派，在经济利益，政治态度，倾向上也有所不同。但由于他和郁达夫、俞颂华的友谊，所以两报也保持着良好的关系。

1941 年 6 月后，沈兹九、王任叔、张企程等相继来到新加坡，加强了党在文化界的力量，对《南洋商报》也有很大帮助。9 月胡愈之和沈兹九结婚，自此他们俩就一直生活在一起，共同为党的事业而战斗。他们在南洋的影响很大，国民党反动派很不满意，曾企图通过英殖民主义者把他们驱逐出境未能得逞。国民党对陈嘉庚拥护共产党的进步政策也十分不满，企图削弱陈嘉庚在华侨中的影响也终于失败。

12 月 8 日，日本法西斯发动太平洋战争，新加坡遭到日机轰炸，同时日军在马来亚登陆。胡愈之邀集文化界的朋友商讨如何对群众进行抗日动员，大家决定成立星洲华侨文化界战时工作团，把各界爱国人士都动员起来。由郁达夫任团长，他任副团长，张楚琨任组织部长，王任叔任宣传部长。战时工作团立即成立一个青年战工干部训练班，准备训练一批年轻干部去担任民众武装的政训工作。并立即组织宣传队，用演讲、戏剧、歌咏等形式到群众中去进行抗敌宣传。接着全新加坡各界华侨成立了以陈嘉庚先生为首的“新加坡华侨抗敌动员总会”，陈嘉庚当主席，胡愈之任执行委员兼宣传部主任。南洋华侨的抗日情绪十分高涨，在短时间内就组织了三千多人的华侨抗日义勇军，青年战工干部训练班的学员都当了义勇军的政训人员。但是战局发展很快，英殖民当局根本没有在南洋抗日的决心，英军节节败退，马来亚大部陷落，新加坡已成孤岛，整个保卫战进行了两个多月，英殖民者就宣告投降。国民党领事馆不发给回国护照。胡愈之召集各界抗敌工作人员商量，决定先撤往荷属苏门答腊的农村。从此他们在华侨和当地群众热情地关怀和掩护下，在森林中度过5年的艰苦生活。胡愈之在逃难期间还编写了两部书稿——《汉译印度尼西亚语辞典》和《印度尼西亚语语法》，还写了一部小说《少年航空兵——祖国梦游记》，还写了《论战局》、《各民族抗日统一战线》、《印尼问题与华侨经济》等文章，临近胜利时刻，他写了《告侨胞书》、《告印尼兄弟书》，号召中印人民团结一致，互尊互帮，为反对法西斯主义，建立人民共和国而共同奋斗。

1945年8月，日本宣布无条件投降，抗日战争终于取得了胜利，胡愈之等互相庆贺，立即赶到棉兰，广泛联络当地华侨群众，组织了团结华侨的侨团，还办起了一张《民主日报》。一个不幸的消息：郁达夫在8月29日失踪，被日军杀害牺牲了！胡愈之等于9月回到新加坡，创办《新南洋出版社》，他以沙平的笔名主编《风下》周刊，又出版了沈兹九主编的《新妇女》杂志。胡愈之还建立南洋民盟，出版《民主》周刊，又出版了《南侨日报》和《南侨晚报》。在新加坡直到1948年4月回到香港。8月，他与沈兹九离开香港，经南朝鲜到达大连。9月底，他们到达党中央所在地平山县西柏坡。

九　新中国出版总署署长

在西柏坡，胡愈之当时想解放战争已取得很大胜利，可以干些他所爱好而又熟悉的新闻出版工作。他见到周恩来同志，谈了他想去干新闻出版工作的愿望。周恩来同志要他还是做民主党派工作，几天后，还专门到胡愈之的宿舍长谈了一个通宵。为了适应新的工作，党安排他先学习党史，读了党的大量历史文件，使他对党中央提出的路线政策的认识水平，大大提高了一步。

1949年平津相继解放，他于2月1日进了北平。不久，沈钧儒、李济深等都到了北平，民盟总部也迁到北平，成立了“民盟总部临时工作委员会”。他也参加了北平文化接管委员会工作。他主要接管了国民党的《世界日报》，为筹办《光明日报》作准备。民盟决定他为《光明日报》社长兼主编。经过紧张的筹备工作，《光明日报》于 1949 年 6 月 15 日正式出版。初办时仅 20 余人。那时他把大部分时间和精力放在报社，不管外面的活动多忙，也不管是不是假日，他每天总要到报社谈工作，写社论看稿件，有时还和编辑部的同志一起上夜班，看完大样很晚才回去。遇有重大事件，他还亲自撰写评论文章。为了使报纸办得具有特色，他花了不少心血，报纸有哲学、经济、文学等副刊，受到广大知识界的欢迎。

10 月 1 日中华人民共和国成立，胡愈之被任命为出版总署署长。在建国前夕，中共中央宣传部发出通知，召开了第一届全国新华书店出版工作会议，毛主席为大会题词：“认真做好出版工作”。在中南海勤政殿，由陆定一和胡愈之陪同毛主席接见了全体代表。朱德同志也为会议题词：“加强领导，力求进步”，还亲临会议做了重要讲话。胡愈之在会上作了题为《全国出版事业概况》的报告，提出要发展人民出版事业的任务：一、供应人民需要的出版物，1）教科书；2）一般通俗读物，特别是工农大众的读物；3）干部读物。二、出版业的团结与领导问题：加强和统一新华书店的领导；以公私兼顾的原则，团结和领导私营出版业；三、建立国家出版机构，做到：集中领导，分散经营等。会议前做了充分的准备工作，召开了新华书店华北总分店第三次分店会议，京津发行工作会议，京津出版工作会议，并召开了各大区公私营出版业座谈会，广泛听取意见。胡愈之在华北分店经理会议上做了《出版工作一般方针和目前发行工作的几个问题》的报告；他在京津出版工作会议上做了《出版事业中公私关系和分工合作问题》的报告。在第二届全国新华书店工作会议上做了《论新民主主义的国营出版、印刷、发行事业》的报告。第三次会议规模最大，参加会议的有各大区公、私营出版、发行、印刷、杂志业和中央与地方出版行政机关的代表，中央人民政府有关各部的代表,印刷工会的代表。还有书报摊贩的代表,胡愈之在会上做了《论人民出版事业及其发展方向》的重要报告。他在报告中说:这次会议体现了全国出版界的大团结,是出版界的"政治协商会议"。通过会议要产生一个出版界"共同纲领"。

王益写的《出版总署的好署长》概括地说:三次会议,前后相隔仅一年时间,胡愈之在这些会议上做的讲话和报告,有文件可查的共有9次,约达7万字,他的讲话和报告有一个鲜明特点:总是遵循党在新民主主义革命时期的总方针,根据中国人民政治协商会议的《共同纲领》提出的发展人民出版事业,并注意出版有益于人民的通俗书报的要求。经过调查研究,掌握实际情况,然后从分析情况出发,找出问题,提出解决问题的方针、办法和步骤。

三次会议都在充分讨论后取得一致意见,做出了决议。第一次会议通过了《关于统一全国新华书店的决定》。主要是解决了新华书店统一领导问题,1950年3月25日由出版总署呈报政务院文化教育委员会批准公布。第二次会议,作出了关于全国新华书店统一分工和专业化;关于建立人民出版社;关于出版、印刷、发行三个专业部门的相互关系;关于调整公私关系等项建议和决议,主要是解决新华书店进一步领导和出版、印刷、发行分工专业化的问题。第三次会议通过了关于改进和发展全国出版事业的五项决议。出版总署于1950年10月28日公布,同时又公布了《关于国营书刊出版印刷发行专业化与调整公私关系的决定》。在同一天,中央人民政府政务院周恩来总理签署公布了《关于改进和发展全国出版事业的指示》,这个指示也就是当时出版界所迫切盼望的"共同纲领"。

粉碎"四人帮"以后,胡愈之痛感一言堂的惨痛教训,更加不遗余力地提倡发扬民主。多次建议"民盟"搞个"群言堂",办个出版社,出书,出刊物;用民主的办法,反映知识分子的声音。在他亲自关怀下,经过许多同志的努力,终于促成了《群言》杂志的公开出版发行。

胡愈之为我国革命的文化出版事业做出了巨大贡献。为新中国的出版事业的奠基工程投入了极大的心血。他坚定地贯彻党的方针、政策。他认为:人民的出版事业是人民民主专政的工具,出版事业的领导权必须掌握在人民政权管理的国营出版事业的手中;人民出版事业的方针应当是民族的,科学的,大众的;应该与实际需要相结合,理论与实际相结合,提高与普及相结合,出版事业是一种重要的文化思想工作,应是有领导,有计划的;出版、印刷、发行要专业化分工;又必须互相配合协作,统筹兼顾,分工合作;它的共同任务是为供应人民需要的有益于人民心身健康的精神食粮;而且实行企业经营,科学管理,经济核算,努力减轻读者负担,全心全意地为读者服务。胡愈老德高望重,平易近人,民主作风,谦虚和气,热情诚恳,毫不居功,革命的乐观主义的崇高品德,使我们永远怀念他,学习他。他一生留下数百万字浩瀚的文稿,是我们党和人民的珍贵财富,我们深切地盼望《胡愈之文集》能早日问世,以飨广大读者。

原载 1991 年 1 月 16 日《新闻出版报》

记胡愈之

陈　原

批评我做无效劳动

1959 年庐山会议后,胡愈老跟齐燕铭调到文化部工作,胡愈老作为副部长专管出版,齐燕铭作为部党组书记,也主管出版。

胡愈老离开了五年后,又重返这个领导岗位——从 1949 年人民共和国建立开始，胡愈老就当出版总署署长，直到 1954 年总署合并到文化部，他才专心做民主党派的工作。

合并后的出版总署成为文化部的一个局。胡愈老重主旧政，作为文化部副部长主管这个局，我们都很高兴；他对出版事业有经验，有感情，有长远眼光，有超乎寻常的见解。他一到岗位就很不满意我们那时抓的工作；更准确地说，他特别不满意我那时所从事的工作——作为出版局领导成员之一，我那时正在主持一个小组，起草一个意在“调整”出版工作的文件，即反对极左做法的文件。这项工作是在耗费了多少人力物力的“大跃进”之后立即进行的，也正是我们从乌托邦的美丽幻想中清醒过来的时候。当胡愈老到文化部时，这个文件已易稿 12 次或 13 次。胡愈老半开玩笑半批评我说：你这是做的无效劳动。他不止一次说，你成天在纸面上下工夫，有什么用？你这叫做管理出版吗？

他批评得对。我知道这正是“为跌下而造的塔”——这是胡愈老翻译的爱罗先珂一篇童话的题目。我承认我是在进行一项无休止的永远不能成效的“纸上谈兵”。坦率地说，我也不愿把自己陷在这个“怪圈”里——写，改，推翻；写，改，推翻。本来想“反思”一下吸取教训，找出一条可走的路，但谈何容易呵！又要吸取教训，又要“高举三面红旗”；分明是“左”的思想搞乱了局面，却偏偏要在反右的框框下做文章。这是一次滑稽的表演，当然这样的表演需要极高的技巧——而我没有。每一次稿子写出来，都经不起众人的批驳，确实如此，连我自己也说服不了自己。文件注定是写不成的，还不要说有效无效，胡愈老来算是解救了我，他劝我把这项工作“放一放”，他没有说不能写，他只说“放一放”，他劝我“帮”他做一两件实事——当然，作为部长他可以“命令”我做什么，不做什么。但他从不下命令。他还劝我别“想”这劳什子了，不如去抓出书。

我突然病倒了，进了医院。我出院时，已是世所共知的“三年困难”的中期，城市里没有足够的食品，没有可买的商品。人们在悄悄地议论农村里的逃荒，饥饿，死亡……齐燕铭还兼任国务院秘书长，由他署名，向中央建议给高级知识分子发给特殊的食品，即后来人们说的“肉蛋”干部待遇，机关里也仿此给因缺乏营养而患浮肿病的干部发给糖和豆，这就是低一级的“糖豆”干部待遇。但人们却仍然怀着希望，没有一个干部失去信心，人们还在奋力支撑着局面。

“知　识　丛　书”

胡愈老审时度势，认为此时作为一个从事出版事业的人，最重要是抓出一套能在那样阴暗的日子里振奋人心或者至少开释疑虑的丛书来，这样，只有这样，出版工作才能真正为人民服务。他设想这套书是有利于国计民生的书，他设想的读者对象不是在校学生，更不是学者，而是干部，或准确地说，是一般普通干部。他跟当时许多有识之士的见解一样，认为路线方针确定以后，干部就决定一切——干部水平高，就能办好事。但谁都没有去怀疑整个方向，谁都没有深入到“大跃进”失误的本质在什么地方，谁都没有明白（也许谁都朦胧地感觉到，但谁也不肯或者不敢说出）症结所在。大家深信不疑的是当前干部缺少应有的知识，因此把好事办坏了。

胡愈老跟我说过几遍之后，认为时机成熟了，应该着手工作了，这就有了 1961 年 5 月的四川饭店聚会。胡愈老约了七八个人去聚餐，在餐前他和盘托出他要抓一套丛书的设想。到会的有当时中宣部出版处处长包之静，还有文化部出版局的王益，人民出版社的王子野，商务印书馆的陈翰伯，中华书局的金灿然——人民文学出版社是许觉民或楼适夷来，记不清了。

在这次聚会上，胡愈老强调前几年干部热情高，干劲足，就是缺少必要的知识，所以要出版一套提高干部知识水平的读物。他设想几个出版社按照自己的出版分工合出一套丛书——这套书有点像百科全书的单篇本，设想每个选题出一本，几个出版社联合搞。每年可以出五六百本，包罗万有，出它几年，合起来几乎就变成一套百科全书了。他又说，这套书是中级的知识读物，所以用不着每一本都去约请大专家动手，出版社的编辑人员有条件的都可以写，这样对培养出一支编辑队伍也是很有利的。他举例说，从前商务、中华、开明、生活书店都是用这种方式培养干部的。

首先是王子野赞成，他说人民出版社本来想出一套中级知识读物，但老是抓不出来，主要是上面领导不重视，没有人出面来抓，所以少见成效。包之静也很赞成，认为知识读物出得太少，是出版工作的一大缺点。王益说，由胡愈老来挂帅搞中级读物，是最好不过了。他提到抗战前生活书店出过一套青年自学丛书，很受读者欢迎，在民族解放运动中这套书起过相当作用。总之，会上七嘴八舌，无不赞成胡愈老的设想。接着胡愈老又提出两点意见，一是，要赶紧出版一些解答当前社会公众最关心的问题的读物，例如“市场为什么紧张?”“副食品为什么缺少?”等等，首先要出一整套这样的热门“知识”书，才能打响。另一个意见是要多出现代科学技术知识的书籍，比重要大，为此，他建议恢复在前时整顿出版中停办的科学普及出版社。

这两个意见讨论得十分热烈。关于后一点，即传播科学技术知识的书要多出，大家几乎没有异议；但关于前一个问题，原则上都说好，都说应当，但都说不好写，写不好——有人画龙点了睛：写出了恐怕也难发行。连政治局委员在庐山会议上提出意见也掀起一场风暴，这样的现实问题怎能去碰呢?

在60年代初的社会气氛中，得出这样的结论是自然而然的。大跃进，翻几番，“放卫星”，粮食亩产10万斤，养鸡养到每只1万斤，食堂化，吃饭不要钱，公社化，大炼钢铁，没有粮食，没有副食，浮肿病……如此等等，经过两三年的反思，大家都心中有数，可是很难有人像彭大将军那么正直，那么勇敢，那么忠诚，那么无私，敢于直言不讳。胡愈老敢,我始终认为。胡愈老从不人云亦云。试看他初到解放区,在解放战争打得正欢的时候,他观察世局,“知彼知己”,直截了当提出大约在一年左右可以打败蒋家王朝的惊人见解——而后事态的发展证明他的分析是符合实际的——可见他原先要出这一部分“热门”书,是怀着利国利民、爱国爱民的深厚感情去设想的。不料这“热门”书设想被我们迎头泼了冷水。他只好听从大家的意见,他从来不独断独行。他是勇敢的,但他看见我们忧心忡忡,他只好绕过这一重“障碍”了。这样,那天聚餐尽管热烈,并且确定了丛书的名称(《知识丛书》),但思路同胡愈老的不一样了;这一举注定了这套丛书要失败了。

在聚会快结束时,胡愈老又提出了他的第三个设想:这套丛书可不可以包括一系列阐述马克思列宁主义知识的读物。大家都说这很必要,但做起来很难。最了解其难度的当推包之静,他非常尖锐地说,这必要,当然是很必要的,但是出一点错,可是个大问题,也就是政治问题,而不是学术问题,对干部的影响是很大很大的。他说,现在上面已经在组织一套阐释马克思列宁主义各个基本问题的丛书,将来看情况如何,或者收到《知识丛书》中去,或者单独出。总之,现在暂时可以不考虑。老包这么一说,大家也就没有再说什么了。这样,绕过“热门”知识,又避开“政治”知识,胡愈老这套丛书就同原来的设想大异其趣了,就不能不变成纯粹文化、科学知识丛书了——这更加注定这套丛书要失败了。

尽管打了很大折扣,胡愈老设想的这套《知识丛书》还是终于以单薄的身影出台了。

“佘　太　君”

编印《知识丛书》的请示报告,由齐燕铭和胡愈老签发,送到中共中央宣传部,这就有了1961年5月中的部长办公会议——专门讨论这个报告的办公会议。齐、胡把我也带去了。会议是周扬主持的（他那时任中宣部副部长）。这种办公会议一般都开得很活泼，而且很节省时间，没有冗长的"开篇"，也没有通常会议那些起、承、转、合，最奇特的是没有一般认为的总结——与会者各说各的，甚至有时是相反的意见，但与会者能听得出一种倾向，或者听从哪一位最有"权威"的"首长"的结论性意见，却又不是在会议进行到最后一刻才说的。我觉得这种会议最能启发人。

这次会议自然首先是齐、胡两位简单讲了几句，陆定一（他那时是中宣部部长，不过他的身份比部长高，因为他是中央书记处书记）首先讲意见。他提醒人们要向商务印书馆的《万有文库》学习——是的，他就是这样说的，要向《万有文库》学习。他说这个文库包罗古今中外各种知识，很有用处。他提出问题：介绍《红楼梦》，介绍《水浒传》的东西叫做知识，难道《红楼梦》、《水浒传》这两部书就不算知识？因此他说，《知识丛书》要不要把《红楼梦》、《水浒传》都收进去？照他的口气，应该像《万有文库》那样，把这两部文学作品也收到《知识丛书》中去。陆定一就发表了这一点意见。林默涵（他那时是中宣部副部长兼文化部副部长）接着对这个问题作了解释，他说像《红楼梦》、《水浒传》这样的文学作品，已经有别的出版单位出版，不必收进《知识丛书》了，而且文学作品太多，收不胜收，现在计划中的这套《知识丛书》主要是对干部提供各种基本知识。

管对外宣传的姚溱（当时也是中宣部副部长）认为现在做外事活动的人多了，他们迫切需要有关各国基本知识的读物，《知识丛书》可以满足他们这方面需要。全世界有一百几十个国家和地区，每一处写一本，出齐了对于搞外事活动的干部，一定会有很大帮助。

另一位副部长张子意看了计划要出一两千种，他是主管干部的，他说干部哪里看得了这么多书。他说计划中每种写四五万字也太多，干部没有那么多时间看书。他认为最好只出一两百种，每种只写一两万字——这样就有二三百万字，也够了。张子意是就每一个干部所能阅读的最大限度说的，但每一个干部却不需要看一两千种书，只按照自己的需要看其中若干种就行——所以后来《知识丛书》仍计划出一两千种，以备各方面的干部选择。

最后讲话的是周扬——他的话就是这次会议的“结论”。他说近年由于我们的干部知识太贫乏，因此办了不少蠢事，也办过一些坏事。他认为这套丛书的目的是传授知识——卑之无甚高论，传授知识最重要的是材料。他建议计划要写上“材料力求充实”。至于观点，不能要求得那么严，不可能要求每个作者都做到百分之百的马列主义。如果要求得这样严，那就一本也写不出来。所以《知识丛书》的编写方针，应当定为“观点力求正确”，着重“力求”，而不是“必须”。这样，参加写作的人就会很多。比方有一些老专家，虽则观点不那么正确，但是他拥有丰富的材料，他就可以写。他强调，《知识丛书》要用材料反映观点，不要“以论代史”，而应当“以史代论”。他说由胡愈老来主编这套丛书，最合适不过了；他说，胡愈老是出版界的“佘太君”，现在由“佘太君”出来挂帅，太好了。

这样，胡愈老设想中的这套《知识丛书》，就完成了必要的“立法手续”。接着就开始做组织工作。头一个是组织编委会，照胡愈老的意见，编委会的成员应当包括学术界的一些头面人物，也应当包括一些“实力派”——即他手下有一批人能写作，或者说他有能力调动一些人来写作。经过多方奔走，编委会确定了五十多人的名单，其中包括胡愈老特别提名的数学家华罗庚，桥梁工程学家茅以升和地理学家竺可桢。这三位科学家都已先后去世了，当然留下了很多科学研究成果，但其中只有竺可桢为《知识丛书》写了一本《物候学》，这部小书也许是《知识丛书》中几本最吸引人的同时又有很高学术价值的通俗著作之一，通过唐诗以及其他诗词描写的状况，来推断气候的情况和发展倾向。

编委会于1961年8月3日在北京的人民大会堂成立。事先胡愈老拉我同去找周扬，请他在编委会成立会上讲话，他答应了，这就有后来发表的那一篇讲话稿。编委会成立后，设一个办公室，胡愈老建议由王城（那时是文化部出版局的一处处长）和范用（那时任人民出版社副总编辑）负责，丛书由六个出版社共同出版。出书时用统一设计的封面，以内容分色，版式也完全一样，六个出版社是人民出版社（由范用代表），人民文学出版社（由副总编辑孟超代表），中华书局（由副总编辑丁树奇代表），商务印书馆（由总编辑陈翰伯代表），世界知识出版社（由总编辑冯宾符代表）和科学普及出版社。办公室的王城管选题、审读内容，范用管出版事宜。我是个承上启下的“打杂”，除编委外，没有特别名义。编委会只开过一次；胡愈老建议由上面六个出版社的代表加上办公室经常碰头，有点像常务编委会的样子；这样的碰头会却经常开。

“佘太君”就这样挂帅上阵了。

“知识就是力量”

每一本《知识丛书》的扉页背面，都印了培根（F. Bacon，1561～1626年）的名言：

“知识就是力量。”①

---

① 实际上这是一段“出版说明”，全文如下：

知识就是力量。一个革命干部需要有古今中外的丰富知识作为从事工作和学习理论的基础。《知识丛书》就是为了满足这个需要而编印的；内容包括哲学、社会科学、自然科学、历史、地理、国际问题、文学、艺术和日常生活等知识。为了使这一套丛书编写得更好，我们期望读者们和作者们予以支持和合作，提供意见和批评。

《知识丛书》编辑委员会

这句话我已记不起是胡愈老提示的，还是我提出得到胡愈老首肯的——“文革”时期我的交代材料把这通通包在我身上，“罪该万死”！50年代我曾醉心于苏联以这句话为名的科普杂志——《知识就是力量》Знание Сила，这个杂志有中文译本，其中刊载的文章都很吸引人，其特点是通过动人的文学笔调，有时还利用传说故事和民间习俗，来传播基础科学知识或最新科技信息，而且图文并茂，使读者爱不释手。

把培根的这句名言刊在扉页上，这表明我们那时对知识的认识——知识一旦被人民掌握了，就会转化为物质力量。回头一望，这六个字在那“史无前例”的十年间，不知换来多少场“批斗”，费尽多少“革命群众”的“心思”——批判者们说，知识就是力量，这就是否定阶级和阶级斗争，否定阶级斗争就是社会主义的叛徒，叛徒就是反革命，反革命就必须批倒批臭，斗倒斗臭，然后踏上一只脚。……或者指控这个“反动”论点意味着知识冲击政治，反对政治第一，其最终目的即复辟资本主义。……受到这样无理并且蛮横的指控时，我从不辩解——当然也不让我辩解——沉默就是答复。胡愈老也受到过这样的指控，他保持沉默，一句话也不说。对于恃着篡夺来的权势欺凌人的暴徒，无法也不需要讲道理。

回到正题。1961年冬，胡愈老提议召开分科选题的座谈会。按照胡愈老的设想，开这样的座谈会时请有关的编委出席。胡愈老说，不要空谈，要有这一科目的权威带头，不只议论选题，还可即席派任务，认任务，一举几得。除了历史一门照胡愈老意见暂时不开（他说在这方面吴晗做了很多工作，团结了好多作者，《知识丛书》先不必在历史的领域开拓），总共召开过经济学、国际问题和哲学方面的座谈会。

头一个座谈会是经济方面的，胡愈老请于光远主持（“带头”），在民族宫举行，参加者有陈翰笙、千家驹、勇龙桂等。会上议论得最多的是关于“猪”的选题——那时已经进入所谓“三年困难”时期，副食品匮乏，猪肉很难吃到，所以那时大力提倡养猪。会上七嘴八舌地谈论猪的价值——如同现今青年一代爱谈论人的价值一样——说猪的全身都是宝，说猪身上哪一部分都有用处，说要赶紧写出一本知识读物《猪》，不但讲明猪在国民经济中的价值和作用，不但讲几条抽象的道理，而且要有关猪的实际知识，有人说这不变成一本养猪学了？引起哄堂大笑。会上勇龙桂还提出了十几个实用经济学的选题，使人耳目一新。总之，这次座谈的倾向是传播经济学知识，一定要理论联系实际，跳出从概念到概念的旧框框，解决一些实际问题。这当然就是胡愈老要编印《知识丛书》最初的宗旨。

国际问题的座谈，是请姚溱主持的，到会的全是当时有名的国际问题专家和“写”家——其中包括乔冠华、宦乡、邵宗汉、孟用潜、刘思慕、陈翰笙、张明养、王康、张铁生，这些专家当时又都是胡愈老所指的“实力派”，他们主持外交部的政策研究室，国际问题研究所，拉丁美洲研究所，亚非研究所等等实力雄厚的研究机关。姚溱在会上号召大家要用最快的速度，编写各国概况，一个国家写一本，这样可以很快就出一百几十本，因此，《知识丛书》的国际问题部分就以编写各国概况为中心任务——果然后来很快就出了例如《阿尔巴尼亚》一书——须知当时这个欧洲小国正在同亚洲大国度蜜月呢。

年底召开了哲学方面的座谈会——我出差了，没有“躬逢其盛”。据说是请胡绳主持的，到会的有金岳霖、潘梓年、侯外庐等。这次座谈决定要介绍各种流派的哲学思想，至于中国，古代的思想家孔子、老子、墨子等等，都各出一册。

这时已到了 1962 年初。胡愈老计划开一次文学方面的座谈会，约好林默涵主持——后来因为林默涵太忙，无法商定开会日期，这个会始终没有开成。

上面提到过的“常务”编委开过几次会，现在已不可考；其中两次却是记忆犹新的。一次是确定“样板”的会。事先准备好三部书稿的清样本,大家先读过,再来开会讨论。这样的会议都是胡愈老亲自主持的。三部书稿即《半导体及其应用》(科普),《凯恩斯学说》(商务)和《诗词格律》(中华)——最后一种是金灿然特别去北大动员语言学家王力教授赶出来的。王力精力旺盛,深刻体会了胡愈老创办《知识丛书》的旨意,在不到一个月的时间内赶出五六万言,深入浅出,引人入胜;大家一致认为这部书写得通俗易懂,确实给人这方面充足的知识,可以作为“样板”。又有一次会是讨论第一批已出10本书如何安排登广告的问题。这次会,胡愈老把齐燕铭拉来了,齐是很有学问很有办法的领导,他认为第一批10册,看书名太零碎,不成系统,不必作一个广告刊登,免得让人得出这套丛书杂乱无章的印象。他又提出,现在是社会主义建设时期,可以出几部书评述中国历史上有丰功伟绩的皇帝,例如唐太宗、康熙都可以写;还可以写一本介绍《贞观政要》的读物,因为这部书总结了社会稳定时期进行建设的历史经验,很值得后人看一看,想一想。

齐燕铭提议的这几种选题,都去组织了,但始终没有写出来。到1962年夏秋,这套丛书出了三十几种,忽然局势大变,雷声隆隆——北戴河传来了“千万不要忘记阶级斗争”的信息,阶级斗争要年年讲,月月讲,天天讲,知识不知识已经成为无足轻重的事,“阶级斗争一抓就灵”,讲知识反而被认为冲击阶级斗争了。这样的形势注定了《知识丛书》再也出不下去了。

我大约在1963年春夏,给胡愈老送去一份《知识丛书》总结报告,也就是收盘报告,“山雨欲来风满楼”,胡愈老苦心经营的这套丛书,只好“放一放”了。

出版协会风波

早在60年代初，我们在胡愈老的启发下，就热衷于成立一个出版工作者的群众组织。胡愈老是热心分子，他曾不止一次跟我谈到这样一个组织在各个方面都会有很大的作用。他几次谈话的内容，事隔30年，在我记忆中已很模糊了，但我发现"文化大革命"时期我的"交代材料"中有这么一项，摘录于下，以见其真（下文已删去"文革"时"罪该万死"之类的套话）：

> 从1961年到1962年，我们都十分热心要成立一个出版工作者协会，这同当时所谓要"纠正"对知识分子的"粗暴"，同当时知识分子要求改善条件，要求"自由化"是同一码子的事。
>
> 鼓吹得最力的是胡愈之。他认为出版社的编辑，没有一个协会，所以在社会地位方面就没有保证。他举例说，比如人民代表大会的代表候选名单，总是先由各党各派、各人民团体提出来的。新闻记者有个协会，因此新闻界就能有不少人大代表名额；出版界没有协会，谁也选不上。
>
> 我们认为靠出版行政机关，很多事情是不能办的，即使办也是办不好的。例如《出版通讯》（当时出版局的内部刊物——作者注）作为政权机关的内部刊物，是法令性质的东西，编的人很难办，每篇东西，每句话，都被人看作"法令"，势必编不出来；如果《出版通讯》是出版协会的机关刊物，而协会只是人民团体，不是政权机关，它所发出的东西只给人参考，没有强制作用，那就容易办多了。又比如请人做总结经验的报告，如果由行政机关来主办报告会，就等于批准了报告并且予以推广；如果由协会来主办，则用不着担心后果，反正是仅

供参考，没有人会把它当作党政机关批准了的。协会还可设立各种服务部，从书刊服务到吃点心都有，那就能改善出版工作者的生活条件。又如出版界的对外活动，有这么一个人民团体，就可以广泛地同外国同业来往，展开外事工作；如果只靠政权机关，好多事就只能不办。比方同日本出版界来往，就只能靠人民团体，因为我国还没有同日本建交，政权机关不能出面。至于出版界的许多社会活动，包括文娱活动（如电影晚会、跳舞晚会之类），由出版协会主办，有很多好处。

我们认为建立这么一个人民团体，可以让编辑工作者参加种种学术活动；因为大多数编辑都还不是"专门家"，他们很少机会参加专门学会，但他们又全都要求在学术上有所提高。有个协会，就可展开种种学术活动，请人做学术报告，自己开讨论会，编辑工作者能有所提高，就可以安心工作和改进工作，对出版事业是大有利的。

这份"交代材料"在很大程度上反映了胡愈老对出版协会的想法。因此，1962 年 9 月至 10 月由文化部商请中国人民政治协商会议召开一个全国性的出版座谈会，除了请编辑工作者们"大鸣大放"之外，就集中讨论如何成立一个群众组织即出版工作者协会的问题。事先，在当年六月间已经由文化部出版局起草了一个准备成立协会的请示报告送到中央有关部门，并且已得到口头批准了。

那次座谈会是"神仙会"——60 年代初提倡的一种开会形式，有话就直说，说是实行"三不主义"（不打棍子，不揪辫子，不戴帽子），说错了也无妨。我用了"说是"如此的字眼，现实生活可不尽如此。不过那时我们（连胡愈老在内）都相信"神仙会"是可以开的，而且会有成效，可见那时我们未免过分天真了。

这个"神仙会"快结束时，党的八届十中全会公报发表了——公报签署的日期是 1962 年 9 月 28 日，实际上 29 日见报。"神仙会”还有两天才结束。结束前一天,胡愈老把我找去,告诉我说,周扬(当时是中宣部副部长)答应在“神仙会”开幕式上讲话,讲话以后就请周扬和有关同志吃午饭,席间准备拍板成立出版协会,胡愈老叮嘱我务必做好各种准备。

参加午餐的有周扬、齐燕铭、徐光霄、黄洛峰、徐伯昕、张执一(当时是中央统战部副部长),胡愈老在席间果然提到出版协会,但因为十中全会公报发表了,那个公报里强调阶级斗争的几句话真是惊心动魄,谁也不敢对协会表态——更不能说“拍板”了。若问那几句惊心动魄的话是什么——那就是 1966 年 2 月中央印发给党内领导干部阅读的毛泽东“七千人大会”上讲话时加上去的几句话——原文是:“已经被推翻的反动阶级,还企图复辟。在社会主义社会,还会产生新的资产阶级分子。整个社会主义阶段,存在着阶级和阶级斗争,这种阶级斗争是长期的、复杂的,有时甚至是很激烈的。”

“神仙会”结束了。出版协会也胎死腹中了。直到 17 年后,即 1979 年出版协会才又一次被提上议事日程。

十 七 年 后

我的记述一跳跳了 17 年。这是 1979 年 12 月的事了。

当我把要成立出版协会的消息告诉胡愈老时,他是很高兴的,这高兴不光是认为这桩事很有意义,而且因为有过“胎死腹中”的往事。

我向胡愈老转达了我们筹备组的建议,请他老人家参加成立会,万一不能去,请他给成立会讲几句话。

他已是 83 岁高龄的老人,听觉不好,但思路却仍很健康。成立会打算在长沙开——因为行政机关要在那里召开全国性的出版会议。胡愈老说,我不能去长沙了。他问我讲话怎么讲呢?我告诉他可以用现代化工具——录音机。我随即展示给他老人家,请他对着录音机讲,我可以把录音带带到长沙去,在大会里放。

他照我说的做了,他是一个热爱出版事业的老犟人,他也为他17年前的理想得以实现格外高兴。他的录音讲话于1979年12月20日在中国出版工作者协会的成立大会上播放。

这个讲话根据录音整理出来,我送给胡愈老看过以后,刊载在第一本《中国出版年鉴》中。这个讲话是胡愈老从事出版工作前后数十年的经验总结,如他所说,他只能作为一个"局外的人","提供我自己过去工作中间一些正面的反面的经验,请大家加以批评"。他的讲话完全脱离了"开会八股",也不是四平八稳的单纯祝贺之词。他讲了出版体制,讲了出版工作离不开语文,讲了培养干部,也讲到印刷、发行和国家现代化,语重心长,真难为了他老人家。

成立会上一致通过请胡愈老担任我们出版协会的第一任名誉主席。协会随即在第二年(1980年)2月9日,假座北京举行迎春茶话会,胡愈老作为协会的名誉主席讲了话,与胡愈老一起在商务印书馆同事,后来共同创办开明书店,解放后又一起主持出版行政的最高机关——出版总署的叶圣陶,也在会上讲了话。胡耀邦作为党的领导人也到会讲了话。这是"文化大革命"后首次由协会举办的大型迎春会,胡愈老自然是很高兴的,不过此时他已显得有点疲倦了。

就在那一年我们筹备由协会出版一部《中国出版年鉴》——这是近十年最早出版的几部年鉴之一,当我把这个设想跟胡愈老讲时,他很赞许,认为这也是记录史料的一个途径。这样,我就请他为第一部年鉴写"发刊词"。我手头保存了胡愈老1980年7月9日的短简,他写道:

陈原同志:

连日酷暑，体力很差，特别是不能多用脑筋。日内拟去北戴河避暑，可能会好些。

《出版年鉴》的发刊词，照你的办法，先在录音机上讲了话，然后请人记下来，自己再没有精神修改好，只好就此交卷。请你痛加斧削，或者基本不用更好了。其余的文件附还。

敬礼！

胡愈之

80.7.9

当这封短简连同胡愈老让人记录下来的《发刊词》送到我手里时，我感动极了——一个84岁的老人，在北京高温的七月里，按照我们约好的日期，给这部年鉴写了发刊词！

《发刊词》简短有力，全文还不到一千一百字，是对出版工作的高度概括。现在读起来还觉得有很多启发。这就是——

我们的出版工作是整个社会主义事业中的重要构成部分。出版工作是一种精神生产，这句话是不错的，但是出版工作不但要保证最大限度地满足社会的文化需要，同时也应当保证最大限度地满足社会的物质需要。有的时候，社会的物质需要常常比社会的文化需要来得更重要。因此，社会主义的出版事业除了直接为教育、科学和文化服务之外，它一定要为社会的物质需要服务。脱离实际的出版是不受人民欢迎的，同时也不利于推进社会的发展。

毫无疑问，出版工作在任何一次革命开始的时候，都起着先导的思想准备的作用，这说明出版工作同政治是息息相关的，但不能说出版的目的就只是为政治，而不为社会物质的需要和文化需要。出版工作的一个任务是为了继承全人类优秀的科学文化遗产，具体地说要继承古代文化。同时也要引进外国文化,出版当然也是从儿童到成年进行教育的必要工具,推进科学技术、发展生产的必需武器。这一点,不仅社会主义出版是这样,就是资本主义的出版在一定程度上也是为了满足社会的物质、文化需要的。

我国是不是世界上最早出书的国家之一,这当然可以讨论;但如果说中国是保存古代版本数量最多的国家之一,这大概是符合实际的。我们也要注意到这样的事实,即两千多年来满足文化需要的书籍,远比满足社会物质需要的书籍为多,后者在我国古代出版物中占的比例是很少的。我国解放后社会主义出版事业已经开始扭转这种局面。在解放初期,对思想教育的书籍注意得多些,经典著作的出版也着重进行,这是完全必要的。随着我们要实现四个现代化壮丽事业的开展,出版工作必须强调为四个现代化服务这样的迫切任务。在某种意义上说,出版工作要走在四化的前面,正如每次革命运动出版工作都走在前面一样。正因为这样,在80年代第一年开始,出版《中国出版年鉴》是一件大好事。这部年鉴将记录我们出版工作在新形势下的进展;而全国人民可以从这里看到我们在精神生产和物质生产两个方面的变化和成就。

由于我们底子薄,技术落后,加上十年浩劫的破坏,要保证最大限度地满足整个社会经常增长的物质和文化需要,我们出版工作者还要经历一段相当艰苦的过程。但是,我们相信我们一定能完成新形势赋给我们的艰巨任务。通过这部年鉴的出版,让全国读者、作家、编辑、出版工作者、印刷工作者、发行工作者同心同德,奋发图强,改进我们的出版工作,加强我们的出版工作。

让我们的社会主义出版事业,从80年代开始,飞起来吧,快快飞起来吧!

这是一位经历了84个春秋的文化战士给我们留下的一篇意义深湛的遗言——仅仅一千多字，表达了这个从不知疲倦的老战士对出版事业的依恋和期望。文中的重点，是我抄录时加上去的，也是刊出前后最初的读者——编辑们不解的地方。出版工作满足文化需要，这毫无疑义；出版工作怎能满足社会的物质需要呢？出版工作怎能提供出面包、布匹和住房呢？我问过胡愈老。他说，这句话表明出版也是一种生产力，出书一定要为社会生产服务，如果出版只为了精神文明建设，而不为物质文明建设提供最多的信息，那么，出版工作就不能有效地推进整个社会的发展。是的，文中不是说过，中国古书里讲生产的书远比讲文化的书要少，并且要扭转这个局面吗？他没有再作深入的阐发，他说，让读者自己去体会吧，“也许我说得太玄，也许我说得不对”，他笑着说。

这就是胡愈老——他不满足于重复说过的话。他常常提出自己新的论点，对与不对，交给群众去评论，这就是老战士宽阔的胸怀。

《东　方　红》

不记得是在去南京的火车上，还是在上海的饭店里，胡愈老跟我说，他流亡印尼时，看见过一部年历，那不啻是民间日用的百科全书——不，是万宝全书，他说。书名叫做“欧家全”——欧家全是广东一个企业家的名字，他开了一间药厂，他这药厂出产的“广药”，大量推销到南洋去。为了推销药品，每年印出一部“皇历”，趁机登了很多产品(药品)广告；书里还有很多家庭日用常识。那时除了“月份牌”——即现在附有月历的年历——之外，人人都争着买这么一部万宝全书。因此，“欧家全”变成家喻户晓的名字，也成为华侨必备的“皇历”了。胡愈老问我：你看到过《欧家全》吗？

我说，我幼年时家里有过这么一本“欧家全”，我们都管它叫“通胜”——就是“通书”。

胡愈老问：为什么你们把“通书”叫做“通胜”？

我说，广东人也怪，有时说话都是文绉绉的，我们从不称“皇历”，却像《红楼梦》所写的，贾琏还是什么人要查好日子，就捧过“通书”来，书中有禁，有宜，有吉，有凶，一查便得。广州话“书”与“输”同音，犯忌，怎么能去“输”呢？所以不称“输”而改称“胜”，取其吉利之意，正如广州人把“猪肝”称作“猪润”一样，忌“干”字，口袋里没钱就“干”，不如说湿润一点，图个吉利。

胡愈老说，他也想编一部“欧家全”，即编一部包罗万有的“通书”，发行到农村去，成为农民的万宝全书。

胡愈老在60年代老是想农村，想农民，想农村文化，想怎样在农村中扫除文盲，如何向农民灌输科学知识和文化知识。他又想到农村里很穷，很难抽出多少钱买书，最好一年买一本包罗万有，既实用又可以作文娱活动材料的书。

这就是1964～1965年胡愈老亲自到农村读物出版社去搞《东方红》的前奏。胡愈老说，他想了很久，才想出一个《东方红》做书名，因为毛主席威信很高，而“东方红”这首小曲确实是人人都会唱，书名定为“东方红”，那就最通俗不过了。他问我的意见，我说我非常欣赏为农民大众编印一部包罗万有的农历，但是我不主张用“东方红”作书名。胡愈老问为什么？我说，“东方红”象征毛主席，人家一唱起“东方红”，眼前就出现毛主席的光辉形象，你编一本农历，一本百科全书，怎好滥用这崇高的类比？——当然，我是个教条主义者，而胡愈老却能时时刻刻冲破教条的束缚。胡愈老没有采纳我的意见。

据胡愈老的设想，这部《东方红》有日历，有日用知识，例如卫生知识，医药知识，编毛线的花样，沼气制造法，等等，也可以登很多很多广告，比方——他举例说——卖胶鞋的广告，卖各种药品的广告,收买农村废品的广告等等。广告可以收广告费,因为这部书发行量大——他说,中国百分之八十的人口是农村人口,一家一户买一本那就不得了——所以广告费特别高,收了很多广告费,书价就可以大大降低,这就适合农村人口的购买力,也就能吸引更多的读者。他还说,登的广告都要详细审查,货真价实才让它登出来,绝对不能骗读者。编辑部要时时刻刻为农村读者着想。

他——胡愈老,真是一个大胆的创新者,他真能想像:按他后来的想法,这部书(《东方红》)的编辑部,将来发展成为替农村群众解决问题的服务部,不但一般意义的服务,而且还要逐步发展为“权威”的机构。凡是农村里不能解决或不肯解决而又应当解决的问题,只要告到编辑部,编辑部都乐于为他解决,小到买一双胶鞋,代办什么联系——为联系专门大夫或找寻失散的亲人朋友——大至闹离婚,告发贪污和欺压群众等违法乱纪的事,只要下面不解决,告到编辑部,编辑部就给他去设法解决。我说,你的设想像傅利叶们的空想社会主义,在现在的体制下是决计不能实现的。他说,只要我们有强烈的为人民服务的责任感,事情就好办。我说,你这样做不是凌驾各级政府和党委之上吗?他说,这是实现主人翁的监督作用,不是凌驾,编辑部不能执行,只能催促,联系,监督。我说,你真这样做要犯错误的。胡愈老一听很生气,他说,你就是怕犯错误。你不干,我来干。

胡愈老亲自带农村读物出版社的编辑下乡调查研究,亲自定选题,亲自设计内容,亲自审改稿件,后来,甚至亲自下印刷厂。《东方红》的书名确定下来了,《东方红》上马了。

当时没有一个人不佩服胡愈老的毅力,胆力,勇气,以及为农民群众做好事的高尚品格;没有一个人不敬仰他以将近七十岁高龄亲力亲为的这种事业家的精神。我劝不住他老人家,那正是阶级斗争年年讲、月月讲、天天讲的时代,那正是风暴将来临前的低气压日子,我已经被安排到预演“文化大革命”的舞台上“粉墨登场”了,但可悲的是我仍不能置身事外,我在那苦闷的日日夜夜里同胡愈老竟然发生了悲剧性的冲突了!

百 科 全 书

到50年代末胡愈老重新领导出版工作时,读书界的“基础”读物——字典辞书真是落到了可怜的地步。一部小小的《新华字典》,还是出版总署开创时,延聘专家编成的;一部小小的《英华大词典》,还是抗日战争后那三年间编印,只是50年代初略加修订的;一部小小的《俄华词典》,还是人们在苏联外文出版局编的底本上修订而成;——好容易才有刘泽荣编的《俄汉大辞典》(1960年初版);《辞海》修订本刚刚印出(1959年版),《辞源》修订工作才刚开始,《现代汉语词典》还在研究所里“修炼”,田园荒芜呀!胡愈老跟我说,这同我们国家在世界中的地位不相称,同我国几千年的文明史不相称,同我们现实生活的迫切需要不相适应。

胡愈老亲自找来编汉语辞书的“老”祖宗黎锦熙——我记得黎老当时已不良于行,好容易才把这位《国语辞典》的主编弄到文化部大楼的会议室,还找来好些老中青的热心分子或专门家,七嘴八舌谈了几天,好像最后成了一个出版辞书的规划草案——当时的条件注定这永远是个草案,社会生活都在动荡中,词典是不能在“运动”中诞生的。

此时胡愈老不但要开拓词典领域,而且设法让百科全书上马。他几次跟我说,他流亡印尼时,看到印尼这样一个岛国,也出版了好几十卷的百科全书;他说,百科全书是一代知识的总汇,同时带有启发未来的作用——我猜想他老人家心目中是指法国的百科全书派了——像我们这样的新兴大国,现在该着手进行百科全书的工作了。在他的鼓吹下,国务院文教办公室于1959年11月召开了一个小型座谈会,来探索胡愈老鼓吹的这个问题——在会上印发了一个讨论稿,是我执笔的,其中主要的观点是胡愈老的,有些设想也是他老人家的。这份讨论稿的油印本不知道为什么竟保存在我的笔记本里,造反派“抄”了去又幸而发还,我把它印在我的文集《辞书和信息》(1985)中,加了一个标题:《关于筹备出版百科全书的初步设想》,日期是原件有的,即1959年11月25日。这个小型座谈会参加者不到十人,我记得反对最激烈的是金灿然——那时是中华书局总编辑,前此是出版总署的编审局副局长、文化部出版局的实际负责人——金灿然同我那时住在一起,即胡愈老作为出版总署署长住过的“官邸”,他住楼下,我住楼上。会前我们两人已经商谈过,我是贯彻胡愈老主张的赞成派,金称胡愈老的想法是空想的,我们两人在寓所里已争辩过,到会上去也还是那一套。照金的说法,胡愈老的设想很好,甚至很美,但在现时的实际中却行不通。他说这个时候哪里能坐下来编百科全书呢?我当时是个糊涂虫,我说你强调客观困难,困难是不少的,就不能一一克服?金说你不信你试试看。那次会没有结果,是开会前就预想到的,这不去说它。且说胡愈老反复同我讨论的构想中,有两点是很独特的,也完全是开拓者胡愈之式的。

头一点是胡愈老设想的百科全书是人民共和国建立10年来各条战线、各个学术领域、各种学科、各个问题的实践家把经验提高到理论而写成的——他设想的不是关在学院里,由若干人“闭门造车”拟定选题,甚至写成条文的百科全书,他设想的百科全书是实践提高到理论的结晶,带有指导性的。在那份文件中没有可能写出来(口头上补充了),只体现在下面的条文里,这是第(四)条最后一段:

> 必须吸收党和国家的活动家,社会主义建设各条战线上的专家、学术文化界知名人士担任编辑顾问和撰稿人,其中预计作为出版社经常性的编辑顾问者须有五六百人左右。

引用文中的重点是我现在加上去的,撰稿人,五六百个撰稿人,他们都是社会主义建设的实行家,名义上是“编辑顾问”。照胡愈老设想,其中有些实践家(政治活动家、经济活动家、社会活动家)也许不善作文或不惯作文,百科全书编辑部就派编辑去帮他写出来。

因此,第二点,编辑部拥有好几百个合格的专业编辑,他们能够帮实践家写作,他们能够核对资料,提出问题,做到书籍编辑所能做到的一切。照他老人家的设想,这个班子是不难组成的。照他计算,假如从全国100个出版社中各抽调一名有实际经验、有真才实学的编辑,对于出版社来说,没有什么大不了的影响,这样,一下子就有了100名骨干。如果有些出版社可以多抽一两名,那么,编辑部达到120人是一件轻而易举的事——只要有住食条件就行。编辑人员也可以定期轮换,比如说每三年换一次,那么我们就等于办一个编辑学院,培养很多很多合格的编辑。计划百科全书出20卷,5万条,3000万字,10年完成,即到“庆祝中华人民共和国建立20年”时出齐,编辑部可以换三次,也就是说大约有360名编辑在这样的实践中得到提高。

今日的读者稍为温习一下历史,就知道这个设想后来为什么“胎死腹中”。1959年庐山会议掀起了“反右倾”的风浪,接着1960到1962年三年困难时期,衣食都保不住达到正常的水平,哪里顾得上百科全书呢;1962年开始“阶级斗争年年讲,月月讲,天天讲”,国内搞“四清”运动,文化艺术界整风,国际上发动了“反修正主义斗争”,而修正主义究竟是什么,谁也不清楚,然后1966年史无前例的“文化大革命”把一切都吞噬了。

一转眼就过去了15年。这15年,我们的祖国经历了无数辛酸。人,也经历了意想不到的风风雨雨。“文化大革命”进行到第八年——1974年,《现代汉语词典》被“四人帮”大张挞伐。我,作为一个“闲人”,被当作“回潮”“复辟”的代表人物被大字报包围。

胡愈老看到这一切,他没有说什么,他把我从诬蔑陷害的大字报海洋中拯救出来,他以世界语协会理事长的名义,邀请了日本世界语代表团访华,他通过外事部门指定由我全程陪同,主持全部接待事宜,并且把我“借调”去筹备这项工作,筹备处设在胡愈老作为副主任的文改会二楼他的办公室里。这是1974年。历史的巧合也真有趣,又10年,即1984年,我被正式调到文改会当副主任,又在这同一办公室里工作(胡愈老那时年事已高,改任文改会顾问),这是后话不提。后来,1975年传说有小小的国家圣马力诺有人访华,送给当局大大的多卷本字典,而我们这个大大的国家,则回赠以小小的袖珍本《新华字典》(因为《辞海》、《辞源》已作为封资修的“垃圾”扫地出门了,而刚印行的《现代汉语词典》又被钉在黑线回潮的“耻辱”柱上)。这个传说不知是真是假,但事实上当时重病在身却仍关怀国事的周恩来总理批准开一个中外语文辞书的规划会议。为此,把我这份“废料”调去“出版口”(当时主管出版行政的国家机构)做筹备工作。

我们的筹备班子有七八人,办公室里在“口”里一楼一个只有象征式暖气的房间——那是1974年冬至1975年春天,特别冷,门一打开,北风吹进来,坐在那里不能不打几个寒噤。我们这班子有老有少——我算是年纪最大的——倒也融洽,天天在研究词典如何“封、资、修”,又如何不“封、资、修”,如何才能不“封、资、修”。这是一个熔炉——把人锻炼得聪明起来,至少我们这七八个人终于懂得词典终归是词典,不是政治教科书,不是宣传大纲,不是大字报汇编。胡愈老知道我每天都到这里来,有一天他亲自来了,那天可真冷。他跑进我们的办公室。他显得很高兴,他不停地问这问那。屋子很冷。我请他到楼上“口”里的会客室去,那里暖和些。他不肯。他看我们收集到的字典,看我记录下来的离奇古怪的“问题”。他也不时提出这样那样的意见。1975年5月23日开始,“口”里在广州召开了全国的辞书规划会议,我去了,作为办事人员去参加的，很高兴能见到各方编词典的人马。这个会议定的10年规划，也许是周恩来总理在病床上批准的最后一个国家规划——幸而一年以后，绝灭文化的"四人帮"倒台了，规划大部分实现了。胡愈老在二三十年前的希望，慢慢地变成现实，我想，他是高兴的。

我不能不记的是，那年他在我们那冰冷的办公室里呆了个把钟头，却引发了他老人家一场重感冒，我至今一想起还觉得内疚呢。

书　目

不记得是在一次旅行中，还是在一次闲谈中，胡愈老跟我说起世界上保存古籍最多的恐怕算我们中国。他说，古埃及的阿历山大图书馆本来收藏古籍抄本是很丰富的，可是一把火给烧光了。我们虽然古有秦始皇焚书坑儒，几千年来战争不断，也毁了不少书，但留下来的却也很不少。我说，这恐怕因为我们有"敬惜字纸"的"习惯"——凡写了字的纸张都当作圣灵膜拜，印上黑字的书，那就更加被识字或不识字的人当作神圣不可侵犯的神物"供奉"起来，这样，越积累就越多了。胡愈老说，民国时期出的书也不少，不过现在没有一个总目录，好多书就湮没无闻了。

胡愈老的几句话给我很大的启发。他是重视书目工作的，人民共和国一成立，他主持出版总署，就建立了一个专收解放以后所出新书的"版本图书馆"。那时还没有像现在那样的版权概念，但胡愈老重视版本和著作人的权益，那是出版界中人都知道的。他跟我说过多次，版本图书馆要收罗解放后所有的版本，印一版就收藏一本，决不能漏掉；他说，这个图书馆不做图书的流通工作，只负责保存版本。他说，这不仅将来在研究历史时有用，即在现实斗争中也会有用的。——他的说法在50年代60年代几次得到证实，在多次涉外斗争或外事活动中，版本图书馆所收藏的版本都给领导决策提供了有力和有利的证据。胡愈老在1977年为商务印书馆香港分馆举办建馆80周年纪念刊上题词说，“商务印书馆和它出版的书刊是中国革命由失败挫折走向伟大胜利的历史见证”，表达了同样的思想。

因此，60年代初，胡愈老重新领导出版工作时，我在他启发下，计划编印一套书目，其中包括民国时期的出书目录。我请教了当时任北京图书馆副馆长的左恭（在十年浩劫中他受“四人帮”迫害投狱，没有看到这些匪徒的覆亡便逝去了），他有一句名言至今还在我耳际徘徊，他说，只要有名字，有作者，天下没有找不到的书！我说他是王婆卖瓜，夸大了图书馆的功能。他说不，他说只要有书目，什么书的下落都能追踪找到。他是很幽默的，他说的是书的“下落”，而不一定是实物。讲到具体工作，例如编民国时期图书目录时，他说他很赞成，但他说北京图书馆那时很难实现这个计划，因为这里人少事繁，况且只它一家也没能力完成这项任务，因为从1911到1949年间有很多书它没能够收藏，而它本来的目的也不是收藏一切出版物。他说得很实在，而他的幽默的豪言却使我更加理解胡愈老那段话的意义。

这样我就向当时出版局所属版本图书馆“下达”任务，我说“下达”，其实是向主持人吕朗、李志国和陈国钧宣传，鼓动他们承担这样的任务。这个机构人少，日常的工作已够多的了，要负担这样繁重的任务，要联系许多图书馆才能完成的任务，确实是难为了他们。我没有抬出胡愈之部长来“压”他们，我只反复向他们宣传这样做将会对中国文化史的研究做出多大的贡献。我记得我向他们提出，要到几个重要的图书馆（包括北京图书馆，上海图书馆，重庆图书馆，桂林图书馆）去做实际调查，有些图书馆在特定时期收罗书籍是有特殊条件的，例如在抗日战争时期作为进步文化中心的桂林，出书很多，桂林的广西省立图书馆一定会有别处找不到的书。我还提出了一条原则：不见书，不著录。我要求他们一定要根据所见的出版物来记录它的要素，切切不可做“客里空”。值得感奋的是，这个小小的版本图书馆竟然不顾自己力量单薄，从1961年起派人去重庆，去上海，奋力去完成这超出他们能力的繁重任务，作过一些著录样张，也作过几次汇报，这都是很认真的。

“史无前例”的风暴刮起来之前，他们已完成了很多卡片，但全稿却没有可能编起来。无论是胡愈老，无论是我，在那绝灭文化的“浩劫”中都不能再顾及这件有益的事。后来，听说连版本图书馆也“合并”到北京图书馆去了，原来主持人也相继调离，北京图书馆如何接过这个工作，我完全不知道，也没有同胡愈老谈起过。

1987年我在新华书店买到《民国时期总书目》的一个分册，外国文学分册，署北京图书馆编，有叶圣陶和吕叔湘1985年的序文，封面有胡愈老的题签——什么时候请他题签的，他没有说起过——我很高兴，却也惆怅不已。书是1987年4月印出的，其时胡愈老已经离开人世一年零三个月，他看不见了。胡愈老见我谈书目大约是在1959年，书目着手编纂是1961年，出书则在二三十年之后。“人生实难”，完成这部大书目该不知到哪一年了。但毕竟是令人高兴的，我想，胡愈老在题签时也是高兴的。文化积累就是这么一点一滴地靠默默无闻的有心人做的呀！

原载《中国出版年鉴》1994年

胡愈之是思想家

戴文葆

这是我近年读到的第二本胡愈之前辈的传记。愈老谢世已九年，他还活在人们心中，足见他的生平建树之为人缅怀与敬仰。

作者于友君早年曾追随愈老从事新闻工作，对愈老的恩德念念不忘。他写的这本传记，搜集的材料相当丰富，框架结构恰当，行文流畅。全书计29章，从家庭与幼年生活及青年时期讲起，其后进“商务”当练习生，支援创办开明书店，参加五卅反帝运动，抗议“四一二”大屠杀，呼吁抗日救亡，加入中国民权保障同盟，帮助韬奋扩展生活书店，出版《西行漫记》与《鲁迅全集》，“七七”后在上海、武汉和桂林的政治文化活动，到新加坡在赤道线上的开辟性工作，以及新中国诞生后的人所共见的种种贡献，在这本传记中都得到叙说与评价。

胡愈老是默默奉献的长者，多做少说，乃至只做不说。从五四新文化运动以来，他与20世纪的中国和世界在思想上都有密切的联系。我是一个双料的后辈，即后后辈；先师还是他主持《东方杂志》、《世界知识》杂志的助手。区区小辈，对愈老知之不尽，不足以发潜德之幽光。读于友撰写的传记，甚为喜悦。在我年轻时能一知半解地读懂进步书刊后，在我不时聆听先师的教言后，不仅认为胡愈老是我国现代新文化事业的开拓者，更重要的，他是我国现代思想政治领域中从不咋呼的探索者与引导人之一。他对新文化出版事业的贡献，尽人皆知。在他的朋辈中，给他起个诨名，实际为昵称：“搭台先生”。他与友人创办一项事业，规模奠定后，便交付协作者，又去开辟另一个项目了。不仅如此，他的特大的前额，是为大众利益求索的睿智的思想库，这不以一本期刊、一家出版社为限的，也不以一个进步社团为限的。

读愈老主持的杂志报纸，读他的论著与译作，可以看到他与20世纪并肩俱进。1915年19岁，担任《东方杂志》编辑。就在这份古老的期刊上，在我国最早介绍了震惊世界的十月社会主义革命；他还通过翻译和译文的小序、跋语介绍了新俄。五四运动爆发后，他积极提倡白话文。在20年代之初，他积极从事世界语运动。

在五卅运动中,他出增刊,办报纸,留下忠实的信史,而且投身群众革命运动,指出上海南京路上五卅事件,“是中华民族要求独立与生存的大抗争的开始。”在中东路事件后,他不赞同提“保卫苏联”的口号,主张通过中俄复交、文化交流来改善中苏关系,推动国内政治进步。在东西方法西斯主义侵略势力日益猖獗时,他用新观点研究国际问题,给人们指出了前途。在他的策划下,《生活》周刊和生活书店成为坚强的革命文化阵地。他发起组织救国会,掀起了抗日救亡、民族自救的巨浪。他创办我国第一份世界知识刊物,启发人们认识“中国是世界的中国”。他在宋庆龄、沈钧儒等协助下,巧妙地主持了鲁迅的葬仪,形成一次声势浩大的抗日救亡大示威。其后,他组织了一系列新闻出版工作,于无形中引导几代人睁眼看世界,找到了献身的途径。他的身材矮小,而思想活跃、博大;他悄悄从事切实的工作,结果却振聋发聩。

1934 年前后,他为国内合作抗日直至西安兵谏做了有效的工作;在无形的战线上,为中国人民的解放事业聚集了他可能联系的力量。这中间的重大贡献,在他奉命而写的《我的回忆》中,并未充分展开表述。

于友君曾告诉我,他写的传记刊行后,有好心的读者对于其中“反右”的叙述颇加责难。我国各阶层的人士,若干年来,在物质与精神贫困的重压下,多么难于做人啊!试问,那时曾有几人能不唯上而特立独行呢?记得李一氓提到,1948 年夏天,愈老已预见解放战争的胜利不要两年时间了;楚图南说起,十年动乱中,愈老上书要求面见极峰,主张发扬民主,广开言路。环顾当日黑云压城,有几人敢挺身要求直面痛切建言呢?论事不能离开具体历史条件。

从五四以来,胡愈之是不可多得的开拓者。他在《陈望道文集序言》中很有意义地指出:陈是《共产党宣言》全文的最早译者,“但是他从没有标榜自己是马列主义者,他始终是一个革命的实干家。他的言论和著作从未引用马克思、列宁、毛主席的片言只字，为自己的立场观点辩解”。从年青时代起，胡愈老就是一位不断独立思考、引导新潮的人。刘尊棋与愈老共事多年，他在为于友大著作序中称，愈老“不仅是个了不起的新闻记者和出版家，而且是个了不起的政治活动家”。

我虽读过胡愈老的若干著作，只是领会不深，想到他在不少领域内开拓性的研究，毕生在理论与现实的风浪中前进。愈老以出版家名世，是他后期生活的年代对他的约制。胡愈之是我们这个世纪的思想家！

原载 1994 年 4 月 15 日《光明日报》

胡愈之办杂志

于 友

早在中学生时期，受家中订阅的报刊的影响，胡愈之就在家里和几个兄弟一起，办过手抄的杂志。据他自己的回忆，先后办过《家庭三日报》、《家庭杂志》和《后咫园周报》，历时三四年，一共累积了四五十本。这可以说是胡愈之办杂志的试验时期。

1914 年，胡愈之考进商务印书馆，被分在主办《东方杂志》的理化部，他很快就参与了为《东方杂志》编写文稿的工作，最先主要利用外文报刊的材料编写文章，以后逐渐学会了分析问题的方法，从事国际问题的评论工作。在 20 年代初期一度致力于外国文艺的介绍和评论，但不久又全力从事国际问题的研究和写作，偶尔写些国内问题的评论。由于他的勤奋好学，在杂志的编务中逐渐起到了主要的作用。1924 年《东方杂志》创刊 20 周年，胡愈之利用杂志上登过的文章编辑《东方文库》，其中《非战公约》等不少书就是他的文章。1925 年爆发五卅运动,《东方杂志》出版一本临时增刊,发表了胡愈之的题为《五卅运动纪实》的长文,成为全面记录这次历史事件的重要文献。

1931 年胡愈之和《生活》周刊主编邹韬奋相识,开始辅助邹将刊物从辅导青年的职业教育刊物改变成呼吁抗日救亡的号角,在当年爱国群众的救亡运动中起到了巨大的宣传和组织作用。1932 年 8 月,胡愈之应商务印书馆的邀请,主编复刊后的《东方杂志》,他在复刊词《本刊的新生》中明白宣告:刊物将“以文字作民族斗争和社会斗争的利器”。他不仅在刊物上呼吁抗日救亡,而且发表了不少宣扬社会发展的科学理论。1933 年 8 月,由于商务印书馆总编辑王云五对胡愈之的办刊方针不满,胡愈之被解除了主编的职务。但此时此刻,胡愈之对办杂志已得心应手,十分熟练。

1934 年,胡愈之为生活书店创办了传播国际信息的《世界知识》杂志,创刊时指出,中国已是世界的中国,世界在进入被压迫者翻身的时代,“我们的后面是坟墓,我们的前面是整个世界。怎样走上这世界的光明大道去,这需要勇气,需要毅力——但尤其需要知识”。同时,他还联系许多知名专家学者在生活书店办起了《文学》、《太白》、《译文》、《妇女生活》、《生活教育》等一系列杂志。当《生活》周刊被迫停刊时,胡愈之推动战友,再接再厉地创办和《生活》同样性质的刊物《新生》、《永生》。以后邹韬奋重返上海,创办《大众生活》、《生活星期刊》,胡愈之都是他的积极支持者。

另外,在 1926 年,胡愈之曾协助章锡琛创办《新女性》杂志,同商务印书馆的《妇女杂志》唱对台戏。在 30 年代,他还协助作家叶圣陶主办对青少年发生巨大影响的《中学生》杂志。开明书店的知情人称呼胡愈之为《中学生》杂志的主心骨。

胡愈之同开明书店具有特别亲密的合作关系,他在 1937 年创办的大型文摘杂志《月报》,就在开明书店出版发行。胡愈之利用《月报》这种文摘杂志,巧妙地宣传了中国共产党的抗日民族统一战线主张。

抗战开始以后,胡愈之一度在广西桂林主持过生活书店的刊物《国民公论》,宣传抗日民族统一战线,也鼓吹反对法西斯轴心的斗争,他在桂林时间不到两年,终于因为国民党的反共活动开始猖獗,不得已而按周恩来副主席的安排,转移到新加坡工作。

1945 年 12 月,他从苏门答腊重返新加坡不久,利用不多的资金,办起了《风下》杂志。这时新加坡的形势非常复杂,胡愈之鼓励当地华侨支援祖国人民革命的斗争,还鼓舞华侨同当地其他民族共同进行反对殖民者卷土重来的斗争,既要揭露美帝扶蒋反共,还要揭露其他西方殖民主义者镇压南洋各地革命群众的罪行。胡愈之为每期刊物撰写评论,并组织国内知名人士供稿,使刊物成为当地最有政治影响的传播媒介之一。由于殖民当局的嫉恨,胡愈之和许多进步文化工作者被赶出新加坡,刊物也被迫停办。

在整个 30 和 40 年代,无论是在国内或国外,胡愈之主要的新闻实践为创办刊物,鼓吹民族民主革命,从而积累了宣扬真理、传播知识的丰富经验,使他以后成为新中国功勋卓著的出版家和文化巨人之一。

胡愈之协助邹韬奋主编《生活》周刊时,曾连续为刊物撰写国际评论,从 1932 年 6 月至 12 月半年之间写了 28 篇。篇篇都是当时的热门问题。按韬奋的说法,自从 1931 年日本侵占我国东北之后,国际间的风云日亟,惊心动魄的国际事变之震动我们的耳鼓和心弦者可谓陆续不断的源源而来,胡愈之的文章,可算是这半年间国际风云的电影,一幕幕地表演在我们的眼前。按胡愈之自己的说法:“本来国际经济政治是动的,不是静的,我们只有从千变万化的动态中,去探求线索,方能明白事实真相。如专从静态中去研究,则刻舟求剑,将一无是处。”

在胡愈之本人主编的《世界知识》半月刊上,各类文章也大多是与时局紧密关联的。1934 年德意法西斯在欧洲大肆侵略活动时,胡愈之和其他作者曾不断撰文揭露和抨击。这个优良传统,以后的《世界知识》一直在坚持,这是这本刊物长生不老的一个根本原因。

胡愈之的亲密战友、作家夏衍说过,在30年代初,胡“不止一次和我谈过出书和办杂志,首先要考虑到读者的需要和他们的接受水平,一定要心平气和地说理,切不可居高临下地训人”。

胡愈之曾在一篇纪念韬奋的文章中赞扬韬奋是位“大众作家”,“只想到使大家一般都看得懂,读得懂;”“就宣传教育的作用来说,韬奋对于同时代的影响,却比鲁迅还要来的普遍。”其实,胡本人也是一位“大众作家”。办杂志不同于写书,是个集体性的工作。胡愈之创办杂志从来都乐于和志同道合的人协作。由于他作风民主,以助人为乐,同他合作过的同辈和后辈,都心情舒畅,友情历久不衰。新闻出版界有许多知名人士如茅盾、韬奋、叶圣陶、周建人、郑振铎、陶行知、夏衍、巴金、范长江、金仲华、胡绳、张明养、郑森禹等等,都是他早年办杂志结识的挚友。

胡绳曾在一篇纪念胡愈之的文章中说过:“愈之同志当时在文化活动中有一个特点,就是善于团结和鼓励许多爱国的、正直的文化界人士,他们虽然不是共产主义者,但是同情共产党的革命斗争,或者是可以成为同情者的。……这在当时是很重要的事。”

在1949年第一届新华书店出版工作会议上,胡愈之在他的一次讲话中曾提到在解放前他尽力创办杂志的客观原因。他说过:“由于中国社会有特殊条件,一般群众文化水平低,又因为时局变化非常大,因此群众迫切需要解决的是目前的现实问题,解决的办法当然最好是报纸,但报纸记载太零乱,书籍则部头大,太专门,而杂志则恰恰可以适当地解决这种需要。再者,新出版业当时也没有很多钱出大部书籍。杂志编得快,销得快,价钱低,因此,杂志是能与群众建立密切关系的。”

胡愈之在生前所写《我的回忆》一文中,对他在30年代所创办的杂志也有个简略的回顾。他说过:“这些刊物在国民党实行文化‘围剿’的情况下,为党员和进步文化工作者开辟了进行战斗的阵地,对形形色色反动的思想文化进行了针锋相对的批判,广泛地教育了群众,推进了抗日救亡运动的发展。”

有两本胡愈之创办的刊物至今还在继续出版。一本是《世界知识》,另一本是胡在50年代任出版总署署长时发起的《新华月报》。它们都在当今事业中发挥着积极作用。

原载《编辑学刊》1996年第4期

缅怀本刊创办人胡愈老

——纪念胡愈之同志百年诞辰

杨学纯

《世界知识》创刊号

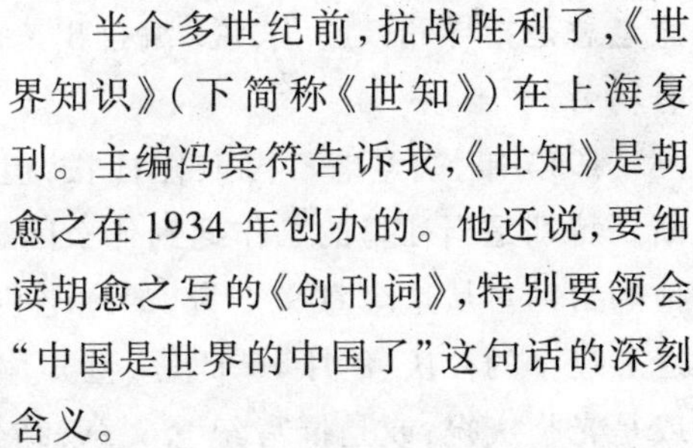

半个多世纪前,抗战胜利了,《世界知识》(下简称《世知》)在上海复刊。主编冯宾符告诉我,《世知》是胡愈之在1934年创办的。他还说,要细读胡愈之写的《创刊词》,特别要领会“中国是世界的中国了”这句话的深刻含义。

建国后,《世知》奉命由沪迁京。1950年3月,冯宾符率领8名干部赴京建社,我是其中之一。胡愈之亲自到前门车站欢迎,我才见到这位年过半百的创刊人。他慈眉善目,和蔼可亲。我跟着冯宾符尊称他为胡愈老。

胡愈老当时是出版总署署长。他对《世知》迁京出版抓得很紧。他领着我们到东堂子胡同内的一个平常四合院，说这就是社址。当他知道我们中间的年轻人是初次到京时，“哦”了一声。

几天后的星期日，胡愈老特地邀请大家游颐和园。游园中他对大家非常随和，娓娓而谈。他从颐和园的历史谈到帝国主义的侵略。接着，他问大家受过什么教育、爱读什么书、有什么愿望等。在归程中他说的话我至今记忆犹新。他说：“你们多数人没有干过出版，对国际问题知之不多，是‘新兵’。好比打仗，总要补充新兵。人生可贵的是实干。干下去，新兵就变成老兵。既然开始干了，就要作长期打算，不能半途而废。”

在胡愈老等的领导下，当年5月，《世知》在京出版了。接着边出版边建设，人员也不断增加。那时，胡愈老还兼任社长，主持日常工作的是两位副社长张明养和冯宾符。由于胡愈老不来社坐班，凡有文稿之类，就派我去送取。我很乐意能经常见到他。我当时分工编排、校对。我常因版面不美观和出现错字而羞愧。但胡愈老总是指导和鼓励我，说“编排出来就算有成绩，校对下去就算有功劳”。

1953年，胡愈老不再兼任社长，但和我们社的联系却从未中断。特别是当社里的工作遇到什么困难，社领导就去请教他，取得他的帮助。从这个意义上说，胡愈老仍是我们社的领导人。凡到逢五逢十的社庆(9月16日是《世知》创刊日，定为社庆)，胡愈老或是光临庆祝；或是撰写纪念文章，结合发展着的形势，指引读者为争取人类美好前途而继续努力。

在毛主席、周总理、陈毅副总理等多次给我社以重要指示下，我社顺利发展，除了《世知》，还出版了多品种有价值的书刊，这也和胡愈老始终不渝的关怀和指导分不开的。

史无前例的浩劫降临了。一个几十年、经过多少人辛勤劳动创建的出版社毁于“打倒一切”的荒唐口号声中。年逾古稀的胡愈老,我国革命文化界的这位先驱也被揪斗,受到肆意侮辱和诽谤。

党中央一举粉碎"四人帮",人民重见天日。1978年,党决定恢复我社。翌年元旦,《世知》又和读者见面了。复刊那期刊登了胡愈老写的《从长征到新的长征》一文。他在文章的最后一段写道:"在《世界知识》复刊的日子,让我们以百倍的信心,无比的热情,祝贺新的长征的胜利开端吧!在新的长征中,我们尤其要善于认识世界,善于解释世界。而认识世界、解释世界的目的,则是为了改造世界,为了中国共产党领导下的勤劳、智慧、勇敢的中国人民对人类做更大的贡献。"

这篇文章表明,胡愈老正结合新的形势来进一步阐明和发挥他在《创刊词》中所说的"中国是世界的中国了"的思想。几十年来,这个思想引导着《世知》剖析多变的时局,指明奋斗的方向。回想起来,胡愈老创建的《世知》,一开始就受到反动势力的仇视。早在抗战时期,国民党掀起反共高潮,《世知》被禁止出版;1949年,蒋家王朝覆灭前夕,《世知》被勒令"永久"停刊;十年浩劫,《世知》被"彻底砸烂"。但是,反动势力的一再残酷迫害,改变不了创业者的初衷!反而激起他坚持为《世知》做贡献的信心和决心。如同屈原在《离骚》中所说的"亦余心之所善兮,虽九死其犹未悔"!

复刊那年正逢创刊45周年。社庆日,胡愈老来了。我向一位新同志介绍说,"这位是胡愈老,《世知》的创办人。"他却忙道,"不要这样说,《世知》是党领导下,许多同志一起创办的,只不过由我来出面负责罢了。"又说,"作为早期的负责人,我感谢几十年来为《世知》做过贡献的所有作者和编者,也感谢爱护《世知》的广大读者。"那天,他和郑森禹社长等领导同志开怀畅谈,还和同志们热情握手,心情愉快溢于言表。他还在座谈会上讲话,谈到办《世知》的主要目的在于帮助读者坚定爱国主义和国际主义世界观。

1984 年,50 周年社庆是在庄严的人民大会堂举行的。88 岁高龄的胡愈老颤颤巍巍地来到大家中间。他发表的祝词中说,“今天,一场新的技术革命和信息革命在世界兴起,中国国内正在开创全面建设社会主义的新局面。我们更加需要认识世界和了解世界,因而《世界知识》的任务也更加重了”。胡愈老在这最后一次与我们共度欢庆的日子里,再次发表他的远见卓识。

一年多之后,1986 年 1 月 4 日,敬爱的胡愈老病逝。噩耗传来,我们社沉浸在悲痛之中。他为《世界知识》呕心沥血五十余年,教育和启发了无数年轻人走上革命道路。他曾教导我“要作长期打算”,我仰天告慰他老人家,“我在《世知》编辑部干到年过花甲告退”。

今年 9 月 9 日是胡愈老诞辰 100 周年。缅怀这位《世知》创办人,重温他在《创刊词》中的不朽名言“怎样走上这世界的光明大道去,这需要勇气,需要毅力——但尤其需要知识”,《世界知识》的代代“新兵”,必将继承先人遗愿,为追求世界的光明大道而奋斗不息!

原载《世界知识》1996 年第 16 期

胡愈之与《南洋商报》

弟贵鸣

一

1940 年 10 月中旬的一天下午,八路军驻香港办事处主任廖承志,来到香港国际新闻社,急切地找到了由桂林抵达香港的胡愈之。

廖告诉胡，最近，陈嘉庚向周恩来提出，他在新加坡办有一份《南洋商报》，考虑到该报在南洋一带有着广泛的影响，他建议中共派遣一名得力的文化人去帮他办报。周恩来答应了，我向他推荐了你。你去了，无疑可以加强对南洋侨胞的抗日宣传教育，进一步扩大我党在侨胞中的影响，还可以扩大和发展我党的抗日民族统一战线。面对这一新的任务，胡愈之毫不犹豫地答应了下来。

几天后，胡愈之悄然离港，衔命奔赴新加坡。……

二

胡愈之，原名学愚，1896 年生于浙江上虞，早年就读于绍兴府中学。1914 年夏，他听说商务印书馆招收练习生，随即从家乡来到上海，并通过父亲的一位好友将自己撰写的几篇文章送呈商务编译所所长张元济。张先生读罢文章，觉得他颇具才气，于是欣然同意录用。就这样，胡愈之自此便与中国的新闻出版事业结下了不解之缘，最终竟成了屈指可数的自学成才的著名文化人。

青年时期的胡愈之，是“五卅”运动的热情支持者，曾参加过具有划时代意义的五四运动。1920 年，他与茅盾等发起了文学研究会。1925 年参加“五卅”运动，三年后流亡法国，入巴黎大学法学院学习。1931 年回国后出任《东方杂志》的主编。1933 年，胡愈之加入民权保障同盟，并当选为总会中央委员；同年，秘密加入了中国共产党。

抗日战争爆发后，胡愈之在上海倡议成立了国际宣传委员会，同时还先后出版了《团结》、《上海人报》等报刊。武汉沦陷后，周恩来安排他赴桂林做李宗仁、白崇禧等人的统战工作，同时负责桂林一带的群众抗日文化工作。

胡愈之一到新加坡，便根据廖承志的介绍，首先找到了在《南洋商报》任编辑的张楚琨。

张楚琨是一个左派,时为陈嘉庚先生的助手。他知道胡愈之是位了不起的文化名人。眼下,能与他在一起共事,是自己求之不得的快事。当时,郁达夫已早他两年来到新加坡,在《星洲日报》编辑副刊,一度还代理该报的主编。《星洲日报》为南洋著名侨领胡文虎所办,与陈嘉庚办的《南洋商报》均代表着各自的经济利益,其政治态度和政治倾向亦有不同。

经过一个月左右的调查了解,在基本熟悉掌握了南洋华侨社会的基本情况之后,胡愈之迅速地进入了自己的角色:即按照党的指示,以无党无派人士的面目出现,积极开辟海外宣传阵地,使《南洋商报》真正成为团结华侨一致抗日救亡、实现党的抗日民族统一战线政策的有力工具。

1940 年冬,陈嘉庚结束了在中国各大战区为期 10 个月的慰劳考察活动,回到新加坡。对《南洋商报》这段时期所发表的文章和办报的宣传方针则大为赞赏。他告诉胡愈之,这次回国,最值得留恋的是短暂的延安之行。他大赞中共的救国救民、廉洁奉公、艰苦奋斗、实事求是、捍卫真理的精神,陈先生的一腔爱国热忱,深深地感染着胡愈之。就这样,凭借陈先生在华侨中的崇高威望,并通过他的关系,胡愈之很快结识了华侨中各方面的人士。

作为主编,胡愈之无论是自己撰写社论还是选编他人稿件,始终以抗日救国运动为中心,突出强调民族团结、南洋华侨团结,以及南洋华侨在抗战救国中的作用,积极主动地配合陈嘉庚领导的南侨总会工作。他一方面始终与"救国会"保持着联系,另一方面亦与香港和内地文化界的同志们保持着密切的联系。因此,由胡愈之编辑出版的《南洋商报》在南洋引起广泛的社会效应。

人们惊奇地注意到,《南洋商报》每天报道的国际形势和国内抗战消息,是那样地及时、准确;它那连续发表的一篇篇社论,又无一不是对激荡变动中的国际国内形势的追踪述评,其言之所触、文之所至,条分缕析,公允客观,言之成理。

于是，人们为贪求先睹为快，争相订阅购买。一时间，《南洋商报》的销路大增，其发行量跃居为各报之首！

1941 年 1 月，“皖南事变”发生后，国内由于国民党的新闻封锁，事件真相的报道受到了种种限制，胡愈之在《南洋商报》上则及时如实地报道了事件的真相，并连续发表社论。这在南洋华侨社会产生了巨大的反响，广大的爱国华侨对国民党顽固派蓄意制造皖南“千古奇冤”，使“亲者痛仇者快”的这一分裂倒退行为表示出极大的愤慨，纷纷要求国民党当局“彻底查究，严惩制造摩擦分子”，“坚持团结抗战国策”！

1 月 17 日，《南洋商报》发表题为《民主团结乎？独裁反共乎？》社论。社论严正指出，“祖国抗战进入了最后重要阶段，民主团结则生，反共分裂则亡”；这期间，其他华侨报刊都相继发表社论或评论，指出，“抗战与内战不能并存，分裂与投降必相为因果，如果有人说可以一面反共，一面抗战的话，那不独是欺人之谈，实是准备投降的烟幕弹”。

在《南洋商报》等华侨报刊的舆论宣传下，广大爱国侨胞为维护团结抗战局面，南洋地区有 31 个闽侨社团，立即召开联席会议，坚决支持中共中央提出的解决“皖南事变”的 12 条办法，一致决议——

> ……向中枢当局作紧急呼吁，恳其立即释放全国爱国政治犯，明令保障言论、出版、集会之自由；火速撤销一切防共部署，承认一切抗日党派之合法地位，援助敌后之抗日的民主政府，恢复抗日有功武装。……

美洲及世界各地的爱国华侨，了解“皖南事变”的真相后，无不表示愤慨，各地侨团纷驰急电，华侨报刊纷纷发表社论，纽约侨团群社甚至直接致电蒋介石和林森，强烈谴责国民党当局蓄意制造分裂、破坏团结抗战的罪行。

三

1941年12月8日，日本偷袭珍珠港成功。接着，日本海陆空军对整个东南亚和西南太平洋各国和岛屿都发起了进攻。半年时间，已相继侵占了马来亚、泰国、菲律宾、关岛、新加坡、荷印、缅甸等广大区域……

在这样的情况之下，处于国门之外的胡愈之与郁达夫等文化人，随即动员起新闻、教育、书业、文学、音乐、美术等各界文化朋友和爱国人士，成立星洲（新加坡简称）华侨文化界战时工作团，郁达夫、胡愈之分任正副团长。成立后的战时工作团，立即又成立了一个青年战工干部训练班，主要负责训练青年干部，让他们去担任民众武装的政训工作；同时，还迅速地组建起了宣传队，用演讲、戏剧、歌咏等形式到群众中间去进行抗日文化宣传。不久，胡愈之又出任以陈嘉庚为首的新加坡华侨抗敌动员总会执行委员，并兼任宣传主任。当时，这个抗敌总会辖有劳工服务团、保卫团及民众武装部等基层组织。

大敌当前，整个南洋华侨的抗日情绪已是十分高涨。很短的时间之内，他们即组织起了三千多人的华侨抗日义勇军，那些青年战工干部培训班的学员们都当上了义勇军的政训人员。

然而，战局的发展使得南洋的形势急转直下。因为，英殖民当局根本就没有在南洋抗日的决心。随着日本侵略军的步步进逼，英军正在节节败退！

“新加坡总督准备当俘虏，我们可不能！”面对万分危急的新加坡形势，1942年2月1日，陈嘉庚先生在大声疾呼。两天后，即2月3日，陈嘉庚决定暂离新加坡，先去印尼爪哇。与此同时，胡愈之亦紧急召集文化界的抗敌工作人员，具体商讨有关撤离事宜，最后决定，先撤往易于隐蔽的荷属苏门答腊的乡村，因为那里知道和认识他们的人不多。在此之前,胡愈之已安排沈兹九带领部分妇女和儿童,先行撤离了新加坡。

2月4日晨,胡愈之随最后一批抗敌文化人,坐上一艘只有几公尺长的摩托舢板。自此,便开始了他那后来三年半的抗日流亡航程……

原载《炎黄春秋》1998年第11期

胡愈之:从编辑室走出来的出版巨匠

吕晓东　整理

编辑室是文化流通中的一个特殊驿站,是各种文化交汇的大熔炉。从这个知识的大熔炉里,曾走出过许多昂扬世界的名流才俊:除思想文化界泰斗鲁迅,文学巨匠茅盾、巴金外,在文化建设上特别是在出版工作中做出卓越贡献的胡愈之先生也是其中之一。

胡愈之先生(1896~1986)是一位集编辑、记者、作家、翻译家、出版家于一身的少有的全才。他在我国文化领域特别是出版领域的贡献是多方面的、巨大的。只因其"不愿把自己的事情写得太多",或用胡绳的话说"他做的许多工作是人们所不知道的,后来他也从不和人谈起自己做过的这些工作",因而他留下的资料很少,有些成就随着岁月的流逝而印迹模糊。然而,有些成就虽铅华洗尽仍熠熠生辉:他设计筹划的生活书店,让出版史为此而亮丽;他首倡而因此设立的"韬奋文化基金""韬奋纪念馆",让几乎淹没于历史尘埃中的这位中国新闻出版史上杰出的编辑家、出版家载入史册,泽被后世;孤岛时期,他筹划并首次出版了中国文学史上的扛鼎之作《鲁迅全集》和《西行漫记》(中译本),创下了孤岛时期出版界的奇迹;新中国成立后,他作为新中国第一任出版总署署长,构建起出版事业的新框架;“文革”后胡老极力倡导创办一种体现民主作风的《群言》杂志,就在其去世的前一年(1985 年),这本杂志创刊了,胡老带着“大家可以畅所欲言”的满足离开了人世……岁月悠悠,90 年的人生历程一晃消逝了,但它铸就的一个个不灭的丰碑却又让我们依稀能辨认出那急促脚步的淡淡的印迹……

入“商务” 历练编辑扎实功夫

胡愈之先生于 1896 年 9 月 9 日出生于山明水秀的浙东上虞县一个充满书香的家庭。先生自幼好学,除随师学习英文外,还学习了日语,参加过世界语的函授学习。1914 年,胡愈之先生给商务印书馆寄去几篇文章,得到编译所所长张元济的认可,随被录取为商务编译所的练习生(相当于编务)。练习生的工作十分繁杂,既要写工具书索引,翻译背景材料,又要做读者服务工作,还要管校对,与印刷工序对接,常常往来于编辑所与印刷所之间……正是这份机缘,使他熟知了出版工作的各个环节,并在日后编书、编报、办刊、建店等一系列工作中大显身手。

1915 年,胡愈之担任《东方杂志》的编辑。这是一本内容涉及政治、经济、历史、哲学、文学、社会、时事等方面知识的大型综合性刊物。他的主要工作是选择并译介欧美杂志上的文章。早年对英语和世界语的学习,使他对目前的工作应付裕如。进馆一年后,他就在《东方杂志》发表长篇译作《英国与欧洲大陆间之海底隧道》。这是他的第一篇译作,从此一发而不可收。据统计,到 1919 年底,胡愈之先生除撰著论说及编写国内外大事记外,仅在《东方杂志》就以胡愈之、愈之、蠡才、罗罗等名发表了两百一十多篇译文,有些译作较早地把 20 世纪科学界革命性成就介绍到中国。1920 年译介的《相对性原理和四度空间》是最早将相对论介绍到中国的译文之一。当然他早期的译作只是为适应期刊需要而译，撰著较少。不久，他译著双行，齐头并进，特别是撰写了大量有关国际局势、对各国社会进展的观察与评论后，便成为这一领域的专家。1920年，胡愈之和郑振铎、沈雁冰共同发起成立"文学研究会"，撰写了许多很有分量的文章来宣传文学为人生、为现实的文学主张。他的《近代文学上的写实主义》是我国第一篇系统介绍西方写实主义文艺思潮的论文。1921年，他在《创作坛的新倾向》中阐述的现实主义一词，到了30年代便广为流行，此后文坛便普遍采用"现实主义"的译法。

五四新文化运动时，胡愈之与晚他两年进入商务的沈雁冰，已是商务印书馆编译所的骨干力量了，用他自己谦逊的话说，"在文化界也小有名气和影响了"。

胡愈之在投身新文化运动的同时，也积极投入当时的进步运动。1925年他编辑出版《公理日报》，为上海五卅运动提供舆论工具。1927年"四一二"反革命政变的次日，他亲笔写了一封抗议书给国民党中央委员会，遭到通缉。为避锋芒，1928年胡愈之流亡法国，入巴黎大学学习国际法。1931年，胡愈之从法国回国，途中经过莫斯科，他以世界语学者的身份在莫斯科停留了一星期。回到上海，他写下了名著《莫斯科印象记》(由新生命书局出版)。这是我国第一本比较系统地介绍社会主义苏联政治、经济和人民生活状况的著作，在广大青年中引起强烈的反响。

回国后，胡愈之出任《东方杂志》主编，他把自己满腹的理想付诸杂志。在他的精心组织下，《东方杂志》影响空前，销路也一路上扬。1933年，胡愈之策划了一个"新年的梦想"特辑，特邀全国各界知名人士执笔撰写。其间因存有对国民党当局的挖苦讽刺，为此，他与王云五发生了分歧，而被迫离开了商务，离开了颇有影响的《东方杂志》。

近二十年的商务生活,胡愈之先生积极进取,不断超越自我,完成了由练习生到编辑进而主编的业务修炼。虽然他梦断《东方杂志》,但他的辉煌业绩却从此开始。

助"生活" 倾心设计生活前景

胡愈之的《莫斯科印象记》出版后,在社会上引起强烈反响,《生活》周刊的主编邹韬奋读后也深受感染。此后,他非常希望与邹韬奋先生见面畅谈。

1931 年 10 月,邹韬奋在其友毕云程的陪同下,去上海闸北宝山路东方图书馆访问了胡愈之。邹韬奋就刚刚发生的"九一八"事变向胡愈之先生提出了国内外形势的种种问题,足足谈了三个小时。邹韬奋先生很满意,当场约请胡愈之为《生活》周刊写文章。胡愈之随后写了《一年来的国际》,发表在当年《生活》周刊的国庆特刊上。这是胡愈之为《生活》周刊所写的第一篇关于国际问题的论文。约半年后,胡愈之开始用"伏生"为笔名继续为《生活》写文,头一篇就是登在 7 卷 12 期上的《远东问题的关键在欧洲》,以后几乎每期都写一篇关于国际问题的文章,文笔犀利,分析深刻,深入浅出,容易读懂。在胡愈之先生的影响下,十几万《生活》的读者中有不少人由不大懂或不大关心国际形势而渐渐开始关心起国际形势来。《生活》周刊也由"内容还带些低级趣味"(胡愈之当时的感觉)转而突显出对国家民族的真真热情来,从而拉动了《生活》的品位,提高了《生活》的影响。

随着《生活》周刊政治态度越来越明朗,影响越来越大,来自国民党当局的压力也越来越大。胡愈之预感到形势的严峻,于是建议韬奋创办生活书店(出版社)。有了书店,即使《生活》周刊被封,书籍和其他刊物仍可继续出版,阵地不会丢失。1932 年 7 月在胡愈之的策划下,邹韬奋终于创办起了书店。胡愈之还应约起草了生活书店章程。此后,他与生活书店的关系日益密切,还参加了生活书店的许多店务和编务。1933 年,他还协助韬奋进一步把生活书店改组成出版合作社,规定“经营集体化、管理民主化、赢利归全体的原则”。两位巨人的合作,注定生活书店将会有不同凡响的未来。

杨杏佛事件后韬奋也上了黑名单,为免遭国民党迫害,他流亡国外。这时,胡愈之实际上负起了《生活》周刊主编之责,原来由韬奋撰写的“小言论”,也改由胡愈之操笔,但不计名分。1933 年底,由胡愈之执笔的“小言论”《民众自己起来吧!》触怒了蒋政府,《生活》周刊被查禁停刊。这本是预料之中的事。这样,一年前由韬奋执笔写就的《与读者诸君告别》一文,在一年后的 1933 年底的《生活》终刊号上派上了用场。

《生活》周刊被查禁后,胡愈之先生又与同事共同筹划起《新生》周刊,在《生活》周刊被禁的两个月后开始出刊,由韬奋的挚友杜重远出面主编。此外,胡愈之还多方联系作家,除出版图书外还筹划创办了许多刊物。其中有四大杂志影响较大:《文学》月刊(郑振铎、傅东华主编)、《太白》半月刊(陈望道主编)、《译文》月刊(鲁迅主持、黄源出面主编)和《世界知识》半月刊(胡愈之主持、毕云程出面主编)。这些刊物扩大了革命青年的视野,也推进了抗日救亡运动的发展,深得读者的喜爱。特别是胡愈之亲自主持并撰稿的《世界知识》,是我国最早的有关世界形势和世界知识的通俗读物。因此,生活书店声誉日隆,已成了许多《生活》读者的生活支柱。

胡愈之先生除了在建店和办刊筹划上、方针上给《生活》以设计和帮助外,还亲自著文来支持《生活》。除以胡愈之、愈之为名撰文外,还以“景观”“伏生”等笔名或不署名方式为《生活》写稿。许多文章还结集成书,如较有影响的《伏生国际论文集》等。

1938 年,在胡愈之参加了周恩来同志领导的政治部工作后不久，邹韬奋先生再次特邀胡愈之先生到重庆共商生活书店大计。在重庆的生活书店会议上，胡愈之帮助生活书店制定了今后的工作原则，他自己被选为编审委员会主席。五六年的倾心设计、五六年的默默奉献之后，他第一次公开在生活书店任职了，可他从没领取薪水和报酬。邹韬奋在《店务通讯》72 期上热情洋溢地写了一篇短文《我们的胡主席》，幽默诙谐，也许能概括他在生活书店中的形象：

> 胡主席是本店最有功勋的一位同事。他在生活周刊时代，就经常替我们写国际文章。他参加本店创办时的计划，等于本店"大宪章"的《社章》就是由他起草的。他对本店的重大贡献不仅是编审，在实际上是包括了我们的整个事业……

生活仿佛有意捉弄人，胡愈之没有生活书店的名分时，做了大量务实的工作，从筹划到建店，从联系作者到创立刊物，从主持编务到亲自撰稿，而当他真正公开任职后，时局却没有为其提供更多的机会。之后不久抗日烽火熊熊燃烧，他为了参加抗日救亡宣传活动而奔香港，赴南洋，等到他再次关心生活书店之时，满目已皆是新中国旭日初升的霞光了。当年的胡主席已是新中国第一任出版总署署长了，当年的生活书店已与读书、新知书店合并为三联书店。

组"复社"　连创孤岛出版奇迹

1936 年 6 月，埃德加·斯诺的《红星照耀中国》（即《西行漫记》），由英国出版，它让西方社会第一次从中领略了毛泽东等一批中共领袖的超群风采。1937 年底，埃德加·斯诺送给胡愈之先生一本《红星照耀中国》。凭着一个出版家敏锐的直觉，胡愈之感到这部让世界震惊的作品,其实更应该首先让中国人了解,让中国人振奋。出版业与国家的前途和命运在胡愈之心里已紧紧地联系在了一起。

而此时的上海,已被日军攻陷,英法租界宣布中立,而成为一座孤岛,大部分出版社、书店都内迁或歇业了。胡愈之本着一个出版者的责任,本着对中国进步文化的热忱,本着对中国前途和命运的关注,以无畏的战斗精神决定自组班底来完成这一工作。他立即联系留沪的翻译家、出版家、印刷厂、编校及各界信得过的朋友,以他和二弟仲持(胡学志)一家住宅巨籁达路(现名巨鹿路)174 号一幢单间三层楼的房子,作为他倡议组织"复社"的办公室。

经胡愈之的策划,书前,斯诺先生应约增加了诚挚感人的序言,其间充溢着对中国人民真切的友谊;书后,胡愈之先生写了《译者附函》,这是最初的国外原版所没有的。在稿件和译编人员齐备的情况下,资金就是一个突出的问题了。胡愈之凭着早年在商务的经验,他与同事商定采取预约征订、预收书款的办法集资,分次印发,滚动扩张。1938 年 3 月,第一批书出版了,到 1939 年 4 月 10 日,复社已印行《西行漫记》第 5 版(一说仅半年时间就印了 6 次,发行了 8 ~ 9 万册)。

孤岛时期,这本 30 万字的书,从翻译、发稿付印到出书,前后不到两个月。"这是翻译、出版史上的奇迹!"中译本出版后,立即在海内外引起强烈反响,不仅供应了内地、沦陷区,还远至香港和南洋,它向世人预示将出现在东方中国的黎明。斯诺先生断言的中国未来的雏形,被历史所证实,也给在恶劣环境下的广大读者以巨大的精神力量,激励千千万万中国的有识之士投身革命。这是翻译出版工作的不可估量的贡献,也是中国翻译史上令人难忘的辉煌篇章!

《西行漫记》的成功,鼓舞了胡愈之,一个更大的出版计划,在他的心中涌动:用同样的方法来出版 600 万字的《鲁迅全集》。当然,《鲁迅全集》与《西行漫记》是不可比拟的。且不说600万字文稿这一庞大的数字难以一蹴而就,就是鲁迅先生那让统治者胆战的呐喊,也会让出版计划实施过程中障碍重重,举步维艰。对此,胡愈之深知其中利害,然而他更清楚,当时上海形势很危急,日军随时可能占领租界,而鲁迅先生的文稿卷帙浩瀚,这些文稿既不便珍藏,又不敢内运,迅速组织出版是惟一的办法。在苦苦寻求合适的出版方式之时,《西行漫记》出现了,于是他决定用同样的方式支撑起这一巨大的文化工程。

出版《鲁迅全集》最大的困难还是资金问题。胡愈之先生仍然决定采用预约征订、预收书款的办法来操作。而《鲁迅全集》工程之大,所需资金之巨,是《西行漫记》不可比拟的,预计书款是《西行漫记》的20倍。这个数字对于在战乱之时,处于失业和半失业状态下的一般知识分子来说,是不容易拿出的。面对现实,胡愈之先生决定在价格上做文章,分印两种版本,分定两种价格:一种是普及本,一种是精装纪念本。前者定价低,每套8元,仅够工本,以便让更多的人买得起,读得到;后者装订考究,红色布面,书名用银色烫印,请蔡元培先生题签,还专用柚木制作了一批浅棕色书箱,每套定价100元。这样,就可用纪念本的丰厚利润来支撑经营,也利于筹资。当时富商多避居香港,胡愈之先生就亲赴港九,以座谈会、恳谈会等方式筹资预订。这一形式收到良好效果,很快筹资4万元,使编印工序顺利启动。胡愈之先生宛若一个鲁滨孙,在荒芜中构筑着一个出版的奇迹,这个奇迹终于出现了。

一百余名学者、作家在胡愈之先生的动员下,参与了编辑校对,仅用四个月的时间就突击印装出这套20卷600万字的《鲁迅全集》。这是中国历史上首版《鲁迅全集》,在今人看来虽然有诸多差谬,但它确实为编辑行业提供了一个成功的范例,为中国文学史立下了不可磨灭的功勋。许广平在全集编校后记中也给以高度评价:"幸胡愈之先生本一向从事文化工作之热忱,积极计划全集出版事宜，经几许困难，粗具规模……六百万言之全集，竟得于三个月中短期完成，实开中国出版界之奇迹。”

当我们今天捧着装帧精美的《鲁迅全集》汲取其不竭的思想精华、纯美的文学精粹时，应该记住它的源头——首版《鲁迅全集》及其不易的出版过程，更不应忘记它的组织、发起者胡愈之先生。

做署长　奠基祖国出版秩序

在新中国礼炮响起之际，胡愈之先生辗转回国。这个终生怀抱文化理想的人终于有了施展抱负之地。他创办了我国第一张反映知识分子要求的报纸《光明日报》，并走上中国出版总署署长的岗位。

从1914年就走上出版岗位的胡愈之先生，以其近四十年的经验积累，近四十年的不懈奋斗的收获，来构筑新中国出版的新框架，构筑新中国出版事业的美好未来。

解放前，出版行业各自为政，各行其是，各管一方；解放后，要让分散各地的散乱的出版行业能合为一体，有统一的计划，有统一的行动规范，从而形成一个有序的、互相衔接的、完备的全新系统，这还是一个全新的工作。胡愈之先生深解其味。为了能使新中国出版工作尽快走上正轨，他废寝忘食、夜以继日地组织力量，调查研究，召开会议，制订方案，逐个解决问题。据统计，从1949年9月至1950年9月，一年时间召开了三次出版工作的大型会议。胡愈之先生在这些会议上作了《出版发行工作的新方向》《出版工作一般方针和目前发行工作的几个问题》《出版事业中的公私关系和分工合作问题》《论新民主主义的国营出版印刷发行事业》《论人民出版事业及其发展方向》等报告和讲话，有文件可查的共有九次，约达七万字。两三年后，经过胡愈之及其同行的共同艰辛工作，初步搭起了社会主义出版工作的新方针、新政策、新秩序的框架。

——出版机构已初步设立：到 1954 年，各省、自治区、直辖市的人民出版社已建立齐全（个别除外），中央一级的出版社已达三十余家。今天中央一级出版社已远远超出此数，但其中骨干性质的出版社多是 1950～1954 年的四年间建立起来的。各省市、自治区已按照统一制度建起新华书店，分支店发展到 1726 家，百分之七八十的县市也有了一定规模的书店。

——出版制度已有新思路：对出版机构实行统一分工，出版、印刷、发行实行专业分工，各司其职；每一个出版社，应该按照它自身的优点、特长及所拥有的读者和作者等各种条件来出版它最适合出的书，这种思想一直影响到我们现在专业出版社的划分。

此外，胡愈之先生还对调整公私关系，重视图书特别是教科书、期刊出版方向以及出版的自由度等问题，提出了设想，他的许多观点到现在还是适用的。

解放后的几年时间里，胡愈之先生倡议出版了许多有价值的书刊：帮助出版了《韬奋文集》三大卷，为后代的进步提供了有形的楷模；建议将解放前的全国翻译图书编出一本完整的目录，为新中国翻译工作计划的制定奠定了扎实的基础；倡导选出好书编《保留书目》、出版《知识丛书》等，为读者提供更优质的阅读导向和精神食粮；经过多次调查，亲自主持编辑直接服务于农村的日用大全式的综合性通俗读物《东方红》，后又多次修订，实用性强，很受农村青年欢迎；倡议创办综合性、资料性的大型刊物《新华月报》，在建国初期，它以独一无二的权威性，受到各界的重视；倡议民主管理方式。“文革”后，胡愈之先生虽不在出版战线，仍关心出版工作，多次建议创办一本《群言堂》杂志。1985 年《群言》创刊了，1986 年第 1 期上胡愈之先生发表了《坚持改革、认真学习》，谆谆告诫我们在新的一年里要做好两件事：一是坚持改革，开拓前进；

二是认真学习马克思主义理论。这篇恳切的言论竟成了他留下的最后一篇杰作。

胡愈之先生一生的工作经历是丰富的,但四十多年的出版工作历程无疑耗去了他人生最宝贵的时光,四十多年的出版工作历程上也留下了他创造的一项项珍贵的业绩。当然,无论哪项业绩都离不开大家共同的努力,相互的协作,但胡愈之先生的筹划组织能力,无疑起了别人不可替代的重要作用。他在后人的心目中永远是令人仰止的出版巨匠。

原载《新闻出版交流》2002 年第 3 期

教育读者　尊重读者

——谈胡愈之期刊编辑中的读者意识

张新华

"读者是期刊的上帝,读者供养了编辑。"这句话所强调的自然是读者对于期刊的重要性。一份期刊的成败从很大程度上表现为读者数量的多少,这对于期刊的经营来说是不错的。然而,当民国时期从事过期刊编辑的人提起这句话时,却隐匿着编辑为迎合读者的低级趣味而使期刊走向庸俗化的不良倾向。

对于出版巨人胡愈之来说,编辑出版期刊是他一生出版活动的重要组成部分。除建国初期创办《新华月报》外,胡愈之的办刊活动主要集中于 1914 年到 1949 年的 30 多年间,曾先后主编、创办《东方杂志》、《世界知识》、《月报》、《风下》等十多种期刊,产生过巨大的社会影响。作为一个深谙办刊之道而又富于社会责任感的编辑大家,胡愈之不仅具有强烈的读者意识,而且他的读者意识又是独到的、崇高的。

教育读者，切合实际地向读者传播先进的思想和文化，是胡愈之读者意识的一个重要方面

胡愈之非常重视期刊的教育功能。他学问渊博，却是自学成才。在商务印书馆这个文化传播机构里，胡愈之主要通过阅读书刊等出版物获取知识和先进思想，因此对于期刊的教育作用他有切身的体验。更重要的是，在国势衰微、民众蒙昧的背景下，他看到大多数报刊仍停留在消遣娱乐的层面上，这就激发了他用报刊教育民众的意识。从新文化运动前后到建国初期，他曾在《中国的报纸文学》、《国民外交与国际时事研究》等文章中一再呼吁：报刊要担负起强烈的社会使命，以教育民众、传播知识。可以说，胡愈之的办刊生涯是以教育民众为起点并贯穿始终的。1926年，为增强国民的外交意识，他在《东方杂志》上开辟了《现代史料》和《国际问题研究》两个专栏，向读者传播国际政治知识。之后，他主编《东方杂志》，创办《世界知识》、《月报》、《新华月报》等刊物，在很大程度上都是为了教育读者，提高读者对国际国内政治形势发展的认识。1946年，为了在南洋青年华侨中传播政治和科学文化知识，克服当地教育事业的不足，他利用《风下》周刊编辑青年"自学辅导读本"，并依托编辑部，创办青年自学辅导社，请名家对青年进行教学指导，产生了很大影响。

以教育读者、传播知识、启蒙民众为己任的胡愈之，并没有像现代历史上的一些文化精英那样，用悲悯的眼光注视着大众、用如椽的大笔为大众呐喊。这些"注视"和"呐喊"因语言思想的隔膜和其他外在的因素使它们在实际上对大众影响甚小。意识到沟通的重要性，胡愈之无论著文，还是办刊，都追求语言的通晓易懂、形式的朴素生动、内容的丰富实用，以合乎民众的文化水平为基准，

切实达到普及知识、教育民众的目的。他曾经赞扬邹韬奋是一位大众化的作家和出版家，说他的写作“只想到使大家一般都看得懂，读得懂”；“就宣传教育的作用来说，邹韬奋对于同时代的影响，却比鲁迅还要来的普遍”；他办报刊也是“站在大众立场，唤醒大众，教育大众”，使《生活》周刊和《生活日报》成为大众的喉舌①。其实，胡愈之本人就是一位大众化的作家和出版家。就出版来说，他更看重与大众关系紧密的期刊。对于尽力办刊的客观原因，他在初期曾谈道：“由于中国社会有特殊条件，一般群众文化水平低，又因为时局变化非常大，因此群众迫切需要解决的是目前的现实问题，解决的办法当然最好是报纸，但报纸记载太零乱，书籍的部头大，太专门，而杂志则恰恰可以适当地解决这种需要。再者，新出版业当时也没有很多钱出大部书籍。杂志编得快，销得快，价钱低，因此，杂志是能与群众建立密切关系的。”②就办刊的主观努力，他在30年代就不止一次地和别人说过：“出书和办杂志，首先要考虑读者的需要和他们的接受水平，一定要心平气和地说理，切不可居高临下地训人。”③

显然，胡愈之是从解决大众的当下需要出发教育大众的，所以他的办刊活动就能紧紧切合读者的实际，并表现出强烈的创造性，发挥很好的作用。1926年他在《东方杂志》上开设的《现代史料》和《国际问题研究》的专栏很有特色，虽然两者同为向读者传播国际时事，却意趣各异。前者按照常规的方法，专载关于国际情势、各国实况的文章，来满足这方面知识层次较高的读者需要；后者则是“介绍粗浅的常识给一般不了解国际情形的读者”。栏目的设置也颇具匠心，“每期就一个重要的问题加以简明系统的论述，文后附列练习题数则，使读者得以按题练习”。这样做的目的是“希望中学学校的历史地理教员，拿这些当作补充教材”④。同类栏目因所照顾的读者层次不同而在设置上反映出差异，正体现胡愈之在教育读者方面的良苦用心。尤其是《国际问题研究》栏目的教材化编排方式，对于《东方杂志》这个老牌的综合性期刊来说，无疑是一个很有创见的突破。另外，《风下》周刊的自学青年辅导社也是一个创举，胡愈之和其他同人看到当地的华侨青年没有条件获得较多的文化科学知识，就以《风下》编辑部为基础创办自学青年辅导社，规定“学员每月作文两次及练习题数次”，由胡愈之、杨骚、沈兹九、陈仲达等著名的作家、报刊专家亲自批改。对成绩优秀的学员，不但免收学费，还发放奖学金，赠阅《风下》和图书。所以，“一时间《风下》编辑部门庭若市，变成了自学青年活动中心”。《风下》周刊也因此成为“一份历久不衰，始终受欢迎的读物”⑤。

尊重读者、重视与读者的交流，是胡愈之读者意识的另一个重要方面

这种读者意识又包含两个层次。

首先，胡愈之在编辑过程中很重视读者，注意吸引读者参加办刊活动。最明显的标志就是读者参与栏目的设置。1932 年主编《东方杂志》后，他不顾因新增“教育栏”、“妇女与家庭栏”和“文艺栏”等造成的版面紧张的局面，又增加了《作者·编者·读者》栏目，登载读者的来信和批评意见。更巧妙的是，胡愈之还通过征文、让读者投票评选文章等办法，使读者主动、积极地参与到办刊活动中来。为办好《东方杂志》“新年的梦想”专号，他事先向全国各界名人发出 400 多封征稿信，很快收到很多回复，共计刊出 142 人的文稿，其中有 13 人是并未接到征稿信而主动作复的一般读者。可见，胡愈之的这一举动对读者是多么有吸引力。《月报》则更加重视读者、尊重读者，在相当于编后记的《这一月》栏目中，胡愈之介绍当期的编辑情况，答复读者的有关要求，后来还增添了《读者信箱》栏目，专门刊登读者来信。为吸引读者参与办刊，他曾举办读者投票评判最满意与最不满意的文稿，并在杂志上公开

发表投票结果,即使是最不满意的文稿及作者也同时公开。

其次,胡愈之很注意接受读者的批评意见,对读者的要求及时地作出回应。他在刊物中开设的读者栏目,绝不是可有可无的摆设,而是充分发挥了其作用。无论他办的哪一份期刊,都能诚恳地接受读者的批评和意见。例如,在 1937 年 4 月的《月报·这一月》的结尾,他写道:"我们尤其欢迎的,是阅读本刊和其他刊物杂志所发生的见地、感想和疑问,即使是零星的三言两语都好。"⑥对于读者的意见和要求,胡愈之则尽量予以满足。总共仅出版七期的《月报》,应读者的要求对栏目和内容就作过几次调整。从第四期开始添设了《中外写真》和《科学写真》栏目,铜版插图也有所增加;第六期重行登载了一度停刊的文艺作品;第七期对编排形式作了较大的变动。当然,由于遵循办刊方针或其他原因,对读者的意见也不是一概采纳。对此,胡愈之也从不敷衍,而是坦率地申明缘由。在"一·二八"事变前,《东方杂志》有几个属于软性读物的栏目,如《拆散百科全书》、《世界一角》、《新语林》等,占了相当大的篇幅。为把该刊变成抗日救亡的舆论阵地,胡愈之在复刊时把这些栏目都取消了。许多读者因此而向编辑部写信,要求续登并增加软性读物的分量。对此,在 29 卷第 7 号的《作者·编者·读者》中,胡愈之解释说:"我们不愿意使《东方杂志》变成坊间流行的庸俗读物,失却学术上的固有地位。我们只能从编辑方面,力求能引起读者兴味。但不能过分偏重软性文字,这一点应该得受读者的谅解。"由此可见,胡愈之很重视和读者之间的交流,在不影响办刊宗旨和整体风格的前提下,对刊物进行必要的调整。既坚持刊物的个性,又反映读者的心声,体现出对读者的充分尊重。这无疑会促进期刊编辑和读者之间的互动关系,扩大期刊在读者中的影响。

总之,教育读者和尊重读者是胡愈之办刊过程中读者意识的两个重要方面。其中,充分发挥期刊的教育功能,向大众传播先进的思想和文化,以促进革命事业的发展,是胡愈之办刊活动的基本宗旨和目的;重视读者,加强与读者的交流,并及时地对期刊加以调整,使期刊增强亲和力,取信于读者,是达到实现教育读者目的的必要途径。正是遵循和实践了这样独到的读者意识,胡愈之的办刊活动才产生了积极广泛的影响。

注释:

① 胡愈之.韬奋与大众文化[A].胡愈之文集(第4卷)[C].北京:生活·读书·新知三联书店,1996.399~402

② 胡愈之.我的回忆[A].胡愈之文集(第6卷)[C].北京:生活·读书·新知三联书店,1996

③⑦ 胡愈之.我的回忆[A].胡愈之文集(第6卷)[C].北京:生活·读书·新知三联书店,1996.329、343

④ 胡愈之.本刊的新生[A].胡愈之文集(第3卷)[C].北京:生活·读书·新知三联书店,1996.84

⑤ 夏衍.中华民族的脊梁[A].胡愈之印象记[C].北京:中国友谊出版公司,1996.8

⑥ 参看周予同:回忆《教育杂志》,东方杂志第30卷第4号

原载《出版广角》2002年第9期

胡愈之的编辑风格

庞政梁

胡愈之是我国进步文化新闻出版事业的先驱者、新中国新闻出版事业的奠基人。他亲手创办和协助他人创办的出版社、报纸杂志不下几十家。他主编过《东方杂志》、《世界知识》、《南洋商报》、《光明日报》等刊物,担任过中华人民共和国出版机关的最高领导职务——国家出版总署署长。他是杰出的编辑、记者、评论

家，在他主编及参与的众多刊物的编辑出版活动中，体现了鲜明的编辑风格。他的编辑思想、丰富经验、过人才能和创造精神，是他在文化新闻出版界出色开拓一个又一个领域的事业并为之作出卓越贡献的重要因素。本文主要从以下方面论述胡愈之的编辑风格。

一 基于正确预见的策划

在胡愈之的编辑出版活动中，我们看到他非常重视编辑主体创造性的发挥。他往往根据对形势与读者需求等情况的正确分析与判断，主动设计工作方向和工作项目，在对编辑出版目标的设定和追求中，体现了“从无到有”的创造精神。他筹划、创办了许多刊物，常常是一个刊物创办成功了，接着又去思索、筹划另一新的刊物。从以下例子中，可看到胡愈之在报刊活动中所获得的具有创意的成功，与他的基于正确预见的策划分不开。

1.《月报》——杂志界的一个创格的刊物

“西安事变”之后，胡愈之根据当时的形势和民众的愿望，认为党的抗日民族统一战线政策一定会受到广大人民的拥护，而对此政策的宣传又非常重要。此时出版一种大型的综合性文摘，选刊各个方面的抗日主张，以促使国民党政府抗日，定能获得很大影响与收效。胡愈之筹划并组织人员编辑以《月报》为名的文摘。1937 年 1 月，形式与解放后出版的《新华文摘》颇为相似的《月报》出版发行。《月报》所刊载文章都采摘自国内外报刊，编辑时注意多摘录共产党的消息与主张。在同一期上，既有蒋介石的文章，又有毛泽东的文章。类似的做法，宣传了抗日民族统一战线政策，而国民党政府却无法问罪。文摘反映了人民的愿望，被誉为出版界“一朵灿烂的奇葩”、“造福人民的知识乐园”，深受读者欢迎。郑振铎称之为“这是中国杂志界的一个创格的刊物”。胡愈之策划出版的《月报》，其形式与内容，在我国期刊史上都是引人注目的。

2.《公理日报》——声誉超过《申报》等众多大报

1925年，胡愈之面对帝国主义势力在上海用强权暴力压制各大报、封锁反帝运动消息的严峻形势，与郑振铎、叶圣陶、王伯祥等人商议、筹划对策。胡愈之根据斗争需要，认为要高举公理旗帜，争取还我公理，应该办个新刊物，与帝国主义作斗争，唤起民众；而刊物取名《公理日报》与其宗旨相符，鲜明的旗帜，大胆泼辣的做法，必将发挥应有的作用。《公理日报》敢讲其他大报不敢讲之话语，敢登其他大报不敢登之消息，创刊号上就有上海学术团体对外联合会的宣言，提出为解决"五卅"事件的六项要求，并提出对帝斗争的三个号召。它对上海一些报纸未敢报道的"五卅"惨案真相予以揭露，对《申报》、《新闻报》、《时报》的媚外言论以及上海银行业私下接济外国银行的行径予以斥责。《公理日报》成为"五卅"运动中创刊的第一份用来指导运动的重要报纸。它设有战斗性很强的一个专栏名曰《社会裁判所》，以及大多出自胡愈之主张的在当时颇为新鲜有吸引力的一些做法，对扩大刊物影响起了促进作用。《公理日报》的声誉超过了《申报》、《新闻报》、《时事新报》、《时报》等大报。

3.《世界知识》——我国第一份以分析评述国际新闻为主的刊物

面对国际形势错综复杂、国内斗争激烈尖锐的情况，胡愈之认为创办一个宣传普及国际知识、分析国际问题的刊物，能帮助读者认识与关注世界，并从世界的角度来看中国的问题。经胡愈之的筹划准备，《世界知识》于1934年9月创办。刊物涉及的内容丰富，还着重反映法西斯国家的侵略野心及对世界和平的威胁，反映世界人民反侵略反压迫争取民族解放的斗争形势，宣传前苏联的建设成就，这大大增强了中国人民抗战的信心。刊物让人们在复杂的局势面前认清了方向，对国际时事更加关注，而且培养了金仲华、钱亦石、张明养、钱俊瑞、王纪元、张仲实等一批国际问题专家。陆定一称胡愈之主编的《世界知识》是“国际问题的指路明灯”。

4.《译报》——世界新闻史上的一个创造

1937 年 11 月，胡愈之在上海英法租界，考虑到处在日寇四面包围之下的“孤岛”的《申报》、《新闻报》等已无法刊登抗战消息与言论，《立报》、《救亡日报》和《大公报》等已转移到香港或内地，为继续揭露日寇罪行、报道抗战新闻，策划以翻译外文报刊的形式出版刊物，既不为租界当局阻拦，又能达到宣传目的。于是借用外商主办名义出版《译报》，虽然形式上全是外文报刊所载消息和文章的译文，但内容上同样向中国读者报道了如南京大屠杀等重要消息，发表了埃德加·斯诺等所写《西行漫记》中有关红军的文章。胡愈之在特定时期特定环境下的谋划立意，以及为我所用的巧妙方法，使《译报》成为世界新闻史上的一个创造。

5.《南侨日报》——华侨和南洋人民的喉舌

我党在海外重要的舆论阵地胡愈之对国民党发动内战并在南洋等地造谣蒙蔽不明真相的华侨的事实，认为必须通过强有力的舆论工具，来揭露国民党的黑暗统治和骗人谎言，宣传教育群众，团结广大华侨，维护侨民利益，促进祖国早日实现和平民主。胡愈之在新加坡筹划主持的于 1946 年 11 月创刊的《南侨日报》，受到了越来越多的读者的欢迎，产生了巨大的影响。除了《南侨日报》，当时在新加坡没有第二家报社能早晚出三大张报纸的。国民党在当地办的报纸仅一年内就停办了四家，而《南侨日报》成为南洋第一大报。在报纸创办三周年时，毛泽东题词：“为侨民利益服务”，周恩来题词：“为宣传新民主主义的共同纲领而奋斗，为保护国内外华侨的正当利益而奋斗！”对《南侨日报》的成就予以充分肯定。

茅盾说，胡愈之计划了许多杂志和书刊，“称他为‘设计专家’……是由于衷心的钦佩”。傅彬然说胡“创造力和组织力的强盛,尤其足以惊人”。范长江称胡愈之为“文化界的参谋长”。张明养说“很多事业都是由他倡议、筹划和推动组织的……有时一件事业创办成功了……他就转而去思考、探索、创议另一种新的工作……一个新的主意出来后,与几个朋友一商议,另一个新事业的蓝图、设计方案、计划和具体措施就很快草拟出来了。他是一位能工巧匠,一位超级设计师,通过他杰出的组织能力和雷厉风行的作风,一个新创的事业,就又很快诞生了……”我们说,胡愈之的策划是在其编辑主体性的主导和支配下进行的具有目的性、自觉性、选择性和主动性的创造活动,也是其能动的具有超前价值的开发。如果说在编辑策划中体现了胡愈之的主体意识,那么在他的高效出色的撰写中可看到其主体能动性和创造精神因出众的素质、过硬的本领而更充分地发挥。

二　高效出色的撰写

胡愈之在编辑出版活动中,不仅对精神产品生产进行规划设计和选择加工,而且积极主动直接参与精神产品的生产。多年的勤奋使他具有坚定正确的政治方向、广博的知识、开阔的视野以及多方面过硬的本领。这位集编辑、记者、作家、翻译家、出版家五位于一身的文化战线上的杰出人物,发挥他的主体能动性和创造精神,撰写了无数精辟的文章,为刊物为进步事业带来积极影响与作用。此举数例观之。

胡愈之在《东方杂志》“五卅”事件增刊上写下六万多字的《五卅事件纪实》一文,他指出由“‘五卅’事件而引起的全国民众运动,是中华民族要求独立和生存的大抗争的开始”,“是中国人民近百年来反抗帝国主义的新起点”。并认为“五卅”运动斗争的目标不能停留于惩凶、赔偿、释放被捕者一类要求上,而应当以“废除外人对我之种种不平等待遇”,即废除帝国主义强加于我国的不平等条约为最终目标。(文中的基本观点,与瞿秋白在当时的《向导》〈中共机关刊物〉上发表文章的观点是一致的。)这是一篇强有力的战斗檄文,其犀利的笔锋似匕首刺向帝国主义强盗的要害。

胡愈之在法国学习期间,为《东方杂志》撰写了21篇(计17万字)国际新闻评论,创造了当时我国专职驻外记者撰文的新纪录。

在胡愈之的文章中,往往闪烁着他的科学预见的智慧光芒。如在为《生活》周刊写的第一篇文章《一年来的国际》中指出:"假如我们的推断不错,1931年日本对我国东三省的强盗侵略行为,亦将成为第二次世界大战的序幕。"之后,1937年,中国对日本开始全面抗战,1939年希特勒德国进攻波兰,发生了欧洲的战事,是第二次世界大战的发展过程,历史的发展完全证实了他的预言。又如1939年9月1日德军入侵波兰,9月3日英法对德宣战,爆发欧洲大战。胡愈之将9月3日撰写的专论《变侵略战为反侵略战》发表在《救亡日报》上。他预言:"英法对德宣战之后,欧洲的历史乃至人类历史要向着一个完全新的方向转变。……战局扩大以后,英法和美苏在反侵略阵线中,暂时将起分工的作用,美国和苏联将予日寇以更大的压力,以与欧洲方面的反侵略战争,互相策应,还是十分可能的。"此科学预见与其后(1939年至1945年)的世界大战的演变过程完全相符。

经胡愈之编辑翻译的电讯稿,深受各大报的欢迎。哈瓦斯的电讯经胡愈之编辑翻译(1933年他在法国人开办于上海的哈瓦斯通讯社当编辑,翻译电讯,再编成中文电讯稿,发给上海各报),各报采用的数量远远超过了其他外国通讯社。胡愈之懂英、法文,有新闻工作经验,工作效率高,编辑翻译的稿件深受欢迎。

胡愈之的文章不仅能获得读者的好评,更重要的是常常给人们以深刻的启迪。他于1931年经过短短七天紧张采访而写的《莫斯科印象记》反映和透视了苏联社会的现实与本质,作品真切、自然、动人，最初在期刊《社会与教育》上连载，在几个月内连印了五版，在香港和海外也是风行不衰。鲁迅先生说："这一年内，也遇到了两本不必用心戒备，居然看完了的书，一是胡愈之先生的《莫斯科印象记》……"书的出版，给许多对革命前途认识不清的青年知识分子指明了方向，唤起了他们对社会主义苏联的向往，很多有志青年由此奔赴延安投身革命。

因胡愈之的缘故，1931 年《生活》周刊由宣传职业教育和职业消息为主转向以宣传抗日救亡为主，从而吸引越来越多的读者，成为当时国内首屈一指的刊物。他撰写的国际述评运用辩证唯物主义的观点，客观精辟分析 30 年代复杂的国际形势，对各重要问题的基本点和新阶段的特点尤其着重阐述，以便使读者对表面复杂而实际有其规律的国际现象作进一步观察时，能有一个标准的尺度。胡愈之的述评观点鲜明、剖析透彻，论述深入浅出、提纲挈领，深受欢迎。许多原来不懂或对国际问题无兴趣的读者，经过他的通俗易懂的说明，也产生了兴趣，关注起国际问题。

胡愈之于 1937 年 6 月为声援和营救被国民党当局逮捕的救国会领袖沈钧儒、邹韬奋等七人撰写《爱国无罪听审记》充分表现其优秀的新闻素质。国民党当局在苏州对"七君子"开庭审判，胡愈之组织进步记者现场采访，并请上海各大报预留版面刊载审判情况。开庭的当晚，他一边听现场采访记者的描述，一边挥笔疾书，写完一部分即交人刻印后马上送各报馆排印，连续四次将稿子送毕。送稿人说：这篇稿子的头已在各报馆排校，中段在路上，尾巴还在奋笔疾书。第二天早晨，上海多家报纸以通栏大标题刊出全文，引起了轰动。有当事者感慨道："下笔千言，倚马可待，看到胡先生写稿的情形，方信确有其事。"

胡愈之主持《南洋商报》一年多（1941～1942）时间内撰写数百篇社论、专论，它们成为许多人每天必读的文章，报纸由日销两万份直升至五万份。胡接任主笔的当天就发表了 6000 多字的社论《南洋的新时代》，深刻分析战争中的世界、中国、南洋，其科学预见引起华侨的强烈反响，爱国华侨领袖陈嘉庚赞道："文章颇有哲理，富有卓见，胡先生不愧为国际问题专家！"因国民党的封锁，中外报纸对1941年1月发生的"皖南事件"报道很少。胡愈之首先在《南洋商报》公布通过"国新社"获得的事实真相，并连接写了《团结则存分裂则亡》和《新四军事件所引起的国内外反响》的社论，分析事件对抗战大局的影响，并主张民主团结和反对内战分裂，南洋各界读者非常重视和感佩。为进一步动员人民抗日救亡，他于当年2月14至28日连续发表了六篇保卫南洋的社论，全面分析了日寇侵略南洋的意图和目的，提出了避免战争的四个条件："援助中国抗战，加强英美合作，厉行对日禁运，实现远东民主。"英美当局未采纳建议，社论发表后的10个月，太平洋战争爆发，马来西亚和南洋如胡愈之所言也遭日寇沦陷。新加坡上海书局有限公司1979年出版《胡愈之作品选》一书，所选全是胡愈之主笔《南洋商报》时写的社论。编者说社论"写得非常精彩，是成千上万关心国际问题人士每日必读之作；其吸引读者的魅力，不消说在本地无出其右，即使在同一时期的中国，同样水平的政论家也并不多见"。"写的虽然是议论文章，文艺性都很浓郁，流丽生动，完全没有普通报纸社论的滞涩枯燥的毛病，这就易于引人入胜了"。

胡愈之引导青年说："不仅要会写新闻、通讯，还要关心国家大事，研究国内国际形势变化，敢于发表自己经过深思熟虑所得的结论，使自己逐步成为政论家或某方面的专家。"作为编辑主体，胡愈之积极主动地参与社会精神文化生产过程，在主体意识的支配下，凭借出众的素质、过硬的本领，使其编辑工作成为创造性的文化活动，为众多刊物、为进步事业做出卓越贡献。

三　颇具创新色彩的编排

除了刊物报道的内容外，胡愈之对刊物的编排设计也是非常重视。编排设计是对刊物报道价值的综合判断和最终表现，也是信息的一个重要组成部分。在提高刊物报道的指导性和有效性方面，具有重要而独特的作用。在刊物的编排设计上，胡愈之变革求新的作法比较突出。

1. 面貌及格调的变革

（1）胡愈之任 1932 年 8 月复刊的《东方杂志》主编，而《教育杂志》、《妇女杂志》和《小说月报》因商务印书馆遭炸暂不能复刊，所以《东方杂志》在栏目的设置上特辟“教育”、“妇女与家庭”、“文艺”三个专栏；新辟“东方论坛”（主要是关于国内外时事的评述）、“编者 · 作者与读者”（旨在加强与读者的联系）专栏。在内容的安排上增加对当前重大世界问题和国际形势的述评及专论，加强抗日救亡的宣传，介绍苏联的革命成就，以及对当时国内农村经济破产问题的论述。形式与内容变革一新，“使这古老的定期刊物放射出异常焕烂的光彩”。

（2）接手原为推销商品的《南洋商报》，首先加强报纸言论，分析时局，反映华侨心声，讲团结抗日道理。实行采编合一，开掘本地新闻，有计划有重点采访当地社会各阶层各行业情况。要闻版增加来自祖国和世界各地的特稿、专电，充实时事政治新闻。改变过去任凭自然来稿的情况，有计划定时间向各地通讯员指示采访重点和要求。采用图表来说明局势的变化，增加新闻照片及漫画的刊登，新辟“每日辞源”、“经济常识”、“时事题解”、“时代人物剪影”等专栏，因而报纸版面生动活泼，格调为之一新。

2. 清新的形式与手法

（1）对《风下》这份 16 开、16 页的时事政治刊物的编排同样很有特色。它辟有许多由名家主持或供稿的专栏，如“哲学漫谈”、“人物介绍”、“每周新书”、“每周一课”等，请郭沫若、茅盾、陶行知、黄炎培、沈钧儒等人为之供稿。创办“自学青年辅导社”以帮助青年成才。以揭露反动当局统治腐败和介绍解放区新气象的相对照的方式等来编排刊物。《风下》鲜明的政治主张、清新的形式受到广大读者的欢迎和喜爱，发行量很快达到近万份，此数字在当年南洋期刊发行中是创纪录的。

(2)编排《南侨日报》所用手法颇为见效。其一，注意发表独家新闻和内幕消息，扩大报纸宣传影响。如：1947 年 11 月初，胡愈之获得美国援蒋侵华的秘密计划——“魏德迈”计划，于4 日在《南侨日报》发表，欧美各大通讯社即行转发，在全世界引起轰动。5 日，胡愈之发表社论《美国版的田中奏章》，指出：“田中奏折的目的是要‘征服支那’，然后‘征服世界’；魏德迈计划的目的是要灭亡中国，以便独霸世界。”读者被独家新闻吸引的同时，认清美国援蒋侵华的真面目。报纸设置“内幕新闻”专栏，刊发来自国内的内幕新闻，如《上海学生的狱中生活》(《南侨日报》1947 年 6 月 23 日)、《美国贷款援华之谜》(《南侨日报》1947 年 6 月 27 日)。独家新闻和内幕消息也是媒体消息灵通与否的标志，《南侨日报》的做法吸引了众多读者，有效地扩大了影响。其二，以对比手法刊登消息，便于读者辨别事实真相。如：1947 年 4 月 15 日《南侨日报》头版消息：“共军反攻鲁南临沂威胁包围陕北两城国军空运增援石家庄”，先登“徐州十三日中央社电”和“保定十三日中央社电”，说在“国军”打击下“共军”如何“溃不成军”；在国民党中央社电讯后面刊出“本报十四日北平专电”以及“北平十四日美联社电”、“北平十四日合众社电”，说解放军攻势强大、国民党军败退被围，读者在对比中看清国民党中央社发布假消息的丑陋面目，认清事实真相。其三，以刊登与读者切身利益相关的消息争取更多人的关注。胡愈之根据南洋华侨大多经商做买卖的情况，通过国新社每天发来香港商情专电及国内货币起落行情，吸引更多人订阅《南侨日报》；对诸如荷兰封锁印尼事件、马来亚的宪政运动、英国殖民当局颁布的“所得税制度”等直接威胁到华侨利益的事件，报纸都予以连续报道，胡愈之还撰写社论进行评述，读者因而更加关注这份报纸。

四　服务大众的读者观

胡愈之竭诚为读者服务的宗旨贯串于他办刊的所有过程中，在此，我们从以下几方面来看他的读者观。

胡愈之在《南行杂记》中说：“一种报刊若是能够为社会的耳目、民众的喉舌，传达人民的公意，社会的真理，成为舆论的先驱，就必定受到广大读者社会的热情欢迎和支持”。这也是他一贯坚持的办刊方针。在《世界知识》创刊辞中说：“帮助你认识世界”，让读者从世界的角度去看中国的问题。在《风下》周刊创刊时说，为读者“反映他们的意志情感，传达他们的民族愿望”。所办刊物在实际行动中也是坚决为广大读者维护了他们应有的权益。想读者所想，言读者所言。胡愈之主张：“……写读者心中所想，析读者思想所虑……语言文字尽量通达简练，深入浅出，雅俗皆宜。”他从读者的角度考虑，力求把社论写得鞭辟入里、富有魅力、扣人心弦。新加坡上海书局有限公司 1979 年出版《胡愈之作品选》，编者说，读者爱读胡愈之的社论，是因为他“代表当地的读者说话。吐露他们的心声”，“可说真正成了民众喉舌，舆论前驱”，“写的虽然是议论文章，文艺性都很浓郁，流丽生动，完全没有普通报纸社论的滞涩枯燥的毛病，这就易于引人入胜了。”“其吸引读者的魅力，不消说在本地无出其右，即使在同一时期的中国，同样水平的政论家也并不多见。”夏衍说，胡愈之“不止一次和我谈过出书办杂志，首先要考虑到读者的需要和他们的接受水平，一定要心平气和地说理，切不可居高临下地训人”。胡愈之赞邹韬奋是“大众作家”、“只想到使大家一般都看得懂，读得懂”，我们说，胡愈之自己就是一位出色的一心为读者的“大众作家”。

加强与读者的联系。如：在复刊的《东方杂志》上新辟“编者·作者与读者”专栏，加强与读者、作者的沟通与联系。在《南洋商报》设“读者之声”专栏，并规定：编辑必须认真答复与接待读者的来信来访，记者听到群众的反映和要求须及时汇报，读者指名要见编辑主任由胡愈之亲自接待。胡愈之还通过报纸组织群众性的爱国运动，密切与读者的关系。胡愈之在《生活》周刊50期为告别读者发表了《最后几句话》，说：“……本刊和读者诸君告别，只是一时的告别，而不是永久的告别，只是文字上的告别，而不是精神上、意识上的告别，本刊与国内外数十万读者，正如韬奋先生所说，‘已成为精神上的至友，声应气求，肝胆相照’，统治者的利剑，可以断绝民众文字上的联系，而不能断绝精神、意识上的联系……”与读者互勉，共同为正义事业奋斗。

努力普及大众文化教育。胡愈之认为大众文化运动是非常迫切需要的，为广大读者提供有益的出版物，能促进其思想、文化水平的提高。胡愈之在文化供应社组织出版了《国民必读》这一包括百科常识书籍200多种的小型书库，出版了一本百科全书式的、含几千个条目、传播新知识新观点的《抗战建国辞典》，出了一本通俗刊物《新道理》，为普及工农群众文化教育起推动作用。

胡愈之还根据当时当地的具体情况想法为提高广大读者文化水平服务，他曾说到他在解放前较重视创办杂志的一些原因：“由于中国社会的特殊条件，一般群众文化水平低，又因为时局变化非常大，因此群众迫切需要解决的是目前的现实问题，解决的办法当然最好是报纸，但报纸记载太零乱，书籍则部头大，太专门，而杂志则恰恰可以适当地解决这种需要。再者，新出版业当时也没有很多钱出大部书籍，杂志编得快，销得快，价钱低，因此，杂志是能与群众密切关系的。”由此，也可看到胡愈之竭诚为读者服务的观念。

以上论述了胡愈之鲜明的编辑风格，我们说，胡愈之的编辑思想、丰富经验、过人才能和创造精神，是他富有创造性地为文化新闻出版界成就一个又一个引人注目的事业的重要因素。从事出版工作的同志更可以从中获得深刻的教益和启示。

参考文献：

① 陆荣椿编.郑振铎选集(下册)[Z].福州:福建人民出版社,1984.

② 朱顺佐.著名民主人士传记丛书·胡愈之[Z].石家庄:花山文艺出版社,1999.

③ 新闻研究资料(第38辑)[Z].北京:中国社会科学出版社,1987.

④ 鲁迅.鲁迅全集(第四卷)[M].北京:人民文学出版社,1981.

⑤ 于友.中外名记者丛书·胡愈之[Z].北京:人民日报出版社,1997.

原载《巢湖学院学报》2003年第1期

《胡愈之译文集》编后记

戴文葆

一

胡愈之(1896～1986)以出版家知名于世。其实，他对我国思想文化领域的贡献是多方面的，有相当多的成就至今尚未为人充分了解。须知五四新文化思潮涌现之前，年轻的胡愈之却是首先以翻译家的身份登上了文坛。

1896年9月9日，胡愈之出生于山明水秀的浙东上虞县县城(今名丰惠镇)。1914年刚18岁时，他于10月间考入上海商务印书馆编译所。当时编译所设三个部：英文部、国文部和理化部，他被分配在理化部当练习生。理化部的主要工作是编辑中学用的教科书,可是鼎鼎大名的《东方杂志》也附属在理化部内,部长杜亚泉担任主编。作为编译所练习生什么都得干,编写出版的第一本小册子是《利息表》,还参加编写动植物大辞典的索引;《东方杂志》需要翻译外文资料,就翻译一些短文;还跑工厂,管印刷,做校对。1915 年他便担任《东方杂志》编辑。沈雁冰比他迟两年进"商务"编译所,因为工作部门不同,起初相见不相识,却对他留下深刻的印象:"上下班的时候,从工厂大门到涵芬楼(编译所即在涵芬楼的二层)那一条铺着轻便铁轨的路上,我时常看见这么一个人,身材矮小,头特别大,脸长额阔,衣服朴素,空手时候很少,总拿着什么外国书报,低头急走,不大跟别人招呼。那时我不知道他是谁,只知他在理化部工作。"①

年轻的胡愈之这时虽然名在理化部中,却是帮助杜亚泉编辑《东方杂志》。那时,这份期刊每期相当多的文章,都是编辑部包括胡愈之在内四个人撰著或翻译的。胡愈之主要的工作是选择并译介欧美杂志上的文章,从政治、经济、哲学、文学,乃至自然科学各类的论著。1915 年 8 月 10 日出版的《东方杂志》第 12 卷第 8 号所载《英国与欧洲大陆间之海底隧道》,就是他用当时通行的文言文译出发表的第一篇译文。1917 年俄国十月革命爆发,他也在《东方杂志》的《外国大事记》中作了报道。

二

出身于世代书香家庭、自幼好学的胡愈之,三四岁即在父母教育下读书认字,八岁入县立高等小学堂。1911 年年初,辛亥革命前夕,插班考入绍兴府中学堂实科二年级,和担任学监、教卫生课的鲁迅先生结下了师生之谊。同年 9 月,因患伤寒被迫停学。1912 年病后转入杭州英文专科学校,想学好英文,可以学习欧美文化科学知识。教师来自上海梵王渡教会学校,教材用的是英文原版《穆勒名学》,这样既学了英语,又读了逻辑名著。不意学校因学生太少,半年后就停办了。由于家庭经济状况日下,便在家乡拜蔡元培的同学和连襟薛朗轩为师,在这位绍兴名宿门下力学,把国文的根底打好,提高了文学水平。这时他也并没有放弃外语的学习,除自学英语外,还参加了世界语的函授学习。在高等小学堂读世界史,那时没有教科书,老师用日本教材讲授,他就跟着学了一点日语(1928 年被迫出国,到法国又学习了法语)。就这样不断刻苦自学,掌握了几种外语,并学习了各门学科的基础知识,②逐步具有了翻译家必备的条件。

进入商务印书馆编译所后,每天工作时间六小时。馆内还有一个很好的"东方图书馆",他说:"我只有中学二年级的学历,我读书都是在'商务'读的。当时我把大部分业余时间都用在读书上了,晚上还参加'惜阴公会'办的英文夜校。我的知识就是靠自学得到增长。后来我专搞《东方杂志》的编辑工作,这是个大型的政治、经济、历史、哲学、文学、社会、时事综合性的刊物,它需要我去熟悉和研究各方面的问题,以提高编辑水平。我还翻译和写作了不少文章,在《东方杂志》发表,提高了自己的著译能力。这一时期我接触了许多新知识,了解了世界的新情况。"③

这时他接受了正在兴起的新文化思潮的影响,1919 年在上海参加了声援五四运动的斗争。这一伟大的运动,使他受到极大的鼓舞。他说:"早在五四前,新文化运动已经兴起,《新青年》举起了民主与科学两面大旗,提倡白话文,向封建礼教与封建文化进行冲击,这对我确实起到了启蒙与思想解放的作用。""但当时我还是一个热情的支持者,我主要的精力仍然是集中在自己的学习和工作上。"④

可是"商务"的行政领导即使在商业经营上仍然是守旧的。《东方杂志》主编杜亚泉虽然热爱科学,却反对白话文。胡愈之只能偷偷地看《新青年》,偷偷地练习写白话文。他们写了文章,用笔名投到《时事新报》张东荪编的副刊《学灯》和《民国日报》邵力子编的副刊《觉悟》去发表。他说:"五四时期我和沈雁冰是提倡白话文最力的两个人。"⑤翻译的文章更是不再用文言了。在北方,1918年冬,陈独秀、李大钊进而创办《每周评论》;北京大学学生傅斯年、罗家伦等筹办《新潮》月刊,一致努力提倡反映现代生活的新文学,提倡白话文,翻译外国文学作品,介绍西方文艺思潮,更加扩大了文学革命的影响。

三

在五四新文化思潮的推动下,"商务"也终于顺应历史的潮流,编译所工作实行革新。1920年,《东方杂志》、《小说月报》、《妇女杂志》等更换主编,改用白话文。《小说月报》自本年1月11卷1号起,设"小说新潮"栏,"以应文学之潮流"。年底特别启事,自明年12卷第1期起,"介绍西洋之新文学,并输进研究新文学应有之常识",由沈雁冰出任主编。1921年1月4日,中国新文学运动中最早且亦最大最光荣的团体文学研究会在北京成立,郑振铎当选为书记。宣言称:发起这个会,一是联络感情,二是增进知识,"整理旧文学的人也须应用新的方法,研究新文学的更是专靠外国的资料"。简章第二条申明:"本会以研究世界文学、整理中国旧文学、创造新文学为宗旨。"在上海的沈雁冰是这个会12个发起人之一,胡愈之入会号数为48,他后来成为南方会员中的积极分子。⑥

在论述现代文学著译的研究性著作中,有几位学者说得好:"正是在《新青年》的带动下,翻译活动迅速开展,其规模和声势超过了近代任何时期。几乎所有文学革命的发起者和参加者都做过译介外国文学工作,如鲁迅、胡适、周作人、刘半农、沈雁冰、瞿秋白、郑振铎、耿济之、田汉、潘家洵、黄仲苏等人，都是极为活跃的译者。"⑦这个论点正确，只是未注意到胡愈之的工作。尽管五四时期翻译国外文学名著风起云涌，当时的刊物开辟专栏刊载介绍外国文学的译述，传播西方多元文化意识形态，仅就商务印书馆当年几种期刊而言，人们首先注意革新后的《小说月报》和沈雁冰的著译工作，不免忽略包括文学艺术在内的大型综合性的《东方杂志》和胡愈之的翻译和编辑工作。在他负责的杂志中，对西方文学艺术作品和人物的着力介绍同样产生积极的影响。这些正是他们在共同认识中彼此默默配合的结果；而这一点，很可憾，往往为一些研究者所未觉察。

沈雁冰在 1920 年到 1922 年就感到：胡愈之"他对于文学似乎特别有兴趣了"。"我们由相识而相熟，也是以文学为媒介。文学研究会成立后不久，郑振铎兄也来上海，也在商务印书馆编译所工作，于是有文学研究会上海分会的会刊《文学》之印行。愈之兄是负责人之一，他支持这刊物直到他（一九二八年）第一次出国游法。"⑧与胡愈之在抗战期间认识、一度在他的领导下和他共事的胡绳说："他做的许多工作是人们所不知道的，后来他也从不和人谈起自己做过的这些工作。"⑨

胡愈之作为"播火者"，是从 1915 年担任《东方杂志》编辑开始的。一个月编两期，平均每期都需要著译两三篇文章。在工作中经数年磨炼，青年胡愈之即已熟练地掌握了英语、世界语和日语。他注意阅读海外报刊，在哲学、经济、政治、文学等各方面都有研究和理解。与之大致同时，沈雁冰和他的胞弟沈泽民，以及与沈泽民在南京河海工程专门学校同学、且曾一道去过日本的张闻天，他们在五四时期开始致力于翻译工作，大体上也经历了类似的过程。

那时《东方杂志》主编杜亚泉热爱科学，"以使西方科学与东方传统文化结合为最后的目标，所以从思想方面说，先生实不失为中国启蒙时期的一个典型学者"。胡愈之"回忆杜亚泉[及其后任］钱智修等早年商务的编辑，认为他们不仅学有所长，而且都是治学严谨，办事踏实，对编辑工作十分尽责”。称他们为“忠厚长者，一面放手让他在实际工作中锻炼，一面又细心指导，得使他迅速成长”。“《东方杂志》要求介绍国外的新思想、新科学，胡愈之就努力学习英语、世界语，经过努力，他成为出色的翻译家”。[10]

四

据粗略统计，到 1919 年底，除撰著论说及编写国内外大事记外，仅在《东方杂志》就发表了 210 多篇译文。当时正值第一次世界大战时期，他译介有关国家国势政情，比较侧重科学技术方面的状况，例如《欧战中之犬》、《自动打字机之发明》、《绿气除蝗法》、《空气温度表及风雨表之新制》、《战争与美国之发明家》、《光之应用及其历史》、《造化无极论》、《电传照相术》、《最新造船术之两大发明》、《历法改革与平和会议》、《大西洋飞航之成功》、《猿与人》等等。1920 年 3 月，以“蠢才”的笔名译介《相对性原理和四度空间》(《东方杂志》第 17 卷第 6 号)，按爱因斯坦 1905 年在《物理年鉴》上发表五篇论文，创立了狭义相对论学说；1916 年发表论著《广义相对论原理》；1921 年荣获诺贝尔物理学奖。胡愈之这篇译文，是最早将相对论介绍到中国的译文之一。玛丽·居里夫人与其夫皮埃尔·居里于 1902 年发现放射性物质钋和镭后，又于 1911 年发现镭、钋元素的化学性质，从而推进了化学研究，应用于工业和医疗工作。胡愈之以“罗罗”笔名在《东方杂志》发表了《应用镭锭之制造业》及《镭锭治病之功用》两篇译文，1923 年又与他人在《东方杂志》发表的《说镭》、《镭锭及其功用》等文，合编为《镭锭》，作为《东方文库》第 56 种印行。此外，还将自己与颂久、乔峰、幼稚发表的反对迷信、提倡科学的译著，编成《迷信与科学》一册，作为纪念《东方杂志》创刊 20 周年的《东方文库》第 51 种

(1923年12月出版)。这都说明在传播20世纪科学界革命性成就方面,他真正是先进的播火者。

五

从1920年起,正如沈雁冰忆往所说,胡愈之对于文学翻译特别有兴趣了。这时也正是沈雁冰致力于革新《小说月报》之初。与此同时,《东方杂志》改由钱智修主编,在第17卷第1号的《读者论坛》栏发表了沈雁冰以"佩韦"笔名写的《现在文学家的责任是什么?》。这份1920年1月10日出版的杂志上,还发表了胡愈之的署名论文《近代文学上的写实主义》。这并不是偶然,正如郑振铎所说:"文学研究会活跃的时期的开始是1920年的春天。"⑪到1921年5月,和《小说月报》相呼应的附刊在上海《时事新报》的《文学旬刊》(《文学周报》的前身),也由郑振铎主编。郑、沈、胡这三位都是主张和鼓吹"为人生"的艺术,都标榜写实主义的文学的。文学革命的口号是《新青年》杂志提出的。"他们是比《新青年》派更进一步的揭起了写实主义的文学革命的旗帜。"⑫

胡愈之在《近代文学上的写实主义》长篇论文第7节中指出:

> 我国的文艺界,直到如今,总不脱古典主义的时代。比起西洋近代文学来,既缺少狂放的情绪,又没有写实的手段,始终被形式束缚着,没一点振作的气象。唐人的说部,虽略带浪漫的气味,宋元以后的章回小说,也颇有写实的风格,但都不见得十分发展,哪里好和西洋近百年中的文艺思想相提并论呢?这固然是由几千年来思想束缚太甚的缘故。但因为我国文艺思想向来不和列国接触,文艺的潮流,太平静了,太单调了,所以不会得进步,这也有一层。到了现在,思想渐渐的解放了,西洋的精神物质科学,渐渐输入进来了;文艺进化的两

种阻碍，不久便可除去；偌大的中国，将来不愁没有创作的天才，文艺思想的前途，很有可望。但要走向新文艺的路上去，这写实主义的摆渡船，却不能不坐。因为我国旧文艺的最大病根，是太空洞，太不切人生，恰和写实主义相反背。若是不经写实文学的一个时期，我国的新文艺，不用说是不会发展，就是会得发展，也是不充实的，不精练的，不能适切现代需要的。

在五四时期的中国文学界，“现实主义”这个名词尚未正式出现，写实主义便是当时通用的称呼。胡愈之在1923年12月，将《近代文学上的写实主义》注明为“译述”，与昔尘译述的日本厨川白村原著《现代文学上的新浪漫主义》，雁冰译述《近代文学的反流〈爱尔兰的新文学〉》，冠生译述《战后文学的新倾向〈浪漫主义的复活〉》，四篇文章合编为《写实主义与浪漫主义》一书，作为《东方文库》第61种，到1925年7月，印行了三版，可见此文所发生的社会影响。⑬

这里需要指出，北京十月文艺出版社印行的《中国现代文学思潮史》上册中，可说是空前地关注胡愈之在五四时期的文学主张。这在现代文学史与翻译理论研究书籍中尚属少见。该书介绍了写实主义文学思潮流派，怎样经陈独秀、周作人、胡适之、沈雁冰等从西方输入我国后，这样说道：

一九二〇年，胡愈之、郑振铎、沈雁冰、陈望道（后来都是文学研究会的重要成员）的文章相当有分量。胡愈之的《近代文学上的写实主义》是我国第一篇系统介绍西方写实主义文艺思潮的论文。作者说，写实主义在西方勃兴的原因，一是哲学上的实证论的兴起；二是社会矛盾加剧，人们的注意力由理想偏向实在。与浪漫主义比较，写实主义重理智、重现实，求真，以研究人生为目的，态度是客观的，写日常生活。他认为写实主义的特色是：(一)科学的态度。(二)作者的人生观是机械的唯物的，平凡的眼光，丑恶的描写。(三)注重人生的描写，是为人生的艺术。⑭

像前揭书中如此简要切实的论述，寡闻如我，在一些煌煌论著中似尚未见。这可能并不是由于未听说过胡愈之其人，而可能是只晓得他以编辑出版家、国际问题专家著名，不了解五四前后已经使用罗罗、化鲁、说难、蠢才等笔名的青年胡愈之的文学活动。只怪中国曩昔战乱频仍，民不聊生，不重视图书馆建设，查看二三十年代的书报、期刊难上加难。研究工作离开完备的资料准备，这就难为了巧妇们了。

六

在《近代文学上的写实主义》一文末尾，胡愈之指出了文学翻译工作的重要性。他说：

翻译文艺，和本国文艺思潮的发展，关系最大。俄国近代的文学家，可算盛极一时了，但他们的起源，实是受德国浪漫文学，法国写实文学的影响。日本近年文艺思潮的勃兴，也是翻译西洋文学的功劳。所以翻译西洋重要的文艺作品，是现在的一件要事。二三十年来我国翻译西洋文学的成绩，是不必说起，但从今以后，我国的一般文艺翻译家，也该觉悟了。今后最要紧的，便是翻译近代写实主义的代表著作，因为新兴的象征主义神秘主义，和我国文艺思想，隔离尚远，惟有写实文学，可以救正从前形式文学，空想文学，“非人”的文学的弊病。所以像曹拉(今译左拉)、莫泊三(今译莫泊桑)、斯德林堡(今译斯特林堡)、哈提(今译哈代)等的小说,易卜生、霍德曼(今译豪普特曼)、皮龙生(今译比昂生)等的剧本,以及俄国名家的作品,都应该捡要紧的翻译。翻译的时候,须先懂得作者的身世派别,和他的特长,并且要用忠实细心的态度,不致埋没原作的长处。要是这样做去,真正的写实文学,才会得输入,我国文艺思潮的前途,才有一线的光明。这是我对于现在文艺翻译家的一番"忠告"了。

沈雁冰替代王西神主编《小说月报》,是五四文学革新运动的一次重要突破性的胜利,接着文学研究会的成立,这个文学团体尽管比较松散,却是新文学主潮的代表。鲁迅等新文学的先驱者们,都分别从不同角度关注表现人生,反映他们所注意的社会现象。《文学研究会宣言》发表前征求过鲁迅的意见,鲁迅又是《小说月报》审稿人之一,他的著名小说及翻译作品大都发表在《小说月报》上,有些还发表在《东方杂志》上。鲁迅认为:"俄国的文学,从尼古拉二世时候以来,就是'为人生'的。"⑮沈雁冰在《〈小说月报〉的改革宣言》中指出:"就国内文学界情况言之,则写实主义之真精神与写实主义之真杰作实未尝有其一二,故同人以为写实主义在今日尚有切实介绍之必要。"⑯在《近代文学上的写实主义》发表于 1920 年 1 月 10 日出版的《东方杂志》后,紧接着于同年 2 月 25 日的《东方杂志》发表胡愈之《都介涅夫》(今译屠格涅夫)一文,具体分析俄国文学中的屠格涅夫,他说:"在文学史上,都介涅夫是列入写实派的。""都介涅夫最大的特色,是能用小说记载时代思潮的变迁。"

在北方,陈独秀首先把文学革命作为思想革命的基本核心,他的《文学革命论》呼吁推倒贵族文学、古典文学、山林文学,因为人生、社会"举非其构思所及"。胡适的《文学改良刍议》,强调文学应真实地反映现实生活,针对旧文学的严重弊病,提出改良文学的

"八事"。鲁迅在《新青年》发表了《狂人日记》,大声责问:"从来如此,便对吗?"李大钊在 1920 年 1 月 4 日《星期日》"社会问题号"上,设问自答《什么是新文学》一文说:"我的意见,以为光是用白话的文章,算不得新文学;光是介绍点新学说,新事实,叙述点新人物,罗列点新名词,也算不得新文学。""我们所要求的新文学,是为社会写实的文学,不是为个人造名的文学。"年轻的"商务"编辑胡愈之与年长的北京大学教授陈独秀、胡适等在主张和使用写实文学的名称方面殊途而同归。

五四时期,我国文坛对现实主义文学思潮流派的输入介绍情况,有研究者指出其几个特点,其一"不叫现实主义而叫写实主义"。按其所掌握的资料,"'现实主义'的译法仅在胡愈之所写的《近代法国文学概观》一文中出现过一次。其后十余年的文章俱不见'现实主义'的踪影"。⑰其实,用这种说法来论证写实主义一词并不必要,而且是不确切的。1921 年 5 月 29 日,胡愈之以"蠢才"笔名,在《文学旬刊》第三号"杂谈"中发表《创作坛的新倾向》一文中,坦率表示不赞成仿佛"天堂里的音乐""这一类的超现实的作品"。他说:"现在所需要的,是刺激的文学,反抗现实制度传统思想的文学。我在近来的创作坛中寻来寻去,大抵是偏于空想的多,彻底的现实主义的作品,却是很少,而且大都是很薄弱很单调,像鲁迅君《狂人日记》等作那样强烈的讽刺,真要算难得了呢!或者耽于沉思,缺乏现实感,是东方民族的特性,那也未可知哩。"及至 30 年代初,左翼作家联盟组成,现实主义一词便广为流行。此后文坛便普遍采用了"现实主义"的译法。

七

应该由胡愈之讲讲自己的文学翻译实践,和对翻译事业的具体关注。他说:"这时,我对文学也很感兴趣,开始用世界语翻译一些文学作品。后来我的二弟仲持也来上海工作，我和他一起翻译了不少俄国和其他弱小民族的文学作品。因而1920年郑振铎、沈雁冰等发起成立文学研究会时，我也成为该会在上海的积极发起者和参加者之一。除向《小说月报》、《文学旬刊》积极投稿外，后来还协助郑振铎编辑《文学旬刊》，我还写了几篇关于文学理论的文章，如《近代文学概论》、《文学批评——其意义及方法》、《近代文学上的写实主义》等。1922年5月后，发生了创造社与文学研究会的争论，我当时也主张为人生的艺术，不满创造社个人主义文艺思想。"⑱他还在《小说月报》撰文称："我们现在都知道中国文学非彻底革新不可了。但这个当然不是变文言为白话的问题，也不单是从古典主义变到理想主义写实主义的问题。实在讲来，乃是文学的价值问题。"他进一步认为："翻译外国文学在目前自然也是一桩要事，但我们不要忘了，翻译不过是过渡期的办法，文艺运动的终极，却在于创作。没有翻译，中国文学和世界文学，也许永不发生干系；但没有创作，中国文学在世界文学中，也不会争得相当的位置的。文学是国民性的反映，所以一国的文学，都有一国的特点，像我们那样伟大的民族，更应该有一种独特的文学。因此我们盼望现在除一部分人专事翻译外，应该有另一部分，努力创作，给我国文学立一个跟脚才好呵。"⑲

这几年间，他埋头著译，既从事翻译，又努力创作。他不仅个人笔耕做贡献，还十分热忱地关心译才的培养，世界语的传授。他说："我对世界语特别感兴趣，并以很大精力从事世界语运动，我联系了一些世界语学者，创立了上海世界语学会。我们租房设立了会所，开设世界语讲习班，函授班，还与各国许多的世界语团体和学者建立了联系。"⑳早在1915年9月4日，他用本名"学愚"在上海《时事新报》副刊《学灯》发表《世界语在学术上之地位》一文，其中指出："我国学者，苟欲急起直追，应世界之潮流，以冀灌输新思想新科学于我中国，则研究世界语，实为先务之急。"1922年6月，他与上海世界语学会创办了世界语刊物《绿光》。

这本选编的译文集，就是胡愈之主要从英语及世界语翻译，少数从法文和日文译出的。第二次世界大战期间，日寇发动太平洋战争，他与他的同事从新加坡流亡到印尼苏门答腊原始森林地带小镇隐蔽时，还学习了印尼语，写成《印度尼西亚语语法研究》[21]，用沙平笔名于1951年出版。

八

胡愈之自从1915年至1928年出国前，起先多属适应综合性期刊需要，译文门类分散，撰著较少。不久译著双行，齐头并进，五四新文化运动勃起时，已露头角。1920年间，他与沈雁冰等已是商务印书馆编译所中的骨干力量，用他自己谦逊的话说，“在文化界也小有名气和影响了”。[22]1924年后，实际主持《东方杂志》全部工作，帮助和培养了一批新作家和社会学家。他声誉日隆，译著更丰，对文学与国际问题，写了许多论文，译了更多文章。像这样双管齐下，他不论在国内还是后来出国留学期间，直到抗日战争展开，不但从未辍笔，还做了大量鲜为人知的启蒙与救亡的组织工作。他毕生关心为人出书，他的单篇译著，却很少辑集成书，这就成为选编这部译文集面对的第一道难题。

题解和小注也非易事。我本只想在题注上做点交代，编辑文献资料毕竟不同于大众读物，读者各有不同，毋需对正文多加注释。可憾的是，原文有些作者，尤其是世界语作家，往往在二三十年代版的英国百科全书中也查不到，只好付诸阙如。

近现代著译也有个版本考查问题。20年代刊物，像《东方杂志》，有些文章题目下边只署一个人名字；其实是“译述”，而非创作。至于从哪一文本译出，则无明确交代。因此，编辑本世纪二三十年代文集时，一时难以辨明。本译文集的题注，对于原著者、译者及后来辑集成书如何具名，尽可能的加以注明，这对于选编的书并非画蛇添足，只有不查明原始出处，才会含糊不清。本书题注的写法，虽属平平常常，却正是为了这种考虑。比如胡愈之译《东方寓言集》，有些篇曾在期刊发表，书名也经译者一番考虑，1927年作为《文学周报社丛书》由开明书店出版。20年后，1947年7月，改名为《寓言的寓言》，编入《开明少年文学丛刊》。初版付印时，叶圣陶郑重其事地特意写了长篇序言，一方面说明胡愈之这部译文集的文学价值和原著主旨，同时也是对读者负责和指引。两年之间，到1949年11月，印行了四版。果然是慧眼识宝。叶老为此写了新序，是可贵的榜样，读来令人肃然起敬。

九

这里应该说明埃德加·斯诺所著《西行漫记》的中译本了。

斯诺早就向宋庆龄表示过，他希望采访中国西北红区。1936年6月，他按宋庆龄通知从北平出发到郑州，与由宋庆龄发动的从上海出发的马海德医生会合，经过西安，冒着生命危险，进入我国西北红色区域。当年宋庆龄是应中共领导人的请求，希望有一位外籍记者和一位医生到红区来。斯诺在被重重围困的红军根据地采访了四个月，后来回到北平，将他所写的许多篇轰动世界的通讯报道汇集成书。1937年10月，此书为英国年轻的出版商维克多·戈兰茨的公司接受出版，到11月，原著已发行了五版。

据胡愈之回忆说："就在这个时候，（从北平到了上海的）埃德加·斯诺，交给我一本由伦敦戈兰茨公司刚刚出版的《西行漫记》（该书原名《红星照耀中国》），我看后觉得很好。我决定尽快地把这本书介绍给我国人民。"㉓

上海市当年所说的"华界"于1937年11月12日沦陷，英、法租界当局早已宣布对中日战争保持"中立"。租界完全成了被日寇四面包围着的孤岛，租界内不准进行公开的抗日救国活动。胡愈之本其一向从事进步文化工作的热忱，以坚毅无畏的战斗精神，立即联系留沪的翻译家、出版家、印刷厂家和各界信得过的许多朋友们，以他和二弟仲持（胡学志）一家住宅巨籁达路（现名巨鹿路）174 号一幢单间三层楼的房子，将底层前后间和二楼亭子间，作为他倡议组织的“复社”翻译编校出版的办公室。[24]《西行漫记》中译本便在这里诞生了！随后，斯诺当时的夫人海伦·福斯特·斯诺（笔名尼姆·威尔斯）的《续西行漫记》也在这里翻译出版。后来又编辑出版了第一本《鲁迅全集》20 卷本。

《西行漫记》是用“复社”的名义翻译、印刷、出版、发行的。1938 年初版版权页记载 2 月 10 日付印，3 月 1 日发行。精装本初版 2000 册，大 32 开，内道林纸特印本编号 1 至 30。暗红色漆皮封面，书名隶书金字，实价二元五角。另印有简装本。扉页背面译者列名三行，每行四人：王厂青、林淡秋、陈仲逸、章育武、吴景崧、胡仲持、许达、傅东华、邵宗汉、倪文宙、梅益、冯宾符，总计 12 人。第二版以后，译者姓名以笔画为序，增加许天虹一人。陈仲逸就是胡愈之的笔名。同年 4 月 10 日再版，10 月 10 日三版，11 月 4 日四版。中译本还有二位未署名的译者：胡霍（胡学恕），胡愈之五弟；另一位胡伯恳，系胡愈之堂房弟弟[25]。译者中的许达，本叫徐达，当时在胡愈之等创办的“上海社会科学讲学所”的学委会工作，1939 年 5 月起，担任中共地下党党刊《时论丛刊》发行人。其他译者多为《世界知识》、《新中华》、《译报》等报刊的译者与作者。胡愈之将原书拆开，请他们分头翻译。全稿最后由胡仲持校阅；胡愈之加以润饰，并写了《译者附记》[26]。救国会的张宗麟当复社经理，与曾在“商务”当编辑的黄幼雄一道负责出版发行工作。还有从生活书店来的青年人陈明，因参加复社出版工作还一度被捕，后来参加新四军，在苏北牺牲。[27]一本 30 万字的书，从翻译、发稿、付印到出书，前后不到两个月，这是翻译、出版史上的奇迹！中译本出版后，立即在海内外引起强烈反响，在上海经由多种渠道，迅速秘密发行，在香港、新加坡、菲律宾等华人聚居的地方出现了无数重印本和翻印本。正像划破了重重乌云的闪电，这本书使中国和世界人民预见到将出现在东方中国的黎明。

1939 年 4 月 10 日，复社印行《西行漫记》增订第五版，初印三千册。本译文集即以复社增订五版为底本。何以故？

《红星照耀中国》原著，用斯诺自己的话说："完稿于 1937 年 7 月。其时日本军队的炮火正在我所居住的北京城外打响。在中国，七月的枪声拉开了八年抗日战争的帷幕。"[28] 1937 年 10 月英国戈兰茨版和 1938 年 1 月的美国蓝登书屋版内容完全相同。由于日寇全面扩大侵略战争，华北与江南战局发生急剧变化。1938 年美国版准备再版时，斯诺夫妇已到上海进行采访，住在今日南京西路泰兴路口里麦德赫斯特公寓。他随即接受了出版商的建议，赶写了第 13 章《旭日上的暗影》，简要地论述了日本发动的侵华战争，对中国人民的英勇抗战作了乐观的展望，并对中国共产党战士的著名游击战术，进行探讨和适当分析，进而揭示了日本太阳旗上的阴影。同时，还对原著所写的 12 章作了一些修订，删去第 11 章中《那个外国智囊》（讲第三国际派遣来苏区的德国人李德情况）。在斯诺的热情帮助下，《西行漫记》中文本于 1939 年 4 月 10 日印行了增订第五版。不仅有初版就有的许多珍贵的照片，且其内容已不是初版的 12 章，而是增加了第 13 章《旭日上的暗影》。复社《西行漫记》增订第五版，实际是按斯诺在上海所作的修订译出的；他还应约于 1938 年 1 月 24 日为中译本撰写了诚挚动人的序言，这也是最初国外原版所没有的，洋溢着对中国人民真切热情的友谊。

正如斯诺的好友、新西兰的记者詹姆士·贝特兰多年后所说："中国的革命在各个不同时期曾吸引了从文森特·希恩到杰克·贝尔登、伊斯雷尔·爱泼斯坦等等一整批才华出众的外国观察家，在他们的著作中，斯诺的著作占有枢纽性中心地位。”贝特兰在国际局势紧张的30年代之初就与宋庆龄相识，是她创建的“保卫中国同盟”的发起人之一。1937年10月25日，在延安访问了毛泽东。[29]这位新西兰记者对《西行漫记》作出了历史性评价：“早在他的同时代人之前，斯诺就能明确断言，他已看见中国未来的雏形，而他也果然言中。”[30]

斯诺后来对他的《红星照耀中国》原文作过多次程度不同的修改。1968年在瑞士对明显不准确的或冗长的材料作了纠正或删除。但原著的“绝大部分，即所有的事件，主要的行记，会谈和人物传记，包括毛泽东的传记，均存其原貌”。[31]1971年8月，他对原文又作了有限的修改和增补，主要增加了注释和附录，印出了鹈鹕版。本译文集编者考虑了原版几十年来改动的情况，仍然认为最初在斯诺直接帮助下，按他在上海孤岛所作的文字修订，提供了生动图片的上海复社版译本，是具有重大历史意义的中译本。胡愈之和他的战友们，正是迅速呈献了这个译本，在当时恶劣的形势下，给广大读者带来了空前巨大的精神力量，激励了千千万万中国的有志之士投身抗日战争和中国革命，这是翻译出版工作产生的不可估量的效果，也是中国翻译史上令人难忘的辉煌篇章！

十

从译介主旨、选择趋向、迻译态度等方面看来，胡愈之在翻译事业中继承了鲁迅以来的优良传统。他从事文学翻译的劳作时间并不长，但他多年所担当的社会职业，所执著的高尚襟抱，所具有的组织才能，所产生的实际影响，却为推进翻译工作开拓了活动的领域，可以说是继承并发扬了鲁迅以来的传统。

五四新文化运动作为伟大的思想启蒙运动的一个重要标志，是提出了文学革命的主张。这正如鲁迅所说：“一方面是由于社会的要求的，一方面则是受了西洋文学的影响。”[32]清末他在日本留学时，早在1907年间，写过《文化偏至论》、《摩罗诗力说》等论文，前者提出“立人”问题，后者提出“别求新声于异邦”。他常说：“我的老话：‘多看外国书’。”思想要求在于“拿来主义”：“没有拿来的，人不能自成为新人；没有拿来的，文艺不能成为新文艺。”这都归结到“立人”、“振人”，“以为文艺是可以转移性情，改造社会的。因为这意见，便自然而然想到介绍外国文学这一件事。”[33]这就像造福人类的普罗米修斯，盗取火种给人类，播火到人间一样。鲁迅的文学生涯，据他自己说，就是开始于翻译，“注重的倒是在绍介，在翻译，而尤其注重于短篇，特别是被压迫的民族中的作者的作品”。[34]胡愈之从事翻译工作，就把介绍世界进步文学的重点，放在被奴役民族和被压迫人民的痛苦、呼号和斗争上。

从本译文集的许多单篇译文可以看到，译者的选材，从南亚文明古国的印度到欧洲文明的焦点法国，中间遍及苦难深重的东欧，专制愚昧的沙皇俄国，往南至世称火药桶的巴尔干，以及颠连无告散居世界各地的犹太人，他们的文学作品都在译者的关注中。对于华西理·爱罗先珂作品的译介就是一例。1921年5月28日，日本驱逐了一个俄国的盲诗人，还加以辱骂与殴打，理由是有宣传危险思想的嫌疑。胡愈之从报刊上知道了这个消息，当这位盲诗人从日本到上海，他便最先找到了他，并随后译了他的《自叙传》和《为跌下而造的塔》，又译了著名的《枯叶杂记》、《春日小品》等，还特意介绍给鲁迅，把他请到北京大学去教授世界语。有位读者几十年后还能在译者“老人家面前随口背诵了一段中译文”，并说“不知道是喜爱那美丽的世界语原文还是那美丽的中文译文”。[35]可见当年感人之深了。鲁迅和胡愈之先后译介了这位盲诗人的童话作品，而且汇辑出版。鲁迅说：“爱罗先珂并非世界上赫赫有名的诗人”，译文“用中国话又最不易做天真烂漫的口吻的文章”，他们之所以翻译出来，“当时的意思，不过要传播被虐待者的苦痛和呼声和激发国人对于强权者的憎恶和愤怒而已，并不是从什么'艺术之宫'里伸出手来，拔了海外的奇花瑶草，来移植在华国的艺苑。"[36]编入《星火》的保加利亚伐佐夫著《失去的晚间》译文，发表于1922年1月10日的《小说月报》；1921年8月22日，鲁迅已译了这位作家的《战争中的威尔珂》，前者自世界语转译，后者译自德文，各自都写了较详的"附记"介绍作者。胡愈之又译了瑞士露易丝·莱格关于伐佐夫的生平介绍，其中摘引了他的诗集序言和献给祖国的诗，扼要地叙述了这位国民诗人的文学活动和为祖国独立自由的斗争。

译者也很喜欢尖锐深刻的讽刺小品。像鲁迅喜欢果戈理《巡按使》剧中使演员直接对观众说"你们笑自己！"一样，他在陀罗雪维支的《东方寓言集》内，特意在扉页之后加上插页，上面仅仅印了译文中的一句话："笑罢，为了要止住哭！"对于野蛮黑暗的专制统治下的投诉无门的老百姓说来，这一句话多么沉痛！同时，译者也注意各个流派的作品，有诗趣的文章。在当时的文化条件下，能利用有限的外文书刊来进行翻译工作，是要具有不寻常的眼光，才能各家并呈的。如他用心选译了王尔德、泰戈尔以及某些不太著名的作家的作品；在《诗人的宗教》的前记中，特别谦逊地提到他的译文还未能显示作者文笔之类，等等。

他在忙碌的著译生活中，发表和出书的条件本很好，但他对翻译的态度十分认真严谨，对《东方寓言集》原著的书名、各篇内容以及文体的情况，着笔时做了仔细的思考和认为必要的改动，在序言中向读者负责交代。又如1936年4月间，他和潘汉年由莫斯科经法国坐船回香港，旅途中无事可做，他从法文版转译了伊林著的少年读物《书的故事》。到上海时知道已有两个译本，他便不想拿出来出版。后来了解两个译本都据英译本转译，而英译者对原著妄加增删，且添了嘲笑黑人的胡话，译者竟未说明；原著对中国文字的理解又有些失误，这时他才把自己的译文拿出来。这个法译本虽较好，他还是请张仲实根据俄文原本校订后才出版。

他不但自己努力译作，还利用他编辑的《东方杂志》，从1919年5、6月起，逐步改善论著部分及“文苑”、“内外时报”栏的内容，又接着开辟了“世界新潮”、“但底六百年纪念”、“新思想与新文艺”、“欧洲文坛伟人时局观”、“新俄国的文艺科学和教育”、“最近欧美文学一瞥”、“安诺德百年纪念”、“太戈尔介绍”、“新语林”、“现代史料”、“世界论坛”、“托尔斯泰诞生百年纪念”、“时论要删”、“文艺情报”等栏，直至1933年1月离开《东方杂志》前，大量刊发了关于外国文学等各类内容的译文。沈雁冰尤其赞扬“一·二八”后胡愈之负责主编的《东方杂志》，认为是充满了“进取活泼的精神”，反映了他“远大的眼光，周密的思考”[37]。

这以后作为翻译家的胡愈之，看上去似乎很少发表文学译作了，实际上他阅读外国书刊，了解世界动态和国际间思潮的心得，都升华为开展多方面工作的参考。接着他协助邹韬奋编辑《生活》周刊，作为总设计师与韬奋创办生活书店；在上海法国哈瓦斯新闻通讯社担任中文部编辑发布新闻稿；同时以很大的热情来开展生活书店的业务，以扩大这一个宣传抗日救国的文化阵地。他亲自创办和主编中国空前的《世界知识》杂志，引导广大读者关心天下大事，认识以德、意、日法西斯国家策动侵略战争的企图，以推进抗日救国运动。同时又联系筹划创办《文学》、《太白》、《译文》及《妇女生活》等刊物，为进步文化工作者开辟进行战斗的阵地，并为鲁迅等作家出版译著的文学作品和新兴社会科学知识图书。当时反动当局厉行书刊检查，力图扼杀实际由沈雁冰、郑振铎主持的《文学》杂志时，他们计划出版三个专号，以对抗不学无术的检查老爷。《文学》第2卷第5期是《弱小民族文学专号》，特请胡愈之以“化鲁”的笔名写了一篇重要论文《现世界弱小民族及其概况》，沈雁冰则以冯夷笔名写了介绍英文的弱小民族文学史之类的文章。这一期共有波兰、罗马尼亚等18个弱小民族的短篇小说、诗歌和散文，依然体现他们当年开始文学翻译工作的一贯主张。[38]

十一

最后要声明的是，编者并未从事文学翻译与文学研究，只是在本业之外，喜欢阅读这方面的一些书籍，为的是吸收工作中所需要的思想养料与人文底蕴。译林出版社相约参加《播火者译丛》中《胡愈之译文集》的选编工作，是出于友人的荐举和鼓励。作为一种思想解放和文化变革运动，五四新文化运动中对外来思想的引进，五四精神的理解，经过80年风云激荡的历史进程，仍然是需要我们认真研究、辨析和再认识的，从而思往事，念今朝，以供文化意义上的反思。文学是一定社会生活的反映，文学的取向更体现了著译者自身的精神面貌。本译文集的选编，只能说是为先驱的播火者整理一部分当年的译作而已。但即使这样，编者也确实感到困难重重。

首先是辑集原始译文的困难。胡愈之一生关注为作家们、为广大读者出书，可是对他自己的译著却听任散佚，有些用笔名和未署名的文章更鲜为人知，不易查考。我国的图书馆事业一直在艰难困苦中勉强维持着，经费不足，馆舍奇缺，人才难得，告诉无门。单说本世纪二三十年代的期刊，保存、编目都在霉烂的气氛中挣扎着，查看这些期刊比检阅宋版书还难。我之所以尚能如约勉力献出这部选编的译文集来，完全仰仗各地好友的热忱赐助：或展示原书，惠允出借；或将稀见版本，远道寄下；或检索期刊，代为摄影复印，乃至竟亲为抄写；或在忙中接谈，促膝讨论；或则作函慰勉，提示要点。仅20年代的《小说月报》一期期地读来，便得益匪浅。没有朋友们的诚挚支持，那将难以实现我冒昧的承诺。这里我应该郑重感谢他们：当代中国研究所程中原先生，也是他把我推出来编辑这本译文集；还有国家图书馆全根先先生、北京大学黄卉小姐、生活·读书·新知三联书店范用先生、上海辞书出版社王有朋先生、淮阴师范学院葛泽生先生、河北人民出版社荆彦周先生、上海美术电影制片厂虞和静先生等，以及人民文学出版社资料室和人民出版社资料室的朋友们。至于审读部分原译，查寻世界语作者生平，这要感谢王涛小姐和戴联斌先生。还有翻译界老前辈梅益先生赐函答问，上海文博界老领导方行先生时予垂念，复承原世界知识出版社总编辑、张闻天当外交部常务副部长时秘书萧扬先生关心鼓励，以及其他师友的关怀，不一一道及，均在这里敬致谢忱。

还应检讨选编工作中的缺陷。由于我着手迟，搜集原译文很费时间，有些版本问题又必须探究，在本译丛四部书中，我最为落后，衷心不安。因而在材料大致齐备时，便在催促下开始分批发稿。复印件中每页字数未能确计，因而并未从全部实有字数来考虑选编。分批发排，虽赶时间，未能从全部译文来把握择取的篇章，是一重大缺点。手中最后掌握的译文，较两卷集超过一倍以上，其中有些难免有遗珠之恨。再者，文字标点的整理，某些必要的小注，新旧译名的解说等等，都承译林出版社同志们偏劳了。这里应该特别感谢施梓云同志等的盛情和辛劳。至于本书在编辑工作中应做事情，有任何差错，当然全应我负责。

编辑二三十年代的这种译文集，绝不应是资料的堆砌，而首先应当作为一种研究工作来对待；编书的摆布技术还是次要的，当然也不是不重要的。我承担这项任务，深有识力与时间均不从心之憾。唐人的诗句写得好，一个美人，尚且“自知明艳更沉吟”；我今心摇摇如悬旌，病躯又值酷暑，周遭扰扰，无必要之沉吟时刻，怎么能做好这饶有意义的工作呢？

读者诸君，这厢致礼了，敬祈批评指正！

1999年公历“七月流火”中编者谨识于首都蜗居

注释：

①⑧㊲　茅盾（沈雁冰）：《悼念胡愈之兄》，原载《中学生》杂志，1945年5月16日出版。当时误传胡愈之在南洋病逝，"噩耗"传来，国内震惊。文化界的一些知名人士及其同事、亲友纷纷撰文怀念，刊登于各种报刊。

②③④⑤⑱⑳㉒　胡愈之：《我的回忆》，应党史资料征集委员会要求而作。

⑥⑯　贾植芳等编：《文学研究会资料》（上）；另见茅盾：《我走过的道路》（上册）。

⑦　钱理群、温儒敏、吴福辉著：《中国现代文学三十年》（修订本）第14页。另见张大明、陈学超、李葆琰著《中国现代文学思潮史》上册第118页。所列人名均同。

⑨　胡绳：《埋头实干的工作精神》，见《胡愈之印象记》。

⑩　胡愈之：《追忆杜亚泉先生》；胡序文：《胡愈之和商务印书馆》；王元化：《杜亚泉与东西文化问题论战》。

⑪　郑振铎：《中国新文学大系·文学论争集·导言》。

⑫　张大明等著：《中国现代文学思潮史》上册第二编第一章《人生派文学》。

⑬　《写实主义与浪漫主义》，《东方文库》第61种。胡愈之《近代文学上的写实主义》一文，在《东方杂志》第17卷第1号发表时，未注明"译述"，到1923年胡愈之为纪念《东方杂志》创刊二十周年而编辑《东方文库》时即予注明译述，与昔尘、雁冰、冠生三文合编为《写实主义与浪漫主义》。前揭张大明等所著书，将昔尘、冠生两个名字用括号放在胡愈之名字后边，仿佛后二者是胡的笔名了。

⑭　张大明、陈学超、李葆琰著：《中国现代文学思潮史》上册第149页。

⑮　鲁迅：《南腔北调集·〈竖琴〉前记》。

⑰　《中国现代文学思潮史》上册第二编第一章第二节《从历史走向看特点》。

⑲　胡愈之：《新文学与创作》，《小说月报》第12卷第2号，1921年2月10日出版。

㉑　胡愈之：《印度尼西亚语语法研究序》中说：1942年2月日本法西斯军队攻陷新加坡，直到1945年9月日本投降后重回新加坡，他在印尼苏门答腊的原始森林地带，过了三年半的流亡生活。"我把我在流亡生活中的

一大部分时间,用之于印尼语文的研究。最后一年中,我在赤道高原上,编写了一本《汉译印度尼西亚语辞典》和一本《印度尼西亚语语法研究》。三年前回国的时候,我把那本辞典丢弃在新加坡,只把现在这一本底稿带来了解放区。"1951 年 3 月由人民出版社出版。

㉓ 胡愈之:《我的回忆》,另详见《西行漫记中译本附记》及《中文重译本序》。

㉔ 胡德华:《复社与胡仲持》,载《上海"孤岛"文学回忆录》。作者是胡仲持女儿,胡愈之侄女。

㉕ 据胡愈之 1978 年 5 月 4 日在人民出版社谈话记录,据人民出版社档案。本书编者曾向南开大学胡序介先生请教,他是胡愈之嫡侄,胡仲持儿子,1949 年后最初几年,在出版总署、文字改革委员会担任过胡愈之秘书。我将愈老所说有弟第二人参加过《西行漫记》翻译工作,请他回忆其叔辈。本文所写,系据他 1999 年 6 月 19 日及 21 日来信。其后于 7 月 20 日在京又面谈过。

㉖《译者附记》,见上海复社版《西行漫记》初印本,并有埃德加·斯诺《一九三八年中译本作者序》。

㉗ 关于陈明,参见徐达:《回忆上海社会科学讲习所》及《回忆亚美书店》两文,载《上海"孤岛"文学回忆录》。徐达即译者中的"许达"。

㉘㉛ 埃德加·斯诺:《红星照耀中国》1968 年 2 月修改增订本第一版自序。

㉙《毛泽东选集》新版第二卷所收《和英国记者贝特兰的谈话》。

㉚ 詹姆士·贝特兰:《斯特朗、史沫特莱、斯诺和〈红星照耀中国〉》。

对于斯诺的著作,美国《纽约时报》的哈里森·索尔兹伯里《照耀世界的"红星"》一文中也说:"30 年代是美国新闻史上光辉灿烂的年代,但是在《红星照耀中国》出版 50 年以后,谁的名字也没有这部杰作的作者埃德加·斯诺的名字那样仍旧光辉灿烂。"又说:"但不甚为人所知的事是,《红星照耀中国》在美国新闻事业成长中所起的作用,斯诺的成就对这一成长赋予了一定的规范。"又说其"效果不仅在政治意义上是深刻的,而且也改变了美国报告文学的写作标准"。从这些对原著的评论中,也反映出译者选材的锐利眼光与见识。

㉜ 鲁迅:《且介亭杂文·〈草鞋脚〉(英译中国短篇小说集)小引》。

㉝ 鲁迅:《〈域外小说集〉序》。

㉞ 鲁迅:《南腔北调集·我怎么做起小说来》。

㉟ 陈原:《记胡愈之》第32章《爱罗先珂》。

㊱ 鲁迅:《坟·杂忆》。

㊳ 茅盾(沈雁冰):《我走过的道路》中册《一九三四年的文化"围剿"和反"围剿"》。另见生活书店出版、傅东华等编《文学》杂志。

选自《胡愈之译文集》,译林出版社1999年

胡愈之与百年《东方》

董锦瑞

《东方杂志》复刊号

2004年是中国著名老牌刊物《东方杂志》(以下简称《东方》)百年华诞。《东方》是商务印书馆麾下的一个子刊,创刊于1904年,历经风雨,4次播迁,4次休刊,45年间共出版正刊44卷811期,号外4期,《东方副刊》一种。1948年停刊。它是旧中国出刊期数最多、刊期最长的杂志。

《东方》恢弘博大、巍然跨越我国近、现代两个历史时期。《东方》存世的近半个世纪,国际形势波诡云谲,战祸频仍;国内各种政治力量间的斗争错综复杂,新旧文化思想的冲突激烈碰撞。在这种背景下,《东方》以"启导国民"为宗旨,将研究国际问题、寻求民族出路作为刊物的侧重点,同时努力"介绍新知与传播文化",举凡重大政治、经济、军事、文化诸方面,靡不论及备载,是一

份全纪录式刊物,堪称半个世纪旧中国的缩影。

《东方》的发展可划分为三个时期:1～7 卷为选报性质刊物;8～38卷是它的黄金时代;39 卷至终刊为衰落期。胡愈之经历了《东方》的黄金时代,《东方》为胡愈之提供了施展才华的机会与平台,胡愈之也以他的顽强努力为《东方》的发展贡献多多。

一　跨进《东方》门槛

胡愈之原名胡学愚,笔名有罗罗、代鲁、陈仲逸等,1896 年出生于浙江省上虞县丰惠镇一书香门第。年幼时聆听过鲁迅先生的教诲,也曾从读于名师、蔡元培的同学和连襟薛朗轩,打下了扎实的国文功底。父亲胡庆皆对他的影响很大,胡庆皆是当地开明人士,创办过小学堂、女学堂,还订了不少新潮报刊,胡愈之很小就爱看这些报刊,也对新闻出版生发了兴趣,后来还与两个弟弟创办了一份小报。1914 年夏,胡愈之听说商务印书馆招收编辑练习生,正是他的理想所在,就从家乡来到上海,通过父亲的一位朋友,把他写的几篇文章呈送给商务主持笔政的张元济先生。张元济对这几篇文章十分欣赏,立即同意胡愈之到商务工作。这样,1914 年 10 月,胡愈之当上了商务编译所的练习生,跨进了《东方》门槛。他先是在编译所理化部打杂,从 1915 年 8 月起固定在《东方》工作。

胡愈之是个与时俱进的人,他在推动商务的政治活动、编辑出版工作前进方面做了很多工作。当中国文化界先进分子发起"新文学运动"时,商务的保守势力仍宣扬国学和东方文明,拒用白话文,成为新潮流中的落伍者。胡愈之积极响应陈独秀等人的号召,和茅盾在上海率先用白话写作、翻译文章,投到当时上海仅有的两家肯接受白话文的副刊《学灯》和《觉悟》上发表。这时期他还广泛地阅读了介绍各种新思想、新科学的书刊,并利用《东方》这一阵地，翻译介绍了国外许多新的科学知识和思想理论。他收集了十月革命资料在《东方》登载介绍。五四运动后，胡愈之成为《东方》的主要编辑，他为《东方》的不断革新进行了最大努力。五四前的《东方》基本上只是翻译介绍国外自然科学技术知识，对国际时事政治只做简单介绍，而胡愈之接手后对编辑方针进行调整，将杂志变革为国际问题的评论和研究，重点介绍社会科学新思想，并大大增加了对中国哲学、文学、经济、政治等的研究，使《东方》逐渐成为权威性的社会科学大型综合刊物。1924 年，《东方》创刊 20 周年，胡愈之从《东方》登载过的文章中，选编了一套《东方文库》，实为当时文学、哲学、社会科学发展介绍和论文集锦。

二　编辑出版难得的号外——"五卅"事件临时增刊

1925 年"五卅"运动爆发时，胡愈之是《东方》的骨干，这期间他的努力为《东方》写下了光辉的篇章，研究胡愈之、研究《东方》都不能无视这一页。事件发生后，为了打破租界当局的封锁，把"五卅"事件真相告诉广大群众，胡愈之和郑振铎、茅盾、叶圣陶等人于 6 月 3 日出版了一张《公理日报》，为群众运动鼓舞斗志，指导方向，成为"五卅"运动中创刊的第一份用来指导运动的重要报纸。

除了编辑《公理日报》外，胡愈之还专门组织出版了一期难得的号外——《东方》"五卅"事件临时增刊。号外随《东方》22 卷 12 号向订户免费赠送。增刊 16 开本，除广告不计外，共 193 页，内容分三大部分。第一部分 4 篇文章，有商务编译所长王云五的"五卅事件之责任与善后"和"什么是诚言"两篇评论，编译员陶希圣的调查报告"五卅惨杀事件之分析与证明"，胡愈之的长篇通讯"五卅事件纪实"；第二部分是会审公堂纪录摘要，为法庭审讯纪录原本摘录;第三部分是重要函电汇录,收国内外各界人士和团体的通电、宣言、抗议书23份。

“五卅”惨案发生后,上海各大报刊慑于帝国主义压力,缄口不语,不敢揭露事实真相,更不敢对群众运动表示支持。《东方》增刊却表现出鲜明的反对帝国主义、支持群众运动的爱国倾向。增刊无法像报纸那样动态地追踪新闻事实的变化,就以另一种方式来表达自己的观点,考虑到《东方》的读者对象主要是中上层知识分子、政府官员、海外侨胞,增刊就注重综合分析,运用丰富的材料,从整体上反映“五卅”运动全貌。在论说文中,比较注重历史的分析和法理的评价,学术味很浓,以适应它特定读者的阅读心理。它回顾了19世纪以来帝国主义侵华史,阐明“五卅”惨案的历史根源就在于不平等条约,从而指明了斗争目标,揭示了群众反帝斗争的伟大意义。它还引用国际公法和英国国内法,从法理上证明租界当局屠杀群众的违法性质。胡愈之发表在增刊上的长篇通讯融记述与评论为一体,不是仅做纯客观的描述,而是把侧重点放在深刻分析上。所以,这篇通讯中有一些很有见地的观点,如对群众走上街头游行讲演原因的分析,至今仍为史家研究“五卅”运动时所引用。

对于资料的运用,增刊编者也颇具匠心。在法庭上,巡捕房是原告,被捕群众是被告,但“会审公堂纪录摘要”中选摘的双方辩护律师的驳诘词,却把原告在被告义正辞严的质问下无法自圆其说的窘态暴露无遗,并告诉读者,真正应该作为被告受到审判的,正是屠戮中国人民的帝国主义者。在巧妙运用审判纪录这种反面材料的同时,增刊也从正面反映国内外各界对“五卅”运动的声援。收入函电汇录部分的,有上海各工商学团体的宣言、通电,有北大教授致执政府和美国报刊的联名函电,还有国内外知名人士、中外宗教团体、苏联职工会的宣言等等。值得一提的还有刊末所附伤亡调查表。该表系学生组织和社会团体分赴各医院调查的综合统计,项目非常详细,如伤亡者伤情、家庭状况、死亡地点、弹道(证明巡捕自背后射击撤离的群众),以及巡捕开枪人数、国籍、射击次数、开枪时有否警告等,以血的事实控诉帝国主义暴行。

增刊近22万字,有的文章一篇即10万字。如此集中、大量、全面的宣传,是报纸很难做到的。通过精心选择和组织,所有这些貌似分散的材料,各司其职,纵横交错,紧紧围绕主题,形成强有力的宣传攻势。

增刊的编印出版,包括撰写文章在内,时间仅用了15天左右,但编者仍然一丝不苟。不仅文章如此,连版式设计也很具匠心。版式设计服务于内容,二者浑然一体,有着很强的整体感。《东方》22卷的各期封面均为三色套印版,纤巧精美,增刊却一反常态,采用单一黑色,图案是上海高楼大厦的阴影,加上黑框,色块凝重,透视焦点很低,给人以悲愤、压抑、沉痛的感觉,其象征意义不言而喻。正文中补白的四幅漫画,无一不是指向帝国主义暴行,甚至广告也用来宣传抵制洋货,商品图案内加上了"欲雪国耻必先试用国货"、"五卅惨案以后国货应加注意"一类口号。增刊原拟于卷首刊登死难者肖像、各地集会游行等照片十余幅,惜照相机因停电无法使用,只得从缺。

三 撑起《东方》一片天

商务印书馆除出版书籍外,还出有《东方》、《小说月报》等几份在当时都比较有影响的刊物。商务印书馆办杂志,不只是一般地介绍、传播近代学术思想,更重要的是通过这些杂志,来引导国内思想文化新思潮。商务印书馆办刊物,有两个非常突出的特点,第一,没有文化品位的庸俗杂志不办;第二,每个时代的转折关头,杂志主编都应时换上新人,以保持刊物的生气。

在探讨社会文化问题时,商务领导人非常关注社会新变化和文化发展新趋向，并常常要求杂志的主编追随新思潮，《东方》是商务印书馆领导人最为看重的一份杂志，对主编的人选，更是应时而变。1910年以前是徐珂，徐珂基本上是旧式学人，故《东方》在他手中影响不及后来。1910年之后，受到近代西方科学思想影响的杜亚泉建议改革《东方》体例，以适应时代的需要，书局接纳了杜亚泉的意见，让杜出任《东方》主编。在杜亚泉的经营下，《东方》成为当时最为人关注的文化刊物。有"最后一位大儒"之称的梁漱溟谈到1916年的《东方》时曾说："《东方》那时很有影响，我常看。"1918年，杜亚泉与以陈独秀为代表的《新青年》倡导的新文化运动相抵触，书馆领导人预感到新文化运动方兴未艾，便果断地委任新人接替杜亚泉的主编职务。

1932年"一·二八"战火中，商务印书馆被炮火摧毁，同年8月，重新开张，总经理王云五请胡愈之出任复刊后的《东方》主编。胡愈之前任《东方》主编的人先后有徐珂、孟森、杜亚泉、钱智修等，后者取代前者，都因了要与时俱进。此前，胡愈之曾在巴黎系统学习了马克思主义，人生观发生了根本转变。1930年底，胡愈之经德国、波兰，取道苏联回国。回到上海后，他仍在《东方》当编辑。震惊中外的"九一八"事变发生后，胡愈之挺身而出，率先投入抗日救亡运动，连续在《东方》及《社会与教育》杂志上发表了《尚欲维持中日邦交乎》《就国际公法论对日外交》《国际形势解剖》等文，分析日本侵占中国的国际背景，对国民党政府幻想通过国际联盟及帝国主义列强的干涉来解决东北问题，予以彻底否定，并提出"立即向日本政府送致最后通牒限期撤退辽吉两省占领军队，如到期未撤退，立即宣告对日断绝外交关系"的主张，胡愈之的激进昭昭在目，他出任《东方》主编是非常合适的人选。

胡愈之临危受命后全面革新刊物，使劫后的《东方》面貌一新。10月16日，《东方》29卷4号出版，在"本刊的新生"一文中，胡愈之提出"以文学作分析现实指导现实的工具，以文学作民族斗争社会斗争的利器，我们将以此求本刊的新生，更以此求中国智识者的新生”的编辑方针。在胡愈之的主持下，《东方》成为一份密切联系现实、指导现实的进步刊物，《东方》成为宣传革命思想理论的阵地，“使这古老的定期刊物放射出灿烂的光彩”。它对于促进民众觉醒，提高国民思想认识起了一定的作用。胡愈之撑起《东方》一片天，引领《东方》迈入最辉煌的时期。

复出后的《东方》，内容上增加了对当前重大世界问题和国际形势的述评及专论，对经济危机袭击下剧烈动荡的资本主义世界，对德、意、日法西斯主义空前泛滥，新的世界大战策源地的形成，都予以特别注意，几乎每期都有数篇关于这些问题的论述，提醒人们关注国际风云的变幻和法西斯主义的抬头；加强了抗日救亡的呼号，“一·二八”后，日寇觊觎中国之心已彻底暴露，对此，《东方》连续发表了“寇深矣”“日本帝国主义的挑战”等文章，在充分揭露日寇侵华野心的同时，向全国人民发出了“集中力量，一致步调，以全民族的整个结合，和日本帝国主义作最后殊死的战争”的号召。还发表了《东北义勇军的近况及前景》《抗日斗争的一年》等文章，表扬了英勇的东北义勇军及十九路军将士，鼓舞人民的抗日信心和勇气，并对国民党政府的妥协投降政策提出尖锐的批评。

《东方》的革新招致了反动势力的不满，他们蓄谋要夺回这个阵地。1933 年新年到来之前，胡愈之组织了一组题为“新年的梦想”的文章，其中有些文章是讽刺蒋介石政府的。商务总经理王云五得罪不起蒋介石，藉此借口，干涉胡愈之工作。胡愈之愤而辞职。王云五后来回忆这段历史时说：“胡氏自民国初年入商务编译所为学习员，以有志自修，学识进步甚速，经不次升擢，渐进为《东方》助理编辑。其后一度赴法留学，返国后，思想渐转变，然仍不甚显露。我因爱才之故，于《东方》复刊时，钱君（指钱智修）既无法返任，乃依序擢胡氏为主编。惜其担任此席后，所收外稿，甚至自撰社论，颇多不合国策，我不得不加以劝告。有一次不得已撤去其已发排之一文。胡氏为此深滋不悦,遂请辞职,我亦以为主张不同,不便挽留,乃听其他去。”王云五这番话恰好从反面印证了胡愈之当时的思想进步状况。

1933 年 3 月 16 日,胡愈之编完《东方》30 卷 6 号后,结束了他在《东方》的编辑生涯。他人虽离开了《东方》,但他留存于《东方》的墨迹,却与百年《东方》一样,与日同存,久久飘香。

原载《编辑学刊》2004 年第 6 期

存　目

著　作

胡愈之　《我的回忆》

江苏人民出版社 1990 年

胡愈之　《胡愈之文集》

三联书店 1996 年

万　修主编　《胡愈之作品选》

新加坡上海书局有限公司 1979 年

于　友　《胡愈之传》

新华出版社 1993 年

陈　原　《记胡愈之》

三联书店 1994 年

费孝通、夏　衍　《胡愈之印象记》

中国友谊出版公司 1996 年

戴文葆编　《胡愈之出版文集》

中国书籍出版社 1998 年

盛玉华、王　健编　《胡愈之画传》

三联书店 1998 年

朱顺佐　《胡愈之》

花山文艺出版社 1999 年

论　文

胡愈之　《人民历史的新开端——〈新华月报〉代发刊词》

1949 年 11 月 15 日《新华月报》创刊号

胡愈之　《放眼世界，继续前进——纪念〈世界知识〉创刊 45 周年》

《世界知识》1979 年第 18 期

胡愈之　《纪念开明书店创建六十周年》

《我与开明》，中国青年出版社 1985 年

胡愈之　《回忆商务印书馆》

《文史资料》第 61 辑

胡愈之　《团结一致建设民主新中国——〈光明日报〉发刊词》

《胡愈之出版文集》，中国书籍出版社 1998 年

胡序介　《为新闻出版事业的一生——怀念伯父胡愈之》

《出版工作》1990 年第 7 期

胡德华　《匆匆会见黎明前——忆伯父胡愈老》

《上海滩》1991 年第 3 期

胡子婴　《忆胡愈之先生》

《中学生》1945 年 7 月号

瞿光熙　《胡愈之的编辑工作》

1962 年 3 月 2 日《新民晚报》

胡国枢、胡孟崮　《新闻出版界的老将——胡愈之》

《编辑记者一百人》，学林出版社 1985 年

吴承婉　《我国第一部〈鲁迅全集〉是怎样出版的——记胡愈之同

志一席谈》

《人物》1985年第2期

汪今丁　《我所熟悉的胡愈老》

1986年7月25日《人民政协报》

陈　原　《胡愈老和〈世界知识〉》

《群言》1986年第7期

胡愈之口述　周健强整理　《永恒的纪念——〈鲁迅全集〉出版始末》

《纵横》1985年第4期

方孝武　《忆胡愈老办生活书店》

1986年2月28日《上海政协报》

秦鹏章　《胡愈之与〈西行漫记〉》

1986年8月12日《人民日报》

李一氓　《悼胡愈老》

1986年1月21日《人民日报》

胡乔木　《无私无畏　鞠躬尽瘁——深切怀念胡愈之同志》

1986年1月23日《人民日报》

杜　链　《和胡愈之伯伯在一起的日子》

1986年4月15日《人民政协报》

周建强　《胡愈之与〈流亡在赤道线上〉》

1986年5月11日《人民日报》

费孝通　《悼愈老》

《群言》1986年第4期

赵朴初　《吾爱愈之翁》

《群言》1986年第4期

刘尊棋　《和胡愈之同志一起在新加坡的日子》

《群言》1986年第3期

叶至善　《胡愈之在开明书店》

《出版史料》1986年第6期

楚图南　《纪念胡愈之》

1986 年 1 月 24 日《人民日报》

柯　灵　《追忆胡愈老几件事》

《出版史料》1986 年第 6 辑

吴道弘　《胡愈老的珍贵遗墨》

《出版史料》1986 年第 6 辑

邵公文　《进步文化出版事业两先驱——胡愈之与邹韬奋》

《出版史料》1986 年第 6 辑

陈　原　《胡愈老关于出版工作的三次谈话》

《出版史料》1986 年第 6 辑

张明养　《杰出的无产阶级文化战士胡愈之》

中宣部出版局编《编辑家列传》,中国展望出版社 1986 年

曹克昌　《胡愈之和〈世界知识〉》

《出版史料》1987 年第 1 期

王　益　《在胡愈之领导下做出版工作》

《出版工作》1987 年第 1 期

戴文葆　《胡愈之的翻译事业》

《出版史料》1988 年第 3、4 期

于　友　《〈西行漫记〉和胡愈之》

《国际新闻界》1989 年第 2 期

夏　衍　《中华民族的脊梁——胡愈之》

1989 年 1 月 12 日《人民日报》

胡国枢　《德高望重的胡愈之和他的编辑生涯》

丁景唐编《中国现代著名编辑家编辑生涯》,
中国展望出版社 1990 年

李　文　《胡愈之在重庆》

《出版史料》1990 年第 2 期

陈　原　《胡愈之和〈知识丛书〉》

《出版史料》1991 年第 1 期

沈　文编　《胡愈之和出版工作》

《出版史料》1991 年第 1 期

《胡愈之关于新闻出版工作的论文选》17 篇

《出版史料》1991 年第 1、2 期

于　友　《广撒抗日文化种子——胡愈之与桂林文化城》

《新文化史料》1992 年第 3 期

吴承琬　《他心中装着农民——随胡愈老编写农村读物〈东方红〉》

《人物》1991 年第 4 期

赵晓恩　《怀念胡愈老》

赵晓恩《六十年出版风云散记》,中国书籍出版社 1994 年

戴文葆　《〈书的故事〉的故事——纪念胡愈之诞辰 100 周年》

1996 年 4 月 18 日《光明日报》

戴文葆　《胡愈之论蔡元培——兼以此文纪念胡愈之诞辰一百周年》

《书屋》1996 年第 4 期

陈　原　《"知识就是力量"——胡愈老百年华诞:我的思念》

《编辑学刊》1996 年第 4 期

吉少甫　《新中国出版事业的开拓者——建国初期胡愈之在出版署的活动纪要》

《编辑学刊》1996 年第 4 期

周彦瑜、楚泽涵、吴美潮　《"文革"中胡愈之等痛切晋言前后》

《炎黄春秋》1996 年第 2 期

张之华　《国际新闻的拓荒者——担任〈东方杂志〉撰稿人的胡愈之》

《国际新闻界》1996 年第 5 期

陈　原　《一个智者的成长——胡愈之在商务印书馆》

1996 年 10 月 9 日《中华读书报》

徐　波　《高屋建瓴为农民——随胡愈之深入农村编书》

《新文化史料》1997 年第 2 期

陈应年　《自学成才的主编——胡愈之》

1997 年 5 月 5 日《新闻出版报》

马仲扬　《中国革命知识分子的杰出代表胡愈之》

《炎黄春秋》1996 年第 11 期

陈　原　《胡愈之在文化部》

《新文化史料》1997 年第 1 期

陈　原　《胡愈之一贯倡导“知识就是力量”》

《新文化史料》1997 年第 2 期

于友先　《运筹帷幄的卓越智慧　德高望重的领导才能——在纪念胡愈之同志诞辰 100 周年座谈会上的书面发言》

1998 年《中国出版年鉴》

白继英　《革命出版活动家胡愈之》

《山西社会主义学院学报》1999 年第 4 期

李　频、胡愈之　《高瞻远瞩开路奠基》

《出版广角》1999 年第 10 期

麦秀文　《高谈远见传天下，淡水交情接士林——革命时期胡愈之的编辑出版活动述略》

《编辑学刊》2000 年第 6 期

张新华　《拓展言论空间，传播进步文化——胡愈之的办刊艺术之一》

《中国出版》2001 年第 10 期

邨贵鸣　《走出国门的文化使者——胡愈之与〈南洋商报〉》

2003 年 4 月 8 日《党史信息报》

赵晓恩　《胡愈之抗战时期在桂林》

《〈六十年出版风云散记〉续编》，中国书籍出版社 2002 年

章宏伟　《胡愈之传论》

《出版文化史论》，华文出版社 2002 年

汪原放

汪原放(1897～1980),安徽省绩溪人。曾用名家瑾、麟书,笔名白石、士敏等。13岁进叔父汪孟邹创办的芜湖科学图书社当学徒。1913年进汪孟邹开设的上海亚东图书馆,后任编辑。1925年在上海加入中国共产党,并任亚东图书馆党支部书记。1927年春在汉口中国共产党主持的《民国日报》任编辑,后任中共中央出版局局长。大革命失败后,仍回上海亚东图书馆任编辑,直到1952年该馆停业为止。

新中国成立后,先后在上海新文艺出版社、古典文学出版社、中华书局上海编辑所等任编辑。

汪原放是著名出版家、翻译家、古典小说整理工作者。是我国第一位对中国古典小说使用新式标点并进行分段整理的人。他标点出版了《红楼梦》、《水浒传》、《三国演义》、《西游记》等十多部名著。他的这一有意义的工作曾受到鲁迅的赞扬,认为"是有助于作者和读者”。他除了整理古典名著外,还进行了中国古典诗文的今译工作,出版有《诗经今译》第一册,还翻译出版了高尔基的《我的旅伴》以及其他的名著《伊索寓言》、《一千零一夜》、《鲁滨孙漂流记》等。另撰写出版有《回忆亚东图书馆》一书。

亚东图书馆简史[①]

汪原放[②]

一 创办的经过

先叔(汪孟邹[③])说:(我记的。下同)

“甲午战败(1894 年,清光绪二十年),康(有为)梁(启超)维新,我的业师胡子承先主(名晋接)非常赞成他们的新思想,常常叫我们要多读历史、地理以及许多新书、新报。戊戌变法(1898 年,清光绪二十四年),我的哥哥希颜(名邦佐)便到南京进高等学堂去了。后来他又转进了江南陆师学堂(校长俞恪士,名明震),他在那里认识了许多好朋友。章士钊、赵声(伯先)都是同学,陈仲甫(独秀)是朋友。我的哥哥是高材生。辛丑的国耻(1901 年,清光绪二十七年)又来了。次年春天,我的哥哥要我也去进江南陆师学堂,因为校长看见我们弟兄的通信,可以许我插班进校。可是那一年的下半年,我的父亲(名器勋)不幸去世了,我同我的哥哥奔丧到家,因为母亲年老,只有叫我停学,留在家中授徒。不幸第二年(1902 年,清光绪二十八年)夏,我的哥哥又死在江南陆师学堂,年仅三十(他生于 1873 年,清同治十二年),而他本该是那一年毕业的。我的哥哥有两男三女:乃刚、淑如(女)、原放、慎如(女)、协和(遗腹女)。我连遭父兄的丧亡,困苦艰难,一言难尽。

“后来(1903 年,清光绪二十九年),我的业师和我的朋友周栋臣(名承柱)出来邀了 1200 元股金,叫我到芜湖开一个科学图书社。当时租房子很困难,只有先行贩书。我到安庆赶过院考,又到南京赶过乡试,去卖新书。到了冬天,科学图书社才在芜湖长街徽州码头开张。开张三天,只卖去一本日本人著的《商工理财学》,毫无生意。

“第二年春天(1904 年,清光绪三十年),仲甫来信,要到芜湖来办一个白话报,借‘科学’耽搁,贴我伙食,我答应了。他便背了一个包袱,拿着一把雨伞来了。我们办《安徽俗话报》④,一共办了二十三期。仲甫常用的笔名有三爱、由己。这个报,一班老辈已经认为是‘洪水猛兽’了。仲甫办了一年的报,便到李光炯在芜湖办的学堂里当教师去了,其实是去搞革命工作,响应孙中山的同盟会。从此,常到‘科学’来的,有赵伯先、柏文蔚(烈武)等革命党人。

“科学图书社是一个又卖新书,又卖文具的新书店,我常常要到上海办货。我在章士钊的苏报馆里认识了陈子佩,他是长沙群益书社的主人。1907 年(清光绪三十三年),子佩开了群益书社,叫我搬到他一道去住,于是我们常在一起了。后来他的生意渐好,要我帮他,我不答应。(现在想来,苏曼殊等也都是在那时认识了的。)

“辛亥革命了(1911 年,清宣统三年),柏文蔚做了安徽都督,仲甫做秘书长。我到安庆去,都督府里许多朋友都劝我出来做事,有的要我去拿一个税局,有的要我去做行政方面的事,仲甫都大不以为然,一定要我回芜湖做生意。他和文蔚商量,要帮我的忙,凑点股子,再到上海开书店。后来我和我的业师商量,要印他的地理书以及地图、挂图,我又向朋友凑了贰仟元股子,到上海准备开书店。地图等等,由我的业师的儿子翼谋带到日本去印,他在日本读书。1913 年(民国二年)春,我在惠福里(四马路)一个楼下租了一间房，挂上了洋铁皮的'亚东图书馆'的招牌。那时除我以外，只有许潜如（怡荪的弟弟）和原放。

"1913 年（民国二年），袁世凯打倒四都督，仲甫又亡命到上海来。他替我编了一本《英文教科书》，因生意不好不曾编全。他没有事，常要到我们店里来。他想出一本杂志，说是只要十年、八年的功夫，一定会发生很大的影响，叫我认真想法子。我实在没有力量做，后来才介绍他给群益陈子佩、子寿兄弟。他们同意接受，议定每月的编辑费和稿费贰佰元，月出一本，就是《新青年》（先叫做《青年杂志》，后来才改做《新青年》的）。后来愈出愈好，销数也大了，最多一个月可以印一万五六千本了。这个杂志，对新文化是有贡献的。"

二　组织的变迁

先叔也说过：

"亚东从惠福里曾迁过平和里（河南路），又曾迁过福华里（江西路），然后再迁上五马路（棋盘街西首）。亚东从 1913 年（民国二年）到 1918 年（民国七年），生意很不好。但是从 1915 年（民国四年）印行章士钊的《甲寅杂志》[5]，亚东图书馆的名字却已经叫人认识了。可惜不久，《甲寅杂志》又遭袁世凯禁掉，地理书等已经更是过去的事。

"是 1916 年（民国五年），独秀到北京大学担任文科学长。（胡适是 1917 年（民国六年）由独秀介绍到北大教书的。他在上海读书时，只十五岁。）独秀最不赞成亚东缩在弄堂里，不上马路。他后来推荐亚东经理北京大学出版部的书籍，所以我们在 1919 年（民国八年）年初迁上了五马路。

"'五四'来了，我们由朱执信介绍，替孙中山印过《孙文学说》，出过《建设杂志》（一至二十四期）。朱执信说无处找书店印行，所以我们答应做了。钱是他们拿出来的，不要垫款，所以我们可以答应。后来又曾印行过北京大学的《新潮》和少年中国学会的《少年中国》、《少年世界》，还印行过别的一些新的杂志。有一回，因为卖无政府党的书籍（是独秀的次儿乔年介绍来的），我给巡捕房捉去，吃过官司，后来还是由章士钊设法，才和泰东图书局的赵南公（因为他也卖那一类的书籍被捕）一道出来了。

“亚东到这时候为止，还是只有四五个人在做事，组织上也没有什么大的变迁。”

三　资本的说明

先叔说：

“亚东初开时，有的钱是作为股子的，可是后来生意不好，朋友都来拿去了，所以这个店完全是我个人的了，并没有别股。其实，朋友们给我的钱，原来都是带讲人情的，并没有人一定要来搭股，这是很可感的。

“到了1927年（民国十六年）大革命失败以后，我看见营业有渐落的情形，打算要做一个分家的手续，一面是想着要从事节省了，可是并不曾实行做到。

“亚东自开设以后，也有几次想改公司，连章程也已经印过，可是直到现在成绩毫无，仍旧还是我一人一家的一个独资的企业。”

四　营业的情况

他也说过：

“亚东到了‘五四’，出版才上了路。自原放整理的标点、分段，由独秀、适之等帮助做序的《水浒》出来以后，很受欢迎，营业已经转机。后来又出了《胡适文存》、《独秀文存》(用《新青年》里的文章,各人自编成书)以及《白话书信》(高语罕编的)等书,营业更是蒸蒸日上,同事也逐渐加到二十多人了。

“可是到后来,我们受到了一种很大的打击。我们销场很大的书,在出版后不久便到处有人盗印翻版。我们要付版税和稿费,又要很大的开支,而盗印翻版的不必加上这种负担,所以他们可以比我们卖得便宜得多。至于由我们首先创格的标点本旧小说,平民的文学,跟着做的也很多了,而且又有什么‘一折八扣’⑥本出现,所以我们的销场也突退了下来。反动时代是谈不到保护版权的。我们历年来出了一百多种书,只有十分之二三的销路还好。自从盗印翻版的把我们的好书盗光翻完以后(大书如《胡适文存》、《独秀文存》,小书如蒋光赤《少年漂泊者》、《白话书信》),我们便很难立足了。加之那时的反动政府又时常要禁书,我们的损失更大。

“1935 年(民国二十四年),群益书社已经到了后辈手里,不能维持,只有收歇了。可是在子寿手里,我曾替群益做过房东的保人,要赔款五千元左右。章士钊出来了了此案。我损失很大,要群益拿《新青年》给我印一版便算了。1936 年(民国二十五年),我重印了1 500部,又还送了群益若干部。

“1936 到 1937 年(民国二十五、二十六年)间,王凡西和郑超麟都在南京牢里。他们的朋友楼子春后来把他们的稿子送了来,商量印行。一来因为本子很小,二来又不要稿费,所以我竟很盲目、很麻痹地替他们印了。抗战后,王凡西出牢,逃往武汉,又由武汉回上海。郑超麟也出了牢,逃往徽州,1940 年(民国二十九年),也来到了上海。因为是熟人,所以常要来走走,也出了他们几种书。可是又没销场,所以后来我也无意再印了。我那时还不认识在 1930 年(民国十九年)以后已经做了‘叛徒’的陈独秀(右倾机会主义者)。

“1937年(民国二十六年),抗日战争开始了。我们在五马路的发行所,因为营业已不适宜,已于1935年冬回掉而迁到四马路上。那时看看情形,也只有收歇,并到西藏中路编辑所来。编辑所是‘五四’时在牯岭路租的房子,后来迁过正贤坊(今长沙路),又迁过鸿祥里(今新闸路),又迁过温州路,再迁今址的。

“我们不能不努力挣扎。我们想卖以前的存书。1939年(民国二十八年),只有派同事先到金华,再到广州、昆明去设办事处。和我们有联系的有亚光舆地学社、东方书店。到了1941年(民国三十年),到仰光的海路已经不通,不能去货。

“独秀是1932年(民国二十一年)秋被捕的,关押在南京。抗日战争开始,他出了监牢,先到武汉,再到四川江津去了。他已有病,时常来信托买药品。他在战前曾写过一篇自传,发表于《宇宙风》,给我印了一本小册子,即《实庵自传》,同时接着又替他印了几本抗战的小册子。

“1920年(民国九年),独秀从北方回来,因生活困苦,时常要我接济他。他的版税,按月要给他的太太君曼用,又要拨给大儿延年二儿乔年作学费(每月约十元),已经无存。总之,他个人的费用,历年借下去,已近二三千元,到了后来我去南京牢里探望他时,他总要提起所欠如何还清。后来他说把《独秀文存》初集的版权送给我,不容不答应,而且他说这部书决不给他的后人。

“这里还要一说瞿秋白的文集。1927年(民国十六年),他给我出版,后来遇到国民党清党,只有将排成的版子毁去,才由杨之华来拿了去的。

“我们在昆明做了三年生意,才把店又维持住了,可是还不能不事事从省。同事已由二十余人减到七八人,这时候虽减至三四人了。他们大家都是自动离去回徽州老家去的。

“我们在西藏中路,标点本(旧小说,通称‘亚东本’)年年还有一点生意,所以勉强还可以敷衍。”

五　和作家的关系

他说：

“我们除了自己整理的旧小说（亚东本）以外，有些稿子，都是由朋友介绍来的，可以说有如下几系：

1. 章士钊的。

2. 陈独秀的。接近的有高语罕（笔名有张其柯、程始仁、戈昔扬、玉灵皋），蒋光赤（笔名有光慈、陈情），李季（笔名有魏兰女士），钱杏村（笔名戴叔清、寒星），郑超麟（笔名有林超真、绮纹、林伊文。他在别家出书，有的叫做唐虞世，有的叫做唐盛），彭述之（笔名欧伯），小濮（笔名西流），王凡西（笔名有张家驹、李书勋、郭和、许庸、凤冈），洪灵菲（笔名林曼青）。

3. 胡适的。接近的有陆志韦、朱自清、陶孟和、孟寿椿、刘半农、钱玄同、赵诚之、张慰慈、刘文典、李秉之、吴虞、陆侃如、俞平伯、康白情、徐志摩、孙楷第、顾颉刚。

4. 陶行知的。接近的有邢舜田、一叶、西桥工学团、戴自俺、程万孚、胡立民。

5. 宗白华的。接近的有田汉、郭沫若。

6. 丰子恺的。

7. 章铁民、汪静之、鲁彦、刘大杰的。

“有些是抽版税的，如售书一册，取版税十分之一或一·五。有些是卖稿的，如一千字是三元、四元、五元（以前的银元）。

“有许多朋友，从‘五四’时便认得了。1927 年大革命失败（1927 年革命的失败，当时也有许多朋友，对于独秀有严厉的批评，如蒋光赤就是一个），以后回上海来了，有的生活都很苦，时常要来借一点钱。可是到后来，会拿一本稿子来还账，所以收稿，有时不免要带一点感情的作用。

“除接洽稿子以外，有的熟人，也会常来。现在记得的有王若飞、毛泽民、彭礼和。在第一次国共合作时期（1924～1927），他们在党内担任的是文化方面的工作，时常要来问问买纸印书等事，因为他们都相信我们是比较内行可靠的。”

六　目前的情况

他也说到了：

“解放了，我们随即加入了通联书店（通俗出版业联合书店的简称），是一个八十家左右的联营机构。

“我们由他们统一发行的书，到现在一共是十一种。1952 年‘五反’以后，我们的标点旧小说（亚东本）生意不如 1949 到 1951 年了。1952 年全靠通联书店再代卖上十种其他的书维持，否则又要不能立足了。

“我们已经无力出书，抗日胜利后只出了两册书，全靠卖旧存的书籍度日。最近出原放译的高尔基的小说，虽只出了一册，已有把每月四五百万元的营业额加上若干的希望。1950 年以后的收支如下：（旧币）

1950 年营业收入 39163487.00 元。支出 29502120.00 元。

1951 年营业收入 58499315.00 元。支出 33829827.00 元。

1952 年营业收入 69076660.00 元。支出 32659550.00 元。

如再续出，仍有销路，似可站得住脚的。我们每月的开支，三百万元左右，现在还暂可不加。

“我们现在还欠人一点钱，章士钊的稍多，如果我们的营业可以转机，大概也是可以还得清的。我们在目前还是一个独资的、独立的小书店。”

七　我的结束的话

我的叔父,办芜湖科学图书社一共办了五十多年(1938 年,芜湖沦陷,“科学”完全毁于日寇);办上海亚东图书馆一共办了四十多年(1953 年歇业)。他一生只是专心致志的办了两个书店,不曾做过别事。于今他去世八年了,我把他在世时随听随记的记录看了来,录了来,对于亚东图书馆各个方面,实在倒都已经说到,也不用什么多大的补充,已经可以算得是他亲自留下的一篇简史了。

注释:

① 原载《出版史料》1988 年第 3 ~ 4 期合刊。

② 汪原放(1897 ~ 1980),安徽绩溪人,13 岁入其叔汪孟邹创办的芜湖科学图书社当学徒,1913 年 17 岁,到上海在汪孟邹办的亚东图书馆工作,后任编辑。1925 年参加中国共产党,任亚东图书馆党支部书记。1927 年曾任中共中央出版局局长,同年 9 月仍回上海任亚东图书馆编辑。他用新式标点整理《水浒》等十几种古典小说,由胡适、陈独秀为之作序或考证,取得很大成功。生前写了 100 多万字的回忆录,上海学林出版社节录了其中的 20 多万字,以《回忆亚东图书馆》书名出版。

③ 汪孟邹(1878 ~ 1953),安徽绩溪人。25 岁(1903 年)在芜湖创办科学图书社,销售上海出版的新书刊。1913 年到上海创办亚东图书馆。他与陈独秀、胡适、章士钊友善,曾出版《尝试集》(胡适)、《孙文学说》、《独秀文存》、《吴虞文录》、《红楼梦辨》等书。还出版新式标点的《水浒》、《红楼梦》、《儒林外史》等十几种古典小说。先后出版《建设》、《少年中国》、《少年世界》、《甲寅》等十种期刊,并代销《每周评论》、《向导》和北京大学的出版物。亚东图书馆是五四时期传播新文化、新思想的重要出版社。

④ 《安徽俗话报》,半月刊,1904 年 3 月 21 日在芜湖创刊,陈独秀主编,是辛亥革命时期宣传革命的白话报刊之一,辟有论说、要闻、本省新闻、历史、地理、小说、教育、实业等栏目,1905 年 8 月 15 日终刊,共出 22 期。

⑤ 《甲寅杂志》,月刊(经常脱期),1914 年 5 月创刊于日本东京,发起人胡汉民,主编章士钊,1915 年 5 月出至第 5 期移到上海由亚东出版,同年 10 月停刊,是二次革命以后反对袁世凯的主要报刊之一。

⑥ 是上海出版界有些书店的一种营销手段,在 1923 年由上海福州路的新文化书社开始,随之,广益书局、中央书店、鸿文书局、启智书局等竞相仿效,形成热潮。所谓"一折八扣",是:如果书价一元,打一折就售一角,再打八扣,就成为八分钱了。不明真相的读者以为书店大蚀其本,其实书商照样赚钱。当时加拿大在上海倾销纸张,每令纸只售 3 元,而所印的都是不用付稿费的古书,如《三国演义》、《红楼梦》、《七侠五义》等小说,或者如《古文观止》、《唐诗三百首》及明清人的笔记等。这些书当初原是木刻或石印的多卷本,售价很高,现在改成铅印本,买不起木刻本和石印本的读者很是欢迎。当然也不排除书商先把书价提高,然后再来一个"一折八扣"。"一折八扣书"持续到 1945 年才结束。

1961.11.21

选自宋原放主编、陈江辑注《中国出版史料》现代部分
第 1 卷上册,山东教育出版社、湖北教育出版社 2001 年

陈独秀胡适支持汪原放标点古典小说

陈政文

汪原放先生是我国第一个用新式标点和分段整理中国古典小说的老一辈出版家。从 1920 年起至 1926 年,他标点、分段出版了《水浒》、《儒林外史》、《红楼梦》、《西游记》、《三国演义》等十多种古典文学名著,为祖国的文化出版事业做出了贡献。

60 年代初,汪老退休之前,我在原上海出版文献资料编辑所与汪老同在一个编辑组学习,听他谈过有关当时标点古典文学名著的情况,还看过他撰写的 100 多万字的《亚东图书馆六十年》。

我想借《编辑学刊》的一角，介绍汪老整理《水浒》等标点本的一些片断及其有关的一些情况，并从中探讨一下汪原放当时的编辑思想。

一

亚东图书馆是旧中国第一家出版新式标点、白话的古典文学作品的出版机构。它的出版，是汪原放奋发自学、刻苦研究的结果，也是先进思想战胜因循守旧思想的结果。

汪原放生于1897年，5岁丧父，只读了7年书。13岁那年，因家中无力让他继续读书，就从穷乡僻壤的山区来到芜湖，在他叔父汪孟邹办的科学图书社当学徒。科学图书社创办于清光绪二十九年(1903年)，是当时的一个具有新思潮的书店，主要代售上海出版的书报和教科书，包括反清的《黄帝魂》、《革命军》和《苏报》、《复报》等等，并出版发行过陈独秀1904年创办的《安徽俗话报》。13岁的少年汪原放，对芜湖和科学图书社的一切都感到异常新鲜。他回忆这段学徒生涯时曾风趣地说：我这个生长在安徽山区的乡巴佬，来到芜湖，就像到了“天上”一样新奇；在叔父书店里当学徒，看到那些代表新潮流的书报，又像从井底里跳出来的青蛙，一下子觉得眼前大了几万倍。他说，他进店不久，就利用一切空余时间，如饥似渴地学习文化基础知识，并特别爱看《苏报》和《革命军》等革命书报，常常看到深更半夜，要叔父督促几遍才睡觉。由于汪原放奋发自学，勤于钻研，这就为他后来卓有成效地从事文化出版工作和追求真理、追求进步奠定了重要的思想基础。

1911年，辛亥革命成功后，同盟会会员柏文蔚任安徽都督兼第一军军长，陈独秀任秘书长。汪原放的叔父与他们的关系非常密切。许多人劝他“弃文当官”，或当知县，或拿税局，总比开穷书店好得多。汪孟邹微有所动,先想去听听陈独秀的意见,事成后再把汪原放带去。汪孟邹在安庆找到陈独秀时,没想到陈独秀既不给知县,也没给税局,而是叫汪孟邹跨出芜湖,到上海去“见见大世面”,开个书店。因为陈独秀认为,随着辛亥革命的胜利,中国政治形势必然急剧变化,上海将是发展文化事业的大有可为之地。汪孟邹对陈独秀很尊敬,觉得他的话有道理,便筹集了一笔资金,于1913年把17岁的汪原放带到上海,在四马路(今福州路)的一条弄堂办起了一个小书店,取名“亚东图书馆”。随着业务的发展,“亚东”在1919年迁至广东路棋盘街。汪原放来到上海后眼界大开,感到这里的一切事物都与芜湖不能同日而语。他深深地感到自己懂得的东西太少太少,因而几乎拼命地刻苦自学,学中国历史,读进步书报,并在业余时间读英文,知识越来越丰富,工作越来越踏实,被任为“亚东”的编译。

1919年爆发的五四运动,以排山倒海的不可阻挡之势冲击了帝国主义和中国封建文化。20刚出头的汪原放在这个伟大的运动中受到了教育,新文化、新思想逐步渗进了他的脑海,促使他起来“革”中国旧小说的“命”。汪原放认为,许多优秀的中国古典小说,都是中国传统文化的精华,但老的写法存在很多问题,如不分段,没标点等,大多数人看不懂。所以他在1920年年初大胆立下宏愿,决心尝试一下,出版标点、分段的白话古典文学名著,以适应时代潮流。有一次,他在提到此事说:我在芜湖当学徒时,第一次看到《水浒传》,一翻,密密麻麻一大片,读起来,真吃力;自己的古文根底又差,许多地方看不懂。觉得这样的好书,只是少数人看得懂,实在可惜。五四运动之后提倡新文化,我受到影响,觉得极有道理,就下决心想把几本古典文学名著都拿来标点一下,由“亚东”出版,以便让更多的读者看。

然而,任何一个新事物的出现,都不是一帆风顺的。汪原放关于出版古典名著标点本的设想,一开始就碰到极大的阻力。由于中国当时没有任何一个学者做过这个工作，现在由这个20刚出头、没有进过大学门槛的青年汪原放来做，行吗？汪原放周围的人，都怀疑或反对他，劝他不要干。汪原放曾很生动地谈及他的大叔忧心忡忡的一段话，他大叔说：

“……把金圣叹的眉批夹注一概删掉，妥当不妥当？事情不是好玩的，标点、分段靠得住靠不住呢？”

“仲翁（陈独秀）来的时候，我要问问他，究竟做得做不得，不要闹出笑话来。”

“几百页的大书，不是好玩的，凶险哩！卖不掉，老本亏掉，不得了。”

怀疑，反对之情，溢于言表。汪原放说，他的大叔当时把他看作是会被老虎吃掉的“初生之犊”。

尽管他的大叔怀疑甚至反对汪原放的工作，但汪原放却毫不动摇，夜以继日地挥笔不止，扎扎实实地搞他的标点本。经过7个多月的奋战，中国第一本标点、分段的白话古典小说《水浒》，终于在1920年8月完成了，并由“亚东”出版。汪原放说，当他的大叔看到印出的《水浒》样本时，不禁喜笑颜开地当着大家的面说：原放真是“初生之犊不怕虎”啊！我这个老脑筋要不得，原放要得！

《水浒》出版后，汪原放再接再厉，又出版了标点本《儒林外史》（1920年12月）、《红楼梦》（1921年5月）、《西游记》（1921年11月）、《三国演义》（1922年6月）、《镜花缘》（1924年）、《水浒续集》（1924年）、《老残游记》（1925年）、《儿女英雄传》（1925年）和《海上花列传》（1926年）等。与此同时，他还和店里其他同事合作标点出版了《官场现形记》、《醒世姻缘传》和《今古奇观》等名著。这些书的问世表明，尽管汪原放当时只是一个涉世不久的青年，但由于他受到了五四新文化运动的洗礼，因而具有先进的思想和远大的眼光，坚信凡是与新潮流背道而驰的东西必被淘汰，凡是与新潮流相吻合的事业必能取得成功，并具有强大的、不可战胜的生命力。唯其如此，他才能在最初的怀疑、反对声中，表现得这么坚强，并最终取得了胜利，开了中国出版史上标点古典文学的先河。汪原放的这种敢于革新、敢于进取、不怕困难、扎扎实实的精神和工作作风，是很可宝贵的。

还有一点难能可贵的是："亚东"当时是一个很小很穷的独资经营的出版发行机构，它在当时上海滩的许多书店竞相粗制滥造、追求利润的竞争中，尽管境况艰难，日子很不好过，但不随波逐流。汪原放仍然坚持标点他的古典小说。有一次，汪原放谈及他当年的情况时说："亚东"当时出的许多书印数都很少，经济非常拮据。但我不愿去搞那些乱七八糟、格调低劣、迎合小市民胃口的东西。我估计自己搞的标点本可能赚不到什么钱，但我深信自己的工作，是符合时代潮流的，就是没有钱赚，我也乐此不疲，愿意为新文化的普及贡献一份力量。汪原放这种正确的编辑思想，今天仍然具有重要的意义，十分值得我们认真学习。

功夫不负有心人。汪原放标点的《水浒》、《儒林外史》和《红楼梦》等书出版后，立刻受到读者的热烈欢迎。到 1922 年底，《水浒》共印了四次，印数达 14000 本；《儒林外史》印了五次，共印 13000 本；《红楼梦》印了两次，共 7000 本。旧中国的出版物，除教科书外，印数一般只有几百本、上千本，二三千本的书，就算得上很不错了。"亚东"版的标点本，一印再印，数字这么大，可见其是完全顺乎潮流，适应社会需求的。当时上海滩的一些善于追逐利润的书商，看到"亚东"版的标点本一印再印，认为有利可图，便纷纷仿效，大出特出标点本的古典小说；他们为了赚钱，还别出心裁地以所谓"一折八扣"相号召，企图压倒"亚东"版的标点本。但由于他们的书粗制滥造，错误百出，文化界和知识界都喜欢购买"亚东"的不打折扣的标点本。因为汪原放工作认真，作风严谨，他标点的书质量好，有鉴别力的读者，宁可多花一些钱购买"亚东"版的书。

汪原放的标点本出版之后，也受到文化界许多著名人士的极大重视，并得到了广泛的好评。如《水浒》和《红楼梦》标点本出版后，不久《民国日报》副刊《觉悟》就发表了邵力子的《用新式标点翻印的〈水浒〉》、陈望道的《评新式标点的〈儒林外史〉》等，对汪原放的创举给予完全的肯定和鼓励；鲁迅先生也就这件事著文，说“汪原放的标点和校正小说，虽不免小谬误，但大体是有功于作者和读者的”；日本一些学者也纷纷发表文章，赞扬汪原放标点的《水浒》和其他古典小说。

二

汪原放标点的古典文学名著出版后受到好评，听到了一片赞扬声，但他非常谦逊，总是归功于陈独秀和胡适对自己的支持和帮助。60 年代初期，他几次提到：如果没有陈独秀和胡适的支持、鼓励和帮助，他可能搞不成功，或者说没有那么顺利。这确实是汪原放出自内心的肺腑之言。他的标点本之所以取得成功，主要是汪原放本人奋发努力的结果，但陈独秀和胡适对他的支持和帮助，也确实起了很大的作用。

“亚东”在上海开办之后，陈独秀和胡适与“亚东”的关系极为密切，它在出书方面常常得到陈、胡的帮助和指导，因而从五四到大革命这个历史时期，出版了具有相当影响的传播新思想、新文化的书籍。由于陈独秀是五四时期新文化运动的主要领导人之一，胡适也是五四时期反对文言，提倡白话，主张文学革命的著名人物，他们知道汪原放标点中国古典小说之后，对他这种敢于大胆创新的思想自然十分赞赏。他们当时亲自从以下几个方面对汪原放进行了支持和帮助：

他们精神上全力支持。汪原放标点第一本《水浒》时，陈独秀和胡适两人事前都不知道，完全是汪原放自己一个人的主张。如前所述，他的大叔汪孟邹鉴于当时没有人做过此事，怕汪原放搞不好，所以他要“问问仲翁，究竟做得做不得”。而当陈独秀知道此事后非常高兴，立即表示完全支持汪原放的工作：

> 仲翁到店里来了，大叔和他谈起我标点《水浒》的事。仲翁很高兴，说：这有什么出不得！
>
> 过不了两天，仲翁又来了，说：我看过了（指已看过汪原放标点的《水浒》——引者），还要得。眉批夹注，删掉不错，让读者自己去读。①

据汪原放在一次会上回忆：他大叔曾向陈独秀“告状”，说汪原放自作主张标点《水浒》，不听他的劝阻，所以要请陈独秀替他“拿拿主意”。陈独秀看了汪原放的标点本之后来到店里，半顶真半开玩笑地指着他大叔的鼻子说：原放的主张要得，你这个“老顽固”的思想要不得。我拿定主意支持原放了。汪孟邹看到陈独秀态度如此坚决，自然没有话说了。

不仅如此，陈独秀还专门就汪原放标点《水浒》的事写信告诉胡适。胡适得知后，立即写信给汪原放和汪孟邹，说汪原放的工作意义重大，鼓励汪原放认真搞好工作。陈独秀和胡适对汪原放的支持和鼓励，进一步坚定了汪原放的信心，大大地提高了他的积极性。

陈独秀、胡适还给标点本写序文和其他文章。如1920年汪原放标点第一本古典名著《水浒》时，陈独秀和胡适在繁忙的工作中，分别写了《水浒新序》和《水浒传考证》；1921年汪原放标点《红楼梦》时，陈独秀写了《红楼梦新序》，胡适写了《红楼梦考证》和《考证后记》，并请顾颉刚写了《答胡适书》；汪原放标点《儒林外史》时，因陈独秀和胡适实在忙得无暇执笔，胡适特请钱玄同写了一篇序文。这些文章,对于扩大"亚东"版标点本的影响,起到了很大作用。

他们还给予其他各种具体帮助,汪原放从开始标点起,就得到了陈独秀和胡适的许多帮助和指点。例如标点本《水浒》刚印好,尚未发行时,刚巧胡适因公来沪转南京,特地专门两次抽空去工厂认真地抽看样本,对汪原放的标点表示满意,但他认为书中没有标点者的说明,是一个憾事。他要汪原放不要忙于装订发行,应该由汪原放自已写一篇后录和句读符号说明,印在书上,并在内容和写法方面,作了详尽而具体的指导,如说明校读、标点的意图和经过,并举例说明问题等等。汪原放把《校读后记》和《句读符号说明》写好后,胡适又专门来到"亚东",对汪原放写的后记和说明,认真地作了修改,才交付排印。吃饭时,胡适郑重其事地站起来给汪原放敬酒,高兴地说:"原放,来,敬你一杯。你做的工作很有意义。"后来,汪原放认为,这是一个极大的疏忽,自已想都不曾想过,如果不是胡适的提醒,他肯定不可能写后记和说明。以后他每标点一本书,再不疏忽了,都写了后记和说明。事实证明,这对读者阅读标点本是有作用的。

陈独秀也在工作上对汪原放进行了许多指导和帮助。据汪原放回忆,在他标点古典小说的几年中,只要陈独秀在上海,每隔几天,他就要到"亚东"来看看汪原放的工作情况,遇到问题或困难,总是给予指导和帮助。这里引一段汪原放的话:

"有一次,仲翁恰好和适之兄碰面了,两人大谈特谈。当时我们遇到一个问题,旧小说里,如《今古奇观》等,有些淫秽的地方,给青年们看了,学生们看了,不很好。不知该怎么办才好。

"适之是主张删节,用'……'表示有删节。

"仲翁道:不如删掉就是了,只要上下衔接得上,就无伤大体,如果用'……'表示删节,那是'此地无银三百两'了。"②

类似这样的具体指导,是很多很多的。总之,陈独秀和胡适如此关心、支持和帮助汪原放，对“亚东”版古典名著标点本的问世，无疑是起了极大的促进作用的。

注释：

① 转引自汪原放《回忆亚东图书馆》。

② 转引自汪原放《回忆亚东图书馆》。

原载《编辑学刊》1987 年第 4 期

亚东图书馆的盛衰

吉少甫

中国出版界出版的自传性的回忆录不多。其中一部是汪原放的回忆录，即《回忆亚东图书馆》。他根据并利用报纸广告、书信、日记等资料写成记述整整半个世纪真实历史面貌的回忆录。原稿100 多万字，经过学林出版社编辑整理成 16 万多字的本子，1983 年由学林出版社正式出版。这本书为中国出版界和上海史志的研究者，留下了宝贵的研究资料。

汪原放（1897 ~ 1980）安徽绩溪人。他是我国老一辈的出版家、中国古典文学整理工作者和外国文学翻译工作者。少年时代只读了 7 年书，13 岁时进了叔父汪孟邹办的科学图书社当学徒。1913 年到上海参加叔父创办的亚东图书馆工作。1914 年利用业余时间到夜校攻读英文，后来专任编辑工作。1936 年后，专心于个人的译著，基本上不过问亚东的出书和店务。解放后，他继续在亚东从事编译工作，直到 1953 年该馆奉命歇业为止。经他校点的中国古典文学作品有 10 种，部分参加标点的有 7 种；翻译文学作品有 9 种；经手编辑的书有 2 种，均在亚东出版。未经出版的标点本有9种，未经出版的翻译作品有21种。他为人正直，作风正派，生活俭朴，勤奋好学。大革命时，他为中国共产党做过有益的工作；从青年时期起，直到晚年，为祖国文化出版事业做出了贡献。

一　亚东图书馆的主人

汪原放说他大叔汪孟邹曾经口述过亚东的简史，而他写的这本回忆录只可以算是《简史》的一个补充。他说："大叔在出版界服务了几十年，所创办的芜湖科学图书社除专售新书、新报和文具仪器之外，还出版过《安徽俗话报》，对旧民主革命，不无贡献；后来在上海，'五四'、'五卅'前后对于《新青年》的出版，也尽过一点力量；至于亚东本身，也曾出过一些前进的书籍和期刊，也不无微劳；不过后来，他年纪大了，精力已差，思想赶不上时代了，竟出过一批思想很不正确的书籍，落得前功尽弃，实在令人惋惜。""亚东图书馆是一个独资经营的店，自始至终，是我的大叔一人负责，发行、出版、印刷等等，都是他一人做主，再老的同事，也只是帮工、助手。我现在想来，要是他在生前不曾讲过一番简史，我要想来写一个补充，实在是更不容易的。"

亚东图书馆主人汪孟邹(1878～1953)，少年时，他跟着当时的知识青年学做八股文。甲午战争(1894)，清朝战败，他受到康、梁发起的维新运动影响，节衣缩食购买新书报阅读，接受新思想，也就对新书业发生兴趣。继而又受到孙中山革命运动的影响，1903年与友人集资在安徽芜湖开"新书店"，创办科学图书社，刊行老友陈独秀(仲甫)主编的《安徽俗话报》，1913年接受陈独秀的鼓励就去上海创办亚东图书馆。1912年民国成立以前，上海书业还用石印印刷，专印科举图书、古书或小说之类。外埠的新书店更少。石印书店常常讽刺和嘲笑新书店，到了辛亥革命以后，科举废止，石印书店就一蹶不振了。他说："可见亚东图书馆是维新和革命的产物。”“亚东出版认真，不肯苟且，一半由于个性使然，一半也是许多朋友，如章行严、陈仲甫、胡适之诸先生督促之力。”他与同业的群益社陈子佩、子寿、泰东书局赵南公等认为“与其出版一些烂污书，宁可集资开设妓院好些”。

程敷铎（即为这本回忆录作序的王子野）1930～1934 年曾在亚东工作过四年，他在《回忆亚东图书馆》一书序中说：“亚东的主人汪孟邹老人由受维新思想影响而对新书业发生兴趣，同盟会革命来了，他又同情革命，从五四运动到大革命，他逐渐倾向同情共产主义。他说共产党好，但是他怕得很，不能成为共产党员。这是老实话。”

我读了出版先辈们所办的一个回忆录，50 年的过眼云烟，不免引起一番兴盛和衰败的感慨。因此对有些出版工作上的现象与问题，就手边的资料，作了一些肤浅的探讨，粗就写下这篇读后感来。

二　支持亚东的三位朋友和三种杂志

汪孟邹所说的亚东图书馆的“出版认真，不肯苟且”，除了他本身的理想抱负和经营管理外，还得益于三位朋友章行严、陈仲甫、胡适之的“督促之力”。特别是陈独秀和胡适不仅是朋友，而且是亚东最主要的作家和没有名义的编辑顾问，是亚东最早出版或代理发行的三个杂志的主编。

陈独秀在亚东出书 9 种，其中《独秀文存》出版于 1922 年，主要收集《新青年》上发表的论文、随感录以及通信，共三卷四册。1940 年出版《实庵自传》。

他主编的《安徽俗话报》由亚东的前身芜湖科学图书社刊行。他在《缘起》中说到：“只有用最浅近、最好懂的俗话写在纸上，做成一种‘俗话报’，才算是顶好的法子。”他办报的两个主义：“第一是要把各处的事体说给我们安徽人听听”。“第二是要把各项浅近的学问,用俗话讲演出来”。当时,一班老辈,已认为这个报是“洪水猛兽”了。这个报18开本,每期20页左右,每月朔望日发行,每期印4000本,由章士钊在上海办的大陆印刷局承印,发行网有58处。办到23期,由于陈独秀去省城参加革命活动而停刊。辛亥革命后,陈独秀认为省城不会有长久的局面,马上会发生变化,因之,他劝说汪孟邹:“你还是到上海再开一个书店的好。”

章士钊于1914年在日本东京创办政论性《甲寅》月刊,撰稿人有陈独秀、李大钊、苏曼殊、东荪,梁漱溟、高一涵等,从事反对袁世凯的宣传。自第五期起移上海由亚东出版,前后共10期。第九期有章士钊的《帝政驳议》一文,“授证事理,力辟奸邪,一时中外风行,袁氏震骇。帝制议起,通令禁止销售”。到了1925年章任北洋政府教育总长时复刊,改为周刊。汪原放声明说:“《甲寅》杂志,同后来在北京出的《甲寅周刊》不是一回事。《甲寅周刊》就是通称为‘老虎周报’的,不是我们发行的了。”1916年亚东出版章士钊编著的48开本文言小说集《名家小说》一种。

胡适在亚东出版的有9种,自1919年出版的译著《短篇小说》(第一集),后有《尝试集》《胡适文存》(初、二、三集)到1933年的《四十自述》。他在《四十自述》的自序中说:“我在这十几年中,因为深深的感觉中国最缺乏传记的文学,所以到处劝我的老辈朋友写他们的自传。从我的《四十自述》,只是我的‘传记热’的一个小小表现。这40年的生活可分作三个阶段,留学以前为一段……只写成了第一段的六章。现在我又出国去了,归期还不能确定,所以我接受了亚东图书馆的朋友们的劝告,先印行这几章。”

汪孟邹自始至终是支持陈独秀办《新青年》的,在创办的早期与陈独秀、胡适有书信往来关系,反映了期刊的编撰者和出版者的合作关系。

1913年陈独秀从北京亡命到上海,没事常去亚东。陈说:“想出一本杂志,只要十年八年的功夫,一定会发生很大的影响,要汪认真想法。”那时亚东正刊行《甲寅》,经济上无力出第二种杂志,实在没有力量做,才介绍给群益书社陈子沛、子寿兄弟,于 1915 年 9 月 15 日创刊。汪孟邹最早介绍陈独秀给在美国留学的胡适,1916 年 8 月陈的去信道:“《青年》以战事延刊多日,兹已拟仍续刊。依发行者之意,已改名《新青年》,本月内可以出版。大作《决斗》迟至今始刊出,甚愧甚愧。尊论改造新文学意见,甚佩甚佩。足下功课之暇,尚求为《青年》多译短篇名著若《决斗》者,以为改良文学之先导。”1917 年 1 月又一信致胡说:“与孟邹兄为书局招股事,于去年十一月底来北京勾留月余,约可得十余万元,南方约可得数万元,有现金二十万元,合之亚东、群益旧有财产约三十余万元,亦可暂时勉强成立,大扩充尚需忍待二三年也。书局成立后,编译之事尚待足下为柱石,月费至少可有百元。……《甲寅》准于二月间可以出版(此指第五期),秋桐(注:即章士钊)兄不日谅有函与足下,《青年》、《甲寅》均求足下为文。”汪孟邹在日记中说:“互论亚东与群益合并扩充之事,首即资本问题,次即人才问题,然后方及内部如何组织之法。二次会议,并拟‘意见书’及‘招股章程’,又与秋桐商量店事甚详。”后因陈去北大任教,群益和亚东合并改公司,事因双方经济利益和人选问题没有取得一致,成立一个“大书店”的计划终于没有实现。

胡适在晚年(1959)的自传中关于五四运动和对于陈独秀的看法,择要如下:“在一九一九年所发生的‘五四运动’,实是这整个文化运动中的一项历史性的政治干扰。它把一个文化运动变成一个政治运动”,“因之使我一直作超政治构想的文化运动和文学改良运动的影响也就被大大地削减了。”他写的《文学改良刍议》这篇文章于 1917 年 1 月在《新青年》刊出之后,在中国文化界引起极大的反应。北京大学便有两位教授对之极为重视。其一则为陈独秀本人,“他在《新青年》的后一期也写了一篇《文学革命论》来作为响应,他就公开的来支持一个文学革命了”。“时日推移,陈独秀和我们北大里的老伙伴,愈离愈远。我们也就逐渐失去了我们学报。因为《新青年》杂志,这个传播‘中国文艺复兴’的期刊,在陈氏一人主编之下,在上海也就逐渐变成一个鼓吹工人运动的刊物,后来就专门变成宣传共产主义的杂志了。最后终于被上海法租界当局所查封”。

《新青年》1915 年 9 月 15 日创刊于上海,1926 年 7 月 25 日停刊。1935 年汪孟邹为群益社不能维持而收歇前,曾作过群益房租担保,赔款五千元,由章士钊出面了结此案,为抵偿亚东的损失用群益纸型重印《新青年》合订本,共 16 开本 64 期 8 大本。蔡元培曾为合订本题词:“新青年杂志为五四运动时代之急先锋,现传本渐稀,得此重印本,使研讨吾国人最近思想变迁者有所依据,甚可喜也。”

三 《建设》和《孙文学说》的出版

孙中山(1866~1925)于 1918 年 6 月因护法战争失败,在失望中离开了广州,来到上海,潜心于革命理论和建设新中国方案的研究与著作。当时新文化运动已对他发生了影响,他致友人书说:“此种新文化运动,在我国今日,诚思想界空前之大变动。推起原始,不过由于出版界之一二觉悟者从事提倡,遂至舆论放大异彩,学潮弥漫全国,人皆激发天良,誓死为爱国之运动。”他指派朱执信、廖仲恺等创办《建设》杂志,亲自写了《发刊词》。

朱执信(1885~1920)亲自到亚东图书馆洽谈《建设》杂志和《孙文学说》的出版事,当时亚东代派月刊有《新青年》、《国民》、《新潮》、《北京大学月刊》等 17 种,周刊也有《每周评论》、《星期评论》等十多种,已经是一个专门代派最新期刊的新书店了。汪孟邹说:“‘五四’来了,我们由朱执信介绍,替孙中山印过《孙文学说》,

发行过《建设》杂志(1～24 期)。”朱执信“同那些大出版家商量代为印刷和发行,每家都拒绝了,最后,朱执信先生来同我们商量,我们答应了下来。”“钱是他们拿出来的,不要垫款,所以我们可以答应。”“销路都很好,海内外都很风行。那时北洋军阀虽然专横,而国民党这些书报并未被人查禁。”《建设》出版后在二卷五号内封登有启事:“非有关新文化运动者,主张军国主义者,辩护资本主义者,概不交换。”据说出之朱执信手笔。以三条原则,作为交换广告的条件。

1928 年亚东还出版了由汪协如标点的《三民主义》。汪原放简单地介释说,当时印刷机关缺乏,规模较大的印刷机关,如商务,像孙中山先生在一篇文章中所指出的“凡属吾党印刷之件及外界与新思想有关之著作,彼皆拒不代印”,以至朱执信说无处找书店印行了。

关于商务拒不代印《孙文学说》事,曾有过一场风波。现查阅《张元济日记》,早在 1916 年 7 月 25 日记有:“孙文偕其友廖仲恺、胡汉民、张溥泉、朱丁五人来观厂,又唐少川、温领甫同来作陪。”当时张元济已任经理职,高凤谦(梦旦)任编辑所所长职。1919 年 4 月 8 日日记:“孙文学说,与梦商定,先去信问其意见如何?”到了 4 月 14 日日记:“卢信恭交来孙文学说数卷,尚未完全。梦意恐有不便。余云不如婉却。当往访信公,并交还原稿。告以政府横暴,言论出版太不自由,敝处难与抗,只可从缓。”卢信恭交《孙文学说》数卷时,曾提出两种印行办法,或由商务出版,或由孙中山出资印。到了 9 月 19 日记,“卢信恭来访,就 4 月间退还《孙文学说》不印事,责问云今安福部及大学校均印,何以商务不肯印?并告孙中山大怒,将登告白,遍告全国,且出示告白文稿。”张元济谓:“此告白系孙君自有之权。且本馆出书系有关教育,亦极愿闻过。至当时不肯承印,实因官吏刁制太甚,商人不敢与抗,并非反对孙君。”卢嘱复一信解释之(见《张元济年谱》)。孙中山的告白没有公开登出，但见《孙中山全集》第五卷载有1920年1月29日的《致海外国民党同志函》（年谱中附有全文），严厉批评商务印书馆："我国印刷机关，惟商务印书馆号称宏大，而其在营业上有垄断性质，固无论矣，且为保皇党之余孽所把持。故其所出一切书籍，带有保皇党气味，而又陈腐不堪谈。不特此也，又且压抑新出版物，凡属吾党印刷之件，及外界与新思想有关之著作，彼皆拒不代印。即如《孙文学说》一书，曾经其拒绝，不得已自己印刷。当此新文化倡导正盛之时，乃所（被）该书馆所抑阻。回望全国，别无他处大印刷机关，以致吾党近日有绝大计划之著作，并各同志最有价值之撰述，皆不能尽行出版。"孙中山和朱执信等人可能认为应该把舆论宣传工具掌握在自己手里。1921年2月由朱执信筹备创办了民治书局，民治书局在装修时，朱执信却在虎门被敌人所害。

汪孟邹曾说过："一般营业当然是资本愈多愈好，规模愈大愈好；可是像亚东图书馆这样小规模也有好处。那些大出版家不免畏首畏尾，我们胆子就比较大些。"商务印书馆拒印《孙文学说》一事所起的一场风波，正好说明：民族资产阶级办的企业，在政治上所表现的懦弱性。

四　亚东版中国古典文学标点本

亚东图书馆出版中国古典文学的标点本是学术界和出版界的一件创举，是新式书店区别于单纯石印翻印小说的旧式书店的标志，也是最早由当代学者作序，考证版本，并介绍作者生平，由编辑出版者来整理分段标点，用新的装帧设计来出版，这是新出现的学者和编辑出版的分工合作，向读书界做的贡献。

1916年汪原放看到胡适的《论白话》、《论标点符号》两篇文章（见1939年亚东出版的《藏晖室札记》），发生兴趣搞标点本。胡适又劝他看看《水浒》、《红楼梦》，在胡、陈的支持下，他下决心出四部加新式标点符号和分段的古典小说:《水浒》、《红楼梦》、《儒林外史》和《西游记》。先出一部《水浒》,要校得没有错字,如果不成功就算了;如果成功,再搞第二部。陈独秀看了初点本后,认为“有什么出不得”,“眉批夹注,删掉不错(指金圣叹的眉批),让读者自己读”,打消了汪孟邹的顾虑。陈自作《水浒新叙》作为序言,并请得胡适的一篇三万字的《水浒传考证》作序言。胡适见部分印样后,建议汪原放写一篇《校读后记》,把校读经过说一说,有些认为有问题的地方,都举例说明。因《红楼梦》篇幅过大,投资也大,第二部改排《儒林外史》,胡适写的《吴敬梓传》放在前面,还有四种附录;钱玄同写一新序。汪原放起草代陈独秀写的序言,经陈修改了几个字,即用陈独秀名义发表。汪说:这是仲甫肯奖掖后进、提携后进。胡建议汪用本书的句子作例写一篇《句读符号说明》放在前面,主张版权页上原“句读者”为“亚东图书馆”,老老实实改为“汪原放”。汪认为“打上个人名义,责任更重;如果挨到批评,不好推到亚东上面便算了”。还说:“我起初以为标点、分段不很难,现在才知道很不容易做好,今回是尝试尝试。”这二本书出版后有邵力子、陈望道和日本的青木正儿以既鼓励又批评的文章。《水浒》初版 2000,追加到 5000,一年后再版,前后共印过 9 版。《儒林外史》初版 4000,三个月后再版。凡是汪原放标点的书,每部书都写有《校读后记》和《标点符号说明》。《红楼梦》重排本的校读后记是最长的一篇有两万字之多,包括:1. 重印的缘起;2.“程乙本”的说明及校读;3. 新本与旧本的比较;4. 从前读时疑问的解决;5.“程乙本”里的问题。这也许是亚东版倡下标点本的范例,成为今后出版界编辑工作学习的优良传统。汪原放陆续标点的除上面三种外还有《西游记》、《三国演义》、《镜花缘》、《水浒续集》、《儿女英雄传》、《老残游记》、《海上花》等 10 种。由汪协如标点的有《官场现形记》、《宋人话本七种》、《醒世姻缘》、《今古奇观》、《十二楼》五种。由俞平伯标点的有《三侠五义》一种。总共 16

种，全由亚东版，前 14 种在 1933 年出版，成为亚东版的重点书。

1959 年胡适自传中说："从 1920（民国九年）到 1936（民国二十五年）的十六年间，我就花了很多时间去研究这些传统小说名著。同时我也督促我们的出版商之一的'亚东图书馆'在这方面多出点力。'亚东是一家小出版商。它除掉陈独秀和我们一般朋友，编写了一些书交给他们出版之外，简直没有什么资本来印其他的东西。最后我说服了他们来出版我们的'整理过的本子'，'有系统的整理出来的本子'。意思是包括：一、本文中一定要用标点符号；二、正文一定要分节分段；三、正文之前一定要有一篇对该书历史的导言。这三大要项，就是所谓'整理过的本子'了。"讽刺小说《儒林外史》，"这是一部在十八世纪出版的部头比较小的小说。这部小说在二十年代当时并非畅销书。但是它现在却以新姿态——标点本——出现。……竟然一纸风行，深为老幼读者所喜爱。这一来我们的出版商也相信这也是个生财之道。后来果然如此。""在我为《水浒传》所写的两篇序言里，我就指出，要研究这种历史小说，我们就要用我们说的历史演变法。我们必须要从那原始形式开始，然后把通过一些说书人、讲古人所改编改写的长期演变的经过，一一搞清楚。我研究的结果，发现了《水浒传》是代表一种历史小说。其最后形式是经过几百年的演变才完成的。""我所致力的另一部小说便是《红楼梦》。……那是个别作家的创作，迥异于长期演变而成的历史小说。对这种第二类的小说，我们必须用一般历史研究的法则，在传记的资料里找出该书真正作者的身世；他的社会背景和生活状况。在许多方面，我对《红楼梦》的研究都是前所未有的。……《红楼梦》全稿未完曹雪芹就死了。……只遗下一部八十四回的残稿。这残稿在传阅之中，又经人一再手抄；而抄书的人又可能只是些低能的录事，因而错误百出。……这样经过二十五年的传抄，始由两位有心人来加以整理，赞助付刻。其中程伟元出资印刷，另一人为汉军旗人高鹗乃加以续写，把残稿补成全书。高鹗一共补写了四十回，才竟全功。”“我的工作就是用现代的历史考证法，来处理这一伟大小说。……这一方法事实上包括下列诸步骤：避免先入为主的成见；找寻证据；尊重证据；让证据引导我们走向一个自然的、合乎逻辑的结论”。

鲁迅有两篇文章中提到汪原放的标点本。他在1924年写的《请勿“纠正”》中说：“他的标点和校正小说，虽然不免小谬误，但大体是有功于作者和读者的。”因为鲁迅曾比较1923年上海梁溪图书馆出版的陶乐勤新的标点本和手边的石印本，说他“于石印本的错字多未纠正，而石印本的不错的字儿却多纠歪了”。因而对当时出版界争出标点本小说而发出感慨说：“谁料流弊却无穷，一班效颦的便随手拉一部书”，“又不肯好好地做，结果只是糟蹋了书”。“我因此想到一种要求，就是印书本是美事，但若自己于意义不其了然时，不可便以为是错的，而奋然‘加以纠正’，不如‘过而存之’，或者倒是并不错。”（见《鲁迅全集》第一卷《热风》）另一篇鲁迅在1926年写的《为半农题记〈何典〉后作》一文中说：“我还很踌躇，我总觉得没有这种本领。我以为许多事是做的人必须有一门特长的，这才做得好。譬如，标点只能让汪原放，作序只能推胡适之，出版只能由亚东图书馆；刘半农，李小峰，我，皆非其选也。”（见《鲁迅全集》第三卷《华盖集续编》）1932年他为日本友人增田涉购书，还在函请北新书局主持人李小峰代办时，特地注明：“标点本要汪原放的，未知是否亚东出？”可见他对汪原放和亚东版的印象之深。

五　《独秀文存》、《胡适文存》的遭禁

亚东继出中国古典文学标点本后，于1921年底又开始出版名家文存，文存是多卷本的学术性的著作集。亚东为出版文存创造了新版式，标点符号排在正文每行的一边，书名号排在另一边。规

定校书制度，如：往往在初校时，对原稿提出见到的问题，到二校还不能解决时，一直要等到三校，查到正文的一些根据，甚至直等到作者看最后一校的认可和订正。为文存还刻制了新字体的铜模。这又一种亚东版，采用比日本纸还好的纸张印刷，除平装外还有精装本，虽然成本和定价高一些，但深受读者的欢迎。出版近代人的文存有《胡适文存》（初、二、三集）、《独秀文存》、《吴虞文录》、《孟和文存》，1939年出版胡适的《藏晖室札记》。古人的有吴敬梓的《文木山房集》和顾颉刚编订的《崔东壁遗书》，共九种。后又在胡适文存的基础上出了《胡适文选》。

《独秀文存》出版时，当时陈独秀在上海大世界散发传单被捕，放出来没多久，亚东是在一种战战兢兢心理状态下出版的。另外，由作者已编好的《独秀文存》（二集），还有陈独秀介绍来的《瞿秋白文存》，也编好交来原稿。汪孟邹因时局有点紧张，主张缓一步再排印。汪原放说："当时如果只管排、印、卖，也可以做到；可是我的大叔说：'不能不看一看风头再动手。出事吃不消呵！'"亚东原还想出《钱玄同文存》的，但钱玄同在给胡适信中却认为："时过境迁，不足存。即是真有'存'的价值，也要亲自为笔削而定"，不肯让别人"跳过肉碗代我做厨子"。这是亚东单方面的想法而不能实现。到了1922年，《胡适文存》印了三版，12000部。《独秀文存》印了二版，共6000部。

1924年在北京发生了北洋政府禁售《胡适文存》、《独秀文存》事。胡适写信给政府总长张国淦，询问警察厅禁止书摊售卖书，载登在《北京晨报副刊》上。张国淦请蒋梦麟转告说，无令禁售《胡适文存》事；且前此警察厅收去检查的书也已发还书商。但一个月来的事实是警察厅仍干涉书摊售卖《胡适文存》、《独秀文存》等书。前次收去的书没有发还，且又收去若干部。胡适在信中问道："究竟北京的政令是什么机关做主？究竟我的书为什么不许售卖。禁卖书籍为什么不正式布告该禁的理由？为什么要没收小贩子出钱买来的书？……最奇怪的是现存警察厅禁售的书，不但有这两部文存，还有便衣侦探把一张禁书传单给各书摊，内有什么《爱的成年》、《爱美的戏剧》、《自己的园地》等书。这真是大笑话。”可能到了1933年可能才被阿英（钱杏村1900～1977）发现，就写《文字之狱的黑影》一文，详细转录了胡适给张国淦信的全文，以及早几天登在《晨报副刊》上两篇比较隐蔽的报导，揭露禁售二种文存以及警察厅里定期焚禁书的消息。阿英说：《努力》36期（1923年）就告诉过我们，“国务会议”里曾经有“取缔新思想”的议案，又在那一年的大报里，也有驱逐胡适出京的电文。那时的胡适的态度“颇有足嘉”。胡适曾说过：“我是不跑的。生平也不知道躲避危险。封报馆、坐监狱，在负责任舆论家眼里，算不得危险，然而‘跑’到租界里唱高调，那是耻辱！那是我决不干的。”阿英说：“可惜这一位‘先驱的硬汉’，到了十年之后，竟变成出卖灵魂者，变成回护帝国主义的人了。”

其实，早在1925年10月上海“五卅惨案”后不久，汪原放就在亚东说：“仲翁和适兄所谈，还是老问题：‘问题’与‘主义’。仲翁当然重‘主义’，适兄仍旧重‘问题’。”又关于“帝国主义”，胡适是不承认的。汪孟邹对胡适说：“适之，你怎么连帝国主义也不承认呢？不对吧？”那时胡适只承认“租界”却不承认“帝国主义”。

六　亚东的出版和经营

1933年亚东创办20周年纪念，向读者发布了一个广告文字：“二十年中，虽因种种关系，未能扩大猛进，为文化事业多所尽力，但就此小规模之经营，历年努力，未敢自馁：所出新书或翻印旧籍，务求适应潮流，切合实用。如新文化书籍之推行，著名旧小说之整理，新书则着重抉择，旧籍则着重校仇，印刷装订，皆不敢稍存苟且。故二十年出版书籍，数量无多，而内容质量，差堪自信，并蒙学术界之相当赞许。”这段文字说明，大致上是符合亚东的历史事实的。

亚东历史40年（1913～1953），如包括前身芜湖科学图书社在内则为50年，五四运动前五年（1913～1918）是草创时期，仅出版地图等书6种，刊行《甲寅》被禁，营业状况不好，但亚东的名声在外。

自1919～1930年逐步进入亚东的黄金时期。它的兴盛表现在以下五个方面：

首先，1919年搬出弄堂，迁到五马路（广东路）棋盘街西首，成立了门市部。由于陈独秀担任北京大学文科学长的关系，他推荐亚东经理北大出版部的书刊，并销售仪器文具。由于随着五四运动的大潮而涌现出版大量的刊物，在1919～1921的三年间，亚东成了上海专门刊行和代派最新期刊的新书店。除了《甲寅》、《建设》，前后还刊行《新潮》、《少年中国》、《少年世界》等8种期刊；总经理或代派售《新青年》、《国民》、《北京大学月刊》等17种月刊，代派《每周评论》、《星期评论》、《星期日》、《新生活》等十多种周刊。其中《新潮》是北京大学的学生组织编辑，共刊行了12期。五四前由傅斯年任主编，五四后改由罗家伦任主编，校方在经济上加以补助。《少年中国》月刊，从1919年到1924年共出版4卷12期，由少年中国学会北京总会编辑。《少年世界》月刊，由少年中国学会南京分会编辑，共出12期。汪孟邹在给胡适信中说：“近来《新潮》、《新青年》、《新教育》、《每周评论》销路均渐兴旺，可见社会心理已转移向上，亦可喜之事也，各种混账杂乱小说销路已不如往年多矣。”

五四新文化运动和“外争主权，内惩国贼”的学生爱国的政治运动相结合，使报刊成为强烈的言论信息和宣传的心声，出版工作成为广大作者联系全国读者的有力工具。进步书店刊行和代派新报刊是出版事业的发展和成功的重要原因。

其次，五四新文化运动，给亚东指出了出版的正确道路，为出版图书走上正路，1923 年正式成立了编辑部。出版有如下五方面的成绩：（一）1920～1925 年出版了新诗和新小说等。如胡适的《尝试集》，田寿昌、宗白华、郭沫若的通信《三叶集》，以及康白情的《草儿在前集》、汪静之的《蕙的风》、俞平伯的《冬夜》等。到 1953 年亚东结束时止，《尝试集》共印了 47000 册，《三叶集》印了 22900 册。（二）1920～1933 年前后出版了中国古典文学标点本 14 种，特别在 1920～1921 年，汪原放和他的同事在洋蜡烛光下"一起校样，一起商量讨论，力求校得一字不错"。用了 17 个月时间，集中精力高节奏地出版了《水浒》、《儒林外史》和《红楼梦》。《红楼梦》平装 6 册一部，要抵一部半的《水浒》，抵三部《儒林外史》，初版即印 4000 部。1922 年亚东十周年纪念时，《水浒》印了四版 14000 部、《儒林外史》印了四版 13000 部，《红楼梦》印了二版 7000 部。（三）出版学术性、政论性文集，即亚东版《文存》共九种，从 1920～1940 年止，特别是 1920 年出的《胡适文存》（初集四册）、《吴虞文录》，1921 年出的《独秀文存》（每部四册），几乎都是发表在《新青年》上的文章结集。另外 1923 年出的《科学与人生观》是一部论战集，也可以说是不同类型不同观点众多知识分子的文集，是历史文献资料。1933 年陈独秀为还亚东欠款要求重印他的这个集子，再版时，蔡孑民作序："本书各文大抵取推翻旧习惯、创造新生命的态度；而文笔廉悍，足药拖沓含糊等病；即到今日，仍没有失掉青年模范文的资格。"这一年先印了 1000 部试卖，销路不差；于是次年又印了 2000 部，在三月间装成，"等禁书的风浪过去再行发售，倒不曾出岔。这就是《独秀文存》的第九版和第十版"。当时，有同人说："这部书，六年不印，真正可惜。"足见陈独秀早期著作在读者中还是富有生命力的。另外还有在 1936 年出版的《崔东壁遗书》，32 开本，全书 2000 多页。预约广告说："由顾颉刚校勘标点，使读者开卷了然。虽历时至十余年之久，始竟全工，而材料之博，编校之精，定有以慰读者之渴望也。”以至使汪原放说：“出书比造铁路还难。”大意是说：造铁路，造了几十里就可以卖票开车；再接着造下去，造了多少里便又开车、卖票。可是出书，一部大书也要等齐全才好出版，下的本钱太多。这一年，亚东经济困难，辞人回家，在紧缩之中。（四）著译家高语罕，自 1921 年到 1936 年在亚东共出版著译 15 种。其中 1921 年出的《白话书信》，历年印数在 10 万册以上，这是亚东出版物中最高印数的一种，作者靠此收税留学德国，并维持家用。1922 年出的《国文作法》，前后也印了三万几千册。著译家李季 1927 ~ 1937 年在亚东出版了《通俗资本论》、《马可波罗游记》等 8 种。著译者和出版者的长期合作和相互信任，是在读者中树立可靠信誉的重要条件。（五）大革命失败后，上海在共产党的领导和推动之下，左翼文化运动磅礴掀起，进步出版界也随之活跃起来。1926 年亚东最早出版了蒋光慈的《少年漂泊者》、《短裤党》，在 1929 年之前出版了左翼文学作家钱杏村、洪灵菲、杨村人等的文艺作品，当时亚东成为“反围剿”的先行者之一。

再次，亚东图书馆这家设在上海的小型独资的出版社 50 年来的基本情况：五四前后刊行期刊 8 种；1913 ~ 1933 年出书 171 种，1934 ~ 1952 年出书 79 种，共 250 种；职工最多时 45 人（主要是亲戚、同乡、朋友），其中编辑部有 20 人，占总人数的五分之二；销售代办是除西藏、新疆等边缘省外，国内外共有网点 193 个，1926 ~ 1930 年这五年的营业额都在七万元以上，其中 1928 年近八万元；批发和门市销售，批发约占五分之三。

第四，亚东的经营状况：从 1913 ~ 1918 是草创时期，营业不佳。1919 年后不断发展，到 1930 年逐步进入黄金时期。1931 年“九一八”日本帝国主义武装侵略东北以后营业渐落，1932 ~ 1933 年营业额落到四万元，开始走入下坡路时期。1934 年收入 18808 元，而支出却有 23155.00 元。陷于支出大于收入的局面。抗日战争全面爆发后,更是只能于竭蹶之中勉强支持。抗战胜利后也未见起色,出书日少,靠卖存书度日,已是"江河日下",完全衰败了。

第五,亚东衰败的原因:一是"九一八"、"一·二八"事变日寇侵华战争的爆发,直接影响读者购买力的严重的下降。二是受书商的翻版盗印,小如《少年漂泊者》、《白话书信》,大如套书《独秀文存》、《胡适文存》等;以及粗制滥造的"标点本"的冲击。三是1924年北洋政府的查禁,大革命失败后的严酷形势,迫使一些书刊如《新青年》、《向导》等的停售,《妇女运动概论》等停售毁型。1934年前后国民党政府对左翼文艺书和社会科学书的大量查禁。四是企业经营人事管理方面,汪孟邹和汪原放有十条分歧意见,甚至是"背道而驰"的。

半个世纪的书林风雨尽在笔下,汪原放反映亚东事业从兴盛到衰败的回忆录,初稿完成于1953年,到了1965年作了一次修改补充一次。

七　在大时代脉搏跳动下的亚东

1840年鸦片战争后,1842年中英签订了不平等的《南京条约》,其中规定了五口通商,上海成为五个通商口岸之一。1845年英帝国主义在上海强迫开辟了殖民者居留地,成为"租界"的开端,到了1899年扩大为英美公共租界。百年来,在上海租界里,近代西方与中国的矛盾主要表现在两个方面,一是侵略与被侵略的矛盾,二是工业文明与农业文明的矛盾。后者包括资本主义生产方式与封建主义生产方式、西方近代文明和中国传统文化的矛盾。这两方面的矛盾,决定了上海租界同时在两个方面产生影响。上海自1895年后成为全国经济中心。20世纪初,中国革命风潮的萌发,主要的策源地,在国外有日本,在国内则为上海。1895年到1898年的戊戌维新运动,在全国有三大基地:北京、上海和湖南。

变法策源地在北京，新政治的活跃是在湖南，而舆论宣传中心却在上海。这由于上海是当时中国传播西学的主要基地，也是中国人了解西方物质文明的最大窗口，上海还汇集了一大批热心西学的知识分子。

维新运动后，1897 年上海最早成立新的出版机构商务印书馆。辛亥革命后 1912 年有中华书局的建立，1913 年有亚东图书馆，1914 年有泰东图书局的建立。前两家偏重于新式教科书的出版，是较大的出版企业；而后两家却是新文学和社会科学著作的小型企业。它们都不同于 1843 年的教会办的墨海书馆，1880 年的出版石印线装古书和碑帖的扫叶山房，1882 年出版石印古籍的同文书局，1904 年专印科举用书和童蒙读物的广益书局等。

辛亥革命对于封建主义思想文化缺少系统的深刻的批判，辛亥革命后，沉渣重新泛起。上海是封建主义思想泛滥的重要基地，也是进步人们奋起还击的重要战场，新旧思想在这里展开了激烈的冲突。充当进步思想文化号角的是《新青年》。五四新文化运动，在全国文化的发展及影响，上海始终处于中心地位。1927 年蒋介石、汪精卫相继叛变以后，革命转入低潮。一批原先投身于政治斗争的革命家和文化工作者，陆续来到上海。各地不少进步的文化工作者和文学青年，也纷纷流亡沪滨。与此同时，从国外，特别从日本，一些受到世界左翼文艺思潮影响的进步作家和文化人士也先后回国，他们大多居留在上海。因之，上海逐步汇集起一支开展革命文化运动的雄厚力量，在中国共产党的领导和推动下，左翼文化运动磅礴开展起来。

出版界到了 1923～1924 年间，新书的销售才渐渐抬头，同时在 1924 年有光华书局的建立，1925 年有北新书局、开明书店等建立。原先“礼拜六派”势力所出版的艳情小说和黑幕大观等书刊，已到了“回光返照”时代，而 1925 到 1927 年被称为新书业的“黄金时代”到来，上海逐渐成为全国出版中心。那时，一向对于新书不感兴趣的工商界,也要为了解三民主义或共产主义而读书了,即使过去不易销售的新书也被带动起来,社会科学书刊超过文艺书刊。

到了大革命失败后,1930 年时,国民党政府查禁书的训令,一天能达 17 种。1937 年,鲁迅在《且介亭杂文二集·后记》中就揭露国民党中央党部禁止新文艺作品达 149 种之多,牵涉书局 25 家,“亚东”就被禁了 8 种。鲁迅说:“书店是不能不陆续印行新书和杂志的,所以还是永远有陆续被扣留、查禁,甚而至于封门的危险。”“未有此会(按指“中央宣传部图书杂志审查委员会”)以前,出版家倒还有一点自己的脊梁,但已有此会而不见之后,却真觉得有些摇摇摆摆。……出版界的一大部分,倒真的成了孤哀子了。”

亚东图书馆的前期受到出版家张静庐的好评:“谨慎独步的亚东图书馆,仍在胡适之先生协助之下,埋头于中国通俗旧小说的考证和整理,造成铅粒的‘亚东版’。对于‘亚东版’的谨勤工作,我们不能抹杀汪原放先生的苦干精神!为一部小说的标点费一年半载的时间,和十次八次重复的校对,是常有的事,这是‘亚东版’之所以可贵,但也是被标点书商粗制滥造所打败的致命伤。”

“亚东”因受陈独秀的影响,1936 ~ 1937 年出版了托派王凡西、郑超麟化名的十多种译著。解放后经上海市军管会决定,终于 1953 年 2 月歇业。“亚东”虽然出了一些坏书,政治影响不好,但大多数的书刊是好的,它在传播新文化、新思想方面做出了自己的贡献。

(本文参考书目从略)

原载《出版史料》1993 年第 2 期

标点本的开创者汪原放

方　完

我国古典文学流传广泛,深受广大读者的喜爱,是一批丰富而珍贵的文化遗产。可是,如果让我们现在去读那些没有标点符号的古典文学,我们读起来会觉得有些吃力,有时还会产生理解上的错误。1920 年 8 月,上海亚东图书馆出版了《水浒》标点本,首开了我国标点书的先河。这第一个对中国古典小说用新式标点并进行分段的整理工作者,是安徽省绩溪县人汪原放先生。

1897 年 6 月 9 日,汪原放生于安徽省绩溪县城。不幸他 5 岁时丧父,仅读了 7 年书,13 岁就进了叔父汪孟邹(清末秀才)创办的芜湖科学图书社当学徒。从此,少年汪原放在艰难困苦中走上了勤奋自学之路。16 岁,汪孟邹带他到上海开设亚东图书馆。由于他追求进步,刻苦学习,利用业余时间到夜校读英文,不断丰富了知识,不久即在亚东图书馆从事编译工作。

1919 年新文化运动以后,白话文逐渐兴起,我国也开始引进外语中的部分标点符号。1920 年初,文化出版界的有志之士汪孟邹与汪原放准备出版 4 部加新式标点符号和进行分段的古典小说,这就是《水浒》、《红楼梦》、《儒林外史》、《西游记》。有志于中国古典文学整理工作的汪原放,首先对《水浒》进行了认真研究,逐字逐句反复推敲。经过几个月的不懈努力,同年 8 月中旬,新印《水浒》终于由亚东图书馆正式出版,这是我国第一部加以新式标点符号并进行分段,采取横排版形式的古典小说。《水浒》正文之前,陈独秀作了《水浒新叙》。新印《水浒》一炮打响之后,汪原放即把精力投入其他古典名著。同年 12 月,亚东图书馆出版了他标点的《儒林外史》。汪原放致力于中国古典文学整理工作,以后又陆续标点出了《红楼梦》、《西游记》、《三国演义》、《老残游记》、《镜花缘》、《儿女英雄传》等10多种名著。鲁迅先生对此评价很高:“虽不免小谬误,但大体是有功于作者和读者的。”鲁迅先生还在一封致李小峰的信中这样写道:“顷有友人托买书籍十余种,今拟托北新代为一加搜集……标点本要汪原放的……”信中提到的友人是日本的中国文学研究者增田涉。鲁迅先生替友人买书确定要汪原放的标点本,足见他对汪原放的标点功夫的肯定与赞赏。

汪原放长期在亚东图书馆任编译,除了整理古典名著,还进行了中国古代诗文的今译工作,出版过《诗经今译》第一册。同时,他还翻译出版了高尔基的《我的旅伴》、《流浪人契尔卡士》以及《伊所伯的寓言》(即《伊索寓言》)、《一千零一夜》、《鲁滨孙漂流记》等外国小说、寓言、故事。

汪原放是我国老一辈的出版家,中国古典文学整理工作者和外国文学翻译工作者。他曾用名家瑾、麟书,笔名有白石、士敏、严约、方泉等。他自学成才,知识渊博,从青年时代起,直到晚年,从事文化出版事业。亚东图书馆1953年歇业后,汪原放历任了上海新文艺出版社、古典文学出版社、中华书局上海编辑所,上海文献资料编辑所编辑。1963年他退休后,还把珍藏的中国小说研究资料《龙图耳录》手抄本交中华书局上海编辑部,此稿在“文化大革命”后已成海内孤本,现已由上海古籍出版社出书。晚年,他还为上海古籍出版社分段、标点了罗贯中著的《三国志通俗演义》。1980年4月1日,汪原放先生因肺癌病逝于上海,终年83岁。他以毕生精力从事文化出版工作,直到生命的最后一刻,为祖国的文化出版事业做出了突出贡献。

原载《文史杂志》1997年第6期

我所认识的出版家汪原放

尚　丁

汪原放对中国古典文学的整理工作和外国文学作品的翻译卓有建树。他是我国第一个对中国古典小说用新式标点并进行分段的先行者，早在1920年就出了《水浒》的标点本，以后继续标点出《红楼梦》、《三国演义》、《西游记》、《儒林外史》等十多种名著。解放后，他先后任新文艺出版社、古典文学出版社、上海古籍出版社编辑。他翻译作品有高尔基的《我的旅伴》、《流浪人契尔卡士》以及《伊索寓言》、《一千零一夜》、《鲁滨孙漂流记》等外国名著。

汪原放是我极为尊敬的老一辈的著名出版家。我们有三度同事之谊。他长我24岁，我一直叫他汪老。

我们开始往来，是1956年秋，上海成立古典文学出版社，我负责筹建工作，把他从新文艺出版社调了过来。那时，他刚加入中国民主同盟，我们在一个支部。

我最初对汪老的印象，是从鲁迅的一篇文章中得来的。那是鲁迅先生《热风》一书的最后一篇文章，说："汪原放君已经成了古人了，他的标点和校正小说，虽然不免小谬误，但大体是有功于作者和读者的。"

我好奇地问起汪老是怎么回事？汪老说："鲁迅先生这篇杂感的意思，无非希望把标点古书的工作做好，不要随便才好。说我标点小说'不免小谬误'，这是多么原谅我，宽容我，袒护我，善诱我呀！又还说我的工作'大体是有功于作者和读者的'，真使我惭愧得无地自容。至于鲁迅先生说我'已经成了古人'，是一个误会。"

汪老说：1924年4月，我为编辑出版《胡适文存二集》的事到北京去，走进适之兄家，一见面他就笑着道："报上说你死了，你知道吗?"后来,同游中央公园,洪熙兄(章衣萍)们又说:"你不是已经做了'古人'了吗?怎么跑到公园里来玩了!"据适之兄对我说:"鲁迅先生在中央公园看见我,问我道:'原放在不在?'我说:'他已经到北京来了,住在我家里。'后来他知道误会了,把洛声当作你了。"

引起误会的"洛声"名叫章洪钟,是汪老的姑表兄弟。先前也在"亚东"做事,后来到北京大学出版部工作,在北京时也住在胡适家里,不幸在 1923 年夏天因病去世了。传闻误会,鲁迅就错把章洪钟去世当作汪原放作古了。为此,鲁迅在辑集《热风》一书时,特意加了一个短文的跋:"这篇短文发表之后,曾记得有一回遇见胡适之先生,说到汪先生的事,知道他还健康。胡先生还以为我那'成了古人'云云,是说他做过许多工作,已足以表现于世的意思。这实在使我'诚惶诚恐'。因为我本意实不如此,直白地说,就是说已经'死掉了'。可是直到那个时候,我才知道这先前所听到的竟是一种毫无根据的谣言。现在我在此敬向汪先生谢我的粗疏之罪,并且将旧文的第一句订正,改为:'汪原放君未经成了古人了。'一九二五年九月二十四日,身热头痛之际,书。"

整理古籍,是古典文学出版社的主要任务,因此,和汪老熟了以后,就自然而然地谈起了当年汪老首先标点我国古典文学名著的往事。这无疑是我国出版史上的一件十分有意思的遗闻轶事。

据汪老说,早在 1916 年他读到胡适从美国寄来的《藏晖室札记》,他就看得不肯放手,对其中《论白话》、《论标点符号》等都十分赞成。后来《新青年》杂志发表《藏晖室札记》,读后脑子里就动起标点古典名著的念头。五四后生了一场大病,病中就思谋标点几部书的计划。病好之后,那是 1920 年,他就提出把《水浒传》、《红楼梦》、《儒林外史》和《西游记》加新式标点符号和分段整理后出版的计划。计划先出《水浒》,要校订得没有错字。如果不成功,算了;如果成功,再做第二部。他一面征求别人的意见,一面就动手把《水浒》标点、分段好。而对他起决定性作用的，是陈独秀和胡适的支持。先接到胡适来信，表示十分赞成，并说要寄来一篇三万字的《水浒传考证》，送给他放在前面做序。这时候，正好陈独秀到他店里来，他就把标点好的《水浒》拿给陈看，陈看后说："我看了，还要得。眉批夹注，删掉不错，让读者自己读。"汪原放的大叔汪孟邹乘机要陈独秀也写一篇序，陈很爽快地答应了。他于1920年7月7日为汪原放标点的《水浒》写了《水浒新叙》，胡适的《水浒传考证》是1920年7月27日晨二时脱稿。两篇序一齐放在书前，为新式标点、分段的《水浒》增色不少。

《水浒》快出版时，胡适之来上海，是要到南京高等师范讲学。他们当天请胡适在四马路昼锦里第一春茶馆吃酒。汪老说："适之兄站起来笑着说：'原放，来，敬你一杯，你做的标点古书的工作很好，很有意思。'饭后，适之兄的兴致很好，立刻一起到我的住所看《水浒》的清样。看了一回说：'印得还不错。我看，你最好还要写一篇《校读后记》。'后来看到《水浒》的版权页上'句读者'写'亚东图书馆'，适之兄又提出：原放，'句读者'应该老老实实印上'汪原放'。这样，才放上了汪原放的名字。"汪老说："我第一本标点的《水浒》，有了仲翁（陈独秀）的《水浒新叙》和适之兄的《水浒传考证》，附了他们的骥尾，就一炮打响了！"

汪老原打算第二本标点《红楼梦》，因篇幅过大，还是先搞《儒林外史》。胡适来信叫把他写的《吴敬梓传》放在前面。汪的大叔又去请陈独秀也写一篇。陈独秀说："你要原放写一篇，拿来给我看看，如果有不当的地方，我来替他改一改。"于是，汪原放就大胆地写了一篇，送去请陈独秀看。汪老说："仲翁细细地看了一篇，改了几个字，就在文末写上'民国九年十月二十五日，陈独秀。'这是仲翁奖掖后进，提携后进呀！"

《水浒》、《儒林外史》出版后，报上有不少好评的文章，邵力子在《民国日报》副刊《觉悟》上发表《用新式标点翻印的〈水浒传〉》，晓风（陈望道）的《评新式标点的〈儒林外史〉》等都表示赞赏，日本也有评论文章。

紧接着，汪老就标点《红楼梦》，胡适为之写了著名的《红楼梦考证》的长文，陈独秀写了《红楼梦新叙》，顾颉刚还写了《答胡适书》，都排在新式标点《红楼梦》的前面。《红楼梦》的出版，也很成功。

这时，胡适给汪原放信说："你如此做去，我可以断言你得益不少。等到你圈读第四部书时，你定可不需别人帮助了。"

60年代初，上海成立一个"出版文献编辑所"，调集了一批老编辑、老出版工作者，从事出版史料的搜集和整理工作。汪老也调来参与其事。1962年，我从青海回到上海，也到这个编辑所担任编审。编辑所有三位编审：徐铸成、孔另境和我，我们分工负责审阅有关报刊、书籍和出版机构的史料稿件。"亚东图书馆"早年出版了不少进步的和有价值的书刊，如《建设》杂志、《新青年》、《向导》、《少年中国》、《新潮》、《大众知识》、《甲寅杂志》以及《独秀文存》、《胡适文存》、《吴虞文录》、《三叶集》、《尝试集》、《少年漂泊者》等等。它和陈独秀、胡适、章士钊、朱执信、蒋光慈等人的关系也很深，是我国出版史上一个很有影响的出版机构。汪原放参加"亚东"工作，从它创办到结束，整整40年。所以，上海市出版局领导就安排年逾古稀的汪原放撰写关于"亚东图书馆"的回忆录，并指派我担任回忆录的审稿人。

汪老的回忆录，翔实地记录了从辛亥革命、五四运动前后，党成立期间，直到大革命失败，这段时间内大量关于陈独秀、陈延年、陈乔年、蒋光慈等人早年革命活动的史料以及许多进步书刊的出版资料。而且，回忆录所写的，都不是仅凭个人记忆，而是大量引用各人的日记、札记、书信、文件等第一手材料为证。有不少党史、出版史上一直搞不清楚的问题，回忆录提供了可靠的资料，还有许多鲜为人知的遗闻轶事，它确实是一份珍贵而难得的历史见证。

而且文稿的文笔非常流畅，朴质直白，无异于一部味道醇美而雅淡的散文。汪老写一章，我就读一章。每读完一章，汪老都要十分谦逊地征求我的意见。我们也常就一些内容放开了“侃侃”。而谈得最多的，是关于惨遭国民党杀害的陈独秀的两个儿子——陈延年和陈乔年。

延年和乔年都是中国共产党的中央委员，在大革命失败后，相继被国民党杀害于上海。陈延年比汪老小两岁，陈乔年比汪老小五岁，而汪老和乔年特别要好。

当时(1964、1965 年)，已经在抗四清，“左”的思潮汹涌。汪老还是全神贯注于写回忆录，也不回避什么，但对胡适和陈独秀，就不愿多谈。只说他曾经手为胡适出版过《尝试集》、《藏晖室札记》、《四十自述》和《胡适文存》等书籍，以及胡适为他标点的书写序，说说这些人所周知的事情。也说他和胡适是小同乡，年轻时就很多往来。说 1920 年胡适来上海，在他牯岭路 114 号的居所一起住过一个多月；1925 年 11 月胡适来上海治痔疮，又在他的居所住了四个多月；他三次去北京，也都住在胡适家里。平常，汪习惯叫胡适“适之兄”；胡适则直呼其名“原放”。他们无话不谈，但很少谈政治。

对于陈独秀，汪原放在回忆录中多处提到，都称“仲翁”；陈独秀则叫汪“方泉兄”，这是陈替汪取的一个别名。对于胡适和陈独秀，汪老口头上不愿多谈。但他抄了一首陈独秀的诗给我。那是陈独秀在南京监牢里写给章士钊的。诗曰：

除却文章无嗜好，世无朋友实凄凉。
诗人枉向汨罗去，不及刘伶老醉乡。

汪老的回忆录，洋洋洒洒，写了一百二十多万字，附了许多珍贵的原始资料（据汪老的儿子汪无功说，那些原件都在“文革”中丢失了，真可惜！）也有不少生活琐事，乃至哪年哪月柴米油盐的价钱以及家用开支的账目。

汪老在行文中，处处是“仲翁”、“适之兄”。当时，我也觉得此类称呼，未免不合时宜。又想，毕竟“文如其人”嘛！所以也就没有提醒他。

不久，史无前例的时刻来到了。特别“荣幸”的是，这个小小的编辑所，蒙张春桥看得起，点名为“庙小妖风大，池浅王八多”的重点单位。于是，汪老这个“老王八”及其大毒草《回忆亚东图书馆》（虽然并没有出版）都成了重点批判的对象。单位、里弄和社会上，都组织了对他的批斗，我也荣幸地忝列陪斗。但横斗竖斗，无非是说他竟亲昵地口口声声叫“仲翁”和“适之兄”，是把自己和反革命头头捆在一起。问他为什么这样写，他说：“几十年我脑子里都是这样想的，写出来就是这几个字啦！”于是，又给他加上“顽固不化，死不悔改”的定语。说他“死不悔改”，倒也是事实。每次斗过以后，我在牛棚里悄悄问他：“这样写后悔吗？”他都爽朗地说：“不后悔！”但我总感到深深的负疚，我是早该提醒他的呀！终于，汪老被戴上了“死不悔改的现行反革命分子”的桂冠，被判处开除公职，交群众监督管制。

粉碎“四人帮”后，我和汪老都调到辞海编辑所，我俩又一度同事。但他已80高龄，平反后就退休了。1981年1月，我担任民盟上海市委会工作，并分管文史委员会工作。我即请汪老担任民盟的文史委员，并专诚到他西藏路寓所去看他，请他担任文史委员。这时，汪老已83高龄，而且肺癌已到晚期，卧病在床。但他见我去看他，高兴至极。对担任文史委员，也很高兴，而很谦逊地说恐怕做不了什么了。我们谈了半个多钟头，他不断咳嗽，但思绪很清楚。我怕他过于劳累，几次要走，他都留住我多谈谈，不愿话别。想不到，这就是我和汪老最后一次见面。4月1日得到消息，汪老去世了！

1983 年 11 月，汪原放的《回忆亚东图书馆》一书，终于由学林出版社出版，只是把一百二十多万字的书稿，删节得只剩 16.6 万字，不免伤筋动骨了。不过，“仲翁”、“适之兄”之类的称呼，倒还“凡此皆一仍其旧”，我不禁叹了口气：还了它一个“文如其人”，还是让人心口如一地说真话好。

原载《纵横》2003 年第 3 期

古典小说新式标点的创始者汪原放

玄　衣

《水浒》、《红楼梦》、《西游记》、《三国演义》、《儒林外史》等我国古典小说，在五四以前，都是不加新式标点、不分段落印行的。到 1920 年才有新式标点和分段印行的本子问世。始创这种印法的是汪原放，出版这种本子的是上海亚东图书馆。这是对印行古典小说的一大改革。

汪原放是安徽绩溪人，又名汪家瑾、汪麟书，生于 1897 年 6 月。他在 17 岁时便从家乡来到上海，进亚东图书馆工作。开始时做杂务，后来担任编辑。亚东图书馆是汪孟邹开办的，他是汪原放的大叔父。

五四新文化运动的发生和发展，使白话文得到普遍推广，并运用了新式标点符号以代替旧式的句读。1920 年初，汪原放想如果在印行古典小说上也来个改革，让读者省力而又容易理解，该是一件好事。他计划把四部出名的小说加上新式标点、分段印行，先出一部《水浒》看看。如果不成功，就算了；如果成功，再做第二部。他想到就做，立即动手，当即买了几种石印的、铅印的《水浒传》，又买了红银砂，开始标点起来，同时还用蓝色做分段记号，很快就把一部《水浒》标点好了，等着付排。他的叔父汪孟邹认为这事非同小可，把金圣叹的眉批夹注都删掉，妥当不妥当？标点、分段，靠得住靠不住？不要闹出笑话来。这几百页的大书如果卖不掉，老本亏蚀不得了。他就和陈独秀商量。陈独秀是他们的同乡，常来亚东图书馆，彼此很熟。陈把汪原放加了新式标点和分段的《水浒》拿来一看，认为还可以，眉批夹注删掉得也还不错，可以让读者自己去理解。于是就要汪孟邹支持汪原放，并介绍胡适（也是同乡，和汪等也熟悉）为《水浒》写一篇考证。书就加紧排印出版。在这项工作中汪原放除认真标点、分段外，还仔细地和大家琢磨了排版格式：天地端、边框和字体等。同时又亲自担任校对，初校、二校，然后再和另外一人同校三校，力求一字不错。他还听从胡适的意见，写了《校读后记》和《句读符号例》，说明标点分段的经过情况。这年 8 月，我国第一部加新式标点和分段印行的《水浒》就出版了。初版印了五千部。

为了推广这种“新产品”，除在报上刊载广告外，汪原放特地赶到南京高等师范学校，请他的大哥和同学一起写海报贴招贴，并请胡适在上课时向学生介绍。果然收到效果，学生纷纷来买书，带去的四包书一下子就卖光了。同时，上海的门市也开始出售，这部书受到了读者的欢迎。第二年又印了第二版。

第一炮打响后，汪原放接着着手标点、分段《儒林外史》，同年 12 月初版，印了 4000 部，三个月后又印了第二版。第三部则是《红楼梦》，初版印了 4000 部。

《水浒》、《儒林外史》出版后，报上就有了评论。有的滥加攻击。也有加以鼓励而又指出错误和缺点的，如《民国日报》副刊《觉悟》发表力子（邵力子）的《用新标点翻印的〈水浒传〉》、晓风（陈望道）的《评新式标点的〈儒林外史〉》等。日本的青木正儿也在京都《支那学》第三号上，发表了《新式标点〈水浒〉》。这样，汪原放和汪孟邹就更带劲了，除了将《水浒》、《儒林外史》，依据人家的意见加以修改重版外，并继续对《红楼梦》、《西游记》、《三国演义》、《镜花缘》、《儿女英雄传》等古典小说作了标点和分段的印行。还在书中附印有关的评论，如《红楼梦》就附印了胡适写的《红楼梦考证》、《考证后记》及顾颉刚写的《答胡适书》、陈独秀写的《红楼梦新叙》，以帮助读者更好理解原书。

亚东图书馆所以能在社会上具有一定影响，主要是由于它经销了《向导》、《中国青年》、《建设》等进步刊物；出版了《独秀文存》、《胡适文存》、《吴虞文录》和高语罕的《白话书信》、胡适的《尝试集》、俞平伯的《红楼梦辨》、蒋光慈的《鸭绿江上》、《少年漂泊者》等在当时思想界有一定影响的书。另一方面，汪原放首创用新式标点和分段印行我国各种古典小说，也起了相当作用。

汪原放在亚东图书馆（1953 年歇业）工作了近四十年。1956 年他进新文艺出版社任编辑，后又在古典文学出版社和出版文献资料编辑所任编辑，1963 年退休，1979 年病逝。他在生前常对人说："我一生最值得留恋的有两件事：一件是 1927 年 1 月到 9 月在汉口《民国日报》当编辑，和董老（董必武同志）在一起工作过，那时的革命可热烈哪，我还是第一任的中央出版局局长呢。再一件，就是加新式标点、分段印行一批古典小说，我是第一个创始者，受到仲翁（陈独秀字仲甫）的指点……"

汪原放工作认真，为人朴实，勤奋肯学，他在出版文献资料编辑所工作时，已是 60 多岁的老人了，但仍认真写他的长篇回忆录《回忆亚东图书馆》（已由学林出版社出版），还孜孜不倦地学习英语。

1983 年 11 月

选自《编辑记者一百人》，学林出版社 1985 年

存　目

著　作

汪原放　《回忆亚东图书馆》

学林出版社 1983 年

论　文

汪原放　《陈独秀——上海亚东图书馆》

《社会科学》1980 年第 5 期

柳肇瑞　《用新式标点标点中国古典小说的开创者》

丁景唐编《中国现代著名编辑家编辑生涯》，

中国展望出版社 1990 年

尚　丁　《他和胡适称兄道弟——汪原放先生轶事》

《龙门阵》1995 年第 1 期

吴永贵　《亚东的广告宣传》

《编辑学刊》1997 年第 6 期

王余光、吴永贵　《亚东图书馆与学者文人》(上、下)

《新闻出版交流》2000 年第 2、3 期

张静庐

张静庐（1898～1969），浙江慈溪人。早年任天津《公民日报》副刊编辑，上海通讯社、国闻通讯社外勤记者和《上海商报》馆记者、编辑。1919年五四运动爆发后，被推为北上参加七省市请愿代表之一，在北平遭到北洋军阀拘留，监禁四十多天。1920年在上海开始从事出版工作。在泰东图书馆任编辑，主编《新的小说》杂志。1924年与友人合办光华书局，出版郭沫若、郁达夫、成仿吾等进步作家著作。1927年，又与友人合办现代书局，出版田汉、蒋光慈主编的进步杂志。1934年，创办上海杂志公司，除代办代订杂志外，还出版了数十种杂志和丛书。

抗日战争爆发后，上海杂志公司分别在武汉、广州、桂林、重庆设立分店，出版抗日进步书刊。1943年，在重庆任新出版业书店总经理，在开展出版界统一战线工作方面，发挥了积极作用。

新中国成立后，任出版总署计划处处长、专员等。1955年，任北京古籍出版社编审。1957年任中华书局近现代史编辑组组长。

张静庐一生从事编辑出版工作，并重视出版理论与出版史研究。早年著有《在出版界二十年——张静庐自传》，自述自己从事出版工作经历。新中国成立后，编有《中国近代出版史料》初编，《中国近代出版史料》二编，《中国现代出版史料》甲、乙、丙、丁（上下）编，《中国出版史料》补编，全套七编八册，共二百五十多万字，是迄今第一部研究近现代中国出版史的重要大型资料书。

怎样使杂志的销路广大起来

张静庐

“怎样可以使杂志的销路广大起来？”

常常有朋友提出这样的问题，来请教我这从事杂志事业的“专家”，这一问，就窘倒我了！因为“怎样”的方法很多，有时也很简单，说得长些，写一本书也说不完备；说得短些，归根结底只有一句话——“内容充实！”

讲到内容充实，或怎样使它充实起来，这是编辑先生的事，发行人是在船里着力，无济于事。不过一定要从发行方面谈谈有什么新的技术呢，那倒也并不是绝对没有。然而这不是技术，算是我多吃几年“杂志饭”，所获得的一些“或许有用”的经验心得。

就将这一点点的心得，写出来，作为这一问题的答案吧！

“怎样可以使杂志的销路广大起来呢？”要分作两方面来谈它：

一类是属于私人出版的或没有多少基金的杂志，出版者希望能于短时间里达到相当发行额，然后可以使这本刊物长命下去。在公司业务上，这类刊物，多是属于代理发行的。

在几百几千种杂志中，要使你的刊物从那里蹿出来，决不是一件容易的事。第一，要使各地的读者都晓得有这样一本东西（买与不买是另一问题）；第二，要使它能达到每一家贩卖书店（卖得掉与卖不掉是另一问题）；第三，要使读者怎样会拿出钱来买你的杂志（满意与不满意是另一问题）。

解决第一个难题，当然需要宣传。在没有出版之前，先发布一种预告，在预告中说明将有怎样性质的一种杂志出来，它的内容有怎样的特点，是适合于某一阶层人读的。这里最要紧的是只限说明特点，切勿夸大；尤其不必说上大堆空话，减少读者注意力，或写上大批特约撰述者的大名，给读者一个过高的期望。这预告在同类刊物上刊布可以，自己印成一种小传单也可以；据我的经验，最好还是登在有价值而没有色彩的日报上，比较有效力。

预告中不必说明创刊的日期。待到出版的前一天（这时书已印出来了，但是绝对不必急于拿出来发卖），将这一期的内容、性质、特点先刊登一天广告；广告里在显明地位印出“明天出版”字样和“经售处”的详细地址、店名。当晚或第二天早晨将各书普遍的送到各经售处所，然后再来个第二次的广告。那个广告的样式是完全与上一天不同。广告的大小，地位的适当否都需要事先办妥。这么一来，一定会使每一个杂志的读者都注意到它，我相信。

第二个难题，是提早几天出书或延缓几天刊登广告。最使贩卖书店感到不愉快和使代理发行者头痛的事，是当天出版的杂志，当天刊出广告。因装订的不能如意迅速，难免中断或赶不齐全。既见了广告如果不寄发，则贩卖者一定不高兴，如要统统寄发又没有这么齐全可以自由分配。（日报比邮包寄递迅速，倘读者见报后跑去询问，回说没有到，三次两次之后，已使一位热忱的读者感到不舒服，第一件印象已经不好了。）不得已时，只好可寄的寄了，不可寄的就此搁下；或者甲地本可预算寄发五百本，乙地三百本；因缺乏关系不够分配，只得甲乙地平均减少了。杂志有时间性的，且贩卖书店因营业竞争，到达先后十分注意，如果第一批寄去二百本，第二次待书装齐了再补寄三百本去，那么这后补的三百本，一定有大半销不出去的。这一点在发行上关系非常重大,然而在出版人方面却大多不肯顾到。甚多有报上已刊出广告了而杂志还在印刷机上还没有落版。为一本刊物之"长命百岁",其实早一天两天见到广告有什么关系呢?心急的朋友,你更没有方法说服他!

第三个问题,百分之百是编辑人的事,发行人是没有方法用力的。倘使说有,也不过多贴几条广告纸在书店里外,或将新出的刊物放在使读者最注意的书柜上吧了!属于编辑工作的,那么第一期能够出一种专号或特辑当然好些,然而这专号特辑是要有内容的,并不光是篇幅的加厚,原来卖二毛一本的,这一本定要卖四毛五毛;倘使没有中心而光是篇幅的加厚,还是老老实实的不弄花巧为妙,我以为。其他如封面的庄重或轻巧,排式的严肃或活泼,那是随杂志的内容和读者对象而定,谁都明白的。

创刊号杂志的销数,一定会比平时的或是后二三期的为多。所以第一期杂志编得比较精彩或发行得普遍,与未来的销数有极大的关系。譬如创刊号有五千份销数,等于说这本杂志有五千个读者了,但是这五千个不是确定的,以杂志的内容和兴趣,五千个中间,也许有一二千个在读过第一期后感到不满意而不再买下来了,所以第一期五千个,第二期时就减少为四千个了。当然也有因读了第一期后特别感到满意,处处为刊物作口头宣传或实际介绍,反使没有买过第一期的人,也变成读者了。然而这是取决于内容的,从发行上讲,只有低落而不会增加的。

怎样可以拉牢已读过第一期的读者呢?上面已经说过,最重要的是不使读者过于失望。为了这,所以未出版之前千万不要自己过于夸耀,或者不必要的写上一大批特约撰述的名单。在预告时候,读者因为过于夸耀幻成一种理想的读物,以为一定是百分之百的配他脾胃的;待到读完之后,觉得距离他的理想很远很远,于是起了反应,感觉失望,(其实虽不一定像预告时的圆满,却也并不一定坏的。)不但自己从此跳出读者圈外,还要逢到朋友时处处作主观的批评，这是顶可怕，也是办杂志的朋友和出版社应该避免的地方。

反之，主办杂志的只要抱定宗旨，坚定信念，埋头实干于自己理想杂志的创造，脚踏实地，一步一步的渐进，不夸大，不作过分的宣传，则读者方面对这本杂志决不会发生反感，读了第一期时他倒会觉得内容处处（或大部分）适合自己的兴味，因而发生好感了。

事实上，也有许多很好的杂志而销路并不见得广大者，如果不曾犯着上述的病征，则创刊号出版时发行的不普遍，当然也是主因之一。在抗战期间因邮递不便，常常有可以销售的区域没有代售处所，到三五期后，交通恢复，才从中间寄去，已经引不起读者的兴趣了。因有很多很多的读者喜欢每一种杂志从头买起，待买不到第一、二、三期的就连新出的也率性不买它了。也正因为有这样的买书脾气之故，所以无论何种杂志内的长篇连载切不可多到二三种以上。通常的理想，以为有名贵的长篇连载一定可以拉牢读者的了，其实则否。我已经说过，第一期杂志的读者并不个个是第二、三期一定会继续买下去的读者，那么你即使有名贵的连载，喜欢的固然被你拉牢了，那不喜欢的，还是不重视它。这样譬如剩下来八折的读者，因人事的变迁，事实上不能继续下去，一期复一期，读者也就一期少一期了。到第三、四期时，别的杂志还有新生出来的读者可以弥补，或者反会增加；惟有靠长篇连载的杂志，就不会有中途插进来的读者的。正因为你有连载，他就非补全第一、二期不可；倘然补不齐全，或内地书店里买不到它的时候，就绝对不会再做你的读者了。这样——靠三五种长篇连载——的杂志，它的销数，一定一期少似一期，到整个失败为止，没有方法逃避它的厄运的。

另一方面，还有一类杂志的销数是渐进的，愈出得久销数愈高，多出一期增多一批读者。这一类刊物，从公司业务上讲，是属于自己出版自己发行的，或有相当的出版基础或较多的基金。

这一类杂志的发行,自有它的发行路线,因基础的巩固或资金的周转灵活,可以脚踏实地的缓缓进行,不怕短时间的亏蚀而弄成夭折。但是在发行上能够办到普遍达到,使每一区域的每一个读者都有机会不间断地读到它,当然是重要的工作。就使第一期第二期都引不起读者的注意力,因而销数并不广大是不足焦虑的。这一类杂志的销数,老实说是要编辑先生的努力,所以——内容一期比一期充实,才有办法,才有希望,心急是无济于事而反足以动摇自己信念的。

无论谁,要想办一种杂志,决不是为给自己玩儿的,而自有它的目标和读者对象的。这样,只要你朝向你的目标迈进,对着你的读者对象而努力,出版愈久,读者对于你的了解愈深切,出版的期数愈多,销路愈广远,而销数也愈益增高了!因为从最初少数的基本读者方面自然而然的替你口头的宣传和事实上的介绍,一变二,二变四地逐渐增加增高起来了。

为什么第一类与第二类的情形完全不同呢?其实也并不是绝对的不相同,本来主办一种杂志,要它的销数广大起来,并不是也并不必“速战速决”的,只要你用你的全副精力放在充实内容的工作上面去,读者决不是盲目的,决不会使你的精力白花!

不过,办杂志也决不可以太空想了。现实的环境和社会的需要也得面面顾到。第一件事要避免的不可跟在别人的背后,踏着别人已经走过(无论是成功还是失败了)的脚痕。必需要看清楚环境,估准足需要,再别创一格的创办你理想的读物。换一句话说,“戏法人人会变,各有巧妙不同”,不同的巧妙,就是成功的锁钥。

有许多出杂志的朋友,常常硬要委托我们替他做“发行机关”(代理发行一宗业务,公司方面现已停止了),他以为一定可以比较别的书店多推销些,这心理其实是错误的,也正因为这样,我们更不敢接受代理发行的杂志。打开天窗说亮话,无论哪一家书店替你代理发行,都是同样可以普遍的,除非他有意替你放在书架子上不发出去。杂志销路的对象是读者而不是书店(代发行书店和各地贩卖书店),如果这杂志是读者需要的,那么任凭你放在哪里都有人来买,反之,即使堆满在各书店里也无人顾问的。

所以一种杂志之多销与少销,在发行上的努力,效果真是微弱得很,不值得重视的!

为什么我们对于代理发行杂志的业务,会不积极经营呢?这当然也是我们营业计划上的失败点,现在顺便也可以谈谈:

第一是货款方面(略)

第二是存书问题(略)

第三是销数问题:无论谁,对于自己亲手编印出版的杂志,总希望它能大量的销去,有广大的读者群。他之所以要交给你代理发行,唯一的希望是销数能比别处扩大,达到他理想的数额。至于内容如何,发行人不能批评的,各人都爱惜各人的毛羽,自己如果看起来也觉得不好,也不会拿出来印行的。因而,如果这一本杂志的销路不好,他决不会怪自己刊物的内容欠充实,或社会不需要它;头一桩想到的怪你替他推销不努力(意思是说如果你特别努力些,销数决不至这么少)!当然,不努力也是致命伤的一因,但是你如果提出来,这杂志的未出版之前应该这样做,已出版了应该那样做,或是印刷方面应该精美(最低限度也要不恶劣模糊),定价方面不可这样高,广告一定要登在有广大销路或与这刊物的性质有相互关联的,多登几行或多登几家。这种种十个有八九个是不会依你主张的,甚多偏偏会同你所希冀的办法相反。这样销数的不会广大起来,论理是代理发行人不负责任了,可是出版人不会原谅你的,因而很好的一起朋友为了这小小的不谅解,弄得不欢而散了。

“怎样可以使杂志的销数广大起来呢?”

除掉上面所说的可以写述出来的原因之外,还有很多很多,像一部廿四史,无从说起的。总之一句话——

"内容充实!"不必怪那些代理发行的书店和你的朋友——"任何杂志都是卖给读者的,而不给书店的。"了解这,一切都可以心平气和了!

写这篇文字的动机,还是柳湜先生在香港《生活日报星期增刊》里做过一篇《杂志编辑经验谈》。他在引文中涉及到我,说关于发行方面希望我来做一篇"杂志发行经验谈"。当时我曾经答应下来,可是还没有动笔,《生活日报》停刊了。到现在才写好,已经二年了,算践了朋友的预约,就将它放在本书的后面,作为附录。

选自张静庐《在出版界二十年》,上海杂志公司1938年

首创杂志公司的张静庐

张鸿志

张静庐,浙江慈溪人。新闻工作者和出版家,早年曾任天津《公民日报》副刊编辑,上海联合通讯社、国闻通讯社外勤记者和上海《商报》馆记者、编辑等职。著有《中国新闻记者和新闻纸》等。

1919年,上海方面为响应五四运动,爆发了"六三"运动,举行罢工、罢市、罢课,他被推为北上参加七省市请愿代表之一,在北平请愿时,曾遭到北洋军阀拘留,坐监四十多天。

从1920年起,在上海从事出版工作,在泰东图书局任编辑,主编《新的小说》。后担任出版及营业方面工作。同时在泰东一起工作的有郭沫若、郁达夫、成仿吾、曹靖华等。

1924年与友人合办光华书局,初创时曾得到郭沫若的协助,郭将新著《三个叛逆的女性》和《文艺论集》交给光华印行,又为光

华编辑一种政论兼文艺的杂志《洪水》。这个书局还出版过与左翼文艺运动有关的刊物《萌芽》,被反动派禁止后改为《新地月刊》继续出版。当时还为创造社"小伙计"(周全平、叶灵凤、潘汉年)组织的"幻洲社"出版《幻洲小丛书》和《幻洲》半月刊。

1927 年又与友人合办现代书局,出版过田汉主编的《南国月刊》、郁达夫主编的《大众文艺》、蒋光慈主编的《新流月刊》(被禁后改名《拓荒者》)等。创造社出版部被封后,郭沫若的一些著译如《反正前后》、《创造十年》、《浮士德》、《少年维特之烦恼》都交给现代书局出版。此外,出版了许多著名文艺作品如蒋光慈的《丽莎的哀怨》、《最后的微笑》,郁达夫的《饶了她》,洪灵菲的《流亡》、《归家》,茅盾译的《文凭》,洪深译的《西线无战事》和周起应译的《新俄文学中的男女》等数十种。接着,他又创办了联合书店,以出版社会科学书为主。当时流亡日本的郭沫若把刚写成的《中国古代社会研究》交它出版。在短短一年时间里,共出版社会科学书籍三十多种。以后,仅一次就被国民党反动政府查禁了 17 种革命的和进步的社科读物,书店也就无法生存而停业了。

1934 年张静庐创办上海杂志公司。这在当时还没有一家专营杂志的专业书店的旧中国,被认为创举。它除代办代订全国出版的各种期刊之外,自己同时出版了十数种进步刊物,如艾思奇主编的《读书生活》,鲁迅主持、黄源主编的《译文》,孟十还主编的《作家》,黎烈文主编的《中流》以及平心主编的《自修大学》等。至今在中国现代出版史上,得到后人的称道。同时还出版了施蛰存、阿英主编的《中国文学珍本丛书》,金则人、刘群主编的《当代青年丛书》,在当时文艺出版界起了一定的影响。抗日战争爆发后,上海杂志公司分别在武汉、广州、桂林、重庆等地设立分店,继续出版配合宣传抗日战争的期刊多种,如丁玲、舒群主编的《战地》,胡风主编的《七月》,中国作家协会主编的《抗战文艺》等。此外,还大量出版了宣传战士生活的报告文学集,如刘白羽的《八路军七将领》、《游击中间》，奚如的《阳明堡的火线》，舒群的《西线随征记》，姚雪垠的《战地书简》，碧野的《北方的原野》等，还出版郑伯奇主编的《每月文库》，其中有萧红的《呼兰河传》，老舍的《火车集》，艾青的《他死在第二次》，于伶的《大明英烈传》等。

在重庆期间，以党领导的生活书店、读书生活出版社和新知书店为核心，于 1943 年联系了二十多家政治态度比较进步的出版社，成立了一个新出版业联合总处，下设联营书店，由黄洛峰同志任董事长，张静庐被推任为总经理，向国民党反动政府及其御用书店进行斗争，在开展出版界统一战线工作方面起了积极作用。

新中国成立后，1949 年冬任上海出版工作者协会（筹）东北华北参观团团长，带领上海同业约二十人去天津、北京及东北各大城市，向解放区的出版工作者学习。1950 年 2 月张静庐由中央出版总署调往北京工作，任计划处处长、专员等职；1955 年调任北京古籍出版社编审，1957 年调任北京中华书局近代、现代史编辑组组长。

他自 1952 年开始搜集有关我国近代现代出版、印刷、发行的各种资料，经过整理加工和注释，从 1954 年起，陆续编辑了《中国近代出版史料》初编、二编，《中国现代出版史料》甲编、乙编、丙编、丁编，《中国出版史料》补编共七册，汇编了我国近百年来有关新兴出版事业的重要资料达 250 万字。其近代部分起自 1862 年清朝政府创设京师同文馆到 1919 年五四运动前夕为止；现代部分自五四运动到 1949 年中华人民共和国成立为止。所取资料丰富，编排有序，并附有详细的注释和必要的补充材料，便于稽考。每编书前均附刊有珍贵书影五六十幅，书末附有出版大事年表和许多反面材料，是迄今为止，第一部有关中国近、现代出版史的资料书，是张静庐从事出版工作数十年所留下的重要贡献。

1984 年 3 月

选自《编辑记者一百人》，学林出版社 1985 年

怀念张静庐先生

——重读《在出版界二十年》

沈松泉

一 开端——重读《在出版界二十年》

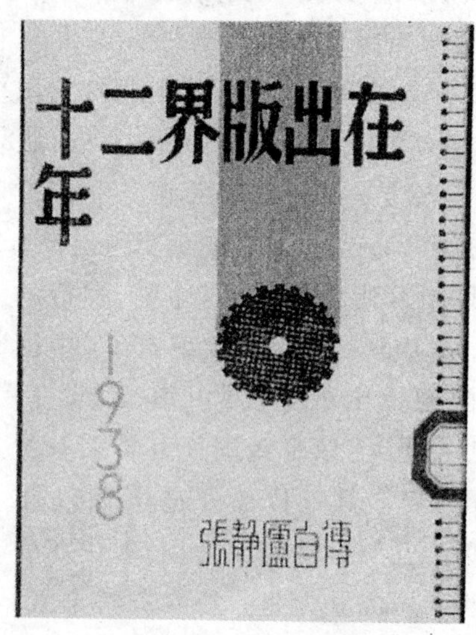

《在出版界二十年》书影

张静庐先生逝世已经二十多年了。我早就想写一篇怀念他的文章,因事蹉跎,老没有动笔。不是无材料可写,而是因为我和他相处时间长,不知从何写起。

我因为潘汉年同志冤案的牵连,失去自由,与世隔绝将近二十年。待我平反回家,人事全非,许多老朋友大都不知消息。我很想知道有关静庐的情况,却又无从问询。

1984 年 9、10 月间,我自天津到上海探访亲友,在毕青同志处得知静庐的长子鸿志在译文出版社工作,当即和他通了电话,第二天他来看我,告诉了我关于静庐的一些晚年情况。

原来静庐在解放后进出版总署工作,以后调到中华书局编辑部,负责中国近代史编辑组。其夫人因不习惯北方的生活,于“文革”前回上海居住,静庐随后也来到上海养病。在“文革”期间，单位并不催他回京。他在沪治病，直至发觉患的是肺癌时，已药石无效。于1969年4月与世长辞。他生于1898年，终年71岁。

获悉了老朋友静庐逝世的详细情况后，更激起了我想写篇文章怀念他的欲望，为此我又借来静庐的自传《在出版界二十年》重新读了一遍。

《在出版界二十年》中有多处提到我，使我回忆起不少往事。

二　同去香港的经过

书中有一段说，泰东图书局编辑所"搬到马霍路之后，我又请了两位助理编辑——沈松泉和曹靖华先生。沈先生年龄顶轻，看见人总要脸上发红。"不错，我在1921年进泰东图书局编辑所工作，第一次认识静庐的时候，我还只虚岁18岁，不仅不懂世故，而且有些腼腆，见了陌生人总要脸红。而他已24岁，是一个经过风浪颇多阅历成熟的青年，并且已是个有了孩子的爸爸了。尽管我们二人在年龄、涉世经验上都有相当差距，但由于在性格和爱好上的接近，不久我们就成了好朋友。他如看到一篇他认为好的小说就要向我推荐，读到一联或一句他十分欣赏的古人诗句，就要向我吟诵。

在泰东我和他同事的时间不过一年多，起初他主编一种刊物叫《新的小说》，后来这刊物让给王靖主编，他专管出版业务。我主要帮他搞出版工作。不久郭沫若、成仿吾等自日本回国，住进泰东编辑所来。静庐在郭沫若等进泰东后不到一年，由泰东老板赵南公的介绍，进联合通讯社当外勤记者，静庐在泰东是一个得力的工作人员，而泰东老板却把他介绍到别处去工作，这是为什么呢？原来赵南公先生本人并不擅长经营商业，店内没有一套健全的会计制度，对店内的职工，工资不是到了一定日子由会计发给，而是由各职工自己随时到门市帐柜上去支取，由于每天门市的营业收入时多时少，所以有时只能支到三元二元，作零星花用则可，要指望派一笔整数用途，那就困难了。静庐那时夫妇二人加上一个孩子，虽然住在编辑所，不用出房租，但小家庭日常开支或要添置一些衣服用具，靠这样零星支取三元二元总是不能应付的。赵南公了解这情况，介绍他进联合通讯社，目的就是让他每月可多拿几元工资，以解除他经济上的困难，算是对他的照顾。

静庐在他的自传《在出版界二十年》中叙述到这一段经过后，涉及他和我一起到香港去的事，回想起来，深有所感。这一次香港之行，对静庐此后的生活道路倒没有什么影响，而在我这方面，却使我增长了许多知识。

事情是这样的：在 1922 年，上海的商业界掀起一股办交易所的风潮，这风潮传到香港，香港的商人跃跃欲试，也想在港筹组交易所。有几位港商与上海的商人合作，在香港成立一个中外交易所，到上海来聘请熟谙交易所业务的人和办事人员。该交易所的董事长是上海商界的著名人物李徵五先生。李是浙江镇海人，静庐和他同乡。李物色去香港的人，可能是临时想起了静庐，有一天晚上（大概在 1922 年 10 月间）通知他要他当晚就上海轮，因为同船去香港交易所的还有其他几个人，都已定好了船上的舱位。而且轮船在第二天清早就要启碇。要静庐去担任文书股长，每月工资港币 140 元，可带一个助手去，每月工资 80 元。

无疑，静庐之所以接受这一职位的聘请，完全是为了高工资所吸引，而且还可带一助手去，在工作上就不愁唱独角戏，他立即想起了邀请我同去最适当，于是他连夜找到我家里去。偏偏那天晚上我在一个朋友家盘桓，到午夜 12 点过后才回到家里，母亲告诉我说，“刚才书店里有位张先生来找过你，说要你和他一块儿去香港，当晚就要动身，要你马上去书店，他在等你。”我立即坐了人力车赶到四马路泰东门市部，静庐正在焦急地等我，他告诉了我情况，我毫不踌躇就答应同去。当即各人回家搬取行李，相约在凌晨三点钟到十六铺码头轮船上会集。我之所以这么爽快地答应同去，倒不是为了那80元一月的工资，主要是为了不愿失去可以到香港去这样一个好机会。

到船上与静庐会集以后，才知还有两位先生同行，也是去香港中外交易所的，一位是朱康哉先生，宁波人；另一位陈雨亭先生，绍兴人。听他们的语气，大概都是中外交易所的董事。静庐有一个小同乡郑斌南先生，在香港苏杭街上海三友实业社香港分店当会计。我们到香港后，静庐邀我同去拜访那位郑先生。郑非常热情地招待我们，并诚恳地要我们二人干脆寄住在他们店内三楼一间客房内，免得住旅馆人地生疏、言语不通、感到不方便。我们求之不得，就搬进店内住了。

在香港过了1923年的元旦，随后过了春节。我们二人每天去中外交易所筹备处上班，筹备处设在皇后大道一家铺子的四层楼上，离苏杭街不远，所以我们总是步行上下班。在香港广东人多，广东话是香港的通用语，一般也讲英语。有一天静庐和我在皇后大道上漫步，他走在我的前面，迎面走来一个外国老太太用英语向静庐问路，静庐不懂英语，也不会讲广东话，他对老太太用手指指我，也不言语，意思是要她向我问询。我只得和那位老太太用英语对付几句。事后我对静庐说，这不是“问道于盲”，而是“问道于哑”了。静庐的确不善于学习其他地方语言，他的一口宁波话，到老都没有改变。他在小学读书时就不喜欢读英文，这在他的自传中也曾提到过。

在这期间，上海三友实业社的总经理沈九成先生要到新加坡去参加南洋博览会，路过香港，也住在苏杭街三友实业社分店里。他在港逗留数天，和我们很谈得来。他特别喜欢我，在大家吃过晚饭、店堂打烊之后，总要和我闲聊。他不愧是个爱国的实业家，关心如何把国货在国内市场上同日本货竞争，把国货推销到南洋群岛的华侨社会中去。他认为交易所是投机的行业,对我说:"青年人应当从事正当的职业,要眼光看得远一些。"在和他几番诚挚的谈话之后,我决心辞去中外交易所每月 80 元工资的职位,而就任三友实业社香港分店暂支月薪 14 元的助理会计的工作。沈九成先生赞许我的决心,信任我当会计。静庐也理解我的想法是一心想留在香港工作。因为中外交易所筹备无进展,且兴办交易所的浪潮已过,眼看就有解散之势,与其交易所解散回到上海去重找工作,不如先在香港有一个立足点。那时我家庭经济虽然困难,我父亲还能勉强支撑,不指望我负担,我又未成家,因此可以毫无顾虑地决定我自己愿意走的道路。而静庐则不然,他有家庭负担,他已是有了孩子的父亲,所以在我进三友不久,中外交易所筹备处解散后他就离开香港回上海。临行时我送他上船,彼此都有一种说不出的滋味,他呢,觉得两个人同来,只有一个人回去,不免有点冷清。我呢,觉得我将进入一个完全陌生、完全崭新的社会,当然有点孤独感,但初生之犊不畏虎,也有想在那陌生的社会中去闯一闯的勇气。

在静庐离港返沪后不久,我就被派到新加坡去担任三友实业社新加坡分店的会计。后来我接到静庐来信说他在杭州筹备办一张《西湖晚报》,办报纸对我的吸引力比新加坡的异国情调对我的吸引力大得多,我不想在那里生根了,我一再坚请辞职,终于得到三友实业社上海总店的批准。待我回到上海,不料办《西湖晚报》已成了泡影,这事《在出版界二十年》中也曾谈到。

有趣的事是,静庐和我于 1922 年 10 月间突然去香港的事,因为我们是当晚临时决定并且立即出发的,对各方都来不及通知,以致引起一些猜测,甚至郭沫若先生在他的《创造十年续编》中有这样一段记载:

张(指静庐)沈(指我)两人和我的关系,说来也颇有一段渊源。在一九二一年我最初由日本回到上海的时候，他们两人都在泰东图书局的编辑部，张在管印刷而兼做“小说家”，沈在管校对而兼做“诗人”。因此，我们在马霍路上就有过半年同吃大锅饭之谊。他们由泰东所得到的报酬，自然也是很有限的。张和他的夫人，还有一位三岁大的男孩，一同住在堆栈后边的一间小房里，因为生活的支绌，他和沈两人便想做小伙计生意，在夏天曾托我挪点时间出来，替他们译部小书。我答应了，便把安徒生的有名的童话《没有画的画谱》由德文重译出，但到译得只剩一两夜的光景，泰东的赵南公却把他们同时开除了。那原因，我至今都还不大明白，大约是赵探听到他们有做小伙计的消息吧。……

沈张离开泰东后，一同到过一次新加坡，沈因为是“诗人”，偶尔在和我通信。但他们到了新加坡之后，也没有得到成功。在一九二四年我回到上海的时候，他们也回到上海。张在商报馆里编本埠新闻，沈是赋闲着的。

郭先生对静庐和我两人突然失踪的原因，当然并不了解，所以有此猜测。静庐并没有去新加坡。我在新加坡期间倒曾和郭先生通过一次信。事情经过已如我上述。我回到上海后不久重新进泰东图书局工作。

在这里附带说明一下，郭先生文中称静庐和我在小说家和诗人上均加引号，显然静庐并不是小说家，我也不是诗人，我们俩也从来没有以此自居过。静庐在主编《新的小说》时可能写过小说，我在那时倒的确也偶尔学写过诗。记得住在泰东编辑所时，每天晚上都听到老鼠吱吱叫，我曾写过一首题名《鼠儿》的诗，写成后给郭先生看，他给我改了一两字，然后我寄给沈雁冰主编的《小说月报》，也给发表了。此外我在《时事新报》的副刊《学灯》上可能也发表过几首不成熟的诗作，在《太平洋杂志》上也发表过我的一首《海与妹妹》，这些可能是郭先生把我称为诗人并加上引号的缘故。

三　三次结伴旅游

《在出版界二十年》中提到我和卢芳曾去过静庐的家乡龙山的事，那是在我们三人合办光华书局初期的事。1927 年 4 月夏卢芳退出光华后，静庐和我，还结伴有过几次旅游，都很有意思。一次是在 1927 年 5、6 月间静庐和我同去南京游览。这次在南京，我陪静庐去财政部拜访了沈卓吾先生。沈过去是一位名记者，那时在财政部当司长，作为这一次拜访的结果，静庐不久就接到了一纸财政部的委任状，派他为上宝化妆品印花特税专局局长。这事我在后面还要叙述。

第二次是在 1928 年春，我们俩同到杭州去游西湖。这一次杭州之行，我们俩都有收获。我的收获是由于朱谦之先生的介绍，两次到葛岭山下去拜访胡也频和丁玲，使我结识了这两位进步作家。第一次去，他们不在家，只看见门上钉着一张卡片，上写“胡也频、蒋斌之”并排两行六个字，第二次去碰见了，才知蒋斌之是丁玲的本名。通过这一次拜访以后，光华书局出版了一本胡也频的小说和丁玲女士的第一本小说《自杀日记》。

静庐也有收获，他的收获是得见了他从未见过面的大姊姊。他有四个姊姊，两个哥哥，他最小，排行老七。他出世时他的大姊姊已出嫁到远方杭州去了，因此姊弟俩从未见过面。静庐长大成人后，只知杭州乡下有这门亲戚，而没有通过音信。这次我们到杭州，住在光华书局分店里，静庐忽然谈起他有一个大姊姊就住在杭州西溪，我怂恿他写封信去联系联系。过一天忽然有个三四十岁左右的中年男子来书店找静庐，一问之下，才知是静庐的大姊的长子，真是小娘舅与大外甥，静庐那时才 31 岁，而那外甥大概已近四十岁了。谈起静庐的大姊夫已去世,大姊还健在,并且坚邀我们二人到他们乡居去盘桓几天。他们家住在离老东岳不远的西溪,杭州通往余杭的一条公路旁边,背山,有好几条山坑里都建有一些清静的家庵,每个庵里都有带发修行的妇女在那里过着躲避红尘的苦修生活。离对面公路不远有著名的西溪风景秋雪庵和茭芦庵,流水环绕,只通舟楫,每当秋天,四周满是芦花,白茫茫一片在风中摇曳,确是胜景。我以前曾和同学们来游过。这次重来,可惜是在春天,虽然也去了秋雪茭芦二庵,只是水乡风光,不见有何特色。但看到山坑里那些修行的妇女,有的在山涧里提水,有的在庵堂里静坐念经,两面山上到处开着簇簇映山红,偶然听到一声两声鸟啼,那种幽静的环境,真令人有出世之想。静庐的大姊和蔼而热情,坚决留我们在乡间住了几天。他的大外甥则天天带我们游览附近的名胜。

另一次旅游是在1929年夏,我们又结伴去游览了奉化雪窦寺和蒋介石的故居溪口,然后又去普陀山。同游的还有洪雪帆先生。我们去雪窦寺的目的,一则是去观赏那里千丈岩的风景,而更重要的是想拜访一下该寺的方丈太虚法师。太虚法师在佛教界很有声望,有许多佛学著作,他常与政界和文化界人士来往,我们是把他当作文化界人士看待而想结识他一下。结果我们三个人三乘山轿到了雪窦寺,却扑了个空,太虚法师下山云游去了。见不到僧面只好见佛面,我们在寺里观光了一下。参拜了三清如来。也没有接受寺里和尚的接待就下山了。

下山时我们路过溪口,蒋介石的别墅就建在溪口,夹溪建有几间小巧而颇为幽致的平房。我们进去参观了一下也没有人拦阻我们。有一位十五六岁的姑娘在溪边洗东西,不知是别墅里的眷属呢还是使女,我走到她身边去和她闲聊,问这问那,那姑娘天真而大方地回答我一些问题。溪口的风景确实非常优美,我们欣赏了一会就返回宁波。我记得静庐在离开溪口时对我说:“松泉,你好大胆,敢在蒋总司令的别墅里跟人家女眷瞎搭讪!”

我们离开宁波,又去普陀,同去的还有一位汪北平先生。汪是静庐的好朋友,雪帆和我跟汪也很熟。他是宁波的文人,交游广,很吃得开。我们四人到普陀,住在报本堂,这是普陀前寺方丈莹照和尚的家庵,汪先生与莹照相熟,我们住在报本堂客房里,住了差不多十天,不仅没有开销分文房金,而且一日三餐,都是庵中免费招待。临走时我们只向莹照和尚道了几声多谢,也没有掏什么香火钱。这一次我们算是靠了汪北平的关系,吃了几天白拿,静庐在事后说:“和尚吃十方,我们这次可算是吃十一方。”

在普陀那几天,我们天天去千步沙洗海水浴。我们四个人都不会游泳,所以只好光着上身,穿了短裤,赤着脚到沙滩边海水浅的地方去泡泡,不敢涉水过深,碰到涨潮的时候,赶紧往回跑。有一次涨潮,潮水来得过急,我赶紧往回跑,几乎被潮水的冲力冲倒,洪雪帆就在我近旁,他是个大胖子,力气大,站得稳,一把把我抓住,我才没有跌倒。事后静庐对我说:“要不是洪雪帆把你抓住,你不被鲨鱼吞去,至少也要喝几口海水。”

四　两次开拓旅行

在静庐和我合作办光华书局的一段时间内,静庐常常是一个开拓者,而我则总是作为一个追随者赞助他的主张。

我们曾经有个两次较远的旅行,一次是到江西南昌,一次是到北平,都是带有开拓目的的旅行。

去江西南昌的一次是在1926年底或1927年初。随着北伐军的胜利,这时武汉已成了革命的中心,南昌也成了革命的前哨。长江下游安徽、江苏、浙江以及沿海的福建,都尚在反动军阀五省联军总司令孙传芳的控制之下,上海周围无疑也笼罩着一团白色恐怖的乌云。但革命思想的影响,却不是军阀的枪杆子所能抵挡的。

书店，尤其是像我们光华这样的小书店，它一开始就适应着当时革命思想的潮流，它出版的《国际社会运动史》、《不平等条约的研究》、《经济侵略下之中国》等，都配合着革命形势的要求立刻在大革命运动中成为许多人渴望阅读的书。这时我们从报纸上看到郭沫若先生已担任国民革命军总政治部副主任，随同总司令部自武汉东进到南昌。于是静庐倡议，我们应到南昌去，看看革命的形势，如可能，就为书店开辟新阵地。

就这样，静庐和我二人在寒冬腊月，乘了一艘日本船“凤阳丸”溯江而上，上海的书店业务，则交由卢芳留守。半夜船过十二圩，在浓雾中“凤阳丸”驶上浅滩搁浅，还撞翻了一条渔船，有人落水。我们俩在睡梦中为呼喊“救命”声惊醒，那“救命呀！救命呀！”的凄惨的声音在江面荡漾，夜半听来，真有点不寒而栗。第二天在江心抛了一天锚，等涨潮后船才继续上驶。这是在那次旅行中给我留下的第一个深刻的印象。

船到九江，我们上岸在旅店宿了一宵，第二天改乘南浔铁路到牛行车站，再渡河进南昌城。我们住进当时南昌最大的旅馆江西大旅社。

到了一个完全陌生的地方，没有当地的熟人做向导，真如盲人骑瞎马，不知所措。静庐想起南昌有一位新闻记者杨不平先生，过去杨先生到上海时曾和他认识，于是我们找到了杨先生，他很热心地为我们作向导，陪我们游滕王阁和百花洲。随后我也找到了傅抱石先生，我和他通过信，但未见过面，这次相见，握手言欢，彼此都很高兴。

我们到总政治部去见到了郭沫若先生，在他的办公室里第一次见到李一氓先生。随后我们又在列宁逝世纪念的群众大会上听到郭先生的讲话。在寒风中我和静庐都穿了长袍立在群众中间，过一天我又去总政治部，郭对我说，那天他在台上讲话时都看到我们二人站在群众中间。

那时南昌的街道很窄，我们有时在街上看见蒋介石披了黑色的斗篷，坐在简陋的竹轿里经过街上，前后都有护卫的士兵，但人数不多。

不久陈布雷和潘公展自上海来到南昌，也住在江西大旅社。他们是蒋介石打电报邀请来的。他们二人和静庐是上海商报馆的同事，我因经常为商报副刊《商余》写稿，几乎天天去商报馆，因而和他们二人也熟识。如今同在南昌做客，又同住一个旅社，因此我们四人每天晚上总是同坐在一个房间里聊天。有一天除夕晚上，旅馆附近某处民房失火，火势熊熊，街上人声鼎沸。从我们房间的窗户望出去，不远处看到火光冲天。使我想起在我不到十岁的时候，我家也在一个寒冬遭到过一次回禄，全家衣物，都付一炬，当时我母亲的嘤嘤啜泣声，一直在我对童年的记忆里留有惨痛的印象。这次在做客南昌的日子里，又看到这一场火灾，自然对我有特殊的感触。

我们在南昌期间，看到一派热火朝天的革命气象，工人开会，农民开会，妇女开会，群众都动起来了。但在南昌街上却看不到进步的书刊。呼吸了这种革命气息和了解到群众的需要之后，于是静庐提议，光华书局应当在南昌开设一个分店。适应时代潮流，传布新思想，正是我们从事书店业务的人义不容辞的责任。我立刻支持静庐的倡议，并共同着手筹备起来。不久光华书局南昌分店就开张营业，我们从上海运来大量的新出版物，书店挤满了读者，几乎每批书运到，不到一两天就全部卖空。这就是我们二人对南昌开拓旅行的结果。最有趣的一事是有一天在拥挤的读者中，有一个穿土布中山装的读者问我："你们这书店和上海光华书局是一家吗？"我说是的，他接着问我："你们书店有一位沈松泉先生，现在哪里？"我说："我就是。"原来他就是贺扬灵，去年他在武昌师大时曾和我通过多次信，现在他是国民党江西省党部农民部长。此人后来对我的生活道路的转向有一定的影响。这是后话，此处姑且不谈。

第二次开拓旅行是在1928年夏6、7月之交，也是静庐发起说要到北平去游览，我立刻响应，同行的还有一位复旦大学的陈书英先生。我们三人是乘海轮北上的，途经青岛时，轮船停泊半天，我们上岸足足玩了三小时，青岛市区和海滨的名胜几乎都跑到了。

到北京后静庐又去找到了他的一个小同乡郑延芳先生，他是五洲大药房北京分店的经理，旅居北京已多年，由他向导，带我们游览北平的名胜古迹。静庐虽说过去曾到过北平，那是他参加一个民众团体到首都请愿的（见《在出版界二十年》），根本没有时间也没有金钱可以在这故都从容游览，所以这次在他等于是第一次到北平，像我和那位陈书英先生一样，对北平的一切，都感到新奇。正是盛夏季节，街上卖西瓜的摊贩，都是切成块块出卖，高喊"大子儿一块！大子儿一块"，至今我还能想像起来。那时还通用银币和铜币，铜币有十文的、二十文的，二十文的比十文的要大一些，所以北方人叫作大子儿。南方如上海等地一般都通用十文的铜币，而北方则通用二十文的大铜子。

我们在北平玩了几天，逛了琉璃厂和东安市场，感觉到北平虽是文化故都，五四运动又是发源于北平，但在热闹的中心地区却找不到一家新书店。琉璃厂只是旧书铺集中的地方，北新书局又偏在翠花胡同。北方经营书店的商人似乎都很守旧。于是静庐又提议："我们在北平开一个光华分店吧。地点最好在王府井。"多亏郑延芳先生，他在北平多年，熟人多，由他托人介绍，在王府井南口找到了一间店面，我们就把光华书局北平分店的招牌挂了出来。无疑，我们这家小书店对北平的新书业起了推动作用。我们直等到上海光华派孙文庭同志来北平主持分店业务，才返回上海。

静庐这一种开拓精神，也可说是创业精神，实在可敬。我始终是他的一个追随者和合作者。

五　静庐的两次官职

静庐有过两次官职。第一次是在1927年初他和我一起到南昌去时,我在南昌光华书局分店开业后就返回上海,静庐则仍住在江西大旅社。后来由陈布雷介绍他任江西财政委员会派驻市议(离南昌80里)统税局的监察委员。这是一个清闲的差使。他在那里干了几个月,大概在这一年的5、6月间回到上海。积这个短时期工作的见闻,回沪后他曾写了一部小说叫《革命外史》,由光华书局出版。后来1931年我在日本时,曾在东京神田区一家旧书铺里看到这本书的日本译本。静庐在写《在出版界二十年》时,大概把曾写过《革命外史》的事忘掉了,所以没有提到它。

第二次是在这一年静庐自南昌回来后,我和他曾去南京游览过。上面说过,我们曾去新成立不久的国民政府财政部访问沈卓吾。我们去访问他,他在百忙中接见了。我记得他胖胖的,苏北口音。静庐戏言希望弄个差使当当,不久就接到了一张财政部发的上宝化妆品特税专局局长的委任状。静庐接到这张委任状之后,踌躇了很久,财政部既未颁布过化妆品应如何征税的条例,又没有现成的局址,需自筹经费去打开局面,这不比光华书局在南昌和北平开设分店,因为光华本身已有了基础,这个税局的招牌却不是随便可以挂出来的。他没有勇气去挑这副担子,几经考虑之后,终于把这张委任状退回去了。这一次的官职,可说是没有就任的官职。

六　对老书业同业公会的挑战

解放前,各行各业几乎都有同业公会的组织,书店业也不例外。上海的书业同业公会设在大庆里,这条里弄一头通南京路,一头通九江路。我们办起光华书局后，想到应当加入同业公会组织，有一天我和静庐二人找到书业同业公会去，要求加入组织。公会设在一座两楼两底石库门的楼下厢房里，阴沉沉的，接待我们的是一位看上去有五六十岁的老头儿，手里还捧着水烟袋在呼噜噜的吸水烟。我们声明来意之后，他问我们有没有介绍人，没有介绍人就不能加入公会。我们一气之下，就走了出来。静庐就咕哝着："我们自己来组织一个公会！"我也看不惯公会中那个老气横秋的接待人员，竭力赞同静庐的主张，并且认真地计划起来。

同业之间成立公会组织，有许多好处。第一，可以互相商议对彼此都有共同利害关系的事情；第二，可以互通有关书店业务的消息；第三，可以联络同业间的感情。这事大约在 1928 年的秋天，当时上海已有好几家新书店，大家都有这个要求，只是缺少个带头发起人。于是静庐和我分头进行联系，征求各家新书店负责人的同意，一致表示要向老书业同业公会挑战，组织新书业的同业公会。

我们定期在光华书局楼上开了第一次筹备会议，到会者有泰东图书局的赵南公，亚东图书馆的汪孟邹、北新书局的李志云、现代书局的洪雪帆、群众图书公司的方东亮等等连同静庐和我有十一二人。最出人意料的是王云五也代表商务印书馆来参加我们的筹备会。

在我们决定开筹备会之前，对老书店如扫叶山房、广益书局、大东书局、文瑞楼、会文堂、锦章图书局等等，一概不发邀请，唯独对是否给商务、中华这两家实力最雄厚的书店发邀请的问题有了分歧，经过讨论之后，最后决定还是发了邀请，当时有两种用意，一是这两家大书店也出版了不少新书，二是这两家大书店参加我们的组织，显得我们的新公会更有力量。结果开会时中华书局没有派代表来，而王云五却来了，我们当然表示非常欢迎。王云五的谈风甚健，一口带有广东味的北京话，给我留有深刻的印象。

筹备会开过后，我立即进行了立案工作，草拟呈文，向社会局申请备案，结果得到的批示是：一个行业，不能有两个同业公会组织，新书业应当加入原来的书业同业公会。于是我们的一团热诚，化为乌有。我们既没有组成新的同业公会，也没有（至少光华书局）加入老的书业同业公会。一场挑战，就此偃旗息鼓。

这件事，静庐《在出版界二十年》中没有提，或许他是偶然忘记，或许因为此事大部分是我经手办的。于他印象不深。但他是最早的倡议者，我只是一个忠实的赞助人。我所以在这里特地写这一节，目的就是在说明他的开创精神。

七　从光华到联合、到现代

1929 年夏天，静庐突然向我提出要分家，光华不是由他独办就是由我独办，让我选择，态度非常坚决。我们二人相处多年，又共事多年，从来没有发生过争吵。在经营光华的出版方向上，不同意见是有的，但也说过就算，此外在书店内部的人事上、经济上，也从未有互相猜忌的事，何以静庐忽然要提出分家，真是使我做梦也没想到。

光华的创办是我最早提议的，虽然在开办以后静庐也出了不少力，但实事求是的讲，似乎我对光华的感情更有点血肉相连的味道。静庐的态度那样坚决，毫无挽回的余地，既然他限期让我选择，我就选择我自己留在光华。

静庐退出光华后，自己独自办起联合书店来。不久又把联合书店并入现代书局，与洪雪帆合作，最后却又与洪不欢而散。《在出版界二十年》中，对他被现代书局董事会免职的经过，作了沉痛的回忆。

洪雪帆患病住在虹口一家医院里，我去看他，他对我讲了不少和静庐发生矛盾的事。不久，雪帆病逝，静庐去吊丧，竟然止不住流泪,大有“既生瑜,何生亮”之慨。我作为一个第三者,对他们二人的性格都相当清楚,二人都是不愿意受对方支配的人,当然他们合作是不能久长的。

八　上海杂志公司

静庐在退出现代之后,颇有点徬徨孤独之感。我邀他重进光华担任经理,并商量振兴光华营业的办法。当时光华因为连遭打击,经济周转日趋困难,况且这块牌子也老了,不足以打开局面,于是我们想出用上海杂志公司这块招牌,可以一新耳目。我们二人共同发起,后因我顾虑很多,决定让静庐独办杂志公司,这些情况,《在出版界二十年》中已有较详的叙述。

上海杂志公司开业以后就获得了成功。所谓成功,是指它在营业上生意兴隆,日进纷纷,天天看到有一大堆现金的收入。这和我们以前搞出版时的情况完全不同,要不断出版新书,还要不断再版已经售缺了的书,印刷费、纸张费、稿费,要不断地付出去,总觉得资金不够。而上海杂志公司初期以贩卖为主,自己不搞出版,所出售的杂志,绝大部分都是由各杂志出版社送来,一般要到月底才结算书款,因而每天的营业收入,都成了可以周转的流动资金。利用这笔钱来出版一些书刊,增加营业额,静庐当然也想到了这一点,所以后来出版了几本文学珍本丛书和几种刊物。

这些属于业务上的事,且不去谈它。我倒想提起上海杂志公司注册登记的事。按照那时的工商业登记法规,工商业分有限公司、无限公司两种,一般合伙企业,股东都对该企业负无限责任。上海杂志公司登记时静庐用自己和他夫人的名字,以无限公司注册,这样就成了上海杂志无限公司。这样一来,似乎给外界以一种印象,认为这公司的资金是无限的,因而增加了对它的信任感。其实换汤不换药,无限公司组织也好、合伙组织也好,股东都要对企业负全责，这不过是对社会号召的一种噱头而已。静庐能够在这些节目上动脑筋，说明他的精明有过人之处。

抗战开始时，我在湖北省政府工作，家住汉口。他计划将上海杂志公司迁到汉口来，委托我在汉口找店址，我和他通了几次信。待到他自上海经浙赣路到达汉口不久，我于1937年12月上旬随黄绍竑到浙江工作去了。

九　自重庆寄来的两封信

随着抗战形势的发展，各人的生活环境也都起了变化。上海杂志公司由上海迁到汉口，又由汉口再迁到重庆。我呢，自离开光华后，就随黄绍竑工作，一踏入政治圈子，就身不由己，随波逐流。1937年12月到浙江后，由绍兴县长而永康县长，大约在1940年，我在永康时突然接到静庐自重庆发来的一封信。大意是“光华三子，一富一贵，唯我仍穷守故业”。一富，指卢芳在南京撤退前，将他所办南京中央书店的存书全部运出，到广州销售，因而手中拥有大量现金。一贵，指我已在浙江做了七品芝麻官。而静庐自己则仍旧在干老本行，吃书店饭。

“流光容易把人抛”，抗战八年，终于盼到了胜利。1945年10月，我自浙江回到上海，遇到新自重庆飞沪的老友刘百闵，他邀我帮他筹备中国文化服务社，聘我当总社秘书。接着姚蓬子也从重庆飞到上海，看到我在帮刘百闵的忙，就写信告诉尚留在重庆的静庐，静庐又给我来信说：“听说你在帮刘百闵。百闵为人，可与为友，不可与共事。”这是他对一个老朋友关心的告诫。我后来发觉静庐的话一点不错。我帮了刘百闵三个月的忙，1946年1月底我就辞去了中国文化服务社总社秘书的职务。

十　最后的几次晤见

1946 年夏，他来上海主持他儿子鸿志的婚事，我去道喜，和叶圣陶先生等同桌吃喜酒。

1947 年冬至 1948 年春，我因事旅居汉口三四个月，我三天两天总要到交通路上海杂志公司去看望他。

1950 年初，他自北京来沪，住在南京路外滩汇中饭店，我们一同在老正兴吃过两次中饭。他告诉我，黄洛峰曾找过我，想要我担任一个什么职务。姚蓬子也曾这样对我说过。那时我正从事国际贸易，没有想去北京工作的意思，因而没有给黄洛峰同志以回信。

1952 年我去北京，到东总布胡同他家去(与出版总署相近)。我发觉他变得沉默寡言了，不像以前那样谈笑风生。我邀他去西单一家湖南馆子吃饭，他一再推辞，似乎不愿意交际，我说我还邀请了芳信等几个文化界的老朋友，他这才同意前去。他的夫人暗地里告诉我，“你别看他不怎么开口，其实他有满肚子话要说，只是憋着不想说。”我猜想他肯定在工作上或者什么地方遇到不顺心的事了。当然我未便多问。这便是我和静庐最后的一次见面。

十一　结　束　语

静庐是我进入出版界后的一个引导者。他为人爽直，敢于发言。他的开拓创业精神，使人钦佩。我始终是他的一个赞助者和追随者。在那一段时间，我们二人的交谊，可以说是融洽无间，形影不离的。1929 年他为什么突然提出要同我分手，其真正的动机究竟何在，我至今还不清楚，我也不想猜测。但我总这么想：我们俩人，合则两利，分则两败。如果他当时不坚决提出要分手，我们俩将合作到底，光华也许不致关门，我也许不会改行脱离出版界，甚至还可能在出版界做出一些成绩。而静庐,在我和他的合作之下,也许能对出版界有更多的贡献。

我永远怀念他。

1985 年 3 月 12 日于天津

原载《出版史料》1990 年第 3 期

出版家和出版史家张静庐

俞筱尧

张静庐是我国现代著名的出版家和出版史家。中国民主同盟盟员。1898 年 5 月生于浙江省镇海县龙山镇(今慈溪市龙山镇),1969 年 9 月病故于上海。

张静庐有过一段颇不寻常的经历。他出生在一个屠户家庭,小名季良(又作继良),小学毕业后从家乡到了上海,在烧酒行和纸行当学徒。又在家乡当过小学教师,后又在上海一家酒馆当外账房,他自己戏称为"酒保"。空余时间自习写作,开始在报刊上发表作品。在文化出版界,他当过记者和编辑,也办过报刊和书店,写过书。同当代许多著名作家多有交往,出版他们编著的刊物和作品。由于他热爱出版事业,执著追求,为我国新文化运动和出版事业作了不少建设性的工作。阿英同志早在 50 多年前就对他说过:"要编纂一部比较详尽的中国新文化运动史,似乎不应该忘掉你。"

一

1914 年,也就是民国成立后的第三年,16 岁的张静庐曾自筹经费编印《小上海》、《小说林》、《滑稽林》等小型报刊，因方针不明确，缺乏经验和资金不足而夭折。1916年秋，他应聘担任中华革命党华北总部机关报天津《公民日报》副刊编辑，不久兼编新闻。1919年五四运动发生，张静庐时在家乡，闻讯赶赴上海，积极投入"六三"运动，参加上海救国十人团联合总会。"十人团"是商界组织，以10人为单位，共有几千个单位，声势很大，联合总会是在这个基础上建立的。张静庐为联合总会干部，主持机关报《救国日报》编务。同年秋天，山东学生为反对北洋军阀政府西原大借款，出卖胶济路等山东和东北的铁路等主权，要求罢免段祺瑞，遭山东地方当局镇压。当时全国学生联合总会和各界联合总会都设在上海，各团体相约召开联席会议，号召全国各界代表到天津集合，共同赴北京请愿，声援山东学生的爱国行动。不久，山东、河北、山西、河南、湖北、江苏和上海7省市先后派出代表30余人齐集天津，张静庐以上海市救国十人团代表名义参加。10月1日在新华门前请愿时，北洋军阀政府总统徐世昌拒不接见，双方相持不下，全体代表被首都警察厅拘捕。消息传到各地，群情激愤，各地组织纷纷集会，示威抗议。反对段祺瑞的实力派吴佩孚、唐继尧等也分别从洛阳和昆明通电全国。在强大的舆论压力下，靳云鹏内阁倒台，全体请愿代表在被捕一个多月后，于11月7日被释。张静庐等出狱时受到北京大学和俄专等学校学生会的亲切慰问，回上海时沿途在天津、济南、南京等地受到各界团体的热烈欢迎和慰劳。到上海后，张静庐被宁波市各界联合会推举为该会出席全国工商学各界联合会代表。这时他结识了上海代表，泰东图书局经理赵南公，赵南公正在为泰东物色一位助手，对张静庐很赏识。1920年，张静庐进泰东图书局任编辑，开始时他主编《新的小说》月刊（第7期后改由王靖主编），郭沫若的《女神》等作品也经他的手编辑出版。不久，张静庐主持出版部工作，同时协助赵南公办理发行业务。当时郭沫若因出版书籍和酝酿成立创造社，编辑《创造》季刊和《创造》周报，由日本来上海，寓居泰东宿舍，有时还帮助泰东同仁审改书稿。曹靖华在赴苏联前，也一度应张静庐聘请在泰东协助工作。从这个时候开始，张静庐同许多著名作家相交往，建立了友谊。泰东经济上很拮据，职工的收入微薄，而且不固定。赵南公介绍张静庐到胡政之主持的国闻通讯社任外勤记者。1923 年至 1928 年间，张静庐又在上海《商报》任交际秘书和本埠新闻编辑，曾与陈布雷、潘公展等共事。

二

1924 年，张静庐与沈松泉、卢芳合作，创办光华书局，任经理，同时仍在《商报》兼职。“五卅”运动爆发，张静庐代表上海各路商界联合会，参加抗议日、英等帝国主义残酷屠杀中国工人的斗争。上海各路商界联合会和上海工商学联合会共同作出总罢市、总罢工和总罢课的决议，上海市总商会最后也在决议上签了名。其时张静庐已由林钧介绍参加了改组后的国民党，担任国民党上海市党部候补执委。1926 年夏国民革命军从广东出师北伐，上海工商学联合会和上海各路商界联合会内部意见分歧，上海市党部左右两派也发生分歧。主委恽代英和沈雁冰等部分执委前赴广东，主委由杨贤江代理，张静庐递补为执委。张静庐和上海各路商界联合会公共租界中的 13 条马路的商界代表，采用“桃园三结义”的方式，结成“十三太保团”，向租界工部局争取参政权，组织抗捐运动，成立华人纳税会，以声援北伐战争。同年冬，张静庐和沈松泉到南昌观光，在南昌开设了光华书局分局。曾同他在《商报》共事的陈布雷，这时任职于南昌国民革命军总司令部，他推荐张静庐到江西省财政委员会派驻市统税局任监察委员。据张静庐后来说，他的监察工作是不会有成绩的，事实上的贪污横行和贿赂成风也决不容许你去改变，他的惟一成绩便是回到上海光华后撰写了一本《革命后的江西财政》(光华书局 1927 年 5 月出版)。

在光华的几年间,由张静庐主持,出版了郭沫若著《三个叛逆的女性》等新书 400 余种,期刊主要有郭沫若主编的政论性《洪水》半月刊,叶灵凤、潘汉年主编的《幻洲》半月刊,叶圣陶(郢生)主编的《光明》半月刊,鲁迅主编的《萌芽》月刊。章锡琛主编的《新女性》月刊也由光华代理发行。

1926 年,张静庐和洪雪帆合资创办现代书局,到 1934 年共出版郭沫若著《反正前后》等新书 500 余种,期刊有田汉主编的《南国》月刊,蒋光慈主编的《拓荒者》月刊,郁达夫主编的《大众文艺》月刊等。

光华和现代都是以出版文艺书刊为主的,张静庐原曾打算:光华以出版文艺书刊为宜,现代则主要出版社会科学书刊。现代开业不久,张静庐因与洪雪帆意见不合而辞去。因此,这些计划无从实现,但他仍尝试着创办一家以出版社会科学书刊为主要业务的书店。不久,由张静庐独资经营的上海联合书店筹办了起来。他四处张罗稿件,写信托李一氓转给当时在日本千叶市的郭沫若。在张静庐的心目中,郭沫若是搞文艺的,他在信上抱着试一试的心情询问郭沫若有没有社会科学方面的译稿,出乎意外地得到郭沫若的回信说,他正在赶写一部《中国古代社会研究》的著作,即将完成,可以交给上海联合书店出版。郭沫若还特别声明,这是他比较满意的一部著作。当时多数读者喜爱文艺书籍,联合开业后同时经营文艺书籍,营业状况也还可以。经过多方努力一年左右出版新书 30 来种,不料竟有 17 种遭到国民党当局查禁。经此劫难,联合难以维持下去。正在这个时候,经洪雪帆一再恳请,张静庐重返现代。联合的全部资产,包括书籍的纸型都作价转让给了现代,张静庐要创办一家专门出版社会科学著作书店的计划,至此又中途夭折。

张静庐重返现代后,从人事组织、经营管理、编辑业务等各方面都有较大的改革，成效显著。他邀请施蛰存主编《现代》月刊，每期发行量达一万四五千份，这在当时我国出版界是很少有的。出书的品种也随着增加，第一年的营业额由原来的法币 6 万余元骤增到法币 13 万余元；在几个大城市设立了分支机构，有重点地建立了自己的发行网络；根据资金周转状况制订了为期三年的编辑出版计划。现代在张静庐主持下，业务大为发展，成为当时国内颇负盛名的一家新起的文艺书店。后来，终以合作者之间始终存在着芥蒂，无法谅解。最后在 1934 年，当张静庐赴四川筹设分局之际，在现代书局临时董事会议上，捏造了张静庐本人提出"辞职赴川，请予照准"的请求，并以"准予辞职"的名义，把他排挤去职。

三

张静庐自 1914 年自办报刊到 1920 年进泰东图书局任编辑，接着合资创办光华书局和现代书局，以及独资经营上海联合书店，几起几落，恰好整整 20 年，上海联合书店经营失败和在现代书局被排挤，给张静庐的打击十分沉重，处境很困难。当时中国农村破产，城市百业萧条，经济凋敝。1932 年"一·二八"淞沪抗战，商务印书馆闸北印刷总厂和东方图书馆被炸焚毁，张静庐根据长期来从事出版工作的经验和切身体会，以及现实教训，认为当时出版界只有三件事情还可以做，一件是编辑出版中小学教科书；一件是标点出版古籍（主要是笔记小说类）；一件是经营杂志发行业务。经过反复考虑，认为编印教科书虽有商务、中华等强有力的竞争对手，仍有路子可走，只是干这项工作需要大量资金，这是他无力承受的。标点出版古籍缺乏时代气息，专做这件事不符合他的旨趣。他原拟应时代图书公司的聘请，最后没有成功。继而沈松泉和卢芳热情邀请他重返光华书局，他感到当时的光华已非 10 年前可比，亦非良策。最后终于下决心经营杂志发行业务，1934 年独资创办了上海杂志公司。

上海杂志公司是我国第一家以代订、代办、代理杂志发行业务为专业的新型书店。张静庐提倡“切实为读者服务”,从读者的利益和需要出发,做到“快、齐、廉”和“改订、退订绝对自由”。“快”是指杂志时间性强,销售必须迅速及时;“齐”是指不管多么冷门和专业性很强的杂志,总有它的需要和读者。为满足各类读者的不同需求,备货要齐全,使上海杂志公司真正做到名副其实的“杂志市场”;“廉”是改变历来做生意的“千卖万卖、亏本不卖”的习惯,千方百计想办法,真正做到薄利多销。“改订、退订绝对自由”主要指读者兴趣改变,或杂志内容不符合读者要求等等,读者虽已预定,仍允许中途退定或改定其他杂志。上杂的这一崭新的经营方针,使各地读者订阅和配补各种杂志感到特别方便,对上杂产生亲切之感,结果业务蒸蒸日上。由原来经销杂志逐渐发展为出版杂志和图书,在读者购买力低下、竞争激烈的出版界,异军突起,闯出了一条新路。国内有影响的著名期刊,如李公朴主编的《读书生活》月刊,黄源主编的《译文》月刊,孟十还主编的《作家》月刊,黎烈文主编的《中流》半月刊和平心主编的《自修大学》双周刊等10余种刊物,都曾由上杂出版或总经销。上杂还出版了施蛰存、阿英主编的《中国文学珍本丛书》,金则人、刘群主编的《当代青年丛书》等,或因内容新颖,或因定价低廉,深受读者欢迎。从此,上杂在社会上日益享有声誉。1937 年“七七”卢沟桥事变和“八一三”淞沪抗战时,上杂已经成为全国知名的新型书店。

抗日战争全面爆发,上杂为配合抗日宣传,编辑出版了一批战时新书,张静庐自己编辑的有《西线血战》、《东战场》、《平汉前线》和《闸北血史》等。随着时局的急剧变化,上杂总公司曾从上海迁移到武汉、宜山、桂林和重庆,并先后在重庆、长沙、广州、柳州、梧州、金华、温州和昆明等城市设立了分公司,出版和销售抗战书刊,丁玲、舒群主编的《战地》,胡风主编的《七月》等刊物,刘白羽等著

《八路军七将领》、碧野著的《北方的原野》、萧红著的《呼兰河传》、老舍著的《火车集》、艾青著的《他死在第二次》和姚雪垠著的《战地书简》等，也都在上杂陆续出版。在抗日战争的烽烟中，上杂在日本帝国主义和国民党当局双重摧残下，经济上遭受重大损失，广州、长沙、柳州、梧州和温州等地的分公司相继沦于敌手，重庆分公司遭日机轰炸，金华分公司则被国民党当局查封。1944 年湘桂大撤退途中，上杂总公司的资金在黔桂路金城江车站遭日机轰炸，毁于战火。为了支持上杂的工作，中共中央南方局通过潘梓年、黄洛峰等同志多次给以经济上的资助。

四

张静庐和他主持的上杂积极拥护中国共产党的团结抗日和统一战线政策。1943 年，黄洛峰根据南方局指示，在重庆发起组织新出版业联合总处，得到张静庐的全力支持。他主动配合黄洛峰，串联了重庆出版界的贺礼逊、姚蓬子、陆梦生等所经营的 13 家出版社的代表人，以聚餐、座谈的方式，作为宣传学习党的政策、时局形势以及商讨新出版业团结互助和克服困难对策的场合。同年 12 月，新联总处宣布正式成立时，成员已增至 28 家。新联总处的成立，标志着抗战后期我党在重庆新出版业中爱国统一战线政策的重大胜利。在这一工作中，黄洛峰以生活书店、读书出版社和新知书店为核心，作了大量团结组织工作，张静庐所发挥的作用也是不容忽视的。后来，新联总处在全体成员一致支持下，1944 年 5 月至 8 月，在重庆、成都两地建立了联营书店，这时新联总处成员已经陆续发展到二十余家，张静庐也由于受到大家的信任，被公推为新联总处的总经理（董事长黄洛峰）。抗日战争胜利前夕，重庆新出版业为抗议国民党当局的图书杂志原稿审查办法，拒绝缴纳对新出版业增设的营业税，抵制无理提高印刷工价，争取新出版业应有的社会政治地位，等等，于 1945 年 6 月 14 日、7 月 12 日先后在重庆《新华日报》头版头条发表《出版业紧急呼吁》和《出版业为文化危机向参政会紧急呼吁》（此两份呼吁书全文刊登在重庆《大公报》广告栏），新联总处成员十分踊跃地在两份呼吁书上签了名。为了有效地进行这次斗争，还借拒绝送审黄炎培著《延安归来》一书原稿的机会，发动了一次声势浩大的“拒检运动”。《延安归来》于 8 月间出版发行，重庆杂志界十余家杂志立即发表“拒检声明”，宣布国民党政府“战时”新闻检查机关在抗战胜利后应予撤销，从 9 月 1 日起不再送检。这一决定同时正式函告国民党中央宣传部、宪政实施协进会和国民参政会。文化出版界为争取民主政治而拒绝送审图书杂志原稿，在战时的国民党大后方已经进行了长期的斗争。郭沫若还曾起草、并由 342 位文化界知名人士联名发表了《文化界对政局进言》，刊于 1945 年 2 月重庆《新华日报》。这次发起“拒检运动”，获得社会各界的广泛同情和支持。成都、重庆、昆明等地文化出版界纷纷发表了争取出版言论自由的宣言书和社论。沈雁冰在昆明《评论报》发表《民族文化大危机》，叶圣陶在重庆杂志联谊会《联合增刊》发表《我们永不要图书杂志审查制度》等专论，积极响应。在这场斗争中，张静庐在中国共产党的领导和黄洛峰影响下，在新出版业中积极开展活动。在成都举行的国民党政府军委文化工作委员会的一次集会上，张静庐慷慨陈词，喊出了“这个制度不取消，将使中国文化倒退五十年”的呼声。在 7 月 11 日重庆《新华日报》上，他还发表了《出版工作者往哪里去?》的专论，指出：“今天，出版业（尤其是新出版业）的确已经走到了山穷水尽的境地了。”“抗战八年来，除武汉时代‘昙花一现’之后，一直在走着下坡路。港、沪沦陷，桂、柳失守，对出版业的打击是如何的惨厉！可是从事出版工作者体念国家抗战的苦难，省察自身责任的艰重，虽然遭受了无比的损失，还是束紧腰带，埋头苦干，一声不响地为文化而努力，为生存而挣扎。不料到了今天——胜利逼人而来的今天,我们这一批从事出版工作者,终于会首先走到了绝路,将不得不从出版的岗位上总撤退,不得不在'胜利之师'的座前倒下去,真是一桩惨痛的教训!”

张静庐在他的专论里还谈到文化下乡问题,这在当时国民党反动统治下,是不可能实现的。国民党当局面对这样强大的要求民主和进步的舆论压力,不得不有所顾忌。1945 年 10 月,这个反民主的图书杂志原稿审查办法终于被迫废除。

抗日战争胜利,毛主席到重庆同蒋介石协商和平建国大计。从 8 月 28 日到 10 月 11 日,毛主席在重庆共停留 43 天。在毛主席返回延安前的 10 月 8 日晚,张治中邀请参政员和重庆文化界、新闻界等各方面人士五百余人举行欢迎欢送宴会。周恩来副主席介绍张静庐和毛主席见面,毛主席在热烈握手时说:“你办的光华书局和现代书局,出版过许多进步书刊。”张静庐听了毛主席的话很受鼓舞。这时,张静庐正为上杂复员问题颇费踌躇,南方局又通过黄洛峰给以经济上的资助。12 月 1 日,张静庐到达汉口,上杂总公司于 1946 年春在汉口复业,同时在上海设立了出版部,在长沙等地设立了分公司。从这个时候起直到 1949 年,每年 9 月间,联营书店总管理处在上海召开股东会,张静庐去上海参加外,平时则常住汉口。

五

1949 年 5 月,上海、汉口相继解放,张静庐于 8 月间到上海,担任联营书店总经理(副总经理孙明心)。上海出版工作者协会筹备处成立,张静庐和商务印书馆总经理谢仁冰担任副主席(主席卢鸣谷)。筹备处组织上海出版界赴东北、华北参观团,张静庐任团长。1950 年 3 月,张静庐调任中央人民政府出版总署计划处副处长、私营企业处处长和出版总署专员。从此,他在陈克寒、黄洛峰和金灿然等的关心支持下，不辞辛劳，到处访求，开始了计划已久的中国近现代出版史料的搜集和整理。1954 年建立古籍出版社，张静庐由出版总署调任古籍出版社编审，继续从事出版史料的搜集和整理编纂工作，同时主持校点《光绪朝东华录》。1958 年，古籍出版社和中华书局合并，张静庐担任中华书局编审和中国近代史编辑组组长。1965 年以年老退休，寓居上海。

张静庐的主要著作有《中国小说史大纲》(泰东图书局 1920 年 6 月出版)、《中国的新闻记者》、《中国的新闻纸》(光华书局 1928 年 10 月出版，1930 年 7 月修订再版时，两书合在一起，改名为《中国的新闻记者和新闻纸》)、《新闻学概要》、《中国的通信社》(光华书局 1930 年出版)、《在出版界二十年——张静庐自传》(上海杂志公司 1938 年出版)。辑集的书籍主要有:《中国近代出版史料》初编、二编各一册，《中国现代出版史料》甲编、乙编、丙编各一册、丁编上下两册，《中国出版史料》补编一册。除《中国近代出版史料》初编由上海杂志公司 1953 年 10 月出版(中华书局 1957 年 12 月再版)外，其余由中华书局在 1954 年至 1959 年间陆续出版。

值得注意的是，张静庐的《中国小说史大纲》是我国最早的一部用白话文撰写的中国小说史，全书原拟分为 5 编，本书为第 1 编总论部分。张静庐在第 1 编《自序》中提出，小说可以“陶情悦心”、“描写平民生活的疾苦，与贵族生活的豪侈”，可以“写现代新人的生活”，“小说在文化上应该占最重要的地位”等等，都是值得重视的。张静庐所编著的中国近现代出版史料，全书共 8 册，汇集了 1862 年清政府创设同文馆到 1949 年中华人民共和国诞生前将近 90 年间的新闻出版史料，共 250 万言，各册并附有珍贵书影等插图。各册内容在本文附录童银舫编《张静庐编著书目》有较详尽的介绍，这里不再赘述了。

我国近现代的新闻出版事业，对传播文化知识和介绍近代先进的资本主义文明，做出过自己的积极贡献。在苏联十月社会主义革命胜利和中国共产党诞生以后，为传播马克思列宁主义理论，宣传中国共产党的纲领以及在各个历史时期的政治主张和方针政策，曾经发挥过重大作用，但是对中国近现代出版事业本身的研究，长期来却很少引起注意和重视。张静庐早在50年代初就已经着手做了大量工作，为我们作出了榜样。1958年以后，张静庐在继续搜集整理中国近现代出版史料的基础上，曾经设想编撰一部《中国近现代出版大事记》，还打算写出一部《中国近现代出版史》，他所撰写的《戊戌变法和出版事业》（载《戊戌变法六十周年纪念论文集》，中华书局1958年出版）和《戊戌变法前后报刊作者字号笔名录》、《辛亥革命时期重要报刊作者笔名录》（载《文史》第1、4辑，中华书局1962年、1965年出版）等工作，都是这个计划的部分准备工作。当时他已退休，希望在有生之年继续完成这一计划，不幸没有能够实现，这是令人遗憾的。

张静庐一生从事新闻出版工作，成为一位卓有成就的出版家和出版史家，走过一条漫长的道路。从20年代以来的几十年间，他在出版工作中几经波折，但是他的事业毕竟是有成绩的，不断探索和开拓着新的园地，踏出了一条新的路子，为祖国和人民办了好事，做出了贡献，祖国和人民是不会忘记的。

1990年11月7日于北京

原载《新文化史料》1991年第1期

一个出版家的“举鼎雄心”

——张静庐出版事略

宫为之

“是的,我虽没有缚鸡的腕力,而却有举鼎的雄心。”这是张静庐第二次离开现代书局时说的一句话。不管这句话人们理解或不理解,而张静庐在出版界,使一些事业起死回生的经历,足以说明他确实有“举鼎的雄心”。

勇跨第一步

张静庐在清光绪二十四年(1898)出生于浙江镇海县龙山的一个“屠户世家”里。8 岁那年读了 3 个月私塾,9 岁进入演进国民学校,5 年后毕业,毕业后曾两度作学徒。学徒的生活是艰苦的,唯一的安慰就是读“小书”。没有钱买书只得租书,当时“小书”贩把书背到店里来出租。就是这些“小书”,把他带入另一个天地里。

16 岁那一年,他读到了恽铁樵主编的《小说月报》,是一本商务印书馆出版的刊物,内容注重文言小说和近代掌故笔记等。他把它比作发现了新大陆。因此,林琴南成了他心目中的惟一偶像,他自修文言文,幻想到商务印书馆当一名练习生,还想做个出版家、作家等。每当打烊之后,他总得从天潼路走到棋盘街,在每家书店的玻璃橱窗外,看那五光十色的小说封面,久了同事们给他起了个“棋盘街巡阅使”的绰号。

民国二三年间,是“礼拜六派”在中国文坛上最活跃时期,也是张静庐完全成了“小说迷”的狂热时期。在他哥哥的洋纸号里学徒，比在原烧酒行学徒时间要充裕，而且经济上也宽裕多了。除去应得月规钱外，还可以以“正当用途”到会计部借支三元两元的用以买书或杂志。由于他不断阅读，不断写作，终于处女作《冷与热》花了整整三个不眠之夜而诞生了。他把这篇爱情小说寄给《礼拜六》，不久稿子退回了，并附有当时的主编王钝根对稿子的意见函，大意是：这篇小说结构和写法还相当可以，只是里面有很多费解的句子和别字。他承认王的意见是事实，但张静庐并不因退稿而泄气，相反更加加倍努力，不久第二篇叫《游丝》的小说写成了。这次他寄给沈卓吾先生主编的《妇女周报》，结果发表了。这对一个不到20岁的小青年来说，是莫大鼓舞。

17岁那一年，可以说是张静庐迈向出版界第一步新的尝试。这一年他居然办起了名叫《小上海》的小报，由于报上发表了一篇从医药杂志上译来的关于性问题的文章，结果被公共租界工部局以“妨害风化”罪名勒令停刊。他本想抗争，但知道不会取得胜利，因而也就作罢。小报不给办转而办杂志，他借了几百元钱，竟一下出版了两种杂志：一种叫《小说林》，另一种叫《滑稽林》。刊物出版之后，他带着无限喜悦的心情，抱着杂志送往各马路上的报摊和书摊，逐一交给他们几本或几十本。当时还天真地以为愿为代售已很给“面子”了，也未想要办什么手续。以后据他自己说只是怀着一种特殊的感情“天天跑去探头探脑的张望，倘使有个人拿我的杂志在路上跑，真会想跳过去和他握手哩”。

可是到月底收账时，因没有任何手续，经销商不认账，竟一无所得，只好装一肚子气，背负一身债回乡下去。这次尝试的失败，使他从这血本无归的教训中获得了启迪，此后20年，他创办上海杂志公司时，特别注重“代理发行”这项业务，就是想到这被人欺侮的痛苦，也注意为那些对出版有兴趣而没有发行经验的人解决困难。

逆风入"泰东"

虽然失业了，投稿并未中止过。19岁那年，由于长期失业就对职业采取饥不择食的态度，到他哥哥的小酒店充当外账房，不只是每月只有4块钱的工资，而且每天要工作16个小时。虽然是这样，还写小说，并且写得很快，平均每两天完成一篇，大多发表在上海《中外日报》的副刊上。一天他接到天津朋友寄来的一封信，并附有在天津出版的《公民日报》，报上居然刊载他的小说。他写信去《公民日报》社询问这件事。《公民日报》是华北地区国民党机关报，为反袁世凯复辟帝制，正要扩版，一负责人回了一信，想聘他为副刊编辑，每月致车费40元。正在失业中的他，喜出望外，很快来天津。不久袁世凯倒台，讨袁之役告一段落。报纸迁到北平，他仍做副刊编辑，同时助编新闻。在北平每天除做他应做的工作之外，就独自坐在日本公园里看书。副刊是没有稿费的，所以投稿的人也很少。

张勋复辟前夜，《公民日报》停刊了，张静庐又一次失业。经常的失业，在他心灵上烙下很深的烙印，在《自传》中写道："从父亲去世之后，我和太太及刚生下地的第一个小儿子——鸿志，在哥哥的蒙养下，已经不堪生活下去了。家庭间的悲剧，永远在我心版上刻画下一条蛮深蛮深的伤痕。我不能再寄生下去了，我决心要离开这大家庭，再度到外间去过流浪生活。也许会在流浪期间遇到较好的机会。"

五四运动给张静庐带来了机会，他紧紧地抓住了这个机会。当这个运动的风潮很快从北平传到上海、宁波乡下，张静庐抱着"创造新生命"的决心再次跑到上海，参加了以商店店员为基干的"救国十人团"。"救国十人团总会"要办一份《救国日报》，这项工作就自然落到张静庐身上。这样吃饭的问题总算暂时获得解决。

后来又被“救国十人团联合总会”推选为代表，参加7省工商学界入北平请愿，结果在北平被拘留了48天。光靠请愿是不能打倒北洋军阀的。国民党此时起来了，在上海组织全国各界联合会，张静庐被宁波各界联合会推选为总会的代表。这又暂时解决了他从北平回上海后失业的恐慌。

在联合会里，他认识了赵南公先生，赵是泰东书局的股东兼经理。当时泰东书局面临两大难题：一是整个书局经济状况很困难；二是泰东是一家老店，“账底”多，想转变成新店，真是无法下手。赵南公正需要找一位干练的人来帮忙，发现张静庐正是自己所要求的人。就这样，张静庐跨进了赵南公的泰东书局。开初赵南公要他主编一本《新的小说》月刊。这个月刊出版后倒有四五千份的销路，用张静庐自己的话来说：“浅薄尽管浅薄，幼稚尽管幼稚，在当时，上海还正是‘礼拜六派’小说盛行的时代，一本不伦不类的上海人抒话‘半栏脚’式的新刊物，能有这样的销数，确实不能说它坏。”对待这个刊物，这样的评价还是比较中肯的。

张静庐以其才干得到赵南公的信任，不只要他担任属于出版部的工作，还兼管营业方面的事。在泰东出版部时，每一本书从付排到装订出版，他都要亲自过问。不管天阴下雨还是落雪，都要往印刷公司跑一趟，日夜工作，乐此不倦。1923年郭沫若第二次由日本来泰东，还带着老婆和孩子，他的房租和食用都是泰东支付的。郑伯奇由日本来编辑部度过一个暑假亦是如此。而《创造周刊》也就是在这经济捉襟见肘之际创刊的。编辑所人员增多了，一切费用也就增多了，可见泰东在经济上负担之重。

据张资平在《曙新期的创造社》一文中说，创造社在未成立之前，为筹办同人刊物和丛书，到泰东当编辑的，在日本留学生中，最初回国到泰东的是成灏。1921年春，郭沫若、田汉、郁达夫、张资平，在张资平东京的研究室开会成立了“创造社”，并决定出版丛书及《创造季刊》。丛书有：郭沫若的《女神》、郁达夫的《沉沦》、朱谦之的《革命哲学》、张资平的《冲积期化石》等四种。决定了季刊第一期内容，还约略定了季刊二三期的内容。另外，成灏从泰东去长沙，郭沫若回国接替成灏工作，这可能就是郭沫若第一次到泰东。1922 年 5 月张资平回国，带给泰东不少稿件。创造社同人们，都把泰东当作大本营。因此，完全可以说泰东是创造社的摇篮。创造社出版的系列机关刊物和丛书都交给泰东书局出版发行。《创造周报》编辑部就设在泰东书局编辑所内。赵南公为了顾全同事们的费用，约定在上海《中华新报》上辟一《创造日》副刊，每月由报馆补贴 100 元编稿费，同时赵南公又谋得了农商部驻沪商标局长的官职，将其所得收入一部分补助书店的不足。同时张静庐亲手印制了郭沫若的《女神》、《茵梦湖》等书，亦印了郑伯奇的《鲁森堡之一夜》。从这里可以看出，泰东不仅是创造社的摇篮，而且在新文化运动的初期是有功的。

张静庐离开泰东，是因泰东经济上处于非常困境之中。就拿张静庐来说，他每个月只能拿到 20 元，而且还得分几次拿。此时张已是四口之家了，可想他的生活窘迫到什么地步。赵南公不得不把张静庐亲自推荐进联合通讯社任外勤记者，每月可拿 40 元钱。不久李徵五又推荐他任香港中外交易所的文书股长，月薪是 140 元，还可带个助手，月薪是 60 元。沈松泉是张的老朋友，他把沈松泉也带去了。

泰东到了民国十二三年间，创造社同人已与之分离了，这就决定了泰东的生死存亡了。

汗青充栋宇

光华书局是张静庐、沈松泉、卢芳三人合资办的专营新书的书店。说其“合资”，他们三人当时只能拿出 25 元钱，作为光华书局的开办费。由于张静庐等人与泰东书局和创造社等人关系密切，得到了他们的支持,所以光华书局一成立,郭沫若就把《三个叛逆的女性》和《文艺论集》交给他们印行。1925 年 9 月《洪水》复刊。创造社的刊物,从《创造周报》后,未有另外刊物出版过,创造社同人的新作品已有两年不曾出版过。因此,张静庐要求给郭沫若他们 50 元一期《洪水》的编辑费。《洪水》出版后,立即得到很好的社会反响,尤其得到各地的同业们所重视和仿效,因为此刊内容有所创新:是政论和文艺相结合的综合性刊物。

1926 年张静庐支持以周全平为主干,组建了在新文化运动史上有名的创造社出版部。这个出版部是股份制的,股份定得低。正当创造社出版部将要成立之际,郭沫若应广州中山大学之聘和郁达夫、王独清等去广州,出版部的一切事务都交给周全平、叶灵凤、潘汉年三人主持,称作"创造社小伙计"。

"小伙计"们在出版部之外,另有一个"幻洲社",是叶灵凤和周全平为主编,出版"幻洲"小丛书。《幻洲》半月刊版式很奇特,内容分作上下两部,上部是文艺板,由叶灵凤主编;下部十字街头,刊登短小精悍的评论随笔,由潘汉年主编。丛书和半月刊都由光华书局印行。另外,张静庐为《幻洲》里一篇随笔,吃了一场"书店官司"。

到民国十三年,上海没有纯粹的新书店,而此时光华书局以专门出版和出售新书的崭新姿态出现,不能不引起各地书局的重视和仿效,不同程度地改变了出版角度。可以说自此后,是新书事业的黄金时代。次年冬,张静庐和沈松泉两人一道到南昌,他们发现南昌还没有一本新书和杂志,颇有感触,决定在南昌设立光华书局分店。

"现代书局"是洪雪帆、张静庐、沈松泉三人合办的一家书店。张静庐和沈松泉都爱好文艺,所以在他们主持下的光华书局,不免偏重于文艺书籍。但那时,是大革命时代,社会科学书的需要超过文艺书。当洪雪帆来找办书店,张静庐自然想到仍保光华原来的路线,再办一个纯社会科学书店,这样可以两全其美。可是由于意见不合,在“现代书局”发行所租定了门面房时,他们“各自东西”了。这样张静庐很快地另起炉灶,独创“上海联合书店”,专营社会科学书籍。张静庐又得郭沫若的支持,郭把《中国古代社会研究》交给张静庐出版。当时查禁书籍的法令,并不十分严,文艺作家们还正在大谈普罗文艺。可是到了民国十九年秋,形势大变,像上海联合书店这样的小书店,只有一年历史,总共出版不到 30 余种书,其中还有部分冷门货,一次就查禁 17 种书,张静庐这 5000 元的资本又泡了汤。随着短暂的新书业黄金时代的逝去,新书业又面临十分凄惨的境况,每家新书店都在艰苦环境下挣扎着。张静庐遭受这种打击后,为生活计,不得不再度离开他感兴趣的出版事业。

张静庐从汉口回到上海,住下的当天,洪雪帆怀着满腔的抑郁来找他:

“你是现代书局的父亲,我是它的母亲,卢芳是它的奶妈。”他又很沉痛地接着说,“现代书局到了今天这样危急存亡的关头,你不能说一点没有罪过!”

他们经过长时期的交谈,张静庐决心将全部精力投入他曾经洒过心血的现代书局,他们又重新合作了。正在这时,爆发了“一·二八”淞沪战争。战争结束后十多天,别的商店不开门他们提前开门了,结果创门市纪录,同时获得了战后读者所需书的信息。叶灵凤根据读者的需要,很快编制了一本《淞沪战影》照片复制画报。另外,张静庐想抓住战争间隙出版业停顿时机,出版一种纯文艺刊物,他的建议得到同仁们支持,马上写信给在松江的施蛰存先生,请他主编这一刊物。张认为施对无论哪一方都没有仇隙,也不曾在文坛上和某一位作家发生过摩擦。让施来主编这个刊物,是最理想的。

《现代》月刊出版了,创刊号再版两次,创当时文艺刊物发行量的新纪录。第一年度的营业总额从6.5万元上升到13万元。现代书局因此名声大振。张静庐又对书局内部进行了改革：各部自动为原则，尽量发挥他们的才干。渐渐地使同事们对所管的职务负起责任来，对于所做的事情发生兴趣。在同事们共同努力下，现代书局信誉与营业日益兴隆，成了全国唯一的一个文艺书店。

后来可能是张静庐权力太集中，一切自己说了算，引起股东们的不满。股东们乘张静庐出差之机，开了一次秘密的会，等出差回来后，缴清了一切账目和办完出差手续之后，才宣布把他第二次"踢出现代书局"。

上海杂志公司

张静庐在第二次离开现代书局时，有人要他任华南五省图书总经理，由于个别人反对而未去成，颇有丧魂落魄之感。接着沈松泉要他重回光华复任经理，那时卢芳也在光华，三位老朋友又搞到一起。张静庐在离开现代书局时，尚有3000元股东钱可拿，现代书局不给他一次拿去，只给每月拿150元。有人告诉他，所以给150元，只给维持家庭生活，要想翻身是不可能的。所以难怪张静庐有人要他去四川，而待遇还不错，他都不愿意去，要留在四马路"报仇"。

张静庐分析，当时书业只有三项：一是学校教材，成本大，一般书局干不起；二是一折八扣标点书，不愿干；三是杂志业，是可为而不可为的出版事业。为了新文化的普及他还是选择了杂志业。但是沈松泉经过仔细考虑，认为冒风险太大，如一不顺手就会把已经很脆弱的光华拖垮。当时门面已租好了，沈松泉要张静庐退房，却无法退掉，张静庐只好冒着风险一人担当下来了。于是民国二十三年即1934年的5月1日，"上海杂志公司"就这样建立起来了，约在同年 10 月底或 11 月间正式办妥了注册手续。确实像张静庐所说的:"过去和现在,中国还没有专营杂志事业的书店。"这个公司只有 20 元的开办费,就这 20 元还是张静庐千方百计筹措来的,其职工包括张静庐在内共 3 人。

上海杂志公司的发展,大致可分三个阶段:

第一阶段,是贩卖时期。这是由于资金少、门面小所造成的。杂志和书籍贩卖不同,杂志有它的时间性,失去时效,就无从谈贩卖。所以他们想方设法在"快、齐、廉"上做文章。为了"快",采取实价买进,九折卖出;为了"齐",对专业强的采取期前约定,先付印数钱;为了"廉",采取薄利多销的办法,降价出售。杂志公司第一步计划实现了,开始实行第二步计划:代订、代办、代理发行。办了一个代订部,虽然遇到许多困难,坚持保全订户的"血本"及"改订退订,绝对自由"。获得广大读者和定户的赞扬。代办部分两部门,一是邮购信托部,一是委记代办别家出版的书报杂志。代理发行,不外是私人办的刊物和销数渐进的两大类杂志。这是一种吃力不讨好的事。结果到了第三个月,门市收入竟达 9600 元,这个小小的门市竟和有历史、有地位、有号召力的书店相差无几。

有了钱又出版《读书生活》半月刊。这个刊物以半价优待定户,不料三天之内预定者达 4500 份。由叶灵凤主编的《文艺画报》,后来因再脱期而告终。《中国文学珍本丛书》是张静庐这一阶段出版计划的尝试,原计划是每周一种,也因印刷上脱期和印刷技术上的问题,宣告失败。但是杂志营业日益发兴。

第二阶段是以自己刊行杂志为主要业务,出版新书为副业。张静庐是爱好文艺的,要想刊行杂志肯定是文艺性的。在当时出版界,他被认为是很"精明的人",和他打交道怕吃他亏。

《译文》是惟一介绍世界文学的刊物,已经联系三个出版处所,让哪一家出呢?最后还是鲁迅决定交给上海杂志公司出版,理由是:没有政治背景的纯粹新书店,只要谁不想占谁的便宜,"精明”也无妨。结果《译文》和上海杂志公司合作得很好。由于和《译文》合作很顺利,它的姐妹刊《作家》(社址在北京)也来上海交给上海杂志公司出版,甚至连合同都不曾签订过。在这段时间里,最使他痛心的是《高尔基全集》的出版,在征得鲁迅同意和《译文》社商定,用3年时间译完全集。全集分作6辑,每辑10部,半年出齐。翻译前的一切工作都已准备就绪,正准备登报公布,而另一家图书杂志公司忽然在前一天刊登《高尔基全集》出版预告,张静庐只好把这计划搁置了。不料全书只有薄薄的6本,这是《高尔基全集》吗?用张静庐的话来说:“丢尽中国出版家的脸!”“他并不明白这是出版家的罪恶,更没有清楚什么是出版家的责任。”也就是在这阶段他险些入了“冤狱”。几位留学日本的诗人,自费出了《诗歌》刊物,出版者私下对店员说代理发行,经理们对这项代理发行不知道。结果《诗歌》刊物在版权页上印上了“国内发行所”,教育局、公安局以“危害民国紧急治罪法第×项”提起控诉。一二三审,张静庐都未出庭,在千钧一发之际,郁达夫特地从杭州赶到上海进行艰难的斡旋。在第四审开庭前,张静庐跑回老家,直到“在抗战期间,于不违反三民主义最高原则及法令范围内,对于言论出版集会结社,当予以合法之充分保障”的公布才使张静庐未入“冤狱”。

第三阶段,为抗战宣传阶段。编印战时新书,以刊行杂志为辅助。卢沟桥事件发生后,张静庐已做好准备,以观事态发展。同时,预备出版一套大时代丛书。“八一三”之后,上海作为全国出版中心,此时不管本埠外埠杂志一无所有,也无书可读。地图和战时摄影,成为主要商品了。而宣传抗战的刊物纷纷出现,如《烽火》、《光明》、《宇宙风》、《抗战》、《文化战线》、《战事画报》等小册子、特刊等。而张静庐自己亲编了《西线血战》、《东战场》、《平汉前线》、《闸北血史》等抗战史料。另外,上海杂志公司出版了大时代丛书。当时上海已成了孤岛,和内地交通完全隔绝。张静庐决定把上海杂志公司迁到汉口，命令各地公司成员汇聚汉口。

从总的情况看，战时新书和抗战杂志比平时增加很多，新书数量惊人地增多，但其内容都大同小异。所增多的是某一性质的书，编过来编过去。就杂志来说，以前有千种以上，而现在全国统计只不过二三百种。由于战争的破坏，图书出版不平衡，学术性图书锐减，张静庐大声疾呼："在抗战建国时代，我们需要有建设性的学术图书，国防性的专门典籍，也能够同平时一般源源的印出来。同时更从第一期抗战经验与教训中，建起新的理论来；从参加前线抗战工作，实际生活的体验中，产生伟大的文学作品来；为要唤起全国民众的抗战情绪，发动民众自卫武力，编制通俗的大众读物来！这些都是有智慧的作家们的责任；也是贤明的出版家的责任。"

1935 年秋，阿英受良友图书公司委托，编中国新文学大系中的史料部分时。有一天，对张静庐说："要编纂一部比较详尽的中国新文化运动史，似乎不应该忘掉你。"阿英的话对具有"举鼎雄心"的出版家张静庐来说，是当之无愧的。

原载《编辑学刊》2000 年第 2 期

张静庐的身世和青少年时代

苏　嘉

张静庐和著名作家阿英（钱杏村）在 20 世纪 30 年代就是老朋友了。1935 年秋，阿英正在编纂郑振铎主编的《中国新文学大系》中的史料部分，同时还为张静庐的上海杂志公司编校《中国文学珍本丛书》。一个偶然的机会，阿英和几位编译书稿的朋友聚集在张静庐家喝茶聊天，谈到新文化运动的过去和未来，阿英郑重其事地对张静庐说："要编纂一部比较详尽的中国新文化运动史，似乎不应该忘掉你。”张静庐连声说：“不行，不行。我做得太少太少！”其实，张静庐是当之无愧的，在新文化运动史中他理应占有一席之地。这里只谈谈他的身世和青少年时代的曲折经历。

家　世

张静庐出生于一个屠户家庭。他在1938年所写自传《在出版界二十年》中，自叙家门说，祖籍河南，不知哪一代随宋室南渡，寄居在浙江省镇海县前绪乡清水河村，村里三百多户都姓张。他家世代务农，到他父亲30岁时，因和家族亲戚不相投，带着母亲和刚生下不久的大姐搬到后绪乡龙山土城西门外，弃农从商，开了一家鲜肉铺。

张静庐生于清光绪戊戌年（1898年），有四个姐姐两个哥哥，他是老七。生他时，他父亲已经移居龙山20年，五十多岁了。父亲与亲属从不往来，所以，张静庐说，他对亲属的情况一无所知，他所知道的只有他父亲一代。

他父亲大名张立芳，佃农出身，念过“雨书”，就是天晴下地干活，下雨才到私塾里去认字。他认识不少字，还能写会算，所以搬到龙山做买卖。但是卖鲜肉的营生是被人看不起的，称为屠户。张静庐回忆说，他父亲脾气古怪，很少言笑，喜欢抽旱烟。他有一杆长长的旱烟管，装一个坚实的铜烟斗，生气时，他就用力在石板上敲着烟斗。家里人知道他的性格，一听见铜烟斗的敲击声，就肃静回避，鸦雀无声。他父亲厌恶穿长衫大褂的人，而他的朋友大多数是身无分文的穷人和乞丐，但他情愿将一生勤俭积蓄的钱送给他们，于是缙绅先生们讽刺地给他起了个雅号，叫他“乡里善人”。

张静庐说起他的母亲，认为她的性格正和父亲相反。她姓王，虽然也是佃农的女儿，却信神佛，尤其虔诚拜佛，无论哪里有道场，她都会去。因为她认为屠宰牲口是天大的罪过，她要为一家人忏悔祝福，希望孩子们长大后，不再做屠宰生意，脱掉短衣换上长衫，另找职业。

张静庐的哥哥们没念几年书，他是小儿子，又很聪明，有幸读到小学毕业。他上过私塾，读过《大学》、《中庸》，后来进了演进学校，那时小学五年制，不分初高级，读完升中学。因为在私塾里读过《大学》、《中庸》，虽然不懂文义，字却是认识的，所以国文课本上的"天地日月山水土木"读起来不费力，当时的老师就让他跳级升到三年级。但是除了国文稳拿第一，地理、历史、算学、体操、唱歌等课使他茫无头绪，尤其英文，学了三个月，连26个字母都认不清，只会顺序背，挑一个出来，再三相面也认不得它。勉强读完五年级，又复读一年。可是那年秋天，三北农民抗捐暴动，砸了演进学校，书是读不成了，剩下的只有"学生意"一条路。

学　徒

张静庐曾经有过两次学徒生涯，学徒要三年才能满师。张静庐回忆说，第一次"学生意"是在上海天潼路的同庆烧酒行。老板是同乡，在母亲苦苦恳求下才同意带他到上海，那年虚岁十五。"学生意"也就是学技术，酒行的技术叫"品夹"，其实是造假。将上好的高粱酒羼入几成生水，加上黄栀子水，再加上一些长期浸泡在酒里的药材汁，就成了"虎骨木瓜酒"或者"五加皮酒"，高价出售。更坏的是用酒精羼水代替高粱，饮用后有损健康也不顾。这种事只有高级职员才能做，当学徒的工作是洗瓶子，不管严冬还是酷暑，每天要洗二三百只。此外还要给师傅倒夜壶、擦水烟袋，给师兄们盛饭，扫地、抹桌子。这样过了一年零三个月，国民革命发动二次战争，风声很紧，谣言四起，母亲在乡下极度不安，生怕他有危险，派了一个亲戚到上海接他回乡。老板一听来意，马上表示不行，学徒不满三年要回家，绝无此理。如果一定要回家，就不能再回来了。所以，张静庐这次烧酒行的学徒生涯只有一年零三个月，做了没有满师的“回汤豆腐干”。

回乡不到半年，在夏秋之间，张静庐又到了开设在上海新开河一个里弄里的新康洋纸号，继续一年零七个月的学徒生活。没有满师的学徒换一家铺子继续学下去叫做“过堂”。由于这家洋纸号是他的二哥、姐夫和朋友合伙开设的，虽然行业不同，仍能“过堂”，不过也得拜业师，做学徒应做的倒夜壶、擦烟袋、盛饭等工作。论工作，洋纸号比烧酒行安逸得多，只做打栈单、送纸张、拆箱或装船。又因是字号式，工作时间有规定，业余时间也就相对地多些，只要自己肯努力，可以看书、写字。

洋纸号也有行业“秘诀”，所谓“秘诀”，其实是作弊的方法。盈利多少要看老板运用“秘诀”的本领大小，是聪明还是笨拙。例如，60 磅说成 70 磅，105 磅说成 120 磅，这叫“冲码”；将每令纸抽出五张十张，顾客买十令二十令，决不会每令纸都数一数，这叫“剃头”；还有“掉包”，将劣等纸在包装上换贴顾客指定的商标牌号。当然这些作弊的方法不能经常做，做得巧妙而不被拆穿，那是老板多赚钱的本领。

“巡　阅　使”

学徒生涯虽然辛苦，但还是有使张静庐回忆起来兴味盎然的事。在烧酒行时，有专做租借书籍的书贩子，他们上门服务，每一套书只要化三四个铜子就能让人看个够。短小的三天一换，大部头的可以搁上半个月甚至一个月，这种书被称为“小书”，都是些一折八扣标点本，其中小说笔记比较多。就是这些“小书”把张静庐引进了另一个天地。

半年以后，当他看到商务印书馆出版、恽铁樵主编的《小说月报》，内容主要是文言小说和近代掌故笔记，简直高兴得像发现了新大陆，兴趣从此大变。因为这刊物中有林琴南的翻译小说，文笔流畅，他就拿来作为自学文言文的范文。林琴南成了他这一时期的崇拜偶像。同时报刊上“礼拜六派”小说风靡一时，正值青春期的他，对言情小说或称爱情小说一类作品很感兴趣，如冷红生的《茶花女》，徐枕亚的《玉梨魂》，赚了他不少眼泪。

由于喜欢读小说，发展到喜欢“书”，最初梦想到商务印书馆当一名练习生，可以经常接触书，后来又进一步产生做一个出版家，自己出书的欲望。每天在烧酒行收市之后的间隙，从天潼路走到棋盘街（今福州路、河南中路、山东路一带，十字交叉，所以称为棋盘街，其实不是一条街名），那儿书铺林立，就在每家书店的玻璃窗外站立片刻，对五光十色的小说封面发愣，因此被同事嘲笑为棋盘街“巡阅使”。

在洋纸号学徒期间，除了继续做“巡阅使”，还进一步作了大量记录，现在都成了掌故。他在回忆文坛逸事时说，“礼拜六派”最活跃的时代，领袖人物有青浦王钝根，吴门包天笑。王钝根拥有《申报〈自由谈〉》、《游戏杂志》和《礼拜六周刊》三大地盘。“礼拜六派”第一种刊物《自由杂志》，是王钝根从《申报〈自由谈〉》上发表过的文章中选辑而成的，出了两期，获得大量读者群；第二种刊物《游戏杂志》也是用同样的办法，选辑相应的文章而成。此后天虚我生编的《女子世界》，许啸天主编的《眉语》、李定夷主编的《小说新报》、徐枕亚主编的《小说丛报》，都尾随《游戏杂志》而产生，当然，这些杂志中低级趣味不少，但也不全是毫无价值的文字，如周宛雏主编的《春声》月刊和包天笑主编的《小说大观》，尤其《春声》月刊，拥有南社许多诗人和文艺作家，此后因《礼拜六周刊》风行一时，又出现了以纯趣味的滑稽刊物《五铜元周刊》，以庄谐并重为号召的《白相朋友》。在以上这些刊物的作品中，也出了一个特别受青年欢迎的作家周瘦鹃。

另外，还有许多单行本小说，最风行的要算徐枕亚的《玉梨魂》了。开始民权报馆营业部的职员马志千，将《民权报》副刊上刊登过的文章，分类编成几集《民权素》，印行后销路不错；他又把长篇连载的小说《玉梨魂》印成单行本，意想不到发行量非常可观。为了版权和徐枕亚发生纠葛，双方用广告的形式互相攻讦，结果这部骈四俪六的爱情小说的发行量，被刺激得大量上升，徐枕亚也就成了"名利双收"的受益者。

张静庐是个有心人，从少年时代开始，就能对出版界的一些人和事做下记录，他的这种兴趣，是后来编写出版史料的基始。

习　作

洋纸号的生活条件比烧酒行大有改善，虽然也还是学徒，除了业余时间多一些，经济也较宽余了，月规钱三百文，如有买书等正当用途，还可以向会计部支借二三元，买些心爱的小说或杂志阅读。起初藏在抽屉里，后来抽屉装不下，竟高高地堆在写字台上，可是他爱书如命，同事要是摸一下封面也会使他老大不高兴，要借阅那是万万不能的。因为这些书，在当时对他来说，比珠宝黄金还要珍贵。

书看得多了，就想自己动手写作，处女作命名为《冷与热》，十分慎重地邮寄到《礼拜六周刊》编辑部。寄出后，紧张得三整夜没有睡好觉。过了一星期，被主编王钝根"原璧奉还"，原因是故事结构虽不错，文字中错别字太多，有的文句还令人费解。这次碰壁没有使张静庐灰心，他理解自己文字水平确实太差，反而增强了学习写作的信心，觉得只有多读多写才能提高水平。不久，他又写了篇无论形式和内容都不同一般的小说《游丝》，寄到《妇女周刊》，居然被主编沈卓吾采用了。这期《妇女周刊》发行时，他兴奋得到远近报摊见一份买一份，约买了几十份，翻来覆去读了好几十遍，几乎整夜未眠。沈卓吾是张静庐在上海认识的第一个文化人。

当时“礼拜流派”的作品大体可分三类:第一类短篇小说,文言多于白话,大多以言情为主,被称为“鸳鸯蝴蝶式”。青年作者没有阅历,一律“哥哥妹妹”;年纪大一点的作者,有了生活经验,更是吟风弄月,以十里洋场为背景,描写风流才子出入妓院的艳史。第二类笔记小说,则以谈鬼说怪为主,也有专写前清权贵、名人轶事的。最次的一类是抄诗了,所谓《香艳诗话》、《客中消遣录》等等。张静庐这时的作品,也是“哥哥妹妹”式的小说,由于高产和赶时髦,又缺乏生活体验,标题内容都已淡忘。用他的话说,叫做“连自己都记不得玩了些什么把戏”。

办 报 刊

小说写得多了,接触的人也多了,有进取心的张静庐就想自己办张小报。这时他还在洋纸号当学徒,办的第一张小报叫《小上海》,馆址设在牯岭路余庆里,后来翻造改名人安里。当他创设上海杂志公司时,社址正好也设在这里,这是后话了。这张小报寿命不长,因为刊登了一篇从医学杂志摘来的关于性问题的文章,被公共租界工部局以“妨害风化”罪,勒令停闭。

小报虽然停业,但他并不灰心,又从洋纸号支借了几百元,出版了两种杂志,一种叫《小说林》,一种叫《滑稽林》。他从编写,跑印刷厂,直到杂志出版,高兴得像生了个儿子一样。可是怎么卖出去呢?只有委托发行一条路。他兴冲冲地夹了几百本杂志,到各条马路的报摊和小书店,分别恳求他们代售。就这样把几百本杂志分到了各条马路上,既没有向人家要收据,自己也没有搞一个回条之类的凭证。一句话,根本没有考虑到要办什么手续,只是天天跑去探头探脑地张望,看到有人买了自己的杂志,恨不得过去和人家握手甚至拥抱。但是,好事不长,到了月底去收账,却一无所得。报摊和小书店都向他要凭证,收据呢?回条呢?当初没有办,现在怎么拿得出来呢！人家不认账，吵也没有用，无奈之下只有自认倒霉。这次可负了一身债，只能卷铺盖回龙山老家了。

失败是成功之母。这次尝试出版、发行的失败，是后来他创办上海杂志公司所以取得好成绩的基点。

“酒　保”

时隔一年，张静庐的哥哥和朋友在上海浙江路开办了一家名叫“小醉天”的酒馆，母亲让他去充当账房，是记录花雕一斤、汤面一碗的起码账房，他戏称这个职务为“酒保”。不管怎样，月薪4元，饭是有得吃了。只是工作繁杂，时间又长，足足要做16个小时。然而，在这样的环境中，他居然还能够写小说，并且写得很快，平均两天能完成一篇。刊登最多的是《中外时报》的副刊，主编夏秋风还很赏识他。但是，他的账房工作却不尽如人意，既不识银元真假、成色好坏，甚至账务格式、记账速度都不及格。按他的聪明才智，不难很快学会，但他在柜上写小说，心没有放在账务上，因此，到了晚上结账，不是有余就是短缺，而且收进不少假钞票、假银元。业务不熟练加上分心写小说，他自己也知道，虽然他哥是股东，光凭情面是不能长久维持的，再说自己对这工作一点兴趣也没有，迟早是要离开的。让人家辞退，不如趁早自己辞职。正巧找到了“国文函授学社”秘书的职务，就此辞职不干了。

“国文函授学社”

这个“国文函授学社”是1916年间轰动上海文坛的一个骗局。搞这骗局的刘某，在《神州日报》副刊上做些香艳体随笔，有时还帮副刊编辑发排稿件，也算是个没有名义的助理编辑。但他名利心切到了不择手段的地步，竟异想天开地在发排稿件时，夹进一条章秋谷创办“国文函授学社”的新闻。章秋谷其人原系子虚乌有，是张春帆小说《九尾龟》中的主要人物。《九尾龟》当时颇为流行，章秋谷被写成一个风度翩翩，出入妓院的风流才子，读者认为这部小说可能是作者经历的自我描绘。因销路广远，“章秋谷”这名字，耳熟能详，而确信真有其人或作者化身的读者，也为数不少。所以这条消息刊出后，许多崇拜这位风流才子的读者，写信要求入社或索取章程。

刘某的舅舅也姓章，住着成都南路沿马路的一栋两开间的石库门房子，他就用这章公馆的地址作为社址，并聘请林琴南为学社的社长。林琴南远在北平，在当时的条件下，不可能对上海文坛情况有什么了解。刘某寄去了《九尾龟》一部，似乎是他自己的作品，请林琴南指正。君子可欺以其方，林琴南不但答应担任社长之职，并允许撰述国文课讲义。不多几天，上海各大报又都刊登林琴南主事“国文函授学社”的招生广告。就这样愈演愈真，经过两三个月的筹备，报名索章的人愈来愈多，一个人应付不了，所以聘请张静庐来做秘书。

一来二去，报名上学的不下2000人，以每人一学期学费12元计算，已收入两万多现钞。刘某利用这笔在当时来说相当巨大的现款，又分别聘请几位名作家，担任撰写讲义的讲师，如吴东园的词学、王钝根的新闻学、天虚我生的诗学，并陆续发出函授讲义，无本生意愈做愈大。

张静庐在职三个月，这时还很年轻的他，不满意刘某的欺诈行为，并且看透了他这个人的人品恶劣，决计离去。后来，刘某果然因钱财来得容易，浪吃海用，信用低落到极点，居然一逃了之。在几年后，张静庐写过一部《文坛燃犀录》，就是以这件事为主线，描写当时洋场才子的形形色色，在《商报》副刊《商余》上陆续发表。可惜由于《商报》主编的种种人情关系，横加阻截，只刊出三回而夭折了。

《公 民 日 报》

这时张静庐收到一位天津朋友的来信，信内还附了几份天津出版的《公民日报》，报上公然刊登了他所写的几篇小说。当时外地报刊转载上海报刊的文章很普遍，由于军阀割据等原因，交通阻塞，天津、北平等北方读者看不到上海报刊，同样，上海读者也看不到北方报刊，所以根本不知道谁转载谁。可是张静庐认真了，写信提出质问。没有料到的是居然收到了回信，信上除了道歉还说："本报即将扩充篇幅，如先生不惮跋涉，愿聘先生为副刊编辑……因社中经费支拙。请半尽义务，月致车费 40 金……"这种从天上掉下来的好事，使他如在梦中，月薪 40 元，比他原来的工资高出十倍，可以说，从他工作以来，从来没有拿过这样的高薪。因此和好友再三商议，会不会上当？最后拿定主意还是去试试，好友又帮助打点了行装，准备好来回路费，终于在一个秋高气爽的黄昏，搭上了开驶北洋班的盛京轮船。这是第一次一个人出远门，所以他既害怕又兴奋，在度过了四天四夜的风浪颠簸后，终于到达华北大商埠天津。

《公民日报》是华北国民党的机关报，当时以讨伐袁世凯为主要任务，经理刘揆一，主笔刘铸对青年人都还不错。它的社址，也是华北国民党的机关所在，党人进进出出，一派繁忙的景象。张静庐是南方人，语言交流不通畅，同时他也以局外人自居，所以没有什么朋友，除了做应做的工作外，业余就在日本花园坐着看书。

不久，袁世凯暴卒，黎元洪复任大总统，报馆从天津迁到北平，虽然仍编副刊，同时又助编新闻。这是张静庐做新闻记者的开始，也是对记者生活感兴趣的开始。可是，好事不长久，张勋复辟，报馆停业，他就不得不再次回龙山老家了。

赌　博

张静庐回到家乡龙山,就由母亲做主结了婚。秋季到镇海觉民小学当教员。生性活动的他,不耐坐冷板凳,也不爱当孩子王,所以,不等学期结束,就跟一个亲戚去山东贩枣了。动机不是想赚钱,而是好玩,想走《老残游记》上走过的路。从济南到聊城有三天旱路,共齐集了四十多辆驴车,请了一连兵保护,一路上茅店鸡声,板桥人迹,倒别有一番风味。住了两个月,经亲戚介绍到津浦运输公司任文牍。于是,坐上独轮手推车,在大平原上走了三天,又回到了济南。这家公司新创办,筹备处设在一家旅馆里,开始,闲来无事,到西门大街的书铺里当"巡阅使",或者到趵突泉听梨花大鼓,其实听不懂,只是喝茶附会风雅而已。但是,有一天忽然被未来的客户邀请去当牌局陪客,桌面上用的是筹码,主人没有说明底钱多少,而他又要面子,不敢问清楚,好像讲钱的事显得寒酸相,要被人家讥笑为小家子气,因而打肿脸充胖子,坐下就打。打完四圈又打四圈,接着打了一个晚上,直到阳光射进窗帘,大家疲倦得呵欠连片。主人过来一算筹码,他竟然输掉三百八十多元,这下才感到闯下漫天大祸。公司如果开业,以职务论,薪水每月不过二三十元,岂不是输掉了一年的生活费吗?他摸摸口袋,还有三十多元现款,于是情急之下撒谎上厕所,却直奔济南站,买了去南京的车票。这下丢掉了行李、书籍,毁弃了职业、名誉,只得投奔一位亲戚去了。当他见到这位父叔辈的老人时,倒还诚实地供述了这次荒唐的经历,做好了接受训斥的思想准备。出乎意外的是听到这样的话:"这是青年人容易犯的过失,问题是你能否记住教训!"

他就这样在这位老人开的铺子里住下,还得到一个下关商务印书馆的取书折,老人还关照他说:"买书的钱都记在折子上,我替你还。"这时的他简直感激涕零,下决心好好读书。开始读说部丛书，后来又读《资治通鉴》，循规蹈矩地过了一个严寒的冬天。第二年，父亲去世，他回到龙山，对着父亲的遗像，觉得自己一事无成，不禁羞愧交加。

“六　　三”

五四运动风起云涌，席卷全国城乡，报刊作为传媒，从北平到上海，到宁波，甚至到达了龙山。失业在家的张静庐热血沸腾，用他自己的话说，要冲破樊笼，创造新生命。他向他的三姐借了三元银洋，悄悄地到了上海。这时上海为响应五四而爆发了“六三”运动，商人罢市，学生罢课，工人罢工，气势洪大。商界有个杨瑞葆，他以商店店员为基础，号召组织救国十人团，从高昌庙到闸北，组织了几千个十人团，并以组为单位，成立联合总会。总会决议办一张《救国日报》作为十人团总会宣传机构。张静庐由同学郑义方介绍参加干部组织，又因当过编辑，成为《救国日报》负责人。“六三”运动后，接着有反对西原借款，取消四路合同，罢免段祺瑞，解散安福系武力边防军，号召七省工商学界推举代表入京（北平）请愿。

张静庐参加的请愿活动在10月间，系山东学生发起。当时全国学生总会设在上海，由学联邀请各界联合总会所属团体开了个代表联席会议，决定全国各地都派代表进京请愿，阻止段祺瑞政府的卖国行为。张静庐以救国十人团联合会名义作为上海三人代表团之一参加。最后，共有七省市代表计30人，到北平后，公推山东代表孙宪也为领导人。这次请愿虽然遭到卖国的段祺瑞政府的镇压，代表们有48天的牢狱之灾，却有力地揭露和打击了段祺瑞政府和日本帝国主义勾结的阴谋。由于得到全国人民的声援和支持，一致反对卖国，反动政府终于给了日本侵略者一个复牒：“未便与贵国开议”。

请愿代表被释放后，一路上受到北平、天津、济南、南京、上海等地学联和民众团体的欢迎和慰劳。同时，全国各界联合会在上海组成，张静庐被宁波各界联合会推举为出席总会的代表。会议期间他认识了上海代表赵南公，彼此交谈甚感知己，大有相见恨晚之慨。赵南公是泰东图书局的股东兼经理，诚邀张静庐去当他的助理。从此张静庐踏进了出版界，开始朝着想做一个出版家的道路迈进。从泰东图书局、光华书局、现代书局、上海联合书店、上海杂志公司直到新出版业联营书店以至解放，都有业绩可以称道。

张静庐从 1914 年还在学徒期间就开始自费编印和经营小型报刊，以后除了经他手出版了无数名人名著，编纂出版史料和自己的著述，都有辉煌的成绩。他一生从事出版事业，作为一位卓有成就出版家和出版史家，几十年来虽历经挫折，却能不断探索和开拓新的园地，是出版业中颇有创新精神的行家。

1943 年中华全国文艺界抗敌协会茅盾、夏衍、老舍、洪深等发起纪念张静庐从事出版事业 25 周年活动，当时董必武曾亲笔题诗："铅椠辛勤廿五年，文坛几见斗芳研。是真名著千秋业，拣选刊行世始传。"表彰他在传播新文化和对出版事业所做的积极贡献。有谁能想到他只上过小学，曾走过一条曲折的小径呢！

原载《出版史料》2002 年第 4 辑

张静庐与中国出版史研究

罗伟国

张静庐先生是我国近现代出版史上一位资深出版家。他是浙江慈溪人，生于 1898 年。16 岁开始涉足出版业，先后创办多家报刊，分别担任过出版社、杂志社和报馆的编辑、主编和经理等职务，经营过发行业务，与文学界、学术界及出版界同行保持着良好的关系。

对于整理出版史料的重要意义，张静庐先生确实比一般人要认识得早、行动得快。1938年，张静庐就写了自传——《在出版界二十年》，由上海杂志公司出版。他在书中回顾了1919年至1938年20年间自己在出版界的奋斗经历，同时也记述了那段时期上海出版业的概况。

这20年，正是从五四运动到抗战初期的风风雨雨的20年，正是我国新文学运动蓬勃兴起与发展的20年。在这20年中，与文学事业的兴旺发达相偕而来的是出版事业的兴旺发达。“泰东”、“光华”、“现代”、“联合”以及上海杂志公司等出版社，正是在这20年中相继问世；上海四马路文化街，也在这20年中逐渐形成规模。张静庐不仅参加了这些出版社的工作，而且还主持成立了其中一些出版社。这些出版社曾经直接或间接地培养、扶植了诸如创造社等文学团体和一批作家，在那些从事过新文学创作的作家们的脑海中留下了亲切的回忆。比如“泰东”出版过田汉的《蔷薇之路》、华林的《枯叶集》、高歌的《清晨起来》、易家钺的《西子湖畔》、王新命的《狗史》、曹唯非的《微痕》、闻一多的《红烛》、蒋光慈的《短裤党》、郭沫若的《女神》和《星空》等作品；“光华”出版过孟超的《候》、徐葆的《受戒》、史岩的《模型女》、滕固的《死人之叹息》、沈松泉的《醉吻》、冯都良的《怅惘》、叶鼎洛的《前梦》、洪为法的《长跪》、倪贻德的《东海之滨》、王独清的《圣母像前》、杨荫深的《一阵狂风》、金满城的《我的女朋友们》、向培良的《我离开十字街头》等作品；“现代”出版过罗皑岚的《六月里的杜鹃》、蒋光慈的《菊芬》、《最后的微笑》等作品。

泰东书局被称作“创造社的摇篮”，聘用创造社成员，出版创造社的刊物，郭沫若因此与张静庐结下了友谊。1935年夏天，张静庐先生主持的上海杂志公司发起刊行“中国文学珍本丛书”，请施蛰存任主编，约请的编委都是文坛名流，包括胡适、周作人、郑振铎、叶圣陶、郁达夫、俞平伯、朱自清、丰子恺、沈启无、刘大杰、阿英等20人。张静庐刊行“中国文学珍本丛书”的宗旨，一是为了让珍本大众化，使普通读者都能买得起；二是为了对古典文学名著的版本正本清源，底本尽量择取善本、秘籍，有的还借抄于孤本。但限于当时的条件，有些书的底本难以从私人珍藏中获得，也无法从图书馆得到支持，仅从购求中求其善。1937年抗战爆发，“中国文学珍本丛书”的出版只得停止。

张静庐先生从一个穷人家的孩子成为一个出色的文化工作者，从一名爱好文艺的青年进而成为一位著名的出版商，成功的奥秘是什么？他在《在出版界二十年》中告诉我们：“只有自己才会真了解自己，只有自己才是自己的知己。”张静庐在书中感叹当时从事出版工作的艰辛，道出了许多我们新一代出版工作者所不了解的困顿。作为一名出色的出版家，张静庐在《在出版界二十年》中总结了自己的经验，介绍了一些“生意经”、一些出版工作的“门槛”，保存了大量第一手的出版史料。今天读来，仍让我们获益匪浅。

全国解放后，张静庐先生被聘任为中央人民政府出版总署计划处副处长、私营企业处处长及出版总署专员。自1954年起，担任古籍出版社、中华书局编审。1965年退休，1969年9月在上海病逝。

张静庐先生经历了现代出版史上许多重大事件，对出版史料情有独钟，对出版史研究高度重视。20世纪50年代初，学界尚未开展对出版史的研究，张静庐先生已经着手编纂《中国近现代出版史料》。王益、王仿子、方厚枢等研究者在《谈我国出版史著作和史料出版》中感慨地说道：“在张先生编辑出版这些史料的当年，我们对他的工作的重要意义，并没有深刻的认识。张先生是有远见卓识的，他是建国后我国出版史研究的开创者，他带了个好头，我们现在还应该感谢他。”

张静庐先生在出版史研究领域的主要成果，都体现在《中国近现代出版史料》之中，因而有必要对该书作些介绍。这部约 250 万字的皇皇巨著，共 7 编（包括近代一编、二编，现代甲编、乙编、丙编、补编、丁编），精装 8 册。全书收录了自 1862 年京师同文馆创立至 1949 年中华人民共和国成立 87 年间我国出版事业的重要资料，包括图书、报刊、教科书、印订技术、出版法令等，还有三四百幅图片和书影，保存了大量丰富的第一手资料。这些内容，有的辑录于当时的图书期刊，有的是未经公开发表的，还有的资料是特约编写和专门调查的，极为难得，对于中国近现代出版史的研究具有重要参考价值。由于各编的时代背景不同，资料的侧重点不同，体例上也有一些差异，因而须逐编加以说明。

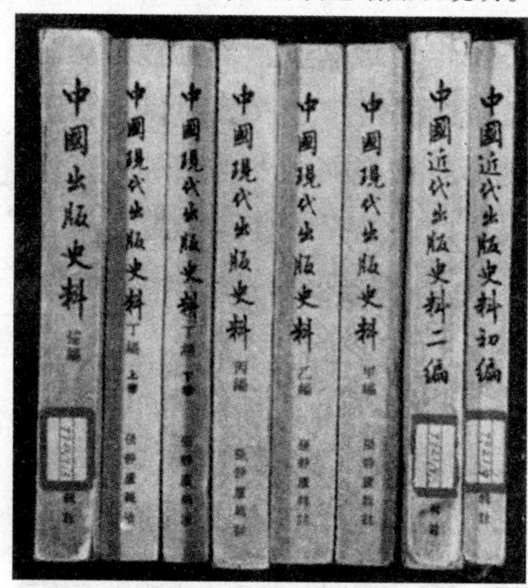

中国出版史料系列

近代一编起自 1862 年清廷创设京师同文馆，迄于 1918 年五四运动前夕，搜集的都是新兴出版事业的重要资料。编辑体例系按年排列，但为查考便利起见，亦经略加编次。全编分作五卷：一为官办翻译事务（如奏请设立译书院），二为图书期刊（如《辛亥革命杂志录》），三为教科用书（如《教科书之发刊概况》），四为印刷技术（如《铜刻小记况》），五为出版法令（如《大清印刷物专律》）。书中说明，“出版法”系民国三年（1914）十二月五日袁世凯所制定，由国务卿徐世昌之副署而公布者。其中第11条所列各款，与报纸最有关系，动辄得咎，非常危险。“报纸条例”废止后，政府当局仍袭用其精神，而所谓“出版法”之运用，当局依然觉得非常便利。如《国民公报》等报刊被封，都是援引“出版法”。民国十五年(1926)一月二十九日，因北京报界的强烈要求，政府才下令废止“出版法”。近代一编取材范围，以与图书、期刊的编译、出版、印刷有直接关联的材料为主；报业取材较少，以其已有专籍，足资参考。

近代二编起自1896年“维新变法”前夜，迄于1918年，仍属旧民主主义性质的文化范畴，故亦可视为一编的“补编”。编辑仍循前例，按资料内容分类，依时间先后编次。全编分为四卷：一为官办编译事务(如奏请推广学堂设立译局报馆)，二为一般图书期刊(如戏曲书籍考略)，三为印刷装订技术(如《清代印刷史小记》)，四为有关出版法令。书中所收法令，包括清宣统二年(1910)颁布的著作权律和民国四年(1915)颁布的著作权法。前者共5章55条，后者共5章45条，保护著作权年限均为著作者一生及死后30年。近代二编取材范围仍以曾经过整理，直接与编译、出版、印刷有关联者为主，其中也有一些与一编相交错，或为一编搜集所未及，或为一编史实之补充。此外，还附刊珍罕书影、插图三十余帧及《出版大事年表》。这个《出版大事年表》汇集了许多珍贵资料，如同治元年(1862)总理各国事务衙门奏准设立同文馆于北京；同治二年(1863)李鸿章奏准设立广言馆于上海；同治三年(1864)同文馆出版第一部书《万国公法》；光绪十一年(1855)康有为作《大同书》；光绪三十年(1904)商务印书馆创刊《东方杂志》；民国七年(1918)《新青年》成立编辑委员会，由李大钊、钱玄同、高一涵、沈尹默、陈独秀、胡适轮流编辑，等等。

现代甲编起自1919年五四运动，迄于1927年第一次国内革命战争结束，已进入新民主主义性质的文化时期。编辑仍循前例，按资料内容分类,各依时间先后编次。全编亦分四卷:一为五四运动后有进步性、代表性刊物之发刊词(如《每周评论》发刊词),重要社团之宣言章程(如《新青年》宣言),以及中国共产党成立后主要刊物发刊词、革命出版机构史实与出版物目录等;二为清末至1929年初东西洋文学作品中文译本编目;三为国际间著作出版权交涉事件(如《美商版权交涉始末记》);四为古籍整理出版情况(如商务印书馆影印出版《四部丛刊》、中华书局出版聚珍仿宋版《四部备要》)及书林掌故。取材范围不变,然在此期间,新旧文化、思想斗争日趋尖锐,配合革命活动之出版工作在历史上留有极丰富的资料,但限于体例,未能广泛包罗,只是辑录了若干重要素材。

现代乙编起自1927年"八一"南昌起义后,迄于1937年"七七"事变前夕,即第二次国内革命战争时期。编辑仍循前例,按资料内容分类,依时间先后编次。全编亦分四卷:一为革命出版物目录、文化团体的宣言(如《中国自由运动大同盟宣言》)、左联时期文化界动态的记述等(如《中国左翼作家联盟的成立及其和反动政治的斗争》);二为一般图书的著录和出版概况(如《十年来的中国出版事业》);三为古籍整理出版情况(如影印《古今图书集成》);四为国民党政府有关出版的法令(如1928年颁布的著作权法)。取材范围偏重在国民党统治区,革命根据地和"国统区"的地下出版物因资料搜集困难,故选录不多。

现代丙编起自1937年,迄于1949年建国前夕,包括抗日战争和第二次国内革命战争时期。编辑仍循前例,按资料内容分类,各依时间先后编次。全编亦分四卷:一为文化出版工作者对国民党反动派抗争的史料(如《出版业紧急呼吁》),以及被查禁的书刊等(如被国民党政府查禁的961种书刊目录);二为解放区、沦陷区文化出版工作的建设和成就(如《华中根据地戏剧书录》);三为各种印刷、装订技术的改进和革新的记述(如《中文排字改革的报道》);四为国民党政府有关出版的法令(如《修正抗战期间图书杂志审查标准》)。取材范围仍以曾经过整理,直接与编译、出版、印刷有关联者为主,大多是"国统区"的资料。

补编起自 1862 年京师同文馆成立,迄于 1949 年中华人民共和国诞生,系补充近代一编、二编及现代甲编、乙编、丙编中未及采录的一些资料。编辑体例,一仍近代、现代各编旧贯。全编分作上下二卷:近代部分为上卷(如《同文馆记》),现代部分为下卷(如《1930 年全国革命报纸调查》)。取材范围,因本编属补遗性质,故所收颇多第一手资料,或补以前所未及,或仅供各编文字之注释,虽零星短篇,仍弥足珍贵。

现代丁编起自 1919 年,迄于 1949 年建国前夕,都是新民主主义革命阶段。丁编是现代甲编、乙编、丙编的补遗,因此编辑体例与诸编有所不同,不再用时期划分,只就资料性质,以类相从。全编亦分作上下二卷,仍以年代编次,以便查考。

随着出版业的蓬勃发展,出版史的研究,尤其是中国近现代出版史的研究,日益受到学界和业界的重视。要研究中国近现代出版史,就不能不查考由张静庐先生历时 20 年苦心搜集、精心整理和辑注的《中国近现代出版史料》。但此书于 1950 年陆续出版后,距今已有 50 年,且当时的印数就很少,现在一般的研究者要找到这套史料集颇为困难,所以上海书店出版社最近按原书予以影印重版。考虑到张静庐先生在编纂时,是随着史料征集而陆续增补的,读者查找资料很不方便,为此这次重印编制了全书的分类总目录置于卷首,编制了作者和篇目的综合索引置于卷末,以便读者检索。

原载《编辑学刊》2003 年第 3 期

张静庐的书刊广告艺术

范　军

张静庐(1898～1969),中国现代著名的出版家。他从1915年任天津《公民日报》副刊编辑开始,在长达半个世纪的岁月中一直从事编辑出版及新闻工作。1920年任上海泰东图书局编辑、出版部主任。1924年与人合资创办光华书局,任经理。大革命失败后,曾与洪雪帆、卢芳合办现代书局,任经理。1929年创建上海联合书店,任经理。1931年再次回到现代书局,任经理。1934年创建上海杂志公司,任总经理。任期内出版了不少进步期刊,其中有:郭沫若主编的《洪水》、蒋光慈主编的《拓荒者》、田汉主编的《南国》、郁达夫主编的《大众文艺》、艾思奇主编的《读书生活》等等。新中国成立以后,他先后在出版总署、古籍出版社、中华书局等单位工作。主要著述有《中国的新闻记者与新闻纸》、《革命外史》、《在出版界二十年》,编有《中国近代出版史料》初编、二编,《中国现代出版史料》甲、乙、丙、丁编,《中国出版史料补编》等。

作为现代著名出版家、出版史料专家,张静庐先生有十分丰富的编辑出版理论与经验值得总结。王建辉先生称他是"刊行杂志整理史料的有功之人"①。张静庐在长期的编辑出版实践中很重视书籍特别是杂志的广告宣传工作,本文就此方面作些初步的探讨。

一

张静庐值得圈点的图书广告宣传始于上个世纪20年代初期。当时他在赵南公的泰东图书局任职。泰东图书局一向重视书刊广告(当时也叫“告白”)。这项工作由张静庐负责后,他改变了以往泰东图书局图书广告套语连篇的通行模式,建立起浅白通俗的广告风格。[②]比如吴稚晖《朏庵客座谈话》一书的广告:

书是吴稚晖先生做的,怎么叫做谈话呢?他的意思,就是你心里想着问他什么,他就答你什么。比如你想看笑话,他就和你谈各种的趣事,你想去游历,他就和你说欧美的地理,你想学工艺,他就和你说制造的法子,你想去留学,他就和你说,那个学校、什么章程并且连吃的穿的住的统通告诉明白你。做这书的人,足迹走遍世界,他的见闻多眼界广,说出来的话,当然是无所不有,真可称为新知识的杂货店。要想增长见识,请你看这部书;要想到欧美去留学,更不可不看这部书!

又如蔡晓舟著《国语组织法》的广告:

为什么要文学革命?因为要改革中国几千年来言文不一致的大毛病。但是言文要一致,也不是容易的呢。中国疆土有这样大,一地方和一地方的语言,是大不相同;那么要想言文一致,不仍旧是一个梦想吗?但是有一个法子,是极紧要并极妥当的法子,是什么呢?就是研究国语。研究国语,也谈何容易!必定要有一本国语的善本——详详细细说明国语组织的法子。

这一部书可能容易找吗?容易!容易!就是蔡晓舟先生所著的《国语组织法》。这一部书是由蔡元培先生审定,并有一篇序文,说得很详细。这一部书一出那么我就敢大着胆,向诸位说一声——不必再愁言文不一致;也不必再愁白话文不会做了。来!来!不要错过不买这好书!

文学史家刘纳说:“透过这些俗白的、不厌重复的文字,我们甚至能够洞察到广告作者迫不及待地要把书兜售出去的焦躁心态。由于迫不及待,以至犯了广告语的大忌:啰嗦。”如果我们考虑到20世纪20年代初期,还处在白话文刚刚兴起,文言文尚未退出历史舞台的环境,考虑到张静庐连中学都没有上过,靠自学成才的经历,同时也是刚刚踏入出版界不久,能写出这样的广告就显得难能可贵了。从这里可以看出张静庐比较强烈的市场营销意识。当然,这些文字与后来鲁迅、叶圣陶、巴金、胡风等人的书刊广告文字比,差距确实是十分明显的。

张静庐后来在经办现代书局的过程中,也是很重视书刊宣传的,尤其是注重书刊互动。施蛰存在《我和现代书局》一文中,谈到当年张静庐约请他主编《现代》杂志时说:“出版一种期刊,对中小型书店来说,是很有利的,如果每月出版一册内容较好的刊物,在上海市,可以吸引许多读者每月去光顾一次,买刊物之外,顺便再买几种单行本书回去。对于外地读者,一期刊物就是一册本店出版书籍广告。”③从这里我们也可以知道,为什么张静庐无论是办杂志公司,还是文艺类书店(出版社)、社科类书店(出版社),都念念不忘杂志。不仅如此,张静庐还充分利用本书店的刊物,直接刊登一些本版图书广告,也有通过已有刊物来宣传新创办刊物的,效果很好。《现代》第2卷第5期,就有这样一则广告:

> 《湖风》虞琰女士诗集:女性的纤弱的感觉,适宜于写美丽的小诗。你愿意在吟了洛依女士底短歌后,从《湖风》中欣赏如下的小诗吗?“深秋里,/想找些残酷的黄叶,/在那猛风暴雨后。”

同期《灵凤小品集》广告:

艳阳天气，在水滨，在花间，在灯下，都是读小品文的好时光，从三四分钟便可读毕的短文中，你将获得生活苦的慰安，神经衰弱的兴奋剂，和幻梦的憧憬。

这些广告文字充满了文化韵味和诗意色彩，没有商业气，体现出书刊广告的特点。④

又如现代书局由叶灵凤主编的《现代小说》月刊创刊时，也曾在《幻洲》2卷6期上刊载过一则《现代小说出版预告》⑤：

一九二八年的一月一日，我们将由新开的现代书局再出版一个专载小说的月刊《现代小说》，每期有八万字。我们创设这个刊物的心意，是想真实地，诚恳地，为了自己，也可以说为了旁人的缘故，在小说上作一番重负的努力。大约在今年十二月中旬左右，这个刊物的第一期便可在各书店中与读者相见。

据张永胜先生统计，在已经出版的6卷34期《现代》杂志中，共刊载了约530则广告，平均每期15则。这些广告主要是为书局自己服务，是现代书局对外宣传的窗口和展示形象的舞台。一则则优美的广告无一不将人们带回到那个尘封已久的时代，从中再次体验到那个时代独有的书香。正如刊登在《现代》杂志第三卷第一期的现代书局上海书店"七周年扩充铺面"的广告中所说的那样，时刻等待着人们的寻访。这则广告中有一首诗写道：

你爱五月吗？/梅子黄熟的季节？/五月，五月，/浪漫的季节，/劳动者抬头的季节，/女性觉醒的季节，/国耻的季节。/所以，五月，应该是/读书的季节。/文艺的书，/社会思想的书，/妇女问题的书，政治经济的书，/它们都排列着，/在现代书局的/辉煌的新铺面里,/等候你底选择。[⑥]

这些图书和刊物的宣传广告、出版预告不一定是出自张静庐的手笔,但无疑是贯穿了他的经营思想的。当时的张静庐正是现代书局的经理,算是老板之一。

二

张静庐出版生涯最辉煌、最有成效的是创办和主持上海杂志公司。1934 年 5 月,他打出了上海杂志公司的牌号。从这时到 1936 年,公司以贩卖书刊为主要业务,一度也刊行过艾思奇主编的《读书生活》半月刊和叶灵凤主编的《文艺画报》等。以后,改以出版杂志为主要业务。到抗战时期,先后出版过的杂志除了前面列举的,还有黄源主编的《译文》,孟十还主编的《作家》,黎烈文主编的《中流》,平心主编的《自修大学》,丁玲、舒群主编的《战地》,胡风主编的《七月》,中国作家协会主编的《抗战文艺》等。这期间,也还出版了“创造社丛书”、“幻洲社小丛书”、“中国文学珍本丛书”、“大时代丛书”、“当代青年丛书”、“每月文库”等等。影响较大者,还是那些进步的刊物。

创办中国近代出版文化史上这第一家专营杂志的公司时,张静庐只有 20 元的资本。当时,一般书店都以经营杂志为副业,因为这容易亏本。但张静庐的这家杂志公司在创办初的 5 个月里,靠包括他本人在内的 3 个店员,竟赚了几千元钱。其中很重要的,就是他根据读者的心理,制定了贩卖杂志快、齐、廉的“三字经”。[⑦]此后,张静庐进一步探索创新,始终以为读者服务为出发点,采取自由订阅的办法,读者可以自由选定杂志,自由更换,“退订改订自由”,结果公司业绩蒸蒸日上。他在杂志发行方面是非常重视广告宣传的,这方面的一些理念和做法也是取得优良经营成效的宝贵经验。

在《杂志发行经验谈》中，张静庐这样写道："怎样使杂志的销路广大起来？""说得长些，写一本书也说不完备；说得短些，归根结底只有一句话——'内容充实'！"[⑧]他又说："在几百几千种杂志中，要使你的刊物从那里蹿出来，绝不是一件容易的事。第一，要使各地的读者都晓得有这样一本东西（买与不买是另一问题），第二，要使它能达到每一家贩卖书店（卖得掉与卖不掉是另一问题），第三，要使读者怎样会拿出钱来买你的杂志（满意与不满意是另一问题）。"这里就"需要宣传"。对于读者心理、刊登广告的时机、宣传媒介的选择、广告内容等，张静庐都有切实的研究和独到的体验。

首先，他主张杂志广告要实事求是，避免浮夸。他说："在没有出版之前，先发布一种预告，在预告中说明将有怎样性质的一种杂志出来，它的内容有怎样的特点，是适合于某一阶层人读的。这里最要紧的是只限说明特点，切勿夸大；尤其不必说上大堆空话，减少读者注意力，或写上一大批特约撰述者的大名，给读者一个过高的期望。"

其次，是关于媒介方式。他认为，预告在同类刊物上刊布可以，自己印成一种小传单也是可行的。而最好的方式，还是登在有价值而没有色彩的日报上。这样"比较有效力"。至于为什么要求报纸是没有色彩的，我们理解主要是避免花花绿绿的颜色容易分散读者的注意力，反而忽略了杂志广告的内容。而书刊广告往往是以内容取胜的。

第三，关于刊出广告的时机。张静庐对此论之甚详，实为经验之谈。他指出，预告中不必说明创刊的日期。待到出版的前一天（这时书已印出来了，但是绝对不必急于拿出来发卖），将这一期的内容、性质、特点先刊登一天的广告；广告里在显明地位印出"明天出版"字样和"经售处"的详细地址店名。当晚或第二天早晨将杂志普遍地送到各经售处所，然后再来个第二次的广告。那个广告的样式是完全与上一天不同的。广告的大小、地位的适当与否都需要事先办妥。张静庐还分析了广告刊登时机不当的弊端，认为当天出版的新杂志当天首次刊出广告，是“最使贩卖书店感到不愉快和使代理发行者头痛的事”。而“报上已刊出广告了而杂志还在印刷机上还没有落版”，也不是恰当的广告时机。英国学者就曾强调：“书店应当注意，目录上和宣传品上报道宣传的图书，最好在店堂书架上应有现货，或很快有现货（暂时无现货的书最好在目录上注明），即让读者看到目录等宣传品后，很快就能到书店买到书，不致使读者失望。”[⑨]张静庐之所以主张书籍上市不能过于滞后于广告宣传，道理就在于此。

虽然时代发生了变化，但张静庐论及的书刊广告理念与策略，我们认为今天仍有借鉴的价值。张静庐认为自己是“出版商”，而不是“书商”。二者“差之毫厘，谬以千里”。虽都以出版为手段，都要赚钱，但“出发的动机完全两样”。正因为他不是仅仅以赚钱为目的，而是“图实现其信念与目标而获得相当报酬”，所以阿英先生早在上个世纪30年代就充分肯定了他在新文化出版上的贡献，并说“要编纂一部比较详尽的中国新文化运动史”，似乎不应该忘记张静庐。[⑩]有研究者更是把张静庐列入中国十大出版家之中，标注的工作单位就是“上海杂志公司”。[⑪]他一生献身出版事业，首创中国现代的杂志出版公司，不俗的文化贡献和经营业绩中自有其先进、独到的经营思想与方略。这些对我国目前正在蓬勃发展、走向市场的杂志出版业尤其有启示作用。

参考文献：

① 王建辉. 老出版人肖像. 南京：江苏教育出版社，2003

② 刘纳. 创造社与泰东图书局. 南宁：广西教育出版社，1999. 76～77

③ 施蛰存散文. 杭州：浙江文艺出版社，1999

④ 孙玉石.《现代》诗歌的历史定位与艺术探索.见陈平原、山口守编:《大众传媒与现代文学》.新世界出版社,2003
⑤ 李广宇.叶灵凤传.石家庄:河北教育出版社,2003.79
⑥ 张永胜.鸡尾酒时代的记录者——《现代》杂志.上海:上海人民出版社,2003.122~139
⑦ 张静庐.在出版界二十年.上海书店,1984.155~164
⑧ 张静庐.在出版界二十年.附录.上海书店,1984
⑨ 托马斯·乔伊著.李孝枢译.图书销售概论.中国书籍出版社,1990.89
⑩ 张静庐.在出版界二十年.上海书店,1984.1
⑪ 王震,贺越明.中国十大出版家.太原:书海出版社,1991

原载《编辑之友》2004 年第 4 期

长于书业经营的张静庐

吴永贵

张静庐这个名字,常被今人提起,大半是因为他晚岁编的那套史料翔实、编排有序、注释完备的八大本《中国近现代出版史料汇编》。该史料问世近半个世纪以来,一直受到近现代文学史、教育史、文化史、学术史等领域的研究者的重视,列之为重要参考书;而对近现代出版史研究者来说,自然更是不离案头左右,随时准备翻检和引用。张静庐的史料整理之功,可谓大矣。张静庐能完成如此大规模的史料辑注工作,而且做得如此出色,除了自身勤于收罗,友朋鼎力相助等方面的因素外,他本人在此之前长达 30 年的出版职业生涯,也为之铺垫了经历上和专业上的基础。

有关张静庐的出版经历,从他本人 1938 年写的自传——《在出版界二十年》中,可以找到主要线索。当我们今天重新捧读这本书,从作者的娓娓道来中,可以真切地感受到那个时代的出版氛围，也不难体味到张静庐在书业活动中的经营才能、个性化的出版性格以及鲜明的出版思想。我们说，一个从事出版的人，如果有才干，有个性，有想法，具备了这三点，说他是一个出版家，应该是很合适的了。本文即就张静庐长于书业经营的一面，主要以他的自传文字为基础，再结合一些相关的出版史料，作一些归纳和引申。

张静庐进入出版界的第一站是泰东图书局。起先是做编辑，编一种名叫《新的小说》的杂志，后来被泰东老板赵南公委之以主管出版和营业方面的重任。①大约是在 1921 年 10 月，张静庐被赵南公推荐给联合通讯社做外勤记者，从而脱离了泰东。不过，通过这两年多在泰东的锻炼，张静庐熟悉了与出版有关的各种业务，建立了与著作界、发行界、印刷界相当广泛的联系，为他以后开办、经营书局、书店打下了良好的基础。

1925 年春，在沈松泉的动议下，张静庐与卢芳等 3 人合资创办了光华书局。虽然在此之前，张静庐已算是一个出版人，但他这次重新踏入出版界，则是他出版生涯中自主办出版的开始。无论是在光华书局，还是 1927 年他与洪雪帆合资创办的现代书局，1929 年他独资创办的上海联合书店，1934 年他独资创办的上海杂志公司等，张静庐始终担任着统管全局业务的经理职务，莫之或易。自已当家，无须受制于人，自然是快意事，但无形中，肩上的担子也陡然间加重了许多。需要他投入精力的，除了要操心出版流程的各个环节外，还有融资方面的问题，同业间竞争方面的问题，人事管理方面的问题，发行网建设方面的问题，等等。这些问题都必须认真地面对，全盘地考虑。上述种种，张静庐都有不俗的表现。

在融资方面

我们说，开书局，办书店，大自有大的难处，小也有小的不易。

大书局家大业大，规划、组织、管理等都不是易事，但一般说来，大书局基础较为稳定，资金也相对雄厚；小书局虽然灵活，却常常要为钱犯愁。张静庐一生经营的都是小书局，饱尝了资金不足之苦。本来，张静庐亲手办的几个出版社，除了现代书局开办时较有基础外，其余的都近乎白手起家：光华书局开办时仅25元，上海杂志公司更是少到只有20元。开办之初，张静庐凭借着与业内的关系，赊欠出书，尚可应付一时，但办出版就像骑自行车，自行车不骑就会倒地，出版社不出新书，就等于自取灭亡。有时旧书积压未销，或者销出去货款未回，新书又势不能不出，没有可供周转的资金，该如之何？

旧时出版业融资的方法，大致不外乎如下几种途径：募捐，一也；邀股，二也；办读书储蓄会，三也；办读者俱乐部，四也；预约出书，五也。张静庐除了读书储蓄会没有办过外，其余的几种，都曾有程度不同的尝试。

1926年初，光华书局为了有自家的门市店面，顶下了光华药堂的店基。当时的资本十分短缺，日子很不好过。在这种情况下，"由光华书局和静庐出面在一家春西菜馆请了一次客，邀请一些主要是静庐认识的工商界朋友，请他们对光华书局投资，连捐带募，筹集了一二千元钱"②。正是由于有了这笔钱，光华书局的业务才比较顺利地发展起来。

1929年夏，张静庐离开了偏重于文艺出版的光华书局，独资创办了一家偏重于社会科学书籍出版的书店——上海联合书店。在经营上海联合书店的一年时间里，张静庐曾有组织儿童读书会之举。③儿童读书会，其实就是一个面向少儿读者的儿童读者俱乐部。其运作形式是，读者预先交纳一定的会费后便成为会员，出版者除了给会员购买本版书一定的折扣外，还对某些特定的本版书予以大幅度的价格优惠。设读者俱乐部，于读者，自可节省一笔购书经费，于出版者，则因预收会费在前，吸纳了读者的部分资金，既是融资手段之一种，对促销本版书也不无助益。

1931年夏，张静庐在洪雪帆的苦劝之下，重返现代书局，[④]主持出版业务。在现代书局，张静庐继续着力于读者俱乐部的发展。除了将他原来在联合书店的儿童读者俱乐部带过来，发展为“现代儿童读书会”外，还在现代书局组织了针对女性读者的“现代妇女读书会”，[⑤]针对一般成人读者的“现代读书会”，制定出详细的会员入会章程，刊发定期出版的会员会刊——《读书俱乐部》半月刊，[⑥]有声有色地开展着工作。

办读者俱乐部，可解决部分的资金不足问题。但，这还不是张静庐在融资上的大手笔。1931年8月16日，现代书局购买了《申报》一幅整版的版面，借现代书局创办5周年纪念之际，大张旗鼓地对外公开招股，每股100元，计划集资10万元。尽管在当时的书业界，招募股款不易到手，张静庐还是利用了多方面的关系，作了很大的努力。

预约出书，也是一种行之有效的融资方式。在过去的出版界，一般大部头图书的出版，基本上都采用这种方式。其程序是，出版社出书前，在报上大登广告，向读者广泛征订，预收读者部分书款。读者交钱在先，便可享受到出书后较高的价格优惠；出版者让利在后，便可鼓励读者多多预订，既促进了图书的销售，也免除了书款难收之顾虑。对于资金短缺的小出版社，更是可以先借读者的钱造货，真正可谓一举多得。“中国文学珍本丛书”是上海杂志公司出版的一套大型丛书，张静庐便采用了这种借鸡生蛋的方式，出齐了丛书的第一集，共计60种。

在人事管理方面

一个经营规模很小的书局，自己既当老板又当伙计，似乎谈不上有太多的管理。企业一旦做大，人手多了，人事管理问题就自然而然地摆在了经营者面前。张静庐二次走进现代书局的时候，尽管现代书局已到了举步维艰的地步，但它毕竟曾有四五年的经营历史，已颇具一点儿规模。从张静庐进现代书局后所进行的一系列举措来看，他是有把“现代”做成大书局的雄心的。表现在出书的种类上，除了继续重点出版文艺类图书外，在少儿读物、女性读物的出版上，有意识地加大了力度，甚至，现代书局一度曾想问鼎于中小学教科书的出版。表现在融资上，张静庐热心于办读者俱乐部，对外公开招股引资等，这些前文已有所叙述，兹不赘。表现在人事上，张静庐按照一般现代企业的发展要求，对现代书局进行了大刀阔斧的改革。他在后来的自传中，称这次改革是一桩最有意义的成就。⑦

通过这一次的人事改革，调动了现代书局员工的积极性，在同事们的共同努力下，现代书局的信誉日益隆盛。张静庐说，到了“民国二十一、二、三年间，现代书局已是全中国惟一的文艺书店了”⑧。

同业间竞争方面

旧时的出版业处在资本主义市场经济条件之下，彼此间的竞争十分激烈。往往一种市场好的出版选题，一个新的社会需求热点，几乎在同时，激发起众多出版者在某一领域范围内的出版大战。从五四新文化运动后文艺书籍的出版，到北伐战争时期社会科学书籍的出版，30 年代初期少儿读物的出版以及 30 年代中期古籍的出版，在我国近代出版史上，都形成了一个个出版热潮。在这一个个热潮中，上海的出版业同业之间，相互跟进，以同类著作的大量出版，既是出版热潮的现场见证人，又是出版热潮的积极推动者。

张静庐当初办上海杂志公司，以贩卖期刊为业务内容，在经过一年多的经营，稍有资本积累后，开始把业务拓展到图书出版领域。那是1935年9月，古籍的出版在中国出版界方兴未艾。“中国文学珍本丛书”就是在这个时期出台的。张静庐邀约施蛰存、阿英等名家负责编辑校对，以“珍本大众化”和“丛书杂志化”相号召，广泛征订，预约出书。所谓珍本大众化，就是将一些流传较为罕见的古籍，用低廉的价格将它们选印出来，供应给一般大众读者；所谓丛书杂志化，就是规定该丛书的刊行，每逢星期六出版一部，其情形类似于定期出版的周刊杂志，并且，为避免读者阅读时感到枯燥和单调，更是有意将诗词文曲调剂开来，在出版时间上错杂分配。[9]在当时商务印书馆、中华书局、开明书店等大书局都在大张旗鼓出版古籍的兴头上，张静庐将“中国文学珍本丛书”作这样一种选题安排和出版策略，从商业竞争的角度而言，应该说是别具匠心的，尽管在当时，由于计划得不够严密，加上印刷技术等方面的限制，该丛书在出版后，在编选和校印的质量上并不尽如人意，曾遭到邓恭三等人的公开批评。[10]

事实上，当时像上海杂志公司“中国文学珍本丛书”这些古籍的出版，其竞争对手还不仅限于商务印书馆这样大的书局，角逐者当中，还有像上海中央书店这样一些平时出版“一折八扣”书的书店。《金瓶梅词话》是“中国文学珍本丛书”中之一种，也是整套丛书中最有商业卖点的重要品种之一。当时，上海中央书店老板平襟亚，也在一声不响地请人删节、标点《金瓶梅词话》，交印刷厂排印，特别提高排字工资，要求印刷厂赶在上海杂志公司以前，把他们的《金瓶梅词话》抢先印出。张静庐听到这个消息，估计他的书势必要落后一个多月才能出版，这对他是非常不利的。于是，张静庐请平襟亚吃饭，直截了当地和他谈判，晓之以理，许之以利。张静庐说，他的《金瓶梅词话》是整个丛书之一种，“词话”的销数，连带影响到丛书其他各种的销量。而中央书店的“词话”是单种书，销数多少，和其他书没有关系。因此，张静庐要求平襟亚把排好的

“词话”让上海杂志公司先印一版，然后将全副纸版送给中央书店印行。所有排字工资都由上海杂志公司负担。谈判的结果是，平襟亚接受了张静庐的建议。[11]就这样，张静庐以他在竞争中的积极态度，挽回了营业中可能造成的重大经济损失。

发行网建设方面

1949年以前的中国书业界，在图书销售渠道上，从未建立起将出版者与零售店联结起来的图书批发机构。这种中介机构的缺失，使得图书出版者不得不一一地与内地的书籍零售商打交道，效率低下且不说，最令人头疼的是，书款往往难有着落。旧时的书业行业规矩是“吃倒账”，零售店欠账进货，卖后给钱，一年三节是双方结算的日期，信誉好的，尚能按时结算，信誉不好的，则是长期拖欠。你不催吧，可能永远是“千年不还，万年不赖”的呆账；你催吧，全国各地，星星点点的这里三本，那里两本，讨回来的钱可能连路费都不够。张静庐在《自传》中，对出版人的这种无奈，有着深刻的体会和痛心的描述。[12]过去的很多小出版社，因为这种“账底”的关系，资金周转不灵而最终倒闭的大有人在。针对这种书业现实，大一点儿的出版社多走自办发行的路线，除了在上海设立总店外，还在全国的各主要城市开设分店，主要是销售本版书，之余也贩卖一些外版图书。过去的商务印书馆、中华书局、世界书局、开明书店、正中书局等大书局，基本上都采用这种发行模式。小一点儿的书局，为了避免过于被动，在无力开设分支机构的情况下，也热心于与外地的某家书店建立特约经销的契约关系。外地书店交纳部分保证金，便可享受某一区域该社图书的营业独占。出版者在给予特约店特权的同时，对其每年的营业额也作出一些硬性的规定与要求。双方既互惠互利，又彼此牵制。出版社用这种方式建立的发行网，在资金往来上，相对来说就较有保证。

张静庐办出版，在发行网的建设上，是否曾在各地建立一些特约经销店，由于资料不详，笔者无从得知。但张静庐确曾因地制宜，相机而动地在一些地方设立过分支机构。比如，大约在1926年底1927年初的时候，张静庐眼看北伐战争节节胜利，革命形势迅猛发展，便与沈松泉一起，特地到当时的革命前哨——南昌考察。南昌群众高涨的革命热情以及对新书刊的强烈需求，张静庐觉得有必要在南昌开设第一家贩卖新书刊的书店。当时的动机是，一方面既受出版文化责任的驱使，另一方面也觉得是商业机会之所在。果然，这家不久便开张的书店，生意大好，书店里挤满了读者，从上海每次运来的大批新出版物，不到一两天就全部卖空。[13]南昌的这家书店，是光华书局的第一家分支店。光华的第二家分支店，则是1928年夏在北平开设的，也是张静庐到北平旅游，看到北平经营书店的商人多很守旧，销售新书刊的北新书局又偏在翠花胡同，便建议在北平热闹的中心地区——王府井开设起来的。这家小书店，对北平的新书业的发展起到了推动作用。[14]

在外地相时而动地建立分支店，是张静庐拓展本版图书销售渠道的重要手段。除此之外，他还注意利用上海出版中心的地理位置，试图在自家的店堂内，大做发行方面的文章。包括为学校、学术团体、图书馆等机关单位开展外版书刊的代购代销业务；为内地书店同业开展上海版书刊的配购批发业务等。我们可以从现代书局在1934年3月8日的《申报》上刊登的一个告示——《现代书局敬告全国各图书馆、杂志社、学校、书店公鉴》，看出张静庐在上述方面的一些打算。

张静庐是1934年11月被排挤出现代书局的。在此之前，现代书局是洪雪帆和张静庐两人共同经营，但据当时在现代书局编《现代》杂志的施蛰存事后回忆说，张静庐尽管在职位上低于总经理洪雪帆，屈居第二，却在业务上大权独揽，洪的总经理不过徒具虚名而已，除了在收支单据上签字盖章外，几乎无事可做。[15]由此，我们可以判断，现代书局在上述书刊发行上所做的种种，其策划者，应该就是张静庐了。

也许正是张静庐的这种业务上的大权独揽，引起了洪雪帆的极大不满，最终将张静庐排挤出去。张静庐在《自传》中谈到这个结局时，痛心疾首，认为自己勤勤恳恳工作，是一心报答洪雪帆的知己之恩，却不曾想反被"知己"阴谋了。[16]张与洪个人间的这种恩恩怨怨，这里且不去管它，我只是想说，张静庐在业务上的喜揽大权，从一个侧面，很大程度上反映了他对个人经营能力的自信。在《自传》中，张静庐对此也毫不隐讳。他说："我虽没有缚鸡的腕力，而却有举鼎的雄心。老实说，在当时上海的同业中，值得我钦仰，或使我感到可爱的出版家，真是寥寥无几！"[17]从我在上文所列举的诸多事实中，说明了张静庐说的这些话并非放言高论，而是可以察其言而验其行的。他在被排挤出现代书局后，独辟蹊径，着力于期刊的贩卖，采取了一系列很有创意的经营措施，大获成功。与此有关的种种，在许多出版史文章中多有备述，兹不具论。事实上，张静庐的经营才干，在当时的出版界就相当有声名。张静庐的朋友沈松泉在追忆他的文章中，多次提到张静庐在书业经营中的开拓精神。[18]施蛰存也说，张静庐是30年代"四马路出版界的两位霸才"之一。[19]1943年，生活、读书、新知等28家出版社，在重庆组织了新出版业联合总处，其总经理就是张静庐。[20]大家公推张静庐任总经理，正说明当时的书业同行对他经营能力的信任。

注释：

①⑦⑧⑫⑰　张静庐．在出版界二十年（上海书店影印本）．上海：上海书店，1984．95、151、92～93、156．

②　沈松泉．关于光华书局的回忆．出版史料，1991（2）．

③　参见《申报》1931年6月8日广告．

④ 张静庐与洪雪帆于1927年创办现代书局后，张与洪意见不合，很快分手。现代书局由洪雪帆独自经营了四五年之久。约在1930年年底1931年年初的时候，现代书局经营已到山穷水尽的地步，又遭封门之灾。在这种情况下，张静庐二次走进了现代书局。见张静庐．在出版界二十年（上海书店影印本）．上海：上海书店，1984．144～146．

⑤ 参见《申报》1931年9月13日广告．

⑥ 有关现代俱乐部的详细情况，可参见其会刊《读书俱乐部》第1期，1931年，现代书局出版．

⑨ 张静庐．我为什么刊行本丛书．读书生活，2卷8号．1935．

⑩ 邓恭三．评中国文学珍本丛书第一辑．国闻周报，12卷43期．1935．

⑪⑲ 施蛰存．杂谈《金瓶梅》．见：施蛰存散文．杭州：浙江文艺出版社，1999．296～298．

⑬⑭ 沈松泉．怀念张静庐先生．出版史料，1990(3)．

⑮ 施蛰存．我和现代书局．见：施蛰存散文．杭州：浙江文艺出版社，1999．407～408．

⑯ 据张静庐在《自传》中说，他第二次离开现代书局是遭到洪雪帆的暗算了（见《自传》152～154页）。而据旁观者施蛰存说，极工于心计的张静庐早已看到书局的危机，先前曾向洪提出拆伙的要求（施蛰存．我和现代书局．见：施蛰存散文．杭州：浙江文艺出版社，1999．407～408）．

⑱ 参见沈松泉．关于光华书局的回忆．出版史料，1991(2)．

⑳ 俞筱尧．出版界和出版史家张静庐．书林随缘录．北京：中华书局，2002．188．

原载《中国编辑》2005年第1期

存　目

著　作

张静庐　《中国的新闻记者》

光华书局 1928 年

张静庐 《中国的新闻纸》

光华书局 1928 年

张静庐 《中国的新闻记者与新闻纸》

光华书局 1930 年

张静庐 《在出版界二十年——张静庐自传》

上海杂志公司 1938 年

张静庐辑注 《中国近代出版史料》初编

上海杂志公司 1953 年

张静庐辑注 《中国近代出版史料》二编

群联出版社 1954 年

张静庐辑注 《中国现代出版史料》甲编

中华书局 1954 年

张静庐辑注 《中国现代出版史料》乙编

中华书局 1955 年

张静庐辑注 《中国现代出版史料》丙编

中华书局 1956 年

张静庐辑注 《中国现代出版史料》丁编(上、下册)

中华书局 1959 年

张静庐辑注 《中国出版史料》补编

中华书局 1957 年

论　　文

王知伊 《张静庐与当代出版工作》

《出版研究》1986 年第 2 期

汪太理 《张静庐先生的发行心理学——读〈在出版界二十年〉》

《博览群书》1986 年第 4 期

汪太理 《出版事业的先驱者——张静庐、邹韬奋》

《瞭望》周刊 1987 年第 5 期

王建辉　《张静庐：刊行杂志整理史料的有功之人》

王建辉《老出版人肖像》，江苏教育出版社 2003 年

郑振铎

郑振铎(1898～1958),祖籍福建长乐,生于浙江永嘉(今温州市)。字警民,笔名西谛、郭源新。青年时期,广泛阅读西方哲学社会科学著作和进步文学作品,接受五四新文化运动洗礼。1919 年 11 月,与瞿秋白、耿济之等创办综合刊物《新社会》,宣传五四新思潮。1921 年与沈雁冰、王统照发起组织我国现代第一个文学团体——"文学研究会"。1921 年到上海工作,先后主编《时事新报》的《学灯》和《文学旬刊》。1922 年,入商务印书馆任编辑,主编了我国第一个儿童文学刊物——《儿童世界》,1923 年主编《小说月报》,长达 8 年之久。1925 年"五卅"运动期间,与叶圣陶、胡愈之等合编《公理日报》,揭露抨击帝国主义暴行。1927 年"四一二"反革命政变后,因抗议国民党罪行被迫逃亡英、法等国。1928 年回国后,仍在商务印书馆工作。1931 年,到北平燕京大学中文系任教,同时主编《文学》月刊和《文学季刊》。1934 年去上海,任暨南大学文学院院长,并创办大型文学丛刊《世界文库》。

抗日战争爆发后，与许广平组织复社，出版《鲁迅全集》、《列宁文选》。抗战胜利后，投入民主运动，主编《民主》周刊和文艺杂志《文艺复兴》。

新中国成立后，先后担任全国政协委员、全国人大代表、国家文物局局长、文化部副部长，并任中国科学院哲学社会科学部学部委员，中国科学院古物研究所、文学研究所所长。1958 年率中国文化代表团前往阿富汗王国、阿拉伯联合王国进行友好访问时，因飞机失事遇难。

郑振铎同志一生长期从事学术研究和编辑出版工作，是一位杰出的文学史家、考古学家和编辑家。他主编或参与编辑的报刊和大型丛书有五十多种。其主要著作有《文学大纲》、《插图本中国文学史》、《中国俗文学史》、《俄国文学史略》、《近百年古城古墓发掘史》、《中国历史参考图谱》等。其著作均收入《郑振铎文集》中。

《新社会》发刊词

郑振铎

中国旧社会的黑暗是到了极点了！他的应该改造是大家知道的了。但是我们应该向那一方面改造？改造的目的是什么？我们应该怎样改造？改造的方法和态度是怎样的呢？这都是改造的先决问题，主张改造的人所不可不明白解答的。在现在改造的动机方在萌芽的时代，尤不可不慎重又慎重的决定的。为什么呢？因为这些问题就是表明改造的目的和手段的。凡作一件事，要没有预定的目的和手段，是决不能成功的。目的稍有偏向，可以贻将来的弊害的。在中国有许多人还想效法德日，用他们的军国主义来改造我们的家族制度，这真是“以暴易暴”啊！手段略有差误，也足以使改造的事业生阻碍的。所以我们不可不仔细的研究,慎重的决定,取最精密、最有效力的手段,向最好的方面去改造。我们社会实进会,现在创刊这个小小的期报"新社会"的意思就是想尽力于社会改造的事业。所以在未发表一切言论之先,不可不先把我们所仔细研究,慎重决定的,所自以为最精密、最有效力的手段和所自以为最好的改造目的写下来,作我们一切言论的方针。

什么是我们改造的目的呢?我们向那一方面改造?我们是向着德莫克拉西一方面,以改造中国的旧社会的。我们改造的目的就是想创造德莫克拉西的新社会——自由平等,没有一切阶级一切战争的和平幸福的新社会。

什么是我们改造的手段——态度和方法——呢?

我们的改造的方法,是向下的——把大多数中下级的平民的生活、思想、习俗改造过来;是渐进的——以普及教育作和平的改造运动;是切实的——一边启发他们的解放心理,一边增加他们的知识,提高他们的道德观念。

我们的改造的态度,是研究的——根据社会科学的原理,参考世界的改造经验;是彻底的——切实的述写批评旧社会的坏处,不作囫囵的新旧调和论;是慎重的——实地调查一切社会上情况,不凭虚发论,不无的放矢;是诚恳的——以博爱的精神,恳切的言论为感化之具。总括起来说,我们的改造的目的和手段就是:

考察旧社会的坏处,以和平的,实践的方法,从事于改造的运动,以期实现德莫克拉西的新社会。

虽然我们的言论也许有些不能尽同的地方,但大体的论调总是照着这个方针,没有更变的。至于这个方针究竟对不对,是不是最好的、最精密的、最有效力的,则有待于大家的批评了!

原载 1919 年 11 月创刊的《新社会》

一九一九年的中国出版界

郑振铎

一九一九年已经过去了！中国的社会，简直没有一件事可以供人回忆，供人批评的。于此无可批评之中，出版界似乎还有些色彩，有些光明，足以给我们研究的。我对于一九一九年的中国出版界的成绩，有乐观的，也有悲观的。乐观的是定期出版物的发达，悲观的是大多数的文人，还是如此没有觉悟；中国的思想界，还是如此不长进。现在且把他略略的批评一下：

中国的出版界，最热闹的恐怕就是一九一九年了！虽然不能谓之"绝后"，而"空前"却已有定论了！他的精神，就在定期出版物。五四以前，受欧洲停战的影响，出产了好些定期出版物。五四以后，受了爱国运动的影响，新思想传播得更快，定期出版物，出现的愈多。就十一月一个月里而论，我所知道的，已经有二十余种的月刊旬刊周刊出现了！他们的论调，虽不能一致，却总有一个定向——就是向着平民主义而走。"劳工神圣""妇女解放""社会改造"的思想，也大家可算得是一致。这真是极可乐观的事！

与这个现象相对的，就是那些谈鬼神，论"先知术"的书籍的发达。我一走到琉璃厂，就看见许多黑板写着白字，挂在各家书铺的门前，什么"未卜先知术"，什么"遁甲奇谈"，什么"百灵书"写得真是热闹！我不懂，在现在实验主义，社会改造的思想，播满全国思想界的时候，怎么会有人去做这一类书，居然也会有许多人来买这一类书？往常中国的出版界虽然寂静，却没有发生过这样怪相。这是什么缘故？岂不是一般的文人，还没有觉悟的确证吗？

还有一件事也很奇怪，就是黑幕一类的书，仍旧十分的发达，我们一拿起"新闻报"的第四张来看，真是觉得"肉麻"呵！这岂不是一般文人还没有觉悟的又一证吗？这二层我实在有些悲观。

除了这两种的悲观与乐观外，这一年的中国出版界，又有一个坏现象：就是“竞争”。你出版一本家庭“万宝全书”，我又出一种“日用百科全书”，他也随即出了一本“国民百科全书”。这种现象，虽然不能说他是很不好，但他们把出版界看作一种投机，牟利的机关，实在有些危险。况且又生出“逢迎习俗”的风气吗？他们都是中国很有名的书局尚且如此，难怪别人不出版“黑幕”“未卜先知术”呢。

我统计这一年间出版的书籍，最多的是定期出版物，其次的就是黑幕及各种奇书小说，最少的却是哲学科学的书，除了“北京大学丛书”和尚志学会出版的丛书外，简直没有别的有价值的书了。我听见我的朋友说，某会出版的“欧战全史”在北京只卖了百余部。我又看见许多朋友，每见一种杂志出版，都去买来看，他们的案头却不见有别的科学的书籍。我尝问一个在某著名书馆办事的朋友说，你们怎么不出版几部科学的专书？现在这类书，中国最是缺乏呵！他说：不差！我们也想出版一些。可是出版了几部，都没有人买，我们怎么还敢再出版呢？由这种事实，我们可以知道中国思想界的毛病了。我很愿意以后思想界要改变态度，下实在的研究的工夫才好。诸君！杂志不过是供我们参考的，不能在那里做我们的科学研究的工夫吓！但是同时出版界要多有这类科学的书出版才好。

就定期出版物上讲，他们的种类虽多，专门研究的却绝无仅有；他们的言论固然都很正当新颖，但是多是辗转得之别的杂志，都是出之于直觉，有实在的研究根底的却绝少。因之，我对于他们虽然乐观，我还恐怕他们成为“春雨后的菌”吓！他们又有一种的毛病，就是各种杂志的材料，多有重叠的。《国民之敌》已经译了，为什么又译。（改名为公敌）《最后之一课》，也已经有好几人译了，为什么又译。其余如此之例，不胜枚举。虽然译本不忌二三译，但是中国现在的需要新知识，是到了极顶了！要译的东西，真是多极了！为什么要费了许多工夫，做人家已经做过的工作？

总而言之，一九一九年的中国出版界，虽然很热闹，而可以总评一句话，就是浅薄，无科学的研究。

我希望一九二〇年的中国出版界，能够免了一九一九年的弊病，能够保持他的盛况，更加一些切实的研究。

希望他们能够去了投机牟利的心理，做真正的新文化运动，希望他们能够多多出版些关于哲学科学的译著；希望他们能够把出版“黑幕”“奇书”的纸张油墨，来印刷打破迷信，提倡人道的著作；希望他们不再费劳力来译人已经做过的工作，最后我更希望能够有创造的著作出版。

我的希望无限，我愿意他们能够实现。至于我们呢？自然是尽力的执鞭以从大家之后了！

原载 1920 年 1 月 1 日《新社会》第 7 号

编辑工作四十年

——记我的父亲郑振铎

郑尔康

我父亲郑振铎从 20 岁时主编《新社会》开始，在近四十年的生命历程中，虽然几经坎坷，几易其职，当过杂志主编、大学教授、作家，直到解放后担任了政府机构的领导职务，却始终未曾脱离过编辑工作。可以说，编辑工作成了父亲生命之歌中的一个主要乐章。

走上编辑工作的第一步:主编《新社会》

父亲编的第一个刊物叫《新社会》。现在已很少有人知道它了,可是,在六十多年前,它曾是北京出版的一份很有些影响的社会科学杂志。

那是1919年五四运动以后了。当时父亲还是北京铁路管理专科学校的学生,寄居在东城根叔父家。课余时,他常到米市大街上的青年会图书馆去读书,地点就在现在红星电影院的南隔壁。当时,北京俄文专修馆的学生瞿秋白、耿济之等人也常去那里看书。他们和父亲因为都住在东城根一带,对文学又有着共同的爱好,早就有了交往。五四期间,他们又代表着各自的学校,常在一起活动,更加深了友谊。这时,青年会这间不大的图书室,又成了他们经常在一起探讨社会改革和研究文学问题的良好天地。

恰好在这时,青年会方面想编一份供青年人阅读的刊物,就找了瞿秋白同志和父亲等几个常去那里读书的年轻人商量。他们当时正苦于没有一个供他们探讨和阐述诸般社会问题和怎样对这个社会进行改革的刊物,于是,双方一谈即妥,很快就由瞿秋白、郑振铎、耿济之、许地山、瞿世英等人组成了编委会,刊物就定名为《新社会》,由父亲负责编辑校对等具体事宜。

因为是业余搞编辑,看稿主要是靠晚上。父亲的叔父是个小京官,家里常常请客,花天酒地,笙歌达旦。父亲只得躲到后院一个堆放杂物的小阁楼上,就着一盏小煤油灯来看稿或写稿。小楼下是一个臭水坑,夏夜蚊虫奇多,只得边写边不停地用蒲扇驱赶;到了冬夜,四壁透风,屋中无火,手耳冻得通红,只好烧些废纸,稍稍暖和一下。父亲就是在这样的条件下,常常一干就是一个通宵。这些儿时常听老祖母讲起的故事,至今记忆犹新,分外亲切!

在父亲主编的刊物中,几乎每期都有他自己的作品,少则一篇,多则三四篇,这是从他主编《新社会》时就形成了的习惯。这一点,凡读过《儿童世界》、《小说月报》、《民主周刊》的人,都一定很清楚。譬如十天出一期的《新社会》,第一期发表了他的诗《我是少年》,杂文《北京的女佣》和《发刊词》;第二期发表了诗《灯光》;以后每期至少一篇,而第八期则一下发表了《黑幕与嫌疑》等四篇杂文,其勤奋是可想而知的。

《新社会》这个刊物办得很有特色,谈的主要都是些青年人所关心的切中时弊的社会问题和怎样改造社会,有时也谈些青年修养,介绍些科学常识,有诗有文,不显枯燥,因而刊物远销四川、两广、东北乃至南洋等地。但是,这很快地就受到了军阀政府的注意,尤其是到了后来,他们的文章完全鼓吹起社会革命,如瞿秋白同志的《谁的利器?》、父亲的《什么是劳动问题》等文,就直接地提出了农民革命和推翻雇佣劳动制度的问题。不到半年,《新社会》就被北洋政府的京师警察厅查禁,经理孔某也被抓去坐了班房。

这以后,父亲和他的朋友们并不气馁。他们好不容易说动了青年会方面,又在 1920 年 8 月创办了《人道》月刊,但是只出了一期,终因青年会方面害怕这些青年人再惹出什么事情来,便借口"经费困难"停刊了。

创办了我国第一个儿童文学刊物

《儿童世界》是父亲在 20 年代初期,担任商务印书馆专职编辑以后,主编的第一个刊物,也是他创办的我国第一个儿童文学刊物。

"孩子是国家的未来"(原话大意),这是他常讲的话。也许正是受这种思想的支配,在他主编《儿童世界》的一年(1922 至 1923 年)时间里,几乎把全副心力都交给了孩子们。他最反对对孩子施行传统的注入式的教育,反对使孩子们个个成为头戴瓜皮小帽,身穿长袍马褂的“小大人”。因此,在他办的这个刊物内,尽量采用浅显易懂、生动、活泼、适合儿童趣味的内容;通过诗歌、童话、图画故事、科学游戏等形式,潜移默化地使孩子们幼小的心灵懂得什么是真善美,什么是假恶丑,培养他们自幼对科学、文化艺术的兴趣。

这是一种小32开的周刊。每期封面都选用一幅精美的彩色插图,都是孩子们所熟悉和喜欢的内容,如《小红帽儿的故事》,排排坐吃果果,做小家家,小姑娘浇花(小园丁)等,孩子们一看就着了迷,爱不释手。刊物图文并茂深浅结合,有较深的童话、神话故事,如安徒生、王尔德的童话及我国古代传说、寓言等;也有有趣的长篇连载图画故事,如《河马幼稚园》等;也有短短几行的儿歌和各种手工游戏,如用一段高粱秆做成各种小动物等,丰富多彩,适合各种不同年龄儿童阅读。记得,曾听到夏鼐和吴晓铃这两位著名学者讲,他们都曾是《儿童世界》的忠实小读者。夏鼐先生就是从《儿童世界》上,知道郑振铎的名字的。

在父亲主办这个刊物期间,几乎每期都有自己编写或重述的童话故事或儿歌等。“重述”者,就是以外国童话故事的“原料”经过重新编写,使其更接近中国风格即所谓“乡土气”。父亲觉得这种方法,比起直接翻译来,更能为孩子们所接受。“重述”成了父亲介绍外国童话或神话传说所喜欢采用的手法,也形成了他主编的《儿童世界》的特有风格。

组稿是编辑工作不可缺少的组成部分。善于“拉稿”,也是父亲办刊物的一大特点。他编的《儿童世界》“拉”了很多原本不是搞儿童文学的人,为刊物写稿,如许地山就为该刊写了好几首儿歌,周建人先生也常为该刊写些知识小品等。叶圣陶先生曾经这样回忆道:我原本是不写童话的,后来大概是因为振铎拉稿的缘故,便开始写起童话来了(原话大意)。这就大大充实和丰富了刊物的内容,使刊物办得更具特色,更有影响。

如今,《儿童世界》已很少能看到了,据我了解,北京图书馆仅存的一套，也是不够完整的。但是，这个小刊物，对推动我国早期儿童文学的发展，和儿童启蒙教育方面，都是有过不可磨灭的贡献的。今天，不少年逾花甲的老人，回忆起他们这个儿时的“良师益友”来，都仍感到回味无穷呢！

接替沈雁冰主编《小说月报》

主编《小说月报》，在父亲一生所走过的编辑道路上，占着一个相当重要的阶段。为什么这样说呢？

一、父亲主编《小说月报》的这一时期，正是文学研究会与鸳鸯蝴蝶派斗争最激烈的时期，是他和他的前任及战友——沈雁冰先生，以及其他文学研究会成员，并肩战斗，迫使鸳鸯蝴蝶派节节败退，走向衰亡的时期。

二、这一时期，是父亲从一名文学新兵，逐渐成熟，成长为一名战功卓著的文坛战将的重要时期。可以这样说，是沈雁冰先生和我的父亲，还有叶圣陶等先生，改造了《小说月报》，使这一旧式刊物成为了新文化运动中的重要刊物；同时，《小说月报》也为父亲成为一名优秀编辑和有影响的文学工作者，提供了实践的条件。

三、他从1923年主编《小说月报》，直到1931年离开商务印书馆，主编该刊长达八年。在他一生主编的许多报刊中是时间最长的，占他将近四十年编辑生涯的五分之一。

1923年，从《小说月报》第14卷第1号起，父亲接替沈雁冰先生，担任了该刊主编。主要原因是，沈雁冰先生主编的该刊，一律不发表鸳鸯蝴蝶派的作品，使他们失去了这一块他们长期控制着的重要地盘。同时又因为沈先生当时在该刊第13卷7号上发表了《自然主义与中国现代小说》一文“从正面批判了鸳鸯蝴蝶派”。他们便借题发挥，通过商务内部的保守势力（王云五为代表），对沈雁冰先生发难。沈先生愤而辞去了该刊主编之职，商务资方也就顺台阶而下，采取了两不得罪的手段，让父亲接替沈先生来主编这个刊物。因为他们从“生意经”出发，最怕得罪人。这样做，一方面撤换了当事人，对鸳鸯蝴蝶派方面好有交代；另一方面因为父亲也是文学研究会主要成员，说明《小说月报》仍在该会控制下，于是对文学研究会就也不得罪了。商务资方很明白，要能在新文化运动蓬勃发展的当时站住脚，必须要顺应这个时代的潮流；因而，作为当时新文化运动中的主力之一的文学研究会，是要依靠的重要对象，自然是不能轻易得罪的。

父亲接编《小说月报》后，坚持了沈雁冰的编辑方针，决不给鸳鸯蝴蝶派，还有“学衡”派等复旧保守的文学流派以插足之地。当时在这个刊物上发表作品的，绝大多数是文学研究会的人，因此很多人就认为《小说月报》是文学研究会的会刊了。其实文学研究会是专门有会刊的，就是《文学旬刊》，而该会会员们给《小说月报》写文章，都是作为个人的身份写的，这与父亲的会“拉稿”有很大关系。沈先生曾这样回忆道：“郑振铎之进商务编译所，减轻了我的负担。他那时虽然不是《小说月报》的编辑，却在拉稿方面出了最大的力。”其实，父亲从沈雁冰主编《小说月报》的第一天起，就开始陆续不断地为该刊“拉”来了稿子。如在沈先生开始主编的该刊第 12 卷第 1 期，父亲除了将文学研究会的宣言、简章、发起人名单等（按，当时正值该会成立前夕）寄给沈先生，还寄了冰心、叶绍钧、许地山、瞿世英、王统照以及周作人的创作，大力地支持了由沈雁冰先生负责全面革新的《小说月报》。那时，父亲与沈先生虽然都是文学研究会的发起人，但，一在北京，一在上海，还从未见过面呢。

和沈雁冰先生一样，父亲主编的《小说月报》也十分重视翻译介绍优秀的外国文学作品。他历来认为，发展祖国文学，除了继承发扬本国优秀的文学遗产外，还应该广泛地从外国文学中吸取营养。发表大量优秀的世界各国文学作品,形成了沈雁冰先生和我父亲主编该刊时期的一大特点。就说由父亲接编的该刊第14卷吧,就发表了屠格涅夫的《卡拉泰也夫》,巴比塞的《太好的一个梦》,爱罗先珂的《红的花》,契诃夫的《套中人》和泰戈尔的《园丁集》、《采果集》等诗集选译。该刊还编辑了许多世界著名作家的"专号",如《泰戈尔》、《拜伦》、《罗曼罗兰》、《安徒生》等等。在编这些"专号"中,父亲既是编者,也是作译者。如泰戈尔的专号,他不仅亲自选译了泰翁的大量诗作,还撰写了《泰戈尔传》、《泰戈尔及其著作》等多篇研究著作。其实,他在整个主编《小说月报》时期,就从未停止过他的著译工作;而且必须说明一下的是,当时像编辑《小说月报》这样较大型的文学月刊,一般就只是编辑一人,至多再加一名助手,而编辑通常也兼着校对工作、出版工作,其工作量之大,可以想象;何况还要抽出业余时间来进行译著。这种把著译与编校出版很巧妙地合为一体的工作方式,无疑是要付出艰巨的劳动的。

这期间,商务印书馆涵芬楼珍藏的孤本秘籍和东方图书馆的丰富藏书,为父亲大量阅读中外书籍,提供了便利的条件。同时,每月60元的薪金也为父亲开始收藏古籍创造了经济条件。读书不仅开阔了他的视野,提高了编辑水平,也为他以后的文学研究工作积累了丰富的资料。读书的同时,父亲还写下了大量读书杂记,陆续发表在《小说月报》"读书杂记"专栏上。当时,常在此专栏发表文章的还有顾颉刚等先生。这一栏所占篇幅很小,但办得很有些特色,因为它文章短小,少则千把字,一般至多两千字,语言简练,却涉猎范围甚广。诗歌、散文、戏曲、小说、民间文学、外国文学,几乎无所不谈,读后,很能引起人们对读书的兴趣;一方面对一些有志于研究工作的人,也起到了提供线索,引导入门的作用。如父亲的《关于中国戏曲研究的书籍》、《中国的诗歌总集》及《关于诗经研究的重要书籍介绍》等文,对研究中国戏曲和研究诗经,应该从何入手，应该读些什么书，都讲得很清楚。因此，这一专栏是颇受一些读者欢迎的。

《小说月报》每一期几乎在最后都有的“通信”一栏，是很能为现代刊物借鉴的。因为，这是一种沟通作者、编者、读者思想的好办法，也是联络上述三者间感情的渠道，对办好刊物是很有益处的。父亲和沈雁冰先生主编期间，对这一栏十分重视，对来信，几乎是有信必复，有问必答。

办报纸，伸张正义

50 多年前，在上海曾出现过一种叫《公理日报》的小报，它的版面就和现在的四开报纸一般大。由于它一共只存在了 22 天，现在很多人连听都未曾听说过；但是它在当时的上海，却是轰动一时的。这份报纸是父亲和沈雁冰、叶圣陶等先生合编的，也是父亲编辑生涯中，参与主编的惟一的一份报纸。

1925 年“五卅”运动期间，为抗议英日帝国主义杀害中国工人的暴行，上海和全国各阶层群众，响应中国共产党的号召，展开了声势浩大的“三罢”（罢工、罢课、罢市）运动。商务印书馆全体职工也举行罢工，积极投入了这场斗争。父亲在“五卅”当天傍晚路过南京路，目睹了这场血腥镇压后的惨状，义愤填膺，怒火中烧，通宵未眠！可是当时上海各报，对这一惨绝人寰的事件，都没有据实报道；甚至有的报，如《时报》连有关罢市的消息都不敢登。面对这种现状，父亲和他的朋友们，感到极大的愤慨，决定自己办报纸来伸张公理，抗议帝国主义的残暴罪行。这时，上海各学术团体成立了一个联合对外的组织，叫“上海学术界对外联合会”，它由文学研究会、上海世界语学会、上海通信图书馆、中华学艺社、太平洋杂志社等十一个团体组成。父亲和沈雁冰、叶圣陶等先生都是文学研究会的代表。他们经过该组织的同意，便以“上海学术界对外联合会”的名义，在6月3日创办了《公理日报》。该报的出版，是得到商务印书馆广大职工和社会各阶层爱国同胞热情支持的。譬如，纸张和印刷就都是由商务来解决（当时正值罢工，印刷机和纸张都闲着）；经费则由参加这个联合会的各团体，到社会上去募捐。

《公理日报》的发行所和编辑部就设在宝山路宝兴西里九号，我家的那座小楼下。门口还堂而皇之地挂起了《公理日报》的牌子。那些日子，父亲一反多年来早睡早起的习惯，连夜和朋友们一起审理稿件，并亲自赶写了许多声讨帝国主义的犀利短文。

据母亲的回忆，在《公理日报》存在的那二十几个日日夜夜，我家简直热闹极了！祖母、姑姑和母亲，全家都参加了发行工作。每天天蒙蒙亮，我家门口就挤满了黑压压的人群，这都是等待领取报纸的报贩。天一亮，大街小巷响起了“《公理日报》一只铜板（一枚铜元）！”的叫卖声。由于《公理日报》不畏强暴，敢于说话，道出了上海各阶层爱国民众的共同心声，在上海街头巷尾，人们踊跃购买，争相传看，和当时瞿秋白主编的《热血日报》，成了最受欢迎、销路最佳的报纸。报童们惟恐领不到报纸，每天黎明，便争先恐后向我家楼里挤，有的还爬上了窗台，以致有一天，他们把窗上的玻璃都挤得粉碎。而整个白天，则是跑校样、送稿件的，人来人往，川流不息。在“编辑部”里，父亲和他的朋友们则更是通宵紧张地工作着，因为稿子要连夜送到工厂去排印。一到拂晓，一沓沓散发着油墨香味的报纸便运来了，紧张的发行工作又开始了。这样的盛况，一直持续到6月24日，终于由于经费发生了困难，当然，更主要是由于当局施加压力，《公理日报》被迫停刊了。这件事，对父亲震动很大，他懂得了：“赤手空拳地高叫‘公理’、‘公理’是无用的。”（《公理日报》〈停刊宣言〉）严峻的事实，使他明白：必须投身到更加实际的斗争中去！

和鲁迅合编《北平笺谱》

鲁迅先生是非常喜爱版画艺术的，对中外古今版画及版画史素有研究。后来，父亲对中国版画发生兴趣，我想，这在一定程度上，是受了鲁迅的影响。他们两人合作编印的《北平笺谱》和《十竹斋笺谱》，为后世研究我国传统木刻艺术，提供了宝贵的资料。这以后，父亲还编写了《中国版画史图录》和《中国木刻史（图录）》，遗憾的是，“版画史图录”只编订了“图录”，而“史”的部分，因时局的变化，未能完成；“木刻史”虽已完成，但尚未及出版，便遇上了毁灭文化的那场“大革命”，只残留下了半部遗稿，说来令人痛心！

父亲和鲁迅先生合编《北平笺谱》是从1933年初开始的。这时，父亲在北平燕京大学任教，同时和靳以合编着《文学季刊》。鲁迅先生有时也为《季刊》写稿。是年2月5日，先生给父亲寄来一封信。信上说：他去年冬天回北平时，在琉璃厂买到了一些笺纸，他很想把北平各家南纸店的笺纸搜罗一下，编印一套笺谱，作为中国木刻史上的“一大纪念”，因他不久便回沪，希望我父亲能利用在北平的便利条件和他合作。不久，父亲乘寒假之便，到了上海。在大陆新村九号，鲁迅先生的那间书斋兼卧室内，父亲和鲁迅先生谈了大半天。据父亲回忆，那天，鲁迅先生见到他非常兴奋，先生拿出许多从北平买来的彩色笺纸给父亲看，同时有些痛心地说：“木刻画如今是末路了，但还保存在笺纸上。不过，也难说，保存得不会久。”于是，他们又谈起编印笺谱之事。父亲当时便欣然接受了这项工作。这以后，便按照他俩预先商定的办法，由父亲在北平各南纸店去搜集笺纸，然后一包包寄往上海北四川路内山书店，因为那时书信都是由内山先生转给鲁迅的；经鲁迅先生选定后，再一包包寄回北平，由父亲交给荣宝斋去刻印。

在“笺谱”的整个编印过程中，鲁迅先生与父亲都倾注了无数心血。从一页页精心选择笺样，到采用什么纸来印刷，版面用什么底色，用什么样的封套以及笺谱的名称，先生无一不是细致入微地写信和父亲商量后决定的。关于笺谱的名称，鲁迅先生考虑到用“北平”二字，既限定了时代也点出了地方，与父亲商议后，父亲也觉得很好，于是就确定了《北平笺谱》这个名称。

这期间，父亲曾因受到“燕大”帝国主义分子和右派学生的围攻，致使编印笺谱的工作停了一些日子，鲁迅先生即来信说：“这事我们得赶快做，否则，要来不及做或轮不到我们做了……”先生的信，又使父亲振奋起来，加紧了笺谱的编印工作。如是，不到一年时间，六册一套的精美的《北平笺谱》终于在鲁迅先生的关怀和督促，以及父亲的努力下，刻印出来了。1934 年 1 月 6 日，当父亲把“笺谱”即将问世的消息写信告诉鲁迅先生后，先生非常高兴地在回信中说：“顷接六日信，甚喜。《北平笺谱》极希望能早日出书，可以不必先寄我一部，只望令荣宝斋从速运来，因为这里也有人等着……”书出版后，父亲还是把第一部样书寄给了鲁迅先生。

在这项工作告成后，紧接着，父亲又自告奋勇和鲁迅先生着手合编《十竹斋笺谱》。可惜先生只见到了第一册，竟因病魔过早地夺去了他的生命，连第二册都未及见到。这件事是父亲终生的遗憾！鲁迅先生还曾向父亲讲过，希望将来能将明版小说《平妖传》、《西游记》等影印出来，“使它能够久传”，遗憾的是，这个良好的愿望在他俩生前都未能实现。

《美国文学丛书》编辑与出版的经过

还有一件值得一提的事，那就是关于《美国文学丛书》。这套 30 多年前出版的标志着中美文化交流的丛书（总共 18 种，20 册），是由父亲参加主编的。由于出书的时候，正值蒋家王朝全面崩溃，和新中国诞生的前夕，这套在当时来讲“确实有些不合时宜”的丛书“便默默无闻地被人们所遗忘了”（赵家璧:《出版〈美国文学丛书〉的前前后后》）。但是，到了十年内乱期间，却作为一笔老账，被重新翻了出来。当时凡是和这套丛书有些关系的人，当然，特别是编委、译者和负责出版的人，如罗稷南、焦菊隐、朱葆光、冯亦代、赵家璧等先生都遭到了非法的审查，有的还被诬为“美国文化特务”，吃了不少苦头。

这套丛书是1945年初秋，由当时任美国驻华使馆文化参赞的费正清先生在重庆提出来的。这个提议当即受到了我党的支持。龚澎等同志曾出面与费先生进行多次商谈，谈了资金、选目、出版等问题，但都未具体落实下来。胜利后，不久，在上海美国新闻处举行的一次鸡尾酒会上，已调任美新总处处长的费正清先生，又对父亲谈起了编这套丛书的打算；同时，他也同冯亦代先生谈了此事。当时父亲是上海文协负责人之一。他和夏衍、龚澎等同志商量后，便通过冯亦代先生通知费先生，请他正式向文协提出这项计划。于是费先生便正式提出了他的建议，经过文协讨论，通过了这项计划。父亲成为翻译出版这套丛书的中方主持人，徐迟先生负责联络工作（后改由冯亦代先生担任）。

但是不久，由于当时美国杜鲁门政府的扶蒋反共政策，费正清先生不得不离任回国教书去了。他临行时，在郭沫若先生为他饯行的宴会上和浦江码头上，都一再表示，希望早些实现这项计划。

随着全面内战的爆发，夏衍、龚澎等同志都先后撤离上海，但是出版这套丛书的工作，并没有中止，而落在父亲身上的担子越来越重了。为了编辑、翻译和出版这套丛书，上海文协成立了编委会。委员有父亲、夏衍、钱钟书、冯亦代、黄佐临、李健吾、王辛笛、徐迟等先生。同时北平文协为了协同工作，也成立了一个编委会，由马彦祥、焦菊隐、朱葆光等先生组成。当时，上海的编委会，有几次碰头，都是在东庙弄我家书房举行的。除了在沪的编委都出席外,还邀请了部分译者。会议的形式是很别致的:由于父亲平素好客、祖母又做得一手地道的福州菜,于是每次编委碰头会,都是由祖母亲手烹制一桌可口的菜肴,大家饮着上好的陈年绍酒,不拘形式地边吃边谈。

"丛书"的选目包括了20种书,大部分翻译工作由上海承担。如卡静的《现代美国文艺思潮》、惠特曼的《草叶集》、休伍·安特生的《温斯堡·俄亥俄》等十数种书,分别请了冯亦代、楚图南、吴岩等先生翻译;而北平方面,承担了德莱赛的《珍妮小传》、爱伦坡的《海上历险记》等五六种书,分别由朱葆光、焦菊隐等先生翻译。

关于这套书的出版方面的安排,则是在1947年深秋,由父亲代表文协,请了晨光出版公司赵家璧先生到东庙弄家里当面商谈的。父亲亲自把这套书的出版权交给了赵先生,同时对出书的期限、编排、装帧乃至印刷和用纸等都提出了很具体的要求。

1949年春节刚过,父亲准备启程去解放区。在离开上海前,他特约赵家璧先生做了一次深谈。他向赵先生"分析了当前国内外形势,预言不久全国各地都将得到解放。"(赵家璧:《出版〈美国文学丛书〉的前前后后》)父亲还一再托付赵先生要把"丛书"的工作做到"善始善终";并说,中美人民的友谊是永存的,当前美国执政者的反华政策将来肯定要失败。

半年多以后,在解放了的北平,来出席全国第一届文代会的赵家璧先生,亲自在北京饭店父亲的住室内,把一套刚出版的、紫红漆皮面精装的《美国文学丛书》双手捧给了父亲。父亲当时的心情是非常激动的。赵先生曾这样回忆道:"当他看到他曾花了极大心血主编的(这套丛书,事实上应当写上'郑振铎主编'五个大字)《美国文学丛书》已整整齐齐地放在他的写字台上时,他那粗壮有力的手把我的手紧紧地握着,高兴得久久说不出话来。"(赵家璧:《出版〈美国文学丛书〉的前前后后》)。

如今,这套湮没了数十年的书,已经很少有人再提起。但是,在中美两国人民友谊鲜花正在开放的今天，我们难道不应该替那些曾经为她们撒过种、培过土、滴过汗的人们，在两国人民友谊的史册上，记上一笔吗？

一生中主编的最后一部书

《古本戏曲丛刊》是父亲一生中参与主编的最后一部书，也是父亲一生中所主编的，工程最浩大的一部“大部头”的丛书。父亲生平爱搞“大部头”。譬如《世界文库》（生活书店 1935 至 1936 年出版）仅第 1 集就预计编辑 60 至 80 册，收中外名著二百多种（初步计划编三集以上）。虽然由于局势的关系，这套丛书仅出到第 12 册就中止了，但也堪称为文学史上的一项未完成的“浩瀚的工程”了。还有《中国历史参考图谱》，凡 24 辑，上海出版公司 1947 至 1951 年出完。还有《伟大的艺术传统图录》共 12 辑，上海出版公司 1951 至 1953 年完成。这些书都可算得上是“大部头”的了。而且基本上是个人单枪匹马地干的，其气魄之大，素来是朋友们所赞叹的。如郭沫若先生在《当代史学家们对于本书（按，指〈中国历史参考图谱〉）的评价》中说道：“郑振铎先生以献身的精神编纂这部《中国历史参考图谱》实在是一项伟大的建设工程。这是应该国家做的工作，而郑先生以一人之力要把他完成；每一个中国人，凡有力量的都应该赞助他这项工作。”

主编《古本戏曲丛刊》这套宏伟的丛书，是父亲早在 30 年代，开始研究戏曲时就产生了的念头。戏曲艺术在我国有悠久的历史，可以上溯到春秋时代，到元明时，达到了一个高峰，产生了关汉卿、王实甫等大师，为后世留下了丰富的戏曲遗产。可是，由于时代的变迁，迭经改朝换代，战乱不断，这些艺术瑰宝，有许多久已被掩埋在了历史的瓦砾堆下。在 30 年代以前，研究元代戏曲，就只有依赖明人臧晋叔编选的《元曲选》中的 94 种元人杂剧；而后来罗振玉、王国维发现了《元刊杂剧三十种》也不过比前人多选了 17 种(有重复的)。于是,父亲在年轻时就立志于发掘这些艺术宝库,编辑一部古代戏曲的总集,以供研究者查考。从 30 年代初开始,他就着手编印了《新编南九宫词》、《清人杂剧(初、二集)》等古本戏曲集子。这一愿望,到 1938 年他发现了《脉望馆钞校本古今杂剧》以后,就更加强烈了。二百四十余种元明杂剧的发现,使他对实现这一宏伟计划,更增添了信心。但是,我国古代戏曲宝藏浩如烟海,在当时上海已沦为"孤岛"的时代条件下,一个穷书生,纵然有天大的雄心壮志,要完成这样大规模的文化建设,事实上只能是一个无法实现的美好幻想而已!

新中国成立后,在党和政府的支持下,父亲的夙愿有了实现的可能。那时他已是年近花甲的老人了,担任了政府文化机构的领导工作,但实现他这宏大计划的气概丝毫不减当年。

1953 年,父亲在吴晓铃、赵万里等先生协助下,开始了这项文化建设上的大型工程。从 1954 年 2 月起,这套丛书的第 1 集问世,到 1958 年 12 月,第 4 集问世,历时五年,这套集我国五四以前戏曲之大成的大型丛书(计划出 13 集)已经完成了三分之一。在这期间,父亲在繁重的行政工作、外事活动之余,几乎把全副身心投入了这项建设中。虽说是有其他人的协助,但用吴晓铃先生的话来说:编这套丛书"郑先生是出了百分之九十的力的",这话不假。我永远不会忘记的是 1958 年 10 月 16 日深夜,也就是他即将率领我国文化代表团出访阿联的前夕,父亲卧室的灯光迟迟不熄,母亲几次催促,父亲说,这一去要好几个月,必须赶在出国前,把这篇序文写出来,这就是《古本戏曲丛刊》第四集《序》,孰知第二天,他就永远离开了我们,这篇《序》,也就成了他老人家的绝笔之作。"春蚕到死丝方尽",我想,把这句话献给为了崇高的事业奋斗到生命的最后一息的父亲,是十分恰当的。

父亲离开了我们,但是他留下的这套丛刊是"功德无量"的。

因为，虽说他未能全部实现计划，但仅以编就的四集而言，每集12函120册，4集总共48函480册，也就够得上“宏伟”二字了。据吴晓铃同志讲，一个图书馆有了这套书，读者查阅有关古代戏曲的材料就无需再找别的书了。据说这套丛刊，在父亲身后，又由吴晓铃同志负责编印出了一集（第9集）。我相信，在不久的将来，在人们的书架上将会出现一套完整的《古本戏曲丛刊》的。

关心文学青年的成长

作为一位著名的作家和编辑，父亲常把文学青年比作一棵小苗，他说：孰知这棵小苗将来不会长成参天大树呢！记得萧乾同志曾跟我讲过，他的最初三本书《篱下集》、《小树叶》和《书评研究》就都是由父亲交给商务印书馆出版的。萧乾同志那时还是个穷大学生，由于有了这三本书的稿费，他才得以解决生活和学费问题，继续求学。

另外，还曾听说有一个年轻人，20年代初，常给父亲主编的《小说月报》投稿，写了一些描写下层生活的短篇。后来父亲了解到他是因参加学潮而被学校开除，又与家庭闹翻后，从南通家乡出走到上海来的，在码头上当着搬运工人。父亲很同情他，就想把他介绍到商务当编辑，但当时商务不缺人，于是父亲就和沈雁冰先生商量，请沈先生写了介绍信，把这个青年介绍到黄埔军校学习去了。动身的时候，父亲和沈先生还为他凑了些钱作路费。后来这个青年当了北伐军的军官。

以上讲的这两位文学青年，前者后来成为著名作家，后者走了另外的一条路。但是，父亲关心他们，爱护他们的情节，听起来不都是十分感人的吗？

结 束 语

摆了这么多，目的就是一个，就是为了说明像父亲这样一个著名的作家，对编辑工作是那样的重视、那样的严肃认真。他不仅毫不轻视编辑工作，还把它和写作一样，都作为自己的终身事业。四十年如一日，他总是把编辑工作和争取人民解放的事业，以及自己的写作活动，学术研究，密切地结合在一起的。他觉得，对于作为读者的广大人民群众来说，作家与编辑，二者缺一不可；只有二者配合好了，读者才能读到好的书，受到良好的教益。

原载《出版工作》1981 年第 12 期

郑振铎在商务印书馆的十年

郑尔康

如今一些上了年纪的人，往往会回想起五十来年前商务印书馆出版的《小说月报》、《儿童世界》，当时，郑振铎就是这两种杂志的主编。

郑振铎原是北京铁路管理专科学校的学生。学生时代，就和沈雁冰等人发起成立了文学研究会。1921 年毕业后，被分配到上海西火车站当见习生。酷爱文学的他，干了一个来月，就离开了，到张东荪主编的《时事新报》编《学灯(副刊)》。这年 5 月，由沈雁冰先生介绍，进了商务印书馆编译所，从此开始了他的十年编译所生涯。据郑振铎本人回忆，他第一天到宝山路的商务编译所，在二楼一间由半截板壁隔成的小客厅里，受到了所长高梦旦先生的热情接见(那时编译所没有所长室，大家都在一个大厅里办公，会客则在板壁隔开的会客室)。高与郑寒暄一番后,谈了工作的安排,最后又谈到工资,郑说只要60元就行了。据说,当时初进商务做编辑,月薪一般至多不过30元,郑不了解情况,一开口就要60元,口气可谓不小,然而,高先生却没说什么,只是笑着点了点头,以示同意。

高梦旦与郑振铎本是福州同乡。这次见面的半年前,已有一面之交,那是1920年10月间的事。原来五四以后,新文化运动的蓬勃兴起,商务印书馆面临严重萧条,它的出版物销路大幅度下降。为了适应新的形势,挽救危机,经理张菊生先生和编译所所长高梦旦亲自到当时新文化运动的中心——北京,去求贤访才。经蒋百里介绍,张、高二先生和正在发起成立文学研究会的郑振铎等人,有多次接触。在交谈中,郑等提出希望商务代他们出版一个文学刊物;而高先生觉得商务已有了一个大型文学刊物——《小说月报》,因此只同意可以由郑等人来改革《小说月报》,郑振铎等当时没有同意。这两次谈话虽然没有达成什么协议,但高先生对郑振铎的年轻有为和不俗的谈吐,却留下了很深的印象。

郑振铎到商务后,1922年1月创办了全国第一个儿童文学刊物——《儿童世界》。这是一种彩色封面,并有很多有趣图画的小32开本杂志。郑振铎主编《儿童世界》虽只一年,但却为我国儿童文学的发展做了不少工作。有人说他很善于"拉稿",确实如此,叶圣陶先生就讲过:他写童话,就是因为郑振铎拉他为《儿童世界》写稿开始的。郑振铎自己也为《儿童世界》翻译和写了许多诗歌,如《风之歌》、《春之消息》以及童话《小人国》、《兔子的故事》等,深深吸引了许多小读者;有的诗歌还谱上曲子,如《黎明的微风》,就是许地山为他配的曲。

一年后,郑振铎接替沈雁冰担任了《小说月报》的主编。1920年10月的北京之行,张菊生、高梦旦两先生没有和郑振铎等人达成协议。回沪后,就请沈雁冰主编《小说月报》,对该刊来个全面革新。其实《小说月报》从 1920 年初起(即 11 卷 1 号),沈雁冰就参加并具体负责,开始了部分革新的工作,新辟了《小说新潮》、《编辑余谈》和《说丛》等栏,专门登载白话小说、新体诗、翻译作品和论文等。商务主持人以为这样做,既顺应时势,又不过分得罪《学衡》派、《礼拜六》派等当时在文坛上仍很有势力的保守的文学流派。但是,半革新的《小说月报》,却仍然跟不上新文化运动的发展形势,这一年出版的《小说月报》(第 11 卷第 10 号)只印了 2000 册①。于是,全面革新《小说月报》,就势在必行了。

沈雁冰主编的《小说月报》(从 12 卷第 1 号起),基本上全部采取白话文,发表了不少民主主义和现实主义倾向的作品。他还十分重视介绍外国文学名著,特别是介绍了许多被压迫民族的文学作品;在他任主编期间,编印了《俄国文学研究》及《被损害民族的文学》等专号。后来因为他在该刊 13 卷 7 号上发表的《自然主义与中国现代小说》一文,从正面批判了《礼拜六》派,得罪了人,引起一场纠纷。商务主持人只得以郑振铎接替沈雁冰的主编职务来平息风波。郑是文学研究会的人,让郑接沈,可以使赞成新文化的人,认为《小说月报》的宗旨并没变;另一方面,换掉了沈,又可以消除《礼拜六》派的火气。这是个“两全”的办法。

郑振铎接编《小说月报》,继续了沈雁冰的编辑方针。当代不少著名作家的处女作或早期作品,一开始就是登在那时《小说月报》上的。譬如老舍的《老张的哲学》、《赵子曰》等就是写在练习本上从英国寄给郑振铎的。老舍回国后,曾在上海郑振铎家小住,他的《小坡的生日》的最后部分,就是在郑家里写完,又由郑拿到《小说月报》上去发表的。巴金的处女作《灭亡》,最初也是发表在郑振铎任主编时的《小说月报》上的。这期间,郑振铎自己也在《小说月报》上发表了不少作品。他的《俄国文学史略》、《文学大

① 见茅盾《革新〈小说月报〉的前后》(《新文学史料》1979 年第 3 辑)。

纲》等都曾在《小说月报》上连载。郑振铎也很重视介绍被压迫民族(所谓弱小民族)的文学作品。在他主编《小说月报》期间,先后编印了《泰戈尔》、《拜仑》、《安徒生》等文学专号。这些工作,在当时来讲,无疑对推动新文化运动的发展,是有积极的现实意义的。

这个时期,郑振铎还和沈雁冰、叶圣陶等人编过一种叫《公理日报》的四开小报,一共只出版了22天。这是"五卅"运动期间的事。为抗议英日帝国主义的暴行,上海展开了声势浩大的罢工、罢课、罢市运动。商务印书馆职工也积极投入了这场斗争。郑振铎在"五卅"当天傍晚路过南京路,亲眼目睹了这场屠杀后的惨状。可是当时上海各报,对这一惨绝人寰的事件,都没有作如实的报道;而有的报甚至连罢市的消息都不敢登。对此,郑振铎和他的朋友们,感到极大愤慨,决定自己办报纸来伸张公理,抗议帝国主义的血腥罪行。这时,上海各学术团体成立了一个联合对外的组织,叫"上海学术界对外联合会",它由文学研究会、上海世界语学会、上海通信图书馆、中华学艺社、太平洋杂志社等11个团体组成。郑振铎、沈雁冰、叶圣陶等都是文学研究会的代表,胡愈之则代表世界语学会。郑振铎等人经过该组织同意,便以"上海学术界对外联合会"的名义,在6月3日创办了《公理日报》,经费由参加这个联合会的各团体,到社会上去募捐。《公理日报》的出版,是得到商务印书馆广大职工和社会各阶层爱国群众热情支持的,譬如,报纸的编辑工作就全都是商务编译所的同人们担任的,他们都系文学研究会的成员,并以郑振铎、沈雁冰、叶圣陶、胡愈之等人为主;王伯祥先生不仅负责分发报纸,还亲自拿着报纸到街上去叫卖;而许多商务的工友也都积极参加了上街卖报的工作。

《公理日报》的发行所和编辑部,就设在宝山路宝兴西里九号郑振铎的家里。门口还挂起《公理日报》的牌子。那些日子,天蒙蒙亮,郑家门口就挤满了等待领取报纸的报贩。天一亮,大街小巷就响起了"《公理日报》一只铜板!"的叫卖声。《公理日报》不畏强暴,道出了上海各阶层爱国群众的共同心声,在上海街头,人们争相传看,踊跃购买,和当时瞿秋白主编的《热血日报》①,成了最受欢迎,销路最好的报纸。这样的盛况持续了二十来天,最后由于经费的困难,当然,更主要是由于当局的压力,印刷厂怕出了事受牵连,不敢再承印,《公理日报》于6月24日被迫停刊了。这件事,对郑振铎震动很大,他懂得了:"赤手空拳地高叫'公理'、'公理'是无用的。"(《公理日报》"停刊宣言")严峻的事实,使他明白:必须投身到更加实际的斗争中去!

这以后不多久,当年8月,商务印书馆本身又爆发了罢工运动。罢工的主要领导人就是当时发行所的陈云同志(当时名廖陈云);郑振铎是编译所三名职工代表之一(另两名是沈雁冰、丁晓先),同时也是罢工执行中央委员会13名委员之一(主席即陈云)。郑振铎是商务资方代表高梦旦的女婿,编译所职工还选他当代表,深得了同事们的信赖。据说,在罢工期间,郑振铎和高梦旦翁婿间,有过这样的"约法",那就是离开谈判桌,两人绝对不谈有关罢工的事。郑高二人对此约法,始终是严格遵守的,这样就很好地处理了公与私的关系。

1927年3月下旬,上海人民在周恩来同志领导下,举行了第三次武装起义。郑振铎怀着极大的政治热情,参加了上海人民临时政权机构——上海市民代表会议的工作。但是,谁料不出半月,蒋介石就发动了反革命的"四一二"政变。驻扎在宝山路商务印书馆附近天主教堂里的反动军队,对起义工人进行突然袭击,占领了当时工人纠察队指挥部所在地——商务印书馆俱乐部,缴了工人纠察队武器,打死了许多工人。上海工人忍无可忍,4月13日,在市总工会领导下,举行了震动全国的抗议集会和游行。当游行队伍行进到宝山路三德里附近时,预先埋伏下的蒋介石反动军队,

---

① 1925年"五卅"期间,中共中央在上海出版的报纸,由瞿秋白主编。

对赤手空拳的游行群众进行了疯狂射击和逮捕。顿时尸横满街，血流成河。郑振铎在这次游行中，亲身经历了一场屠杀。要不是工人弟兄的掩护，他也险些惨遭毒手。当时反动军队已经抓住了他的衣袖，幸亏几位工友冲上来和敌人搏斗，他奋力撕掉被抓住的衣袖，才得以脱险。

第二天，郑振铎在寓所接到胡愈之的电话，说上海知识界对这次事件，打算给当时国民党中的所谓"三大知识分子"——吴稚晖、蔡元培、李石曾写一封抗议信。郑振铎当即请胡愈之代他在抗议书上签个名。不出几天，抗议书登上了报纸。下署签名者，郑振铎的大名，赫然列居第一。原来，那时以姓氏笔画排列名单的习惯跟现在不同，不是以少至多；而是以多至少，郑的笔画最多，故而名列前茅。当时，反动派的血腥镇压，虽然主要是对付共产党；但是，在这样一封抗议书上领衔签名的人，即便不是共产党，也难免遭到不测。朋友们和岳父都劝郑振铎以"游学"为名，暂时到国外去避一下风头。于是，这年 5 月 27 日，他登上了法国邮船"阿托士第二"，离开了灾难深重的祖国。

在他离开商务的这段时间，《小说月报》由叶圣陶、徐调孚两位先生负责，但主编的名义，相当长时期还是用郑振铎。他在英法等国，不断为《小说月报》写些散文，寄回给商务印书馆。他这一时期的一部分作品，如：《王榆》、《病室》、《九叔》等，后来编成集子《家庭的故事》；而这一时期的部分日记，也以《欧行日记》为名，由商务出版。

1928 年 10 月郑振铎回国，重操编辑旧业。1931 年底，郑振铎接到在北京燕京大学任教的老友郭绍虞的来信，请他去"燕大"代理中文系主任。为了能有较多时间从事他所热爱的文学研究和写作，他欣然接受了这一聘请，举家北上，结束了商务印书馆的十年编辑生涯。

原载《出版史料》1987 年第 2 期

郑振铎编辑的报刊

陈福康

我国现代著名作家,大多是做过编辑工作的。鲁迅、郭沫若、茅盾、巴金等,都在编辑出版工作上洒下过辛勤的汗水。郑振铎在这方面的功绩也是十分突出的。郑振铎的一生,差不多有整整40年从事编辑工作。这里且谈谈他所主编或参与主编的报刊。

现在知道郑振铎最早编辑的刊物,是1919年6月在温州出版的《救国讲演周刊》。1919年五四运动爆发后,他是北京铁路管理学校的代表,积极投身于爱国学生运动。6月,学校当局故意提前放假,逼迫郑振铎回到温州。可是,他却把北京的薪火传到了温州,和陈仲陶等人发起"救国讲演周报社",创办了《救国讲演周刊》。该刊用红黑二色石印,毛边纸,24开本。约发行至第六、七期时,因为直接点名揭露了瓯海道尹黄庆澜的卖国行为,被黄庆澜派兵封禁了。郑振铎曾亲自为该刊写了《私进日货被获》等文。该刊现已不能找全,仅在温州市图书馆珍藏着残存的若干期。在温州,他还参与发起了"永嘉新学会",并在成立大会上提议创办会刊。后来该会创办了《新学报》,郑振铎被推选为编辑委员,并在上面发表了《新文化运动者的精神与态度》等重要论文。

暑假后,他回到北京。此时学生运动仍然风起云涌,在运动中他与瞿秋白、耿济之、瞿世英、许地山等人结下深厚友情。11月1日,他们创办了《新社会》旬刊,郑振铎亲自写了《发刊词》。该刊激烈地反帝反封建,提倡社会改造,至1920年5月出至第19期,被北洋军阀政府的京师警察厅以"主张反对政府"的罪名封禁。后来,他们又坚持斗争,出版了《人道》月刊,但仅出一期,又因受到压迫而停刊。《新社会》在当时起了较大的进步作用,正如郑振铎后来说的:“《新社会》成了反帝反封建的队伍里的一支勇敢的尖兵队。远到四川、两广、东北等地,都有我们的读者。”(《记瞿秋白早年的二三事》)由于该刊留存至今为数极少,最近作为革命刊物已由人民出版社影印出版。

我们可以看到,促使郑振铎开始接触编辑工作的,是五四运动。正如周恩来同志评论郭沫若时说的:“他的事业发端,是从‘五四’运动中孕育出来的。”(《我要说的话》)同样,郑振铎也是从政治活动走向文学活动的。1920 年底,他在北京发起成立我国现代第一个最大的新文学团体“文学研究会”,翌年春到上海工作,从此他主编或参与主编了许多在新文学运动初期有着巨大影响的重要报刊。例如:

(一)当时号称“四大副刊”之一的《学灯》。他从 1921 年春开始参加编辑,同年 7 月 17 日起正式任主编,至翌年 1 月 31 日辞去。这一期间,他曾亲手发表了郭沫若的《女神》的序诗、郁达夫的第一篇小说和第一首新诗等等。而从他离开《学灯》以后,该刊便顿然减色,失去了对广大读者的吸引力。

(二)文学研究会机关刊物《文学旬刊》(后又改为《文学》周刊、《文学周报》)。1921 年 5 月 10 日创刊,发表他写的《宣言》和《体例》。第 81 期起改为周刊,他又写了《本刊改革宣言》。该刊出满百期,他又写了《本刊的回顾与我们今后的希望》。至 1923 年底,因为工作太忙,他在 102 期上发表《郑振铎特别启事》,将主编责任转交叶圣陶。《文学旬刊》公开标明是文学研究会的机关刊物,因此与当时沈雁冰主编(郑振铎协助)的《小说月报》相比,具有反映更迅速、评论更多的特点。郑振铎曾在该刊上发表了《革命与文学》、《血与泪的文学》等重要文章。

(三)我国新文学运动中第一个戏剧刊物《戏剧》月刊。1921 年 5 月 31 日创刊,由“民众戏剧社”主编,而郑振铎为该社发起人之一,并在该刊发表《光明运动的开始》等重要的理论文章。

（四）我国新文学运动中第一个新诗刊物《诗》月刊。该刊1922年元旦由叶圣陶、刘延陵、朱自清、俞平伯等创办，郑振铎从一开始即参与，创刊号上就发表了他的多首诗作。并从第四期起，由他的提议，标明为文学研究会刊物。

（五）我国第一个儿童文学刊物《儿童世界》周刊。1922年1月7日创刊，创刊前郑振铎曾发表《儿童世界宣言》。郑振铎差不多每期都亲自写稿，而叶圣陶先生就是因郑振铎不断约稿在该刊发表而成为我国儿童文学开拓者的。郑振铎一直主编到1923年的"新年特大号"后，才调离该刊。

（六）全国最大的文学刊物《小说月报》。该刊从1921年起全面革新，由沈雁冰主编，郑振铎协助。1923年起，由郑振铎任主编。1927年5月，郑振铎因大革命失败避走西欧一年余，这期间由叶圣陶代任主编，但名义上仍挂郑振铎主编。直至1932年"一·二八"日寇炸毁了商务印书馆，该刊才被迫停刊。在郑振铎主编期间，他还先后主编了"泰戈尔"、"拜伦"、"法国文学研究"、"非战文学"、"安徒生"、"罗曼罗兰"、"中国文学研究"等专号或增刊。

从上所述来看，有很多都是我国某一方面最早的专刊。郑振铎在我国新文学运动初期的开拓之功，也可于此略见一二了。而在《小说月报》停刊后，他还主编或参与编辑了一系列文艺刊物，其中在全国影响最大的主要有三种：

①《文学》月刊。1933年7月1日创刊于上海，1937年11月停刊。该刊是郑振铎向鲁迅、茅盾提议创办的，郑振铎为主要负责人之一。第2至第4期均注明是郑振铎、傅东华主编。在该刊创办一周年与二周年之际，他还与傅东华一起主编了《我与文学》、《文学百题》等纪念特刊。该刊在30年代反"文化围剿"中做出了重要的贡献。

②《文学季刊》。1934年元旦创刊于北平，至1935年12月停

刊。郑振铎与靳以主编。创刊号上有郑振铎写的《发刊词》，终刊号上有他写的《告别的话》。当时，国民党反动派的"文化围剿"越来越严重，上海的《文学》月刊上经常有进步作品被"检查官"禁载，郑振铎便想将这些作品拿到北平来发表，这就是他同时主编该刊的明确目的。但是该刊也受到敌人的注意，创刊号即受到北平的"检查官"的删节。

③《文艺复兴》月刊。1946 年 1 月 10 日创刊于上海，1947 年 11 月中辍刊。后又陆续出了三本《中国文学研究专号》。该刊为郑振铎、李健吾主编，创刊号上有郑振铎的《发刊词》。

《小说月报》和以上三种刊物，除了八年抗战时期以外，在时间上是一脉相承的。它们都是当时最大型的第一流文学刊物，荟萃了全国著名老作家，发现和培养了大量的青年作者，发表了无数的好作品，对中国现代文学事业的贡献是很大的，例如巴金、老舍、曹禺、丁玲、钱钟书等等作家的成名作，就都是在这些刊物上发表的。

除了以上这些以外，郑振铎主编和参与编辑的文学报刊还有不少，例如：

文学研究会会刊《星海》，1924 年 8 月创刊于上海，郑振铎发表《发刊缘起》。原拟每约五个月出一期，一直出下去，并已拟好各期名称，但后仅见出了一期。

《时事新报》副刊《鉴赏周刊》。1925 年 5 月 11 日创刊。刊头为郑振铎所题。曾连载他的《中国小说提要》和《白雪遗音选》。

北平清华大学中国文学会刊物《文学月刊》。1931 年 12 月起郑振铎担任该刊顾问。曾发表他悲愤悼念被国民党反动派屠杀及被迫害致死的共产党人胡也频、洛生（恽雨棠）和杨贤江同志的文章。

《太白》半月刊。1934 年 9 月 20 日创刊于上海，陈望道主编，郑振铎为编辑委员会 11 人之一。

《水星》月刊。1934 年 10 月创刊于北平。署卞之琳、巴金、沈从文、李健吾、靳以、郑振铎主编(按笔画排列)。

《文学集林》月刊。1939 年 11 月创刊于上海。郑振铎、徐调孚主编。

《联合晚报》副刊《文学周刊》。1946 年 4 月 17 日创刊。郑振铎主编。(该晚报是在周恩来关怀指示下复刊的。)创刊号上有郑振铎写的代发刊词——《文艺作家们向何处去?》。

一直到解放后,郑振铎在百忙之中还担任了《文学研究》季刊和大型双月刊《收获》的编委,直至他光荣牺牲。

除了上述文学刊物外,郑振铎还主编或参与编辑了一些学术刊物和综合性刊物。例如,1931 年 9 月,郑振铎到北平燕京大学等校任教,翌年 7 月燕大国文学会创办《文学年报》,郑振铎即担任该刊顾问,创刊号的所有稿件均由他一一审阅。1935 年 8 月后,他担任上海暨南大学文学院院长及中文系主任,1936 年 2 月他参与创刊了《暨南学报》。1937 年 4 月,在郑振铎兼任暨南大学图书馆馆长期间,又创办了《国立暨南大学图书馆馆报》(月刊)。新中国成立后,郑振铎担任了文物局局长,他还主编过几个文物考古杂志。例如,1950 年 1 月在他主持下创办了《文物参考资料》月刊;1953 年 3 月,创办了《考古学报》季刊(他为该刊编委会主任);1955 年 1 月创办了《考古通讯》双月刊(他为该刊编委会召集人)。这些学术性刊物都为我国的科学文化事业做出了贡献。

郑振铎在积极参加了五四政治运动以后,在革命运动和民族解放斗争的各个关头都表现了他的鲜明的进步的大节。这一点,在他所编的一些政治性的刊物上,也能看出来。

1925 年发生了“五卅惨案”,郑振铎当时就曾多次亲临鲜血洗去后的街头,并撰写了不少抗议的诗文。6 月 3 日,他还与叶圣陶、胡愈之、沈雁冰等人以“上海学术团体对外联合会”的名义创办了《公理日报》。该报与当时党中央办的《热血日报》同时发行,受到广大人民的热烈欢迎。《公理日报》的发行所即设在郑振铎家里，每天一早便有许多报贩争相领取。可是，只出版了 22 期，就因遭受到奉系军阀的迫害而停刊了。郑振铎当时愤然写了《停刊宣言》，认识到空喊“公理”是无用的，要注重实力，继续斗争，还在《本刊同人特别启事》中提出拟在今后集资创办更大规模的独立的人民的报纸。郑振铎等人这么早就提出这一思想，也是很值得我们重视的。

抗日战争爆发前后，他积极投入神圣的民族救亡运动。1937 年 7 月 20 日，他与张志让等一起主编了《中华公论》月刊。上海战事发生后，他又参与《中华公论》与《世界知识》、《妇女生活》、《国民周刊》四个刊物的《战时联合旬刊》的编辑工作。8 月 24 日，他又与郭沫若、茅盾等 30 人一起发起创刊《救亡日报》，这是当时全国最著名的报纸。1938 年 5 月 4 日，中华全国文艺界抗敌协会的会刊《抗战文艺》创刊于汉口，时郑振铎虽坚持战斗在“孤岛”上海，但也被推选为编委会之一。在这些报刊上，郑振铎发表了许多抗日诗歌、时评和政论。

抗日战争胜利后，他便于 1945 年 10 月 13 日创办主编了著名的进步政治刊物《民主》周刊，并几乎每期都发表他署名的激烈抨击国民党反动派的尖锐的政论。该刊与上海同时出版的《周报》、《文萃》、《群众》等革命刊物一起，成为民主斗争的坚强堡垒。1946 年 10 月 31 日，《民主》被反动派严令禁止。郑振铎在终刊号上发表《我们的抗议》，表示“我们并不退缩，也不灰心绝望”，“本刊虽然被生生的缢死了。但永不死的是她的精神”，“她会复活的！凤凰从火焰中重生，那光彩是会灿烂辉煌的。”

以上这些革命的或爱国的刊物，在我国现代史上，都是永放光辉的。

最后，我们还要提到几种从不为人所知的郑振铎编辑或参与编辑的报刊，以补充说明郑振铎在编辑出版工作方面的杰出贡献，并彰示郑振铎甘为“无名英雄”的品德。

1919 年 11 月,日本帝国主义者在我国福州开枪逞凶,并派遣军舰进行威胁,消息传到北京,郑振铎等福建籍的学生就更是义愤填膺,他们发起组织了旅京福建学生联合会。据黄庐隐悼念郭梦良的文章中提到,他们当时曾主办了一个名叫《闽潮》的反帝刊物。据程俊英先生(现华东师大教授)告诉笔者,那是油印出版的,郑振铎也是主要编辑者之一。可惜,这份《闽潮》现在大概已不可能找见了吧!

1926 年 9 月 5 日,上海立达学园出版了《一般》月刊,署夏丏尊主编。立达学园是当年教育界的新生事物,郑振铎积极支持它,并到立达学园义务授课,为“立达学会”委员。这份《一般》月刊虽未署郑振铎的名字,但据同年 4 月 30 日《立达半月刊》第 13 期“园讯”透露,该刊是胡愈之在一次会议上提议创办的,而郑振铎当场就被推举为筹备负责人之一。

郑振铎于 1928 年 10 月从欧洲归国后,仍一度在商务印书馆编译所工作,并继续被编译所同仁推选为工会代表。1931 年 6 月 15 日,他还与周予同主编了编译所工会的内部刊物《编辑者》月刊。这是我国出版工会的第一份刊物。他亲自写了《发刊词》,反复强调一个进步的编辑工作者应该自觉地意识到自己的重大使命。该刊没有署主编者的姓名,连《发刊词》也没有署名。由于是内部发行的,现已极难见到。但这篇《发刊词》收入郑振铎的《海燕》一书中,较易见到。这年 9 月,郑振铎到北平工作,该刊旋即停刊。

1938 年 5 月 8 日,上海《文汇报》柯灵主编的副刊《世纪风》日刊上,又开辟了《书评专刊》周刊。此可谓副刊中之副刊,也可算是一种创举了。由于该周刊未署编者名,人们也许认为也是柯灵编的,其实却是郑振铎编的(柯灵同志曾扶病亲自给笔者回信证实这一点)。该周刊的宗旨,是评论当时抗战期间出版的读物的倾向和优劣。郑振铎还写了《发刊词》和《告别词》等,均未署名。

解放后,郑振铎还主编过一个一般人所不知道的内部刊物《政协会刊》。1956 年 12 月,全国政协常委会第 32 次会议决定成立一个政协会刊编辑委员会,郑振铎被指定为该编委会主任。该刊为不定期刊物,第一期正式出版于 1957 年 1 月 28 日,没有署主编者姓名。郑振铎生前对此刊极为负责,并亲自撰写了不少评论、杂文和散文、诗歌等。在他失事殉难的那次出国访问前夕,他还亲自召开了编辑会议。他共主编出版了 13 期。

综上所述,郑振铎生前大约主编或参与编辑了 40 种左右的报刊。其中很多是在中国文化学术史上和中国革命史上起过不可磨灭的贡献的。这是郑振铎同志一生光辉业绩中的不可忽视的组成部分。

1982 年 11 月 30 日

原载《出版史料》1987 年第 2 辑

郑振铎与《世界文库》

钱小柏

《世界文库》的发刊缘起

我们知道,郑振铎是我国现代少有的藏书家。据统计,他收藏的中外文书籍有 17000 多部,计 94000 多册,其中很多是珍贵的书籍。这些书中的大部分,他不仅看过,而且在很多书后写了题跋。我们从他的《西谛书目》27 册来看,可知他藏书的丰富、广泛。其藏书当然偏重于文学方面,但就这一类中,便有戏剧、小说、画谱、宝卷、弹词、考古、金石、文集、诗集、词集、目录、方志、丛书等等。

他在购藏这些书籍的漫长过程中，深感读者觅购珍贵名著的艰难，因此他早就有编辑出版包容中国古代和世界各国文学名著的大型文库，方便读者购阅的设想。1935 年他从北京来到上海，在与邹韬奋同志谈起自己这一设想时，想不到这一个即使较大的出版单位也不敢接受的巨大出版计划，居然被生活书店热情地接受了。不久，郑振铎邀集了当时的文学界人士共商这个出版大计，他并写了一篇《世界文库发刊缘起》发表在当时上海各大刊物上，文中说道：

我们的工作便是有计划的介绍和整理，将以最便利的方法，呈献世界的文学名著于一般读者之前。

我们将从埃及、希伯莱、印度和中国的古代名著开始。《吠陀》、《死书》、《新旧约》、《摩诃巴拉他》、《拉马耶那》和《诗经》，一切古代的经典和史诗、民歌都将给以同等的注意。

我们对于希腊、罗马的古典著作，尤将特别的加以重视。荷马、魏琪尔的史诗，阿斯克洛士、沙福克里士、优里辟特士的悲剧，阿里斯多芬士的喜剧，赫西俄德①、萨福、品得、施蒙尼迪、贺拉斯、奥维德、卡塔拉斯、琉克里细阿斯的诗歌，柏拉图、亚理士多德、狄摩西尼、恺撒、西塞罗、琉细安的著作，乃至波卢塔的传记，无不想加以系统的介绍。这样，将形成一个比较像样子的古典文库。

在黑暗的中世纪里，从奥古斯丁到但丁、薄伽丘、乔叟、维庸，伟大的名字也不少。各民族的史诗，像北欧的新、老二厄达，德国的《尼柏龙根之歌》以至流行于僧侣间的故事集（像《罗马人功勋录》），行吟诗人之作品，都想择其重要的译出。

中世纪的东方是最光明灿烂的一个大时代。从中国的诗

① 以下外国作家、作品原文是英文，这里改为中文译名。——编者注

歌、散文、小说、变文、戏曲的成就到波斯的诗，印度、阿拉伯的戏曲、小说，乃至日本的《万叶集》、《源氏物语》都是不容忽略的。印度的戏曲，像《薄婆菩提》、《加梨陀娑》，中国的杂剧，像关汉卿、王实甫之所作，都是不朽的优美之作品。如有可能，《一千零一夜》将谋全译。汉、魏至唐的诗，唐、宋的词，元的散曲，都将成为全集的式样。宋、元话本将有最大的结集。《三国》、《水浒》、《平妖传》则将力求恢复古本之面目。

在文艺复兴以来的欧洲文学里，伟大的名字实在太多了！塞万提斯、莎士比亚、蒙旦、弥尔顿、莫利哀，都是必须介绍的；而班得罗、高乃依、拉辛、拉·封丹以至沙尔·贝洛、培根、马逻、阿利奥斯多诸人也必当在收罗之列。

十八、十九世纪到现代的欧美，诗歌和散文的选译是比较困难的工作。但歌德、海涅、拜伦、济慈、雪莱、波特莱尔、戈蒂叶、魏伦、马拉美、惠特曼、拉穆诸人的作品是必须译出的。小说乃是这两世纪的文学的中心。从斯威夫特、笛福、菲尔丁到司各特、奥斯汀、狄更斯、萨克雷、艾略特、史蒂文生、斯托夫人、爱伦·坡、雨果、巴尔扎克、大仲马、斯汤达、乔治·桑、福楼拜、左拉、莫泊桑、果戈理、屠格涅夫、陀思妥耶夫斯基、托尔斯泰、契诃夫、高尔基、马克·吐温、欧·亨利、巴比塞、罗曼罗兰诸人都将有其代表作在这文库里。

近代戏曲的发展也是很可惊的，从席勒、博马舍以下，像易卜生、比昂逊、白利欧、霍普特曼、苏德曼、鄂斯加、王尔德、辛格、高尔斯华绥、梅特林克、契诃夫都是要介绍的，至少得包括三十个以上的伟大的名字。

近代的东方是一个堕落的时期，但中国仍显出很进步的情形。《金瓶梅》和《红楼梦》是最可骄傲的两部大著作。戏曲作家们尤多到难以全数收入。但尽有许多伟大的东西还在等待着我们去掘发。诗歌和散文是比较得落后，但我们将不受流行观念的影响，而努力于表扬真实的名著。

这样浩瀚的工程，绝不是一二年或三五年之时，力所能成就的，我们竭诚的欢迎学人们的合作！我们希望能够在五六年之间，将这工作的第一集告一个结束。

为了发刊者和读者们的便利，我们采用了定期刊物的式样，规定每月发刊一册。除了极少数的例外，长篇的著作将不使连载到一年以上。这样，每一年便也可以有一个小小的结束。

我们站在这宏伟的工作计划的高塔之下，很觉得有点栗栗危惧。但我们有着热烈而清白的心；我们盼望能够因此而引起学人们的注意与合作。虽然这工作显得是很勇敢，但我们相信，我们的态度是慎重的。杜甫云："不薄今人爱古人"，Colerigde 说："今日真正的大学教育便是书籍。"发刊之旨，便在于此。幸读者有以教之！

与上述《发刊缘起》同时刊出的，还有由郑振铎执笔写的《世界文库编例》，从这里我们大致看到《世界文库》的规模、内容和要求等，这对我们今天编辑出版大型丛书或文库，无疑是有参考价值的。现将这个《世界文库编例》照录于下：

一　本文库将继续刊行六十册到八十册，成为第一集。世界的文学名著，从埃及、希伯莱、印度、中国、希腊、罗马到现代的欧、美、日本，凡第一流的作品，都将被包罗在内，预计至少将有二百种以上。

二　我们介绍欧、美文学，已有三四十年的历史，却从不曾有过有计划的介绍；往往都是随手抓到一本便译，或为流行的观念所拘束，往往费了很大的力量，去译些二三流的著作（如果林琴南先生有一位更好的合作者，他便不至以数年之力去译哈葛得的全集了)。本文库所介绍的世界名著,都是经过了好几次的讨论和商酌,然后才开始翻译的。对于每一个作者,译者都将给以详尽的介绍;译文在必要时并加注释。五六年后,当可有比较的可满意的成绩。

三　翻译者往往奉严又陵氏的"信、达、雅"三字为准则。其实,"信"是第一个信条。能"信",便没有不能"达"的。凡不能"达"的译文,对于原作的忠实程度,便也颇可怀疑。"雅"是不必提及的;严氏的"雅"往往是牺牲"信"以得之的。不过所谓"达"者,解释颇有不同。直译的文章,只要不是"不通"的中文,仍然是"达"。假如将原文割裂删节以迁就译文方面的流行,虽"雅",却不足道矣。所以我们的译文是以"信"为第一义,却也努力使其不至于看不懂。

四　有一部分的名著是已经译出来过的。我们在可能的范围内竭力避免重复。惟过于重要的著作,不能不收入本文库里的,或从前的译文过于不能读的,或失去原意的,我们仍将不避重译之嫌。林琴南氏的一部分古文的译本,有必要的,我们也将再译一次。

五　许多年来,学人们对于中国文学似乎也不曾有过较有计划的整理,近来所见的"丛刊"、"备要",仍都是不加整理的照式翻印。一般读物之类,又任意割裂,不足信赖。今日要想得到一部完善而方便的文学名著的读本,将和得到一部译本有同样的困难。本文库所收入的中国文学名著都是经过整理的。

六　所谓"整理",至少有两项工作是必须做到的。第一,古书难读,必须加以标点符号;第二,必须附异本之校勘记。新序和必要的注释也是不能免除的。

七　在新的序(并不一定每部书都有)里,我们也许将对于所介绍的"名著"有一种新的看法。我们觉得这种解释和研究是必要的！近来常容易发生误会:守旧的空气,把一切的“研究”和探讨的举动,都作为“提倡”,这是很容易贻误青年们的。我们需要知道历代的生活,需要研究古代的名著,但绝对不是复古与迷信;这其间是有极大的鸿沟划分着的。

八　把像沈自征《渔阳三弄》,尤个《钓天乐传奇》之类的酸腐之气扑鼻的东西重刊了出来,除了戏曲本身的研究之外,也不是全无意义的,至少是表示“士子”们的一种抗议,一种决意的空想,一种被压服于黑暗的科举制度之下的呻吟与呼吁。如果作为具有社会意义的看法,那其解释便将与前不同。对于这一方面,我们将有努力。

九　一般社会生活和经济情况,是主宰着各别的内容与形式的。我们特以可能的努力,想在新序里阐明这种关系。这工作便将不是无系统、无组织的一种重印与介绍。

十　今日文学研究者已有长足的进步,但他们所见到的“古本”、“孤本”却绝不是一般读者所能见到的。(例如冯梦龙辑的《喻世明言》、《警世通言》、《醒世恒言》,我们谈之已久,而能读到这“三言”的,究竟有多少人呢。)有多少名著是这样的被埋没不彰的。将这一类罕见的名著,逐渐的披露出来,不能不为一大快事。

十一　古书已成了“古董”,书价是那么贵。一个文学爱好者要想手边有可以随时翻阅的若干书本,即使不是什么“古本”、“孤本”,也将有“为力不足”之感。本文库将重要的著作,以最方便、最廉价的方式印出。学人可以无得书维艰之叹矣。

十二　古本和今本,或原本和改本之间,往往有许多的差异,绝对不是“校勘记”所能包括得尽的。例如,《六十种曲》本和富春堂本的《白兔记》,是那样的不同的二物;又简本的一百十五回的《水浒传》,和一百回或一百二十回的《水浒传》

之间是如何的不同。这便有对读的必要。本文库对于这一类的书,为对读的便利计,每于同页上分上下栏刊出。

十三　一部分久逸的古作,我们认为有辑出的必要者,无不辑出加入本文库,并力求能恢复其原来的面目。

十四　唐以前的诗,宋词、元明散曲,俱将谋刊其全。名家的文集也以全收为主,不加删节。但偶有秽亵的文句(像《金瓶梅》),不能不删去者,则必注明删去之字数。

十五　诸"文库"、"备要"里所收的书,往往复见至再至三;有已见总集,更见专集的;有已收全集,而更有节本的。今为节省篇幅计,极力避免此种不必要的复见。(例如,《警世通言》已收之话本,刊《清平山堂》时便仅存其名目。)惟亦偶有例外,像醉翁、延巳之词,往往相杂,不可辨别,此则不能不互见的了。

十六　本文库每册均附有必要之插图(书影、作者像及手迹、原书的插图),不仅增加读者的趣味,且对于研究艺术者亦将有重要的贡献。

十七　本文库每月刊行一册,每年刊行十二册,每册约四十万字;中国的及国外的名著各占其半。长篇的著作,除极少数的例外,不连载到十二册以上。

十八　我们欢迎同道者们的合作与指示。一切的意见与译稿,我们都将以恳挚的心怀接受之。

十九　我们很感谢生活书店能够给我们以很好的机会来做这个弘巨的工作。如果没有他们的好意的合作和帮忙,在这艰难困苦的大时代里出版这样的一种"文库"的事业,将是不可能的。

《世界文库》第一年的 12 卷

《世界文库》由生活书店于 1935 年 5 月份起出版，每月一卷，到 1936 年 4 月出满第一年的 12 卷，规定每月 15 日出一卷，实际都是提前出版的。

当年《世界文库》的主编人和编译委员会委员名单如下：

主编人：郑振铎

编译委员会委员：

卞之琳	方光焘	王以中	王任叔	王西征	王伯祥	王统照
王鲁彦	巴　金	江绍原	向觉明	朱光潜	朱自清	沈　素
沈起予	阿　英	李健吾	李青崖	李　亦	李广田	李辰冬
李霁野	宋云彬	吴文祺	吴　晗	周　仁	周予同	周作人
周　筤	周煦良	孟十还	洪　深	胡仲持	胡愈之	胡　适
段可情	郁达夫	俞平伯	俞复唐	茅　盾	高　滔	耿济之
袁昌英	孙　用	孙大雨	孙伏园	孙师毅	孙福熙	孙毓棠
浦江清	陈　宇	陈望道	徐祖正	徐嘉瑞	徐调孚	徐霞村
徐鸿宝	毕树棠	陆侃如	秦宣夫	马宗融	许地山	许　杰
梁宗岱	贺昌群	冯沅君	夏丏尊	彭基相	黄　源	黄澹哉
傅仲涛	傅惜华	傅东华	曹葆华	曹亚丹	曾季肃	曾觉之
张露薇	叶绍钧	靳　以	杨丙辰	万家宝	郑伯奇	郑效洵
赵邦铄	赵敏求	赵景深	赵万里	赵荫棠	穆木天	刘廷芳
刘师仪	刘荣恩	刘　穆	刘薰宇	熊佛西	熊适逸	台静农
黎　明	黎烈文	黎锦熙	储皖峰	鲁　迅	蔡元培	蹇先艾
谢六逸	谢冰心	魏建功	钱玄同	瞿世英	罗根泽	丰子恺
顾一樵	顾均正	顾谦吉	严既澄	严　群	萧　乾	（尚有多人在接洽中）

《世界文库》出版时，作家、翻译家们纷纷发表言论，表示赞赏

或提出感想。如陈望道说:

“刊行《世界文库》在外国也许还不怎么难,因为那边的读者多,在中国却要算一件大事,无论出版者、编辑者,都要有一点傻劲儿才好干。

“干得起来——当然干得起来的,现在就已干起来了——是有意思的。一、外国名著,像现在这样至少要弄通一种外国语才读得到,到底不能算是一个好现象。这样,读得到外国名著的,一定只有少数人;其余的许多人都是白地起家,总有许多气力是白费的。二、中国名著,像现在这样,大家都还当作古董藏,古董贩,也不能算是一种好现象。一部小小的书,就要几元钱,而且还不容易得到。钱和时间也有好些是白费的。我常戏说:出书要严守三易主义。所谓三易,就是一要一般人容易看;二要一般人容易买;三要大家容易带。这次刊行的《世界文库》大体都已经顾到。这对节省研究上精力的白费,打破文化上闭塞的风气,应该都不能说是没有意思的傻干。我希望这种工作扩大开去,对于世界美术、世界历史、世界政治经济等等,也有人这样干起来。”

胡愈之说:“各民族的文学,就好比花草,就只能栽种在广大的花园里,让百花争芳斗妍,才格外显出了芬芳和艳丽。这《世界文库》便是一座广大无比的花园,你在这里面,可以随你的爱好,自由欣赏,而且可以详细品评古今中外的名种。”

茅盾说:“看了《世界文库》第一集的目录,非常高兴。‘中国之部’收了许多传奇,其中有三十多种罕见的秘本。重要名著又注重最近于原本的抄本或刻本,且加初步的整理。‘外国之部’介绍主要的名著,单是这第一集已经称得研究文学的基本书籍的集大成了。这种伟大的计划,在现今居然实现了,无论如何可说是极有价值的工作。至于代价低廉(全集约在五年内出齐,每年不过九元光景),这使购买力不大的读者,都有购读的机会,也是空前的快事。”

谢六逸说:"在文学的园林里,有不少的奇花异卉,为我们从未见过的。有的我们只知道它的名字,如想移植在自己的园地里,真是不容易的事。这部《世界文库》包罗中外的杰作,编排得极有系统,选择也极精当。爱好文学的人,有了这一部分,便可满足鉴赏名作的欲望,不必他求了。"

夏丏尊说:"系统地把世界文学名著来结集流通,这事在别国早经有人做过;在国内还是破天荒。

"《世界文库》包罗本国外国重要文学典籍,按月分配刊行。从此,读书的可不费搜求之劳,不出高价,读到重要的中外名著了。这的确一种功德。"

叶圣陶说:"系统地介绍外国文学,这句话说了十多年了,直到现在《世界文库》出版,才算走上了实做的路途。我最高兴的是这一点。"

朱光潜说:"《世界文库》的计划中,最使我感觉兴趣的是外国之部。年来我们对于翻译事业东打一拳,西踢一脚,不但力量不集中,而且选得很乱。重其所轻,轻其所重,不能使读者对于外国文学得到一个很正确的认识。《世界文库》是近来翻译事业中第一个有计划、有系统的,所以我们应该希望并且赞助它的成功。"

傅东华说:"我以赞助人和特约撰稿人的资格,对于它的刊行只能表示两点感想:(一)中国古籍一向都是私家珍藏的秘籍,穷措大享不到眼福,《世界文库》刊行以后,这个局面至少可部分地打破。(二)我自己(并希望同人)要借此机会重新来试验,究竟外国名著是否能够翻成真正文学的译本,即从读者的兴味上及持久性上说,究竟能否在本国的名著里占有着一个优越的或至少平等的地位。"

《世界文库》在 1935 年 5 月 15 日第一卷出版了。目录主要为:

吉诃德先生传(一) …………………………………… 傅东华译

死魂灵(一) …………………………………………………… 鲁　迅译

无神者之弥撒 ……………………………………………… 徐霞村译

冰岛渔夫(一) ……………………………………………… 黎烈文译

奥罗夫夫妇 ………………………………………………… 周　筧译

美狄亚 ……………………………………………………… 赵家璧译

希腊罗马伟人传(一) ……………………………………… 胡仲持译

我的回忆 …………………………………………………… 茅　盾译

传奇 ………………………………………………………… 唐·裴　铏作

花间集 ……………………………………………………… 蜀·赵崇祚编

绯衣梦 ……………………………………………………… 元·关汉卿作

西游记杂剧 ………………………………………………… 元·吴昌龄作

白兔记 ……………………………………………………… 元·无名氏作

富春堂本白兔记 …………………………………………… 明·无名氏作

金瓶梅词话(一) …………………………………………… 明·笑笑生作

警世通言(一) ……………………………………………… 明·冯梦龙作

从第一卷出版后,以后各卷便陆续出版,至1936年4月,第一集的12卷全部出齐。在这12卷中,长篇的都分卷连载,包括书籍多种。后来有的印了单行本,有的未印。

这些中外文学作品分列在12卷里,真是洋洋大观,美不胜收。每卷有40余万字,12卷就有近500万字。全用23开本新5号字排印。甲种本布面精装烫金。全书用上等乳黄玉书纸印刷。即使是乙种本封面也用硬纸精装,正文用厚报纸印刷。当时文学界都认为《世界文库》的编辑出版是世界文学史上不朽的伟大工作。所以出版后一时洛阳纸贵,不胫而走。

但是,即使是这样,却有不少读者向郑振铎和出版《世界文库》的生活书店写来了不少的信,提出了不少意见。在这些意见中,除了大量赞颂的话语和选材的标准以外,最多的就是要求改变长篇文稿连续分期刊载的办法,因为分开刊印,就不能连续阅读,增加了不少的麻烦。因此,郑振铎和编委们和生活书店商量讨论后,决定从第二年起进行改变刊行计划。

世界文库第二年革新计划

《世界文库》已刊行到第12卷了,中国部分和外国部分都曾介绍了相当数量的重要名著。我们非常感谢读者们的鼓励与维持,使我们能够有勇气和机会继续的努力下去。有许多读者们并给我们以许多贵重的意见,使我们能够对于刊行的方法,名著的选择有了进一步的改善。

在这第二年的开始,我们愿意把现在已经决定的改进之点提出来说明一下:

(一)第一年的12卷,读者们所最感不便者,为长篇作品的分册连载。在编者方面,为什么这样办,当然是自有苦衷的。但在第二年,这样的困难已尽量的设法解决了。第二年凡刊行18卷,每卷都是首尾完全的。只有《吉诃德先生传》是继续着第一年的未完稿,但这一卷是完全仍把她结束了。

(二)第一年中国部分的数量,有的读者们感觉到过多。但我们为什么使中国部分和外国部分的数量大略相等呢?为什么中国部分必须和外国部分合册刊出呢?第一,自然是当时的环境关系;第二是《文库》本身的刊行,发售问题。编者对于这,并不是没有经过仔细的考虑的。现在,在第二年的开始,我们把这问题也已解决了。第一是,使中国部分所占的分量较少。外国部分有12卷,中国部分却只有六卷。但在质的内容,却并没有减薄。第二是,使读者们得以各从所嗜的单独分藏中国部分或外国部分。

(三)加进了一部分较新的重要名著。第一年因为种种关系,未能多量容纳现代的作品。但在第二年,我们却把大部分的篇幅给了近代的重要的名著。有一部分是适应了这时代与这时代的中国的需要。关于中国部分,也特别注意到这一点;所刊"传奇"的一部分和散文一部分差不多都足以供这时代的读者们的参考或细读的。

(四)我们想每一卷加刊几页的《世界文库月报》,专载有关于本年所刊各种名著的批评论文,记载及作者们的遗闻轶事等等,对于读者们,这个"月报",想来不会是没有用处的。

除了以上四点之外,我们很希望读者们,更指示以我们所见不到的地方。

我们感谢为第一年的《世界文库》工作的鲁迅、黎烈文、梁宗岱、梵澄、曾季肃等许多位先生们。我们也非常感谢在这第二年内为《世界文库》工作的茅盾、郭沫若、周笕、马宗融、娄放飞、郑伯奇、立波、刘师仪诸位先生。他们的介绍工作的结果,使中国的文坛增加了不少的重要的国外的奇葩异卉。说不定也会影响到我们创作家们的工作。

在过去一年里,有许多译者们时常表示和我们合作的意见,也有好些先生们将贵重的译稿寄到我们这里来。我们对于这些位热忱帮助的先生们异常的感激,但在种种情形牵制之下,我们不能把《世界文库》的篇幅尽量的扩充,所以有的时候,实有不能尽量容纳一切的来稿,接受许多有力的和热忱的帮助。在这第二年里,那情形仍是如此。甚至有许多已经特约过了的译稿,也都只好打算暂时移到第三年里去。这是编者所万分抱歉的!

第一年《文库》未结束的长篇小说,中国部分的《金瓶梅词话》和外国部分的《玖德》,都仍继续的刊出。对于那12卷的分册连载的长篇名著,我们也有了很好的妥善的合订办法。这将于分呈给读者们的第一年总目录里说明。

《世界文库》第二年的出版计划,决定从1936年的7月份开始。第一册出版高尔基作、罗稷南译的《燎原》。这是《世界文库》革新后的第一部书,在1936年7月中旬出版,接着就一部一部地出下去了。当时一共预备在一年内共出版单行本 18 卷,中国之部有冯梦龙《醒世恒言》第六卷,外国之部有西班牙塞万提斯《吉诃德先生传》(傅东华译)第 12 卷。每卷首尾完全,可以一次看完。每月出版外国的一卷,每隔月出版中国的一卷。

但当时国内外政局动荡,特别是北方战事急转直下,战局大有南下之势,这当然影响《世界文库》的出版。加上第一年的《世界文库》中的书籍都陆续出版了单行本,不少读者就对书籍产生选读的心理,再由于物价飞涨,所以除了老订户有预订外,新订户增加不多。

抗战爆发,《世界文库》停刊

1937 年"七七"卢沟桥事变爆发,接着"八一三"淞沪战役发生,不少工厂、商店纷纷内迁,武汉成为抗战重心,印刷厂等也都迁往武汉,出版界皆以出版战时读物为主,《世界文库》只出版了中国之部的《醒世恒言》和《晚清文选》二卷,外国之部的《燎原》、《圣安东的诱惑》、《华伦斯泰》、《安娜·卡列尼娜》、《被开垦的处女地》五本。因为读者流动量大,居处无定,寄出去的书退包不少。加上沦为战区的,邮局也无法寄递。翻译者也无一定居处,流徙无定,生活不安定,译稿无法收集、发排。加上纸张、印刷等都有困难。因此,连外国之部《磁力》一书印好后,也没有寄发订户,就由生活书店总管理处下令营业部拟订了一份第二年《世界文库》的结束办法,办理结束、退款等手续。

第二年《世界文库结束办法》,由孙明心拟定,孙明心当时是生活书店营业部主任,这办法曾印在书店内部刊物《店务通讯》上。后来就照此办法办理。

《世界文库》虽然因抗战关系没有再出下去,但是通过了它,我们在 50 年前就看到有像郑振铎这样的先行者为整理和介绍中国、外国的文学名著而含辛茹苦地提出了如此宏伟的计划，他的气魄、胆略和精神，是永远值得我们称道的。

原载《出版史料》1992 年第 2 期

论郑振铎主持的《儿童世界》的编辑特色

武志勇

郑振铎是五四时代造就的中国现代文化史上放射出灿烂光辉的巨星。他在文学创作(包括儿童文学创作)、文学社团活动、报刊编辑(包括儿童刊物)、美术、考古、翻译、整理民族文化遗产方面，都有突出的开创性的贡献。著名作家端木蕻良在其《追思》中说:“中国要是有所谓‘百科全书’派的话，那么，西谛(郑振铎)就是最卓越的一个。”本文拟就郑振铎在儿童刊物方面的开拓性贡献做一简略的论述。这一贡献主要体现在他所主持编辑的《儿童世界》的编辑特色上。

郑振铎主编的《儿童世界》

《儿童世界》，1922 年 1 月创刊，32 开本，周刊。每季 1 卷 13 期。商务印书馆出版。“一·二八”沪战期间，曾休刊数月。复刊后改为半月刊。1937 年，“八一三”沪战休刊。同年 10 月，在香港复刊，香港沦陷后停刊。第一任主编郑振铎。1923 年 5 卷 2 期开始由徐庆祖等主编。该刊曾风行海内，并远销新加坡和日本。

笔者通过对《儿童世界》之前的

儿童刊物及《儿童世界》本身的考察，得出如下断言：正如说叶圣陶是中国现代创作童话的开山鼻祖一样，郑振铎是中国现代儿童刊物的始创者。也正如说《稻草人》是中国童话史上的一座里程碑一样，《儿童世界》是中国儿童报刊史上的一座高峰。郑振铎先生将其热爱儿童的心性，以及他所持的贴近儿童、努力适应儿童心理年龄特征，使刊物富有时代气息和趣味性的编辑思想贯注在《儿童世界》的整个编辑过程之中。

《儿童世界》的文化背景及郑振铎的心性、识见

戊戌以降，中华民族的生存和文化危机日趋严重，知识分子救国图强的愿望和行动更加激烈，西方文明对中国思想文化教育的影响日甚一日。一批开明的知识分子提出了教育救国的主张，承继这一主张的具体行动之一是改革教科书，而首当其冲的便是小学教科书。本世纪初，中国著名的出版家、商务印书馆主持人张元济在著名教育家蔡元培的支持下，首先开始更新小学教科书。

有更新教科书的行动为先导，当时的少年儿童读物也朝符合儿童心理、符合教育原理的方向迈进。五四运动的大潮更加彻底地刷新了中国先进知识分子的儿童观和教育观。儿童不再被看作“缩小的成人”；改变“注入式”教育，注重儿童的生理、心理特征及儿童兴趣的呼声日益高涨。正是在这样的情势下，商务印书馆出版了《儿童世界》。

1921 年春，郑振铎在北京铁道管理学校毕业，被分配到上海火车站做练习生，从事扳闸挂钩一类的工作，这与他酷爱文学的兴趣相左。其时他与沈雁冰（茅盾）等发起了文学研究会，热心于新文学运动，还参加了《时事新报·学灯》和《文学旬刊》的编辑工作。恰好商务印书馆筹出《儿童世界》，经过沈雁冰的推荐，郑振铎进入商务印书馆，开始《儿童世界》的编辑工作，也开始了他的

编辑生涯。这时郑振铎才24岁。

应该指出,郑振铎承担起主编《儿童世界》的责任,并取得成功,与他个人的性格有关,更与他所持的儿童教育观和儿童读物观密切关联。郑振铎的挚友俞平伯回忆他们多年前的交往时曾评价说:“他天真烂漫,胸无城府,可谓‘善与人同’,却又毫不敷衍假借,有时且嫉恶甚严。”①叶圣陶与郑振铎青年时代便相识相熟,叶圣陶曾这样描述道:“朋友们举行什么集会,议论既毕,饮食也足够了,往往轮流讲个笑话,以助兴趣。轮到振铎,他总是说,我‘讲一个童话’,于是朋友们哗然笑起来。”②由此,郑振铎有了一个“大孩子”的雅号。郑振铎的儿子郑尔康有这样一段回忆:“每有余暇,或是节假日,或是去朋友家做客,他总是喜欢和孩子们在一起。这时,他好像一下子年轻了几十岁。在一块破旧地毯上,他和孩子们一起爬呀滚的,或是去公园比赛爬山、划船,在草坪上做各种游戏,真的就像个‘大孩子’。孩子们特别喜欢他讲故事,大家很奇怪,他的肚子简直像童话里的‘宝袋’,讲起故事来滔滔不绝,什么‘狼外婆’,什么‘小红帽’呀,什么‘灰姑娘’呀!眉飞色舞,津津有味,听者无不入迷。”③郑尔康的回忆虽然讲的是郑振铎编《儿童世界》以后的事实,但用来证明郑振铎的童心永在与热爱儿童也是妥当的。

郑振铎认为:“以前的儿童教育是注入式的教育;只要把各种死知识、死教训装入他头脑里,就以为满足了。现在我们虽知道以前的不对,虽也想尽力去启发儿童的兴趣,然而小学校里的教育,仍旧不能十分吸引儿童的兴趣,而且这种教育,仍旧是被动的,不是自动的,刻板庄严的教科书,就是儿童惟一的读物。教师教一课,他们就读一课,儿童自动的读物,实在极少。”④因此,他指出:“我们出版这个《儿童世界》,宗旨就在于弥补这个缺憾。”⑤他强调儿童读物要“适宜于儿童的地方的及其本能的兴趣爱好”,指出适合于儿童的生理、心理特点,富有趣味性是儿童读物的发展方向。他说："麦克·林东以为儿童文学及其他学问都要：(一)使他适宜于儿童的地方及其本能的兴趣及爱好。(二)养成并且指导这种兴趣及爱好。(三)唤起儿童已失的兴趣与爱好。我们编辑这个杂志，也要极力抱着这三个宗旨不失。"[⑥]他还指出："我们觉得现在儿童用书中关于自然科学的材料，仍嫌缺乏，而且也显无味，不会引起儿童的兴趣。但'知识'的涵养与'趣味'的涵养，是同样的重要的。所以我们应他们的需要，用有趣味的叙述方法来叙述关于这种知识方面的材料。"[⑦]他主张儿童读物应该注重向儿童提供富有情趣内涵丰富的诸如儿童文学这样的阅读材料，同时要重视传授自然科学知识。

郑振铎反对儿童读物迎合当时一般家庭的旧习惯和儿童的劣等嗜好，他在《〈儿童世界〉宣言》中强调："本志所抱的宗旨，一方面是力求适应我们的儿童的一切需要，在别一方面却决不迎合现在社会的——儿童的与父母的——心理。我们深觉得我们的工作，决不应该'迎合'儿童的劣等嗜好，与一般家庭的旧习惯，而应当本着我们的理想，种下新的形象，新的儿童生活的种子，在儿童乃至儿童父母的心里。因此纯粹的中国故事，我们是十分谨慎的采用的。有许多流行于中国各地的故事是'非儿童的'，是'不健全的'。我们虽然反对教训主义，对于那种养成儿童劣等嗜好及残忍的性情的东西却要极力的排斥。"这也可以看作是郑振铎编辑《儿童世界》奉行的选择材料的基本标准。

1922 年 1 月，《儿童世界》正式创刊，与一般报刊不同，在其创刊号上没有"创刊词"，因为它的创刊词《〈儿童世界〉宣言》已登载在 1921 年 12 月 28 日的《时事新报·学灯》、12 月 30 日《晨报副刊》、1922 年 1 月 1 日的《妇女杂志》第 8 卷第 1 期等报刊上了。郑振铎认为《儿童世界》是给儿童读的，但儿童喜读的书，还得靠家长、老师的推荐和选购，首先要使他们了解了《儿童世界》，才能到达孩子们手里，所以《〈儿童世界〉宣言》刊登在了成人报刊，先引起舆论的重视，让长辈们对刊物的宗旨、内容有所了解，从而影响儿童。此举事半功倍，《儿童世界》很快便风靡全国，广为人知。

《儿童世界》的编辑特色

自1875年上海出版第一本儿童刊物《小孩月报》之后，我国陆续有一些少年儿童报纸和刊物出现，较有影响的是商务印书馆1900年2月创办的《少年杂志》和1914年创办的《学生杂志》。中华书局也曾于1914年7月创办了《中华童子界》月刊（但1917年7月即终刊，仅出版了三年时间）。上述刊物的编辑出版，对于改变当时儿童读物极端匮乏的状况，无疑是有一定作用的。然而，由于受到时代的局限，这些号称专供少年儿童阅读的刊物，都缺乏对儿童读者生理和心理特点的适应，实在少有儿童特色。首先是其语言的文言形式或半文半白（《中华童子界》的文章即介于文言向白话文过渡期，多文白夹杂），刊物的吸引力因此而大打折扣。其次，这些刊物的主旨大多强调教育性，强调配合中小学课程的学习。如《少年杂志》就是为配合当时的中小学课程而创办的，其宗旨是在德智体方面给儿童更多的教益。《学生杂志》则是一本"五花八门、以供给中学生课外知识为主的刊物"（茅盾语）。《中华童子界》较前两种刊物离中小学生课程学习远些，内容广泛，编排也较为活泼（有插图）。但就整体看，它们的文艺性、趣味性及娱乐性都比较差。第三，是这些刊物的编者往往以成人心理代替儿童心理，用成人的欣赏趣味支配儿童的欣赏情趣。内容多训诫，思想性差。编排方式未能照顾适应少年儿童的阅读心理和阅读习惯。

郑振铎主编的《儿童世界》创刊号至5卷1期与这些刊物明显不同，它有自己鲜明的编辑特色：

一、崭新的注重文学的编辑方针

与过去内容庞杂凌乱、五花八门的少年儿童刊物不同，酷爱文学，熟识儿童心理的郑振铎，给《儿童世界》制定了以文学为主的编辑方针。郑振铎认为，儿童文学作品是契合儿童心理的，阅读儿童文学作品是有益无害的，“近来有许多人对于儿童文学很有怀疑，以为故事、童话中多荒唐怪异之言，于儿童无益而有害。有几个人并且写信来同我说，童话中多言及皇帝、公主之事，恐与现在生活在共和国里的儿童不相宜。这都是过虑。人类儿童期的心理正是这样，他们所以喜欢的正是这种怪诞之言。”郑振铎进而说明：“所以我们用这种材料，一点也不疑虑。”⑧

《儿童世界》创刊初始，郑振铎便为刊物规定了十类主要的刊载内容，其中有“诗歌童谣”、“故事”、“童话”、“戏剧”、“寓言”、“小说”等六类，基本包括了儿童文学的主要体裁，这六类作品占据了刊物的主要篇幅，其余“插图”、“歌谱”、“格言”、“滑稽画”等内容只占很少量篇幅。⑨这就在篇幅上让儿童文学占据了绝对的优势。

为促进《儿童世界》所刊文学作品的风格多样化和质量的提高，郑振铎广泛地约请了作家和儿童文学爱好者为《儿童世界》撰写稿件，促使当时许多作家走上了儿童文学创作的道路，从而为少年儿童提供了种类繁多、质量精美的儿童文学作品。该刊所发表的许多作品因而成为儿童文学史上的名篇佳作。

中国现当代文化大师、20世纪中国儿童文学泰斗、中国创作童话的开山鼻祖叶圣陶，曾谈起自己创作童话的缘起：“郑振铎兄创办《儿童世界》要我做童话，我才作童话，集拢就是名为《稻草人》的那一本。”⑩叶圣陶的第一篇童话《小白船》发表在《儿童世界》第1卷第9期，从此一发而不可收。《傻子》、《地球》、《芳儿的梦》、《燕子》、《大喉咙》、《新的表》、《旅行家》、《鳄鱼的遇险》、《梧桐子》、《富翁》、《画眉鸟》、《玫瑰和金鱼》、《眼泪》、《瞎子和聋子》、《祥哥的胡琴》、《快乐的人》、《克宜的经历》、《跛乞丐》等现代儿童文学史上脍炙人口的名篇，都是这一时期发表在《儿童世界》上的。从1卷9期(1922年3月4日出版)至3卷9期(1922年9月2日出版),半年间共发表了叶圣陶的童话19篇。同一时期,叶圣陶还有《蝴蝶歌》、《小鱼》、《白》等儿童诗在《儿童世界》问世。

现当代著名学者、作家赵景深,也应邀在《儿童世界》上发表了《稻草煤炭和蚕豆》(第1卷第12期)、《好小鼠》(第3卷第2期)、《樱桃树》(第3卷第6期)等童话译作和创作。

郑振铎凭着对新一代的挚爱和对事业的责任,因着"天真烂漫"的心性和"大孩子"的真诚,自己也译述和创作了大量的儿童文学作品。20年代初,郑振铎共写了童话、故事44篇,图画故事作品40篇,儿童诗30首,还有翻译童话24篇。这些作品大多刊登在《儿童世界》上。

此外,胡愈之、谢六逸、耿济之、高君箴、俞平伯、许地山、严既澄、顾颉刚、章锡琛、王统照、徐调孚等以后在文化文学领域有所成就的学者和作家当时都曾在《儿童世界》上有作品发表。

对于儿童戏剧,郑振铎也很重视,他在《〈儿童世界〉宣言》中特别强调:"儿童用的剧本,中国还没有发现过。近来各小学校里常有游艺会的举行,他们所用的剧本都是临时自编的,我们想隔二三期登一篇戏剧。大概是简单的单幕剧,不惟学校可用,就是家庭也可行用。"《儿童世界》创刊第一年,就发表了《牧童与狼》、《系铃》、《两个洞》、《三个问题》等20多个剧本。郑振铎还亲自写了儿童诗剧《风之歌》。尤为难得的是,《儿童世界》还向儿童征稿,发表了《唱山歌》、《寄信》、《告状》等少年儿童自己创作的短剧。这一切,对于尚处于起始阶段的中国儿童剧事业的成长壮大,是一个强有力推动。

郑振铎在《〈儿童世界〉宣言》中把"寓言"列为儿童文学的主要文体之一。从此,寓言作为一种重要的不可缺少的文体样式在儿童文学百花园中扎根、开花、结果。为了倡导寓言的翻译、翻新和创作,《儿童世界》在1922年一年间共发表寓言近20篇,其中有郑振铎自己翻译的伊索寓言《猎犬》(署名C.T)及郑振铎整理的古代寓言《拔苗助长》(第2卷第9期)。刊物还曾登载了少年儿童创作的寓言,如3卷1期发表的蒋仁毅的《狮子与蚊子》。

加强对少年儿童的科学技术知识教育,是近代中国教育界、知识界的共识。清末废科举、设西式学堂便是这一思想在教育领域的大规模的彻底实行。沿袭这一正确路线,处于萌芽状态的儿童文学,一开始就注重发挥自身的科学知识教育作用,科学文艺作品应运而生。并且作为儿童文学的一个新品种介绍给少年儿童。《儿童世界》把科学文艺作品归入科学故事(当时称"自然故事")一类,从3卷1期开始,发表了周建人写的《蜘蛛的生活》、《蚂蚁》、《蜻蜓和蜉蝣》、《甲虫的故事》、《甲虫的故事第二》、《水母是什么》、《说猪》、《藤壶是什么》等科学小品文,它们以浅显易懂、生动活泼的文字给少年儿童讲述自然科学的各种知识,"为儿童科学散文的创作起了拓荒作用"⑪。儿童科学散文(或者叫科学小品文)的出现和成熟,对于整个儿童科学文艺创作无疑是一大促进。

笔者认为,《儿童世界》对儿童文学各式文体的创立完善的功劳是值得大书一笔的;《儿童世界》重视儿童文学的编辑思想和编辑实践,对中国儿童文学的发展起到了强有力的推动作用;《儿童世界》是我国1922年形成的"儿童文学运动"的中坚和柱石是无可争议的,它是中国儿童文学史上的一座丰碑,是儿童文学史上最辉煌的篇章之一。

二、鲜明的落在实处的读者意识

与以往的儿童刊物不同,《儿童世界》确定了更为确切的读者文化层次和年龄范围:"本志的程度和初小二、三年级及高小一、二年级的程度相当。"(《儿童世界·宣言》)按照当时的学制推算,初小二、三年级至高小一、二年级的年龄段大约是9岁到14岁左右。

筹备《儿童世界》期间,郑振铎就积极征求和接受读者的意见、建议、要求，并说："我们虽然常与儿童接近但却不曾详细地研究过小学教育，也没有详细地考察过儿童生活，贸贸然来编辑这个杂志，自然是极多缺点。"因此，郑振铎一直在努力弥补自己对儿童和儿童生活了解的不足，经常地广泛地征集最熟悉儿童和儿童生活的教师们及儿童读者的意见。创刊之初，郑振铎就发出了这一倡议："有经验的教师们如有什么见教或投稿，我们都非常欢迎。"后来他又多次强调："有经验的教师们及许多人的批评与指教。我们是极为欢迎的。"(《第二卷的本志》)郑振铎在编满两卷《儿童世界》之后，通过对读者反馈信息的分析研究，进行了一次使刊物更切合读者兴趣的大规模的改革：增加自然科学知识和手工、游戏等内容，重视培养儿童读者的动手能力，注重登载更适于儿童阅读的短篇文字，增多彩色插页，扩大刊物的篇幅。此次变动之后，《儿童世界》的编辑视野大大地开阔。1922 年 7 月 22 日，一位署名增福的读者来信提出："儿童们辨识力不强，若叫他看没有新式标点符号的文字很不容易使他懂得的；但是人名地名等的符号，贵志上却还没有；所以我想第一要设法弥补好这个缺点。"(见《儿童世界》第 3 卷第 9 期，原文标点如此——笔者注)郑振铎立即采纳了这一意见，从第 4 卷第 1 期起，《儿童世界》的人名地名旁都加了人名地名符号。

及时向读者通报编辑计划、编辑情况，让读者了解编者的意图和刊物的变化，是杂志编者与读者交流工作的一个重要方面，也是郑振铎的成功之处。筹备《儿童世界》期间，郑振铎就在当时有影响的《时事新报·学灯》和《妇女杂志》等几种刊物上发表《〈儿童世界〉宣言》，阐明《儿童世界》的编辑宗旨、内容及读者对象。郑振铎常有预告性文字刊出，或预告具体栏目、具体文章内容的变动，包括节日假期期间的刊物内容预告；或预告编辑方针、刊物整体风格的更新；或预告价格变动及其他问题。1922 年 3 月出版的《儿童世界》第 1 卷 13 期刊有两则预告性文字。其一："本志第二卷第一期附有一张极有趣的图画,随书赠送。请大家注意,不要被代卖处漏送了。”其二:“自第二卷起,每隔三四期必附彩色图一张。第1期和第4期是对描的动物画。一面是彩色的,一面是单色的。不惟美观,而且儿童可以拿来学画。自2卷4期起,将接连登两篇极有趣味的长篇小说。先此预告,请读者注意。”告知读者刊物的新内容,使读者对以后的刊物产生期待心理,增加了读者的阅读兴趣。

《儿童世界》一开始即声明,欢迎教师们的“投稿或见教”。从第3卷第9期开始,《儿童世界》设立“通讯”一栏,刊登读者来信和编者的答复。让读者意识到编辑者对他们意见的重视,鼓励读者更多地关心参与刊物的发展。在第4卷第1期就曾同时刊登了三封读者来信。在“通讯”栏中,郑振铎事无巨细,认真地回复读者的建议和问题,如1922年7月27日南昌读者周得寿来信提出:《儿童世界》的文字要注意“不可欧化”;“儿歌不可神秘,最好和童谣一样”。郑振铎在复信中赞同他“不可欧化”的观点,明确表示“《儿童世界》上的文字,也想极力避免欧化的倾向”。但不赞同他“诗歌不可神秘”的看法,郑振铎认为:“至于神秘一层,更不必故意避免。儿童是充满了幻想的。儿童文学中决不能——也不必完全除掉一切神秘的原始的气味。”1922年7月22日读者增福来信希望《儿童世界》的正文字号由四号字改小为五号字。郑振铎在答复中说:“当初我也是这样主张,但只怕儿童看惯了教科书上的大字,对于五号字觉得太小,所以踌躇了许久,还不能决定。只好等以后考察准确后再定。现在已将儿童创作先改为五号字。”从上面的两个例子可以看出,郑振铎对读者来信的态度是认真负责的。

一般而言,响应征稿和征文的作者基本都是刊物的读者。如前所述,征稿征文也是联系读者的一条重要渠道。因而,从征集稿件文章的频度可以看出一份刊物与读者联系的紧密程度。《儿童世界》经常组织稿件征集活动和面向少年儿童读者的大规模征文活动。从《〈儿童世界〉宣言》表示非常欢迎有经验的教师们投稿开始，第1卷第1、3、5期又陆续发表了同样内容的《儿童创作的募集》，提出征集儿童自己创作的儿童自由画、儿歌、童谣、童话及其他稿件。第1卷第11期刊出的《投稿规则》，提出征集童话、诗歌、戏剧等译著及儿童创作。第1卷第13期的《第二卷的本志》中要求征集“中国各地方流行的故事与童谣”。第2卷第10期的《本刊征求投稿启事》提出征集曲调、童话、歌谣、故事、科学、诗、小学、手工、游戏、寓言、常识问答、通信、谚语图释、儿童创作等。第3卷第11期刊出《儿童世界·新年特刊号征文启事》征求：“（一）新年游戏。（二）关于新年各事物的谜语及笑话。（三）新年简单的手工。（四）各地关于新年的故事及歌谣。（五）新年的动植物。（六）关于新年的创作的童话和诗歌。”由此可见，《儿童世界》征稿的次数很频繁，内容也多种多样。

《儿童世界》从内容到版面都努力地接近少年儿童读者，对于小读者略显深难的新的尤其是涉及到自然科学的知识，郑振铎总是想方设法使其语言浅显易懂，并用编者的口气和文字加以解释和引导。如第4卷第1期刊载郑振铎自己翻译的长篇知识性故事《巢人》，内容主要叙述人类巢居时代的生活情况。郑振铎按照自己翻译儿童读物不宜直译的观点，将《巢人》译写成了原意“丝毫没有变化”的适合中国少年儿童阅读的故事，并在正文前加了编者按性质的文字，讲述自己对这篇故事的看法：“我以为这种书对儿童有两重价值：一方面给他们以‘故事的趣味’，一方面给他们以‘科学的知识’。而对于中国素未受科学洗礼的儿童尤有重大的价值。”他在文中指导读者：“儿童自己固可以看，便是小学里拿他来做课本，也是极相宜。”“关于正文前的‘问题’（Things to think about）与正文后的‘练习’（Things to do），教师们尤应特别注意。这种‘问题’与‘练习’，教师教时，可以随着地方的情形与儿童的习惯，而加以增减。不必被书中所刻的原文所拘束。这种原文不过是一种举例。”具体告诉读者解答“问题”和运用“练习”的方法，第4卷第2期续载《巢人》时，郑振铎又在故事的前面写了一段文字提示读者：“读这篇故事的时候，必须履行下面两个条件：（一）未读之前，须先掩卷，将题前所附的问题思索或回答一遍。（二）读完之后，须实行练习中叫你去做的事情。”循循诱导读者重视《巢人》，仔细阅读《巢人》，从《巢人》的故事本身及文前文后的“问题”与“练习”中获取更多的具现代意识的科学知识。

《儿童世界》的版面语言亲切、生动、活泼，符合少年儿童读者的阅读习惯和阅读心理。突出地体现了它的读者意识。

三、高超的多样化的编辑技巧

一份刊物，它的内容，它的编辑方针能否顺畅地传输和表达，还要取决于它的编辑技巧是否能够达到与内容的协调和与读者的沟通。这里所说的编辑技巧，是指构建刊物形式的各种手段。它包括封面、目录、字体字号、插图、版面的设计安排等方面都有其独特之处。

《儿童世界》封面图案和刊头字样的富于童趣和富于变化是走在当时少年儿童刊物的最前列的。英国C.W.瓦伦丁在《美的实验心理学》[12]中提供了一个实验例子：玛丽·凯尔金斯教授曾将儿童和成年人对图画的偏爱作了一个比较。她的被试者是300名儿童，他们来自幼儿园和小学，另外还有150名大学生。实验中用了三幅画，第一幅着色特别突出，画面表现了一位头戴公谊教徒帽子身着斗篷的小姑娘的头部和肩部；第二幅是查特龙拍摄的《纪念品》的黑白照片，画面上的女性“脸部稍背过去，高光落到了她优美的脸部，落到她渴望向上的眼睛里，落到她编织至颈领的柔发上，落到肩部、臂部优美的轮廓上，最后消失在背部”；第三幅画描绘了“一个正在拉小提琴的带翅膀的小爱神悬在空中的形象，她那大大的眸子里透露出一种严肃的神情”。教授让接受实验者先从第一第二幅画中选出自己最喜欢的一幅，然后再把他喜欢的一幅与第三幅画作比较，说出更喜欢的一幅。实验表明，约88%的儿童对有色彩的画的偏爱甚于黑白的画。可见对于儿童来说，色彩美比无色彩的形、光和浓淡变化的美更有吸引力。而且在幼儿园和初小的孩子中，约76%的人更喜欢那幅神奇的“小爱神”。引用这则材料，旨在证明《儿童世界》封面的设计是深合少年儿童心理和兴趣的。《儿童世界》的封面全部都是精致的彩色图画，且多数表现神奇幻想的内容，其刊头字样也变化多端，活泼生动。有心的读者，若能将《儿童世界》一年内的刊物，集成一册，则封面即成一琳琅满目、奇特瑰丽、童趣盎然的画廊。《儿童世界》四字刊头亦可看成是一幅幅美术字展品。《儿童世界》的目录装饰，也别具一格，或大或小，或仅在上端，或三面围饰，或简笔刻画，或重笔涂抹，散发出令小读者感到愉悦的美的气息，激发和增强了阅读欲望。

插图生动活泼。前苏联著名教育家马卡连柯在《儿童文学的风格》⑬一文中谈到儿童读物的插图时说道：“精美的插图要经常配合生动的情节。”插图应该能“有助于想像人物外貌的特征，使这些特征能够直接引起对人物的同情或反感”。《儿童世界》的插图大多分布于文学作品中，这些插图风格多样，有的展现情节，有的表现人物，对于小读者把握人物的性格特征和理解作品的主旨起着引导和促成作用，同时也使刊物的版面活泼生动，赏心悦目。如1卷1期所刊王尔德的童话《安乐王子》，10页的篇幅共插有图画七幅，其中四幅各占有约半个版面的大幅位置，由此可见编辑处理插图的大胆和对插图的重视。占有半个版面的大幅插图，在当时的各少年儿童报刊中是仅见的。

字样和花线是版面语言的基本符码。印刷读物上，字号字体和花边线条的变化往往能够增进版面的美观，衬托出作品文字的重要，以引起读者注意，增加读者的阅读兴趣。《儿童世界》是很好地运用了这一技巧的。它的版面设计不拘一格，富于变化，整个刊物充满着一种活泼的美、生动的美，同时还洋溢着特有的儿童情趣。例如有时将两个版面打通,合成一个大版面的设计,营造出特有的大氛围。1 卷 5 期在童话《狐与狼》之后,空余的版面,约占整个版面的三分之二,并没有再接排其他文字,而是安插了一幅图画。图中表现一个小孩子好像在听故事又像是在向着远方沉思,孩子身边有一树枝横出,身旁有鹅三只,一鹅正啄食,其余两鹅昂首前行。儿童生活气息跃然纸上。此画与故事内容没有直接关系,纯粹是编辑者为了版面的活跃而苦心安排的。郑振铎为《儿童世界》版面的美观所耗费的心血及所取得的成果由此可见一斑。两页打通的版面和着意活跃版面的图画,在当时少儿报刊界来说是一种大胆的创举和革新。

《儿童世界》每期都用紫、绿、蓝等彩色油墨印刷,整页整页的文字色彩鲜亮,令读者赏心悦目,喜见喜读。

《儿童世界》的封二,每期都刊有写实照片,介绍各种动物及其他自然科学知识。一位编辑工作者说过:"一张引人入胜的照片,比再长的文字叙述,都更能为读者留下深刻的印象。"中国还有句古话:"百闻不如一见。"写实性的照片更直观、更真实、更准确地给读者传送知识信息,往往让读者产生亲眼所见的亲切感并在读者的记忆深处打下印迹。对少年儿童读者来说,接受知识的形式直观、亲切,内容真实、准确,更适合于他们的接受能力,更为他们乐于和易于接受。

*　　*　　*

今天的少年儿童,数年之后就将跨入充满希望和挑战的新世纪。发扬郑振铎在少年儿童的心中种下"新的儿童生活的种子"的优秀传统,是我们少年儿童编辑工作者义不容辞的责任。我国现有 3.1 亿少年儿童,他们是我们少年儿童报刊的服务对象。他们是否能得到高品质的精神滋养,决定着中华民族能否在新世纪曙光的沐浴之下,奋发图强,昂首阔步行进于世界各民族的前列。因而,一切腐朽的东西、消极的东西,有损于少年儿童身心健康的自私的、凶残的、无聊的东西，都应该坚决加以摒弃。引导少年儿童向积极健康的方向发展，应当成为少年儿童报刊编辑工作的主导思想和编辑工作者择取材料，决定内容的基本标准。具体到当前而言，培养新儿童就是培养“有理想、有道德、有文化、有纪律”的体魄强健、智力发达的跨世纪的新一代，这也就是少年儿童报刊工作的主旋律，是国家和民族托付给少年儿童教育工作者和少年儿童报刊工作者的一项光荣而又艰巨的历史使命，每一位少年儿童报刊工作者都应把此牢记在心并贯彻在自己的编辑工作中。

面向未来一代的少年儿童报刊不仅要将时代的气息融进自己的肌体，而且还应该有一种超前意识，将新世纪主人的形象和风采以及他们所必备的各种素质揭示出来，为新一代的发展和成才指出方向，做好打基础的工作。

封建社会所要求的以四书五经为主的知识结构和思想道德观念，在本世纪 20 年代，已远远与少年儿童的成长需要脱节，郑振铎和当时的教育工作者、少年儿童报刊编辑工作者一道，给少年儿童输入了新的知识、新的思想，引导他们掌握新的技能。同样，当代的少年儿童也必须具备先进的思想和技能，才能在新世纪的挑战中立于不败之地。这样，向少年儿童读者展示新道德、新知识，便成为少年儿童报刊的一个重要职责。新的一代应具备爱国主义和集体主义精神，应具备迅速和终生吸纳新知识的能力和欲求。有人认为，到下一个世纪，使用计算机、开汽车和会外语是就业的基本技能，这一观点得到大多数人的认同。我们认为，上述这些素质和技能的具备，是时代对新一代的要求，同时也是我们少年儿童报刊工作者应该加以汲取、消化并传授给读者的。

从 20 年代至今，经过数十年的演进，中国的少年儿童报刊工作者的读者意识从无到有，从模糊到清晰，最终走上了科学的轨道，这本不应成为问题的。但近年来，少年儿童报刊的数量由过去的几十家发展到 200 余家，大量不熟悉少年儿童心理年龄特征的人员进入少年儿童报刊编辑队伍，出现了不少问题。刊物版面呆板，缺乏儿童情趣；内容晦涩，语言成人化；片面追求经济效益，投一些短视的家长、教师所好，大量刊登习题；有的甚至刻意渲染感官刺激，内容形式怪诞离奇，打打杀杀等等现象时有所见。因此加强少年儿童报刊编辑的读者意识，加强他们对少年儿童身心发展规律的阅读学习规律的了解，也是报刊业管理部门的一项迫切任务，是提高少年儿童报刊整体质量的关键。

注释：

① 《忆振铎兄》，见1961年10月15日《光明日报》。

② 《天鹅序二》。

③ 《郑振铎和儿童文学·前言》，少年儿童出版社1983年7月版。

④⑤⑥ 《〈儿童世界〉宣言》，见1922年1月1日《妇女杂志》第8卷第1期。

⑦ 《第三卷的本志》，见1922年6月《儿童世界》2卷13期。

⑧⑨ 《〈儿童世界〉宣言》。

⑩ 《我和儿童文学》，见《我和儿童文学》P.3，少年儿童出版社1980年8月版。

⑪ 蒋风主编《中国现代儿童文学史》P.57，河北少年儿童出版社，1987年6月版。

⑫ 周宪译，北京大学出版社1991年5月版。

⑬ 见《马卡连柯教育文集》下卷P.307，人民教育出版社1985年12月版。

原载《编辑学刊》1996年第3期

郑振铎图书宣传思想探微

陈　勤

综观中国现代文学史，融贯中西、博学广达的诸多文人作家都曾与出版业结下过不解之缘。鉴于当时出版体制编印发一体、出版社与书店不分的重要特点，这些文人作家们义不容辞地担负起了图书宣传推广的任务。因为身为编辑，他们了解作者、熟悉作品，撰写的内容提要和书评文字言简意赅、切中肯綮；又因为是出版圈中人，他们更擅长利用各种渠道或媒介进行卓有成效的宣传；同时因为熟悉出版工作流程又使他们有能力在图书宣传的方式或手段方面不断创新完善。譬如鲁迅、叶圣陶、朱自清、茅盾等都曾为自己或他人著译的作品做过大量的推广工作。"一生中几经坎坷，几易其职，但始终未脱离过编辑出版工作"①的郑振铎何尝不是其中杰出的一员呢？笔者不揣浅陋，浅探郑振铎的图书宣传思想，以抛砖引玉，望能展现出郑振铎文学贡献中为世人所忽略的一隅。

一　善于利用强大的报纸攻势

本世纪上半叶，由于通讯、交通事业不发达，广播、电视等传播媒介刚刚问世，远未普及。促使报纸、杂志成为两种最为常见且最具效力的书刊宣传方式。其中，报纸具有传播及时、覆盖面广、权威性高的特点。他不仅为自己编辑的刊物、著译的作品刊发了大量的报纸宣传广告，还曾为他人作品撰写过报纸宣传广告。

早在 20 年代初期，他就曾多次运用广告进行推广宣传，扩大刊物或图书的影响面。继编辑《新社会》（1919 年 11 月，北京）与《人道》（1920 年 5 月，北京）刊物之后，仍为北京铁路管理学校学生的郑振铎，又领衔与北京大学学生罗敦伟、徐六几等人创办了《批评》半月刊，于 1920 年 10 月 20 日，附上海《民国日报》发行。并为该刊登广告，写道："文化运动怎样能上正轨？怎样重新估定一切价值？自然是要'批评'。可是我们出版界独少一个'批评'！势逼于此——《批评》半月刊不能不出世了！"②其广告用语精练、简短、明了，既宣告《批评》半月刊的问世，又表达了其出版的意义与作用。易于引发读者的兴趣，激发其阅读的欲望。此后不久，1921 年 6 月至 7 月间，郑振铎与费觉民等人讨论“革命文学”的文章，曾在《评论之评论》上发表，并在《晨报》上大登广告达三个多月，造成了相当大的影响和声势。

最值得一提的是《世界文库》与《中国历史参考图谱》的宣传广告及宣传策略。它们标志着郑振铎的图书宣传思想逐步走向了成熟。1935 年春，郑振铎因在燕京大学遭受顽固势力的嫉恨、诬蔑和排挤，被迫愤然离职，举家南迁上海，到暨南大学工作。其间，他得以付诸实施久蓄于心的编辑计划——系统地编辑出版一系列包容中国古代及世界各国文学名著的文库。并且得到生活书店和鲁迅、茅盾等人的大力支持，邀集了全国一百几十位著名作家、学者担任编译委员共同编辑大型文学丛刊《世界文库》。其声势极为浩大。郑振铎在宣传该丛刊的过程中，运用了连锁宣传，反复加深印象的宣传策略：1935 年 2 月 28 日，在当时文化教育界最注重的《大公报》的《出版消息》一栏中刊载道：“上海方面，近来发起了一个《世界文库》刊行会，听说规模很大，将委托生活书店经理发行事务，同时并组织一个编译委员会担负编辑的责任。将东西各国最重要的文学著作，或全部翻译，或全部印行……”③引起了各界读者的期盼心情，使他们未睹成书已有印象，促发他们产生窥其全貌的心态。不久，1935 年 5 月中旬，当时的各大报刊上都反复刊载了该丛刊的各种宣传广告，广泛争取读者大众的预约订购。广告中都称这是“中国文坛的最高努力”④，指出它“有伟大名著的翻译，有孤本秘籍的新刊，是文学知识的渊源，是世界文化的总汇”⑤，并认为它是“一九三五年文坛的伟大工作，光芒万丈长，千古不朽灭”⑥。此外，在广告中还刊载了该丛刊的书影、收录范围、装帧、编译委员名单、预定方法等。各大报刊都于头版约占半个版面的宣传空间为其大做广告。当月月底，各报刊均又登出广告，告知读者"生活书店刊行　世界文库　第一册出售"[7]。并几乎在每月该丛刊出版时,都登出广告,向读者传递信息。如此大规模的广告宣传及醒目而独特的广告用语,更加激发了读者的购买欲望,他们相互奔走传告,社会为之关注,文坛为之轰动。一时之间,洛阳纸贵,不胫而走。以至于社会各界都对《世界文库》予以肯定,认为它的编辑出版是世界文学史上的不朽之作。

《世界文库》的宣传广告充分发挥出了图书宣传的传播及促销作用,获得了巨大的成功。然而相对而言,更加全面反映出郑振铎对图书宣传广告的重视程度及有效策略的,则是《中国历史参考图谱》的广告宣传工作。1947年,抗战胜利后,郑振铎感叹自己抗战期间身处上海"孤岛",蛰居于虎穴旁,舍身立命地保护祖国历史文化遗产所历经的种种磨难,感慨祖国无数的历史文化遗产远未被挖掘,故而他以常人难以想像的意志和魄力,克服重重困难,编辑了一部形象的中国历史教科书——《中国历史参考图谱》。这部巨著的宣传与刊行方面,他又做了大量的工作。刘哲民回忆道:"他大量利用新闻广告,所有广告底稿,都是他亲自设计的。开始发售预约,他选择了当时文化教育界最注重的《大公报》,在头版刊登半版的巨幅广告。"[8]在宣传过程中,郑振铎认识到消费者对广告的反应并非采取立即的行为,如果不加以反复宣传督促,广告信息就会被遗忘。最佳解决方式为:在书刊付印到出版后数周内展开凌厉的广告攻势,大造舆论。或在同一刊物,或在不同刊物上反复刊登该书的广告,根据图书生产进程的先后稍微改动出版信息。他曾谈到:"绵料本《图谱》,各(书)肆均有定出者,六月底以前,非设法定出二百部以上不可,故广告最好多登些。兹又排就纸版八幅奉上,乞转登各报为感!最好各报轮流登出,如同日登出,广告效力会减少很多也。"[9]因此,他在《图谱》未出版前数周就展出了广告攻势,于1947年2月1日《文汇报》头版的半个版面刊发由他亲自策划的大幅宣传预约广告,宣告"郑振铎编中国历史参考图谱预告出版”。首先激发了读者的兴趣。当《图谱》出版时，他又于5月4日《大公报》头版刊载了半版的巨幅广告，宣告出版，争取读者的订购。同时，又在《申报》等报纸上陆续刊发小幅广告。此后，随着各期的出版，他又不定期地刊登广告。宣告“郑振铎编中国历史参考图谱第三期已出版！”⑩“郑振铎编中国历史参考图谱第五期出版了！”⑪其正确的宣传策略及引经据典、详实可信的广告词，有效地扩大了《图谱》的影响，使读者了解了出版信息，增加了《图谱》的销量。“……预约纷纷到来，远在美国也有人订购，国内大中小学、机关不在少数，苏联大使馆也是订户之一。”⑫难怪，刘哲民慨叹郑振铎的宣传策略与宣传思想时，言道“这样的经营方法，不会有人相信是既是教育家又是文学家的编辑人在规划的。”⑬

身为编辑的郑振铎，除了宣传自己编译的图书、期刊之外，还为其他人的作品写广告，作宣传。特别是许多年青作家的作品都曾得到他的推荐。1928年10月《时事新报》上刊载了两则他为老舍最初的两部长篇小说《老张的哲学》、《赵子曰》所撰写的广告。其中一则的广告词是这样写的：“《赵子曰》这部作品的描写对象是学生的生活，以轻松微妙的文笔，写北平公寓生活，非常逼真而动人，把赵子曰等几个人的个性生活活生生浮现在我们读者的面前，后半部则入于严肃的叙述，不复有前半部的幽默，然文笔是同样的活跃。且其以一个伟大的牺牲者的故事作结，很使我们有无穷的感喟。这部书使我们始而发笑，继而感动，终于悲愤了。”⑭文笔朴实，精练老辣，寓介绍性、可读性及评论性于一体，是很能邀得读者的注意和好感的。朱自清后撰文称赞这两则文字：“虽然是广告，说的很是切实，可作两条短评看。”⑮

二三十年代，郑振铎主编了大量的报纸、期刊及丛书。并亲自撰写了这些报纸、期刊及丛书的编例、缘起及目录等，表达了他的文学观、政治倾向以及编辑思想。他在运用广告进行图书宣传与推广的过程中,也配合广告将这些缘起、编例及目录等在各大报纸上广泛刊载。与以推销为最终目的、带有浓厚的商业气息的宣传广告相比,缘起、编例及目录等更为真实可信,更具客观公正的特征。补充了王婆卖瓜式的广告的不足,获取了更加良好的宣传效果。

《时事新报》、《民国日报》、《申报》、《晨报》、《大公报》等是民国时期很有影响力的几大报纸,拥有广泛的读者群。郑振铎正是以它们为"窗口",刊发了这些编例、缘起及目录,营造宣传舆论声势。1921 年 4 月 23 日,《时事新报》在头版刊载《本报特别启事》,郑重宣告了将推出副刊《文学旬刊》的消息;同版,又发表了郑振铎起草的《文学旬刊宣言》及《文学旬刊体例》等。以第一流文学刊物的姿态吸引了全国著名老作家和大量的青年作者。同年,5 月 25 日,在《民国日报·觉悟》上发表了他起草的《文学研究会丛书缘起》;翌日,又在该报发表该丛书的《编例》。不久,又将这些《缘起》与《编例》以及目录,刊发于当时"四大副刊"之一的《时事新报·学灯》上,说明编辑这套丛书,一方面是为了打破"对于文学的谬误与轻视的因袭的见解",另一方面是"想介绍世界的文学,创造中国的新文学"。为当时文学饥渴已久的文学青年送去了佳音,引起了轰动效应。同年底,作为我国现代儿童文学的奠基人,他在创刊我国第一个纯文学的儿童刊物——《儿童世界》时,同样也曾以南北两大报刊《时事新报》与《晨报》为依托,发表了《儿童世界·宣言》,指出其办刊方针为"适合儿童乡土的本能的趣味和嗜好","要养成并指导这种趣味和嗜好","引起儿童新的或已失去的嗜好和趣味",[16]并以此为宗旨团结了文学研究会内一批热心儿童文学的作家,培养和发现了不少儿童文学人才。而且受到鲁迅的称誉"给中国的童话开了一条自己创作的路"。

此外,他撰写的《〈插图本中国文学史〉自序》与《例言》(1932 年 6 月)、《〈世界文库〉发刊缘起》及《编例》(1935 年 3 月 1 日)等都先后刊发于《晨报》、《申报》、《东方杂志》等各大报刊。它们与宣传广告结合为一体,相互补充,形成了郑振铎图书宣传与推广工作中的一大特色。

二 注意发售精美的样本

“样本”是指出版社在某部书(一般是较大型的书籍,特别是文物、美术图籍和带插图的书)出版发行之前,抽选书中若干内容印成的小册子。其目的是宣传推广图书并争取读者预订。因此,一般是免费赠阅或低价出售给读者的。发售样本是郑振铎推广宣传工作中最富特色的一点。他曾先后撰选过六部样本。它们具有资料价值,图文并茂,印刷精美,读者得到后都爱不释手,乐于收藏,具有很好的宣传效果。

1926 年 7 月,郑振铎撰就了一部具有划时代意义的专著——《文学大纲》。该书篇幅浩瀚,并附有多幅彩色与黑白插图,印刷成本也较高。为了顺利地使这部书早日面世,郑振铎编选了《〈文学大纲〉样本》,以介绍该书的特点,吸引广大读者来预订。样本于同年 10 月出版,封面以红、蓝双色套印,颇为雅致,深受读者喜爱,同时为《文学大纲》起了促销作用,使其在 1926 ~ 1931 年间就推出三版,且每版售罄。

郑振铎一生中最主要的学术著作《插图本中国文学史》,也曾运用了赠送样本的宣传策略。70 万字的《插图本中国文学史》于 1932 年 12 月由北平朴社出版。而该社的财力有限,为了获取更多的预约书款且增加流动资金,郑振铎又精心编选了《〈插图本中国文学史〉预约样本》,该样本 32 开,收有《插图本中国文学史》一书的《自序》、《例言》、《目次》等,并附有原书正文抽页共八页,以及原书所收插图八九幅。此外,还收入他写的《〈插图本中国文学史〉预约简章》,详细介绍了预约此书的办法,方便了读者,同时也达到了预期效果,取得了成功。

从既具有宣传功用，又具有珍贵史料价值的角度来看，当首推《〈世界文库〉样本》和《〈中国版画史〉样本》。《〈世界文库〉样本》曾配合各大报刊上的宣传广告，向全国各界发售，吸引许多读者纷纷预定。该样本上醒目地大书“中国文坛的最高努力”；“有伟大名著的翻译，有孤本秘籍的新刊；是文学知识的渊源，是世界文化的总汇”字样。并且收入了蔡元培撰写的《〈世界文库〉序》和郑振铎撰写的《发刊缘起》、《编例》等，还收有第一册正文部分的30来页样张与插图部分的五页样张。公布了已经接受邀请的编译委员会120余人的名单。还刊载有胡愈之、茅盾、许地山、谢六逸、朱光潜、傅东华、陈望道、夏丏尊、叶圣陶等人关于编辑出版《世界文库》意义的题词手迹。最后还附有《〈世界文库〉第一集目录》、《〈世界文库〉第一册目录》、《世界文库预定办法》等。今天看来，这部样本已成为研究中国现代文学史珍贵的史料。《中国版画史》是研究中国版画史的最重要的资料，也是最精美的艺术珍品。单就该书的样本而言，其内容也已相当丰富。其中收入了郑振铎的《〈中国版画史〉自序》、《编例》、《〈中国版画史〉引用书目一斑》、《〈中国版画史〉各册内容说明》，还附有原书正文样张二页，版画样张八页等。这本《〈中国版画史〉样本》，可称得上样本中的精品，它不仅具有史料价值，而且很有收藏价值。虽然该样本以国币洋壹元出售的，不同于一般样书，但仍有许多读者购买。

郑振铎一生中编选的另外两部样本为《〈中国历史参考图谱〉样本》与《〈中国古代版画丛刊初编〉样本》。两部样本中均收入了序言、内容说明及目录等内容，都不同程度地发挥出了样本的宣传效果，颇有借鉴价值。

三　以杂志为核心、宣传推广优秀作品

30年代初图书业相对萎缩、杂志业空前繁荣的时候，利用杂

志进行宣传，比报纸至少有两个方面的优势：一是保存期长，二是读者面稳定，宣传针对性强，常能收到较好的宣传效果。当年郑振铎主编的《小说月报》、《文学季刊》、《文学旬刊》、《文学》、《文艺复兴》、《儿童世界》等一流杂志，荟萃了全国众多优秀的老作家，发现并培养了初出的许多新秀，曾名震一时。尤其是《小说月报》，可以说是我国现代文学中最有影响的文学刊物，它在推动新文化运动史上占了很大的一页，称得上是划时代的刊物。郑振铎正是利用编辑身份的优势，推荐宣传了许多优秀的文学作品。

他利用杂志的封二、封三、插页等位置刊载各类广告。不仅宣传商务印书馆的本版书及杂志，而且宣传其他出版社的优秀作品及期刊。试举以下几例说明：《小说月报》14 卷 1 号上刊载了《小说世界》、《妇女杂志》的宣传广告，向读者传递了内容、定价、目录等出版信息。《小说月报》14 卷 3 号上登出《创造社丛书介绍》与《少年中国学会文学丛书介绍》，推荐了《女神》(郭沫若著)、《沉沦》(郁达夫著)、《冲积期化石》(张资平著)、《革命哲学》(朱谦之著)、《少年维特之悲哀》(郭沫若译)、《人心》、《小物体》(李颉人译)等优秀的文学作品。

设定书评栏目宣传优秀作品，也是郑振铎宣传思想的一个重要组成部分。二三十年代，书评随着杂志的昌兴而孕育发展起来。许多杂志的首尾登载书评成为一种时尚。书评虽在某种意义上具有与广告相同的功用，但它以“面向读者大众”的特性，赢得了在读者心目中的权威性。日渐成为出版社图书宣传不可或缺的重要手段和读书界获取出版信息、评判图书价值的重要途径之一。郑振铎早已意识到书评的重要性，曾在与傅东华主编的《文学》上辟有“书评”专栏。并在接编茅盾主编的《小说月报》后，仍开设“杂载”与“最后一页”专栏，同时在与靳以共同主编的《文学旬刊》上专设“杂谭”栏目，兼容书评、书讯、作家动态等内容。更应指出的是，他于 1938 年为《文汇报》的《世纪风》副刊主办了一个时期的

《书评周刊》。正是通过这些有利的书评园地，郑振铎宣传了许多在文学史上熠熠生辉的文学作品。

四　发售限定版、签名本，增加读者购书兴趣

限定版，即一书出版时限定印数，并不再重版，从而在欲购而未购该书的读者心理上造成一定压力。促使其尽快采取购买行动。这种方法在我国现代出版界曾被广泛应用。郑振铎编写的《清人杂剧二集》、《中国历史参考图谱》、《插图本中国文学史》以及与鲁迅共同编撰的《北平笺谱》等著作，都曾在广告词中限定印数。“此书刷印手续甚烦，以后决不再版，第二百部满额时，后至者只好退款，特此声明！”⑰“本书印刷工程繁重，再版不易，欲预约者，请从速来函登记……”⑱“每册印数均有规定，售完为止，决不再版……”⑲“本书初版限印五百部，除分配预约诸君外，概不零售。”⑳这些广告用语，促使读者产生欲购必须从速的紧迫感，是一种宣扬短缺论调的促销策略。而且欲购从速、勿失良机等具有警告性的用语更使读者产生警觉性的注意，立即采取购买行为。

签名本实际上是一种迎合读者求名从众心理而采取的一种广告术。在制作上，由作者事先在出版社交给的有编目的空白纸上签名。出版社“一待出书装订时，就把这一百张纸，作为里封衬页，裱在一百册布面精装封面的背后，这样就成了作者签名本”㉑，这样就能控制签名本的数量。“物以稀为贵”，当然也更提高了书的身价。这种书刊推销手段在30年代的出版界曾被广泛应用。鲁迅、郑振铎合编的《北平笺谱》一书的刊行过程中，也曾运用过签名本的促销术。《北平笺谱》第一版一百部中每部都有鲁迅、郑振铎两先生的亲笔签名。鲁迅是我国新文化的旗手，郑振铎又是我国文化界有名的大家。两人的亲笔签名使《北平笺谱》一书骤然

价值倍增。《北平笺谱》(再版预告)中曾谈到“《北平笺谱》初版百部,不敷分配”。这其中不无签名本所起到的作用。

萧乾先生曾言道:“每逢翻阅像《中国版画史》、《新文学大系》或《世界文库》那些三十年代大部头书的时候,我就不禁怀念起那种使出版者与藏书家都蒙过好处的发行方式。当年,它是出版社与读者之间一条直接渠道。读者拿出点积蓄来帮助出版者。把成本较大的书印了出来。作为回报,出版者答应出书时给预约人以一定折扣的优待——首先是保证准可以拿到书,不至向隅。同时,出版者可以从预约的人数来准确地估计某一种书的印数。”㉒预约推销的方式便于吸收读者的资金,增加出版者的资金周转,同时读者也可以得到折扣,获得实惠。使读者与出版者都乐于此道。郑振铎一生所编辑的许多图书都是附有彩色或黑白插图,分卷出版的大部头书,这些书成本高,风险大。因此运用预约方式可降低风险性。郑振铎在《插图本中国文学史》、《世界文库》等预约广告及样本中都曾谈到预约方法。如《中国历史参考图谱》的预约办法如下:“(一)预约全书二十四辑者,一次付款六十四万四千元(外埠邮资另加),以后本书定价如有增加,概不加收。(二)预约本书十二辑者,一次付款三十一万二千元(外埠邮资另加)。第三期以后,定价如有增加,须依照新价付款。(三)分期付款者,第一次付款五万二千元,以后每半月付款二万六千元……”㉓同时刊出特约预约处有生活书店和一家银行,以及上海、北京信誉度较高的五家旧书店,提高了预约的可信度,读者愿意预约订购,达到了良好的宣传效果。

编辑者身份相伴着郑振铎走过了近半个世纪的漫长而又短促的一生。他的图书宣传思想始终贯穿其中,形成了独特的体系。以上条理爬梳出的几点仅能窥其一隅,愿能抛砖引玉,盼望更多的研究者继续研究探讨,撮其机要,收其精华,为市场经济下的当前图书出版业所汲取升华,推动出版业跨世纪的发展腾飞。

注释：

① 赵家璧《编辑忆旧》，三联书店，1984 年版。

② 陈福康《郑振铎前期编辑思想》，《出版史料》，第一辑。

③ 《大公报》，1935 年 2 月 28 日第 11 版。

④⑤⑥⑲ 《大公报》，1935 年 5 月 15 日第 1 版。

⑦ 《大公报》，1935 年 5 月 30 日第 11 版。

⑧⑫⑬ 刘哲民《回忆西谛先生》，见《郑振铎书简》，学林出版社，1984 年版，第 237 页。

⑨ 刘哲民《郑振铎书简》，学林出版社，1984 年 2 月，第 3 页。

⑪ 《文汇报》，1947 年 4 月 16 日第 1 版。

⑩ 《文汇报》，1947 年 5 月 21 日第 1 版。

⑭⑮ 《出版史料》，1988 年 3～4 月，第 84 页。

⑯ 郑振铎《儿童文学的教授法》，见《时事公报》（宁波），1922 年 8 月 10～12 日。

⑰ 《文学季刊》，1934 年 1 月创刊号。

⑱⑳㉓ 《文汇报》，1947 年 2 月 1 日第 1 版。

㉑ 胡从经《“签名本”谈屑》，《出版史料》第 6 辑，第 116 页。

㉒ 萧乾《话说“预约”》，《出版工作》第 47 期，第 37 页。

㉔ 叶圣陶《西谛书话·序》，见《西谛书话》。

原载《编辑学刊》1996 年第 3 期

郑振铎编辑思想研究

巢乃鹏

作为现代文人参与编辑出版业的一个典范，郑振铎的编辑生涯可谓多姿多彩。据笔者粗略统计，郑振铎一生所编辑或参与编辑的丛书、报刊达 53 种之多，其数量之大相当惊人；而质量之高也是有目共睹。尤其是他在二三十年代所从事的文学编辑活动,为我国五四以降的新文化运动铺垫了一块强有力的基石;他所主编的各种文学刊物、文学丛书,始终是我国新文化运动中的主要阵地。

一 重视对编辑理论的研究

客观地说,郑振铎最初走上编辑之路的主要原因是受当时社会政治环境的影响,五四运动时期,人民群众的革命热情迅速高涨,形势的发展亟需理论的充实与口号的鼓舞,除李大钊等人主编的《新青年》拥有较深厚的理论基础外,后起之秀如《解放与改造》、《新社会》、《少年中国》等都是应时势发展而仓促上马的,虽然这些刊物在五四运动中都曾刊登过一些相当精彩的、极富煽动力的文章,但由于主编者大都为缺乏编辑理论基础和深厚学术功底的热血青年,因此从整体上来看这些刊物在编辑手法上仍显稚嫩,而在内容上也流于口号性。但随着《新社会》、《人道》等的被禁,郑振铎"没有了自己的园地,写稿的机会也便少了"(郑振铎《中国文学论集序》),于是便邀约同人,成立文学研究会,创立自己的刊物《文学月刊》。由此,郑振铎的编辑态度已从形式的需求发展成为内在的需要。不久之后,他又应邀加入商务印书馆从事正式的编辑职业,对编辑工作便有了更深一层的理解,客观地说,十年商务之行应算是郑振铎整个编辑生涯最为辉煌的一个时期。在这段时期里,他不仅了解了整个编辑出版流程,学会了各种编辑技能,为其以后编辑工作的开展打下了坚实的基础,同时也使得他对编辑工作的基础理论有了深一层的认识。

首先,郑振铎认为编辑工作者必须要明确自己的职责。他在《编辑者》发刊词里说道:"拿笔杆的人们,实在并不曾忘却他们的力量与责任。他们,相信人类社会之需要智慧也正和他们之需要食粮一样的迫切；特别在今日文化落伍，知识未开的中国，拿笔杆的人们的责任，似乎比一切更重要……编辑者们只是拿笔杆的人们里的很微小的一部分人，但为力虽微，我们却并不愿放弃了那些重要的责任，更不敢忽视了自己所担负的职务与力量……我们，一部分的编辑者们是时时都不愿意最小量的有毒之物传播给社会的。”

其次，郑振铎还对落后的编辑方法及恶性出版提出严厉的批评。他在《评上海各日报的编辑法》一文中强烈地指责了当时很多家报纸所采用的“最原始、最幼稚的编辑法”。尤其是对他们善恶不分、是非混淆的态度，表示深恶痛绝。他在文中列数了各日报编辑者对科学常识及编辑理论知识的缺乏，以及他们不负责任的工作；愤怒地谴责了这种“隔岸观火，呐喊称快，群观杀人，拍掌欢呼”的恶劣行径，并呼吁各日报的总经理总编辑需慎重对待；另外，他还于 1920 年 1 月 1 日第 7 期《新社会》上发表了《一九一九年的中国出版界》一文，这是他在对 1919 年的中国出版业进行了粗略统计后发表的一篇评述文章。文中肯定了“五四”运动前后中国出版界所表现出的繁荣景象，同时又对中国出版界表现出的一种无知、浅薄的出版行为提出了严厉的批评。“这一年的中国出版界，又有一种坏现象：就是竞争。你出版一本家庭《万宝全书》，我又出一种《日用百科全书》，他也随即出了一本《国民百科全书》……我统计这一年间出版的书籍最多的是定期出版物，其次就是‘黑幕’及各种奇书小说，最少的都是哲学科学的书。……我很愿意以后思想界要改变态度，下实在的研究的工夫才好。诸君！杂志不过是供我们参考的，不能在那里做我们的科学研究的功夫吓！但是同时出版界要多有这类科学的书出版才好。……总而言之，一九一九年的中国出版界虽然很热闹，而可以总评一句话，就是浅薄，无科学的研究。”这段话读来令人深思，其中所批评的各种弊病似乎就是针对当今的中国出版界而言的。时隔近 80 载，这些顽疾痼瘤却依然没有完全消除，实在当令我们汗颜自愧。

再次，郑振铎还曾专门研究了各类书刊的编辑原理，对此发表了一些精辟的见解。1931 年 7 月 15 日出版的《编辑者》第二期上刊登了他所撰写的题为《编译方针与编译计划》的编辑学论文，论述了一般的入门书籍的刊行，世界文学名著的翻译出版、专门名著的介绍，各学科参考要籍的编辑，中国旧刊要籍与名著的整理与编印，孤本秘籍的翻印与重要佚著的辑存等重要问题，言之成据，论述精辟，即使是现在亦很有参考价值。他的另一篇编辑学论文《我对于编译丛书底几个意见》则从理论上对丛书的编辑工作做了深入探讨，特别强调编辑丛书“在精不在多”，“不能光追求数量，而更须注意质量”，“要慎重一点”；同时，要照顾各学科、各门类，要有全局计划，“应该略有系统，先出门径的根本的书，后出名家的专著”。他尤其反对赶时髦和单纯追求利润。另外他又曾专门另文对古籍的编辑出版发表了自己的看法：

在《标点古书和提倡旧文学》中，他指出，“（一）一般专门学者所需要的类书式的‘通史’与‘政书’，像‘二十四史’，‘九通’之类，应仔细地加以断句、标点，并各附以‘索引’之类的附录，如果这些笨重异常的书籍，以近代印刷的方法缩印成为二十余册或十余册的插架之物，这对于一般学者是如何的便利呢？我梦想能够有可以‘挟之而趋’的《文献通考》、《通志》，假如《通志》能印成一厚册，《史记》能订成一大本（这是很可能的），那多么有用！多么方便！（二）卷帙巨大的地志和史书，以及一切可用的参考书籍，也可用前法印刷出版，目的也是为了便利学者。（三）编辑‘经济史长编’之类不加论断仅供材料的书。（四）重要的伟大的名著，或包罗较广的总集，像《乐府诗集》、《楚辞》、《诗经》、《全唐诗》、《杜工部集》、《白香山集》、《花间集》、《陆放翁集》等，也用前法印刷出来，卷帙可以减少很多。惟书籍必须加以仔细地选择，不宜仅为了营业起见，专捡一时可以畅销的，再则，必须缩印（最好是铅印)而加以标点,且每书之末必须附以索引。"

郑振铎的这些观点至今仍是古籍出版中必须遵循的基本准则。单就从这一点我们就可窥得他对编辑理论所作贡献之全豹了。而更值得我们学习的是,郑振铎还指出各类书刊编辑不能墨守成规,应随机应变,例如 1937 年抗日战争爆发,郑振铎曾专门撰文呼吁"为士兵们编辑一种定期刊物",因为"士兵们所需要的不仅是物质上的慰劳,同时也需要精神上的粮食。这粮食便是文艺工作者所应该给予他们的"。而又因为士兵文化水平较低,所以"文字要浅,插图要多,因此须要求漫画家们的合作","内容大致可分为下列九栏,(一)短论;(二)新闻;(三)战争的故事,以故事形式写出;(四)历史的故事;(五)人物传记;(六)小说;(七)诗歌,以有刺激性的诗歌为主,最好能附以歌谱;(八)短剧,以十几分钟可以演毕者为主;(九)常识,像预防毒气的常识等。全部文学最好都附以插图"。

除了以上几个方面外,郑振铎对编辑理论的研究还体现在他对书籍插图的认识上。他认为:"书籍中的插图,并不是装饰品,而是有其重要意义的,不必说地理、医药、工程等书,非图不明,就是文学、历史等书,图与文也是如鸟之双翼,互相辅助的。"为此,他专门编辑出版了一套《中国历史参考图谱》。

二　熟练运用各种编辑方法

作为一个合格的编辑,应该能有效地利用各种编辑方法,以达到自己的编辑目的,在贯穿郑振铎一生的编辑生涯中,随着他参与编辑工作时间的增长,他对编辑工作的理解的加深,以及出于与反动派斗争的需要等各种因素,郑振铎从一个从未接受过任何编辑技能训练的新人逐渐成长为了一个善于利用各种编辑技巧来完成编辑工作的优秀的编辑工作者,并且还逐渐形成了一些自己独特的风格。由于期刊编辑工作与图书编辑工作在某些实际工作中存在着一些差异，而郑振铎一生参与的编辑工作横跨了图书和期刊两个领域，因此，我们在研究他对编辑方法的运用时将分成两个部分：期刊的编辑和图书的编辑。

1. 期刊的编辑方法

从郑振铎 1919 年 6 月编辑出版《救国讲演周刊》开始，他一共编辑了 37 种刊物。这些刊物内容不同，大小不一，各具特色。但通过这些刊物，我们仍可发现一些郑振铎别具一格的编辑方法。

首先，郑振铎极擅长出各种专号和特大号。根据笔者的统计，从 1920 年 4 月 11 日为庆祝"五一"劳动节出版第一份《新社会》"劳动专号"开始，郑振铎共编辑出版了 30 种专号和 4 种特大号。数量不可谓不多，但质量却又相当的高，而且影响也相当大。郑振铎编辑这些专号和特大号的目的各不相同，有的是为了鼓励工人运动，探究中国改革之路；有的是为了反对内战，提倡抗日；有的则是为了宣传文化，倡导现实主义文学，这一类型的专号是郑振铎所编辑的专号与特大号中数量最多的一类，共有 17 种之多。从这些专号的编辑出版中，我们可以看出郑振铎宏观编辑思想与微观编辑思想在形式与内容上的统一。另外值得一提的是郑振铎与傅东华于 1934 年 3 月、4 月、5 月、6 月的《文学》上出版的 4 期专号。这 4 期专号的编辑出版有着特殊的意义，因为这是郑振铎巧妙地利用编辑方法与国民党作斗争的一个典型例子。1933 年下半年，国民党当局为了配合对苏区的军事围剿，在文化阵地上也执行了"类似军事上的碉堡政策的书报检查制度"。他们通知生活书店，自 1934 年 1 月第 2 卷起，稿子要送审，刊物要署编者的名字。编好的刊物受到"检查官"的大砍大抽，致使很多左翼作家的作品不能发表，第 2 卷第 1 期被迫拖期半个多月。面对如此严峻的形势，茅盾写急信请郑振铎南下商量对策。郑振铎于 1 月 22 日赶到，与茅盾、傅东华等人一起研究。他们看穿了国民党方面色厉内荏的本质,同时决定了“一万全之策,避开这三斧头,化被动为主动”,即“决定从第3期起连出4期专号(第2期的稿子已送审),一期为翻译专号,一期为创作专号,一期为弱小民族文学专号,一期为中国文学研究专号”。他们立即在刊物上大登四期专号的预告。这样做,一方面是认定那些“检查官”都是些不学无术的蠢货,他们对外国文学翻译和中国文学研究之类是捞不到什么稻草的;一方面,这样又扰乱敌人的视线,迷惑敌人,使他们认为刊物真的“转向”,去搞“纯文学”了;同时,大登预告也是表示该刊将继续出版下去的决心,并以此争取更多的读者,造成更大的影响,迫使敌人不敢轻易下毒手。这一招果然有效,使《文学》扎稳了阵脚,顺利地度过了危机。

其次,郑振铎在编辑刊物时十分注意刊物的可读性。刊物可读性体现在它的内容和形式上,即一方面需要高质量的文章,另一方面也需要注意刊物样式的编排。郑振铎在编辑刊物时很注意图文并茂,强调封面、插图的重要性,例如,郑振铎所编的《小说月报》,在目录页上都配有插图,每期各不相同,且在内容上强调文学性,形式上注重精美漂亮。抗战胜利后的《文艺复兴》亦延续《小说月报》的方法,在目录页上搭配精致的插图。更值得一提的是《文艺复兴》的封面,设计显示了强烈的战斗精神,第1卷运用了欧洲文艺复兴时绘画大师米开朗琪罗的《黎明》,意味着抗战胜利,人民觉醒,事业有前途了。未久,国民党反民主的本来面目暴露,策动内战,杀害了闻一多、李公朴,人民群众十分愤怒,于是第二卷的封面改成了米开朗琪罗的《愤怒》,第3卷的封面又改为西班牙著名画家戈雅(Goya)的《真理睡眠,妖异出世》,喻指当时国统区民不聊生,一片黑暗的状况。最后出版的3册《中国文学研究号》的封面,则用了我国清代画家陈洪绶的《屈原》,既与古典文学研究的内容相合,又令人想起屈原的悲愤与爱国主义精神。

郑振铎在编辑刊物时还很注意版式的编排。例如在编辑《小说月报》时,前面加有"卷首语",后面则有"海外文坛消息(或文艺杂坛)"及"最后一页"(相当于现在的"编者的话")。尤其是"最后一页",其中既有下期内容预告,又有读者来信回复等。而郑振铎在每期《小说月报》上还印有"本社投稿简章",以表明《小说月报》的用稿要求,这一简章与"最后一页"的内容相互呼应,既让读者了解了投稿要求及方式,又让作者了解了自己稿件的用稿情况。再如,郑振铎在编辑《儿童世界》时一开始即声明,欢迎老师们的"投稿或见教"。从第3卷第9期开始,《儿童世界》设立了"通讯"一栏,刊登读者来信和编者的答复,让读者意识到编辑者对他们意见的重视,鼓励读者更多地关心参与刊物的发展。

2. 图书的编辑方法

首先,郑振铎十分注重对丛书的编辑出版。事实上,有系统地编辑丛书正是他编辑活动的特色之一,在中国现代文化史上恐怕不会有第二个作家比他编辑的丛书更多了。1920年7月2日,在《我对于编辑丛书底几个意见》中,他从理论上对丛书的编辑工作谈了自己的看法,特别强调编辑丛书"在精不在多",不能光追求数量,而更需注意质量,"要慎重一点";同时,要照顾各学科,各门类,要有全局计划。他还尤其反对赶时髦和单纯追求利润。从1921年2月编辑《俄罗斯文学丛书》开始,到1949年3月主编出版《晨光世界文学丛书》止,郑振铎一共主编和参与编辑了21种丛书。而在丛书编辑出版过程中,郑振铎亦很注重丛书的编排出版方式,例如,他在编辑出版《文学研究会创作丛书》时,为了促进创作事业,壮大声势,决定以一次同时出版10本书的方法来出版这套丛书。然而最能体现郑振铎丛书编排方式的要数《世界文库》了。一开始,他想创造"一种丛书与期刊相结合的新样式,每月定期出版一册，每年出12册，每册四五十万字，中国与外国的作品各占一半。凡长篇的著作均作连载，但除了极少数的以外，不超过一年”。这样做，一是为了出版速度快一点，二是想以最方便最廉价的方式印行。但当他发现以这种新的编排样式来出版后导致长篇连载不方便读者的阅读，而且中外杂糅也不方便读者的挑选，他便立即宣布改变编排方式：“（一）改成出单行本，全年共出18卷；（二）增多外国文学部分，每月出版外国部分一卷，每隔月出版中国部分一卷。”

其次，郑振铎的选题思想立意高远，别具特色。受其比较文学思想的影响，他的选题思路也总体趋向于倡导比较文学研究，这显然与他的宏观编辑思想一致，正如前文所述，他的宏观编辑思想与微观编辑思想在内容和形式上是一致的，郑振铎的这种选题思想在其丛书的编辑中体现得尤为清楚。这从各类丛书的名称上就可窥见一二，如《文学研究会世界文学名著丛书》、《世界文库》、《大同文学丛书》、《晨光世界文学丛书》（美国之部）等。其中，他主编的《世界文库》系统地介绍了中外文学名著。这套丛书的问世得到了生活书店及鲁迅、茅盾等人的大力支持，以鲁迅、茅盾为首的全国一百几十位著名作家、翻译家、学者担任了此丛书的编译委员，这样雄厚的编译队伍是前所未有的。他的选题计划也是雄心勃勃的，第1集就拟编60至80种，虽然这一计划因抗战爆发而未能完成，但这一选题在当时仍是惊人之举。“这在中国确实是空前的壮举，值得大书一笔”（茅盾语）。

另外，与鲁迅、茅盾等这些文学家兼编辑家们一样，郑振铎也十分注意对古籍图书的选题策划。

三　对出版物惟质量是重

郑振铎作为编辑家，深知“质量即是出版物的生命”这句至理名言,因此他在日常编辑工作中始终抱着对出版物质量高度负责的精神,同时又具有不尚空谈而重实干的作风。他在这方面的突出之处,主要有以下两点。

第一,编辑态度严肃认真,一丝不苟。郑振铎无论在编辑何种书刊前都要做好充分的准备工作。他在编辑出版刊物前都会广泛地邀约撰稿人并预告刊登《发刊缘起》,通报刊物出版的目的、日期等。他在出版《文学季刊》时邀约了一个 108 人的庞大的特约撰稿队伍,这里既有鲁迅这样的文坛老将,也有很多的文学新人。他在编辑出版各类图书时也是如此。例如他在抗战期间曾与周予同、耿济之、萧宗俊等人及十位爱国工商业者,组织了一个“中国百科全书刊行会”,计划编辑出版第一部中国百科全书,为此郑振铎作了精心的前期准备。

郑振铎这种严肃认真的编辑作风并不仅仅体现在他对书刊编辑所做的前期准备工作中,而且还体现在他与读者的沟通上。例如《儿童世界》自创刊起,郑振铎便事无巨细,认真回复读者的问题,并且还从第 3 卷第 9 期开始在《儿童世界》上又设立“通讯”专栏,选择有代表性的信件及回复予以刊登。

第二,用稿不“因人而异”,而是“衡文裁夺”。这是郑振铎从事编辑工作数十年所持的一贯态度。他曾在《文学》上发表声明,他写道:“本刊正如一个小小的公开园地,谁愿意进来种植几株花草,我们都是开着大门欢迎的。”

这种毫无门户之见的风度,在郑振铎日常编辑工作中也体现得十分明显。例如,在 20 年代,郑振铎所在的“文学研究会”与郭沫若等人所组织的“创造社”之间有所谓的“为人生的艺术”与“为艺术的艺术”之争,笔仗打得颇为激烈。郑振铎本人当时也不回避这点,他说:“和文学研究会立于反对地位的是创造社。”但是即便是这样,他仍然在他所主编的《小说月报》、《文学》等“文学研究会”的会刊上发表了好些郭沫若、郁达夫、成仿吾等“创造社”主将的精彩文章。

四 巧妙利用各种图书宣传技巧

1.强大的报纸攻势

1935年,郑振铎在生活书店和鲁迅先生、茅盾等人的大力支持下,邀集了全国一百多位著名作家学者担任编译,共同编辑大型文学丛书《世界文库》,其声势极为浩大。他在宣传该丛书的过程中,运用了连锁宣传,反复加深印象的宣传策略:1935年2月28日,在当时文化教育界最注重的《大公报》的出版消息一栏中刊载道:"上海方面,近来发起了一个《世界文库》刊行会,听说规模很大,将委托生活书店经理发行事务,同时并组织一个编译委员会担负编辑的责任,将东西各国最重要的文学著作,或全部翻译,或全部印行……"引起了各界读者的期盼心情,使他们未睹成书已有印象,促发他们产生窥其全豹的心态。不久,1935年5月中旬,当时的各大报刊上都反复刊载了该丛刊的各种宣传广告,广泛争取读者大众的预约订购。广告中都声称这是"中国文坛的最高努力",指出它"有伟大名著的翻译,有孤本秘籍的新刊,是文学知识的渊源,是世界文化的总汇",并认为它是"一九三五年文坛的伟大工作,光芒万丈长,千古不朽灭"。此外,在广告中还刊载了该丛刊的书影、收录范围、装帧、编译委员名单、预定方法等。各大报刊都于头版约占半个版面的宣传空间为其大做广告。当月月底,各报刊均又登出广告,告知读者"生活书店刊行《世界文库》第一册出售",并几乎在每月该丛刊出版时,都登出广告,向读者传递信息。如此大规模的广告宣传及醒目而独特的广告用语,更加激发了读者的购买欲望,他们相互奔走传告,社会为之关注,文坛为之轰动。一时之间,洛阳纸贵,不胫而走。以至于社会各界都对《世界文库》予以肯定,认为它的编辑出版是世界文学史上的不朽之作。

《世界文库》的宣传广告充分发挥出了图书宣传的传播及促销作用,获得了巨大的成功。然而相对而言,更加全面地反映郑振铎对图书宣传广告的重视程度及有效策略的,则是《中国历史参考图谱》的广告宣传工作。1947 年,抗战胜利后,郑振铎感叹祖国历史文化遗产远未被挖掘,故而他以常人难以想像的意志和魄力,克服重重困难,编辑了一部形象的中国历史教科书——《中国历史参考图谱》。在这部巨著的宣传与刊行方面,他又做了大量的工作。其正确的宣传策略及引经据典、翔实可信的广告词,有效地扩大了《图谱》的影响,使读者了解了出版信息,增加了《图谱》的销量。"……预约纷纷到来,远在美国也有人订购,国内大中小学、机关不在少数,苏联大使馆也是订户之一"。难怪刘哲民慨叹郑振铎的宣传策略与宣传思想时,说道:"这样的经营方法,不会有人相信是既是教育家又是文学家的编辑人在规划的。"

2. 发售精美的样本

发售样本是郑振铎推广宣传工作中最具特色的一点。他曾先生撰选过六部样本。它们具有资料价值,图文并茂,印刷精美,读者得到后都爱不释手,乐于收藏,具有很好的宣传效果。

从既具有宣传功用,又具有珍贵史料价值的角度来看,当首推《〈世界文库〉样本》和《〈中国版画史〉样本》。《〈世界文库〉样本》曾配合各大报刊上的宣传广告,向全国各界发售,吸引许多读者纷纷预定。该样本上醒目地大书"中国文坛的最高努力";"有伟大名著的翻译,有孤本秘籍的新刊;是文学知识的渊源,是世界文化的总汇"字样。并且收入了蔡元培撰写的《世界文库》和郑振铎撰写的《发刊缘起》、《编例》等,还收有第 1 册正文部分的 20 来页样张与插图部分的五页样张。公布了已经接受邀请的编译委员会 120 余人的名单。还刊载有胡愈之、茅盾、许地山、谢六逸、朱光潜、傅东华、陈望道、夏丏尊、叶圣陶等人关于编辑出版《〈世界文库〉第一集目录》、《〈世界文库〉第一册目录》、《〈世界文库〉预定办法》等。今天看来，这部样本已成为研究中国现代文学史珍贵的史料。《中国版画史》是研究中国版画史的最重要的资料，也是最精美的艺术珍品。单就该书的样本而言，其内容也已相当丰富。其中收入了郑振铎的《中国版画史自序》、《编例》、《中国版画史引用书目一斑》、《中国版画史各册内容说明》，还附有原书正文样张二页，版画样张八页等。这本《中国版画史样本》，可称得上样本中的精品，它不仅具有史料价值，而且很有收藏价值。

3. 以杂志为核心，宣传推广优秀作品

30 年代初图书业相对萎缩、杂志业空前繁荣的时候，利用杂志进行宣传，比报纸至少有两个方面的优势：一是保存期长，二是读者面稳定，宣传针对性强，常能收到较好的宣传效果。当年郑振铎主编的《小说月报》、《文学季刊》、《文学旬刊》、《文学》、《文艺复兴》、《儿童世界》等一流杂志，荟萃了全国众多优秀的老作家，发现并培养了初出的许多新秀，曾名震一时，尤其是《小说月报》，可以说是我国现代文学中最有影响的文学刊物，它在推动新文化运动史上占了很大的一页，称得上是划时代的刊物。郑振铎正是利用编辑身份的优势，推荐宣传了许多优秀的文学作品。

他利用杂志的封二、封三、插页等位置刊载各类广告，不仅宣传商务印书馆的本版书及杂志，而且宣传其他出版的优秀作品及期刊。例如，《小说月报》第 14 卷第 3 期上登出《创造社丛书介绍》与《少年中国学会文学丛书介绍》，推荐了《女神》（郭沫若著）、《沉沦》（郁达夫著）、《冲积期化石》（张资平著）、《革命哲学》（朱谦之著）、《少年维特之悲哀》（郭沫若译）、《人心》、《小物体》（李颉人译）等优秀的文学作品。

设定书评栏目宣传优秀作品也是郑振铎宣传思想的一个重要组成部分。二三十年代，书评发展起来。许多杂志的首尾登载书评成为一种时尚。书评虽在某种意义上具有与广告相同的功用，但它以“面向读者大众”的特性，赢得了在读者心目中的权威性，日渐成为出版社图书宣传不可或缺的重要手段和读者获取出版信息、评判图书价值的重要途径之一。郑振铎早已意识到书评的重要性，曾在与傅东华主编的《文学》上辟有“书评”专栏，并在接编茅盾主编的《小说月报》后，仍开设“杂载”与“最后一页”专栏，同时在与靳以共同主编的《文学旬刊》上专设“杂谭”栏目，兼容书评、书讯、作家动态等内容。更应指出的是，他于 1938 年为《文汇报》的《世纪风》副刊主办了一个时期的《书评周刊》。正是通过这些有利的书评园地，郑振铎宣传了许多在文学史上熠熠生辉的文学作品。

4. 发售限定版、签名本

限定版，即一书出版时限定印数，并不再重版，从而在欲购而未购该书的读者心理上造成一定压力，促使其尽快采取购买行动。这种方法在我国现代出版界曾被广泛应用。郑振铎编写的《清人杂剧二集》、《中国历史参考图谱》、《插图本中国文学史》以及与鲁迅共同编撰的《北平笺谱》等著作，都曾在广告中限定印数。“此书刷印手续甚烦，以后决不再版，第二百部满额时，后至者只好退款，特此声明！”这些广告用语，促使读者产生欲购必须从速的紧迫感，是一种宣扬短缺论调的促销策略。而且欲购从速、勿失良机等具有警告性的用语更使读者产生警觉性的注意，立即采取购买行为。

签名本实际上是一种迎合读者求名从众心理而采取的一种广告术。在制作上，由作者事先在出版社交给的有编目的空白纸上签名。出版社“一待出书装订时，就把这一百张纸，作为里封衬页，裱在一百册布面精装封面的背后，这样就成了作者签名本。”这样就能控制签名本的数目。“物以稀为贵”，当然也更提高了书的身价。这种书刊推销手段在 30 年代的出版界曾被广泛应用。鲁迅、郑振铎合编的《北平笺谱》一书的刊行过程中，也曾运用过签名本的促销术。《北平笺谱》第一版 100 部中每部都有鲁迅、郑振铎两先生的亲笔签名。鲁迅是我国新文化的旗手，郑振铎又是我国文化界有名的大家。两人的亲笔签名使《北平笺谱》一书骤然价值倍增。《北平笺谱》(再版预告)曾谈到“《北平笺谱》初版百部，不敷分配”。这其中不无签名所起到的作用。

原载《中国出版》2000 年第 3、4 期

照人肝胆情犹昔　共欣文史得津梁

——郑振铎诞辰 100 周年和殉难 40 周年

俞筱尧

郑振铎先生(1898～1958)是一位热爱祖国、学识渊博、待人热情而又有多方面成就和贡献的学者和作家，今年是他诞辰 100 周年和殉难 40 周年，我们特别想念他，他永远和我们在一起，生活在我们的心中。

创办《新社会》　探讨改造旧中国

郑振铎字警民、铎民，小名木官。祖籍福建省长乐县。祖父一代迁居浙江省永嘉县(今浙江省温州市)，他在 1898 年 12 月 19 日(清光绪二十四年十一月初七日)出生于浙江省永嘉县，家境贫困。他的笔名很多，较常用的有：郭源新、西谛等。他在永嘉上完了小学，1913 年考取浙江省立第十中学(习惯上也叫温州中学)，爱好文学和史学。毕业后到北京投奔叔父，因北京铁路管理学校(今北方交通大学的前身)学费低廉，职业较有保障，他考取该校高等科乙班(英文班)学习。课余通过《新青年》等刊物，接受苏联

十月革命新思潮的影响，开始接触国外社会科学和英文版俄国文学书籍。瞿秋白和耿济之等在俄文专修馆学习，两个学校相距较近，他们志趣相投，时相过从。1919 年爆发五四运动，他们作为两校的学生代表，和附近的汇文中学的学生代表瞿世英、许地山等组成一个单位，一起参加运动。这年 6 月，学校提前放假，他回到永嘉，积极参加当地学生社团永嘉学会的活动。后来回到北京，在 11 月，他又和瞿秋白等创办了《新社会》旬刊。在郑振铎起草的《发刊词》中指出，中国社会已经到了必须改造的时候了，要在中国创造一个没有阶级、没有战争的民主、自由、平等的新社会。他和耿济之在陈独秀的启发下，继续发表了《我们今后的改造运动》、《再论我们今后的社会改造运动》、《中国劳动问题杂谈》等论文，对我国和世界各国的社会改革运动作了探讨。虽然当时他们的认识还是朦胧的，但是树立了旧的社会制度必须改造，新的社会制度终将诞生的坚定信念。《新社会》旬刊除发表论文外，还辟有"随感录"、"书报介绍"等专栏，并编印"劳动号"等专辑。1920 年 5 月第 19 期出版后，遭北洋军阀政府查禁。郑振铎他们并不畏惧，一面继续发表自己的主张，一面邀集《新社会》同人，另行组织人道社，创办《人道》月刊，但不久又再次停刊。在这期间，瞿秋白应《晨报》之聘，任该报特派记者，于 1920 年冬赴苏联考察，郑振铎曾和耿济之合译《国际歌》歌词，在 1921 年 5 月 27 日的《民国日报》副刊《觉悟》上发表，这是我国最早翻译的国际歌歌词。他还翻译了列宁的《俄国的政党和无产阶级的任务》、《关于战争的决议》等文章，向往和介绍俄国的十月革命。

文学研究会的成立和《小说月报》

五四时期，我国思想界十分活跃，各种社团林立。郑振铎积极参加和创立曙光社、批评社，创办刊物，发表文章，介绍探讨改造中国的各种思想。他在向往俄国十月革命的同时,十分欣赏俄国文学。他认真阅读了契诃夫、烈·托尔斯泰等的作品。他对高尔基的文学论文评价很高,热心地翻译了过来,发表在《新青年》等刊物上,介绍给中国读者。他认为俄国自伯林斯基、杜勃罗留波夫以来,文艺作品和文艺评论多以"人生的艺术"为着眼点,深为赞赏。他也主张"应该把艺术当作一种要求解放,征服暴力,创造爱的世界的工具"。郑振铎在当时的时代前景和他的思想认识的基础上,和周作人、朱希祖、蒋百里、耿济之、瞿世英、郭绍虞、孙伏园、沈雁冰、叶圣陶、许地山、王统照等12人,经过多次酝酿,并得到鲁迅的支持,在1921年1月正式发起成立了文学研究会。在中央公园(今中山公园)来今雨轩召开成立大会,到会21人,公推蒋百里为会议主席,郑振铎报告发起筹备经过,并讨论和通过了郑振铎起草的会章、周作人起草的成立宣言。这次成立大会还推举郑振铎为书记干事,决定成立读书会为活动方式,郑振铎的宿舍作为接洽会务的处所。这样,继承五四文学革命传统的我国成立最早、存在时间最长的新文学社团正式宣告成立。它以"研究介绍世界文学,整理中国旧文学,创造新文学为宗旨"。(《文学研究会简章》)后来逐渐形成了文学为人生服务,反对将文艺作为消闲阶级的玩物,举起了现实主义的旗帜。

文学研究会是一个松散的文学社团,最多时有170位会员。成立之初,他们的活动中心在北京,在广州、宁波、郑州等地也有人参加为会员的,因此也就建立了分会。后来郑振铎到了上海以及沈雁冰接编了《小说月报》,活动中心转移到了上海。郑振铎是最活跃的成员,叶圣陶等在讲到文学研究会时,也多次说起郑振铎是最初的发起人,各方面联络接洽,他费心最多。凡是与建设和发展我国新文学有关的工作,他都无不竭尽全力以赴。

《小说月刊》创刊于1910年,由商务印书馆出版,原为鸳鸯蝴蝶派刊物。从1921年1月第12卷起改由沈雁冰担任主编,后在

1923 年又由郑振铎主编(1927 年至 1928 年曾由叶圣陶主编),直到 1932 年"一·二八"事变被炸停刊,共编 22 卷 268 期。该刊从沈雁冰、郑振铎接编后,实际上成了文学研究会的"会刊",在社会上影响很大。他们首先采用了白话文,正文由四号宋体改用五号,开辟了评论、研究、创作、特载、世界文坛动态等新的栏目,发表了大量具有民主思想和现实主义倾向的文学论文和作品,广泛介绍了外国文学名著,尤其着重介绍了俄国和世界弱小民族的文学作品,还编印了《中国文学研究专号》、《翻译专号》、《罗曼罗兰专号》、《泰戈尔专号》、《安徒生专号》、《拜伦专号》等专辑。作者的队伍也大为加强,鲁迅、周作人、叶圣陶、冰心、庐隐、许地山、瞿世英、孙伏园、耿济之、郭绍虞、夏丏尊、王统照、沈泽民、李达等都经常为该刊写稿。1927 年以后,茅盾的《蚀》三部曲和《虹》、丁玲的《沙菲女士的日记》、巴金的《灭亡》、老舍的《老张的哲学》、张闻天的《旅途》、冰心的《超人》、朱自清的《荷塘月色》、鲁迅的《在酒楼上》等小说和散文,都是首先在这个刊物上发表或连载的。郑振铎也发表了短篇小说《不幸的人》,翻译了俄国普希金的短剧《莫萨特与沙来里》、高尔基的小说《在木筏之上》。特别令人注意的是他十分重视文学原理和民间文学的探讨以及小说史的编撰,他所编撰的《俄国文学史略》、《文学史大纲》、《希腊神话》、《印度寓言》等著作,也都在该刊连载后由商务印书馆结集出版的。

从《时事新报》副刊《学灯》到《文学周刊》

1921 年 3 月,郑振铎在北京铁路管理学校毕业,分配到上海西站当见习站长。但他到上海不久,便到李石岑主编的《时事新报》副刊《学灯》任编辑,实际上脱离了铁路系统。后来由沈雁冰介绍参加商务印书馆编译所主编《儿童世界》,仍兼编《学灯》副刊。随之他又在《时事新报》创办和主编副刊《文学旬刊》(1923

年7月改名《文学周刊》,1925年5月改名《文学周报》后独立出版),并公开刊登启事,宣布该刊为文学研究会机关刊。这年7月,郑振铎接替李石岑任《学灯》主编。他在《学灯》增辟俄国研究、社会主义研究、读书录、书报介绍和国内学术界消息等新的栏目。他发表了郭沫若的新诗《〈女神〉序诗》、《归国吟》和郁达夫的小说《银灰色的死》等等。使《时事新报》的《学灯》副刊,与《民国日报》的《觉悟》副刊、北京的《晨报副镌》和《京报副刊》成为著名的新文化四大副刊之一。

《文学旬刊》和《文学周刊》发表了郑振铎的《血和泪的文学》、《文学与革命》等著名论文,提出了"血和泪的文学"的口号,呼唤革命文学的诞生。他还撰写和组织文章,对"鸳鸯蝴蝶派"和"学衡派"予以抨击。《文学周刊》虽偏重文学评论和研究文章,以及外国文学介绍,但也发表了不少创作名篇,朱自清的散文《背影》、田汉的独幕剧《月光曲》、叶圣陶的小说《潘先生在难中》等都是该刊首先发表的。《文学周刊》还编印了《悼念王国维专号》、《苏俄小说专号》、《世界民间故事专号》、《现代世界文学专号》等专辑。1929年6月出至第9卷第22期停刊,前后共出397期。

在那些年里,郑振铎还创刊和主编了《时事新报》的《鉴赏副刊》,编辑出版了《文学研究会丛书》、《小说月报丛刊》、《文学周报社丛书》、《鉴赏丛书》等几套丛书,对发展我国新文学作出了可贵的贡献。

1930年3月,中国左翼作家联盟在上海成立,由于左联早期的关门主义,郑振铎未能参加。这年4月刚由日本回来的茅盾知道后很是"纳闷",也不赞成这种"关门"的做法(茅盾:《我走过的道路》上册)。但郑振铎顾全大局,始终支持左联作家的革命文学活动,并在共同的斗争中结成深厚的友谊。

《文学》月刊和《文学季刊》

在《小说月报》被炸停刊前后几年里，中国左翼作家联盟创办过不少刊物，影响较大的文艺刊物主要有：鲁迅、冯雪峰编《前哨》(第2期改名《文学导报》)，丁玲主编《北斗》月刊，姚蓬子、周扬主编《文学月报》等，但都为时不久即被查禁，施蛰存主编的《现代》月刊，虽也经常发表进步作家的作品，但后来有位杜衡(苏汶)参与编辑。杜衡被认为是"第三种人"，所以文艺界一时没有"自己的"适当的刊物。1933年春，郑振铎南下度假，他和茅盾都觉得需要办一个"自己的"而又能长期办得下去的文艺刊物，首先得到胡愈之的支持，鲁迅和左联也赞成他的这个计划。经过商量，这个刊物定名《文学》月刊，由郑振铎、茅盾、叶圣陶、胡愈之、陈望道、郁达夫、洪深、傅东华、徐调孚九人组成编辑委员会。鲁迅不公开署名。由郑振铎、傅东华、王统照先后主编。

《文学》月刊提倡现实主义，以发表创作为主，也重视评论和翻译，1933年7月1日创刊，生活书店出版发行，是30年代出版时间最长、影响最大的一个大型文艺刊物。作者面也很广泛，许多进步作家都曾在该刊发表论文和作品。郑振铎的著名历史小说《桂公塘》，短篇小说《取火者的逮捕》、《亚凯诺的诱惑》、《埃娥》以及论文《元化"公案"剧发生的原因及其特质》、《元明之际的文坛概观》、《三十年来中国文学新资料的发现史略》等，都是在这个刊物上发表的。该刊于1934年6月出版的《中国文学专号》，影响深远，鲁迅认为"内容极充实，有许多是可以借此明白中国人的思想根底的"。(《鲁迅书信集》上卷)1937年"八一三"事变，上海沦为"孤岛"，该刊在11月间出至第9卷第4期(总52期)停刊。

几乎和《文学》月刊创刊同时，在同年10月间，靳以正在北平筹办《文学季刊》，邀请郑振铎出面主编，冰心、巴金、李健吾等担任编委。郑振铎表示同意并和靳以共同主编。他还表示:《文学》月刊在上海的处境一天比一天艰难,有许多文章被“检查老爷”抽掉,正需要开辟一个新的阵地。为了麻痹敌人,郑振铎提出《文学季刊》多发表一些古典文学的研究文章,他的这个意见得到鲁迅的赞同。1934 年 1 月《文学季刊》创刊,鲁迅以“唐俟”的笔名列入特约撰稿人名单,还发表了论文《选本》。后来曹禺的名剧《雷雨》,也在《文学季刊》发表。郑振铎陆续发表了短篇小说《神的灭亡》和《大众文学与为大众的文学》、《论元人所写商人士子妓女间的三角恋爱剧》等著名论文。1935 年 12 月出至第 2 卷第 4 期停刊,共出八期。

中国文学史的建设

前面说过,郑振铎十分赞赏俄国文学,认为俄国文学是“近代的世界文学的结晶。——而中国新文学的创造,也可以在此建其基础”(《俄罗斯名家短篇小说集·序》)。他很重视小说、戏曲、寓言、神话和传说等民间文学。他认为中国虽是“文物之邦”,文化遗产之丰富是世界之最,而对于文学的性质、功用及其和社会的关系的认识,却是“谬误”的,而且是“极为矛盾”的。在 20 年代,他认为当时中国流行的文学观主要有两大派,一派主张“文以载道”的“正统”文学。“于小说则卑之以为不足道,于抒写性灵的小诗词,则持排斥的态度,于曲本则以为小道不足登大雅之堂”。所以《四库总目》不录《西厢》等曲本,亦不列小说一门。另一派则极端相反,以为文学只是消闲之物。也有一般读者把文学看作谈神说怪,无稽空谈。他认为这两大派其实都不明白究竟什么是文学。前一派的文学观因受西方小说和时代思潮的影响而有所变化,但后一派的观念,仍充塞“读者社会”。鸳鸯蝴蝶派一类小说盛行,就是这个缘故(参见《新文学观的建设》)。在他主编的《文学旬刊》和《小说月报》等刊物上对鸳鸯蝴蝶派的猛烈抨击显然是不为无因的。

郑振铎在他的文学活动中,重视文学观的积极探讨和输入,他很希望我国有一部"比较完备些的",而又有"自己的主张与发现"和"新的见解"的中国文学史。但当时已经出版的几种,大多都不合乎这个要求(参见《我的一个要求》)。他涉猎了几乎难以令人置信的大量资料,一方面注意国外著名作家作品的介绍,同时对中国文学遗产和中国文学史作深入细致的研究。从 1923 年他着手撰著了我国第一部介绍俄国文学的著作《俄国文学史略》之后,接着在 1924 年初开始,他又以几年之功,在 1927 年初撰成《文学大纲》,这实际上是一部规模宏大、内容丰富的世界文学史,从荷马史诗、希腊神话、印度史诗和中世纪欧洲、波斯、阿拉伯、日本的文学和欧洲的文艺复兴,18 至 19 世纪英、法、德、俄、波兰、南北欧、荷兰、日本以至美国的小说、诗歌和戏曲都作了叙述。《诗经》、楚辞、汉赋、《史记》以后中国几千年间在文学上的辉煌成就,也都贯通融会其间,作了综合的考察和介绍,对我国读者全面系统认识世界文学的发展和中国文学的地位,开拓了崭新的视野。几乎与此同时,他先后撰写了《插图本中国文学史》和《中国俗文学史》两部具有鲜明特色的巨著。《插图本中国文学史》1932 年由朴社出版,共四册,全书 60 章,有插图百余幅。文学界认为以前出版的中国文学史只注意"正统"的文学,这部著作于变文、戏曲、宝卷都予以重要地位加以介绍,书中还附了许多插图,是最大的特色。不论"质"还是"量"都居于领先地位,在同类著作中是一个创举。1935 年,《人间世》月刊发起,经王伯祥、夏丏尊、叶圣陶、陆侃如、冯沅君、赵景深等一致推选为中国现代 50 年来百部佳作之一。《中国俗文学史》1938 年由商务印书馆于长沙出版。全书共 14 章,分装上下两册。举凡《诗经》等古代歌谣、汉代的俗文学、六朝民歌、唐代的民间歌赋、变文、宋金的杂剧词、鼓子词与诸宫调、元代散曲、明代民歌、宝卷、弹词、鼓词与子弟书以及清代民歌，都以时代为序，对作品及其源流作了详尽叙述和周密论证。有人认为这样的著作是前所未有的，只有胡适的《中国白话文学史》可以媲美。总之，郑振铎对中国文学史的建设和他在其他文学领域一样，也同样投入了艰辛的劳动，又不墨守成规，终于作出了开拓性的贡献。

在“五卅”和“三一八”惨案中

1925 年发生“五卅”惨案，郑振铎当时在上海商务印书馆编译所工作，在惨案发生一个多小时后和当天晚间，曾两次到南京路作实地调查，对日英帝国主义者肆意屠杀中国人民的暴行十分气愤。上海工人阶级在中国共产党领导下进一步组织起来，成立了上海总工会。在总工会的领导下，上海举行声势浩大的全市罢工、罢市和罢课斗争。商务印书馆工会在陈云同志等领导下，成为上海工人阶级的一支重要力量。6 月 1 日，英帝国主义者在南京路再次像野兽般地向示威工人群众开枪扫射。见到自己的同胞遭到帝国主义如此疯狂的屠杀，上海一些报纸却都不敢说句公道话。当天，郑振铎和胡愈之、叶圣陶等集会，一致同意办一张日报，公开声援上海工人阶级的反帝斗争。他们经过通宵努力，在 6 月 3 日以“上海学术团体对外联合会”名义主办的《公理日报》创刊。该报对英日帝国主义者的暴行进行了尖锐的揭露和抨击。为了办这张日报，郑振铎把发行所设在宝山路宝兴西里自己家里，动员全家人参加了这一工作。他“整晚不睡觉，自己动手写稿、编报、校对、接洽印刷”，还在“家门口亲自派报”（胡愈之：《哭振铎》），影响很大。但没有多久，在当月 24 日被迫停刊。27 日，商务印书馆工会正式召开成立大会，到会数千人，选出执行委员 23 人，郑振铎当选为执行委员。

“五卅”以后，郑振铎响应中国共产党的号召，和共产党人恽代英、沈泽民、张闻天，国民党人于右任、戴季陶和社会知名人士杨杏佛、郭沫若、叶圣陶等共同发起，成立中国济难会，营救被捕的革命者和救济被难家属，后又创办《济难月刊》等刊物，申明该会“以救济一切解放运动之被难者，并发展与世界被压迫民族之团结精神为宗旨”。该会后来在1929年改称中国革命互济会，1933年遭到南京国民政府的破坏，停止活动。中国济难会成立后，在当年12月，上海总工会副委员长、“五卅”运动领导人之一的刘华，被北洋军阀孙传芳秘密杀害，郑振铎与郭沫若、沈雁冰、胡愈之、叶圣陶等43人签署《人权保障宣言》，表示强烈抗议。

1926年3月，段祺瑞政府竟敢冒天下之大不韪，对赤手空拳的北京爱国学生，进行血腥大屠杀，当场打死47人，重伤200余人，造成北洋军阀统治时期又一次骇人听闻的大血案——“三一八”惨案。郑振铎在他主编的《时事新报》副刊《学灯》和《文学周刊》上，发表了独幕活报剧《春的中国》等作品，表达了对封建军阀的卖国罪行和帝国主义侵略势力的无比愤慨的心情。他通过活报剧《春的中国》中的一位青年之口，大声疾呼：“这种的大惨杀事件，非惟不足以阻止我们的前进，且更足以使我们明白我们之益不可不努力，没有无代价的成功，也没有无流血的革命”。“大残虐的发生，便是预示着大变动的将实现。试看法国，俄国……”在这年出版的《小说月报》的《卷头语》上，他又说：“怀疑的，悲观的，徘徊于歧途的时代已经过去了。我们已在微薄的晨曦中，见到了前途的大路，见到了我们要到达的鹄的，见到了我们所爱的中国的伟大的将来了。”面对封建军阀的血腥屠杀，郑振铎更加坚定，更加坚强了。

“四一二”政变和欧洲之行

1926年7月，上海工人为配合北伐，在中共中央特别委员会周恩来、罗亦农、赵世炎等领导下举行了三次武装起义，推翻了北洋军阀在上海的统治，成立了上海特别市临时政府，促进了北伐战争的胜利进军。郑振铎支持北伐，欢欣鼓舞地参加欢迎北伐军的活动，在 1927 年 2 月间与胡愈之、叶圣陶等组织成立上海著作人公会，并参加市人民代表大会。但蒋介石在抵达上海后，却在 4 月 12 日公然向上海工人纠察队指挥部所在地——商务印书馆俱乐部进行武装袭击，收缴纠察队武器，捕杀共产党人和革命工人，制造"四一二"反革命政变。上海市总工会领导工人于次日举行集会和游行，郑振铎也参加了这次游行，示威抗议。游行队伍经过闸北宝山路一带，预先埋伏的"北伐军"竟突然向游行队伍开枪捕人。郑振铎险遭不测，幸亏有几位工人冲上前来和"北伐军"搏斗，才得以侥幸脱险（郑尔康:《郑振铎和商务印书馆》）。他回到寓所后，接到胡愈之的电话，共同署名给国民党元老蔡元培、吴稚晖、李石曾写抗议信。抗议信实际上是一篇气壮山河的檄文："自北伐军攻克江浙，上海市民方自庆幸得从奉鲁土匪军队下解放，不图昨日闸北，竟演空前之屠杀惨剧。受三民主义洗礼之军队，竟向徒手群众开枪轰击，伤毙至百余人"，"目睹此率兽食人之惨剧，则万难苟安缄默"。要求"对于此次暴行直接负责之官长士兵，组织人民审判委员会加以裁判"。抗议信由郑振铎、胡愈之、章锡琛、冯次行、周予同、吴觉农、李石岑七人署名，据胡愈老回忆，经他弟弟胡仲持之手，公开发表在 4 月 15 日的《商报》上。

1925 年 5 月在帝国主义的屠刀下，上海工人血洒南京路的痕迹尚依稀可辨，曾几何时，上海工人又在宝山路上遭到"三民主义信徒"蒋介石们的血洗，中国人民什么时候才能不再遭到帝国主义和军阀的压迫欺凌，获得自己的民主和自由啊！一代巨人周恩来在抗日战争初期曾经说过："中国知识分子是有勇气，有骨气的，'四一二'事件之后有两件事我一直不会忘记，一是胡愈之、郑振铎他们写的'抗议信'，二是郭沫若写的《请看今日之蒋介石》，这

是中国正直知识分子的大无畏的壮举。”(夏衍:《中华民族的脊梁——胡愈之》)

抗议信发表后,因白色恐怖加剧,在亲友们的劝告催促下,郑振铎决定赴欧洲暂避。5 月 21 日,乘法国邮船“阿托士(ATHOS)第二”号赴法,6 月 25 日抵马赛,次日到达巴黎。之后,他主要在法国的巴黎和英国的伦敦等地参观了凡尔赛宫、巴黎圣母院、卢森堡博物院、洛夫博物院、罗丹博物院以及卢梭、雨果、左拉、拿破仑等文化名人和政治家的墓地等遗址。也曾到意大利的罗马、那不勒斯、威尼斯、佛罗伦萨等历史名城参观文化古迹。他认真欣赏和研究了欧洲文艺复兴时期的雕刻绘画作品。在巴黎国家图书馆和伦敦大英博物馆逗留尤久,经常连着几天在馆里,对两馆所藏中国古籍和文献进行检阅,凡有所获,都作了笔记。后来写了《巴黎国家图书馆中之中国小说和戏曲》、《中国敦煌的变文》等长篇文章,发表在《小说月报》,介绍给国内读者。《希腊罗马神话传说中的恋爱故事》也是在大英博物馆编撰的。

在伦敦期间,他还编撰了《民族学概论》和《近百年古城古墓发掘史》,前书原稿不幸毁于“一·二八”战火,后者介绍了古埃及和巴比伦等著名遗址考古发现的概况,1931 年由商务印书馆出版。郑振铎在写这部著作的时候,深感中国历史悠久,文化遗产丰富,但缺乏科学发掘,以至许多文物遗弃于地,无人过问。他迫切地盼望有计划地从事这方面的工作,但在当时的旧中国,这个愿望又怎能实现呢!

1928 年 10 月,郑振铎从法国巴黎回到了无日不思念的祖国。他到上海后仍回到了商务印书馆编译所,同时在复旦大学等校任教。但“四一二”后的中国政局,使他心情经常处在痛苦和悲愤之中。

1931 年初,左联五位作家在龙华被国民党反动派秘密杀害,其中胡也频、恽雨棠(洛生)是他所熟识的,他闻讯后悲愤已极。

在早几天听说胡也频被捕时，他急忙托沈从文带几百元钱给丁玲，还带去他和陈望道两人署名写给邵力子的一封信，请他设法营救，但没有起作用。后来在年底年初出版的《文学月刊》上，他所写《纪念今年几位逝去的友人》（正、续）一文中，公开悼念胡也频是“一位勇敢的时代的先锋”，“他的死是一个战士般的牺牲”。赞颂恽雨棠是“意志异常坚定的”革命者。他还说在日本长崎因病去世的共产党人杨贤江是“最好的先驱”，“具有真实的伟大的人格的‘人物’”，表示沉痛的哀悼。严酷的白色恐怖，压制不了郑振铎对老友和同志的真情，这是多么令人感动和钦敬啊！

《北平笺谱》和《海上述林》及其他

1931年9月，郑振铎辞去商务印书馆职务，携眷北上，应燕京大学中文系主任郭绍虞邀请，到燕大任教，讲授中国小说史、戏曲史等课程，兼顾《文学季刊》编务。1933年，鲁迅在上海写信给他，建议合作编印木版水印笺谱的问题，并说如果印出来，“实不独为文房清玩，亦中国木刻史上之一大纪念耳”（转引自郑振铎《鲁迅与中国版画》）。由于他们两人对我国古代版画艺术都有深湛研究，而且都是少时从绣像小说一类文学书籍的插图引发兴趣的，所以鲁迅的这个建议立即得到他的支持。他们两人虽在北平、上海两地，主要通过通信方式对笺谱的选材、用纸、用墨、尺寸、装订、装帧和目录的写法等等都反复作了商讨。共收笺谱332幅，由荣宝斋、清秘阁、松古斋、宝晋斋等九家书画店提供，并最后定名《北平笺谱》，线装一函六册。卷首有鲁迅、郑振铎的序言各一篇，卷末有郑振铎的《访笺杂记》一篇，以“版画丛刊会”名义刊行。初印100部，由他们两人签名编号，很快售罄，接着又印了100部，版权页两人签名则改用木刻印制。鲁迅见到初印本时十分高兴，决定给世界几个国家的大图书馆各赠送一部（法西斯国家除外）。继《北平笺谱》刊行之后，他们又合作翻刻《十竹斋笺谱》，据明崇祯胡曰从刻本翻刻，共一函四册。由于战争风云日亟，资金短缺，出版进度缓慢，鲁迅生前只看到第一册，全书在1941年才由荣宝斋出齐。

瞿秋白从20年代初前往苏联考察，在莫斯科参加了中国共产党，开始职业革命家的生涯。1923年初从苏联回国在上海期间，一度担任早期为党培养干部的上海大学社会学系主任，郑振铎也在该校任教。在这期间，瞿秋白对郑振铎的文学活动仍十分关心，郑振铎在《小说月报》上连载的《俄国文学史略》，最后一章《劳农俄国的新作家》是请瞿秋白代写的，全书经瞿秋白认真校阅后由商务印书馆结集出版。1924年4月，印度诗人泰戈尔来我国访问，郑振铎代表文学研究会等团体表示欢迎，在《小说月报》编了两个专辑。瞿秋白认为郑振铎的有些观点值得商榷，在《文学周报》发表《弟弟的信》，委婉地提出了批评意见。郑振铎也热心地将瞿秋白在苏联期间写的通讯集《饿乡纪程》(《新俄国游记》)和《赤都心史》，编入《文学研究会丛书》，公开出版。

1931至1933年，瞿秋白在上海养病期间，和鲁迅一起领导了左翼文化运动，对国民党反革命的"文化围剿"进行了坚决斗争，为推进革命文艺运动作出了杰出的贡献。郑振铎这时在北平，相互联系较少。1935年8月，郑振铎离北平南下，在上海担任暨南大学文学院院长兼国文系主任。并应邹韬奋之约，为生活书店主编《世界文库》。瞿秋白却已经在1934年初，离开上海去了江西中央苏区。10月，中央红军开始长征，瞿秋白留在当地工作。1935年5月，奉命回上海就医，不幸途中被俘，6月18日在福建长汀英勇就义。7月初，噩耗传到上海，郑振铎十分悲痛，曾约请鲁迅、许广平、茅盾、胡愈之、叶圣陶、陈望道等生前友好在家中秘密哀悼。7月中旬，应邀和茅盾、胡愈之等一起到鲁迅家里商量出版遗著。鲁迅抱病编辑，郑振铎协助并秘密募集资金，和章锡琛安排排字校对。《海上述林》分上下两册，终于在次年秋以"诸夏怀霜社"名义在日本印刷出版。令人悲痛的是,没有多久,在10月19日,鲁迅也因病长逝了。

“孤岛”上的抗争

1935年12月,国难日亟,北平爆发了轰轰烈烈的“一二·九”爱国学生运动。随之郑振铎在上海和文化界代表人士300余人共同发起,成立了上海文化界救国会。次年3月,左联宣布解散,由郑振铎等出面和各方面联系,筹备成立“文艺家协会”。6月,中国文艺界协会成立,他和周扬、茅盾、叶圣陶等9人被选为理事,团结广大文艺工作者积极开展抗日救亡运动。1937年全面抗战开始,不久上海沦为“孤岛”。次年3月,中华全国文艺界抗敌协会在武汉成立,郑振铎虽在“孤岛”,仍当选为理事,并任会报《抗战文艺》编委。

1937年冬,由胡愈之倡议,郑振铎和许广平、周建人等20人在“孤岛”秘密组织复社,以“鲁迅先生纪念委员会”名义编辑出版了《鲁迅全集》20卷和《鲁迅三十年集》。郑振铎参与起草编辑计划,还和吴文祺一起,为《会稽郡故事杂集》加了标点。许广平曾说,整个编辑工作“尤以郑振铎、王任叔两先生用力为多”。(许广平:《鲁迅全集·编校后记》)

1938年初,胡愈之奉上海中共文委之命邀请郑振铎等创办了上海社会科学讲习所,借沪江大学校舍,以夜校的形式上课,这个讲习所后迁福州路世界书局二楼,有时也借其他地点上课,1939年6月停办。讲习所讲授的课程有理论课和文史业务课,也讲游击战一类军事课,为上海郊区浦东、青浦一带的抗日游击队和新四军培养、输送干部,被誉为“上海抗大”。同年5月,柯灵主编《文汇报》副刊《世纪风》创刊,郑振铎特辟“书评专刊”。10月,又在王任叔主编的《申报》副刊《自由谈》连载《民族文话》,将中国几千年历史上的民族英雄和志士仁人的事迹，介绍给读者，让读者了解中华民族是一个慷慨悲歌、舍生取义的民族，任何外来侵略都是征服不了的。

上海沦为“孤岛”以后，郑振铎即被敌伪特务机关列入黑名单，处境险恶，随时有被捕的可能。为了安全，不断转移住处。1940年初的一天，何炳松等得到消息，立即告诉他说敌伪可能下毒手绑架。他正在家中埋头编辑《中国版画史图录》，不得不放下工作迅速转移，幸免于难。

1941年12月，日本侵略者发动太平洋战争，进占“孤岛”，许广平等首先被捕。郑振铎当天在暨南大学和同学们一起坚持上完了神圣的“最后一课”。回家后，把家里的藏书和账册等分别寄存到了几位友人家中，随身携带换洗内衣和简单的漱洗用具，辗转暂住在友人家，后在友人帮助下改姓换名，以一家文具店职员身份领得“身份证”，又在居尔典路（今湖南路）租借了一间住房，以为掩护，他在这里蛰居达四年之久，直到抗战胜利。

之后，郑振铎以主要精力编辑出版了几部书籍，较重要的一部是《中国版画史图录》，全书五辑20册，共收古代版画作品1000余幅。1940年开始出版，至1947年出齐；一部是《玄览堂丛书》，全书分一、二、三集。第一集10函120册，收明代晚期珍贵古籍、抄本39种，于1941年出版；其余两集在1947年和1948年出版。一部是《明季史料丛书》，全书1函10册，共收清初著述20种，1944年9月出版。

抢救古籍——“默默无闻而意义极其重大的工作”

平、津和苏、杭、南京、上海广大国土相继沦陷，我国珍贵古籍在日本帝国主义者肆虐之下，难以保全，大量被毁和散失，日本侵略者和汉奸新贵纷纷挟持以去。据当时上海报载路透社和哈瓦斯社电讯,美国国会图书馆东方部主任赫美尔也扬言:"中国珍贵图书,现正源源流入美国,举凡稀世孤本,珍稿秘藏,文史遗著,品类毕备",大有研究中国历史文化,"将以华盛顿及美国各学府为研究所矣"的气概。眼见祖国文化遗产遭此历史浩劫,郑振铎认为这是中国的"奇耻大辱,百年莫涤"(《劫中得书记》),感到极度愤慨和忧虑。

1939 年冬,他与商务印书馆主持人、版本学家张元济,暨南大学校长、历史学家何炳松,光华大学校长张咏霓和张凤举等几次联名发电报给重庆国民政府教育部,要求拨款抢救。

在上海沦为"孤岛"的头两年,郑振铎主要以个人力量搜购一些珍贵古籍,但搜购价格日益昂贵,散失古籍的数量又很大,远非个人力量所能抢救。后来教育部在 1940 年初,以"中英文教基金董事会"(前身为"中英庚款董事会")名义,委托他们五人负责组成"文献保存同志会"。他们以暨南大学、光华大学和涵芬楼名义搜求,郑振铎和张凤举两人分工负责采访和收购。他们先后从孙氏玉海楼、邓氏群碧楼、刘氏嘉业堂、刘氏远碧楼、邓氏风雨楼、潘氏宝礼堂以及杭州胡氏,苏州许氏、吴氏、丁氏,南浔张氏等,购求大批善本。还通过北平、上海等地古籍书店联络了各方面关系,逐渐做到"北自山西、平津,南至广东,西至汉口的许多古书与文献","没有一部重要的东西曾逃过我的注意。我所必须求得的我都能得到。那时伪满的人在购书,敌人在购书,陈群、梁鸿志在购书,但我所要买的东西决不会跑到他们那里去。"(《求书日录》)

太平洋战争以后,《申报》等报刊被迫停刊,郑振铎不能再发表文章,只能以主要精力从事抢救古籍,但工作更加困难,到 1942 年冬逐渐停止。他所抢救的古籍,最著名的是《脉望馆抄校本古今杂剧》,全书共 64 册,包括元明杂剧 242 种,大部分久已湮没无闻。此次如没有他的努力,将会流散何处,也是难以想像的。郑振铎想方设法共计购得宋明善本古籍(包括抄本)3800种左右,其"质"和"量"都可以和当时的北平图书馆馆藏善本相埒,大量清代善本和普通本古籍尚不计在内。他"连自己也不能相信竟会有这么好的成绩!"(《求书日录》)他在分类编目以后,也感到"瘁心力于此事,他事皆不加闻问","一百(万)数以内之款,值此书价奇昂之日,尚能得此数量,诚堪自慰慰人也"。(《求书日录》)当时他的经济十分拮据,经常不得不靠卖掉自己过去的藏书,以维持生活。他的工作一时又很难得到朋友们的理解,但当时参与其事的徐森玉对他十分钦佩,在给重庆中央图书馆馆长蒋复璁的信中说,郑振铎等为国家抢救文献,"心专志一,手足胼胝,日无暇晷,确为人所不能,且操守坚正,一丝不苟,凡车船及联络等费,从未动用公款一钱"。(原信现藏台北中央图书馆)叶圣陶后来也曾经说:"当时在内地的许多朋友都为他的安全担心,甚至责怪他舍不得离开上海,哪知他在这个艰难的时期,站到自己应该站的岗位上,正在做这样一桩默默无闻而意义极其重大的工作。"(《西谛书话》序)

《文艺复兴》和《民主》

抗日战争胜利后,原"文协"改名"中华全国文艺界协会"仍简称"文协"。郑振铎被推为上海分会常务理事。这年年底,郑振铎和马叙伦、周建人、许广平、柯灵、徐伯昕等在党的影响和领导下,发起成立了中国民主促进会,郑振铎被选任理事,并和马叙伦共同起草《对时局的宣言》,提出了和平民主团结的建国总方针。1946年1月,郑振铎和李健吾共同主编了一份新文艺月刊,定名《文艺复兴》。主要撰稿人有茅盾、叶圣陶、巴金、辛笛、师陀等。上海文艺界在日伪统治下已经窒息多年了,它的出版受到上海与新收复区文艺界和广大读者的欢迎。郑振铎在《发刊词》中指出:"欧洲文艺复兴终结了中世纪的漫长的黑暗时代,开启了新的世界,新的时代”,“中国今日也面临了一个文艺复兴的时代”。“本刊愿意尽自己的一部分力量,为新的中国而工作,为中国的文艺复兴而工作,为民主的实现而工作”。钱钟书长篇小说《围城》和巴金的《寒夜》等在刊物上连载,它还开辟了《抗战八年死难作家纪念》专刊。

在这之前的1945年10月间,郑振铎在老友徐伯昕的促成下,担任了政论性的《民主》周刊的主编。由生活书店以《民主》周刊社的名义出版发行。编辑部的日常工作则由蒋天佐、艾寒松、郑森禹等负责。《民主》周刊的编辑宗旨是,鼓吹民主政治,要求国民党当局“还政于民”,保障人民的身体、信仰、言论、出版的自由权利。郑振铎在该刊《发刊词》和创刊号发表的《走上民主政治的第一步》评论中,严正指出:“中华民国缔造了三十四年,曾经有过几年是名副其实的?”现在“中国要走向民主政治的大道,已经为一般人的呼声”。所以,“在今日,我们都要不含糊的在谈民主、谈宪政。我们不仅谈,我们要身体力行”。他写了《论根绝贪污现象》一文,指出:“要根绝贪污的现象,非实现政治的彻底改革不可,非实现真正的民主政治不可。”国民党当局借“接收”之名,贿赂横行,遭到收复区人民的强烈不满。他又痛心地指出:“收复区不是敌人的土地,国军也不是占领军”。必须保障收复区人民“应获得的自由权”。“这是走上民主政治的第一步道路,这是实行民主政治一个最重要的阶段”。但是,他的这个愿望没有也不可能实现,随着《双十协定》的签订,政协会议的召开,“四项诺言”的宣布等等,虽然让一些好心的人们似乎高兴了一阵。曾几何时,“李闻惨案”、“一二·一惨案”、“校场口惨案”、“下关血案”等一起起骇人听闻的血案连着发生,妄图“三个月”、“六个月”消灭共产党的叫器十分猖狂,内战的规模日益扩大,老百姓的生活也一天比一天不得安宁。他不胜悲愤,在刊物上发表了《我们反对内战》、《不要再打下去了》、《武力能解决问题吗?》以至《全面内战爆发了!》等许多评论,说出了读者要求和平民主、反对内战的心里话,说理透彻,影响很大。随之，又发表了《悼李公朴、闻一多二先生》、《悲愤的抗议！》、《人权保障在哪里？》、《民权到底有保障没有？》等评论，指出"这是一个什么世界"！"打是恶劣的手段，暗杀是更进一步的卑劣作风"。"民不畏死，奈何以死惧之"！"凡有前途、有活力的政党，绝对的不应该为自己掘坟墓"。他还写了《论官僚资本》，认为"要扑灭官僚资本，首先要争取政治民主化"。而马叙伦的政论，同样十分引人注目，在题为《在重庆有我们的中央政府么？》一文中，提出如下质问："如果都说有（中央政府）的，我们请问，这样的政府还有统治能力没有？没有了呢，这样的政府要他什么用？还有呢，为什么袖手旁观，好像没有责任似的？难道真是借此表示这是他们奉命而行，来给你们些警戒，让你们知难而退？……那么我们还说什么话？"后来马叙伦又写了《关于国民大会的最后饶舌》一文，一一列举理由证明"国大"之非法，但是国民党当局一意孤行，这些话又怎能听得进去？中华民国不正是这样由国民党当局自己敲响了丧钟的吗？由于郑振铎坚持为民主政治而奋斗，《民主》周刊虽然受到人民的欢迎，销行到全国各地，甚至东南亚各国和美国的华侨中都有它的读者，郑振铎等的政论经常在当地中文报纸转载，国民党当局很是惊恐。开始在报摊上没收刊物，后来干脆把它扼杀了。《民主》周刊在 1946 年 11 月出版了第 2 卷第 3、4 期合刊（总第 53、54 期合刊）后，终于被迫停刊。

《民主》周刊停刊以后，郑振铎仍积极参加各种社会活动，为反对内战和独裁，争取民主政治而奋斗不懈。这时，他多年来发愿要编撰的一部《中国历史参考图谱》，在方行、刘哲民的热心赞助下，组织了一个"《中国历史参考图谱》刊行会"，以促进工作的开展。郑振铎日夜赶编，工作进度迅速，《中国历史参考图谱》终于在 1947 年 3 月开始出版，1951 年 5 月陆续出齐。全书 8 开 24 辑，分四函单页散装、24 册线装和 24 册平装三种本子。从石器时代的石器、陶器，到铜器、甲骨、周秦文化遗物，流沙坠简，乐浪漆画，武梁石刻，北魏造像，正仓唐器，敦煌遗书，宋元书影，名画以及工艺美术，建筑服饰，名人画像墨迹，举凡一切可以代表各时代生活文化特征的，多搜集在内，共收图片3003幅。开始出书之日，郭沫若、翦伯赞、吴晗、顾颉刚、王伯祥等友好和史学家都来道贺。郭沫若认为，“这部《中国历史参考图谱》，实在是一项伟大的建设工作。这是应该国家做的工作，而郑先生以一人之力要把它完成，每一个中国人，凡有力量的都应该赞助他这项工作。”（上海《大公报》1947年5月1日）为了做好这一工作，郑振铎曾向收藏单位和专家们虚心请教，考古学家李济安、郭宝钧、夏鼐、曾昭燏都曾供给文物图片，给以很大帮助。但郑振铎不久应党的邀请去了香港，建国后又政务繁忙，部分图片说明没有能够完成。

在这段时间里，郑振铎还编撰了《蕴辉斋唐宋以来名画集》（4开本精、平装两种）、《域外所藏中国古画集》，包括西域画（即郑振铎历年搜集的帝国主义者掠夺去的敦煌壁画）三册，汉晋六朝、唐五代画各一册，宋、元、明画各三册，明遗民画二册，清画四册。另续集四册。共24册（函）单叶装，由上海出版公司珂罗版印刷出版。

新中国文物考古工作的奠基人

1948年，郑振铎响应中共中央提出的“五一”劳动节号召，于1949年春应邀经香港进入山东解放区，参加在北平召开的中国人民政治协商会议，与中国共产党、各民主党派、人民团体和无党派爱国民主人士欢聚一堂，共商建国大计。同年7月，在中国文学艺术工作者第一次代表大会上被选为全国委员会委员。中国作家协会成立，被选为理事。后又兼任古典文学部部长。9月全国政协开幕，郑振铎作为文联的代表出席大会，被选为全国委员会委员和文教组组长。中华人民共和国中央人民政府成立，先后被任命为文化部文物局局长、文化部副部长,1950 年 8 月,兼任中国科学院考古研究所所长和北京大学文学研究所(后改属中国科学院)所长,并被推为中国科学院哲学社会科学学部常务委员会委员。1953 年后又兼任《考古学报》(季刊)和《考古通讯》(双周刊)编辑委员会主编。并创议编辑出版《文物参考资料》(后改名《文物》月刊)。他全面主持和负责新中国的文物考古工作以后,对制定和宣传党和国家的文物政策,保护祖国文物,培养和扩大文物考古工作者的队伍,为新中国文物考古事业的健康发展奠定了基础。

郑振铎十分重视制度建设。建国伊始,百废待举,他在调查研究的基础上,从实际情况出发,曾参与制定《古文化遗址及古墓葬之调查发掘暂行办法》、《禁止珍贵文物图书出口暂行办法》、《文物出口鉴定委员会暂行组织条例草案》、《关于保护古文物建筑的指示》、《关于在基本建设工程中保护历史及革命文物的指示》、《征集革命文物办法》等文件,由政务院(后为国务院)颁布实施。为配合国家基本建设,他支持中华全国科学技术普及协会举办系列讲座,并亲自担任《基本建设人员应有的古文物知识》专题课的讲授。他邀请中央有关各部基本建设部门和各方面专家学者,多次座谈,要求工程建设和文化部门随时互通声气,密切合作,共同作好文物保护工作。郑振铎等主张在北京市政建设中,在扩建金鳌玉蛛桥时保存北京城里最古老的建筑——团城。1954 年 6 月的一天,周总理亲自视察了北海团城,经过调查研究,采纳了他的建议。团城得以保存,而金鳌玉蛛桥的扩建工程也得以按要求完成,做到了两全其美,为社会各方面所称许。对明定陵的发掘,他也作了现场指导。他还组织有关部门在郑州举办基建中的文物和保护工作座谈会,并在洛阳西郊亲自参加勘察。在那几年,他先后到陕西、河南、浙江、山东等地进行实地考察,特别对浙江的文物保护问题提出许多宝贵建议。

从 1954 年 5 月至 11 月为期半年的"全国基本建设工程中出

土文物展览会”在郑振铎的倡议下在故宫博物院午门大殿开幕，展出出土文物 3760 件，观众达 17 万人。毛主席也曾两次参观了展览。他主持编辑，由中国古典艺术出版社出版的《全国基本建设工程中出土文物展览图录》，是新中国第一本全国性的出土文物图集，在国内外产生良好影响。

郑振铎对文物考古干部的培养十分重视。适应国家大规模经济建设的迫切需要，从 1952 年至 1955 年间，在他的主持下，由文化部、中国科学院和北京大学联合举办考古人员训练班。以三个月为一期，前后办了四期，毕业学员 341 名。他们毕业后，大多成为中央和各地文物考古工作第一线的骨干力量，为新中国的文物考古工作做出了积极贡献。随之，他又在上述单位支持下，在北京大学历史系创办了我国第一个考古学专业。历届毕业生后来也多成了文物考古工作的业务骨干，有的还成了国内外著名学者。

郑振铎重视博物馆、图书馆工作，1950 年 6 月，在他的主持下，邀请于光远、王重民、向达、吕叔湘、孙伏园、潘光旦等专家学者参加图书分类法座谈会，成立了图书分类法工作小组，制定了新中国第一个图书分类法。后来还举办了第一届公共图书馆工作人员训练班，他多次为训练班讲话，在题为《图书馆的方针与任务》的讲话中，阐述了图书馆的性质、类别、概况、方针、任务、工作重点、培训干部等问题，训练班学员都很受启发和鼓舞。他还邀请陶孟和、向达、陈梦家等专家和博物馆工作者，在 1950 年 8 月召开博物事业座谈会，讨论了国家博物馆的性质、现状及其发展方向。1956 年 5 月召开了全国博物馆工作会议，郑振铎在总结各方面意见后，提出了博物馆既是“物质文化和精神文化遗存及自然标本的收藏所”，又是“文化教育机关”，也是“科学研究机关”。他对博物馆性质的这一概括性认定，对文物博物馆工作者产生积极的深远影响。他还善于利用各种纪念活动，开展宣传。1953 年 6 月，为纪念世界文化名人、我国古代伟大诗人屈原逝世 2230 周年，他在《光明日报》等报刊上发表文章介绍，发动和支持全国文联、中国历史博物馆分别举办座谈会和楚文物展览会等纪念活动，又组织影印了宋版孤本《楚辞集注》和《楚辞图》等书籍。

最后的奉献

郑振铎十分关心新中国考古工作的长远规划和古籍出版工作。1957年6月，他被任命国务院科学规划委员会委员（主任委员聂荣臻）兼考古学组组长。和考古学家、考古所副所长尹达、夏鼐共同制订《考古学研究工作十二年远景规划》。同年冬，国务院科委又成立了古籍整理出版规划小组。郑振铎任规划小组成员兼文学分组召集人。受规划小组组长齐燕铭的委托，主持制订《整理出版古籍十年规划草案（文学部分）》，这是新中国建立以来第一份有关整理出版文学古籍的长远规划。

郑振铎虽然公务繁剧，仍尽量挤出时间研究文物和古籍，撰写论文和编撰书籍。他认为中国有伟大而又久远的艺术传统，艺术瑰宝取之不尽，用之不竭。新中国的艺术家们在从事自己的工作时，必须取精用宏，要以“推陈出新”的创造精神，创作出具有民族形式的作品。因此我们有责任把历史上的艺术精品提供出来，便于他们借鉴和研究。多少年来他的这个愿望难以实现，现在他满怀激情地开始了这项工作。在1951年9月至1952年7月不到一年的时间里，他废寝忘食地利用了一切可以利用的时间，终于编成了《伟大的艺术传统》图录，全书以单色珂罗版和彩色铜版印刷，分宣纸线装12函和胶版纸精装12册两种装帧，由上海出版公司出版。1956年，他从过去编印的《中国版画史图录》中精选出代表作品300余幅，新补充200余幅，共500余幅，新编了一部《中国古代木刻画选集》，共九册。第一至八册选收唐代至清代木刻版画（包括年画），第九册为作者所撰《中国古代木刻画史略》长篇论文和跋。稿件几经周折,终由人民美术出版社 1985 年出版。

郑振铎对古代小说、戏曲十分重视,涉猎之广和用功之深,在同时代的学者中是罕见的。30 年代初他曾自费影印《清人杂剧集》初、二集。解放后,在他的主持下,与赵万里、吴晓铃、傅惜华等人组成"《古本戏曲丛刊》编委会"全书原计划编印 12 集,郑振铎生前已编了四集,出了三集,第四集于 1958 年 12 月由商务印书馆出版。这四集各 12 函 120 册,共 48 函 480 册,几乎网罗了现存元、元明之际、明清之际的传奇和杂剧。郑振铎遇难后,齐燕铭于 1962 年 6 月邀集该书编委和中华书局总编辑金灿然以及陈乃乾等在一起商量,决定将原定全部 12 集改为 10 集,正在印制的第 11 集内容多为历史剧,为便于剧作家们参考,改为第 9 集。10 集全部出齐后,如客观条件允许,可以再出续编若干集。准备编辑的第 5 至 8 集和第 10 集所收戏曲要加以精选。当时还商量了精选的几条原则,但后来都没有也不可能继续编印了。"文革"后规划小组组长李一氓也提出继续完成这一工作,但进度缓慢。郑振铎还标点了明万历十七年(1589)汪道昆序本 100 回和袁无涯刻本的后 20 回本《水浒全传》,人民文学出版社 1954 年出版。此外,他的著述和影印古籍还多,不一一在这里赘述了。

新中国建立前夕,在 1949 年 3 月,郑振铎曾参加以郭沫若为团长,刘宁一、马寅初为副团长的中国代表团,赴布拉格出席保卫世界和平大会。次年 9 月,他又参加了丁西林、李一氓为正副团长的中国文化代表团,出访印度和缅甸。之后,在 1952 年至 1957 年,他曾作为中国文化代表团团长,先后率团赴波兰、印度、缅甸、印尼和保加利亚等国进行友好访问,他对所访问的国家都作了认真的考察,尤其是当地的民俗和风土人情,世界著名的历史古迹和博物馆,如印度的泰姬陵、阿旃陀石窟,都是他慕名已久的文化胜迹,他更是详细地参观记录,回国后向国人作了介绍。同时,他还将中国的音乐、舞蹈和京剧等艺术带给了被访国家的人民。在作学术演讲时,他都认真准备详尽的提纲。有次他在保加利亚访问,应主人邀请作中国文学和中国考古学的专题系列报告。以中国文学为例,他从“古代神话与传说”直到“明清文学”共讲了八讲,成了一部通俗的中国文学史。这类例子在他是屡见不鲜的。所以有人说,他每次出国访问,既是“取宝”也是“献宝”,为增进新中国人民和被访国家人民的相互了解和友谊做出了杰出贡献。

郑振铎想做的工作很多,有许多宏伟的计划。他几乎没有空闲的时间,在车船旅途中,他都不停地写作。他好像一团火,是永远燃烧着的,为了新中国,他不懈地工作。但是令人遗憾的是,1958 年 10 月 17 日,他率领中国文化代表团,和副团长蔡树藩等一行 10 人乘苏联客机“图 104”前赴阿富汗和阿拉伯国家进行友好访问,18 日飞经苏联楚瓦什苏维埃社会主义自治共和国卡纳什地区上空时,不幸失事。郑振铎等代表团全体成员以及外交部和对外贸易部 6 位出国人员,全部遇难牺牲!这一噩耗在 19 日和 20 日凌晨先后经新华社和中央人民广播电台播发,《人民日报》也在 20 日以头版发布了这一悲痛的消息,全国人民和国际友好人士,莫不感到震惊和哀悼!

郑振铎一生追求真理,忠于祖国和人民,忠于中国共产党领导的革命和建设,忠于文学和文物考古事业。他 50 初度时,几位老友在上海为他祝贺生日,叶圣陶当时填词一首以贺。叶老的这首词在 50 年后的今天来读,似乎更能说明郑振铎几十年如一日的人生和价值,特记录如下以为纪念,并以志对前辈为新中国的诞生英勇奋斗和无私奉献的无限敬意:

鹧鸪天·振铎五十初度

今日为君举寿觞,不宜老友漫称扬。
照人肝胆情犹昔,五十之年鬓未苍。
缗旧简,出新章,共欣文史得津梁。

精修笃学长无懈，伟绩他年讵易量。

本文的写作得到郑尔康、程毅中、叶淑穗同志的帮助，并参考刘哲民编《郑振铎书信》、陈福康著《郑振铎年谱》和陆荣椿编《郑振铎选集》等书，谨致深切谢意。——作者注

1998 年 10 月

选自俞筱尧著、沈芝盈编《书林随缘录》，中华书局 2002 年

郑振铎珍惜人才散记

俞筱尧

郑振铎是一位学识渊博而又勤奋的著名作家、学者和社会活动家。也许正因为这个缘故，他十分珍惜人才。凡是认真从事新文化工作和做学问的人，他都十分重视和尊重，并且真心实意地帮助他们。

作家王任叔（巴人），早年在浙江奉化初级中学任教期间，曾在郑振铎主编的《小说月报》发表过新诗和小说，得到郑振铎的鼓励。1922 年七八月间，郑振铎和沈雁冰应邀到宁波四明暑期教育讲习班讲学，王任叔参加了这个讲习班。有一次，王任叔为郑振铎的讲演做了记录，记录稿以《儿童文学的教授》为题发表在宁波《时事公报》。这时王任叔和郑振铎是初次见面。在这次见面时，郑振铎介绍王任叔参加了文学研究会，使王任叔从事新文学工作增强了信心。

1925 年四五月间，王任叔从宁波《四明日报》辞职来到上海，找到郑振铎。郑振铎热情接待，为他介绍了陈望道、叶圣陶等作家

相识。后来在1928年，王任叔有意写一部文学读物，又得到郑振铎的支持。不但在什么是文学、文学的形式等方面给以提示，还借给他许多参考书。王任叔的著作《文学读本》，1940年由上海珠林书店出版，这是我国较早用新观点写作的较全面的一部文学理论著作。经过多次修订，在1949年和1953年以《文学初步》和《文学论稿》为书名继续出版，在青年读者中流传广泛。王任叔曾说过，在他的一生中，郑振铎是在文学事业上给他帮助最大和最有影响的人。说起郑振铎，他总是怀着感谢和敬佩的心情。

30年代初，郑振铎在燕京大学和清华大学任教，同当时还是青年学生的吴晗、曹禺、季羡林、吴组缃、张天翼、余冠英、林庚等，都建立了师生之谊，郑振铎热心鼓励他们写作，介绍他们发表作品，或者在他主编的《文学季刊》担任编委或特约撰稿人。季羡林先生对郑振铎在燕大讲课的情景，至今记忆犹新，他说："西谛先生豁达大度，待人以诚，没有教授架子，没有行帮意识。我们几个年轻大学生——吴组缃、林庚、李长之，还有我自己——由听课而同他有了个人来往。他同巴金、靳以主编的大型《文学季刊》是当时轰动文坛的大事。他也竟让我们这些名不见经传的无名小卒，充当《文学季刊》的编委或特约撰稿人，名字赫然印在杂志的封面上，对我们来说这实在是无上的光荣。结果我们同西谛先生成了忘年交，终生维持着友谊，一直到1958年他在飞机失事中遇难。到了今天，我们一想到郑先生还不禁悲从中来。"(《牛棚杂忆》)

新中国建立后，在50年代，郑振铎担任了中央人民政府文化部副部长，主管文物方面工作。当时福建泉州中学的教师吴文良，是一位有心人。他花了十几年时间在泉州搜集了150余方宗教建筑和墓碑等刻石。刻石上的文字有阿拉伯文、叙利亚文、蒙古文、拉丁文和其他文字。刻石的主人则有阿拉伯人、波斯人、印度人、犹太人和欧洲人，大都是贵族、官吏、商人和传教士。他们的宗教信仰则有伊斯兰教、基督教、婆罗门教和摩尼教。吴文良从40年代着手搜集,限于个人的力量,虽历经艰辛,也只能搜集到很少一部分,但已经是弥足珍贵的了。他将这些刻石的照片或拓片选编了一部《泉州古代石刻》,并将有关材料寄给了文化部。这些遗物对于研究当时的中外交通、宗教、中亚文字和宗教艺术,都有很重要的价值,引起郑振铎的重视。

不久,郑振铎随董必武到福建前线慰问解放军指战员,特地在泉州看望了吴文良,吴文良深受鼓舞。后来郑振铎还把吴文良邀请到北京,介绍给了郭沫若、范文澜、尹达、夏鼐和陈梦家等历史学家和考古学家相识,他们指导吴文良修改了稿件,书名也改为《泉州宗教石刻》,由科学出版社在1954年出版。吴文良随即将他多年来所收藏的珍贵刻石全部捐献给了国家。当时文化部颁发的"褒奖状",还是郑振铎亲自书写的。中国新闻社向南洋各国的华文报纸发布了这个消息,产生了极大的反响。

1998年12月

选自俞筱尧著、沈芝盈编《书林随缘录》,中华书局2002年

存目

著作

郑振铎 《郑振铎文集》

人民文学出版社1985年

刘哲民编注 《郑振铎书简》

学林出版社 1984 年

刘哲民编　《郑振铎先生书信集》

上海古籍出版社 1984 年

刘哲民、陈正文编　《抢救祖国文献的珍贵记录——郑振铎先生书信集》

学林出版社 1992 年

陈福康　《一代才华郑振铎》

上海人民出版社 1996 年

论　　文

郑振铎　《〈世界文库〉发刊缘起》

《世界文库》第 1 册，1935 年 5 月《生活》版

郑尔康　《勤奋俭朴不断前进的一生——忆我的父亲郑振铎》

1978 年 10 月 20 日《光明日报》

郑尔康　《我的父亲郑振铎》

《出版广角》1996 年第 3 期

胡愈之　《哭振铎》

1958 年 11 月 1 日《光明日报》

廖静文　《回忆郑振铎同志》

《新文学史料》1979 年第 3 期

高君箴　《郑振铎与〈小说月报〉的变迁》

《新文学史料》1979 年第 3 期

季羡林　《西谛先生》

《文汇月刊》1981 年第 5 期

陈福康　《郑振铎与我国最早的社会科学专刊〈社会〉》

《新文学史料》1983 年第 1 期

佟家恒　《在编辑岗位上的郑振铎》

《他人集》，山西人民出版社 1984 年

陈福康 《郑振铎编辑的丛书》

《出版史料》1986 年第 5 辑

陈福康 《郑振铎前期编辑思想》

《编辑学刊》1986 年第 4 辑

程绍荣 《郑振铎传略》

《福建师大学报》1986 年第 4 期

陈福康 《郑振铎后期编辑思想》

《编辑学刊》1987 年第 2 期

江向东 《郑振铎与报刊》

《新闻研究资料》1987 年第 38 辑

白崇义 《关于〈郑振铎文集〉编辑出版情况》

《编辑之友》1988 年第 6 期

陈福康 《郑振铎编辑的样本》

《出版史料》1988 年第 1 期

柳肇瑞 《郑振铎——编辑的楷模》

《编辑学刊》1989 年第 1 期

陈福康 《郑振铎与〈小说月报〉》

《编辑学刊》1989 年第 2 期

陈巧孙 《郑振铎主编的〈书评专刊〉》

《编辑学刊》1989 年第 1 期

陈福康整理 《在历史的大转折关头——郑振铎 1945 年日记》

《出版史料》1990 年第 2 期

陈福康 《郑振铎的编辑活动与贡献》

丁景唐编《中国现代著名编辑家编辑生涯》，

中国展望出版社 1990 年

张劲松 《慧眼独具识选题　热忱爱国写传统——郑振铎的编辑活动记述》

《近现代中国出版优秀传统研究》，中国书籍出版社 1994 年

陈福康 《郑振铎对古籍整理的重大贡献》

《出版史料》1989年第2、3、4期,1990年第1期

陈福康 《郑振铎与三十年代的四个文学刊物》
《编辑学刊》1993年第3期

陈福康 《在主编郑振铎的扶植下》
《名人传记》1991年第1期

陈福康 《〈儿童世界〉和郑振铎》
1997年7月16日《中华读书报》

陈应年 《现代儿童文学的开路人——郑振铎》
1997年5月5日《新闻出版报》

武志勇 《"五四"与〈儿童世界〉——论郑振铎主编的〈儿童世界〉对儿童文学的贡献》
《编辑学刊》1998年第3期

周而复 《怀念郑振铎》
1998年12月29日《文艺报》

史　城 《郑振铎珍惜人才二三事》
1998年12月4日《中国文化报》

沈　强 《"知其不可为而为之"——郑振铎编辑活动研究》
《未来编辑谈编辑》,北京出版社1999年

江登波 《郑振铎的访书和编辑活动》
《新闻出版交流》1999年第4期

林荣松 《五四新文化运动中的郑振铎》
《新文化史料》2002年第2期

巴　金 《怀念振铎》
2003年11月21日《文汇报》

伍　杰 《郑振铎与书评》
《中国图书评论》2005年第4期